F. Morel .

D0314485

16 rue Ste Augustine. Toulouse.

Le monde
depuis la fin des années soixante

CHEZ LE MÊME ÉDITEUR

Collection U

H. ALMEIDA-TOPOR L'Afrique au xxᵉ siècle.
J.-C. ASSELAIN et P. DELFAUD Précis d'histoire européenne, xıxᵉ-xxᵉ siècle.
R. BUSSIÈRE, P. GRISET, C. BOUNEAU Industrialisation et société en Europe occidentale,
et J.-P. WILLIOT 1880-1970.
F. COCHET et G.-M. HENRY Les révolutions industrielles.
R. GIRAULT Diplomatie européenne, nations et impérialismes,
1871-1914.
P. GUILLAUME Le Monde colonial (xıxᵉ-xxᵉ siècle).
A. PROST Petite histoire de la France au xxᵉ siècle.
G. SOULIER L'Europe. Histoire, civilisation, institutions.
N. WANG L'Asie orientale du milieu du xıxᵉ siècle à nos jours.

Collection Cursus

F. ABBAD La France des années 20.
J.-J. BECKER Histoire politique de la France depuis 1945.
A. BELTRAN et P. GRISET L'économie française (1914-1945).
S. BERSTEIN La France des années 30.
D. BORNE Histoire de la société française depuis 1945.
J. DALLOZ La France et le monde depuis 1945.
A. DEWERPE Le monde du travail en France (1800-1950).
Y. DURAND La France dans la Seconde Guerre mondiale.
J.-F. ECK Histoire de l'économie française depuis 1945.
D. LEJEUNE Les causes de la Première Guerre mondiale.
R. MARX Histoire de la Grande-Bretagne.
P. MILZA Les relations internationales de 1871 à 1914.
P. MILZA Les relations internationales de 1918 à 1939.
M. VAISSE Les relations internationales depuis 1945.

Collection Prépas

F. ABBAD La France de de 1919 à 1939.
B. BRUNETEAU Histoire de l'unification européenne.
F. MARCARD La France de 1870 à 1918.
B. AFFILIÉ et F. RIMBERT L'évolution économique du monde depuis 1880.
B. PHAN La France de 1940 à 1958.
J. PORTES Les États-Unis au xxᵉ siècle.
J.-L. VAN REGEMORTER La Russie et l'URSS au xxᵉ siècle.

Jean-François Soulet • Sylvaine Guinle-Lorinet

Le monde depuis la fin des années soixante

Précis
d'histoire immédiate

ARMAND COLIN

DANGER **LE PHOTOCOPILLAGE TUE LE LIVRE** Ce logo a pour objet d'alerter le lecteur sur la menace que représente pour l'avenir de l'écrit, tout particulièrement dans le domaine universitaire, le développement massif du « photocopillage ». Cette pratique qui s'est généralisée, notamment dans les établissements d'enseignement, provoque une baisse brutale des achats de livres, au point que la possibilité même pour les auteurs de créer des œuvres nouvelles et de les faire éditer correctement est aujourd'hui menacée. • Nous rappelons donc que la reproduction et la vente sans autorisation, ainsi que le recel, sont passibles de poursuites. Les demandes d'autorisation de photocopier doivent être adressées à l'éditeur ou au Centre français d'exploitation du droit de copie : 20, rue des Grands Augustins, 75006 Paris. Tél. 01 44 07 47 70.

© S.E.S.J.M./Armand Colin, Paris, 1998

ISBN 2-200-01693-X

Tous droits de traduction, d'adaptation et de reproduction par tous procédés, réservés pour tous pays. • Toute reproduction ou représentation intégrale ou partielle, par quelque procédé que ce soit, des pages publiées dans le présent ouvrage, faite sans l'autorisation de l'éditeur, est illicite et constitue une contrefaçon. Seules sont autorisées, d'une part, les reproductions strictement réservées à l'usage privé du copiste et non destinées à une utilisation collective et, d'autre part, les courtes citations justifiées par le caractère scientifique ou d'information de l'œuvre dans laquelle elles sont incorporées (art. L. 122-4, L. 122-5 et L. 335-2 du Code de la propriété intellectuelle).

ARMAND COLIN ÉDITEUR • 34 BIS, RUE DE L'UNIVERSITÉ • 75007 PARIS

Sommaire

Avant-propos

IL Y A DIX ANS, en proposant chez ce même éditeur un « précis d'histoire immédiate », nous pensions nécessaire de réserver toute sa première partie à une réflexion sur l'histoire immédiate et ses méthodes. Une telle démarche ne nous paraît plus s'imposer aujourd'hui. D'une part, il existe, désormais, des ouvrages consacrés exclusivement à l'épistémologie et à la pratique de l'histoire immédiate[1]. D'autre part, la « cause » de celle-ci semble définitivement gagnée. En dix ans, dans notre seul pays, des revues traitant exclusivement de ce champ historique ont vu le jour ; des milliers d'études – des « maîtrises » aux thèses de doctorat – ont été élaborées dans ce nouveau cadre. Si quelques sémanticiens sourcilleux ont encore du mal à admettre le terme d'« histoire immédiate », lui préférant celui – pas plus heureux – d'« histoire du temps présent », nul chercheur sérieux ne conteste plus aujourd'hui à l'historien, la capacité et le devoir d'explorer cette partie terminale de l'histoire dite contemporaine, qui a pour caractéristique principale d'avoir été vécue par l'historien et ses principaux témoins.

Le présent ouvrage s'articule en trois parties.

La première a pour objet de décrire, dans une optique systémique, l'évolution des deux grands modèles idéologiques (modèle libéral et modèle communiste), qui se sont disputé le monde jusqu'aux années quatre-vingt.

La deuxième a une double ambition : analyser les mutations fondamentales qui, à compter des années quatre-vingt, ont désagrégé le système communiste, et, ce faisant, remis en cause l'organisation du monde ; et rechercher dans le chaos apparent de l'ère post-bipolaire les lignes de forces du nouvel ordre mondial en gestation.

La troisième se propose d'analyser, de façon systématique, 41 conflits internes (guerres civiles et guerres de libération) qui se sont déroulés dans le monde depuis les années soixante.

Au terme de ce bref avant-propos, nous tenons à exprimer notre amicale gratitude aux collègues qui ont bien voulu relire certains de nos textes.

J.-F. S. et S. G.-L.

© ARMAND COLIN. La photocopie non autorisée est un délit

---

1 Voir bibliographie dans Jean-François SOULET, *L'Histoire immédiate*, Paris, PUF, Coll. Que sais-je, n° 2841, 1994, 128 p.

Lieux et instruments de travail

1. BIBLIOTHÈQUES ET CENTRES DE DOCUMENTATION

En France

• **Bibliothèque de Documentation Internationale Contemporaine (BDIC)**

Campus de l'Université de Nanterre, 6 Allée de l'Université, 92001 Nanterre Cedex

Livres et journaux édités dans une soixantaine de langues étrangères ; documents officiels et clandestins sur l'histoire des relations internationales et des conflits.

Catalogue en ligne (http://www. parisx. u-paris10.fr/bdic).

• **Bibliothèque de l'Institut d'Histoire du Temps Présent**

Campus de l'ENS de Cachan, Bât. Laplace, 3ᵉ étage, 61, avenue du président Wilson, 94235 Cachan Cedex

Ouvrages et périodiques sur la Seconde Guerre mondiale, ainsi que sur la période de 1945 à nos jours (http://www. ihtp-cnrs. ens-cachan. fr/bib. html).

• **Bibliothèque nationale de France**

Quai François Mauriac, 75706 Paris Cedex 13

Voir notamment :

– la *salle de la presse* (consultation de la presse d'actualité française et étrangère, sous forme imprimée ou sur support électronique) ;
– la *salle d'audiovisuel* (consultation de documents sonores, en particulier, radiophoniques, de films documentaires et d'émissions télévisées, d'images numérisées et de CD-ROM multimédias) ;
– la salle Philosophie, Histoire, Sciences de l'Homme.

Catalogue en ligne (http://www. bnf. fr).

• **Bibliothèque publique d'information**

Centre Georges Pompidou Paris

Documents en libre accès ; presse des cinq dernières années (papier, microfilms ou CD Roms).

Catalogue en ligne (http://www. bpi. fr).

© ARMAND COLIN. La photocopie non autorisée est un délit

• *La Documentation Française*
31, quai Voltaire, 75007 Paris
Voir notamment les dossiers (élaborés à partir du dépouillement systématique de plusieurs centaines de revues françaises et étrangères) du *Centre d'information et de documentation internationale contemporaine* (CIDIC), et du *Centre d'études et de documentation sur l'ex-URSS, la Chine et l'Europe de l'Est* (CEDUCEE) (http://www. admifrance. gouv. fr : cgi-bin/multitel/CATALDOC).

• *Services de documentation de Sciences-Po*
IEP, 27-30, rue Saint-Guillaume, 75337-Paris Cedex 07
Environ 600 000 titres d'ouvrages et plus de 6 000 titres de périodiques français et étrangers. Le Centre de documentation contemporaine sélectionne des articles de périodiques (sur le monde depuis 1945), en rédige des résumés, et constitue des dossiers de presse à partir de quotidiens et d'hebdomadaires français et de langue anglaise.
Possibilité de consulter par Internet la base ESOP (bibliographie sélective d'articles publiés dans environ 2 000 revues du monde entier concernant la situation économique, sociale et politique du monde contemporain) (http//www. sciences-po. fr/scpo).

À l'étranger

• *Bibliothèque de l'Université Laval (Québec)*
Catalogue en ligne (http://www. bibl. ulaval. ca).

• *Die Deutsche Bibliothek (Allemagne)*
Catalogue en ligne (http://www. ddb. de).

• *Institut d'histoire sociale d'Amsterdam (Pays-Bas)*
Catalogue en ligne (http://www. iisg. nl).

• *Library of Congress (Washington, États-Unis)*
Catalogue en ligne (http://lcweb. loc. gov/homepage/lchp. html).

• *Stanford – Hoover Institution (États-Unis)*
Catalogue en ligne (http://www-sul. stanford. edu/depts/hoover/hoover. html).

2. CHRONOLOGIES, DICTIONNAIRES, SYNTHÈSES ANNUELLES ET ATLAS

La généralisation de l'intérêt pour l'actualité mondiale, de plus en plus évidente depuis les années 1960, a incité les éditeurs et les centres de recherche à publier des synthèses faisant immédiatement le point sur l'année écoulée. Diverses dans leur présentation, celles-ci offrent, en général, un fond commun comprenant :
1. une chronologie des principaux événements ;
2. des matériaux statistiques ;

3. des bilans par pays ou par ensemble géopolitique ;

4. des articles (avec bibliographie) sur les grands thèmes d'actualité.

Confrontées entre elles, ces synthèses constituent des outils précieux pour l'historien du temps présent. Citons, à titre d'exemples :

L'Année dans « Le Monde », Folio (les principaux événements en France et à l'étranger d'après le quotidien français *Le Monde*) ; un volume par an depuis 1986 ;

L'État du monde, Annuaire économique et géopolitique mondial, La Découverte (paraît depuis 1981 ; existe sur CD-ROM) ;

Quid, RTL-Robert Laffont (paraît depuis 1963) ;

Universalia (supplément annuel de l'*Encyclopaedia Universalis* ; paraît depuis 1974) ;

La nécessité absolue de saisir les dimensions géographiques et spatiales d'une histoire devenue pleinement mondiale conduit l'historien de l'immédiat à une pratique constante d'atlas, comme par exemple ceux de :

CHALIAND G. et RAGEAU J.-P., *Atlas stratégique. Géopolitique des rapports de forces dans le monde*, Fayard, 1983 (rééd. 1988) ;

TOUSCOZ J., *Atlas géostratégique. Crises, tensions et convergences*, Larousse, 1988.

Parmi les dictionnaires en langue française, trois s'imposent :

BALENCIE Jean-Marc, DE LA GRANGE Arnaud, *Mondes rebelles, acteurs, conflits et violences politiques*, t.1 *Amériques, Afrique*, t.2 *Asie, Maghreb, Proche et Moyen-Orient, Europe*, éditions Michalon, 1996 ;

LACOSTE Yves (sous la dir. de), *Dictionnaire de géopolitique*, Flammarion, 1993 ;

LACOSTE Yves (sous la dir. de), *Dictionnaire géopolitique des États 98*, Flammarion, 1997.

3. REVUES

Cahiers d'histoire immédiate, semest. (Groupe de recherche en Histoire Immédiate, GRHI, Maison de la Recherche, Université de Toulouse-Le Mirail) ;

Études internationales, trim. (Centre québécois de relations internationales, Faculté des Sciences sociales, Presses de l'Université Laval, Québec) ;

Hérodote, revue de géographie et de géopolitique, trim., La Découverte ;

Le Monde diplomatique, mens. (index et consultation en ligne : *http://www. monde-diplomatique. fr/md*) ;

Le Trimestre du monde, trim. (Observatoire des relations internationales, Université René Descartes, Paris V) ;

Politique étrangère, trim. (Institut français des relations internationales, IFRI) ;

Politique internationale, trim. ;

Pouvoirs. Revue d'études constitutionnelles et politiques, trim., PUF ;

Problèmes politiques et sociaux, bimensuel, La Documentation française ;

Relations internationales ;

Relations internationales et stratégiques ;

Revue de la Défense nationale, mens., Ministère de la Défense, France ;

Vingtième siècle, revue d'histoire, Fondation nationale des sciences politiques de Paris.

© ARMAND COLIN. La photocopie non autorisée est un délit

PREMIÈRE PARTIE

Le temps de la bi-polarisation

DES ANNÉES SOIXANTE
AUX ANNÉES
QUATRE-VINGT

Chapitre 1

Le modèle libéral (États-Unis, Europe, Japon) : Convergences et rivalités

Forgé au lendemain de la Seconde Guerre mondiale, le bloc libéral paraît alors solidement tenu en mains par une Amérique très sûre d'elle-même. En réalité, les décennies suivantes montrent que ce mécanisme, certes monté autour de valeurs communes (la démocratie, le capitalisme) possède des rouages qui fonctionnent selon leur dynamique propre et se grippent parfois...

Si le Japon connaît une réussite économique insolente, une relative stabilité politique et sociale, l'histoire immédiate des États-Unis a pour trame des problèmes graves : aux effets négatifs de l'échec au Vietnam, qui ternit le prestige de la première puissance mondiale et paralyse sa politique étrangère, s'ajoutent le scandale du Watergate et les difficultés de la crise économique ; il faudra attendre 1980 et l'élection à la présidence de Ronald Reagan pour voir l'Amérique tenter de renouer avec le « rêve américain ». Les États d'Europe occidentale, quant à eux, font preuve de parallélismes étonnants dans leur évolution, y compris dans leurs hésitations à renforcer la structure communautaire.

1. ORIGINES ET CARACTÈRES COMMUNS DU MODÈLE LIBÉRAL

1.1. Un modèle déjà ancien...

Sur le plan politique, la doctrine libérale, forgée au XVIIIe siècle par opposition à l'absolutisme monarchique, vise à limiter les pouvoirs de l'État au profit des libertés individuelles. C'est au droit qu'il revient de garantir les droits et les libertés de l'individu, en particulier le droit de propriété ; l'État, par ses activités de justice, de police, de défense, soumises au droit, doit protéger les activités des individus. Il doit également obéir au principe de séparation des pouvoirs (exécutif, législatif et judiciaire) selon les théories de Locke et de Montesquieu. Ces pouvoirs seront en général définis dans le cadre de la démocratie, représentative et parlementaire.

Sur le plan économique, définie par les économistes des XVIIIe et XIXe siècles (notamment Smith, Malthus, Ricardo et John Stuart Mill), la thèse centrale du libéralisme exprime l'existence d'un ordre naturel s'établissant spontanément et harmonisant intérêts individuels et intérêt général. L'individu étant l'agent économique principal, il convient de lui accorder le maximum de liberté ; la concurrence, grâce au mécanisme des prix doit permettre d'équilibrer consommation et production, tandis que l'offre et la demande de travail et de capital s'ajustent par le mécanisme

© Armand Colin. La photocopie non autorisée est un délit

des revenus. Ni l'État, ni les groupes privés ne doivent gêner le libre jeu de cette concurrence. La doctrine libérale est très largement appliquée au XIXᵉ siècle, mais la crise de 1929 fait douter de sa validité. Sous l'impulsion des théories de Keynes, l'interventionnisme justifie, pour remédier à certains déséquilibres, l'intervention de l'État dans l'économie de marché : c'est cette politique que menèrent les États-Unis de Roosevelt dans le cadre du New Deal. Mais la crise économique de 1974 amène les « nouveaux économistes » à critiquer l'intervention de l'État, rendue responsable des problèmes ; ils prônent donc le retour à un libéralisme pur, le néo-libéralisme, que plusieurs pays (les États-Unis de Reagan, l'Angleterre thatchérienne) tenteront d'appliquer dans les années 1980.

1.2. ...renforcé après la Seconde Guerre mondiale

Au lendemain de la Seconde Guerre mondiale, les États-Unis, première puissance mondiale, concentrent une capacité de production gigantesque, appelée encore à se développer grâce aux techniques de pointe et aux méthodes de gestion les plus efficaces. Malgré une légère récession due aux difficultés de la reconversion et une poussée inflationniste née de la levée des contrôles (entre la fin de 1945 et 1948, les prix augmentent de 40 %), le président Truman peut lancer un vaste programme social, le *Fair Deal*, qui se heurte au conservatisme du Congrès. Le salaire minimum et les prix agricoles sont cependant relevés, la sécurité sociale étendue à de nouveaux bénéficiaires...

Assurant presque le quart des échanges internationaux, *les États-Unis exercent une influence décisive sur le commerce mondial*, grâce au dollar, doublement gagé par la possession des deux tiers du stock d'or et par la force de l'économie nationale. Ils sont les seuls à pouvoir prétendre réorganiser le système économique et financier mondial, de façon à renforcer le néo-capitalisme. C'est absolument nécessaire pour eux ; en effet, le marché intérieur, important, stimule la production, mais les entreprises, concentrées sur le plan technique et financier, ne peuvent s'en contenter. Pour que les firmes puissent continuer à importer des matières premières, exporter des capitaux et créer des filiales à l'étranger, pour que l'énorme production nationale puisse s'écouler à l'extérieur, pour que les Américains puissent recouvrer leurs créances, il faut sortir du dirigisme protectionniste des années 1930 et retrouver des principes libéraux (d'ailleurs réaffirmés en 1941 dans la Charte de l'Atlantique). Les États-Unis vont donc élaborer au lendemain de la guerre un nouveau système économique international, qui, tout en bénéficiant de leur influence, serve les intérêts de leur économie.

Sur le plan monétaire tout d'abord, les accords de Bretton Woods (New Hampshire), signés dès juillet 1944, instaurent l'étalon de change-or (*Gold Exchange Standard*). Mais si l'or conserve sa place de principal actif de réserve et de dénominateur commun des monnaies des États membres, le dollar, dont la valeur est définie par rapport à l'or (35 dollars l'once), monnaie de réserve, joue désormais un rôle international comparable. Les monnaies sont librement convertibles, et les parités de change ne peuvent varier que dans des limites très étroites. Ces accords consacrent, en fait, l'hégémonie du dollar. Pour gérer le nouveau système, est créé un Fonds monétaire international (FMI), chargé d'assurer la surveillance des politiques de change. Chaque État membre verse une quote-part, proportionnelle à ses richesses économiques, qui détermine l'attribution des votes. Le Fonds peut aider les pays en difficulté, par exemple à renflouer leur balance des paiements, à charge pour eux de retrouver rapidement leur équilibre. Par ailleurs, le Fonds dispose d'un droit de regard sur les dévaluations que peuvent mettre en œuvre les États membres.

Sur le plan commercial ensuite, est mis en place le GATT (*General Agreement on Tariffs and Trade*), né à Genève en 1947. Cet accord préconise l'abaissement des tarifs douaniers, tout en respectant le principe de la nation la plus favorisée. Si les pratiques commerciales déloyales sont dénoncées (le dumping par exemple), de nombreuses dérogations sont admises, car certaines situations économiques peuvent parfois nécessiter des mesures protectionnistes. Le GATT se présente donc comme un cadre souple de négociations, auquel vont adhérer très vite une vingtaine de pays qui assurent les trois quarts du commerce mondial.

Sur le plan politique, possédant le monopole nucléaire, les États-Unis s'affirment comme chef de file du monde libre : la doctrine Truman (1947) définit une politique de fermeté vis-à-vis du communisme, l'endiguement (*containment*), qui conduit les Américains à s'engager dans la guerre de Corée (1950-1953). À l'intérieur, l'âpreté de la Guerre froide fait glisser les Américains dans une dangereuse phobie anti-communiste, des grands procès d'espionnage (Hiss, 1948 ; Rosenberg, 1951) à la « chasse aux sorcières » que mène le sénateur du Wisconsin Joseph Mac Carthy.

Sur le plan extérieur, *les États-Unis imposent tout d'abord leur loi au Japon,* pays vaincu qui a subi le choc atomique, où l'appareil industriel est hors service, où la situation sociale est dramatique. Occupant l'archipel, les Américains peuvent prendre, par l'intermédiaire du Commandement suprême des forces alliées, confié au général Mac Arthur, toutes décisions. Ils procèdent tout d'abord à la *liquidation de l'ancien système politique,* par l'épuration de l'administration, l'abrogation du droit de belligérance de l'État et de la Constitution de 1889 : l'empereur perd son caractère divin, le shintoïsme cesse d'être religion d'État. Sur le plan économique, *le capitalisme japonais est démantelé* par la suppression des zaïbatsu ; les trusts doivent en effet disparaître, les plus connus, comme Mitsubishi ou Mitsui sont divisés en centaines de petites sociétés (23 juillet 1946). Ayant ainsi détruit l'ordre ancien, *les Américains font naître un nouveau Japon, sur le modèle occidental.* La nouvelle Constitution (3 mai 1947) met en place une monarchie parlementaire, où l'empereur n'a plus de pouvoir politique mais où sa personne assure la continuité de l'État ; le gouvernement (Cabinet) détient le pouvoir exécutif dont la responsabilité incombe au Premier ministre, le pouvoir législatif appartenant à la Diète, formée de deux chambres. Comme aux États-Unis, existe désormais une Cour suprême, dont le président est désigné par l'empereur sur proposition du Cabinet. La vie politique est désormais rythmée par la succession des élections et des cabinets, que se disputent les partis modernes. Sur le plan économique, les Américains établissent une *réforme agraire,* dans le but de faire accéder les paysans à la petite propriété, pour mettre fin aux relations quasi féodales qui régissent le monde rural ; mais ils souhaitent surtout que *la nouvelle législation japonaise favorise le libéralisme* : les monopoles privés sont prohibés, la liberté du commerce protégée, le développement de combinaisons d'entreprises qui porteraient atteinte à la libre concurrence est interdit.

C'est peut-être dans le domaine social que les États-Unis cherchent le plus à imprimer leur marque : alors que la civilisation japonaise a toujours été fondée sur l'appartenance au groupe, les droits des individus, leurs libertés sont reconnus par le texte fondamental ; l'égalité hommes-femmes est proclamée… Dans le travail, de nouvelles relations sont établies par la constitution de syndicats libres, autorisés à signer des conventions collectives dans les entreprises : dès janvier 1946 se crée la

© ARMAND COLIN. La photocopie non autorisée est un délit

Confédération générale des syndicats de travailleurs, de tendance socialiste ; le mois suivant, le Congrès national des syndicats industriels (communiste) qui maintiendra jusqu'en 1950 une agitation permanente. Dans le domaine culturel, l'influence américaine est tout aussi marquée : la liberté de la presse est affirmée, les films américains et les pièces de théâtre occidentales importées en quantité.

Ayant ainsi imposé leur volonté au Japon, les États-Unis doivent toutefois assouplir leur politique à partir de 1948 : en raison de la Guerre froide, puis de la guerre de Corée, *le Japon devient une pièce maîtresse du jeu américain* ; il faut en faire un allié ; de plus, la politique américaine n'a pas obtenu les résultats espérés, notamment sur le plan économique, à cause des réticences des gouvernements japonais et de la résistance de la population (contestation anticapitaliste, agitation communiste, sentiment anti-américain). Tandis que les libéraux, au pouvoir depuis janvier 1949, s'efforcent de mener une politique de rigueur, souhaitée par les Américains, ces derniers autorisent la reconstitution des anciens zaïbatsu, accroissent leur aide économique. et suspendent, par décision unilatérale, le paiement des réparations. Les relations entre les deux États sont définies par le traité de San Francisco (septembre 1951) : les Américains s'engagent à lever l'occupation, mais ils conservent des bases militaires et des troupes sur le territoire japonais ; le Japon obtient la liberté économique, mais il accorde aux Alliés la clause de la nation la plus favorisée.

La lutte contre le communisme conduit également les États-Unis à accorder une *aide économique à l'Europe* (*Plan Marshall*, 1947), l'obligeant ainsi à renforcer son identité à travers la création de plusieurs organisations :

- L'Organisation européenne de coopération économique (*OECE*) fut créée pour répartir l'aide Marshall. Facilitant les échanges commerciaux, elle se mua en *OCDE* (Organisation de coordination et de développement économique), les États-Unis, le Canada se joignant aux pays européens (puis le Japon en 1964, la Finlande en 1969, l'Australie en 1971).
- La France, le Royaume-Uni et le Benelux formèrent une *Union occidentale* (pacte de Bruxelles, 17 mars 1948) pour lier leurs efforts de redressement économique et pour établir un conseil militaire permanent. Toutefois, devant la menace de la Guerre froide, l'appui militaire des États-Unis est proposé aux Européens : le Pacte atlantique (4 avril 1949) fut la base de l'*OTAN* (Organisation du Traité de l'Atlantique Nord) sous la coupe des Américains.

2. LES PANNES DU MODÈLE AMÉRICAIN

2.1. Les premiers problèmes

2.1.1. La voie moyenne (1952-1960)

Dans les années cinquante, *les États-Unis connaissent une « douce euphorie »* : le nouveau président, le général « Ike » Eisenhower, héros de la Seconde Guerre mondiale, commandant en chef des forces de l'OTAN depuis 1950, jouit d'une forte personnalité ; il rassure une population américaine de plus en plus effrayée par les excès du maccarthysme. Très proche des milieux d'affaires, Eisenhower définit son rôle comme celui d'un arbitre qui rechercherait le juste milieu, la « voie moyenne ». Si les impôts sur les sociétés sont réduits et le contrôle des prix abandonné, les acquis du *New Deal* et du *Fair Deal* ne sont pas remis en question. Les brèves mais dures récessions économiques de 1953-1954 et de 1957-1958 n'empêchent pas les États-Unis de se maintenir au premier rang mondial : la société de consommation, proposée comme modèle à tous, triomphe.

Sous l'impulsion du secrétaire d'État John Foster Dulles, la politique étrangère adopte un nouveau style ; l'heure n'est plus à l'endiguement mais au « refoulement » (*roll-back*) du communisme. Par l'intermédiaire de la CIA, *les États-Unis interviennent donc pour renverser des régimes jugés trop progressistes*, en Iran en 1953, au Guatemala en 1954. Cela n'empêche pas de compléter la politique d'endiguement : sur le modèle de l'*OTAN*, l'*OTASE* (Organisation du Traité de l'Asie du Sud-Est) est constituée en 1954 ; en 1955, les États-Unis encouragent la formation au Proche-Orient du *Pacte de Bagdad*, sous l'égide de la Grande-Bretagne.

Les premiers nuages ne tardent pas, pourtant, à s'accumuler. Les Noirs, tout d'abord, sont déterminés à faire respecter leurs droits ; aussi organisent-ils des manifestations non-violentes, par exemple, en 1955-1956, le boycottage des bus à Montgomery (Alabama) pour *en finir avec le système de ségrégation de fait existant dans le Sud*. Mais l'emploi de la force publique s'avère parfois nécessaire à l'application de la loi : les troupes fédérales interviennent en 1957 à Little Rock (Arkansas) pour forcer à la déségrégation dans une école publique, selon la décision prise par la Cour suprême en 1954.

Pendant le second mandat (1956-1960) du président Eisenhower, les États-Unis se sentent humiliés, en premier lieu par la *progression des sentiments anti-américains en Amérique latine* (mouvements d'hostilité envers le vice-président Nixon au Venezuela) et en Extrême-Orient (en 1960, le président Eisenhower évite le Japon au cours de son voyage en Asie) ; ensuite par les succès spatiaux des Soviétiques (Spoutnik, premier satellite autour de la Terre en 1957, premier engin envoyé sur la Lune en 1959, Gagarine, premier homme dans l'espace en 1961) ; et enfin par la chute de leur allié Batista à Cuba, en 1959.

2.1.2. Le rêve démocrate en échec

John Fitzgerald Kennedy, puis Lyndon B. Johnson se proposent d'éliminer la pauvreté et l'injustice, de lutter contre l'ignorance et la ségrégation raciale, d'œuvrer pour la paix dans le monde, de repousser les limites humaines: *de la Nouvelle Frontière à la Grande Société, ils élaborent des projets ambitieux pour leur pays*. Le rêve américain est alors à son apogée... Si Kennedy se heurte à l'opposition d'un Congrès encore trop timoré, l'habileté de Johnson, politicien accompli, lui permet d'obtenir des parlementaires des réformes importantes (aide médicale, lois sur l'enseignement, et surtout égalité des droits civiques en juillet 1964). La fonction présidentielle, déjà grandie par l'assassinat de Kennedy (Dallas, 22 novembre 1963), en sort renforcée.

Les années soixante sont pourtant celles de la contestation. Les jeunes Américains, en particulier les étudiants, rejettent le modèle social qui leur est proposé, lui préférant la recherche de l'épanouissement individuel (phénomène « hippy »). Les Noirs quant à eux, poursuivent leur lutte pour une véritable reconnaissance, mais les grandes marches préconisées par le pasteur *Martin Luther King* (Washington, août 1963) ne paraissent pas susceptibles de résoudre les vrais problèmes de la condition noire ; les nouveaux leaders, tel Stokeley Carmichaël, affirment que l'égalité devant la loi ne suffit pas, tant que l'inégalité économique n'a pas été supprimée. Des mouvements révolutionnaires (*Musulmans noirs, Panthères noires...*) qui refusent

© Armand Colin. La photocopie non autorisée est un délit

l'intégration, se développent donc, provoquant des heurts très violents, en 1964 à Harlem, en 1965 à Los Angeles, et dans toutes les grandes villes lors des « étés chauds » de 1966, 67 et 68.

Tous ces mouvements se cristalliseront bientôt sur *l'opposition à la guerre du Vietnam*, conflit qui anéantit le rêve démocrate : comme ses prédécesseurs, John Kennedy s'est préoccupé des progrès du communisme dans le monde : très ferme face aux Soviétiques dans l'affaire des fusées de Cuba (octobre 1962), il a fondé l'Alliance pour le Progrès, destinée à venir en aide aux pays d'Amérique latine, chasse gardée par excellence des États-Unis. Mais il a été aussi amené à poursuivre l'action d'Eisenhower en faveur du Sud-Vietnam, en y envoyant des « conseillers militaires » sans cesse plus nombreux... En août 1964, c'est l'incident du golfe du Tonkin qui permet à Johnson, avec l'assentiment du Congrès, d'intervenir directement dans le conflit. Dès lors, c'est l'escalade : les États-Unis, de 1964 à 1968, s'engagent toujours plus profondément au Vietnam[1].

2.2. Des désillusions vietnamiennes...

2.2.1. Sortir du bourbier (1968-1973)

• *Une guerre interminable*

En 1968, la guerre du Vietnam amorce un tournant et s'amplifie considérablement : l'offensive du Têt (30 janvier), considérée comme un échec militaire pour le Nord et ses alliés du FLN, a de profondes conséquences politiques et psychologiques, en suscitant de vives réactions au sein de l'opinion publique américaine, qui prend davantage conscience des difficultés de l'armée... Le 31 mars, Johnson annonce qu'il est prêt à négocier ; les conversations entre les deux camps débutent à Paris en mai ; le 31 octobre, Johnson ordonne l'arrêt des bombardements sur le Nord-Vietnam. Son successeur, Richard Nixon, se montre, à peine élu, tout aussi décidé à mettre un terme au conflit : à l'heure de la détente, le pays ne doit plus gaspiller ses forces et ses ressources dans les jungles asiatiques, mais il faut éviter un retrait pur et simple des Américains, qui ne permettrait pas l'établissement à long terme d'un régime démocratique à Saïgon.

• *Un impératif : en finir*

Sortir du bourbier où les Américains sont enlisés depuis plus de quatre ans est devenue une nécessité absolue, pour de multiples raisons.

Économiques tout d'abord : pour chacune des trois années les plus coûteuses du conflit – 1967, 1968 et 1969 –, les dépenses ont représenté 3 % du PNB. Dès 1971, le déclin économique, dû en grande partie aux conséquences du conflit vietnamien, est d'ailleurs sanctionné par l'abandon de la libre convertibilité du dollar en or, et par la dévaluation de la monnaie américaine de près de 8 %, seules mesures paraissant alors susceptibles de réduire le déficit de la balance commerciale.

Diplomatiques aussi : la détente avec l'URSS, la normalisation des relations avec la Chine ne peuvent se développer tant que les Américains mènent au Vietnam un combat que les pays socialistes qualifient d'impérialiste. Les Européens eux-mêmes critiquent cette guerre qui s'éternise : les mouvements de protestation se multiplient dans les grandes villes et sur les campus universitaires en France, en Italie, en Allemagne.

---

1 *Cf.* troisième partie Vietnam, p. 359.

Politiques ensuite : Richard Nixon est l'élu d'une minorité d'Américains (43 %) ; il ne peut laisser s'accentuer les clivages entre « colombes », « faucons », « ex-faucons » qui, s'entre déchirant, réduisent sa marge de manœuvre. De plus, les dirigeants savent qu'au Vietnam, l'armée américaine se désagrège peu à peu, minée par l'usage de la drogue, les mutineries et les trafics en tout genre...

Morales, enfin : la guerre doit cesser pour mettre un terme au traumatisme de l'opinion publique américaine. Elle s'inquiète en effet des pertes toujours plus lourdes du corps expéditionnaire – constitué en majorité d'appelés – et s'interroge sur les causes de la présence américaine au Vietnam, sur les buts poursuivis « là-bas », sur le bien-fondé de l'intervention... Peu à peu, l'opinion s'effraie des méthodes de l'armée : c'est bien l'aviation américaine qui accomplit des raids massifs sur le Nord, qui déverse des tonnes de défoliants, qui fait usage du napalm pour incendier les zones suspectées de couvrir le Viêt-công.

Aussi l'hostilité à la guerre du Vietnam draine-t-elle tous les courants d'opposition des années 1960; elle rassemble ceux qui refusent le modèle de la société d'abondance, ceux qui luttent pour l'égalité et la justice, mais elle symbolise également la fracture profonde qui divise alors les Américains. Les médias, en particulier la télévision, ont été accusés d'avoir encouragé la lutte contre la guerre ; Richard Nixon lui-même a soutenu cette thèse avec vigueur. Si aucune étude n'a permis de mesurer leur influence exacte sur l'évolution de l'opinion, il est irréfutable qu'en dévoilant au public une réalité partielle – puisque la manière de combattre des Vietnamiens du Nord ou du Viêt-công n'apparaît pas dans la plupart des reportages – les médias se sont montrés défavorables à l'engagement américain.

L'opposition à la guerre revêt les formes les plus variées et elle met en scène, aux États-Unis et à l'étranger, des acteurs fort divers par leur âge, leur condition sociale, leurs fonctions. Elle est d'abord le fait de certains hommes politiques. Dès 1967, *d'anciens collaborateurs du président Kennedy*, comme son frère Robert, Arthur Schlesinger, le général Lauris Norstad, ex-commandant supérieur atlantique en Europe, l'économiste John Kenneth Galbraith, prennent leurs distances et émettent des réserves sur l'action de l'administration Johnson. En 1968, Eugene Mac Carthy, candidat à l'investiture présidentielle, gagne, à proclamer ses convictions pacifiques, une grande popularité auprès de la jeunesse. En octobre 1969, au Congrès, des leaders qui s'étaient déjà élevés contre l'escalade au Vietnam reprennent leurs critiques ; en juin 1970, le Congrès abroge la résolution du Tonkin – qui avait autorisé, en août 1964, le président à réagir comme il l'entendait – et, lors du vote du budget, manque de couper les crédits pour les opérations au Laos et au Cambodge. *Les intellectuels, eux aussi, s'élèvent contre la poursuite de la guerre*, en particulier les étudiants : sur les campus, ils s'agitent, se réunissent en sit-in, ils bloquent la circulation sur les autoroutes, se mobilisent pour de grandes marches pacifistes. Les jeunes appelés brûlent leur livret d'incorporation ; certains même s'établissent à l'étranger, au Canada ou en Suède, pour échapper à la conscription. Pour étendre la campagne à l'extérieur des campus, une journée nationale d'action est prévue le 15 octobre 1969 ; de très grandes manifestations se déroulent à Washington, New York, Boston, Baltimore, Detroit, Los Angeles, ainsi que dans plus de 800 universités et collèges. L'extension de la guerre au Cambodge, en 1970, provoque de nouveaux « désordres » sur le tiers des campus environ ; à l'Université du Kent dans l'Ohio, quatre étudiants sont tués par la Garde nationale. La publication, en 1971, par le *New York Times*, des *Dossiers du Pentagone* éclairant les conditions dans lesquelles les États-Unis s'étaient empêtrés au Vietnam et le procès du lieutenant Calley,

© ARMAND COLIN. La photocopie non autorisée est un délit

responsable du massacre de Song My, puis son amnistie par le président Nixon, font se multiplier les cas d'insoumission et de désertion. Au Vietnam enfin, *les soldats eux-mêmes en viennent à douter du sens de leur mission* : pour bon nombre d'entre eux, participer au conflit signifiait se couvrir de gloire, marcher sur les traces glorieuses de leurs pères, s'enrôler sous le drapeau de la liberté…

- **Vers le bout du tunnel ?**

Pour tenter de quitter « honorablement » le Vietnam, Richard Nixon élabore une politique complexe :

1. *« Vietnamisation » croissante du conflit*, par une augmentation de l'aide financière et matérielle aux troupes sud-vietnamiennes (rencontre Nixon-Thieu, chef de l'État sud-vietnamien, à Midway, 8 juin 1969).

2. *Désengagement graduel mais inconditionnel de l'armée de terre américaine* (ses effectifs passent de 500 000 hommes en 1968 à 475 000 en 1969, à 330 000, puis 160 000 les deux années suivantes). Par contre, les forces aériennes et navales sont accrues.

3. *Extension et intensification des opérations ;* aussi, au printemps 1970, Nixon fait-il attaquer les bases communistes au Cambodge[2], à la demande du chef du gouvernement Lon Nol ; en 1971, la guerre est portée au Laos et, en mai 1972, les Américains effectuent des bombardements massifs sur Hanoï, organisent le blocus et le minage du port d'Haïphong, par où l'aide soviétique parvient au Nord-Vietnam.

4. *Accélération des négociations :* les entretiens que Henry Kissinger – conseiller personnel du président Nixon pour la sécurité nationale – mène en secret avec Le Duc Tho, représentant de Hanoï, suivent les vicissitudes des combats, mais aussi de la situation intérieure américaine. Après les bombardements sur Hanoï, par exemple, le président Nixon ne se montre guère pressé de voir conclure un accord, sûr qu'il est de sa réélection face à Mac Govern, tandis que les Vietnamiens comprennent que traiter avec un président réélu serait beaucoup plus délicat. Mais, en fait, c'est la politique américaine de rapprochement avec l'URSS et la Chine qui conduit Hanoï à assouplir ses positions ; *les pourparlers de Paris s'accélèrent et un accord intervient le 27 janvier 1973*, prévoyant la fin de toute intervention dans le Nord, la libération des prisonniers américains, la limitation de l'aide militaire au Sud, placé sous contrôle d'une commission États-Unis – GRP…

Le 27 janvier 1973, les États-Unis sortent donc de la guerre la plus longue de toute leur histoire et, même si Kissinger et Le Duc Tho sont honorés du prix Nobel de la paix, les accords de Paris signent la *première défaite américaine* : 7 millions de tonnes de bombes ont été larguées sur le Vietnam ; les pertes américaines se révèlent lourdes (57 000 morts, 300 000 blessés ou mutilés, des milliers de drogués, d'exilés, de déserteurs). Durant la guerre, le déficit s'est creusé, l'inflation aggravée, le dollar affaibli… Impopulaire, le conflit ne pouvait se solder que par une défaite, jugée inéluctable, puisque, pour beaucoup, l'Amérique a mené là un combat impérialiste. Aux États-Unis mêmes, il a révélé les faiblesses du système politique : à plusieurs reprises, le Congrès s'est laissé manipuler par une présidence de plus en plus autoritaire.

---

2   *Cf.* troisième partie, Cambodge, p. 269.

2.2.2 Le faux oubli (1973-1974)

Les accords de Paris signés, les Américains souhaitaient d'abord oublier ce qui s'était passé ; l'actualité intérieure et internationale contribua fortement à les détourner de toute crise de conscience.

* *Le Watergate et ses conséquences*

L'affaire principale de la période – qui devait coûter la présidence à Richard Nixon – débute comme une banale opération d'espionnage : dans la *nuit du 16 au 17 juin 1972*, cinq hommes sont surpris à inspecter les locaux du Parti démocrate, situés dans l'immeuble du Watergate à Washington. Lorsqu'il semble que des membres de l'entourage présidentiel sont compromis, l'affaire prend une autre dimension. *Le Congrès et la presse lancent une vaste offensive contre la présidence.* On apprend alors que toutes les conversations qui ont eu lieu depuis 1970 dans le bureau ovale du président ont été enregistrées. Richard Nixon, s'appuyant sur le « privilège de l'exécutif » – par lequel, à certaines conditions, le président des États-Unis peut refuser de livrer au Congrès les documents et les informations qui lui sont demandés – refuse de communiquer les bandes à l'instance judiciaire ou à la commission d'enquête du Sénat. Peu à peu, la procédure d'*impeachment* est envisagée. La commission judiciaire de la Chambre des représentants adopte trois chefs d'accusation : obstruction à la justice, abus de pouvoir, outrage au Congrès. Écartant l'argument du privilège de l'exécutif, la Cour suprême ordonne au président de livrer les bandes ; elles révèlent que, au courant de l'affaire depuis le début, celui-ci avait cherché à étouffer le scandale. *Le 8 août 1974, au cours d'une allocution télévisée, Richard Nixon annonce sa démission*, indiquant qu'il a agi pour ce qu'il croit être « le meilleur des intérêts de la Nation ». Le « Watergate » croise d'autres scandales qui ne lui sont pas directement liés, mais qui peuvent concerner aussi la Maison-Blanche, notamment la démission du vice-président Spiro Agnew (octobre 1973), accusé de fraude fiscale, corruption, extorsion ; ou encore les pressions exercées sur Daniel Ellsberg qui, en 1971, avait livré à la presse les *Dossiers du Pentagone*, révélant les raisons et les dessous de l'intervention américaine au Vietnam.

Plus que l'affaire du Watergate elle-même, ce qui importe aux Américains, c'est ce qu'elle leur révèle, au fur et à mesure que l'enquête se poursuit. Peu à peu, ils acquièrent la conviction que, durant toute la guerre du Vietnam, leurs faits et gestes ont été épiés, leurs conversations téléphoniques enregistrées, que bon nombre d'entre eux ont été fichés, bref, qu'ils ont vécu à l'ombre du FBI et de la CIA. Le maccarthysme ne serait-il donc pas mort ? En outre, ils sont amenés à réfléchir au bon fonctionnement de leur démocratie, qui passe pour un modèle depuis presque deux siècles : le « cambriolage » du Watergate est lié à la conduite d'une campagne électorale, dont le financement a été illégal, alors que la plus grande légalité en ce domaine devrait être une des pratiques fondamentales de la démocratie... L'abstentionnisme ne peut qu'en sortir renforcé. De plus, *les Américains perdent confiance en leurs hommes politiques* ; la démission de Spiro Agnew, puis la mise en cause de R. Nixon soulignent la crise que traverse l'institution présidentielle : élu de la collectivité nationale, se croyant le garant de l'intérêt national contre les parlementaires représentant les intérêts locaux, le président a renforcé ses pouvoirs, la présidence est devenue « impériale »... Mais le président ne saurait être au-dessus des lois, l'affaire du Watergate est là pour le rappeler.

© ARMAND COLIN. La photocopie non autorisée est un délit

Le scandale du Watergate offre au Congrès l'occasion de prendre des mesures tendant à réduire le pouvoir présidentiel. Grâce au veto législatif, peut être ajouté au texte de loi un amendement qui permet au Congrès d'en contrôler l'application (par exemple, si le Congrès vote des crédits d'aide à l'étranger, il peut préciser que ces crédits seront réduits si les droits de l'homme ne sont pas respectés). Dans le domaine budgétaire, le Congrès se donne les moyens de contrôler l'ensemble de la procédure (*Congressional Budget* et *Impoundment Control Act*, 1974). Le président Nixon et les parlementaires n'avaient cessé de se heurter à ce sujet : voulant réduire les dépenses fédérales, Nixon opposait son veto aux mesures décidées par le Congrès ; ce dernier passait outre à la majorité des deux tiers, et le président recourait alors à des procédés constitutionnels mais controversés comme le « veto de poche »... En ce qui concerne la Défense, le *War Powers Resolution Act* (1973) précise les pouvoirs respectifs du président et du Congrès : le président est autorisé à engager des troupes, s'il y a déclaration de guerre, s'il en a reçu l'autorisation, ou en cas d'attaque soudaine ; mais il est tenu d'en informer le Congrès dans les 48 heures, et il ne peut maintenir les troupes en action que pendant 60 jours, sauf si le Congrès en décide autrement. Enfin, l'*Arms Export Control Act* (1975) oblige le président à soumettre au veto législatif toute vente à l'étranger d'équipement militaire supérieure à un certain montant ; conjointement, les Chambres auront alors un mois pour s'opposer à la vente, à la majorité simple.

• Des relations extérieures problématiques

Au début des années 1970, en dehors du Vietnam, deux problèmes extérieurs préoccupent les États-Unis : l'Europe et le Proche-Orient. Avec le Vieux Continent, les relations se tendent ; protecteurs du « monde libre », assumant de lourdes responsabilités, mais dépensant et consommant plus qu'ils n'épargnent et ne produisent, les États-Unis voient le déficit du budget fédéral se creuser et ils estiment donc pouvoir exiger de leurs partenaires une participation plus grande à l'effort commun de défense. Or *l'Europe paraît peu décidée à répondre à cette attente et préfère renforcer ses positions* (création du Serpent monétaire européen en avril 1972 ; entrée du Royaume-Uni, du Danemark et de l'Irlande dans le Marché commun en janvier 1973). Washington s'inquiète de cette Europe élargie, unie sur le plan politique, économique et monétaire, d'autant plus que l'*Ostpolitik* menée à Bonn par le chancelier Willy Brandt depuis 1970, a permis de normaliser les rapports avec l'Est.

Plus graves encore apparaissent les problèmes du Proche-Orient. Les Américains considèrent cette zone comme l'une des plus vitales, puisqu'elle fournit au monde industrialisé, en particulier à l'Europe et au Japon, une grande partie de ses ressources énergétiques, mais aussi comme l'une des plus dangereuses du globe. À juste titre, puisque la guerre du Kippour (6 octobre 1973) oblige les Américains à venir en aide à leurs alliés israéliens. La crise retombée, *les États-Unis assument désormais des responsabilités majeures dans le rétablissement de la paix au Proche-Orient*: la diplomatie des « petits pas » de Kissinger permet la conclusion d'accords sur le désengagement des troupes entre l'Égypte et Israël, puis entre Israël et la Syrie en janvier et mai 1974.

• La crise économique de 1974

Sortant à peine (et à quel prix !) du guêpier vietnamien, les États-Unis sont frappés de plein fouet par la crise mondiale de 1973-1974.

La *montée extraordinaire des cours des matières premières, notamment la forte augmentation du prix du pétrole*, ne saurait, à elle seule, expliquer toutes les difficultés ; le débridement monétaire joue aussi un rôle-clef ; les États-Unis achetant toujours davantage sur le marché extérieur, les dollars s'accumulent en Europe. En même temps, les sociétés multinationales, réalisant à l'extérieur des investissements plus rentables qu'aux États-Unis mêmes, poussent à investir à l'étranger ; *l'économie américaine est donc maintenue dans un état de stagnation tandis que sévit l'inflation (c'est la « stagflation »)*. Il arrive un moment où le taux d'inflation devient insupportable, ce qui provoque l'instabilité des taux de change à partir de 1973. En mars, en effet, les banques centrales refusent de défendre les nouvelles parités (le dollar a été à nouveau dévalué) et laissent flotter leurs monnaies. L'égoïsme sert de règle comme solution à la crise... Les coûts élevés de l'énergie, cependant, ne paraissent d'abord pas défavorables aux États-Unis ; ceux-ci ne sont encore que d'assez faibles importateurs de pétrole d'une part ; d'autre part, les banques américaines voient affluer les « pétrodollars » en quête de profit.

Les administrations Nixon et Ford tentent de trouver des issues au *problème énergétique*, d'abord en libérant les contingents d'importation de pétrole en 1973, puis en créant, en 1974, une Agence fédérale de l'énergie chargée de favoriser l'exploitation et l'exploration pétrolière, mais aussi d'effectuer des recherches sur les énergies nouvelles. Par ailleurs, les Américains lancent un appel aux membres de l'OCDE, qu'ils invitent à entrer dans l'Agence internationale pour l'Énergie ; l'approvisionnement américain serait plus ou moins garanti par les autres pays ; un projet de fonds de recyclage des pétrodollars est même envisagé.

2.2.3. De la crise au syndrome vietnamien (1975-1980)

• *La persistance des difficultés économiques*

Soucieux avant tout de conserver leur suprématie et de préserver leur niveau de vie, les États-Unis cherchent plus à s'adapter à la double crise économique et énergétique qu'à en éliminer les causes.

Dans le domaine énergétique, Gerald Ford, sur les traces de Nixon, libère le prix du pétrole en 1976 ; cette mesure devrait favoriser la hausse du prix des hydrocarbures qui se rapprocherait du cours mondial, et donc limiter les importations et stimuler l'exploitation des réserves américaines (les gisements de l'Alaska commenceront à produire en 1977). Avec Jimmy Carter, la politique énergétique se veut plus globale et plus dirigiste. Le président Carter formule un programme énergétique en avril 1977, dans le but de réduire la consommation de pétrole et d'encourager les énergies nouvelles. En 1979, il double ce programme d'un plan d'alignement des prix sur le cours mondial. Des succès plus importants sont obtenus à l'étranger, puisque les États-Unis signent alors des contrats avec des pays producteurs, le Mexique et le Canada, mais aussi l'URSS et l'Algérie, ou encore l'Iran et les pays arabes.

Dans le domaine monétaire, le dollar ayant des cours très variables, la volonté de défense semble bien faible et passagère, puisque jouer la facilité est si profitable. En 1979-1980, Jimmy Carter s'engage cependant dans une politique plus ferme. Comme Nixon au début de sa présidence, mais de manière plus modérée, il s'oriente vers une politique de déflation, visant à relever le taux de l'escompte, augmenter le taux des réserves obligatoires des banques, à faire vendre de l'or par le Trésor. Le crédit est limité, mais l'émission de dollars se poursuit. En novembre 1978, Carter

© ARMAND COLIN. La photocopie non autorisée est un délit

fait donc appel à la solidarité internationale pour freiner la chute du dollar, en constituant un fonds d'intervention de 30 milliards de dollars. Dans ce but, les États-Unis procéderont à un tirage sur leur tranche de réserve au FMI, mettront en place des crédits « swaps » (par lesquels les pays à monnaie forte acceptent d'échanger momentanément la leur contre des dollars) et lanceront des bons du Trésor libellés pour la première fois en monnaies étrangères.

Dans le domaine budgétaire, Carter s'efforce de limiter le déficit, notamment par de lourdes ponctions fiscales. Malgré de bons résultats tout d'abord, il n'y parvient pas. Surtout, la hausse des impôts, très impopulaire, a soulevé une vive opposition en 1978 en Californie et le mouvement s'est ensuite étendu à d'autres États.

Les résultats obtenus par l'administration Carter sont des plus minces. L'inflation n'est pas durablement contrôlée, les Américains comptent sur leurs partenaires pour venir au secours du dollar ; ils vivent au-dessus de leurs moyens en se préoccupant plus des effets de la crise que de ses causes profondes.

• *Les problèmes socio-politiques*

Les institutions sont victimes de véritables grippages. Le système fédéral, s'il reste tel dans ses principes, offre une image de plus en plus centralisée. Les instances locales et les municipalités se trouvent en fait dépendantes des financements fédéraux ; la centralisation est également renforcée par l'importance de la réglementation dans les années 1970 : les agences fédérales, créées à partir de 1964, prennent des mesures sur les problèmes les plus divers, qu'il s'agisse de l'environnement, de la consommation, de la sécurité dans le travail ou de l'embauche des minorités. Par ailleurs, la Cour suprême joue un rôle nouveau : force de mouvement qui avait, dans les années 1960, modifié en profondeur la jurisprudence sur les droits civiques, le droit criminel, le droit électoral, la Cour suprême ne semble plus être l'élément moteur du système fédéral. Baptisée « cour Nixon », puisqu'au cours de son mandat, le président avait nommé quatre juges, dont le *Chief Justice* Warren Burger, et souvent qualifiée de conservatrice, voire de réactionnaire, la Cour suprême n'a pas contribué à clarifier les décisions antérieures, mais les a, au contraire, plutôt remises en question par des mesures confuses. Enfin, l'affaire du Watergate a renforcé la tendance des Américains à se méfier de leurs institutions et de la vie politique en général. Même s'ils déclarent s'y intéresser, les deux tiers d'entre eux ayant vu les débats télévisés Ford-Carter pour la campagne électorale de 1976, ils ne votent pas ; en 1980, alors que l'accès aux urnes a été facilité (1970-1972 : suppression du cens, des tests d'alphabétisation, des conditions de résidence), 78 millions d'Américains en âge de le faire n'ont pas voté. Carter voit dans cet abstentionnisme un des symptômes de la « crise de l'esprit américain ». En fait, les raisons en sont plus complexes : elles tiennent au déclin du rôle des partis politiques, à l'échec constant du syndicalisme, au développement de l'influence de coalitions de toute nature.

Les nouvelles minorités posent, quant à elles, bien des problèmes. Les *Hispaniques* voient leur population augmenter de plus de 60 % entre 1970 et 1980, notamment dans les États de Californie, Texas, Floride et New York. Formées essentiellement de Mexicains (pour les deux tiers environ) et de Portoricains, ces nouvelles minorités, installées dans les quartiers les plus pauvres des grandes villes du Sud-Ouest, ou dans des ghettos à New York (le Bronx), Miami ou Chicago, sont plus souvent et plus profondément touchées par le chômage, l'analphabétisme, la maladie, la délinquance, que les autres couches de la population. Parmi elles, le groupe des Cubains fait figure de privilégié puisqu'il s'agit d'une élite économique qui a fui le régime castriste, en transférant des biens mobiliers, et qui a investi en Floride dans de petites entreprises ou des commerces. *La plupart au contraire des « Chicanos » ou des Portoricains acceptent des emplois mal payés et pénibles ;* passifs, durs à la tâche, ils entrent en concurrence directe avec les travailleurs blancs ou noirs qui doivent soit accepter les mêmes conditions, soit se résoudre au chômage. Leur présence entraîne une certaine hispanisation des Américains : leurs écoles sont bilingues et leur musique ou leur cuisine connaissent un grand succès... Mais leur situation économique, des plus difficiles, suscite des inquiétudes : en 1977, le plan Carter, sur cette question, prévoit un renforcement des contrôles frontaliers et la prise de sanctions contre les employeurs d'immigrants clandestins. Les mesures adoptées n'ont rien réglé.

• *La paralysie de la politique étrangère*

De 1974 à 1979, la politique étrangère américaine traverse une crise très grave. La venue à la Maison-Blanche de Gerald Ford n'aurait pas dû constituer *a priori* une rupture, puisque Henry Kissinger est maintenu dans ses fonctions de secrétaire d'État : sans doute la politique visant à rapprocher les États-Unis de la Chine et à diminuer l'influence soviétique dans le monde se poursuivra-t-elle. Mais, si pour Richard Nixon la politique étrangère ne souffrait aucune négligence, son successeur ne semble y accorder qu'une attention toute relative. Certes Gerald Ford se montre décidé à renforcer la détente : il signe avec Brejnev, en novembre 1974, à Vladivostok, un texte qui doit servir de cadre au futur traité SALT II, mais les négociations s'enlisent vite par la suite, de même que se révèlent décevants les accords d'Helsinki. L'autre acteur de la politique étrangère, le Congrès, vit – malgré le *War Powers Act* – dans la crainte d'un nouveau Vietnam, paralysant ainsi la politique étrangère.

Le *syndrome vietnamien* fait d'autant plus sentir ses effets que, le 15 et le 29 avril 1975, Phnom Penh et Saïgon sont tombées aux mains des communistes. Pour les États-Unis, c'est un véritable désastre : la chute de la capitale sud-vietnamienne ravive des blessures mal cicatrisées ; les Américains s'interrogent sur leur responsabilité passée ou présente (depuis 1974, les crédits d'assistance militaire et économique au Sud-Vietnam ont été considérablement réduits), sur le sens de la guerre qu'ils ont menée, sur le devenir de leurs vétérans et des populations vietnamiennes... « No more Vietnam » devient un leitmotiv dans les conversations de la rue ou les discussions du Congrès.

La crise chypriote de l'été 1974 et les problèmes du Proche-Orient ont d'ailleurs révélé l'incertitude de la politique extérieure américaine. La stratégie des petits pas se trouve dans l'impasse. La crise pétrolière de 1974 ayant développé dans l'opinion américaine une hostilité certaine au monde arabe, le Congrès vote pour Israël des crédits que le président Ford n'a même pas demandés, courant ainsi le risque de pousser les Arabes dans le camp soviétique. Malgré tout, Henry Kissinger a poursuivi ses efforts pour faire aboutir les négociations israélo-égyptiennes. La rupture de l'Égypte avec l'URSS en mars 1976 offre un grand succès aux Américains, de bien courte durée cependant ; *la guerre civile s'amplifie au Liban* et, en juin 1976, la Syrie intervient. À la conférence de Ryad (octobre 1976), l'Égypte accepte la mainmise de Damas sur le Liban[3], niant ainsi toute influence américaine dans la région.

En Afrique, la politique étrangère américaine subit des revers tout aussi cuisants, avec la signature par l'URSS, en octobre 1976, et en mars 1977 – sous la présidence Carter – de traités d'amitié et d'assistance avec l'Angola et le Mozambique[4],

---

3   *Cf.* troisième partie, Liban, p. 300.
4   *Cf.* troisième partie, Mozambique, p. 311.

© ARMAND COLIN. La photocopie non autorisée est un délit

anciennes colonies portugaises. Malgré l'intérêt économique et stratégique de ces régions, le Congrès s'oppose à la poursuite en Angola[5] de l'aide au FNLA et à l'UNITA dans leur combat contre le MPLA soutenu par l'URSS et Cuba.

Lorsque se ferme (novembre 1976) la « parenthèse Ford », les États-Unis veulent retrouver confiance en leur propre puissance, en leur mission dans le monde. Baptiste convaincu, le nouveau président, *Jimmy Carter, entend moraliser l'action politique*; selon lui, la détente et l'équilibre stratégique entre les grands doivent céder le pas à la recherche de la justice et de l'égalité entre les peuples. Désormais il faut en finir avec la *Realpolitik* de l'ère Kissinger et avec les pratiques de la diplomatie secrète ; le Congrès et l'opinion disposent en effet d'un droit de regard sur les affaires étrangères. D'ailleurs, pour Zbigniew Brzezinski, conseiller du président en politique extérieure, la sécurité des États-Unis ne provient pas seulement de leur puissance militaire, mais « d'autres formes de puissance – économique, sociale, politique, morale ». *L'Amérique se pose donc en champion de la défense des droits de l'homme*; dès mars 1977, Jimmy Carter demande à l'ONU de créer un haut-commissariat sur ce problème. Plus que jamais, le syndrome vietnamien fonctionne ; en témoigne le geste symbolique du président qui, quelques mois après son élection, amnistie dix mille déserteurs et objecteurs du Vietnam... Cette politique de bons sentiments apparaît vite comme naïve, voire incohérente, en particulier dans les relations avec les pays socialistes : le rétablissement des relations diplomatiques avec la Chine semble avoir retardé la conclusion des accords SALT II, même si Carter multiplie les gestes vers l'URSS en freinant la mise en place des programmes d'armement.

Pourtant, Jimmy Carter obtient quelques succès ou parvient à des résultats qui passent alors pour tels. En septembre 1977, les Américains signent avec la République panaméenne un traité qui rétrocède aux Panaméens la juridiction sur la zone du canal ; les installations de défense et d'administration du canal passeront sous la tutelle unique de l'État panaméen le 31 décembre 1999, à condition toutefois qu'à cette date, Panama possède la capacité manifeste de maîtriser la gestion du canal. L'accord est ratifié par le Sénat et constitue une victoire pour le président Carter, même si l'opposition – notamment le futur président Reagan – a souligné l'intérêt stratégique de cette région pour les États-Unis...

Au Proche-Orient, Jimmy Carter s'est montré très soucieux de favoriser le rétablissement de la paix, d'abord pour des raisons humanitaires, mais aussi à cause de la crise pétrolière qui frappe les États-Unis. Persuadé qu'il pouvait intervenir personnellement, il a favorisé une rencontre entre Begin et Sadate, dans sa résidence de week-end de *Camp David, du 5 au 19 septembre 1978*. Les textes signés à Camp David tentent de régler les problèmes posés par l'occupation de Gaza et de la rive Ouest du Jourdain ; ils constituent en fait un cadre pour la réalisation d'un *accord égypto-israélien futur*. Jimmy Carter obtient un triomphe personnel, qui renforce son autorité et son prestige ; mais l'euphorie dure bien peu, puisque les pays arabes, refusant l'attitude conciliatrice de l'Égypte, la marginalisent. À peine formés, les espoirs de paix au Proche-Orient s'évanouissent...

Remis en question dès leur conception, le traité de Panama et les accords de Camp David ne suffisent pas à masquer *les échecs très lourds que subissent les États-Unis de Jimmy Carter partout dans le monde*. En Afrique, les Soviétiques s'engouffrent dans les brèches laissées ouvertes par l'incurie américaine ; à l'Angola, au

---

5   *Cf.* troisième partie, Angola, p. 256.

Mozambique, s'ajoute l'Éthiopie. En Amérique centrale, l'administration Carter rompt avec la tradition diplomatique américaine ; à la différence de ce qui s'était produit au Guatemala en 1954, à Cuba en 1961, en République dominicaine en 1965, les États-Unis se refusent à soutenir Somoza, dont le clan, exerçant sa dictature sur le Nicaragua depuis 1936, est renversé par l'opposition armée et révolutionnaire en juillet 1979[6]. Non pas que les États-Unis n'éprouvent plus d'intérêt pour cette région : les nombreux voyages effectués par le président Carter ou par son épouse Rosalynn expriment au contraire leur volonté de préserver intacte l'influence de leur pays en Amérique latine, mais dans le respect des droits de l'homme…

Le recul américain, déjà important en Afrique et en Amérique centrale, est confirmé en janvier 1979 : le régime du Châh d'Iran s'effondre sous les coups que lui porte la révolution islamique[7], sans que les Américains cherchent à le secourir. Pourquoi les États-Unis ont-ils ainsi abandonné un de leurs alliés les plus sûrs ? L'Iran jouait pourtant un rôle capital, tant sur le plan économique que sur le plan stratégique ; il avait accepté d'accueillir les bases évacuées de Turquie à la suite de la crise chypriote et participait donc à la surveillance de l'URSS ; en se montrant modéré au sein de l'OPEP, il préservait les intérêts américains ; il accomplissait les sales besognes en alimentant en pétrole des pays comme la Rhodésie ou l'Afrique du Sud. L'équipe Carter se divise face au problème iranien ; certains, comme le secrétaire à la Défense Harold Brown, comme Zbigniew Brzezinski, Arthur Schlesinger, placent avant tout les considérations stratégiques et économiques tandis que Cyrus Vance et ses adjoints du département d'État, encore très marqués par le syndrome vietnamien, ne souhaitent pas intervenir militairement, car soutenir un régime comme celui du Châh est jugé immoral. *Les ordres les plus contradictoires sont donc donnés,* le porte-avions Constellation, stationné aux Philippines, appareille pour le Golfe, puis fait demi-tour… Après la chute du Châh, l'administration américaine s'efforce d'établir des relations diplomatiques avec le nouveau régime, tentative vouée à l'échec lorsque le président Carter accepte d'accueillir aux États-Unis l'ex-souverain iranien atteint d'un cancer. *Téhéran est alors secouée par une vague d'hostilité envers les États-Unis,* le drapeau américain est foulé aux pieds par des milliers de manifestants, cinquante-deux diplomates sont pris en otages à l'ambassade des États-Unis. La puissance américaine est bafouée, humiliée, d'autant plus que l'opération militaire destinée à délivrer les otages fait fiasco en avril 1980. Le retour des otages est enfin obtenu le 20 janvier 1981, contre la rétrocession des avoirs iraniens bloqués aux États-Unis… Mais Jimmy Carter n'est alors plus président.

2.3. …aux illusions reaganiennes

Le succès du reaganisme a pour origine directe la volonté de la majorité des Américains de mettre un terme à une décennie de « décadence ». À la fin de l'ère Carter, l'opinion éprouve en effet le sentiment de ne plus maîtriser les événements puisque l'Amérique vient de subir inflation et déficit budgétaire, les humiliations diplomatiques les plus profondes, une certaine déstabilisation de la société. Au début des années 1980, avec sa personnalité, ses convictions simples, Ronald Reagan incarne l'Amérique qui veut reprendre confiance en elle-même.

---

6   *Cf.* troisième partie, Nicaragua, p. 315.
7   *Cf.* troisième partie, Iran, p. 292.

© ARMAND COLIN. La photocopie non autorisée est un délit

2.3.1. Le reaganisme, espoir...

• *Des objectifs économiques ambitieux*

La *remise en route de l'économie* est une des priorités inscrites au programme du candidat, puis du nouveau président Reagan. Il est vrai que la crise économique représente alors dans les sondages une préoccupation dominante (60 à 68 % des personnes interrogées). Les observateurs constatent que la reprise pourrait être facilitée par les éléments positifs de la période antérieure : même s'ils subissent la concurrence du Japon, de la CEE ou de nouveaux pays industrialisés, les États-Unis, tout en s'engageant dans de profondes mutations, conservent des ressources considérables, comme en témoignent leurs résultats dans l'agriculture et l'industrie de pointe. Même si leur prédominance est moins nette que par le passé, la sous-évaluation du dollar a permis aux produits américains d'être plus compétitifs sur le marché mondial ; le prix du pétrole, toujours fixé en dollars, s'est partiellement stabilisé et les investissements étrangers aux États-Unis ont été encouragés, passant de 11,8 à 39,7 milliards de dollars entre 1969 et 1978. Une relance contrôlée apparaît possible, aux dépens certes des économies alliées.

La rigueur est présentée comme la solution qui doit permettre aux États-Unis de sortir de la crise. L'État a tenu et tient une place excessive dans le domaine économique : les impôts sont trop lourds, les dépenses fédérales excessives. Pour que la machine puisse redémarrer, il faut *mettre fin à cette intervention du pouvoir fédéral dans la vie économique et sociale*, à la réglementation qui aurait tendance à devenir de plus en plus tatillonne, éviter la redistribution systématique des revenus. Aussi est-il devenu nécessaire d'équilibrer le budget, tout en diminuant la charge fiscale.

L'équilibre du budget passe par la *limitation des dépenses*, en réduisant le nombre des fonctionnaires et en freinant les dépenses sociales : l'administration Reagan n'hésite pas à faire des économies sur les bons alimentaires gratuits, l'aide médicale, l'assistance aux femmes seules ; elle impose des coupes sombres dans les prêts et subventions aux villes, dans les aides accordées aux chômeurs, aux étudiants, aux entreprises, aux agriculteurs.

Aucune relance n'est possible sans *allégement fiscal*, selon la théorie de l'offre, exprimée par Arthur Laffer, un économiste de Californie : si les entreprises sont touchées par un prélèvement fiscal excessif, les revenus fiscaux stagneront ; en revanche, si le poids de l'impôt diminue, les capitalistes investiront, créeront des emplois, accroîtront la production et donc verseront des impôts plus importants. La Maison-Blanche veut donc baisser les impôts de 30 % pour favoriser l'épargne et multiplier les capacités d'investissement... L'État dépenserait donc moins en gagnant plus, l'objectif étant d'atteindre un excédent de 28 milliards de dollars en 1984 !

Cette double politique doit s'accompagner de la *défense de la monnaie*. Sous le mandat de Jimmy Carter, l'inflation avait atteint des cotes alarmantes et le dollar avait perdu un cinquième de sa valeur de 1976 à 1979. Conscient de la gravité de la situation, Carter avait nommé à la tête du Fed (*Federal Reserve Board*) Paul Volcker, partisan résolu de l'équilibre budgétaire. Les taux d'intérêt avaient alors doublé, passant de 11 % à 20 % ; le dollar avait cessé de chuter et l'inflation avait été ramenée à 10 %. Ne voulant pas s'aliéner l'appui de Wall Street, Ronald Reagan maintient Paul Volcker dans ses fonctions, malgré leurs désaccords, afin que cette politique puisse être poursuivie.

• *L'incarnation des valeurs américaines*

Peut-on appeler mouvement l'ensemble de groupes divers qui, véhiculant de nouvelles aspirations, portent Reagan à la présidence ? Il existe en fait peu de points communs entre les partisans d'une liberté individuelle sans restriction, les tenants de la « majorité morale »... et les néo-conservateurs les plus actifs. La victoire de Ronald Reagan est due en partie au rôle du « Nicpac », le *National Conservative Political Committee*, qui disposait d'importants moyens financiers et a profité du soutien de juifs orthodoxes, de catholiques ultras, de protestants fondamentalistes, unis par la fortune et surtout par leur attachement à la tradition. Au Congrès, le mouvement s'appuie au début des années 1980 sur une cinquantaine de représentants et une quinzaine de sénateurs (par exemple Jesse Helms, sénateur républicain de Caroline du Nord). Les néo-conservateurs s'expriment dans les revues *Commentary* et *Public Interest* et bénéficient des prises de position de chercheurs appartenant à des institutions prestigieuses, Brookings Institution, Heritage Foundation, Council for National Policy, Center for Strategic and International Studies de Georgetown (dont est issue Jean Kirkpatrick). Leur intellectualisme séduit une partie de la jeunesse des classes aisées.

Quant à l'Américain moyen, c'est *le personnage de Ronald Reagan* lui-même qui parvient à le convaincre, en usant à la fois de ses talents d'acteur, d'une remarquable diction (héritée d'Hollywood et de ses fonctions à la General Electric, que l'ex-candidat a servie comme conférencier et chargé des relations publiques) et d'une capacité de persuasion qui lui valent le surnom de *« grand communicateur »*. C'est ce personnage, aidé par la présence de son épouse Nancy, toujours à ses côtés, qui restaure rapidement le « mythe présidentiel ». D'une élection à l'autre en effet, si le taux de participation est resté sensiblement le même (52,9 % en 1984 contre 52,6 % en 1980), Reagan a remporté sur Walter Mondale une victoire plus nette qu'il ne l'avait obtenue sur Jimmy Carter, puisque, décrochant tous les États (sauf le Minnesota et le district de Columbia), il a conservé les votes démocrates de 1980, mais en ralliant 10 % d'électeurs indépendants, en améliorant son score parmi les syndiqués et les Hispaniques et surtout en séduisant les jeunes (60 % des votes des moins de 25 ans). Restauration du mythe présidentiel qui se traduit aussi par les résultats du parti républicain aux élections au Congrès en 1984 : malgré un recul au Sénat où ils restent cependant majoritaires, à la Chambre des représentants, les républicains retrouvent 15 des 22 sièges qu'ils avaient perdus aux élections de 1982. Par contre, les élections de 1986 ont renversé la tendance, puisque les démocrates ont gagné au Congrès et ont fait jeu égal pour les élections des gouverneurs...

Ronald Reagan, divorcé, ex-gouverneur de Californie, terre du vice et de la luxure par excellence, n'était pas le candidat idéal de tous ceux qui aspirent à un renouveau religieux ; pourtant, comme Jimmy Carter avant lui, il incarne la foi éternelle de l'Amérique.

2.3.2. ... et déceptions ?

• *La reaganomie à l'épreuve des faits*

La déréglementation paraît des plus difficiles à mettre en œuvre. Jimmy Carter s'était déjà montré sensible à la critique contre l'intervention de l'État ; il avait donc tenté de rationaliser les procédures réglementaires, pour les rendre plus efficaces, tout en mettant en place une politique de déréglementation dans certains domaines – l'aviation par exemple en 1978 ; des mesures semblables étaient en préparation

© Armand Colin. La photocopie non autorisée est un délit

pour les transports routiers et le secteur bancaire. Ronald Reagan, nous l'avons vu, développe le thème de la *sur-étatisation* durant la campagne électorale de 1980. Élu, il vise à *désengager la puissance publique* : il prévoit par exemple, pour symboliser la volonté de privatisation, de vendre une partie des terres fédérales, soit environ 5 % du domaine public (environ un quart du territoire français) en cinq ans. Il nomme dans les agences fédérales des hommes hostiles à la législation qu'ils sont censés faire appliquer. Quelques jours à peine après son entrée en fonctions, il annule les derniers règlements établis sous l'autorité de son prédécesseur et impose un moratoire de soixante jours avant l'adoption de tout nouveau règlement. Enfin, par décret présidentiel, en février 1981, il donne tout pouvoir aux services du Budget, qui dépendent de la Maison-Blanche, pour réviser ou annuler toute proposition de réglementation.

La déréglementation progresse donc dans les transports routiers, les télécommunications, le secteur bancaire et boursier ; les budgets des administrations de réglementation sont limités, les contrôles des industries supprimés ou assouplis ; certaines règles sur la pollution de l'air et de l'eau, sur la sécurité automobile, suspendues. Donc *l'État se retire vraiment de plusieurs secteurs*, mais, en fait, il reste aussi le premier client des entreprises militaro-industrielles, et, en grande partie, stimule la croissance ; il fournit toujours des subventions pour la recherche et le développement, mais aussi pour les secteurs en difficulté – les aides en faveur de l'agriculture ont été augmentées, malgré les engagements de Ronald Reagan qui s'était déclaré favorable à leur réduction ; surtout, les difficultés rencontrées par les banques finançant les secteurs énergétique et agricole ont poussé les autorités fédérales, en mai 1986, à reprendre une part du capital de ces banques, et à renforcer le règlement des caisses d'épargne.

Comment réagissent les Américains à cette politique ? L'opinion semble convaincue que le consommateur serait plus mal traité encore en l'absence de réglementation (68 % d'opinions en ce sens selon un sondage Harris de juin-juillet 1980). En fait, *les Américains ne sont pas opposés à l'intervention de l'État, mais plutôt à la manière dont l'État est géré* ; ils éprouvent le sentiment que les hommes au pouvoir et les entrepreneurs s'entendent trop souvent aux dépens des citoyens. Par ailleurs, la Cour suprême et le Congrès hésitent à mener à terme la déréglementation économique : le président Reagan a dû reculer, et n'a pas touché aux ministères de l'Énergie et de l'Éducation, qu'il comptait d'abord supprimer. Le Congrès semble au contraire vouloir renforcer la protection sociale, par exemple en matière de sécurité ou de pollution ; de plus, là où il y a eu déréglementation, les États fédérés ont pris le relais de la puissance publique en formulant de nouvelles réglementations.

En fait, se produit un *véritable retour au protectionnisme*. En dépit de nombreuses déclarations libérales du président, l'administration Reagan a défendu les producteurs américains ; des accords d'auto-limitation ont été imposés aux Européens en 1982 et 1984, des quotas d'importation, par exemple sur l'acier, établis en 1984 et 1985, tandis que les droits de douane sur certains produits étrangers augmentaient. Malgré ces mesures, la situation du commerce extérieur américain n'a cessé de s'aggraver : de 150 milliards de dollars en 1985, le déficit est passé à 170 milliards l'année suivante. Il a donc fallu en revenir au protectionnisme, ce qui a été sans doute favorisé par la progression démocrate aux élections de 1986 ; depuis 1984, les démocrates avaient déposé plusieurs projets de loi d'augmentation des taxes douanières sur les produits provenant des pays avec lesquels le déficit américain est important. Parallèlement, le gouvernement a dû lutter contre les pratiques déloyales ; ainsi en août 1985, une enquête est menée par le département de la Justice sur les pratiques de dumping appliquées par Hitachi ; *les États-Unis se déclarent de plus prêts à exercer des représailles commerciales contre tous les pays* (le Japon, la Corée, Taïwan, la RFA, l'Italie) qui ne réduiraient pas leurs excédents. Toutes ces mesures ont été doublées par un encouragement aux exportations, également soutenues par des déductions fiscales. Le protectionnisme s'est donc développé considérablement, mais il n'a pu être généralisé, d'abord parce que les États-Unis devaient respecter les règles du commerce mondial, ensuite parce que l'extension des mesures protectionnistes avait favorisé une hausse des coûts intérieurs, donc l'inflation et la baisse du pouvoir d'achat.

La reaganomie a obtenu *des résultats contrastés selon les années, et surtout très discutés*. Dès 1982, la réussite monétaire est incontestable. La réduction des impôts, l'allégement de la taxation des sociétés, la hausse du budget militaire faisaient courir des risques d'inflation ; la Fed a donc maintenu le taux de base bancaire à 18 %, ce qui a permis de freiner la hausse des prix (de 12 % en 1980, elle passe à 9 % en 1981 et 4 % en 1982). *Le dollar regagne un tiers de sa valeur entre 1981 et 1982. Mais la lutte contre l'inflation a pour conséquence, en 1982, une importante récession, qui entraîne la montée du chômage* (10 millions de chômeurs, soit 10 % de la population active). Pour sortir de la crise, il a été nécessaire de pratiquer une baisse des taux d'intérêt. Un nouvel allégement fiscal a stimulé la consommation et l'épargne, et la reprise a alors été remarquable : de janvier 1983 à juin 1984, le PNB augmente de 11 % environ, 6 millions d'emplois sont créés, l'inflation est stabilisée à 4 %, les investissements reprennent. Certains économistes, très critiques vis-à-vis de l'administration au pouvoir, soulignent que cette reprise pourrait être purement cyclique, succédant à la dure récession de 1981-1982, et surtout qu'elle n'est pas engendrée par la réforme des impôts et la baisse du budget, mais plutôt par les dépenses énormes réalisées par l'État dans le domaine militaire – elles-mêmes largement financées par l'épargne étrangère, très attirée par les hauts taux d'intérêt américains. De plus, la reprise s'accompagne de l'endettement croissant du pays : dès 1984, la dette représente le tiers du PNB, elle ne peut être épongée que par la création monétaire et l'inflation, ou par des apports extérieurs ; le Japon est ainsi devenu le premier créancier des États-Unis… Reprise incertaine donc, d'ailleurs 1985 est médiocre : la croissance se ralentit (2,7 % au lieu des 4 % prévus et surtout des 6 % de 1984 !), l'industrie reperd des emplois, le dollar resté trop cher doit baisser, ce qui provoque un renouveau de l'inflation. Le ralentissement se poursuit en 1986 (2,5 %), mais 1987 est considérée comme une bonne année en raison de la baisse du taux de chômage.

Malgré une certaine reprise, *l'économie américaine souffre toujours de maux chroniques*. Le déficit budgétaire et commercial ne cesse de s'amplifier, malgré les mesures prises. La réduction du *déficit du budget* préoccupe les Américains et leurs dirigeants depuis 1985. L'administration a établi des projets effectuant des coupes sombres dans les dépenses civiles, par exemple les crédits à l'assistance médicale pour les personnes âgées, les crédits au logement et au développement urbain, à l'éducation, à l'agriculture. Le Congrès est opposé à cette politique : les retraites fédérales, l'aide aux personnes âgées, les programmes sociaux, comme les bons alimentaires aux familles les plus démunies, ne seraient pas touchés par les réductions de crédits, contrairement aux dépenses militaires… Mais la Cour suprême, en juillet 1986, a déclaré la loi inconstitutionnelle. En 1987, la préparation du budget 1987-1988 s'avérait difficile : le gouvernement a alors envisagé de céder des

© ARMAND COLIN. La photocopie non autorisée est un délit

créances que le Trésor possédait, et s'est mis d'accord avec le Congrès sur une réduction de près de 80 milliards du déficit en deux ans, qui ne devraient pas être acquis par une augmentation des impôts. Par ailleurs, la hausse du dollar a rendu les *produits américains très chers à l'extérieur*, les exportations ont subi une chute de plus de 5 % en 1983 par rapport à l'année précédente, pour augmenter encore en 1984. La baisse du dollar, amorcée depuis 1985, a certes relancé légèrement les exportations (+2 % en 1986), mais elle n'a pas eu des effets aussi sensibles qu'on l'espérait, car les importations n'ont jamais été aussi fortes, en particulier celles en provenance du Japon... Les Américains attribuent *leur lourd déficit commercial* à la surévaluation du dollar. En 1985, ils agissent pour le faire chuter, provoquant, par l'accord du Plaza à New York, le 22 septembre 1985, une action concertée à la baisse des banques centrales (contraire à tous les principes de régulation par le marché). Le dollar a alors des mouvements désordonnés dont s'inquiètent les partenaires des États-Unis. Les Américains font mine de s'incliner à plusieurs reprises pour freiner la chute de leur monnaie, au sommet de Tokyo, en mai 1986, en octobre 1986 par un accord bilatéral avec le Japon et en février 1987, à Paris, lors de la réunion du Groupe des Six. *Le dollar continue sa chute*, en fait voulue par les États-Unis, provoquant ainsi la désorganisation des marchés monétaires. *Le lundi 19 octobre 1987, le krach de Wall Street*, effondrement qui succède à cinq ans de progression ininterrompue, souligne s'il en est besoin, le caractère très artificiel de l'emballement précédent. Il met aussi en lumière l'aveuglement des Américains, à commencer par l'administration Reagan, refusant de prendre les mesures nécessaires pour éponger leur énorme déficit budgétaire...

Persistent enfin *de graves inégalités sociales*. Ainsi, fin 1982, le *chômage atteint 10,8 %* de la population active, taux le plus élevé enregistré aux États-Unis depuis 1940 ; dans un cas sur deux, le chômeur est ouvrier, plutôt jeune et de couleur. Dans les grandes villes, la situation des chômeurs est désespérée : à New York, 60 000 clochards vivent dans les rues ; on en dénombre plus de 25 000 à Chicago. L'emploi s'améliore en 1983 et 1984 ; la part des chômeurs tombe aux alentours de 7 %, les progrès étant spectaculaires pour les jeunes Noirs, puisque, de 44 % environ en mai 1984, le nombre des inactifs passe à 34 % en juillet. En 1987, les États-Unis ne comptaient plus que 6 % de chômeurs, mais les chiffres masquent, en fait, la réalité : les nouveaux emplois, créés le plus souvent dans les services, sont mal rémunérés, à temps partiel et très précaires... La pauvreté semble diminuer très légèrement. Elle ne touche plus que 13,6 % de la population (contre 15,2 % en 1983 et 14,4 % en 1984). Due, selon les conservateurs, à la trop grande assistance dont bénéficient les familles défavorisées, elle résulte, au contraire pour les libéraux, de la réduction des aides fédérales. Toujours très sélective, elle frappe surtout les Noirs et les Hispaniques ; mais si les premiers ont vu leur situation progresser, en revanche les seconds se sont appauvris (*le taux de pauvreté chez les Hispaniques est passé de 21,6 % en 1978 à 27,3 % en 1986*). Pourtant, ce sont les Noirs qui se mobilisent le plus contre les attaques systématiques du pouvoir en matière économique et politique. Ainsi, leur marche du 27 août 1983, à Washington, rassemble une foule plus nombreuse que celle organisée par Martin Luther King en 1963. *La population noire, en effet, contrairement au reste des Américains, se politise* : en 1982, 64 % des électeurs potentiels noirs contre 54,2 % des Blancs ont voté aux élections législatives. Qui plus est, cette communauté a trouvé en la personne du pasteur Jesse Jackson, un nouveau porte-parole qui brigue, en 1984 et 1988, l'investiture démocrate aux élections présidentielles.

• *Du verbe… à l'action*

Dans le domaine des relations extérieures, malgré la cohérence de la conception d'ensemble, les divergences sur la manière d'appliquer les principes ne manquent pas. Si le président trace toujours les grandes lignes, il ne semble pas jouer un rôle capital dans l'élaboration des décisions, contrairement à ses prédécesseurs qui intervenaient directement ou bien – ce fut le cas de Ford – qui déléguaient la direction de leur diplomatie à leur secrétaire d'État : apparemment, *les problèmes sont réglés par un nombre fluctuant de personnes, dont les avis divergent souvent* ; durant le premier mandat de Ronald Reagan, par exemple, la tension ne faiblit pas entre les « durs » (Jean Kirkpatrick et les membres du Conseil de sécurité) et les autres, et les conflits se multiplient entre le département d'État et le département de la Défense…

Malgré les déclarations agressives, les interventions des États-Unis sont très limitées : il y a loin du verbe à l'action. Le budget de la Défense augmentant, l'administration Reagan peut procéder au renforcement de l'arsenal nucléaire et conventionnel. Le 23 mars 1983, dans un discours télévisé, sur la sécurité nationale, le président Reagan dévoile aux Américains le projet d'Initiative de défense stratégique (IDS, plus connue sous le terme de « guerre des étoiles ») : l'espace devrait devenir le lieu d'où les États-Unis se défendraient contre la menace des missiles soviétiques, grâce à un système très complexe – techniquement irréalisable et financièrement ruineux selon certains experts ; le président demande que « la communauté scientifique qui nous a donné les armes nucléaires […] nous fournisse les moyens de frapper ces armes d'impuissance et de les faire tomber en désuétude ».

Mais les États-Unis n'hésitent pas, par ailleurs, à recourir à des méthodes qui ont fait leurs preuves dans le passé : *le 25 octobre 1983, les troupes américaines interviennent à l'île de la Grenade,* afin de protéger les Américains résidant dans l'île, de restaurer les institutions démocratiques et de prévenir une éventuelle occupation cubaine. L'opération est présentée à l'opinion américaine comme une manifestation de la nouvelle volonté de puissance des États-Unis et comme une preuve du souci des droits de l'homme (puisque les États-Unis répondaient à l'appel des victimes d'une dictature socialiste). En fait, c'est une pure démonstration de force qui enfreint la règle d'unanimité régissant l'organisation des États des Caraïbes orientales : les Américains ont obtenu l'accord d'une partie des États et n'ont pas consulté les autres… qui plus est, à la différence d'une intervention au Nicaragua ou au Salvador, cette opération ne présentait aucun risque. Ce qui fut aussi le cas du *raid aérien du 15 avril 1986 sur la Libye,* par représailles sur un pays considéré comme responsable des progrès du terrorisme dans le monde (alors que l'Iran et la Syrie semblent beaucoup plus coupables à la plupart des gouvernements occidentaux !).

L'intervention à la Grenade, le raid sur la Libye ne sont que de minces compensations aux échecs répétés que connaît la politique étrangère reaganienne. Même si le président Reagan s'attribue, en 1986, le mérite du renversement du régime Duvalier en Haïti[8] et de la dictature de Marcos aux Philippines[9], il semblerait plutôt que les États-Unis se soient contentés d'abandonner leurs alliés au bon moment. Ce sont là des semi-échecs que l'équipe au pouvoir s'efforce de transformer en victoires de la diplomatie américaine. Plus graves cependant apparaissent les problèmes que rencontrent les États-Unis en Europe, en Amérique centrale, en Afrique et au Proche-Orient.

---

8   *Cf.* troisième partie, Haïti, p. 285.
9   *Cf.* troisième partie, Philippines, p. 334.

© ARMAND COLIN. La photocopie non autorisée est un délit

En Europe, l'hostilité à l'installation, à la fin de l'année 1983, de missiles Pershing tournés vers l'URSS, suscite une vague de mouvements pacifistes et écologistes en Grande-Bretagne, en Allemagne, en Italie, en France, ce qui ravive d'anciens contentieux, par exemple concernant les exportations de technologies avancées vers l'URSS et ses alliés.

En Amérique centrale, la politique américaine se militarise de plus en plus ; à l'invasion de la Grenade s'ajoutent des manœuvres répétées au Honduras, la présence de conseillers au Salvador, des opérations secrètes au Nicaragua. Les États-Unis considèrent toujours, en effet, les nations d'Amérique centrale comme un terrain privilégié de la lutte entre l'Est et l'Ouest, où les Américains doivent s'affirmer : pour le président Reagan, la crédibilité internationale passe par la lutte des États-Unis contre le communisme à leur porte. Rejetant les tentatives de médiation du groupe de Contadora (formé en janvier 1983, par le Mexique, le Panama, la Colombie et le Venezuela) et les prises de position de certains pays européens comme la France, les États-Unis ont donc clairement choisi leur camp, sans grand résultat jusqu'ici. Ainsi, au *Nicaragua*[10], le triomphe des sandinistes, leurs liens avec Cuba, l'aide présumée qu'ils apportent à la guérilla salvadorienne justifient le soutien américain aux « contras », forces armées anti-sandinistes ; même si des heurts violents ont opposé le président Reagan et le Congrès à propos du vote des crédits à la Contra, le Congrès s'est montré plutôt docile en fin de compte, ce qui n'a fait que renforcer la révolution. De même, au *Salvador*, malgré le soutien des États-Unis, le président Napoleon Duarte se montre incapable d'établir de véritables réformes, de vaincre la guérilla, et d'empêcher les activités des groupes para-militaires d'extrême droite.

En Afrique, notamment en Afrique australe, les États-Unis mènent le jeu diplomatique pour exclure l'URSS de cette région : aussi se sont-ils rapprochés de la République sud-africaine pour tenter de trouver une solution au conflit namibien, mais peu à peu, du fait de la condamnation quasi générale dans le monde de la politique d'apartheid, *le régime sud-africain est devenu bien encombrant* et le Congrès a voté à plusieurs reprises des sanctions économiques contre Pretoria, notamment les 29 septembre et 2 octobre 1986, passant outre au veto présidentiel.

C'est au *Proche-Orient* que les États-Unis ont subi les revers les plus spectaculaires, en raison d'abord de l'incohérence de la politique qu'ils ont menée dans cette zone. Au début du premier mandat Reagan, les États-Unis ont cherché un consensus (contre l'URSS) avec Israël et les pays arabes modérés. Mais cette tentative a immédiatement été vouée à l'échec, puisque Israël souhaitait l'alliance américaine non contre l'URSS mais contre ses adversaires arabes et que l'Arabie saoudite visait surtout à obtenir des armes (dont l'opinion américaine et le Congrès pensaient qu'elle les utiliserait contre Israël…). L'invasion du Liban[11] par Israël, en juin 1982, est bien accueillie à Washington, les Américains espérant voir l'OLP et la Syrie, proches de Moscou, réduites à l'impuissance. Mais l'opinion américaine s'émeut du siège de Beyrouth et *les États-Unis s'efforcent donc de freiner l'offensive israélienne et de permettre l'évacuation de l'OLP.* En septembre 1982, le président Reagan, cherchant en quelque sorte à détourner l'attention du Liban vers le problème palestinien, expose un plan qui offre à la Jordanie un rôle décisif dans le règlement de cette question : la tentative échoue ; les États-Unis recentrent leur politique sur le Liban, favorisant ainsi la signature d'un accord entre Béchir Gemayel et Israël en mai 1983. Mais

---

10 *Cf.* troisième partie, Nicaragua, p. 315.
11 *Cf.* troisième partie, Liban, p. 300.

cet accord a été négocié sans tenir compte de la Syrie qui refuse de retirer ses forces du Liban ; les États-Unis ne voulant pas choisir de mener une politique vraiment anti-syrienne quittent le Liban en février 1984...

Au milieu des années 1980, sur la scène mondiale, *les États-Unis ne semblent donc pas en mesure d'assurer le leadership qu'ils exerçaient auparavant.* À cela, il existe, comme le rappelle Denise Artaud, des raisons multiples. D'abord, un net recul face aux positions soviétiques. L'URSS aurait renoncé, surtout après la crise des missiles de Cuba en 1962, à une attaque frontale du camp occidental, pour procéder au lent grignotage de ses positions. L'instabilité croissante au Proche-Orient, en Amérique centrale et en Afrique australe semble avoir jusqu'à présent moins profité aux États-Unis qu'à l'URSS, dont l'influence grandit partout, notamment en Afrique, en partie grâce à la politique navale soviétique. Comment expliquer ce recul ? En fait, l'impression domine que les États-Unis n'ont plus les moyens de leur politique et qu'il leur sera de plus en plus difficile d'assumer des responsabilités mondiales aussi lourdes que par le passé : les énormes déficits budgétaires, nés de la baisse des impôts, de l'alourdissement de l'effort de défense, de la dette fédérale, ont attiré vers les États-Unis des capitaux étrangers ; de pays créancier du monde depuis plus d'un demi-siècle, les États-Unis sont devenus débiteurs en 1985.

Pour maintenir leur rang de leader, les États-Unis ont par ailleurs bénéficié d'un consensus interne sur les thèses à défendre et à privilégier – celles des WASP – mais de nouvelles valeurs s'affirment – celles des Noirs, des Hispaniques – ce qui ne favorise pas l'émergence d'un nouveau consensus. Enfin, *l'opinion publique a un poids de plus en plus important en politique étrangère.* Si R. Reagan n'est pas intervenu ouvertement au Nicaragua en envoyant des troupes pour renverser le gouvernement sandiniste, c'est parce qu'il craignait les réactions des Américains ; si le Congrès a pris des sanctions renforcées contre l'Afrique du Sud en septembre 1986, malgré le veto présidentiel, c'est qu'il y était poussé par l'opinion. Le président Reagan paraît cependant avoir négligé ce rôle de l'opinion américaine : il n'a pas hésité à contourner le Congrès ; l'administration du Conseil national de sécurité a pris des décisions majeures en matière de politique étrangère, le scandale de l'Irangate le prouve.

L'affaire ou plutôt les affaires dévoilées en 1986, connues sous le nom d'Irangate, commencent en fait en 1984 : les Américains apprennent que des agents iraniens cherchent à acheter des missiles ; mais depuis 1980, la politique officielle des États-Unis est de ne pas vendre d'armes à l'Iran, « patron du terrorisme international » selon l'expression de George Shultz. Fin août 1985, des armes américaines sont pourtant livrées à la République islamique, par l'intermédiaire d'Israël et avec l'accord des États-Unis... Les ventes continuent directement ensuite, jusqu'au mois de novembre 1986, où un journal libanais dévoile le trafic ; des responsables aussi importants que le secrétaire d'État George Shultz, le ministre de la Défense Caspar Weinberger ont été tenus à l'écart de ces tractations. Durant la même période – c'est le deuxième volet de l'Irangate – le Congrès interdit toute fourniture d'aide militaire aux anti-sandinistes : des membres du Conseil national de sécurité procèdent alors au transfert des fonds obtenus par les ventes d'armes à l'Iran aux anti-sandinistes. Que savait exactement le président Reagan ? Difficile à préciser... En tout cas, *l'Irangate précipite le président dans une grave crise de crédibilité*, et montre une fois de plus que l'exécutif américain se sent au-dessus des lois : la réaffirmation de ses pouvoirs constitutionnels par le Congrès, après le Watergate, n'a servi à rien. La politique étrangère des États-Unis, aux mains de l'exécutif, ne peut être contrôlée.

© ARMAND COLIN. La photocopie non autorisée est un délit

3. LES HÉSITATIONS EUROPÉENNES

3.1. Une période aléatoire

3.1.1. Les difficultés de la reconstruction

Au lendemain de la Seconde Guerre mondiale, l'Europe occidentale traversa, tant sur le plan politique que dans le domaine économique, une période aléatoire.

Il fallut tout d'abord *résoudre le problème allemand*, les divergences entre les Alliés paralysant le fonctionnement du régime quadripartite (conseil de contrôle réunissant les commandants en chef des quatre zones d'occupation). Souhaitant le redressement économique et la renaissance politique de l'Allemagne, les Britanniques et les Américains firent fusionner rapidement leurs zones (1946), mais la France n'accepta cette évolution qu'en juin 1948, devant la pression soviétique en Europe de l'Est. Le blocus de Berlin par les Soviétiques (juin 1948-mai 1949) accéléra le processus : la RFA fut créée en mai 1949, la RDA en octobre.

Le *succès de la gauche* participant au pouvoir sous la forme de coalitions socialo-communistes en Belgique, en France, en Italie (avec la Démocratie chrétienne), par le biais des travaillistes en Grande-Bretagne (1945-1951) fut de bien courte durée. En raison de la Guerre froide, qui provoqua l'exclusion des communistes des gouvernements à Paris, Rome, Bruxelles, Vienne, les forces anciennes se réinsérèrent rapidement dans la vie politique, par le retour des conservateurs en Grande-Bretagne, par le canal de nouvelles formations modérées (par exemple, en France, le MRP, les Indépendants) et de la Démocratie chrétienne (DC de Alcide de Gasperi en Italie, CDU de Konrad Adenauer en Allemagne…).

Moins dévastée par la guerre que l'Europe orientale, l'Europe de l'Ouest dut cependant faire face à des *problèmes de main-d'œuvre, de sous-production, de désorganisation des échanges* : le rationnement fut maintenu, et l'inflation s'accrut. La population comprenait mal les privations ; grèves et manifestations se succédèrent en France et en Italie, tandis que la crise de l'énergie mettait huit cent mille travailleurs anglais en chômage technique (février 1947)… La proclamation de la doctrine Truman (12 mars 1947) donna alors une nouvelle impulsion politique à l'aide américaine qui n'avait jamais cessé depuis 1941 : par le plan Marshall (juin 1947), les Américains proposèrent une aide financière originale aux pays européens. La reconstruction, le dynamisme économique de la RFA, de l'Italie, voire de la France, firent entrer l'Europe dans une ère de croissance, ralenti par des récessions brèves (1948-1949, 1952-1954, 1957-1958, 1960-1961).

3.1.2. Vers la construction européenne

Les Américains, nous l'avons vu, ont subordonné l'aide fournie à l'Europe dans le cadre du plan Marshall à leur volonté de voir l'Europe s'unir afin de former un bloc cohérent face au « danger communiste ».

En même temps *l'idée de l'Europe unie fut relancée par les Européens eux-mêmes*, divisés certes entre « unionistes » et « fédéralistes ». Fut formulé d'abord le projet d'une assemblée parlementaire qui exprimerait la volonté d'Union européenne (Congrès de La Haye, mai 1948). Mais le Conseil de l'Europe, né à Londres le 5 mai 1949, ne dépassa jamais le rôle d'une tribune interparlementaire européenne, aux activités surtout culturelles et juridiques… Sur l'idée de Jean Monnet, grâce à l'action de Robert Schuman, la recherche de l'unité de l'Europe occidentale emprunta alors une voie plus étroite : la RFA, la France, l'Italie, la Belgique, les Pays-Bas, le Luxembourg adhérèrent à la Communauté européenne du charbon et de l'acier (CECA, avril 1951) ; il fallut encore attendre six ans pour que la Communauté économique européenne (CEE) vît le jour (traité de Rome, 25 mars 1957).

En raison d'une situation internationale très tendue, *se reposa la question de la défense* ; le projet de CED se solda par un échec (non-ratification par le Parlement français, août 1954). L'Union de l'Europe occidentale (UEO), regroupant les Six et le Royaume-Uni, dont les forces militaires étaient intégrées à l'OTAN, n'en fut qu'une pâle copie… Tandis que le Marché commun se mettait en place, le Royaume-Uni constitua une Association européenne de libre-échange (AELE) regroupant le Danemark, la Suède, la Norvège, le Portugal, la Suisse et l'Autriche (Stockholm, novembre 1959). La division s'accentuait donc en Europe, d'autant qu'en juin 1965 la France bouda les instances européennes : outre le passage délicat à la politique agricole commune, le différend portait sur un problème de fond, puisqu'à l'idée de fédération à caractère supranational, le général de Gaulle opposa alors celle de « l'Europe des patries »…

3.2. Les vicissitudes politiques

3.2.1. L'équilibre (1968-1973)

Secouée par les événements de mai-juin 1968, l'Europe retrouve vite une réelle stabilité politique, à peine troublée par les effets du terrorisme au début des années 1970.

• *Une explosion sans lendemain : mai 1968*

Contestant, comme les jeunes Américains, le modèle que proposent leurs aînés, s'indignant de la poursuite du conflit au Vietnam, les étudiants européens provoquent au printemps 1968 une vague de manifestations joyeuses et festives, qui révèlent une profonde crise de société.

C'est *en Allemagne* tout d'abord que se développe une vive agitation universitaire, animée par l'étudiant Rudi Dutschke ; en *Italie*, le mouvement prend un caractère plutôt social, les revendications portant sur les salaires et les conditions de travail des ouvriers : dans un climat politique agité, les grèves se multiplient de 1968 à 1972 (le « Mai rampant » italien). En *Grande-Bretagne*, c'est dans les années 1950 que la jeunesse britannique a remis en question les valeurs établies et le conformisme hérité de l'Angleterre victorienne ; la vogue de la pop music (succès des Beatles), les audaces vestimentaires, le phénomène hippy, et en réaction contre lui, la violence des skinheads, la progression des mouvements de libération des femmes, jalonnent cette véritable révolution des mœurs, dont tient compte le gouvernement Wilson (loi sur l'avortement, 1967 ; nouvelle loi sur le divorce, 1968 ; abolition de la peine de mort, 1969).

La crise est plus forte en France, elle semble même devoir sonner le glas d'un régime en difficulté depuis 1965. Plus nettement que dans les autres pays européens, le mouvement franchit des étapes successives qui finissent par s'enchevêtrer :

– *La phase étudiante débute le 22 mars à Nanterre*, puis gagne la Sorbonne, les autres universités parisiennes et provinciales après le 2 mai. Sont alors repris avec générosité les idéaux de justice sociale, de liberté, mais aussi des revendications plus nettement politiques, anarchistes, maoïstes, trotskistes, tournées à la fois

© ARMAND COLIN. La photocopie non autorisée est un délit

contre le capitalisme et le communisme de type soviétique. L'engrenage manifestations-répression qui atteint son paroxysme dans la « nuit des barricades » (10 mai) souligne que le gouvernement, les syndicats (y compris l'UNEF et le SNESUP, qui sur le tard apportent leur appui au mouvement), les partis politiques, en particulier le Parti communiste, sont débordés.

– *La phase sociale traduit la volonté syndicale de ne pas rester à l'écart du mouvement:* le 13 mai, jour de grève générale, voit fleurir de grandes manifestations ouvrières contre la répression policière : dans les jours suivants, une vague de grèves déferle sur le pays. Les ouvriers, méfiants vis-à-vis des étudiants, formulent leurs propres revendications, que les syndicats s'efforcent tant bien que mal de préciser. Mais si la CGT met en avant le problème des salaires, la CFDT (née quatre ans auparavant de la scission de la CFTC), soutenue par le PSU (Parti socialiste unifié), insiste sur la nécessité de modifier les structures de la société et de l'entreprise. Par les accords de Grenelle (27 mai : augmentation des salaires, diminution du temps de travail, reconnaissance du droit syndical dans l'entreprise), le gouvernement de Georges Pompidou tente sans succès de calmer les esprits, puisque les salariés de Renault, puis des autres entreprises, en rejettent les termes et poursuivent les grèves.

– *La phase politique:* l'incapacité du gouvernement à agir, le silence du général de Gaulle, après sa proposition de référendum sur la participation, semblent créer une vacance du pouvoir, dont l'opposition s'efforce de profiter. Mais le meeting de Charléty – où Pierre Mendès France est acclamé – la demande de François Mitterrand de constituer un gouvernement provisoire, constituent des succès sans lendemain. La « disparition » du général de Gaulle (29-30 mai) marque le début de la contre-offensive, prolongée par la dissolution de l'Assemblée, l'appel aux Français et la manifestation de soutien au chef de l'État regroupant plus de 500 000 personnes. La peur du désordre permet au régime de consolider ses bases aux élections des 23 et 30 juin 1968 (l'UDR emportant alors 294 des 485 sièges à pourvoir)… « Mai 68 » s'éteint.

• *Une certaine stabilité politique…*

En France, la majorité élue pour faire obstacle aux bouleversements se montre plus conservatrice que gaulliste. Les réformes que compte imposer le général de Gaulle grâce à Maurice Couve de Murville, nouveau Premier ministre (réforme de l'enseignement supérieur, réforme régionale fondée sur le principe de la décentralisation et de la participation à la gestion) soulèvent l'opposition des milieux d'affaires et des notables et provoquent le rejet d'un référendum par 53,20 % des suffrages (27 avril 1969). La *démission du général de Gaulle,* l'élection de Georges Pompidou, le « sauveur de mai », soutenu par l'UDR, les Républicains indépendants de Valéry Giscard d'Estaing et une partie des centristes (face à une gauche divisée qui présente quatre candidats !), ouvrent la voie à ce que l'on a pu qualifier de « néo-gaullisme ». Si le Premier ministre Jacques Chaban-Delmas (1969-1972) met en place une politique d'ouverture à la fois vers les centristes, dont le leader Giscard d'Estaing devient ministre des Finances, et vers la gauche par le biais d'une politique contractuelle établissant des contacts État-patronat-syndicats, son successeur Pierre Messmer (1972-1974) revient à un conservatisme plus marqué lorsque la gauche semble resserrer ses rangs (réorganisation du Parti socialiste sous l'égide d'Alain Savary puis de François Mitterrand). Le *décès de Georges Pompidou, le 2 avril 1974,* ne remet pas en question la normalisation du régime qui s'est effectuée durant son mandat : la pratique constitutionnelle qui fait du président de la République le garant de l'autorité de l'État s'est affirmée, tout comme la politique extérieure d'indépendance nationale chère au général de Gaulle et la recherche de l'expansion économique.

Dans les autres pays européens, la continuité reste la règle de la vie politique, même si celle-ci peut paraître agitée.

En Italie, l'instabilité ministérielle chronique, due le plus souvent aux dissensions de la coalition au pouvoir, ne doit pas masquer la relative stabilité électorale : la Démocratie chrétienne (DC) reste le premier parti italien, emportant entre 35 et 48,5 % des voix durant la période ; mais elle ne peut gouverner qu'avec l'appui de petites formations sur sa gauche (sociaux-démocrates, républicains, Parti socialiste italien) ou sur sa droite (libéraux, monarchistes). Le malaise, né de la succession des coalitions au pouvoir, engendre la poussée à la fois des mouvements d'extrême droite (Mouvement social italien, néofasciste), d'extrême gauche (Brigades rouges après 1972) et surtout du PCI, très influent parmi les intellectuels et dans le monde ouvrier.

En Allemagne, bien que la CDU (Union chrétienne démocrate) reste le parti le plus fort aux élections au Bundestag en 1969, les chrétiens-démocrates sont écartés du pouvoir du fait du revirement d'alliance du Parti socialiste ; en s'alliant avec les libéraux, le SPD (Parti socialiste allemand) fait voler en éclats le cabinet de grande coalition (regroupant SPD et CDU depuis 1966) et saisit l'opportunité qui s'offre à lui d'accéder à la chancellerie. S'il n'y a donc pas changement de l'équilibre des forces, le jeu politique du SPD entraîne bien une rupture ; l'ancien maire socialiste de Berlin-Ouest, Willy Brandt, devenu chancelier, ne peut accomplir de grandes réformes économiques et sociales, tant il doit tenir compte des positions très modérées des libéraux. Prenant des mesures autoritaires dans l'administration (déclaration sur les interdictions professionnelles, 28 janvier 1972), il n'en engage pas moins la RFA dans une politique d'ouverture à l'Est (reconnaissance de la ligne Oder-Neisse, 1970 ; établissement de relations diplomatiques avec la Pologne, 1972 ; normalisation des rapports avec la RDA, 1972)[12].

En Europe du Sud, les régimes dictatoriaux au pouvoir depuis plusieurs décennies en s'appuyant sur l'armée, la police et l'Église, n'évoluent que très peu. En *Espagne*, à la fin des années 1960, l'entrée de technocrates de l'Opus Dei au gouvernement, la désignation du prince Juan Carlos à la succession du général Franco, constituent les seuls changements notables. Au *Portugal*, si Marcello Caetano remplace Salazar (1968), les méthodes de gouvernement restent les mêmes, bien qu'un vernis démocratique les recouvre ; seule l'armée est le siège de mouvements encore informels provoqués par la poursuite des guerres coloniales en Guinée-Bissau, en Angola et au Mozambique. La condamnation de la politique africaine de Lisbonne par l'ONU, le recul de l'Église qui prend ses distances vis-à-vis du régime conduisent l'opposition à refuser de participer aux consultations électorales : les élections législatives d'octobre 1973 ne sont qu'une mascarade où l'Action nationale populaire, parti au pouvoir, emporte tous les sièges. En *Grèce* enfin, les « colonels » à la tête du pays depuis le coup d'État militaire qui a mis fin à la monarchie parlementaire (1967) s'appuient sur la paysannerie pour instaurer une dictature « musclée ». Mais, même si la Grèce est mise au ban des démocraties occidentales (retrait du Conseil de l'Europe en 1969), le soutien américain au régime et la division de l'opposition permettent aux militaires de se maintenir en place.

La règle de la stabilité politique admet cependant une exception : l'*Angleterre* reste, durant cette période, fidèle à l'alternance. L'absence de grandes réformes

© A<small>RMAND</small> C<small>OLIN</small>. La photocopie non autorisée est un délit

---

12 *Cf.* plus bas, p. 102-105.

structurelles, mise à part la renationalisation de la sidérurgie en 1966-1967, la persistance des problèmes économiques et sociaux, l'échec d'une nouvelle demande d'admission au sein du Marché commun (1967) entraînent la désaffection des Britanniques vis-à-vis du gouvernement travailliste d'Harold Wilson, au pouvoir depuis 1964. Grands vainqueurs des élections de 1970, les conservateurs d'Edward Heath ne parviennent pas à de meilleurs résultats et se heurtent de surcroît aux puissants syndicats (que l'on a tenté de réglementer par voie législative en 1971). L'épreuve de force engagée avec les Trade Unions, qui font peser la menace d'une grève illimitée des mineurs, amène Edward Heath à dissoudre la chambre des Communes... Mais c'est l'opposition travailliste qui remporte les élections (février 1974). La vie politique anglaise paraît donc plus agitée qu'ailleurs en Europe, d'autant plus que des troubles violents ont éclaté en Irlande du Nord à l'automne 1968.

- **• ... *menacée ?***

Par la « question irlandaise[13] *»* : la domination des Unionistes, majorité protestante pouvant exercer une véritable discrimination à l'égard de la minorité catholique par le biais d'un système électoral peu favorable à cette dernière, ainsi que par le contrôle de l'emploi et du logement, a bien été contestée par l'IRA (*Irish Republican Army*, formée de nationalistes partisans de la réunification de l'île) jusqu'à la fin des années 1960. Mais sous l'impulsion de l'Association pour les droits civiques, ainsi que des étudiants menés par une jeune députée catholique à Westminster, Bernadette Devlin, les manifestations et les affrontements se multiplient à partir d'octobre 1968. Si, jusqu'en 1970-1971, les catholiques formulent des revendications concernant surtout les droits civiques et la justice sociale, l'absence de réformes sérieuses, la force de la répression, les poussent bientôt à assurer que la réunification est nécessaire. La suppression du Stormont (Parlement de Belfast qui assurait à l'Ulster une relative autonomie interne) et la prise en mains de l'administration de l'Irlande du Nord par Londres (1972) font sombrer la région et le Royaume-Uni tout entier dans une véritable guerre civile.

Par le terrorisme : voulant poursuivre la lutte contre une Angleterre « coloniale » jusqu'à l'unification de l'Irlande au sein d'une république socialiste, les membres de l'IRA, perpétrant une vague d'attentats au début des années 1970, ne sont pas les seuls en Europe à affirmer des thèses nationalistes ; en Espagne, les Basques de l'ETA (Euskadi et Liberté, organisation née en 1959), séparatistes, fomentent des enlèvements de personnalités civiles ou militaires, provoquent la mort de « l'éminence grise » du régime franquiste, l'amiral Luis Carrero Blanco (1973)[14].

Mais il existe aussi en Europe, à côté du terrorisme nationaliste et parfois lié à lui, un *terrorisme idéologique d'extrême gauche* : en RFA, la Fraction armée rouge, connue sous le nom de « bande à Baader », exerce des violences à Berlin dès 1967 – notamment en juin lors de la visite du Châh d'Iran – ; elle est à l'origine d'une série d'incendies de grands magasins à Francfort en 1968, de nombreux vols et attentats dans toute l'Allemagne en 1970-1972 (sous la conduite d'Ulrike Meinhof, Andreas Baader ayant été arrêté). En Italie, les Brigades rouges, fondées en 1970 par Renato Curcio, se spécialisent davantage, à partir de 1973, dans les enlèvements.

---

13 *Cf.* troisième partie, Irlande du Nord, p. 295.
14 *Cf.* troisième partie, Question basque, p. 263.

3.2.2. **Vers une Europe social-démocrate ?** (1974-1988)

Menacée un moment par le terrorisme, la démocratie gagne du terrain partout en Europe ; elle favorise les progrès des formations socialistes modérées. Mais, si bon nombre de pays semblent « virer à gauche », les conservateurs bénéficient encore de solides points d'appui.

• *Le triomphe de la démocratie*

En quelques années, les pays d'Europe méridionale sous la coupe de régimes autoritaires basculent dans le camp de la démocratie : le Portugal (avril 1974), la Grèce (juillet 1974), l'Espagne (1976-1977).

C'est un événement extérieur qui provoque au *Portugal* la chute de la plus ancienne des dictatures européennes. *La Révolution des œillets (25 avril 1974)*, fomentée par un groupe de capitaines dans le cadre du Mouvement des forces armées, vise surtout à mettre fin aux guerres coloniales africaines et à restaurer la démocratie. Mais si le processus de décolonisation se poursuit par la reconnaissance de l'indépendance de la Guinée-Bissau, puis du Mozambique[15] et de l'Angola[16], à l'intérieur, les luttes pour le pouvoir s'exacerbent, tandis que l'économie se dégrade de plus en plus : militaires progressistes soutenus par le PC, socialistes et modérés, socialistes seuls, puis partis de droite se succèdent ainsi au gouvernement de 1974 à 1979, établissant dans le pays de grandes réformes (en particulier la réforme agraire), puis une normalisation qui prend ses distances vis-à-vis de la révolution.

En *Grèce*, l'invasion de Chypre[17] par l'armée turque discrédite le régime des colonels (juillet 1974) ; rentré d'exil, le leader de la droite classique Constantin Caramanlis rétablit les libertés dans le pays ; à la différence de ce qui se passe au Portugal, la vie politique retrouve vite son calme : la Nouvelle Démocratie, parti de Caramanlis, remporte largement les élections de novembre 1974 (53 % des voix, 221 sièges sur 300), puis à une moindre majorité, celles de 1977.

En Espagne, le passage à la démocratie s'effectue « en douceur », sans qu'il soit besoin d'intervention extérieure : lorsque le Caudillo meurt le 20 novembre 1975, son successeur désigné, *le prince Juan Carlos, est proclamé roi d'Espagne*. Répondant aux vœux d'une grande partie de la population, en particulier de la jeunesse, il achemine alors le pays vers la démocratie, par l'instauration d'élections libres auxquelles peut participer l'opposition (15 juin 1977 ; les premières depuis 1936 !), par le vote d'une nouvelle constitution (6 décembre 1978). La vie politique est dominée par l'Union du centre démocratique fondée en 1977 par le Premier ministre Adolfo Suárez. Mais la menace de complots militaires (coup de force du général Tejero aux Cortès le 23 février 1981), la persistance du terrorisme basque et les revendications régionalistes (Catalogne), si elles n'empêchent pas la démocratie de progresser, affaiblissent considérablement les positions centristes : le successeur de Suárez, Calvo Sotelo, ne peut maintenir son parti au pouvoir.

En *Italie*, la démocratie est menacée par *l'extension du terrorisme*, la *généralisation de « l'économie souterraine »* (fraude fiscale, travail au noir) et *l'éclatement de plusieurs scandales* politico-financiers ayant souligné, s'il en était besoin, la *dégradation de l'État*. Aux attentats du groupe néo-fasciste Ordre noir (par exemple dans l'express Rome-Munich le 4 août 1974, douze morts) s'ajoutent ceux des Brigades rouges qui inten-

---

15 *Cf.* troisième partie, Mozambique, p. 311.
16 *Cf.* troisième partie, Angola, p. 256.
17 *Cf.* troisième partie, Chypre, p. 276.

© ARMAND COLIN. La photocopie non autorisée est un délit

sifient leur action, allant jusqu'à frapper au plus haut du système (assassinat du leader de la Démocratie chrétienne, Aldo Moro, en mai 1978, et du sénateur Roberto Ruffilli, principal conseiller du président du Conseil de Mita sur les problèmes institutionnels, en avril 1988). Les gouvernements de coalition de centre gauche dirigés par la DC se révèlent impuissants à résoudre la crise ; la bipolarisation de la vie politique sortant renforcée des élections de 1976 (DC : 38,8 % ; PCI : 34,4 %), les deux partis, s'ils ne formulent pas le compromis historique dont rêve le PCI, réalisent un accord tacite : l'abstention du PCI assure la survie du gouvernement dirigé par la DC de 1976 à mars 1978, date à laquelle les communistes entrent dans la majorité gouvernementale (sans participer au gouvernement). Si la démocratie est sauvée, la crise politique, elle, est encore aggravée : en 1979, aucune majorité parlementaire ne soutient la DC qui perd la présidence du Conseil (1981), puis connaît un revers aux élections de juin 1983 (32, 9 %). Démocratie sauvée, mais démocratie bloquée depuis lors : la coalition de centre gauche (longtemps sous la direction du socialiste Bettino Craxi) sort certes renforcée des élections de juin 1978, mais la DC ne peut imposer un gouvernement fort (d'où une instabilité ministérielle accrue), alors qu'aucune alternance n'est possible à gauche, car le recul du PCI et la poussée des socialistes ne favorisent pas la clarification politique et l'affirmation d'une volonté pouvant servir d'alternative à la DC.

• *Les progrès des forces de gauche*

La volonté d'établir une étroite liaison entre le socialisme, la liberté et la démocratie ; la définition du socialisme essentiellement comme le contrôle public des principaux moyens de production et d'échange ; le respect de la pluralité des partis et de la possibilité de l'alternance démocratique, *conduisent certains partis communistes européens à définir un modèle de transformations politiques, économiques et sociales adaptées à leur propre pays.* Le PCI, le PCE, le PCF multiplient les rencontres bilatérales et les manifestations communes : rencontres PCI-PCE de Livourne en juillet 1975, PCI-PCF de Rome (novembre 1975), meeting Berlinguer-Marchais de Paris en juin 1976, manifestation italo-espagnole à Rome en septembre 1976, des trois formations à Madrid en mars 1977… Prenant leurs distances vis-à-vis du « grand frère » soviétique (de manière plus nette pour le PCI que pour le PCF et le PCE), ils s'engagent dans des alliances avec d'autres forces politiques – signature du Programme commun de gouvernement avec les socialistes en France, affirmation du « pacte pour la liberté » en Espagne, qui vise à préparer l'instauration d'une démocratie parlementaire, volonté d'établir un « compromis historique » en Italie, dans le but de préserver le régime. Cette modération des PC européens, leur alliance dans le mouvement eurocommuniste ne durent pas, puisque des divergences apparaissent dès la fin des années 1970, à propos notamment de l'intervention soviétique en Afghanistan et de la crise polonaise.

S'ils gouvernent en Autriche presque sans interruption depuis 1970, sous la direction adroite du chancelier Bruno Kreisky jusqu'en 1983, s'ils détiennent, seuls ou en coalition, le pouvoir en Suède depuis 1932 – à l'exception des années 1976-1982 – c'est surtout au début des années 1980 que *les socialistes progressent dans la plupart des pays de l'Europe du Sud.*

En *France*, pour la première fois dans l'histoire de la Ve République, *un président de gauche accède à l'Élysée, le socialiste François Mitterrand* emportant les élections présidentielles face au président sortant, Valéry Giscard d'Estaing (10 mai 1981). La crise économique, l'échec de la tentative libérale du Premier ministre Raymond Barre (1976-1981), le poids du chômage se sont conjugués, pour réaliser l'alternance, avec l'abstention d'une partie de la majorité sortante (après la démission du Premier ministre

RPR Jacques Chirac, en 1976, le conflit entre gaullistes et giscardiens a envenimé la fin du septennat de Valéry Giscard d'Estaing). Renforcée par le véritable raz de marée socialiste aux élections législatives (14 et 21 juin 1981 ; le PS emportant 284 sièges sur 188), la gauche entreprend dès son arrivée au pouvoir d'importantes réformes : outre les réformes de structures (décentralisation, planification, nationalisations), des mesures visent à modifier profondément la société française (loi Savary sur la transformation de l'enseignement supérieur, nouvelle politique de la santé, humanisation des pratiques pénales et abolition de la peine de mort, lois Auroux qui étendent les droits des travailleurs dans l'entreprise…). Mais le départ des quatre ministres communistes participant au gouvernement, la force de la crise économique, la montée du chômage rendent plus fragiles les positions des socialistes.

En *Grèce*, le PASOK (Parti socialiste panhellénique d'Andréas Papandréou) sort nettement victorieux des élections de 1981. Le gouvernement socialiste homogène parvient, malgré les problèmes économiques, à se maintenir au pouvoir après les élections de 1985. Mais face à une opposition de droite qui paraît sans véritable leader ni projet, le PASOK se laisse aller à un populisme démagogique qui a eu raison de la politique d'austérité (établie depuis 1985).

En *Espagne*, les élections d'octobre 1982 sont nettement remportées par le Parti socialiste ouvrier espagnol, l'UCD au pouvoir ne parvenant plus à faire face aux multiples aspects de la crise espagnole. L'état de grâce qui entoure le PSOE et le Premier ministre socialiste Felipe González se maintient jusqu'en 1987, mais en janvier, la politique d'austérité est contestée par les lycéens, les étudiants, les enseignants, les agriculteurs… et toutes les catégories socio-professionnelles. L'avertissement donné au PSOE par les électeurs lors du triple scrutin (communal, régional, européen) de juin 1987, la tension entre le gouvernement et le syndicat-frère de l'Union générale des travailleurs (dont le secrétaire général démissionne de son poste de député socialiste pour ne pas entériner un budget qu'il juge anti-social) expliquent qu'au XXXIᵉ Congrès du PSOE (février 1988) Felipe González soit accusé d'avoir « adouci » son socialisme.

Si certains partis socialistes doivent compter avec les aléas du pouvoir, d'autres poursuivent ce que l'on peut qualifier de lente dérive à gauche : en *Allemagne*, le SPD se tourne ainsi vers une attitude de plus en plus critique vis-à-vis de l'Alliance atlantique, de la politique américaine et de la croissance industrielle à tout prix. En proie au doute depuis son échec aux élections au Bundestag et la démission de la chancellerie de son leader Willy Brandt (à la suite de l'affaire Guillaume, 1974), le SPD hésite entre le retour en arrière que représente à la tête du parti la présence de Hans Jochen Vogel, et l'adoption de thèses proches de celles des Verts (écologistes entrés au Bundestag en 1983) exprimées par le leader de la Sarre, Oscar Lafontaine… En *Angleterre*, le Parti travailliste traverse lui aussi une crise profonde, tenté également par une dérive gauchiste qui menace son maintien comme alternative crédible de gouvernement ; le parti de Neil Kinnock a pris, en effet, des positions très marquées en politique étrangère, en particulier sur la question nucléaire, se prononçant pour un retrait de toutes les armes nucléaires stationnées en Europe et pour l'adoption par l'OTAN d'une stratégie purement conventionnelle.

• *La résistance des conservateurs*

Les progrès de la social-démocratie en Europe ne sauraient masquer le maintien des forces conservatrices et leur présence au pouvoir, même s'il s'agit d'épisodes brefs, comme en Suède (1976-1982) ou en France (1986-1988).

© ARMAND COLIN. La photocopie non autorisée est un délit

En *Suède*, le mécontentement des classes moyennes, mais aussi l'opposition des écologistes à la construction des centrales nucléaires, intensifiée après le choc pétrolier, écartent les socialistes du pouvoir après quarante-quatre ans d'exercice ! Mais le gouvernement tripartite – conservateurs, centre, libéraux – ne parvient à faire face ni aux revendications écologistes, ni à la croissance de la dette, allant même, malgré des intentions libérales très affirmées, jusqu'à nationaliser des chantiers navals proches de la faillite...

En *France*, le RPR emportant les élections législatives de mars 1986, la droite revient au libéralisme ; mais si les privatisations sont un véritable succès populaire, elles se soldent par un échec économique. Dans un climat tendu par la cohabitation entre un président de la République socialiste et un Premier ministre gaulliste, l'autoritarisme s'affirme à travers la défense de l'ordre et de la sécurité : la xénophobie se déchaîne, d'autant plus qu'*à l'automne 1986, Paris est secoué par des attentats aveugles* liés aux questions moyen-orientales ; devant la surenchère exercée par le Front national, parti d'extrême droite, l'accueil des étrangers est limité (9 septembre 1986) et un projet de réforme de la nationalité voit le jour. Le retour des mouvements sociaux, dès l'hiver 1986-1987, annonce déjà la défaite électorale de 1988.

En *Allemagne*, la victoire de la coalition de centre droit du chancelier Helmut Kohl aux élections de janvier 1987 paraît plus ambiguë. Si les CDU-CSU avaient emporté 48,8 % des voix en 1983, elles n'en obtiennent là que 44,3 % (soit leur plus mauvais résultat depuis 1949). L'absence de charisme d'Helmut Kohl, les progrès de l'écologie qui devient l'affaire de tous en RFA – notamment après l'accident de la centrale de Tchernobyl (avril 1986) et après la pollution du Rhin (novembre 1986) – entraînant le succès des Verts (8,3 % des suffrages, en augmentation de 2,7 % par rapport à 1983) constituent des éléments non négligeables d'explication du recul des conservateurs allemands.

Dans une *Angleterre* en proie à la récession, au déclin industriel, soumise aux incohérences de la gestion travailliste, l'arrivée au pouvoir de Margaret Thatcher (mai 1979), avec le soutien sans précédent des ouvriers qualifiés et d'une partie de la base des militants syndicaux, n'a pas de quoi surprendre. Son maintien en juin 1983, à la suite de « l'effet Falkland » (bénéfice de l'opération des Malouines contre l'Argentine), puis sa victoire en juin 1987, prouvent que devant les dissensions internes du Parti travailliste et son glissement vers la gauche, le pays, dans un contexte économique difficile, se porte à droite : les privatisations, l'extension de l'accession à la propriété par démantèlement de l'ancien système de logements sociaux, ont créé une nouvelle classe politique, *the haves* (ceux qui possèdent), élargissant la base du Parti conservateur. Surtout, les trois mandats successifs de Margaret Thatcher traduisent la volonté de l'Angleterre – un peu à la manière de l'Amérique de Ronald Reagan – de retrouver confiance en elle-même ; l'énergie du Premier ministre, sa volonté de briser le pouvoir des syndicats, sa manière de parler haut et fort sur la scène européenne et internationale, ont amené le pays à s'installer confortablement dans son rôle de nouvelle puissance moyenne... Malgré un coût social qui se révèle lourd (violence urbaine, « hooliganisme » des supporters sportifs et même, phénomène nouveau, des yuppies, chômage triplé entre 1979 et 1986...), le thatchérisme se consolide, à travers un style de gouvernement qui utilise les crises pour radicaliser à droite les solutions, plutôt que de les chercher au centre comme l'avaient fait les gouvernements (travaillistes ou conservateurs) précédents...

3.3. Les aléas économiques

3.3.1. De l'expansion…

Jusqu'en 1973, l'Europe connaît une croissance économique sans précédent, confirmant ainsi son rôle dans l'expansion des trois décennies d'après-guerre, les « trente glorieuses » (selon la formule de Jean Fourastié concernant le développement français).

• *Les caractères de la croissance*

Il s'agit d'une croissance longue, puisqu'elle prend son essor au lendemain de la Seconde Guerre mondiale, et que, la reconstruction achevée, elle se poursuit encore. Surtout *elle frappe par sa régularité*. Certes, des récessions ont perturbé la courbe ascendante en 1948-1949, 1952-1954, 1957-1958, 1967-1968 enfin ; mais ce ne furent que des pauses qui ont permis un réajustement périodique dans une économie soumise aux lois du marché. Chaque ralentissement, chaque palier étant suivi d'une reprise, il semble bien alors que le néo-capitalisme dispose de la capacité de maîtriser sa croissance.

Des années 1960 au début des années 1970, même si des faiblesses structurelles apparaissent, si des déséquilibres se préparent, si certains reclassements sociaux se révèlent des plus douloureux, *l'heure est à l'optimisme* sans doute exagéré mais bien réel, et au triomphe de l'abondance.

• *Les racines des progrès*

Outre des origines spécifiques à chaque pays européen, la croissance est provoquée par des phénomènes mondiaux.

L'internationalisation de l'économie tout d'abord. La libéralisation des échanges a été favorisée dans l'après-guerre par le GATT, qui a notamment servi de cadre au « Kennedy Round » ensemble de négociations commerciales longues et difficiles entre 1963 et 1967, débouchant sur une réduction moyenne des droits de douane entre les États-Unis et la CEE. Celle-ci, même s'il existait un tarif extérieur commun, cherche d'ailleurs moins à freiner la libération des échanges qu'à y intégrer les économies européennes. Il en est de même pour les autres unions douanières régionales, qui activent aussi les relations commerciales, en particulier l'AELE (Association européenne de libre échange).

L'intégration à l'Europe ensuite. L'union douanière achevée le 1er juillet 1968, consacre la réussite de la CEE ; devant les progrès accomplis, nombreux sont les pays qui souhaitent adhérer ou s'associer au Marché commun. Si, malgré des efforts réitérés, le Royaume-Uni n'obtient pas satisfaction, la CEE passe des accords d'association avec la Grèce (1961), la Turquie (1963), Malte (1970) et avec dix-huit pays d'Afrique francophone (Convention de Yaoundé, 1963).

L'intervention étatique également. Pour assurer le plein-emploi, préserver la stabilité des prix, redistribuer les fruits de la croissance de manière à réduire les inégalités sociales, les États se sont efforcés, bien que leur rôle se trouve en partie remis en question par l'internationalisation de l'économie, de rendre la croissance maximale et de l'harmoniser en même temps. Malgré des modalités nationales fort diverses, ces politiques ont, au moins jusqu'au début des années 1970, permis une relative maîtrise de la croissance économique.

L'appel à la main-d'œuvre étrangère enfin. Plus souple sur le plan numérique, plus docile aussi puisqu'elle ne participe pas aux mouvements revendicatifs, la main-d'œuvre immigrée, moins rémunérée que les travailleurs autochtones, constitue l'un des moteurs du développement.

© ARMAND COLIN. La photocopie non autorisée est un délit

S'ils connaissent peu ou prou ces phénomènes, les pays européens formulent des politiques qui leur sont propres. L'Italie, la France et surtout l'Allemagne ont une croissance rapide, voisine de 5,4 % par an pour les premières, de 5,8 % pour la seconde.

En Allemagne, on parle de « miracle » : l'aide américaine, l'intégration au Marché commun n'expliquent pas tout ; l'Allemagne a en fait bénéficié de ce que l'on pourrait appeler « les atouts de la défaite » : présence d'une main-d'œuvre qualifiée et abondante, d'une monnaie sous-évaluée (ce qui favorisait les investissements étrangers et les exportations), absence de dépenses militaires lourdes. Mais l'État allemand a su affirmer *une idéologie originale, sorte de « libéralisme ordonné »*. En intervenant de manière très limitée mais favorable aux groupes de pression industriels (législation fiscale) et agricoles (subventions), Ludwig Erhard (chancelier d'octobre 1963 à décembre 1966) a encouragé les banques à accorder leur crédit aux entreprises les plus dynamiques ; il a fait alléger les impôts sur les gros revenus pour encourager le grand patronat et freiner la hausse des salaires pour multiplier les exportations (qui passent de 53 milliards de marks en 1962 à 125 en 1970, contre 109 aux importations). La croissance a donc permis un excédent de la balance commerciale, mais aussi une accumulation de réserves (33 milliards de marks en 1966, mais plus de 100 au milieu des années 1970) et plusieurs réévaluations du mark (octobre 1969, mai 1971 ; le passage aux taux de change flottants en 1973 voit la monnaie renforcer encore ses positions) ; elle s'est traduite par des progrès remarquables dans le secteur industriel (sidérurgie, chimie, automobile, etc.).

Le *miracle italien* est lui aussi essentiellement industriel, provenant à la fois de *l'action de l'État*, qui contrôle l'activité économique par des holdings géants comme l'IRI (Institut pour la reconstruction industrielle, office public ayant en charge des secteurs-clés de la production : électricité, sidérurgie, aluminium...), et du *dynamisme des hommes d'affaires* (Mattei dans l'industrie pétrolière, Agnelli et Pirelli dans le secteur automobile, Olivetti pour le matériel de bureau...).

En France, l'expansion, moins bonne que celle de ses voisins, bénéficie du rôle moteur de l'Allemagne et de l'Italie, mais dispose également d'atouts nationaux, en particulier une croissance démographique soutenue par une bonne natalité (17 pour mille environ entre 1965 et 1974) et une forte immigration (quatre millions d'étrangers en 1974). Si *l'intervention de l'État* se maintient par le biais d'un IVᵉ Plan tourné vers les équipements collectifs, les organismes publics s'effacent ensuite, sous l'influence de V. Giscard d'Estaing, ministre des Finances, derrière *un investissement privé encouragé* ; les Vᵉ et VIᵉ Plans (1965-1970 et 1971-1975) diminuent l'aide de l'État aux entreprises publiques pour les mettre en concurrence avec le privé et soutiennent le secteur industriel capable de résister à la compétition internationale.

Les pays du Sud plus pauvres « décollent » dès la fin des années 1950. Le régime des dictatures édicte des lois sociales qui maintiennent la main-d'œuvre, par ailleurs sobre et endurante, dans une obéissance stricte envers les employeurs ; les investisseurs étrangers sont favorisés par une législation qui leur laisse de larges possibilités de rapatriement des bénéfices.

Au Portugal se produit *un réel démarrage économique*, puisque le PNB augmente de 6 % par an en moyenne de 1960 à 1974 ; les entreprises étrangères sont attirées par le climat de paix sociale et la présence d'une main-d'œuvre bon marché. Mais les dépenses militaires très lourdes des guerres coloniales, la longueur du service militaire (quatre ans) compromettent les résultats obtenus.

En Espagne, de 1960 au début des années 1970, *le taux d'expansion est le plus élevé du monde* (avec celui du Japon ; environ 7 % par an). L'aide américaine, importante durant la Guerre froide, relayée par les fonds envoyés par les travailleurs émigrés, les revenus du tourisme (2 milliards de dollars en 1970) assurent les progrès de l'industrie. Les organismes d'État, par exemple l'Instituto nacional de industria et un plan peu contraignant permettent le développement des secteurs jugés les plus importants pour l'avenir (hydroélectricité, ciment, acier, mais aussi pétrole, automobile, constructions navales). Nul ne doit s'étonner, dans ces conditions, que le niveau de vie, de 900 dollars à la fin des années 1960, atteigne 2 000 dollars au milieu des années 1970…

En Grèce, l'*essor économique* avait commencé avant même le coup d'État militaire ; le retour au calme politique et social l'a rendu plus sensible encore. C'est le secteur industriel qui a fait les progrès les plus notables (pétrole, ciment). Si la balance commerciale est restée déséquilibrée, les exportations ne couvrant que 40 % des importations, la balance des comptes a bénéficié, quant à elle, des revenus de l'exploitation de la flotte (dont 30 millions de tonneaux sous pavillon de complaisance en 1970), de l'apport des capitaux étrangers (300 à 500 millions de dollars par an), des revenus des travailleurs émigrés et du tourisme.

• *Les problèmes liés à la croissance*

Par les inégalités, les rivalités qu'elle engendre, la croissance est remise en question dès la fin des années 1960. Il existe en effet de grandes disparités.

Disparités entre pays : relativement soutenue dans la plupart des pays européens, l'expansion économique n'évolue que lentement au *Royaume-Uni*, à un rythme à peine supérieur à ceux du XIXe siècle (environ 3 % par an). À l'arrivée au pouvoir des travaillistes, l'Angleterre traverse une crise financière ; la politique déflationniste freine alors la croissance, d'autant plus que le pays subit une série de revers (dévaluation de la livre de 14,3 % en novembre 1967… trop tardive, absence de réformes structurelles, nouvel échec de l'entrée dans le Marché commun en décembre 1967). Après 1970, les conservateurs voudraient relancer l'expansion économique par une politique néo-libérale, mais ils se voient obligés de prendre des mesures dirigistes qui permettent de redresser la livre au moment où la plupart des monnaies connaissent de brusques changements de cours sous l'effet de la crise du dollar (1971-1976). Le répit est de courte durée ; dans les derniers mois du gouvernement Heath, le taux d'inflation approche 20 % par an ; la monnaie perd 23 % de sa valeur les dix dernières années, le taux de profit a baissé de presque 80 % en dépit de la hausse des investissements productifs.

Disparités entre régions : la croissance européenne n'exerce pas ses bienfaits sur les zones éloignées des centres de décision ou des pôles de développement ; le Mezzogiorno italien, les montagnes françaises, sont oubliés ; l'exode rural s'accélère.

Disparités entre secteurs : malgré des progrès nets, la croissance agricole a été moins forte que celle des autres activités économiques ; la baisse de la demande en biens agricoles, la chute des prix, l'intégration de l'agriculture aux filières agro-industrielles et agro-alimentaires transforment l'agriculture en activité dominée et les agriculteurs les plus âgés ou les plus modestes en oubliés de la prospérité.

Il existe également *des rivalités au sein du monde capitaliste*. La croissance économique de l'Europe occidentale remet en question la suprématie américaine et introduit des tensions. Si les États-Unis dénoncent le protectionnisme du Marché commun, notamment en ce qui concerne les produits agricoles, le général de Gaulle refuse de voir l'Europe soumise aux intérêts américains, du fait de l'émission effrénée de dollars

© ARMAND COLIN. La photocopie non autorisée est un délit

qui submergent le Vieux Continent. De leur côté, les dirigeants américains s'apprêtent à utiliser l'arme monétaire aux dépens de leurs alliés. Par ailleurs, les difficultés de l'économie américaine, la remise en cause du rôle du dollar comme monnaie de réserve internationale au début des années 1970, s'accompagnent du mouvement de reflux des capitaux qui cherchent en Europe des monnaies refuges, le mark en particulier. Au moment où se forme le « serpent monétaire » européen, les tensions sur les taux de change des monnaies deviennent très vives (notamment les rapports franc-mark).

À la fin des années 1960, trois éléments constituent autant de fissures qui s'élargiront dans la décennie suivante : le *fléchissement de la productivité*, un *chômage encore faible* (5 % des actifs) que masque l'intense mobilité professionnelle due aux reclassements sectoriels, et surtout *l'inflation* qui apparaît de plus en plus comme une composante structurelle de la croissance. La récession de 1967, les mouvements contestataires du printemps 68 font s'interroger les bénéficiaires de la croissance sur sa valeur (le Club de Rome est fondé en 1968…).

3.3.2. … à la crise (1973-1988)

Mondiale, la crise touche l'Europe plus durement, plus profondément que les autres pays développés.

• *Les traits marquants*

L'*inflation* s'amplifie à la fin des années 1970, profitant à la plupart des acteurs économiques, puisqu'elle grossit les rentrées fiscales de l'État et allège la charge des emprunts, puisqu'elle gonfle les profits des entreprises par la hausse des prix, amortissant ainsi les investissements, permettant des capacités d'autofinancement et des augmentations salariales (qui neutralisent toute revendication syndicale). Durant la crise, la *hausse des prix* s'est considérablement aggravée : de 5 % en moyenne dans les principaux pays occidentaux, elle est passée à 10 %, son niveau variant certes du simple au triple (moins de 6 % en RFA, mais plus de 20 % en Italie !), le taux record (12 % en moyenne) étant atteint dès les deux années de dépression du début de la crise – 1974 et 1975.

La *faiblesse de la croissance :* elle n'atteint que 2,5 % en moyenne, soit moins de la moitié du taux de la période précédente. Outre la durée exceptionnelle de la crise, c'est donc la « stagflation » (simultanéité de la stagnation et de l'inflation) qui caractérise la dépression. La *forte hausse du prix du pétrole brut*, presque dix fois plus coûteux au début des années 1980 qu'en 1973, n'y a pas peu contribué : en deux étapes (1974-1975, 1979-1980), la perte moyenne de croissance entraînée par le prélèvement pétrolier est estimée à 3 %.

Le chômage constitue la traduction humaine de ces difficultés. En 1980, *les nations du Marché commun comptent plus de six millions de sans-emploi ;* en France par exemple, malgré trois « pactes pour l'emploi » accordant des avantages financiers considérables aux entreprises qui embauchent, le nombre des demandeurs d'emploi s'accroît de près d'un million en six ans (1974-1980).

La *détérioration des paiements extérieurs :* la ponction opérée par des dépenses énergétiques plus importantes a aggravé le déficit des pays acheteurs de pétrole brut. Ceux qui pouvaient vendre aux pays producteurs de l'armement ou des biens d'équipement ont toutefois réussi à le combler en partie (la France et la RFA par exemple, au contraire de l'Italie). L'inadaptation des échanges et des paiements entraîne alors de vastes mouvements de capitaux amplifiés encore par les États-Unis qui profitent de l'absence de règles monétaires internationales précises : la marée des eurodollars, puis celle des pétrodollars, qui déferlent alors sur l'Europe, contrarient les politiques nationales de maîtrise du crédit, stimulent l'inflation et provoquent la hausse des taux d'intérêt.

• *Les explications possibles*

S'il est aisé de décrire les composantes de la crise, il paraît plus complexe d'en dégager les origines : trois grands types d'explication peuvent entrer en jeu.

Des données conjoncturelles : l'expansion simultanée des grands pays développés a provoqué une demande exceptionnelle de matières premières entraînant les hausses de prix de 1973. Par exemple, avant même l'enchérissement du pétrole, le prix des matières premières importées par la France s'est accru de 13 % en 1972 et de 50 % en 1973... L'inflation par les coûts a donc subi une poussée exceptionnelle, et les mesures anti-inflationnistes prises par les gouvernements ont fait reculer la production, ce qui a entretenu la crise. Certains dirigeants commettent de lourdes erreurs : les autorités de Stockholm croient par exemple que la crise n'est que passagère et que la production pourrait continuer comme auparavant ; l'adaptation nécessaire ensuite a été pour la Suède d'autant plus douloureuse qu'elle était plus tardive.

Des données techniques : l'effort d'investissement fléchit et les investissements réalisés le sont sans réel discernement, « saupoudrés » plutôt qu'affectés aux branches promises à la meilleure expansion. Face à l'élévation des salaires, à l'amélioration de la protection sociale, à la baisse de la durée du travail, le patronat multiplie les initiatives pour substituer la machine à l'homme afin de relever la rentabilité du capital investi.

Des facteurs d'ordre macro-économique : outre l'inversion des tendances démographiques par rapport aux années d'après-guerre (fin du *baby boom* et recul de la natalité) et le gonflement brutal des transferts de ressources vers les pays vendeurs de matières premières – ressources qui auraient pu être consacrées à l'investissement – il faut insister sur les conséquences du désordre monétaire. Les États-Unis ont, en effet, sapé à leur profit les bases du Gold Exchange Standard, ce qui a provoqué la marée des eurodollars ; puis ils ont dévalué le dollar en 1973, et enfin sabordé le système monétaire international en instaurant les changes flottants (juin 1976) ; la politique américaine a donc accéléré l'inflation et perturbé les mécanismes économiques, mais il ne fait aucun doute que leurs partenaires européens, en laissant faire Washington, puis en jouant le jeu des eurodevises, ont encouragé la débauche de crédits internationaux peu gagés (ce qui a alimenté l'inflation...).

• *Les réactions à la crise*

Face aux problèmes économiques, les pays européens ont appliqué de faux remèdes, et réagi en ordre dispersé.

Ils ont en effet continué à donner *la priorité aux augmentations de salaires*, politique coûteuse pour l'État et les entreprises, et à assurer une protection sociale sans équivalent dans le monde (protection dont le coût a beaucoup augmenté à la suite de la progression du nombre de chômeurs et de personnes âgées, et à un rythme deux fois plus rapide que la richesse globale entre 1974 et 1984). Pour éviter les licenciements, ils ont *freiné les progrès technologiques des entreprises :* si la RFA et les Pays-Bas ont cependant mené des restructurations industrielles, en abandonnant les secteurs trop menacés et en stimulant des domaines nouveaux, la France, elle, s'est trouvée handicapée pour des motifs politiques, gouvernants et patronat différant les mutations nécessaires, dans l'attente des échéances électorales (1976-1978)... Enfin, les pays européens se sont tournés, pour relancer la croissance, vers des méthodes tradition-

© ARMAND COLIN. La photocopie non autorisée est un délit

nelles, par exemple le *protectionnisme* ou la recherche d'une locomotive (les États-Unis, puis l'Allemagne qui impulse une légère relance en 1978-1979).

La crise renforce l'égoïsme et la « communauté du chacun pour soi ». Les pays européens n'adoptent *aucune politique commune en matière énergétique* (à la différence de ce qui s'était passé après l'affaire de Suez où l'on avait créé Euratom), ce qui explique que les investissements énergétiques demeurent en Europe deux à trois fois moins élevés qu'au Japon ou aux États-Unis. Une politique monétaire commune se met bien en place en 1979, mais c'est une mesure tardive... Ces décisions communes trop peu nombreuses expliquent que *la crise frappe très inégalement les pays*, en raison même des initiatives de chacun d'eux : les économies de dimension modeste (Danemark, Belgique, Grèce, Espagne, Portugal), mais aussi des économies dominantes comme celles du Royaume-Uni, de l'Italie, de la France, ont subi plus ou moins la crise, à la différence de l'Allemagne, où la forte rentabilité de l'industrie, associée à une politique de monnaie forte, a permis un flux régulier d'investissement (dans un contexte de croissance lente où la progression de la demande intérieure est limitée par une politique vigilante à l'égard de l'inflation).

La tendance à l'uniformisation des conjonctures nationales en Europe – la RFA faisant figure d'exception – semble au milieu des années 1980 constituer *une sorte de cohérence de crise, caractérisée par une croissance lente, des taux d'investissement faibles, le déficit des balances courantes, le recul marqué de l'inflation, la force du chômage* enfin (le cap des 17 millions de demandeurs d'emploi enregistrés a été franchi en 1987 dans la CEE, selon les statistiques publiées par l'Eurostat, le taux de chômage s'établissant à 9,1 % pour la RFA, 11,7 % pour la France, 12,1 % pour la Grande-Bretagne, mais 14,3 % pour l'Italie et 19,9 % pour l'Irlande). De plus, l'Europe se trouve dans une situation de grande dépendance vis-à-vis de l'étranger pour l'énergie et pour l'électronique (au milieu des années 1980, 8 ordinateurs personnels sur 10 vendus en Europe proviennent des États-Unis, 9 magnétoscopes sur 10 du Japon...). À moyen terme, c'est la place économique de l'Europe dans le monde qui est en jeu ; à long terme, sa capacité à maîtriser et à diffuser le progrès technologique.

L'avenir de l'Europe dépend par ailleurs alors de ses perspectives démographiques ; or la tendance générale est à la stagnation et au vieillissement de la population, même si demeure une certaine diversité (taux d'accroissement naturel entre 1982 et 1987 : RFA et Royaume-Uni, – 1 pour mille, Irlande 7 pour mille, France 5, Italie 2). Cette évolution conditionne la capacité de la zone européenne à maintenir son poids et son indépendance économiques au sein de l'espace mondial.

3.4. L'Europe existe-t-elle ?

Infiniment diversifiée dans ses réalités politiques, ayant subi la crise économique, tentant d'y répondre en ordre dispersé, l'Europe fait souvent penser à l'Arlésienne. Pourtant, peu à peu, une conscience commune se forge.

3.4.1. La poursuite de la construction européenne

L'agrandissement de la Communauté : la France ayant mis fin à sa politique de la « chaise vide » (janvier 1966) et le Marché commun ayant redémarré (1er juillet 1968), des pays sollicitent une adhésion ou une association : Malte obtient satisfaction et devient État associé en 1970. Mais *le principal problème reste celui du Royaume-Uni*, dont la candidature a été rejetée à deux reprises (1963 et 1967) par le général de Gaulle ; à la conférence de La Haye, en décembre 1969, le nouveau président Georges Pompidou lève le veto français : le 22 janvier 1972 est signé le traité d'adhésion de la Grande-Bretagne, du Danemark, de l'Irlande et de la Norvège (mais les Norvégiens désapprouvèrent leur gouvernement). *L'Europe des Six devient donc l'Europe des Neuf le 1ᵉʳ janvier 1973.* L'entrée de la *Grèce en 1981*, de *l'Espagne et du Portugal en 1986*, longtemps retardée pour des raisons politiques, permet un rééquilibrage de la Communauté au Sud.

Si la Communauté s'est élargie, jusqu'à doubler le nombre de ses membres, elle ne s'est pas renforcée pour autant, victime d'une *véritable crise de l'intégration* engendrée en grande partie par la crise économique de 1973-1974. Pour y faire face, nous l'avons vu, les divers États européens ont avant tout recherché des solutions permettant de reporter sur leurs partenaires le poids de la dépression. En même temps, du fait que les États-Unis livrent désormais à l'Europe une guerre économique et commerciale sans merci, certains États n'acceptent de poursuivre leur contribution à l'Europe que s'ils en retirent des avantages substantiels (c'est le cas de l'Angleterre, puis de l'Allemagne après 1982). *Le processus d'unification des institutions européennes se trouve donc bloqué.*

- Les procédures de prise de décision par exemple au sein du Conseil des ministres, évoluent vers le principe de l'unanimité et la réintroduction du droit de veto, malgré des dispositions prévoyant un recours de plus en plus fréquent à la majorité.
- La Commission est marginalisée, le Conseil des ministres ayant tendance à conserver pour lui des secteurs nouveaux d'intervention comme la politique énergétique ou la politique régionale.
- Le Conseil européen, conçu pour être une instance d'impulsion politique, s'est transformé en véritable organe de décision : il remet donc en cause l'autorité du Conseil des ministres et le pouvoir de contrôle du Parlement européen.
- Le Parlement voit ses pouvoirs stagner ; s'il avait pu acquérir un certain poids budgétaire, par le droit de rejet global du budget (traités de Luxembourg, 22 avril 1970 et de Bruxelles, 22 juillet 1975), il n'a pas, malgré son élection au suffrage universel direct depuis juin 1979, conquis le pouvoir législatif, le Conseil des ministres restant le maître en la matière. Le rôle consultatif du Parlement a, lors du renouvellement de l'Assemblée européenne en 1984, contribué à détourner l'objet du vote, les élections étant considérées par les partis politiques des divers pays comme un simple prétexte à mesurer leurs forces respectives dans le cadre national.

La crise des institutions européennes se traduit en fait par un transfert de pouvoir de la Commission au Conseil des ministres, puis au Conseil européen, sans jamais concerner le Parlement.

3.4.2. L'échec de l'Europe économique et financière

La recherche de cohésion européenne débouche sur une véritable impasse budgétaire et monétaire et se heurte au maintien de certaines pratiques communautaires.

• *Le problème du budget*

En 1984, la Communauté a subi une *crise financière aiguë*, dont les prémices étaient apparues plusieurs années auparavant, et qui n'est toujours pas définitivement résolue. Cette crise fut à la fois conjoncturelle, du fait de l'inadéquation entre dépenses et ressources (les ressources ne font pas l'objet d'une détermination totalement libre par les organes de la CEE, elles dépendent aussi de l'évolution de la conjoncture économique) et structurelle, le budget communautaire étant

© Armand Colin. La photocopie non autorisée est un délit

essentiellement un budget de dépenses... Même si le budget communautaire demeure modeste (35 milliards d'écus en 1986, soit 1 % du PIB des États membres), plus de deux tiers de ses ressources sont absorbés par la politique agricole commune. À cette véritable « dérive » des dépenses communautaires s'ajoute la question de l'insuffisance des recettes (droits de douane, prélèvements agricoles, pourcentage de la taxe à la valeur ajoutée perçue par les États membres) ; le relèvement de la part de TVA versée au budget communautaire (sommet de Fontainebleau, juin 1984) n'a pas suffi pour faire face à la hausse des dépenses...

La communauté vit donc alors *au bord de la banqueroute*, ce qui explique la difficulté à répartir le fardeau budgétaire : les deux tiers des ressources financières de la Communauté proviennent de trois États (RFA, Royaume-Uni, France) qui ont un solde de transferts budgétaires négatif. Depuis 1973, l'Angleterre conteste la part qu'elle doit verser, elle a obtenu depuis 1980 qu'un système de compensation soit mis en place à son profit, ce qui a conduit la RFA à formuler des exigences semblables... Deux attitudes extrêmes existent sur ce problème, celle de la commission de Bruxelles, soucieuse de maintenir les dépenses de transferts au profit des zones les moins favorisées (plan Delors, février 1987), celle du Royaume-Uni, pour qui le budget communautaire doit essentiellement permettre de réaliser des programmes de pointe.

• *Le problème monétaire*

Le mécanisme qui avait été établi pour limiter les variations entre des devises européennes elles-mêmes dépendantes du dollar (« serpent », avril 1972) n'a pas empêché plusieurs réévaluations du mark ni l'affaiblissement simultané des autres monnaies. En mars 1979, à la suite de la conférence de Brême (juillet 1978) et du Conseil européen de Bruxelles (décembre 1978), est mis en place le *système monétaire européen (SME)* pour éviter de tels déséquilibres : instituant une véritable unité monétaire, l'écu (*European Currency Unit*, pondération de l'ensemble des monnaies des États européens), il instaure un mécanisme d'évaluation multilatérale (qui déclenche automatiquement les interventions nationales sur les monnaies) et assure une plus grande stabilité des changes (en associant à la gestion des taux de change des mécanismes de coopération monétaire différenciés selon les nécessités). En dépit des réalignements monétaires dus au choc pétrolier de 1979-1980 et aux fluctuations désordonnées du dollar et des politiques hétérogènes de chaque pays, le système a contribué à *assurer une plus grande stabilité monétaire en Europe*, malgré quelques réajustements au bénéfice du mark. Mais, en 1981, devait s'effectuer la transformation de l'écu en monnaie européenne parallèle entière, ce qui impliquait le transfert d'une fraction au moins des pouvoirs monétaires nationaux à la Communauté. Cela a été reporté pour des raisons conjoncturelles surtout politiques...

• *L'avenir des politiques communes*

La *politique agricole commune (PAC)* avait été conçue pour faciliter les réformes des structures (orientation) : plans de développement des exploitations, encouragements à la cessation d'activité, formation professionnelle, etc. Mais en attendant les effets de certaines réformes, il avait fallu mettre en place une politique des marchés (garantie) régulant les prix. Or ces deux politiques se sont vite révélées contradictoires... La révision de la PAC, engagée depuis 1980, cherche surtout à limiter son coût, puisqu'elle absorbe deux tiers des ressources communautaires, tout en favorisant les actions d'orientation. Cela suppose une politique rigoureuse des prix et une pratique active de l'exportation. Mais tous les agriculteurs ne sont pas alors en mesure de faire face à de telles exigences.

La coopération européenne dans les années 1970 s'est affirmée avec succès dans le secteur de l'aérospatiale (Airbus, Ariane, Spacelab) ; plusieurs programmes définis concernent les nouvelles technologies : ESPRIT (1984-1988), dans le domaine des technologies de l'information, RACE (1987-1991), pour les télécommunications, par exemple ; EUREKA (1985) sur la mise au point de produits de haute technologie, voit s'élargir la coopération européenne à des partenaires non-membres de la CEE... Mais c'est là l'arbre qui cache la forêt. Il n'existe en fait *aucune politique européenne de l'énergie ou des transports, aucune réelle coopération industrielle*, rien pour lutter contre l'inflation et le chômage. Le relatif échec de l'union économique durant cette période provient de la difficile gestation de l'Europe politique.

3.4.3. L'Europe moribonde ?

À partir de 1970 au moins, nombreuses sont les tentatives destinées à faire de l'Europe une réalité politique, soit dans le cadre de la communauté, soit dans un cadre élargi : bon nombre d'entre elles se sont soldées par des échecs, en raison notamment des divergences dans le domaine des relations extérieures et de la défense.

• *Les volontés de relance politique*

Les chefs d'État, les organes communautaires eux-mêmes, ont à plusieurs reprises depuis 1970, essayé de *relancer l'idée d'Union européenne*, notamment au sommet de Paris (octobre 1971) à l'initiative du président Pompidou, et au Conseil européen de Paris (décembre 1974), où les chefs d'État et de gouvernement confièrent au Premier ministre belge Léo Tindemans le soin de rédiger un rapport sur cette question. Après les travaux de la commission Spinelli, mise en place en 1981, le Parlement européen adopta en février 1984, un projet de traité instituant l'Union européenne, véritable projet d'État fédéral (dans lequel les compétences seraient à terme transférées à l'Union). En juin 1984 pourtant, sur l'initiative du Parlement européen fut créée une nouvelle commission chargée d'examiner l'éventualité d'une Union européenne : le « comité Dooge » fit, dans son rapport (fin 1984) des propositions beaucoup plus limitées que celles de la commission Spinelli... mais qui aboutirent à la rédaction de l'Acte unique européen, signé par les États membres le 17 février 1986.

L'Acte unique est alors très controversé. Il prévoit des mesures matérielles (réalisation d'un grand marché intérieur au 1er janvier 1992, progrès de l'union économique et monétaire, amélioration de l'environnement et des conditions de travail, développement technologique, etc.), mais aussi des dispositions institutionnelles, à savoir l'extension de la règle du vote à la majorité qualifiée au sein du Conseil et celle des pouvoirs législatifs du Parlement. Mais l'Acte unique se trouve à mille lieues des projets fédéralistes du député Spinelli...

Si la réalisation d'une Europe politique se révèle si problématique, c'est bien parce qu'il subsiste encore, dans les années 80, entre les divers États qui pourraient la forger des divergences trop profondes sur des questions fondamentales.

• *Une politique extérieure commune ?*

L'élaboration d'un point de vue commun sur la politique étrangère résulte de tractations complexes et peut être entravée par des discussions sur de tout autres

© ARMAND COLIN. La photocopie non autorisée est un délit

sujets (les prix agricoles par exemple) ; l'Europe peut donc difficilement former bloc face aux Supergrands ou face au « Sud », et de manière très différente selon les périodes.

De 1969 à 1973, les positions européennes en ce domaine s'inscrivent dans le cadre de la détente, et *la question allemande se trouve alors au premier plan*, Willy Brandt souhaitant faire sortir la RFA de l'isolement diplomatique dans lequel elle vit depuis la fin de la Seconde Guerre mondiale. La rencontre Brandt-Stoph (Premier ministre est-allemand), la signature du traité germano-soviétique de renonciation à la force et de coopération, du traité germano-polonais sur la ligne Oder-Neisse (mars, août et décembre 1970) jalonnent la voie qui mène au traité fondamental entre les deux États allemands (décembre 1972).

De 1973 à 1980, face au choc pétrolier, puis aux manœuvres américaines pour obtenir un front occidental uni (conférence de Washington, février 1974), *les Neuf sont divisés*, qu'il s'agisse des pressions d'Henry Kissinger ou de l'embargo pétrolier décidé par les pays arabes. Pourtant à la Conférence sur la sécurité et la coopération en Europe (Helsinki, 1975), ils parviennent à imposer une démarche propre, relativement unitaire : est-ce dû au caractère général des questions débattues ? à l'inertie dont font alors preuve les États-Unis ?

À *partir de 1980*, les pays européens semblent s'engager plus avant dans l'action. S'ils multiplient les déclarations de principe, par exemple sur le Liban (2 décembre 1980, 29 juin 1982, 22 mars 1983...) ou sur l'Afghanistan (28 avril et 13 juin 1980, 24 mars et 30 juin 1981, 27 décembre 1984...), ils en viennent à des démarches, des *essais de médiation sur les questions les plus épineuses* (missions en Afrique du Sud, au Liban ; entretiens de Lord Carrington à Moscou en juillet 1981 sur la proposition européenne de conférence sur l'Afghanistan) et en liaison avec la CEE, à l'adoption de sanctions, contre l'Iran lors de l'affaire des otages américains, contre l'Argentine durant la guerre des Falkland (avril-mai 1982), contre l'Afrique du Sud. Leur implication directe dans les conflits, notamment au Proche-Orient où certains de leurs ressortissants sont détenus en otages, fait cependant s'aligner les pays européens sur les États-Unis (à Beyrouth en 1982, la force multinationale à laquelle participent des Français et des Italiens, ne saurait se maintenir longtemps après le départ des « marines »)...

En fait, du point de vue de chaque État européen, les prises de position communes ne constituent qu'un des aspects de la politique étrangère, *chacun conservant une politique extérieure propre*, les décisions européennes ne l'emportant pas sur la diplomatie nationale mais devant se combiner avec elle. Ce qui explique des réticences vis-à-vis de certaines mesures, celles du Royaume-Uni sur l'application de sanctions à l'Afrique du Sud, celles du Danemark, de l'Italie, de l'Irlande sur la condamnation de l'Argentine. Parfois, le consensus s'établit sur le minimum : lorsqu'un chasseur soviétique abattit un Boeing sud-coréen (septembre 1983), la Grèce obtint que l'on ne fît pas de déclaration sévère, tant il est vrai qu'elle tient à la particularité de sa politique étrangère (dialogue avec Moscou, dénonciation de la menace turque...). Mais il peut aussi se trouver compromis par des volte-face : promotrice d'une position européenne sur le conflit israélo-arabe (Venise, juin 1980), la France retrouve une liberté de manœuvre et affirme tacitement son soutien à Israël après l'élection de François Mitterrand à la présidence.

La coopération européenne en politique étrangère connaît donc des limites définies par les intérêts propres des divers États européens, par l'existence de liens antérieurs à l'Europe, par la détention par les Grands des rôles principaux ; elle doit, par ailleurs, parfois s'imposer face aux positions américaines (affaire du gazoduc sibérien en 1982), d'autant plus que les États-Unis tiennent la clef de la défense du Vieux Continent.

• *Défense de l'Europe ou défense européenne ?*

Si les Européens ne se sentirent pas directement concernés par le contrôle soviéto-américain de la course aux armements dans le cadre de la dissuasion mutuelle (traité de non-prolifération nucléaire, accord sur les systèmes anti-missiles, accords SALT I de mai 1972), ils le furent davantage lors des négociations sur les réductions mutuelles de forces en Europe (MBFR), *Mutual and Balanced Force Reduction* (Vienne, janvier 1973) et lors de la Conférence d'Helsinki (1975). Surtout, la question de la défense en Europe se posa en 1979 lorsque l'OTAN décidait d'installer de nouveaux missiles, Pershing II en RFA, missiles de croisière en Angleterre, Italie, Belgique et aux Pays-Bas. Alors que la domination militaire américaine se traduit aussi sur le plan technique et commercial, puisque seule l'armée française est à 90 % autonome et que les efforts de production commune européenne sont limités, deux positions se font jour. D'une part, certains experts proposent de faire de la France le « noyau » de la défense européenne, la dissuasion s'étendant à l'Allemagne, dans le cadre des doctrines concrètes américaines. D'autre part, l'Europe est conçue comme une entité politique autonome maîtresse de sa défense, ce qui explique l'idée d'une relance de l'UEO (seule institution militaire à vocation européenne) soutenue notamment par les socialistes français (1983-1984). Mais à la conférence d'octobre 1984 à Rome, il apparaît que l'UEO ne serait que le deuxième pilier d'une OTAN inchangée...

Les mouvements de paix se manifestant lors de la crise des euromissiles en Allemagne, en France, en Italie et regroupant des courants d'opinion très larges (socialistes, écologistes, communistes, chrétiens) posent en fait la question du *degré d'indépendance de l'Europe* : s'ils ne vont pas tous (comme le mouvement chrétien néerlandais IKV ou le groupe britannique END) jusqu'à souhaiter la démilitarisation, la neutralisation partielle (la « finlandisation »), certains énoncent la notion d'une défense « purement défensive » (sur le modèle suisse ?). La plupart, en Allemagne en particulier, souhaitent voir poursuivre la logique d'ouverture dans la lignée de l'Ostpolitik ; ils ne sont certainement pas étrangers à la reprise des négociations MBFR qui avaient piétiné durant la « nouvelle Guerre froide » (1979-1985).

4. LES INSOLENTES PERFORMANCES DE LA MACHINE JAPON

4.1. Le miracle économique japonais

4.1.1. Une croissance exceptionnelle

Dans les années 1960, le Japon dispute à l'Allemagne de l'Ouest le troisième rang mondial des grandes puissances. Sa croissance est en effet remarquable : durant la décennie 60-70, le PNB japonais augmente en moyenne de 12 % par an.

Cette croissance est essentiellement industrielle : dans ce domaine, le taux d'accroissement apparaît comme le plus rapide du monde ; en conséquence, les exportations augmentent également, de 16 % par an en moyenne et atteignent, au seuil des années 1970, environ 9 % des exportations mondiales. Bien que tous les secteurs

© ARMAND COLIN. La photocopie non autorisée est un délit

industriels ne progressent pas de la même manière (par exemple, la croissance s'affirme dans la métallurgie lourde – pour l'acier, la firme Yawata-Fuji est la seconde du monde ; le Japon assure aussi la moitié des constructions navales dans le monde – et l'industrie chimique, un peu moins dans l'agro-alimentaire), les productions japonaises commencent à être connues partout, qu'il s'agisse des automobiles (le Japon en construit autant que la France, avec les firmes Toyota, Nissan, Honda), des motocyclettes (Yamaha, Suzuki, Kawasaki). Ses appareils d'optique, de photographie, de cinéma, ses postes de radio concurrencent ceux que l'on produit en Allemagne ou aux États-Unis. Et le Japon développe aussi la fabrication de matériel ferroviaire et l'aéronautique…

4.1.2. Les raisons de la croissance

Ces progrès sont dus à des *causes conjoncturelles*, liées à la défaite du pays à l'issue de la Seconde Guerre mondiale : le Japon dispose d'un appareil productif neuf. Contrairement à certaines autres puissances économiques, il n'eut pas dans les années 1950 et 60 à défendre un empire colonial menacé, ni à consacrer de lourdes dépenses à la course aux armements (même si, en 1967, le gouvernement Sato s'oriente vers un réarmement de sécurité conforme à l'article 9 de la Constitution) ; les capitaux peuvent donc se reconstituer, grâce également au développement de l'épargne, drainée par de grandes banques : le pays semble avoir de larges moyens financiers. L'élargissement du commerce après la guerre de Corée, puis l'aide américaine (et la demande émanant de ce pays) ont été déterminants ; les producteurs ont dû s'orienter vers la qualité et la fiabilité (Nikon, Sony).

Mais la croissance a bénéficié aussi d'*avantages structurels*. Les grands groupes ont pu se reconstituer, sur le plan financier tout d'abord. Ensuite dans le domaine industriel, qui bénéficie par ailleurs d'une structure dualiste, permettant une certaine souplesse : de grandes entreprises à haute productivité, accordant des salaires assez élevés, contrôlent l'essentiel de la production ; une multitude de petites entreprises, grosses consommatrices de main-d'œuvre, travaillent en sous-traitance pour elles (elles expliquent en partie la force du commerce extérieur japonais, grâce aux bas salaires qu'elles pratiquent ; en cas de récession, elles sont bien entendu les premières à fermer…). Le Japon dispose d'une main-d'œuvre abondante et bon marché, réputée pour sa docilité, son adresse dans la fabrication des articles les plus délicats et les plus complexes, son dévouement à la firme. Enfin, le système commercial, très bien organisé, n'a rien à envier à son homologue allemand par exemple.

4.2. Des mutations sociales importantes

Le miracle économique entraîne une *progression rapide du niveau de vie* des Japonais : certes ils n'en bénéficient pas tous (les exploitants agricoles, les ouvriers des petites entreprises, nous l'avons vu, ont des revenus inférieurs à la moyenne) et ils ne disposent pas encore, en particulier pour les transports ou le logement, du pouvoir d'achat européen, *a fortiori* américain. Les Japonais sont cependant entrés dans la société de consommation à l'occidentale ; ainsi par exemple, leur foyer apparaît suréquipé (appareils ménagers, télévision, etc.).

Plus encore que le niveau de vie, *c'est le genre de vie qui se transforme :* l'urbanisation, liée au développement de l'industrie et des services, remplace les anciennes maisons de bois par des immeubles anonymes ou au contraire luxueux en banlieue ; les arts martiaux, certes toujours populaires, sont concurrencés par le base-ball ou le golf ; les groupes rock et les feuilletons télévisés américains ont un succès plus important que le théâtre traditionnel. Si l'on respecte encore certains rites (la cérémonie du thé, du bain, l'ikebana ou art floral…) les modes de vie se rapprochent de plus en plus de ceux des Européens, ou plutôt des Américains. Malgré tout, ce qui frappe les Occidentaux dans ces années-là reste le paternalisme patronal et l'attachement des ouvriers à leur entreprise, qui les conduit à ne pas faire grève, à ne pas prendre leurs congés (l'image de centaines d'ouvriers, chantant avec discipline l'hymne de leur firme étonne beaucoup les Européens en particulier) ; il est vrai que, au moins pour les plus grandes d'entre elles, l'emploi est garanti à vie…

4.3. Une stabilité politique étonnante

La prospérité économique favorise *le courant conservateur, représentant les milieux d'affaires, qui se maintient au pouvoir* (mis à part en 1947-1948) depuis la fin de la guerre ; les divers courants (démocrate, libéral) qui le composent se regroupent à partir de 1955, ce qui lui permet d'emporter ensuite les élections avec une avance confortable (60 % des suffrages environ). Seules les luttes internes au courant conservateur (malgré l'unité de façade) expliquent en fait les changements de gouvernement.

Les Japonais, surtout intéressés par le développement économique de leur pays, ne se préoccupent guère de la vie politique. Un certain calme règne en particulier sous les cabinets Ikeda (1960-1964) et Sato (1964-1972). Seuls les problèmes liés aux affaires extérieures ou à la défense éveillent l'intérêt des citoyens. Ce sont d'ailleurs ces problèmes qui expliquent les divisions de l'opposition socialiste (pourtant soutenue par la principale confédération syndicale, Sohio) : en 1960, l'aile droite, favorable au traité de sécurité avec les Américains, fonde le Parti social-démocrate (qui recevra l'appui du syndicat modéré Domei). Ce sont également les questions externes, la Guerre froide en fait, qui expliquent la faiblesse du Parti communiste, pourtant en progression dans les années 1960. Les thèses patriotiques permettent à une secte bouddhiste, Soka Gakkai, d'avoir une audience politique auprès des Japonais les plus pauvres, par l'intermédiaire du Kômeito, qui développe aussi des préceptes moraux.

Les *questions extérieures*, notamment la reconduction du traité nippo-américain, entraînent des manifestations syndicales et étudiantes très violentes contre les États-Unis : en 1960, le président Eisenhower doit annuler sa visite à Tokyo et le Premier ministre Kishi démissionner ; en 1970, le suicide de l'écrivain Mishima montre que le nationalisme dans les formes les plus ultras, n'est pas mort…

L'intérêt porté à la politique étrangère est peut-être un caractère propre de la vie politique nippone. En revanche, le Japon se rattache bien au monde occidental par la *crise universitaire* qu'il traverse à la fin des années 1960. À cette crise, des raisons tant matérielles (les conditions de travail sont dégradées, les programmes non remis à jour…) qu'idéologiques (comme les jeunes Occidentaux, les jeunes Japonais refusent la société de consommation que proposent leurs aînés). C'est avec l'occupation de l'université de Tokyo durant plus de six mois (juin 1968-janvier 1969) que le mouvement atteint son apogée…

4.4. Une diplomatie liée à l'économie

Le Japon ne peut absolument pas vivre sans contact avec l'extérieur. Il ne dispose ni de matières premières, ni de produits alimentaires ou d'énergie en quantité suffisante pour les besoins de sa population. Il peut acheter ce qui lui manque, nous

© ARMAND COLIN. La photocopie non autorisée est un délit

l'avons vu, en exportant ses produits manufacturés : il dépend donc de ses acheteurs, essentiellement les grands pays industrialisés, puis les pays du Tiers Monde et sa grande voisine, la Chine.

Sa diplomatie est ensuite conditionnée par l'image négative qu'a le Japon auprès de certains États, du fait de son rôle dans la Seconde Guerre mondiale ; elle ne peut totalement échapper aux pressions des États-Unis, son principal allié. À *partir des années 1950, le Japon s'efforce malgré tout de retrouver sa place politique dans le monde* et mène dans ce but des relations extérieures dynamiques. Aussi signe-t-il en particulier des traités avec les autres États asiatiques, avec la Birmanie, l'Inde (traité de paix en juin 1952), avec l'Indonésie, chacun de ces accords permettant aux entreprises japonaises d'investir dans ces pays. Bien qu'il soit devenu le principal fournisseur de Taïwan, le Japon souhaite aussi entretenir de bonnes relations avec Pékin, dans la perspective à long terme de l'ouverture du prodigieux marché chinois : une série d'accords commerciaux très ponctuels, bien définis pour leur durée et les produits concernés, jalonnent les années 1950, ce qui conduit le Japon à devenir le principal partenaire économique de la Chine dès le milieu des années 1960. Avec l'URSS, les relations restent plus tendues : bien qu'un accord soit signé en 1956 pour mettre fin à l'état de guerre entre les deux pays, et que les relations diplomatiques soient suivies d'échanges commerciaux, le contentieux subsiste sur les Kouriles et Sakhaline...

C'est en fait vers le Tiers Monde que le Japon fait alors porter une grande partie de ses efforts. Il est ainsi présent à la Conférence de Bandung (avril 1955) et au Congrès de solidarité afro-asiatique du Caire (décembre 1957), tout en s'implantant lentement dans certains pays d'Amérique latine (Mexique, Brésil) ou en proposant son aide financière pour de grands projets (le barrage d'Assouan par exemple). Dans la zone Pacifique, il s'offre à participer au règlement du conflit vietnamien (1965) et, à partir du début des années 1970, il suscite de la part des États de cette zone réflexion et rencontres qui aboutiront, sur proposition australienne, à la création de l'APEC (*Asia-Pacific Economic Cooperation*) à la fin des années 1980.

BIBLIOGRAPHIE

Sur l'ensemble du système libéral

DUVERGER M., SIRINELLI J.-F., *Histoire générale des systèmes politiques* : S. BERSTEIN (dir.), *La démocratie libérale*, P.U.F., 1998.

Sur les États-Unis

ABERNATHY G., HILLS D., WILLIAMS P. (eds), *The Carter Years : the president and policy making*, Pinter, Londres, 1984.

ARTAUD D., *La Fin de l'innocence*, A. Colin, 1985.

EVANS R., NOVAK R., *The Reagan Revolution*, Dutton, New York, 1981.

KASPI A., *Le Watergate*, Complexe, Bruxelles, 1986.

PORTES J., *Les Américains et la guerre du Vietnam*, Complexe, Bruxelles, 1993.

Sur l'Europe

DREYFUS M., *L'Europe des socialistes*, Complexe, Bruxelles, 1991.

DURAND J.-D., *L'Europe de la démocratie-chrétienne*, Complexe, Bruxelles, 1995.

Duranton-Cabrol, A.-M., *L'Europe de l'extrême droite*, Complexe, Bruxelles, 1991.

Gerbet P., *La Construction de l'Europe*, Imprimerie nationale, 1983.

Gotovitch, J., *L'Europe des communistes*, Complexe, Bruxelles, 1993.

Leonard J., Hen C., *L'Europe*, La Découverte, coll. Repères, 1994 (nouvelle édition).

Roussellier N., *L'Europe des libéraux*, Complexe, Bruxelles, 1991.

Sur le Japon

Bouissou J.-M., *Le Japon depuis 1945*, A. Colin, 1992.

Herail F. (dir.), *Histoire du Japon*, Horvath, 1990.

© Armand Colin. La photocopie non autorisée est un délit

Chapitre 2

Le modèle communiste (URSS, Chine, Démocraties populaires) : un modèle éclaté

Plus que le « camp libéral », le « bloc communiste » apparaît encore, en ces années soixante, aux yeux de l'opinion internationale, uni et homogène. Longtemps, les rumeurs – de plus en plus persistantes – de frictions entre certains de ses membres (Chine, URSS, Albanie, Yougoslavie…) n'avaient pas été vraiment prises au sérieux : sans doute, pensait-on, qu'il s'agissait de simples querelles de famille, mais pas de divergences idéologiques et politiques fondamentales… En réalité, dès le début des années soixante, l'« Église » communiste est le théâtre d'un schisme majeur marqué par le refus de la Chine de reconnaître l'Union soviétique comme autorité suprême. Le mouvement communiste devient alors bicéphale, chacun des deux protagonistes rassemblant autour de lui ses fidèles.

Parallèlement à ces rivalités – apparues surtout depuis la mort de Staline – se font jour des divergences considérables sur les conceptions et les orientations internes (économiques, sociales et même politiques) des régimes. Des formules très différentes, parfois carrément opposées, sont alors proposées, testées, imposées par chacun des grands leaders du monde communiste, durant la décennie cinquante et la suivante.

Au total, même si certaines solidarités de base et une propagande habile tendent à masquer les lézardes et les fissures du bloc, le monde communiste a, dès les années soixante, bel et bien éclaté.

1. LES FISSURES DE LA PÉRIODE STALINIENNE

1.1. Une façade trompeuse

Si l'on veut imaginer les sentiments suscités alors, à l'extérieur, par le « bloc communiste », on peut se reporter aux comptes rendus – parus dans la presse occidentale – des manifestations du cinquantième anniversaire de la fondation de l'État soviétique à l'automne 1967. Au cours des cinq jours du jubilé, les principaux notables communistes rassemblés à Moscou, en magnifiant les succès et la force de l'État pionnier, donnent du communisme une image d'extraordinaire puissance. Dans son principal discours, L. Brejnev se plaît à définir le marxisme-léninisme comme « la science qui apprend à gagner ». À l'écouter, depuis 1917, les succès n'ont cessé de s'enchaîner dans tous les domaines. En cette seule année 1967, la production industrielle soviétique aurait augmenté de 10,5 %, la récolte se serait révélée supérieure à celle prévue par le plan, la puissance militaire n'aurait jamais été aussi

© ARMAND COLIN. La photocopie non autorisée est un délit

effective… Lors de la parade militaire, sur la place Rouge, cinq nouveaux types de fusées sont présentées dont certaines pouvant être lancées à partir de sous-marins, ainsi qu'un engin balistique de 36 mètres, capable de larguer des bombes nucléaires en n'importe quel point de la planète !

1.1.1. La fulgurante progression du communisme en Europe et en Asie

Sous l'aile de la puissante Union soviétique, le camp communiste, il est vrai, n'avait, depuis la fin de la Seconde Guerre mondiale, cessé de s'étendre. La progression essentielle avait été accomplie *entre 1945 et 1949*. Sous l'égide, et le plus souvent sous le contrôle des Soviétiques, des régimes communistes s'étaient installés en Europe orientale et méridionale (*Allemagne de l'Est, Bulgarie, Hongrie, Pologne, Roumanie*) et en Asie (*Corée du Nord*). Pour ce faire, Staline s'était appuyé sur l'Armée rouge – omniprésente dans les dernières années de guerre – et sur les partis communistes nationaux, transformés en chevaux de Troie. Il avait su aussi, fort habilement, capter les espoirs de populations meurtries par la guerre, et séduites par des idéaux antifascistes, en procédant à de multiples manipulations de l'opinion. Sa manœuvre la plus subtile avait été le « coup de Prague », en février 1948, qui avait marqué la prise du pouvoir par les communistes tchécoslovaques.

Simultanément à cette vague d'expansion impulsée par Staline et à son principal profit, des leaders communistes avaient, de leur propre chef, et en dépit de l'indifférence ou des réticences de Moscou, réussi à se saisir du pouvoir en *Albanie*, en *Yougoslavie* et en *Chine*. En s'appuyant sur une résistance communiste structurée et aguerrie dans sa lutte contre les occupants étrangers, ces chefs – Enver Hoxha, Tito et Mao Zedong – avaient su, au cours de guerres civiles sanglantes – brèves dans le cas de l'Albanie et de la Yougoslavie, de plus de trois ans en Chine (1946-1949) – écarter leurs rivaux, et se propulser à la tête du pays. Ces victoires en avaient entraîné d'autres. Ainsi, l'assaut final des troupes de Mao contre celles de Chiang Kai-shek, à l'automne 1949, s'était révélé décisif pour les communistes vietnamiens qui, autour de Hô Chi Minh, avaient entamé depuis août 1945 un processus – d'abord diplomatique, puis violent à compter de décembre 1946 – en vue d'obtenir l'indépendance de leur pays. Celle-ci était effective à partir de juin 1954, avec la création de la République démocratique du Vietnam[18], au nord du 17ᵉ parallèle.

Quelques années plus tard, le communisme pénétrait sur le continent américain. À *Cuba*, le dictateur Batista ayant été renversé (1958) par une coalition, dont devait très vite émerger Fidel Castro, celui-ci, rejeté par les États-Unis, passait des accords commerciaux avec l'Union soviétique (1960), proclamait que la révolution cubaine était socialiste, et adhérait au marxisme (1961). L'installation d'un régime communiste aux portes mêmes des États-Unis, pouvait apparaître, à la fois, comme un formidable défi, un stimulant exemple pour les pays du Tiers Monde, et un symbole éclatant du succès continu du marxisme-léninisme dans le monde.

1.1.2. La force d'un système cohérent et uniforme

Tout autant que par la rapidité de son extension, l'opinion mondiale pouvait être impressionnée par la cohésion et l'homogénéité du monde communiste.

Toutes les équipes communistes qui étaient arrivées au pouvoir avaient procédé de manière uniforme. Les structures socio-économiques existantes avaient été

---

18 *Cf.* troisième partie, Vietnam, p. 359.

partout démantelées. Les « ennemis de classe » (paysans « riches », « gros bour-geois », intellectuels « décadents »…) écartés et, souvent, éliminés ; les éléments clefs des sociétés civiles (partis, associations, Églises…) dissous ; les minorités nationales domestiquées… Sur ces ruines fumantes, les nouveaux régimes avaient tous tenté de construire *un monde uniforme qui, de Pékin à Prague, avait pour ambition de repro-duire le modèle soviétique*, et, plus spécialement, le modèle stalinien. Dans chaque État, le pouvoir se trouvait monopolisé par le Parti communiste, ou du moins ses deux instances supérieures : le bureau politique et le secrétariat général. Au sommet, un homme – désigné par ses pairs, à l'issue de luttes factionnelles intenses – exerçait au profit du clan qui l'avait soutenu, un pouvoir sans partage, et se trouvait l'objet d'un véritable culte (déjà aux proportions gigantesques dans des États comme la Chine, la Corée ou l'Albanie).

En économie comme en politique, l'URSS stalinienne avait partout servi de modèle de base. À la suite de réformes hâtives et brutales, les terres avaient été redis-tribuées, puis collectivisées ; les banques, le commerce extérieur, les sources d'éner-gie, les transports et les industries de base, nationalisées ; et, partout, d'ambitieux plans (en général quinquennaux) lancés.

Les divers États du « bloc communiste » s'étaient trouvés placés dans une étroite dépendance du « pays phare du socialisme », l'URSS, soit par des accords imposés par Moscou, soit par le biais du Conseil d'entraide économique (*COMECON*) créé le 5 janvier 1949. Politiquement, la tutelle de Moscou était plus totale encore. Staline avait entendu exercer un droit de regard sur les affaires internes de chaque État, et peser de manière décisive sur leur politique étrangère. La mise en place du *KOMIN-FORM*, en septembre 1947, quelques semaines après les propositions du secrétaire d'État américain Marshall, avait pour objet principal de serrer les rangs autour de l'URSS, face à la « menace du camp impérialiste ». Rien ne démontra mieux ce magistère absolu exercé par le Kremlin que la brutale exclusion de la Yougoslavie (juin 1948) du KOMINFORM, par l'unique volonté de Staline, irrité et inquiet de l'indépendance de Tito.

1.2. Les irréparables dommages du stalinisme

Si l'édification du « bloc communiste » devait, sans conteste, beaucoup à Staline, ce dernier est une responsabilité au moins tout aussi grande dans ses inquiétantes défectuosités, apparues en pleine lumière, à son décès, en mars 1953. Les dérives et les dysfonctionnements étaient multiples et concernaient tous les domaines.

1.2.1. Une politique continûment agressive et répressive

En politique extérieure, les premiers « coups de force » déclenchés par Staline en Europe orientale et centrale avaient eu pour conséquence de *dresser contre le monde communiste une énorme coalition autour des États-Unis*. Économiquement (par le biais du Plan Marshall) comme militairement (par l'intermédiaire de l'OTAN, en 1949), l'URSS et ses satellites se trouvaient désormais dans la position d'un camp assiégé. Les remarquables progrès accomplis par le « bloc communiste » en matière d'armement (bombe atomique dès 1949) non seulement n'avaient pas suffi à dépas-ser l'adversaire, mais obéraient lourdement les finances des États (en mars 1952, les dépenses militaires représentaient le quart du budget de l'URSS). La *Guerre de Corée*, occasion du premier affrontement armé entre les deux « blocs », avait fait peser la menace d'une guerre nucléaire mondiale, mais avait aussi coûté très cher aux

© ARMAND COLIN. La photocopie non autorisée est un délit

pays communistes, en privilégiant toujours davantage l'armement par rapport aux autres secteurs de l'économie.

Ces données conjoncturelles s'ajoutant aux effets négatifs des orientations économiques de base imposées par Staline (priorité absolue à l'industrie, notamment à l'industrie lourde), l'ensemble des pays du « bloc communiste » devait faire face à un déficit alimentaire et à une pénurie chronique des biens de consommation. Les populations supportaient d'autant plus mal ces carences qu'elles vivaient souvent dans un climat de crainte, parfois de terreur. Dans la Chine de Mao, comme dans l'URSS stalinienne ou l'Albanie d'Hoxha, les campagnes contre les opposants – réels ou supposés – les titistes, les révisionnistes, les déviants de toutes sortes n'avaient jamais cessé, et avaient rempli prisons, camps et goulags, de millions de personnes (1,2 à 1,75 % de la population totale en URSS, en Hongrie, en Roumanie et en Chine, au début des années cinquante).

1.2.2. Mécontentement, révoltes et insurrections

Au début de ces années cinquante ce mécontentement s'exprime diversement selon les pays et les catégories sociales, mais semble général.

Les *intellectuels*, brutalement mis au pas par les petits Jdanov locaux, et forcés de se plier aux impératifs du « réalisme socialiste » oscillent entre la soumission (jusqu'en 1953) et la fronde (entre 1953 et 1956). Dans les campagnes, le découragement et l'amertume sont à leur comble, tant l'État communiste pressure et écrase. Les paysans hésitent aussi – selon les périodes, en fonction de la plus ou moins grande dureté des régimes – entre l'inertie, la fraude et la révolte. Mais cette dernière reste rare, car elle suppose une conscience collective et une organisation que possède rarement la paysannerie.

Les premiers grands soulèvements contre le système émanent d'entités fortement constituées, comme les nationalités, les ouvriers, les prisonniers… Si, dans un premier temps, *le peuple tibétain*, composé de paysans, de nomades, et soumis à un clergé non-violent, n'oppose que peu de résistance aux 84 000 soldats chinois qui, le 7 octobre 1950, envahissent son pays, tout change à compter de 1955. Quelques années d'occupation et d'oppression dressent contre le régime de Pékin, des populations de l'Est du pays – les Khampas –, puis l'ensemble de la nation tibétaine, au printemps 1959. Celle-ci, par des milliers de morts et des dizaines de milliers de déportés, paie le prix de sa résistance.

Durant la même décennie, se révoltent les ressortissants de nationalités opprimées par Staline, et expédiées dans des camps où, jusqu'en 1956, ils forment environ la moitié des effectifs du goulag soviétique. L'annonce de la mort de Staline et la déception d'être exclus du décret Vorochilov du 27 mars 1953 (qui prévoyait la libération de plusieurs centaines de milliers de prisonniers) suscitent de *vastes soulèvements dans plusieurs camps du goulag* (Norilsk et Vorkouta au printemps 1953 ; Kenguir, en mai 1954…).

Le monde ouvrier – en principe le fer de lance du nouveau système – a, lui aussi, le sentiment d'avoir été floué et exploité par le régime communiste. L'amertume est forte dans les pays d'Europe centrale où la classe ouvrière était anciennement organisée. La diminution du salaire réel et l'augmentation des normes de travail – imposées soudainement dans un contexte de hausse du coût de la vie – suscitent deux grandes *flambées de révoltes ouvrières* au printemps 1953 : l'une en Tchécoslovaquie, l'autre à Berlin-Est et dans l'ensemble de la RDA. Cette dernière, pour être matée, nécessite l'intervention des forces soviétiques (12-17 juin 1953).

Toutefois, les mouvements de fond, qui ébranlent le plus le « bloc communiste » en cette période post-stalinienne, se développent en *Pologne* et en Hongrie durant l'année 1956. Ouvriers, intellectuels et jeunes de ces deux pays, exaspérés par la faiblesse persistante de leur niveau de vie et le maintien des équipes staliniennes au pouvoir, réclament massivement, à compter de l'été 1956, une nouvelle politique. Si, en Pologne, après de violentes émeutes à Poznan, ils parviennent à imposer le retour au pouvoir de W. Gomulka (21 octobre), la situation leur échappe en *Hongrie*. La réintégration d'Imre Nagy – communiste réformiste très populaire, Premier ministre de juillet 1953 à avril 1955 – au sein du Parti est bientôt suivie d'une intervention des troupes soviétiques (24 octobre 1956) qui se heurtent, jusqu'au 4 novembre, à la résistance désespérée des habitants de Budapest. L'insurrection se solde par des milliers de morts, d'arrestations et de déportations, et par l'exil de plus de 100 000 Hongrois.

Ces différents mouvements – notamment le soulèvement hongrois – agitent les appareils des partis, mais la lutte de succession serrée qui oppose les clans, depuis la mort de Staline, paralyse longtemps les initiatives. À partir du moment où Khrouchtchev parvient à s'imposer, on assiste bien à une certaine remise en cause de l'ordre stalinien (symbolisée par le fameux discours au XXᵉ Congrès du PCUS en février 1956), mais celle-ci se révèle de portée très inégale : forte en Hongrie durant la première période Nagy, ou en URSS en 1954-1956, elle est quasiment inexistante en Albanie, en Corée du Nord ou au Vietnam. À l'évidence, les principaux leaders du « bloc » – Khrouchtchev, Tito, Mao – sont très divisés sur la nécessité et l'étendue d'un *aggiornamento*. Leur obsession majeure, dans cette décennie cinquante, reste le leadership du monde communiste.

1.3. L'éclatement du bloc

Dès la mort de Staline, la lutte est, en effet, engagée entre les dirigeants de l'URSS, de la Chine et de la Yougoslavie, en vue de dominer le « bloc communiste ». Une lutte d'abord très feutrée, puisque, en un premier temps, Khrouchtchev parle essentiellement de corriger les erreurs de Staline, en reconnaissant les mérites et la puissance de la Chine, et en se réconciliant avec la Yougoslavie. L'atmosphère est à la « coexistence pacifique » pas seulement avec le « bloc américain », mais aussi à l'intérieur même du « bloc communiste ».

En fait, les contentieux – aussi anciens que les régimes eux-mêmes – demeurent très lourds entre les trois États rivaux. Ni Mao, ni Tito n'ont oublié les réticences de Staline au moment de leur lutte respective pour accéder au pouvoir ; pas plus que son refus de leur accorder une réelle autonomie économique et militaire. En outre, chacun des trois États diverge profondément sur les orientations à donner au socialisme. Mao Zedong désapprouve totalement le système titiste, qui représente, à ses yeux, la version la plus radicale du révisionnisme, et la plus dangereuse pour le socialisme. Le soutien de Tito aux mouvements polonais et hongrois de 1956 renforce davantage l'hostilité des « maoïstes » aux « titistes ». Khrouchtchev tente de naviguer à vue, tantôt en se rapprochant, tantôt en s'éloignant de chacun des deux rivaux. Mais, à compter de 1957, le fossé ne cesse de se creuser entre les trois États. Au printemps suivant, intervient une seconde rupture entre l'URSS et la Yougoslavie. À partir de cette même date, les heurts entre l'URSS et la Chine sont incessants.

La remise en cause publique du rôle de Staline, le refus de laisser la Chine disposer des armements nucléaires, le choix par Khrouchtchev d'une politique de

© ARMAND COLIN. La photocopie non autorisée est un délit

« coexistence pacifique » avec le « bloc américain » constituent autant de motifs de *discorde entre Moscou et Pékin*. Fait gravissime, les deux États s'efforcent – de manière ouverte à partir du printemps 1960 – de gagner à leurs causes les « partis frères ». L'Albanie, actif soutien de la Chine, est évincée du COMECON en décembre 1960. En dépit de multiples tentatives de conciliation, *le mouvement communiste devient, de fait, bicéphale, en juillet 1963*, lorsque les « conversations idéologiques » sino-soviétiques sont interrompues, les positions des deux États restant inconciliables.

Autour de la Chine, se rangent alors l'Albanie, la Corée du Nord, le Nord-Vietnam (longtemps hésitant) et sept autres partis qui, dans leur pays, se trouvent dans l'opposition (Indonésie, Japon, Laos, Malaisie, Thaïlande, Sud-Vietnam, Nouvelle-Zélande). Mao Zedong, qui a tenu tête durant toutes ces années, aux « révisionnistes » occidentaux, peut alors envisager d'imposer à son pays, le modèle socialiste auquel il aspire, qui passera dans l'Histoire sous le nom de « Révolution culturelle ».

2. UN PREMIER TYPE DE MODÈLE COMMUNISTE : LES DÉRIVES UTOPISTES DE MAO ZEDONG À POL POT

2.1. Origines de la Révolution culturelle en Chine

2.1.1. L'enfantement douloureux du nouveau régime

La victoire finale en 1949 du minuscule parti fondé à Shanghai en juillet 1921 avait surpris, compte tenu de la multitude et de l'acharnement de ses adversaires. Le parti de Mao Zedong, en effet, avait dû, non seulement combattre par les armes son principal opposant national : le Guomindang de Chang Kai-shek (d'abord, de 1927 à 1937, avec une terrible retraite de ses troupes dans le Shanxi, la fameuse « longue marche », d'octobre 1934 à octobre 1935 ; puis, de juillet 1946 à l'automne 1949, au cours d'une guerre civile longue et meurtrière), mais aussi l'ennemi japonais (qui avait attaqué Chine dès juillet 1937). En outre, au sein de sa propre famille idéologique, le leader du PCC s'était heurté sans cesse à la méfiance, puis à l'hostilité de Staline, qui, depuis les années vingt, n'avait cessé de combattre sa stratégie et de tenter de l'écarter. En août 1945, encore, Staline, par intérêt (récupération des « droits » perdus par la Russie en 1905), et par souci d'affaiblir un rival potentiel, avait joué la carte Chiang Kai-shek, et tout fait pour éviter une prise de pouvoir directe et immédiate par Mao Zedong.

Mao était néanmoins parvenu à surmonter tous ces obstacles, et ses troupes, devenues le champion de la libération sociale de la paysannerie, avaient remporté une éclatante victoire, à la fois militaire, psychologique et sociale, qui leur avait livré, en octobre 1949, un pays de plus de cinq cents millions de personnes.

Malgré le contentieux, l'alliance avec l'URSS (matérialisée par le traité du 14 février 1950) s'était imposée aux dirigeants chinois comme une nécessité pour consolider la révolution et conduire une politique active en Asie (intervention en Corée, aide militaire à la République du Vietnam en lutte contre les Français...). Elle s'était traduite par une *très forte influence soviétique*, tant sur le plan institutionnel (Constitution de 1954), politique (renforcement du pouvoir du Parti sur l'armée et sur les intellectuels, par exemple) que sur le plan économique (prêts, envoi de techniciens et de matériel, priorité à l'industrie lourde du premier plan quinquennal, de 1953 à 1957...)

Une immense révolution sociale avait été initiée par une *loi sur le mariage (30 avril 1950)* interdisant les unions arrangées et substituant l'intervention de l'État à celle de la famille ; ainsi que par une *réforme agraire (28 juin 1950)* qui avait confisqué 46 millions d'hectares (sur 107) à des propriétaires non-exploitants afin de les redistribuer à 70 millions de familles.

Cette mise en place du nouveau régime et des premières réformes avait coûté un prix extraordinairement élevé en vies humaines (*peut-être cinq millions d'exécutions entre 1949 et 1952*), et avait entraîné la création d'un système répressif (police de sécurité, camps d'internement et de rééducation). À partir de 1952, la brusque accélération de la collectivisation, voulue personnellement par Mao Zedong (« premier bond en avant », été 1955-été 1956), qui avait abouti à une « coopérativisation » effective de l'agriculture, et à une étatisation quasi totale des entreprises industrielles, dès la fin de 1956, avait suscité une montée des oppositions ainsi que des dissensions internes au sein du PCC : tandis que la politique de Mao avait été critiquée au cours du VIIIe Congrès, on avait noté une influence croissante de Liu Shaoqi et de Deng Xiaoping. Désireux de reprendre la maîtrise totale du pouvoir, et d'affaiblir les contestataires du Parti, Mao avait lancé alors la campagne dite des « Cent Fleurs » (mai 1956-juin 1957), qui avait fait souffler un vent de fronde dans les milieux intellectuels et dans les villes, avant d'annoncer, au printemps 1957, une virulente répression, avec déportation de 460 000 « droitiers » en Mandchourie et en Mongolie (libérés seulement en 1978).

2.1.2. L'échec catastrophique du « Grand Bond en avant »

Se trouvant dans une situation personnelle délicate, le « grand timonier », selon son habitude, décida de faire front et de porter le combat sur un autre terrain. Il semblait en outre persuadé, au printemps 1958, que l'on pouvait corriger les défauts de la planification de type soviétique, et *transformer les rapports de production par la seule stimulation de la ferveur révolutionnaire des masses* (primauté du « rouge » sur l'« expert »). Selon lui, un « grand bond en avant » de l'économie était possible en utilisant tous les moyens (propagande, contrainte…) pour mobiliser l'ensemble de la population et l'amener à fournir un effort exceptionnel de travail. On créa aussitôt de nouvelles structures de base, plus vastes (26 000 *communes populaires* regroupant 98 % des familles paysannes) ; on multiplia les petits hauts fourneaux dans les campagnes ; on haussa la plupart des objectifs de production…

Très vite, le bilan se révéla négatif, voire catastrophique, mais l'opération – légèrement revue – fut néanmoins maintenue jusqu'à l'automne 1960 où, en dépit de la discrétion des dirigeants, on mesura l'ampleur du désastre. L'économie se trouvait dans un chaos total (cinq ou dix ans auraient été perdus) ; la production céréalière serait tombée de 205 millions de tonnes (1958) à 170 (1959) et à 150 (1960) ! Une famine épouvantable était responsable du *décès de 16 à 30 millions de personnes* et d'un déficit de naissances d'environ 30 millions.

Plusieurs facteurs (d'importance inégale) expliquaient pareil échec : l'inadaptation d'une stratégie qui – comme l'a souligné Simon Leys – voulait appliquer aux problèmes complexes de l'édification d'une Chine moderne, les « vieilles recettes de la guérilla menée dans l'isolement primitif des provinces intérieures, recettes qui avaient jadis assuré à Mao ses plus éclatantes victoires » ; la passivité, puis le rejet d'une population rurale, de plus en plus indisposée par l'autoritarisme et les erreurs des cadres ; la dégradation continue des rapports avec l'URSS, déjà flagrante lors des

© ARMAND COLIN. La photocopie non autorisée est un délit

crises internationales de 1958 et 1959 (Moyen-Orient, affaire des îles Quemoy et Matsu, révolte tibétaine…), et devenue officielle à compter de juillet 1960, lorsque les Soviétiques quittèrent subitement la Chine.

L'échec du « Grand Bond » eut pour conséquence politique majeure de remettre en cause l'autorité de Mao Zedong. Des critiques ouvertes à son encontre fusèrent dès le printemps 1959, émanant du maréchal Peng Dehuaï, ministre de la Défense ; le poste de chef de l'État fut attribué à Liu Shaoqi ; des économistes et des dirigeants « réalistes » comme Sun Yefang et Chen Yun, exercèrent une influence grandissante.

2.1.3. Le double objectif de Mao Zedong

Si, dès le début des années soixante, la politique conduite depuis l'échec du « Grand Bond » par l'équipe Liu Shaoqi se traduisit par de bons résultats (les productions industrielle et céréalière retrouvèrent alors leur niveau des années 1957-1958), il est incontestable que les principes qui la sous-tendaient (primes dans les entreprises, protection des lopins de terre privée, autorisation des marchés libres…) étaient beaucoup plus conformes aux anciennes règles de gestion qu'à l'esprit révolutionnaire maoïste.

Socialement, les disparités s'étaient accentuées entre paysans et citadins, ainsi qu'entre les cadres du Parti, les bureaucrates (qui proliféraient) – disposant d'avantages matériels et, surtout, du pouvoir – et le reste de la population. Politiquement, la société demeurait alors très étroitement contrôlée par le PC. Celui-ci avait même renforcé la discipline à tous les niveaux (à l'école, à l'entreprise…), alors que l'échec cinglant du « Grand Bond » avait diminué le prestige de l'idéologie dominante chez les cadres et dans la population, devenue beaucoup plus passive lors des campagnes de mobilisation. Même si cette baisse de la ferveur révolutionnaire, même si ces entorses à la doctrine de base n'atteignaient pas encore le degré soviétique, on comprend qu'elles aient suffisamment inquiété le père fondateur de l'État communiste chinois pour le persuader de déclencher une vigoureuse campagne de rectification, destinée à annihiler une évolution jugée dangereusement « révisionniste ».

En outre, sans avoir comme on l'a écrit un peu vite, perdu toute influence sur la direction des affaires, on peut estimer que, au sein des instances dirigeantes, Mao Zedong n'était plus, alors, l'oracle infaillible du début des années cinquante. Ses directives restaient accueillies avec déférence, mais elles étaient inégalement appliquées. L'appareil du Parti – de mieux en mieux tenu par des hommes tels que Liu Shaoqi, Deng Xiaoping, Peng Zhen – entendait freiner toute initiative risquant d'agiter la base. Aussi, la *nécessité d'une redistribution des rôles,* permettant d'écarter les modérés qui, dans le Parti, se montraient opposés à toute relance du mouvement révolutionnaire, paraît-elle s'être imposée très tôt à Mao Zedong, à la fois pour des raisons tactiques (retrouver la plénitude du pouvoir) et stratégiques (imposer définitivement son modèle de communisme).

2.2. Les grandes phases de la Révolution culturelle en Chine

2.2.1. Les prémices (1962-1965)

On peut estimer que le programme présenté par le « grand timonier » lors de la 10ᵉ session du VIIIᵉ Comité central (24-27 septembre 1962), est déjà celui de la Révolution culturelle. Rappelant que la lutte des classes subsiste à l'intérieur du système socialiste, il préconise de traquer le révisionnisme et l'embourgeoisement. Pour ce faire, plusieurs « campagnes » sont lancées entre 1962 et 1965.

L'une, pour *intensifier la formation idéologique de la jeunesse* à qui l'on propose comme héros l'humble soldat Lei Feng, dont l'idéal aurait été : « Être une vis qui ne rouille pas. Une vis n'attire pas l'attention, mais une machine sans vis ne fonctionne pas. » L'autre, pour *relancer l'esprit révolutionnaire dans les campagnes* (« mouvement d'éducation socialiste »). Les anciens « paysans pauvres » et « moyens inférieurs » sont invités à démanteler toutes les nouvelles féodalités, qui ont pu se reformer au sein de l'administration et du Parti, ainsi qu'à intensifier la production. Plusieurs instructions (*Premiers dix points*, de mai 1963 et, surtout, les *vingt-trois points* de janvier 1965, qui contiennent en germes les principales données de la Révolution culturelle) dénoncent les « ennemis de classe du socialisme (qui) veulent se servir de l'évolution pacifique pour rétablir le capitalisme », notamment ceux qui détiennent l'autorité dans le Parti et sont « très haut placés »…

Durant ces « campagnes » de la période 1962-1965, on n'observe pas encore de conflits ouverts et systématiques entre les dirigeants. Dans l'équipe au pouvoir, les positions – notamment celles de Mao Zedong – varient selon les moments, ainsi que les alliances. Il semble que les clivages se soient radicalisés, au point de devenir définitifs au cours de l'année 1964, lorsque Mao constate que l'appareil du Parti résiste à toute tentative d'agiter la masse paysanne. Dans ces conditions, et tout en accordant une importance particulière à ces années 1962-1965, véritables prodromes de la Révolution culturelle, il paraît plus juste de faire débuter celle-ci seulement en 1965.

2.2.2. L'épuration de la direction du Parti (nov. 1965 – juil. 1966)

À l'automne 1965, Mao Zedong, prenant acte de son désaccord de plus en plus éclatant avec la majorité du Bureau politique, quitte Pékin pour Hangzou, au sud-ouest de Shanghai. À ses yeux, la reconquête du pouvoir perdu, tout comme le sauvetage d'une Chine sombrant dans le révisionnisme, passent par le démantèlement des organisations centrales du Parti.

Fort du soutien de Lin Biao et de l'armée, que celui-ci dirige, pouvant compter aussi sur Kang Sheng, l'homme des services secrets, ainsi que sur le zèle de Chen Boda, directeur du *Drapeau rouge*, organe théorique du Parti, et sur son épouse Jiang Qing qui brûle de se lancer dans le combat politique, Mao Zedong parvint, en quelques mois, à éliminer ses principaux adversaires. D'abord Peng Zhen, maire de Pékin, dont l'influence dans la capitale et au sein de l'équipe dirigeante était en progrès.

Atteint indirectement par l'accusation d'un plumitif maoïste (Yao Wenyuan), et bien qu'il ait accepté d'être responsable d'un « groupe chargé de la Révolution culturelle » (à l'origine d'un texte modéré connu sous le nom de *Thèse de février*), Peng Zhen voit ses positions condamnées dans la circulaire du 16 mai 1966 ; il est destitué au mois de juin suivant. La direction de Pékin passe alors dans le camp des maoïstes.

C'est ensuite le tour de Liu Shaoqi et de Deng Xiaoping. Bien qu'ils se soient déclarés favorables au mouvement en cours, ils sont très vite accusés de le freiner, notamment par les étudiants pékinois, en effervescence durant tout ce printemps 1966. Dès la mi-juillet, Liu Shaoqi n'apparaît plus en public ; en août, il est rétrogradé du 2e au 8e rang dans la hiérarchie du Parti. Quant à Deng Xiaoping, il disparaîtra de la vie publique à l'automne 1966.

À l'issue du XIe plenum du Comité central (1-12 août), *la direction du Parti est très remaniée* : les principaux adversaires de Mao ne sont plus aux premières places alors que ses partisans sont l'objet d'une ascension fulgurante (comme *Lin Biao,*

© ARMAND COLIN. La photocopie non autorisée est un délit

devenu numéro deux), ou de promotions (tels Chen Boda et Kang Sheng). Profitant de cette redistribution, Mao Zedong donne une impulsion décisive à la Révolution culturelle (Décision en 16 articles du 8 août) en appelant les masses à « se révolutionner » : celles-ci doivent dénoncer, abattre et mettre hors d'état de nuire les « droitiers anti-parti et anti-socialistes ».

2.2.3. La mobilisation des masses (août 1966 – été 1967)

La jeunesse des écoles et des universités, qui supportait mal la discipline et l'autoritarisme de ses responsables et piaffait de jouer un rôle dans le destin du pays, fut la première, dès le printemps 1966, à se mobiliser autour des thèses maoïstes. Ainsi se formèrent les premiers groupes de *Gardes rouges*, dont la création fut officialisée au mois d'août par Mao. Ces *millions d'adolescents, grisés par le pouvoir illimité qui leur était attribué* – « Balayons tous les mauvais démons », leur avait-on donné pour tout programme –, se lancèrent avec ferveur, acharnement et souvent cruauté, à la chasse de tous ceux qui étaient censés détenir une parcelle d'autorité. Au nom de Mao, on fit table rase du passé ; on détruisit systématiquement ce qui avait été édifié ; on régla ses comptes personnels... Au cours de cette « rébellion », les groupes se différencièrent (à partir de questions idéologiques, tactiques ou de simples querelles de personnes) et s'entre-déchirèrent, tandis que les conservateurs tentaient de s'organiser et de se défendre en créant leurs propres milices. Dans la plupart des villes, la confusion et l'anarchie furent à leur comble durant tout le second semestre de 1966.

Le 9 décembre 1966, Mao Zedong appelait les Gardes rouges à *porter la Révolution dans les usines*. À Shanghai, énorme métropole industrielle, les ouvriers étaient déjà mobilisés depuis plusieurs semaines, beaucoup ayant cessé le travail. La cité se trouva peu à peu paralysée. Les autorités officielles ayant été renversées, les « rebelles » radicaux décidèrent d'autogérer la ville, en se référant à l'expérience de la Commune de Paris, tentant ainsi d'insérer leur action dans la chaîne historique des grandes révolutions mondiales. Mais l'initiative se trouva brutalement condamnée par le groupe maoïste qui imposa le remplacement de la « Commune » par un nouveau pouvoir, le Comité révolutionnaire, formé en majorité de cadres et d'officiers de l'armée.

Alors qu'elle s'en était tenue jusque-là à une attitude de réserve, *l'armée fut officiellement sollicitée*, à la fin janvier 1967, par Mao, en vue d'une double tâche : protéger les services vitaux du pays et soutenir résolument les « masses révolutionnaires de gauche ». Si la première mission fut remplie, la seconde suscita de très fortes réticences. L'APL (Armée Populaire de Libération) se montra surtout coopérative avec les groupes modérés, proches des anciens appareils ; par contre, elle manifesta méfiance et hostilité ouverte envers les « radicaux » et l'extrême gauche. Au printemps 1967, le groupe dirigeant, conscient de cette partialité, tenta d'y remédier en s'appuyant davantage sur les corps d'armée que sur les forces régionales ainsi qu'en limitant le pouvoir des militaires sur les « rebelles ». Ces derniers en profitèrent alors pour réclamer une purge au sein de l'APL, et pour relancer l'agitation.

2.2.4. Le déferlement de la vague gauchiste (été 1967)

Bon nombre des jeunes radicaux mobilisés par Mao durant l'été 1966 prirent parfaitement conscience, un an plus tard, que les forces contre-révolutionnaires avaient peu à peu reconquis le terrain, en particulier au sein de l'armée et du gouvernement. Ils décidèrent alors, en un ultime et terrible combat, de s'acharner sur l'une et sur l'autre.

Prenant prétexte de très graves incidents survenus à Wuhan, dans le centre du pays, ils se firent donner des armes, et obtinrent l'ordre d'« extirper la poignée (contre-révolutionnaire) du sein de l'APL » (22 juillet). Leurs violentes attaques atteignirent non seulement les éléments conservateurs, mais des proches de Lin Biao. À l'intérieur du gouvernement, Zhou Enlai et ses collaborateurs furent la cible principale des « rebelles » qui, en août, envahirent le ministère des Affaires étrangères, et s'en prirent aux missions diplomatiques. À Pékin, comme dans les provinces, les luttes entre factions, et au sein même de l'armée, furent alors à leur paroxysme. On pouvait craindre que, ses principales structures ayant volé en éclats, le régime s'écroulât.

2.2.5. La remise au pas (1967-1968)

Pour éviter que le pays ne sombrât définitivement dans le chaos et que le régime ne fût emporté dans la débâcle, Mao et les modérés choisirent, dès septembre 1967, de donner un coup d'arrêt à la Révolution culturelle. Souvent, radicaux et ultra-gauchistes furent publiquement dénoncés comme « factieux au double visage ». Les jeunes Gardes rouges reçurent l'ordre de retourner dans leurs écoles et dans leurs provinces, et de cesser toute intervention à l'intérieur des usines ; on exigea d'eux la remise de leurs armes. *Au désordre on substitua un ordre nouveau fondé sur l'APL,* qui retrouva ses prérogatives et prit le pays en tutelle, ainsi que sur les Comités révolutionnaires, dont on relança la mise en place, et que l'on peupla en majorité de « modérés » et d'anciens cadres. Très amers, conscients d'avoir été dupés, de jeunes « radicaux » livrèrent au printemps 1968 – surtout en Chine du Sud – les derniers, mais très violents combats d'une guerre qu'ils savaient désormais perdue pour eux. À compter de juillet 1968, les Gardes rouges (à qui Mao reprocha d'avoir « déçu les travailleurs, les paysans et les soldats de la Chine ») furent pourchassés afin d'être « rééduqués » à la campagne, enrôlés dans l'APL, internés ou massacrés.

2.2.6. Le système Lin Biao (1968-1971)

Le IXᵉ congrès du Parti, en avril 1969, s'il consacra la victoire de Mao, conféra à l'armée et à son chef, Lin Biao, désigné nommément comme le successeur du Grand Timonier, un rôle prépondérant. Un nouveau système politique fut alors officialisé, différent de celui qui existait avant 1965, et différent, aussi, de celui pratiqué durant la Révolution culturelle.

L'idéologie n'est plus, désormais, le seul marxisme-léninisme adapté à la situation chinoise, mais la « pensée Mao Zedong », condensée dans le *Petit Livre rouge*, diffusé à des millions d'exemplaires. La conduite des affaires, tant en économie qu'en politique, n'est plus fondée sur une progression ordonnée vers des objectifs clairement définis, mais sur les impulsions spontanées du peuple, en communion constante avec Mao Zedong. *Les masses doivent être mobilisées en permanence* (étude quotidienne de la pensée de Mao, slogans, mise en exergue de modèles…). En raison de l'affaiblissement du Parti – au profit de Mao – l'armée devient le pivot du système. Elle sert à la fois d'exemple et de cadre aux masses mobilisées. Elle supplée l'administration locale défaillante, et veille à maintenir strictement l'ordre. On assiste à un renforcement notable des mesures coercitives : discipline rigoureuse dans les écoles et les usines ; contrôles fréquents ; surveillance tatillonne dans la vie publique et la vie privée ; nombreuses arrestations ; condamnations à des peines capitales…

© ARMAND COLIN. La photocopie non autorisée est un délit

Assez vite, *le système Lin Biao donne des signes d'essoufflement*. Dans les instances dirigeantes, des divergences graves opposent le clan Lin Biao et le groupe de Zhou Enlai, tant en politique extérieure qu'intérieure. En outre, la primauté effective de l'armée sur le Parti est mal acceptée par celui-ci. Entre Mao et Lin Biao même, les rapports se dégradent, le premier étant choqué par les maladresses et l'impatience manifeste de son dauphin. Dès l'été 1970, certaines mesures (telle que la réaffirmation des principes de planification et de stricte gestion en matière économique) indiquent que le courant modéré, autour de Zhou Enlai, est en train de l'emporter, et que l'étoile de Lin Biao ne cesse de pâlir. C'est donc un homme politiquement très isolé qui disparaît en septembre 1971 dans des conditions mystérieuses, au cours d'un accident d'avion, en Mongolie. Lin Biao cherchait-il alors à gagner l'URSS, à la suite d'une tentative manquée de coup d'État, comme l'affirme une version officielle ? Nous l'ignorons. Une seule certitude : sa chute, pour beaucoup, marquait la fin de la Révolution culturelle.

2.2.7. Bilan

Humainement, le coût de la Révolution culturelle est effrayant. Des perquisitions aux internements, en passant par les interrogatoires, les procès publics, les rétrogradations, ce furent, peut-être, cent millions de personnes qui, à des degrés divers, se trouvèrent persécutées. Mais il y eut pire. Des recoupements réalisés à partir de chiffres partiels permettent d'avancer le chiffre total de un à deux millions de morts, surtout des soldats, des Gardes rouges et des cadres.

Politiquement, le prix est également élevé. L'effort diplomatique amorcé dans les années 1963-1965, en vue de nouer des relations avec l'extérieur, notamment avec le Tiers Monde, fut brutalement interrompu. À la suite des excès des Gardes rouges, de vives tensions naquirent avec une vingtaine de pays. Les rapports avec l'Indonésie, la Mongolie extérieure et l'Inde se détériorèrent, et parfois s'interrompirent. Vis-à-vis de l'URSS, le groupe maoïste se montra plus agressif et plus provocant que jamais, montant en épingle les incidents de frontière sur l'Oussouri, et ne perdant pas une occasion de condamner avec éclat la politique soviétique dans le monde (à propos de la Tchécoslovaquie en août 1968, par exemple). En outre, s'étant proclamée « l'arsenal de la Révolution », la Chine effraya alors bien des pays qui, jusque-là, regardaient l'expérience maoïste avec sympathie.

À l'intérieur, la Révolution culturelle bouleversa l'équilibre traditionnel des pouvoirs entre le Parti et l'armée. Non seulement le Parti ne fut pas réformé, mais il se trouva affaibli par une série de purges qui exacerbèrent en son sein les rivalités factionnelles. Les critiques publiques dont ses membres furent alors l'objet le démythifièrent : « La Révolution culturelle, observe justement l'ancien Garde rouge Hua Linshan, révéla la face cachée du Parti ; et le peuple se demanda tout à coup si celui-ci représentait vraiment ses intérêts. » Quant à l'armée, si elle joua, un moment, un rôle d'arbitre modérateur, elle se déconsidéra par la suite, en raison des rivalités qui y éclatèrent, et, surtout, parce que Lin Biao fit d'elle l'instrument majeur de la répression. Or, ces deux piliers du régime – l'armée et le Parti – ayant été fortement ébranlés, rien de solide ne leur fut substitué. Les Comités révolutionnaires, qui auraient pu être de nouvelles structures de pouvoir, plus démocratiques, furent un échec.

C'est peut-être, en définitive, *dans le domaine économique* que le bilan se révèle le moins lourd. Certes, les dommages furent importants. La production industrielle aurait baissé de 15 % en 1967 et de 10 % en 1968 ; la production céréalière aurait, elle aussi, fléchi, ou au mieux, stagné. Mais la relance de l'économie fut rapide – dès 1969 – et particulièrement efficace dans les secteurs de la sidérurgie et de la pétrochimie.

Compte tenu de la documentation – partielle et partiale – dont nous disposons pour cette période, il serait présomptueux de vouloir mesurer avec précision *les effets de la Révolution culturelle sur les consciences*. Il semble que l'immense masse paysanne ait été peu concernée et que, par son inépuisable résistance passive, elle se soit, une fois encore, tenue en retrait. Par contre, pour les populations des zones urbaines, et surtout pour la jeunesse – fortement mobilisée – la Révolution culturelle produisit un choc profond et durable, aux effets contradictoires. Elle fut, en effet, à la fois, comme on a pu l'écrire pour la Commune de Paris, un crépuscule et une aurore : crépuscule, parce qu'elle mit fin au mythe de l'infaillibilité du Parti et de son chef historique ; aurore, parce qu'elle révéla à beaucoup de ses acteurs le goût de la démocratie. « Si j'analyse aujourd'hui – écrit à ce sujet Hua Linshan, vingt ans après sa participation aux Gardes rouges – l'évolution de mes convictions politiques, si j'essaie de comprendre pourquoi les notions de démocratie, de droits de l'homme, de l'égalité sont devenues aussi précieuses à mes yeux, je suis bien obligé de remonter jusqu'à la Révolution culturelle. Sans elle, je serais encore à l'heure qu'il est un élément parfaitement docile de ce régime. Et je suis convaincu que les Chinois de ma génération sont nombreux à éprouver un tel sentiment. »

2.3. Le régime des Khmers rouges au Cambodge[19]

La Révolution culturelle constitue – avec le régime des Khmers rouges au Cambodge (1975-1978), qui s'en inspira en de nombreux domaines – l'exemple le plus radical de l'utopie communiste au XXᵉ siècle. Comme cela avait été le cas pour Mao et ses fidèles, il s'agit pour Pol Pot et ses partisans, de « liquider complètement » le « monde ancien », pour lui substituer une société toute nouvelle. Cette destruction devait être aussi totale qu'immédiate.

2.3.1. Les conditions de la prise de pouvoir

Jusqu'à la fin des années soixante, le Cambodge était resté relativement à l'écart des grands conflits de la péninsule indochinoise. En mars 1970, un coup d'État militaire fomenté par le général Lon Nol – pro-américain – acheva brutalement le règne du prince Sihanouk qui, depuis l'indépendance de son pays (1953), était parvenu à le maintenir, tant bien que mal, dans la neutralité. Pendant plus de quatre ans, le peuple cambodgien fut alors soumis à la fois aux luttes de clans et à la corruption de l'administration Lon Nol, aux exactions des Sud-Vietnamiens et aux incursions américaines – de plus en plus nombreuses et meurtrières – censées détruire le « quartier général vietcong », mais tout autant dirigées contre la guérilla communiste khmère qui, peu à peu, s'était organisée en opposition à la junte militaire.

De son exil de Pékin, le prince Sihanouk avait formé avec différents leaders progressistes et communistes, un mouvement politique (le Front national uni du Kampuchea-FUNK) et mis sur pied une armée. Le prestige de Sihanouk à l'intérieur du Cambodge, où il restait pour les masses rurales le symbole de la nation khmère, ainsi que le soutien des grandes puissances communistes (d'abord la Chine, puis tardivement l'URSS) conférèrent au FUNK une crédibilité nationale et internationale. Forts de ces

© ARMAND COLIN. La photocopie non autorisée est un délit

---

19 *Cf.* troisième partie, Cambodge, p. 269.

appuis, et sachant mettre à profit aussi bien la décrépitude de plus en plus marquée du régime de Lon Nol que l'arrêt des bombardements américains (août 1973), *les Khmers rouges, s'appuyant sur des troupes nombreuses (environ 60 000 hommes organisés en 175 bataillons) et très disciplinées,* ne cessèrent de progresser à compter de 1973, et parvinrent à prendre Phnom Penh, le 17 avril 1975.

Sihanouk ayant été neutralisé, les Khmers rouges, puis le clan Pol Pot, monopolisent le pouvoir et se livrent, par le biais de la police d'État (le Santebal) à une terrible épuration.

2.3.2. Le système Pol Pot

La population, divisée en 3 groupes (les « déchus » : citadins et minorités nationales ; les « candidats » à la rééducation ; les « pleins droits » ou peuple de base) ballottée d'un lieu à un autre, privée de tous ses biens, coupée totalement de l'extérieur, est obligée de vivre en autosuffisance, sous la surveillance continuelle du Parti, ou plutôt de l'Angkar, l'Organisation, qui manipule les individus et les brise.

Comme pendant la Révolution culturelle chinoise, les auxiliaires du pouvoir sont les enfants et les adolescents (totalement fanatisés) d'une part, l'armée d'autre part. Selon l'idéologie forgée par Pol Pot et son groupe, il s'agit de restaurer la grandeur historique de la « race » Khmère en éradiquant les minorités nationales (Chams musulmans, Vietnamiens, Chinois, Laotiens et Thaïlandais).

Le bilan se révélera plus catastrophique encore que la Révolution culturelle chinoise. *Peut-être deux millions de morts* par sévices, exécutions (prison de Tuol Sleng) et privations, soit plus de 20 % de la population totale du Cambodge.

3. UN SECOND TYPE DE MODÈLE : LE NATIONAL-COMMUNISME D'HOXHA À CASTRO

Si le maoïsme, dans sa version la plus utopique – la Révolution culturelle – a profondément frappé les esprits, il n'a fait que peu de vrais émules dans le camp communiste. Seule une minorité d'États s'est bornée à des emprunts plus formels que réels, notamment en matière d'organisation de campagnes et de mobilisation des esprits. Mais plus que celle de la Révolution permanente, la cause qui est défendue par les dirigeants de ces États – Albanie, Roumanie, Vietnam, Corée du Nord, Cuba... – est celle des intérêts nationaux. On assiste ainsi, en ces années soixante-soixante-dix, à l'élaboration d'une espèce – tout à fait paradoxale – de « national-communisme » qui a la caractéristique de cultiver, à la fois, intransigeance doctrinale et nationalisme virulent.

3.1. La revendication d'un communisme « pur et dur »

3.1.1. Socialisation radicale et mobilisation permanente

Dans ces États, le passage aux structures socialistes a été rapide et total ; la collectivisation notamment. Traitant de Cuba, des historiens ont parlé de « syndrome de collectivisme aigu », mais la formule pourrait être également appliquée à la Corée du Nord ou au Vietnam. La volonté de faire table rase du passé, et de *reconstruire entièrement un système* constitue l'une des principales ambitions de ces régimes. En Roumanie, Nicolae Ceaucescu tente de redistribuer l'habitat rural et urbain, ainsi que le réseau de communication et les activités économiques. L'objectif, pour les dirigeants de Bucarest, comme pour ceux de Hanoï, de Tirana, de Pyongyang ou de La Havane, est de remodeler entièrement la société et les individus, afin d'en faire les instruments dociles du Parti sur lequel ils ont la haute main. La « révolution culturelle » chinoise n'a pas séduit seulement Enver Hoxha, mais aussi d'autres dirigeants comme Nicolae Ceaucescu. La radicalité du mouvement et l'ampleur de la mobilisation populaire les impressionnent favorablement car elles contrastent avec l'inertie des équipes dirigeantes, et le manque de conviction des populations des pays situés dans l'orbite soviétique.

Pour imposer un tel ordre et faire taire les sceptiques et les opposants, ces régimes disposent de *forces policières et militaires aux effectifs imposants* et aux pratiques redoutées. L'appareil répressif du régime cubain est évalué à environ 500 000 personnes (fin des années soixante-dix). Partout, prisons, camps de concentration et de rééducation ont été multipliés. Les polices politiques (Segurimi albanaise, Securitate roumaine…) ont partout acquis de sinistres réputations.

3.1.2. Armées surdimensionnées

Les armées sont, dans chacun de ces pays, surdimensionnées par rapport à leur population. La raison officielle tient aux guerres dont ces États sont le théâtre – tant en Corée qu'au Vietnam – et aux menaces américaines (Cuba). Mais ces armées ne jouent pas seulement un rôle de défense ; elles servent de *fer de lance à toutes les grandes réformes*, ou campagnes, lancées par les régimes. À compter de 1968, par exemple, l'armée cubaine entreprend une « bataille agricole » et doit lutter aussi « sur le front de l'industrie ».

De plus, ces importants effectifs militaires permettent à de petits États comme Cuba, de participer activement aux mouvements de libération nationale dans le monde. Fidel Castro engage puissamment son pays en Angola (à partir de 1975) et en Éthiopie (à compter de 1978) ; 200 000 civils et militaires sont sur le terrain. Les autres États apportent une importante aide politique et matérielle aux pays du Tiers Monde. La Corée du Nord manifeste tout particulièrement son intérêt pour « la grande cause révolutionnaire anti-impérialiste des peuples d'Asie, d'Afrique et d'Amérique ». Kim Il-sung, comme les autres leaders, sait fort bien tirer parti de ce soutien pour étendre sa propre notoriété.

3.2. Le triple culte du chef, de la patrie et de l'indépendance

3.2.1. Un extraordinaire culte de la personnalité

Paradoxalement, ces mêmes régimes, qui se veulent d'une orthodoxie parfaite en matière sociale et économique, prennent de grandes libertés avec les dogmes de base, en développant un véritable « culte de la personnalité » envers leurs leaders, et en se faisant les chantres d'un nationalisme étroit, aux antipodes des principes internationalistes marxistes-léninistes.

On assiste, dans tous ces États, en dépit des mises en garde khrouchtcheviennes du XXe Congrès du PCUS, au maintien, ou au développement, d'un extraordinaire « culte de la personnalité ». *L'image du chef du Parti est incroyablement valorisée.* Tous ses actes – passés et présents – sont transcendés. Il est doté de toutes les facultés morales et intellectuelles, au point de devenir une sorte de héros, voire de demi-dieu. Il est couramment désigné par les métaphores les plus laudatives : « héros entre les héros »,

© Armand Colin. La photocopie non autorisée est un délit

« génie des Carpates » (pour Ceaucescu) ; « étoile de l'humanité », « génie de la création », « héros invincible » (pour Kim Il-sung) ; « dernier survivant des grands chefs populaires », « grande figure de l'Histoire », « immortel » (pour Hoxha)... Une propagande constante et effrénée en fait le « guide », le « conducator » (Roumanie), le « lider maximo » (Cuba), le « grand leader » (Corée), le seul capable de faire accomplir au peuple le passage d'un lointain passé – magnifié et reconstruit par de zélés historiens officiels – à un « avenir radieux ». Le présent est décrit comme un nouveau moment exaltant des grandes luttes patriotiques menées depuis l'Antiquité.

3.2.2. La patrie en danger

La mobilisation autour du leader se justifie non seulement parce qu'il est un guide génial, mais parce que la patrie est déclarée en danger permanent. La menace extérieure est complaisamment exploitée par la propagande. Ainsi, l'Albanie vit comme une citadelle assiégée, avec ses milliers de casemates construites le long des routes et des plages, autour des villes et aux frontières. À Cuba, la devise *« la patrie ou la mort »* résume, à elle seule, la volonté de mobiliser en permanence la population. Partout, l'armée est exaltée et son rôle dans la « défense de la patrie » constamment rappelé. Cette espèce de fièvre et d'excitation patriotique permanente génère une combativité et une agressivité exceptionnelles, comme en témoigne l'engagement des populations de Corée du Nord et du Vietnam dans des conflits longs et très meurtriers.

Si l'ennemi naturel, toujours prêt à remettre en cause la liberté du pays, demeure les puissances impérialistes, notamment les États-Unis, il existe aussi, aux yeux de ces régimes, des dangers à l'intérieur même du « bloc communiste ». Les grands leaders doivent veiller à y faire pleinement respecter leur indépendance, c'est-à-dire à ne pas se soumettre à la domination d'un quelconque « grand frère » en réclamant le droit pour chaque État communiste à emprunter une voie propre. À l'occasion du grand schisme des années soixante, on observe les efforts – souvent habiles – de la Corée du Nord ou du Vietnam pour louvoyer entre Moscou et Pékin. En Roumanie, Ceaucescu se plaît, dans la décennie soixante, à prendre le contre-pied de la politique extérieure soviétique, en se rapprochant de la Chine, en reconnaissant la RFA, en soutenant Israël lors de la guerre des Six Jours, ou en dénonçant l'intervention des troupes du Pacte de Varsovie en Tchécoslovaquie. Ce qui lui vaut une réelle – mais éphémère – popularité dans son propre pays et dans le « bloc occidental ». À Moscou, cependant, on ne semble pas s'inquiéter de ces poussées d'indépendance que l'on sait plus formelles que réelles. L'essentiel n'est-il pas que ces régimes respectent scrupuleusement le modèle soviétique d'État et de développement, et ne se lancent pas, comme d'autres, dans un réformisme d'inspiration libérale, jugé, lui, beaucoup plus dangereux.

4. UN TROISIÈME TYPE DE MODÈLE : LA TENTATION LIBÉRALE DE TITO À DUBCEK

Depuis que Staline avait mis brusquement fin à la Nouvelle Politique économique (NEP) inaugurée par Lénine au lendemain de la guerre civile, aucune autre expérience faisant une part au libéralisme économique ne fut tentée au sein de l'empire communiste. La première initiative de ce type vint d'un État en rupture avec l'URSS, la Yougoslavie. Les autres se déroulèrent après la mort du dictateur.

4.1. Le laboratoire yougoslave

Rejetée brutalement hors de l'orbite soviétique en juin 1948, la Yougoslavie dut, par force, se distinguer du modèle stalinien sur lequel elle s'était calquée jusque-là. L'équipe, réunie autour de Tito, sut faire preuve d'audace et d'opiniâtreté en imposant, à compter de 1950, des réformes radicales, qui étonnèrent le monde entier, et firent de la Yougoslavie, aux yeux de beaucoup, l'un des rares « laboratoires » du communisme.

En quelques années, le modèle stalinien vola en éclats, grâce à plusieurs mesures révolutionnaires : une *profonde transformation de la gestion des entreprises* (27 juin 1950) qui devinrent responsables des choix de production, d'achats, de ventes, d'investissement, et même d'embauche ; un *assouplissement de la planification étatique*; la proclamation du *principe de la liberté du marché* (1954) ; la suppression des contraintes en matière de collectivisation ; la promotion massive des biens de consommation...

Ces mesures économiques furent accompagnées, à l'intérieur, par un renforcement de la décentralisation (renforcement du pouvoir des républiques et des communes), et, à l'extérieur, par une ouverture vers les pays du « camp impérialiste » et du Tiers Monde, qui conduisit à une politique de « non-alignement ».

Si ce changement radical de cap permit à la Yougoslavie de quitter, peu à peu, la masse des pays sous-développés, il ne fut pas exempt d'erreurs, et entraîna des dysfonctionnements socio-économiques graves. Pour tenter de les enrayer, *Tito impulsa, en 1965 et 1966, une nouvelle et décisive série de réformes*, en vue d'accentuer la libéralisation de l'économie et d'accélérer son adaptation aux lois du marché mondial (dévaluation de la monnaie, libération des prix, transformation du système bancaire, rationalisation du tarif douanier...).

L'audacieux pari que représentait cette réforme de 1965-1966 ne fut pas perdu ; mais il ne fut pas, non plus, vraiment gagné. Des effets négatifs, tels que l'augmentation du chômage, le creusement des écarts entre les régions et les groupes sociaux, l'inflation..., furent mal maîtrisés. Néanmoins, ces expériences yougoslaves en vue de concilier socialisme et libéralisme furent passionnément suivies dans le monde entier, en particulier dans les pays du « bloc soviétique », à la recherche, au lendemain de la mort de Staline, d'un nouveau souffle.

4.2. Les expériences de l'ère post-stalinienne

4.2.1. Les précurseurs : Khrouchtchev, Nagy, Gomulka, Liu Shaoqi...

Bien avant qu'un professeur d'économie – Evseï Liberman – ne publie le 9 septembre 1962, dans la *Pravda*, un article intitulé « Plan, Profit, Récompense », des hommes politiques avaient manifesté, dans différents États, leur souhait de « réviser » – plus ou moins profondément – les modèles imposés par Staline ou par Mao Zedong.

En URSS même, dès la mort de Staline, ses successeurs et rivaux, Beria, *Malenkov*, puis Khrouchtchev avaient ressenti la nécessité de prendre le contre-pied de la politique stalinienne en mettant fin à la terreur, et en adoptant des mesures économiques urgentes. *Khrouchtchev avait porté tout spécialement ses efforts sur l'agriculture*, en s'efforçant d'améliorer la condition des paysans et d'augmenter les surfaces cultivées. Ces mesures permirent, durant les années 1954-1959, « un grand bond en avant quant à l'amélioration du niveau de vie » (Abel Aganbeguian). Par

© ARMAND COLIN. La photocopie non autorisée est un délit

contre, l'évolution économique fut nettement moins favorable au début des années soixante, d'autant que les réformes politiques visant à diminuer la toute puissance des apparatchiks et de la bureaucratie du Parti, suscitèrent de vives résistances.

En *Hongrie*, aussi, Imre Nagy, le nouveau Premier ministre – imposé par Malenkov quelques mois après la mort de Staline – s'attacha, jusqu'à son éviction, au printemps 1955, à corriger les principales dérives du stalinisme, tant politiques (confiscation du pouvoir par une faction, effacement du rôle de l'État, arbitraire policier et judiciaire...) qu'économiques (plans « irréalistes » et « surgonflés », sacrifice de l'agriculture et des industries de consommation au profit de l'industrie lourde...). En tentant de les réconcilier avec « un communisme qui n'oubliait pas l'homme », Imre Nagy séduisit ses concitoyens. Ceux-ci réclamèrent et obtinrent son retour au pouvoir – lors des terribles événements d'octobre 1956 – qui devaient finalement lui coûter la vie.

La *Pologne* eut également en 1956 son homme providentiel, Wladyslaw Gomulka, lui aussi imposé au Parti (et aux dirigeants soviétiques) par une population massivement mobilisée. Mais celle-ci fut très vite déçue. Alors que de brillants économistes – comme Oskar Lange et Wlodzimierz Brus – se proposaient d'inventer un nouveau système économique, dans lequel la planification serait assurée par les mécanismes du marché et la décentralisation, et alors qu'une partie de l'élite ouvrière, séduite par l'expérience yougoslave, souhaitait introduire la démocratie directe dans les usines, Gomulka, une fois au pouvoir, se borna à aménager et à corriger les plus graves excès du modèle stalinien, sans le remettre jamais vraiment en cause. Dès 1957, les Polonais avaient compris que leur leader ne s'orienterait jamais vers l'élaboration d'une nouvelle version du communisme.

Après avoir été figée quelques années, l'idée réformiste fut relancée dans la décennie soixante, en raison de la dégradation continue de l'économie, et des divergences entre factions politiques rivales.

Le cas de la *Chine* est, à cet égard, très éclairant. À la suite du cinglant et catastrophique échec du « Grand Bond en avant » – que nous avons évoqué plus haut – toute une équipe se mit en place autour de Liu Shaoqi pour procéder, à compter de 1960, à une révision radicale de la politique économique et culturelle prônée par Mao Zedong. Tandis qu'elle réduisait le nombre des communes populaires, et assouplissait leur règlement, elle encourageait l'exploitation familiale et les activités secondaires dans les villages. « Si elle augmente la production, aurait osé déclarer Deng Xiaoping en juillet 1962, l'agriculture privée est tolérable. Peu importe qu'un chat soit blanc ou noir pourvu qu'il attrape des souris. »

4.2.2. Les réformes inspirées par Liberman

En Union soviétique, ce fut, aussi comme en Chine, la nouvelle équipe arrivée au pouvoir après l'éviction de Khrouchtchev, qui, sous l'impulsion de Kossyguine, appliqua, à partir de 1966, une partie de la réforme prônée par E. Liberman, quatre ans plus tôt. Désormais, pour les entreprises, c'était le volume des ventes qui devait servir à évaluer leur bonne marche, et le profit pouvait être versé, sous forme de primes, aux ouvriers. Mais, on n'alla guère plus loin ; les prix demeurèrent fixés non pas en fonction du marché, mais des évaluations planifiées. Peu de personnes, dans l'État comme au sein du Parti, n'étaient prêtes à davantage d'audace.

En *RDA*, le « libermanisme » ne donna pas lieu à des réformes plus profondes, en dépit de l'annonce fracassante faite par son leader, Walter Ulbricht, dès juillet 1963, d'un « Nouveau système économique ». Ce fut en *Hongrie* que les initiatives se révélèrent les plus novatrices et les plus réussies. Tandis qu'une large autonomie de gestion était concédée aux kolkhozes, que l'élevage privé ainsi que les lopins individuels étaient favorisés, l'État acceptait, à compter du 1er janvier 1968, de limiter son rôle à « réguler » l'économie par une distribution des ressources d'investissement et de stimulants indirects (taxes, subventions, taux d'intérêt…). Il acceptait aussi de libérer partiellement le prix de certaines catégories de produits, et totalement d'autres. Ces mesures eurent très rapidement des effets positifs, entraînant à la fois un redressement de l'agriculture, une hausse des échanges avec l'Ouest, et une forte progression du secteur des biens de consommation. Cette expérience – baptisée « Nouveaux Mécanismes Économiques » – intéressa les économistes des « pays frères » voisins, notamment Ota Sik, directeur de l'Institut des sciences économiques de Prague, proche collaborateur d'Alexandre Dubcek, le promoteur du « printemps tchécoslovaque » de 1968.

4.2.3. Le « printemps de Prague » (1968)

« Un socialisme à visage humain » : la formule utilisée par Alexandre Dubcek pour caractériser l'objectif de l'équipe qu'il anima du 4 janvier au 20 août 1968 donne, en dépit de sa brièveté, une juste idée des ambitions.

Le « printemps de Prague » fut, d'abord et surtout, *une expérience voulue et conduite par des communistes* en vue de renforcer le régime communiste. Alexandre Dubcek est un apparatchik du Parti, qui a, au sein de celui-ci, exercé des responsabilités éminentes à Bratislava, puis à Prague. La coalition informelle qu'il réunit, en secret, autour de lui, appartient à l'élite politique et socio-économique du Parti ou de sa périphérie. Le « printemps de Prague », même si l'expérience se trouva très vite plébiscitée par la société civile, fut d'abord déclenché et géré par des communistes.

Le modèle auquel aspire l'équipe est incontestablement socialiste. Ce n'est pas – comme l'affirmèrent ses détracteurs – le socialisme qu'elle rejette, mais seulement sa version soviétique, telle que l'ont pratiquée successivement Klement Gottwald (1948-1953), Antonin Zapotocky (1953-1957), puis Antonin Novotny depuis 1957 : l'étatisation totale et asphyxiante de l'économie, la confiscation du pouvoir par un clan de dirigeants, la domination d'une nation (tchèque) sur une autre (slovaque), la restriction des libertés individuelles… Le *programme de l'équipe Dubcek – publié le 5 avril 1968 –* ne remet pas en cause les principes marxistes, et, dans son préambule, rappelle même le rôle dirigeant du Parti. Pas davantage d'annonce de décollectivisation de l'économie ou de retrait de la Tchécoslovaquie du Pacte de Varsovie.

En fait, l'opposition irréductible du Kremlin et de la plupart des autres partis communistes est-européens, est alors suscitée par la volonté de l'équipe Dubcek d'élaborer une forme nouvelle de socialisme, en rupture avec les régimes de type soviétique : « Derrière les phrases creuses des Soviétiques sur la contre-révolution – observe avec justesse A. Dubcek – le cœur du débat se situait non pas au niveau de notre système social mais à celui de nos réformes *politiques*. Nous pensions que le socialisme – dans notre pays du moins – ne pouvait pas exister sans démocratie, alors que les Soviétiques, eux, voulaient nous voir rétablir leur modèle de dictature du parti unique. » Les mesures préconisées dans le *programme du 5 avril* prévoyaient, en effet, l'instauration d'un système fédéral (avec égalité de droits entre les nations tchèque et slovaque) ; la transformation des parlements en véritables assemblées

© ARMAND COLIN. La photocopie non autorisée est un délit

législatives ; un partage net des pouvoirs entre l'État et le Parti ; un remaniement de la législation électorale permettant un choix réel entre plusieurs listes et plusieurs candidats ; l'accord d'une large autonomie aux entreprises ; la création, pour les diriger à l'échelon régional, de conseils formés de représentants des syndicats, des banques, des consommateurs ; la suppression de la censure dans les médias ; la liberté de réunion...

On comprend mieux qu'un tel programme ait été jugé éminemment dangereux – au point de provoquer une intervention des troupes du Pacte de Varsovie, sur le territoire tchécoslovaque, le 20 août 1968 – lorsque l'on scrute de plus près le modèle alors en vigueur dans le camp soviétique : le système Brejnev.

5. UN QUATRIÈME TYPE DE MODÈLE : LE PATCHWORK BREJNEVIEN

La première image qui vient à l'esprit lorsque l'on tente de caractériser le régime soviétique personnifié par Leonid Brejnev, durant les années soixante et soixante-dix, est celle de ce tissu fait de morceaux disparates que les Anglais appellent patchwork. On y découvre, en effet, à la fois, des éléments directement empruntés au modèle stalinien, des velléités réformatrices de type libéral, un culte de la personnalité et des visées expansionnistes tout à fait comparables aux régimes que, plus haut, nous avons qualifiés de « national-communisme ».

5.1. Les bases du « système »

5.1.1. Société officielle...

• *Une société très hiérarchisée*

Du temps de Brejnev comme du temps de Staline, le Parti offre une organisation très structurée qui, du Politburo à la cellule de quartier, recouvre l'ensemble des activités politiques, économiques et sociales. Son emprise sur l'État est totale ; du sommet à la base, l'interpénétration est profonde, notamment par le double biais du pouvoir de nomination et du contrôle des décisions. Il serait toutefois naïf de prêter aux onze à dix-huit millions de membres du PC un pouvoir égal et des avantages identiques. La société officielle, qui se confond en grande partie avec l'organisation communiste, est, de ce fait très hiérarchisée. La portion la plus large de cette pyramide est constituée par *des millions de militants*, dont la place dans la société n'est guère plus éminente que celle des citoyens ordinaires. Certains d'entre eux, cependant, jouent un rôle plus important : ce sont les « activistes » qui exercent, pour le compte du Parti (qui les a désignés), des responsabilités à temps partiel au sein de l'appareil ou dans les entreprises. Ils ont pour mission de mobiliser les énergies et de contrôler, à la base, la gestion de la vie économique et sociale.

Ces divers militants, aussi précieux soient-ils, ne sont néanmoins que les fantassins du Parti. La conduite générale des affaires au niveau national et régional, les opérations d'envergure, l'organisation des plans, appartiennent aux «*apparatchiks*», ces permanents salariés à plein temps, qui dirigent, supervisent et surveillent les activités et les hommes aux principaux échelons territoriaux (des républiques et des régions jusqu'aux districts). Leurs effectifs se limitent à 4 à 8 % de l'ensemble des militants, soit quelques centaines de milliers de personnes. À leur sommet, formant une véritable pépinière du Comité central et du Politburo, se situent les quelque 150 à 200 *premiers secrétaires* régionaux, républicains et territoriaux, surnommés les « préfets soviétiques » (J. Hough). À l'échelle de leur circonscription, ils disposent des postes administratifs inscrits sur une des *nomenklatura*, ces listes des emplois-clefs dont les titulaires doivent obligatoirement recevoir l'agrément du Parti.

L'élite des *apparatchiks*, nommée sur la liste de la *nomenklatura spéciale*, exerce des fonctions strictement politiques, en particulier au sein des instances suprêmes : le secrétariat du Comité central et le Politburo. Seule, cette élite jouit d'importants avantages matériels (résidences, personnel de service, accès aux magasins spéciaux…) et sociaux (par exemple le cursus scolaire et universitaire de leurs enfants est plus aisé que pour les citoyens ordinaires).

• *Le poids de la bureaucratie dirigeante*

Un tel système – très étagé – des responsabilités et des privilèges au sein du Parti s'était surtout développé durant la période stalinienne. Khrouchtchev l'avait sérieusement remis en cause en imposant un certain nombre de mesures : renouvellement obligatoire, à toutes les élections, d'un tiers des responsables du Parti ; fractionnement de la bureaucratie en deux secteurs économiques indépendants ; réduction des privilèges matériels des *apparatchiks*… Ces réformes, qui ôtèrent à Khrouchtchev le soutien du Comité central et qui furent à l'origine directe de sa chute, se trouvèrent presque immédiatement abolies par ses successeurs. En effet, pour Leonid Brejnev et ses partisans, le nouveau mot d'ordre fut de rassurer la caste bureaucratique, en la confortant dans ses prérogatives et dans ses privilèges ; bref, d'en faire un pilier du « système ».

Les effectifs du Parti – qui s'étaient accrus considérablement depuis le début des années soixante – continuèrent à progresser, passant de onze millions en 1964 à dix-huit en 1983, soit une hausse de 64 %, alors que, pendant la même période, la population totale de l'URSS n'augmentait que du quart environ.

Idéologiquement mieux formés et professionnellement mieux armés, les militants du Parti, surtout les cadres, devinrent l'objet de toute la sollicitude de l'équipe Brejnev. À l'insécurité des carrières, qui était la règle aux époques précédentes, fit place l'assurance, pour les élites communistes, de conserver leurs fonctions, et de progresser à l'ancienneté, sans être victimes d'à-coups arbitraires – ou jugés tels. Cette *stabilité des situations* est particulièrement remarquable dans la République russe, ainsi que chez les plus hauts responsables : dirigeants des appareils régionaux, membres du Comité central et du Politburo. La perméabilité entre ces trois derniers niveaux de pouvoir et leur solidarité apparaissent comme des clefs du système Brejnev.

À cet égard, *le Comité central offre un excellent exemple.* Grâce à une politique de forte augmentation de ses membres (175 en 1961, 195 en 1966, 241 en 1971, 287 en 1976, 319 en 1981, soit une hausse des effectifs de plus de 82 %), l'équipe dirigeante facilite la promotion des cadres locaux (en particulier, des secrétaires de régions), tout en évitant le déplacement des anciens… Les départs se raréfient au point qu'il faut attendre plus de quatre congrès (soit plus de vingt ans) pour obtenir un renouvellement complet du Comité. Par exemple, au XXVIᵉ Congrès, en 1981, à la fin de l'ère brejnevienne, on n'enregistrait que 34 exclusions, alors que 231 élus sur 319 (soit 72,4 %) appartenaient au Comité précédent.

© ARMAND COLIN. La photocopie non autorisée est un délit

• *Un tout-puissant directoire*

Rassemblant, selon un dosage savant, des représentants des diverses nationalités et des principaux rouages de l'État et du Parti, le *Politburo* brejnevien, organe exécutif du Comité central, compte une douzaine de personnages très âgés (70 ans en moyenne, en 1980, au lieu de 57 ans en 1966). Réunis fréquemment (451 séances de travail entre 1971 et 1981), et fonctionnant collégialement depuis la destitution de Khrouchtchev, ses membres supervisent toutes les décisions les plus importantes, et jouent un rôle fondamental dans la désignation du secrétaire général. Aussi, celui-ci, pour se maintenir au sommet, doit-il pouvoir continuer à s'appuyer sur une majorité.

Leonid Brejnev, à cet égard comme à beaucoup d'autres, a su manœuvrer très habilement. Capable d'attendre son heure sans montrer d'impatience, cet ingénieur ukrainien commence tôt sa carrière de permanent du Parti et, sous la protection de Khrouchtchev, en gravit les échelons majeurs à la fin de la période stalinienne (membre du Comité central en octobre 1952). De mai 1960 à juillet 1964, il est président du présidium du Soviet suprême, avant de succéder à Khrouchtchev, en octobre 1964, comme premier secrétaire du Comité central. Au cours de cette longue carrière d'*apparatchik*, il noue des liens politiques solides et se constitue un clan suffisamment ramifié et puissant (en contact étroit avec Mikhaïl Souslov, Alexandre Chelepine, secrétaire du Parti et Vladimir Semitchastny, chef du KGB) pour évincer Khrouchtchev, devenu son rival. Une fois élu secrétaire général, il fait montre de la même adresse pour éliminer en douceur, de 1964 à 1967, ses concurrents ou opposants du Politburo. Sur les 14 membres de cette institution en place à l'époque de Khrouchtchev, 2 moururent de « mort brutale », 7 furent écartés. De même, le secrétariat du Comité central fut remodelé afin que Brejnev y disposât d'une majorité constante. Parallèlement à ces réaménagements tactiques au sein du Politburo et du secrétariat, le nouveau responsable du Parti conférait à son « cabinet personnel » un poids décisif en le transformant en un véritable « brain-trust », composé de fidèles comme Constantin Tchernenko, Constantin Roussakov, Guéorgui Tsoukanov...

Cette prise en main progressive des organes directeurs ne suffit pas à expliquer la longévité du système. Celle-ci a pour fondement l'équilibre que Brejnev a su créer et maintenir entre les trois forces du régime : l'appareil du Parti, la police politique et l'armée, en les infiltrant d'hommes dévoués et en les contrôlant par l'intermédiaire de son cabinet personnel. En accord avec quelques hommes représentatifs de ces forces-clefs du régime ou, plus vraisemblablement, avec leur accord (Souslov – appareil idéologique ; Oustinov – forces armées ; Andropov – appareil policier ; Kirilenko – organisation...) qui, à l'intérieur du Politburo, forment le vrai noyau dirigeant du pays, Leonid Brejnev gouverne et règne. Son pouvoir, qui relève de ce haut directoire bureaucratique, n'est donc pas absolu. Agent exécutif d'une dictature collégiale, son autorité dépend de celle-ci. L'omnipuissance de Brejnev n'est en fait qu'apparente. Certes, de par ses fonctions, il tient le Parti (secrétaire général à partir de 1964), l'armée (général en 1975, maréchal en 1976), a la haute main sur les affaires internationales (président du présidium du Soviet suprême en 1977) ; objet d'un véritable culte, il croule – comme Kim Il-sung, Hoxha ou Ceaucescu – sous les décorations, sous les prix et sous les épithètes les plus flatteuses... Mais, ces titres et ces honneurs ne font que masquer sa sujétion par rapport au petit directoire qui les lui dispense généreusement. « Plus on lui rajoute de titres – observe A. Avtorkhanov

– plus on accroche de décorations à son uniforme de maréchal, plus on accroît son autorité apparente et plus on augmente en réalité la dépendance où il se trouve par rapport à ceux qui lui donnent tout cela et sans lesquels il n'est rien. »

5.1.2. ...et société civile

En dehors du Parti et de la société qu'il a générée, n'existe-t-il point de salut ? Officiellement, rien ne paraît plus juste. L'ensemble de la population est censée s'exprimer par la voie parlementaire (élections aux soviets locaux, de district, de région, de république, et enfin, au Soviet suprême, composé de deux chambres élues tous les cinq ans), et participer activement à la vie du pays par le biais des organisations de masse, qui regroupent la quasi-totalité des citoyens : syndicats (113 millions d'adhérents en 1977), Jeunesses communistes (35 millions de 14 à 28 ans, soit près du tiers de ce groupe d'âge), associations professionnelles (regroupant des professions libérales : architectes, écrivains, journalistes...). Mais ces différentes organisations ne traitent pas directement de politique. De même, la faculté d'adresser aux journaux des pétitions ou de faire des remarques critiques lors des assemblées d'entreprise reste exclusivement utilisée pour dénoncer les déficiences de certains rouages socio-économiques et jamais pour débattre des grands problèmes du pays. Au total, si le citoyen soviétique est très sollicité pour participer à l'organisation de la vie quotidienne, il doit, par contre, en matière politique, se borner à faire confiance au Parti communiste...

Si cette *« confiscation du pouvoir »* (H. Carrère d'Encausse), effective depuis Lénine, n'entraîna pas d'opposition de la grande majorité de la population, ce n'est pas seulement parce que la terreur stalinienne avait convaincu qu'il valait mieux ne pas chercher à s'occuper de la chose politique, chasse gardée du Parti, ou, mieux, des dirigeants du Parti. C'est aussi parce que l'équipe Brejnev veillait – avec plus ou moins de réussite selon les catégories sociales et les périodes – à répondre aux besoins élémentaires de la société civile. Celle-ci, en effet, était assurée d'une garantie de ressources, d'une sécurité de l'emploi et d'une protection sociale ; par ailleurs, elle n'était plus soumise à la menace et à l'arbitraire policier comme du temps de Staline. Dès lors, put s'établir entre société officielle et société civile, une *espèce de compromis social* qui permit d'éviter une contestation violente, et laissa à Leonid Brejnev et à ses collègues toute liberté pour se consacrer à la politique extérieure qui resta l'ambition principale de l'équipe.

5.2. Brejnev le conquérant

Forte du consensus établi au sein de la bureaucratie dirigeante, forte des liens rétablis avec l'armée, forte, enfin, de sa propre longévité, l'équipe Brejnev enregistra ses plus grands succès sur le terrain de la politique extérieure. Pénétrant largement dans le Tiers Monde, renforçant l'intégration des « pays frères », jouant d'égal à égal avec les États-Unis le jeu de la *Coexistence pacifique* et de la *Détente*, elle fit preuve, à l'extérieur, d'un esprit d'offensive qui contrasta avec l'immobilisme à l'intérieur, et qui eut l'avantage de masquer momentanément celui-ci aux yeux de l'opinion internationale et, peut-être même, nationale.

5.2.1. Instruments et principes

Soucieuse de trouver un bon équilibre entre le Parti et l'armée – garant de son maintien au pouvoir – l'équipe Brejnev s'employa à « réviser le révisionnisme » khrouchtchevien, et à restaurer la puissance militaire. Selon un spécialiste américain, la part du

© A\rmand C\olin. La photocopie non autorisée est un délit

PNB soviétique consacrée au secteur de la défense passa de 12-13 % en 1970 à environ 18 % en 1980. À cette dernière date, l'URSS était parvenue à dépasser les États-Unis pour les exportations d'armes (7,1 milliards de dollars contre 6,7 pour les Américains). Aucun domaine ne fut négligé, même si celui des armements stratégiques (nucléaires) fut favorisé. Comment expliquer une telle *mobilisation des ressources et des technologies de pointe, qui, en matière de production militaire, propulsa l'Union soviétique au tout premier rang mondial* ? À cet égard, toutes les hypothèses ont été formulées par les soviétologues occidentaux. Pour les uns, il aurait existé alors en URSS deux secteurs économiques totalement distincts : le premier, de pointe et très performant, formé par un secteur militaro-industriel ; le second, archaïque et inopérant, consacré à la production civile. Pour d'autres, une dualité aussi tranchée est impensable ; d'une part, parce que le secteur de l'armement se trouvait conditionné par la modernisation générale de l'économie ; d'autre part, celui-ci aurait été « tout sauf un îlot d'efficience dans une mer d'incompétence » (J. Sapir), c'est-à-dire qu'il aurait eu, lui aussi, des faiblesses graves (matériels calculés au plus juste, avec des marges de développement insuffisantes ; tendance à la production pour la production…).

Même perplexité lorsqu'il s'agit d'apprécier *le rôle de l'armée dans le système Brejnev*. Selon une thèse courante, ses chefs auraient formé un vrai groupe de pression qui aurait incité le pouvoir civil à une stratégie agressive. De sorte que la politique extérieure soviétique aurait été la résultante d'un conflit permanent entre « faucons » et « colombes ». Par ailleurs, la croissance continue de l'appareil militaire depuis les années 1960 aurait transformé l'URSS en une « stratocratie », c'est-à-dire en un État où l'armée, en tant que corps social, aurait assumé la direction et l'orientation, de fait, de la société (C. Castoriadis). Il paraît, en tout cas, hors de doute que, du temps de Brejnev, l'armée acquit – ne serait-ce que par ses succès en matière d'armement ou d'interventions – une place privilégiée qu'elle avait perdue durant la période khrouchtchevienne, et que ses chefs participèrent désormais pleinement à la mise au point de la stratégie.

La restauration de la puissance militaire entraînait logiquement la révision des principes de la politique internationale définis par Khrouchtchev. Tout en étant présentés sous des formes apaisantes, les nouveaux concepts brejneviens étaient générateurs d'une politique extérieure offensive, davantage fondée sur le messianisme révolutionnaire que sur le seul souci de sécurité et laissant transparaître une ambition hégémonique. Si, sur le moment, ces objectifs ne furent pas aussi clairement perçus par la communauté internationale qu'ils auraient pu l'être, ce fut en raison, à la fois, du contexte de Détente ainsi que de l'habileté et de la multiplicité des tactiques, qui contribuèrent à masquer la cohérence et l'ampleur de l'expansionnisme soviétique. L'équipe Brejnev élabora finalement une stratégie originale en édifiant, dans une atmosphère de pseudo-paix internationale, un immense empire en Afrique et en Asie.

Certes, en façade, il était encore question de paix et de coexistence pacifique, mais dans les faits – comme l'indique clairement la nouvelle constitution de 1977 – le monde était découpé en trois zones géopolitiques réclamant chacune des tactiques bien distinctes : vis-à-vis du *« bloc américain »*, il s'agissait d'imposer une politique de « détente », qui permette de diminuer les risques d'agression, sans pour autant abdiquer en quoi que ce soit les objectifs expansionnistes ; dans le *Tiers Monde*, l'URSS s'employait à « soutenir les peuples pour leur libération nationale » (art. 28 de la Constitution) ; quant aux *« pays frères »*, au nom même de la solidarité prolétarienne, il convenait de veiller à ce qu'ils maintiennent une bonne orthodoxie, et le cas échéant, d'intervenir pour éviter tout nouveau schisme au monde communiste.

Par rapport au « bloc occidental », la politique brejnevienne visait « à prévenir les risques d'agression, à parvenir au désarmement général et complet, et à mettre en pratique, avec esprit de suite, le principe de la coexistence pacifique entre États à régimes sociaux différents » (art. 28 de la Constitution). Comme nous l'observerons au chapitre suivant (p. 97-115), la *Détente* n'avait pas la même signification à l'Ouest (où elle était synonyme de *statu quo)* qu'à l'Est (où elle avait pour objet l'expansion – sans guerre ouverte – du communisme). Nous verrons que l'URSS réussit alors à s'imposer comme acteur privilégié des relations internationales et à assumer avec les États-Unis une véritable cogestion des affaires mondiales. Pendant cette période, elle parvient à faire reconnaître officiellement son glacis protecteur européen (établissement de liens avec la RFA), à faire progresser l'idée de démilitarisation du continent. En Asie, elle soutient avec succès l'Inde dans son offensive contre le Pakistan, et le Nord-Vietnam dans sa longue lutte contre les États-Unis. Elle voit simultanément son influence s'accroître dans de nombreux pays du Tiers Monde. Pour l'équipe brejnevienne, les bénéfices de la « détente » sont indéniables.

5.2.2. La pénétration dans le Tiers Monde

Khrouchtchev avait été le premier dirigeant soviétique à comprendre les bénéfices que son pays pourrait tirer de la vague de décolonisation qui déferlait alors sur l'Afrique et l'Asie. Ses succès en Égypte (à qui l'URSS octroya des armes et des crédits – refusés par les Occidentaux – pour le haut barrage d'Assouan) et l'extension de l'influence soviétique au Moyen-Orient (en Irak et en Syrie notamment, ainsi qu'en Afghanistan dès 1955) encouragèrent le successeur de Staline à poursuivre sa politique de pénétration dans le Tiers Monde. *L'Afrique devint ainsi, à compter de 1958, un nouveau champ d'application de la stratégie soviétique* ; les États ayant pris le maximum de distance par rapport aux puissances coloniales européennes (Guinée, Ghana, Mali, Congo…) furent l'objet de toutes les sollicitudes de la part de l'URSS, tandis que des accords économiques, culturels ou militaires étaient passés avec des pays stratégiquement bien situés comme l'Éthiopie et la Somalie, et qu'une aide appréciable était consentie à des mouvements de libération nationale, en Angola notamment. Mais, assez vite, les points d'ancrage de cette politique offensive se révélèrent fragiles, les régimes « progressistes » soutenus par l'Union soviétique étant, soit renversés, soit « récupérés » par le camp adverse. Le coup décisif porté à cette première stratégie tiers-mondiste eut lieu après 1967, au lendemain du nouveau conflit israélo-arabe. L'URSS ayant été évincée de l'Égypte (juillet 1972), pilier de sa politique au Proche-Orient, et ayant perdu son influence au Soudan progressivement à partir de 1971, les successeurs de Khrouchtchev durent envisager une révision radicale de leur politique afro-asiatique.

À la suite de ces divers insuccès, une double nécessité s'imposa à l'équipe Brejnev : 1. *Renouer des alliances au sein du monde arabe*, afin de jouer un rôle dans cette partie vitale de l'espace géopolitique contemporain ; 2. Trouver – ou retrouver – une *place éminente parmi les États du Tiers Monde*, en y combattant l'influence chinoise et en démontrant la souplesse, la diversité et l'efficacité de l'aide soviétique.

Or, vers le milieu des années soixante-dix, une série de facteurs favorables à un tel redéploiement apparut, dont notamment le succès de la politique de Détente qui culmina à Helsinki (été 1975) et conféra à l'URSS un brevet international de pacifisme et de bonne conduite, susceptible d'endormir ses adversaires. D'autant que le principal d'entre eux, traumatisé par la guerre du Vietnam, s'orientait vers une poli-

© ARMAND COLIN. La photocopie non autorisée est un délit

tique de désengagement. En outre, l'URSS pouvait désormais compter sur des pays frères aguerris, influents, et dont les intérêts propres convergeaient avec les siens. Tel devait être le cas de Cuba, qui travailla avec succès, à compter de 1973, à développer un courant pro-soviétique au sein du mouvement des non-alignés ; de la RDA, dont l'action se révéla particulièrement efficace en Afrique ; ou encore, de la Libye de Kadhafi qui, se tournant délibérément vers Moscou à partir de 1974, permit à l'URSS, par son intermédiaire, de multiplier les interventions indirectes et délicates (expéditions d'armes, soutien à certains pays arabes…).

Sachant profiter de ces conditions nouvelles, *l'équipe Brejnev parvint en cinq années (1975-1980), par des moyens divers à se tailler un empire*, fragile certes, mais étendu. Pour le constituer, elle osa à plusieurs reprises utiliser la force ouverte, démontrant au monde entier sa puissance et ses possibilités militaires. Ainsi procéda-t-elle en Angola en 1975-1976, où, conjointement avec Cuba, elle déploya un effort militaire (aérien, naval et terrestre) et diplomatique remarquables pour soutenir le Mouvement populaire de libération de l'*Angola*[20] (MPLA) ; en Éthiopie, en décembre 1977, où, toujours avec Cuba, et avec le concours des pays du Pacte de Varsovie, elle épaula puissamment le colonel Mengistu, aux prises avec les révoltes de l'*Ogaden*[21] et de l'*Érythrée*[22] ; en *Afghanistan*[23] enfin, qu'elle décida d'occuper en décembre 1979, après une « soviétisation rampante » de près d'un quart de siècle.

Toutefois, la démonstration de force ne fut pas la règle. L'équipe Brejnev lui préféra souvent l'assistance économique et militaire accordée généreusement à un « allié » en difficulté. L'expérience douloureuse de la période khrouchtchevienne lui apprit cependant à diversifier cette aide, et à ne pas miser sur un allié unique. La pénétration dans le Yémen[24] est à cet égard exemplaire de la flexibilité de la politique soviétique. Dès que les troupes britanniques quittent Aden, en 1967, l'URSS soutient le Front de la libération du *Yémen du Sud*, et voit avec satisfaction la tendance pro-soviétique de ce parti prendre la direction du nouvel État en 1969 ; un premier accord d'assistance est signé en novembre 1972, mais l'URSS craint un revirement et préfère confier aux Cubains le soin d'occuper le terrain. En 1978, un pas majeur est franchi au moyen d'un coup d'État qui aligne le nouveau régime sur l'URSS. Celle-ci, expulsée l'année précédente de Somalie, installe alors des équipements militaires dans le Yémen du Sud, qui est intégré au COMECON. Toutefois, dans le conflit qui oppose cet État au Yémen du Nord, l'URSS adopte une position modérée, soucieuse avant tout de préserver l'avenir en mettant plusieurs fers au feu…

Même prudence, même souplesse dans les relations avec l'Organisation de libération de la Palestine (OLP) et la Syrie (pays allié depuis 1980), toutes deux parties prenantes au *Liban*, ainsi qu'avec l'Irak et l'Iran. De 1962 à 1978, l'Union soviétique parvient, malgré quelques crises, à cohabiter de manière satisfaisante avec le régime du Châh[25]. Moyennant l'engagement de ce dernier à ne pas accepter l'installation de bases étrangères sur son territoire, l'équipe Brejnev soutient la « révolution blanche » de l'empereur d'*Iran*, fort éloignée pourtant de l'idéologie marxiste et des objectifs du Parti communiste Toudeh.

---

20 *Cf.* troisième partie, Angola, p. 256.
21 *Cf.* troisième partie, Soudan, p. 348.
22 *Cf.* troisième partie, Érythrée, p. 281.
23 *Cf.* troisième partie, Afghanistan, p. 243.
24 *Cf.* troisième partie, Yémen, p. 362.
25 *Cf.* troisième partie, Iran, p. 292.

Après la chute du Châh (1979), en dépit des dénonciations virulentes de Khomeiny contre les « satans rouges » qui occupent l'Afghanistan, les échanges entre les deux pays persistent et le parti Toudeh est même toléré jusqu'en 1983. Le conflit irako-iranien tend à envenimer les rapports, compte tenu que l'URSS, cherchant à compenser la rupture avec l'Égypte, a noué une alliance serrée avec l'Irak dès avril 1972, livrant à ce pays un armement très perfectionné. Malgré tout, pratiquant la même politique que dans le conflit entre la Somalie et l'Éthiopie ou dans la guerre du Liban, l'Union soviétique cherche à se placer le plus possible en marge de la guerre et à maintenir – nettement jusqu'en 1982 – un certain équilibre entre les belligérants. Elle joue même habilement la carte islamique, en s'appuyant sur les chefs religieux des populations musulmanes incluses dans l'URSS, qui sont chargés de faciliter le dialogue avec le monde de l'Islam.

En Asie, le bilan de la poussée soviétique est également très appréciable. Sans prendre de trop forts risques, l'URSS parvient, en quelques années, à pénétrer largement dans le Pacifique et à *encercler la Chine*.

Le pivot de cette nouvelle stratégie devait être le *Vietnam*[26]. Dès le début de l'intervention américaine dans ce pays (1965), l'URSS lui accorda une assistance militaire fondamentale, qui ne se démentit pas jusqu'à la fin des hostilités. Sans jamais être sereins et inconditionnels, les rapports entre les deux pays ne cessent de se renforcer. En 1978, le Vietnam devient membre du COMECON et signe un traité d'amitié et de coopération avec l'URSS.

L'occupation vietnamienne du *Cambodge*[27] est soutenue politiquement par l'équipe Brejnev, mais celle-ci n'intervient pas lors de l'expédition de représailles déclenchée en 1979 par la Chine. Tandis qu'elle participe à la reconstruction du Cambodge et au soutien du régime d'Heng Samrin, l'URSS consent un effort d'assistance économique et culturelle au Laos. Forte de cette aide large et continue accordée aux trois États de l'ancienne Indochine, elle installe des bases sur la presqu'île de Cam Ranh et à Da Nang, et prend possession du port cambodgien de Kompong Sam. L'URSS, en quelques années, est devenue une puissance dominante du Pacifique.

Durant cette période, le continent américain fut le seul à rester apparemment à l'écart des ambitions brejneviennes. L'affaire des fusées de Cuba (1962) avait montré la détermination des États-Unis à faire respecter la doctrine de Monroe. Aussi, l'Union soviétique se borna-t-elle à des protestations lors du renversement d'Allende au Chili (1973), et à de violentes dénonciations à l'encontre du dictateur Pinochet. Sa principale action consista à soutenir les sandinistes du *Nicaragua*[28] après la chute de Somoza en 1979, en leur livrant un impressionnant matériel (lance-roquettes, chars T 54-55, hélicoptères de combat...).

À l'heure des comptes, lorsque l'on passe en revue l'impressionnante liste de traités signés par l'équipe Brejnev entre 1971 et 1985, on réalise l'extraordinaire élargissement de l'influence soviétique dans le monde.

5.2.3. Le renforcement continu de l'intégration des « pays frères »

La nouvelle donne à laquelle Khrouchtchev avait tenté de procéder, aurait exigé une révision complète des relations entre les États communistes. Elle paraissait, en

---

26 *Cf.* p. 147 et troisième partie, Vietnam, p. 359.
27 *Cf.* p. 148 et troisième partie, Cambodge, p. 269.
28 *Cf.* troisième partie, Nicaragua, p. 315.

© ARMAND COLIN. La photocopie non autorisée est un délit

effet, tout à fait incompatible avec l'alignement absolu imposé par Staline : imitation des institutions soviétiques, mainmise directe de Moscou sur les principaux rouages, politique étrangère calquée en tous points sur celle de l'URSS... À cet égard, nous l'avons rappelé plus haut, un pas important avait été franchi lors de la réconciliation avec la Yougoslavie, en mai 1955, qui avait vu Khrouchtchev garantir à Tito le respect de la souveraineté yougoslave, et proclamer la non-ingérence comme principe de base des futurs rapports entre les deux pays.

Par ailleurs, avait été alors clairement exprimée la volonté de la nouvelle équipe dirigeante de gagner la confiance d'un Tiers Monde, qui s'était accordé à Bandung (avril 1955) sur le droit des peuples à disposer d'eux-mêmes, sur l'égalité de toutes les nations ainsi que sur le refus de toute pression des grandes puissances... Désormais, il ne semblait plus possible d'aller à l'encontre du vent dominant de l'Histoire. Il était urgent de s'inspirer des principes libéraux affichés à l'extérieur pour coriger la règle tyrannique imposée à l'intérieur du système.

La concrétisation la plus spectaculaire de la reconnaissance de ces nouveaux droits consista, entre 1956 et 1968, en l'affiliation des différentes démocraties populaires aux organisations internationales, la palme revenant à la Yougoslavie et à la Roumanie. En réalité, ce fut durant cette période d'égalitarisme formel que commencèrent les efforts systématiques de Moscou vers une unification économique et militaire de l'Europe orientale.

À *partir de 1968, s'amorça un tournant radical* dans l'évolution des principes organisateurs du bloc. Les dirigeants soviétiques cherchèrent une nouvelle défini-tion du monde socialiste européen, qui pût, non seulement permettre de justifier l'invasion de la Tchécoslovaquie par les troupes du Pacte de Varsovie (injustifiable selon la « doctrine Khrouchtchev »), mais aussi de donner des bases précises à la thèse de l'URSS sur la sécurité européenne. Dans les sphères dirigeantes soviétiques, on affirma, alors, que la souveraineté d'un État socialiste n'avait de sens – et n'était donc respectable – que si cet État demeurait fidèle au socialisme (*doctrine de la « souveraineté limitée », dite « doctrine Brejnev »*). De cette constatation, il découlait que l'espace socialiste constituait une catégorie particulière des relations inter-étatiques, qu'il ne relevait pas des normes internationales générales, mais qu'il était régi par le principe de l'internationalisme socialiste. Autrement dit, les pays socia-listes formaient, par rapport au reste de l'univers, un monde à part, aux solidarités spécifiques, un monde calqué sur le modèle multi-ethnique de l'URSS. Ce « verrouillage » du bloc par l'équipe Brejnev et l'accent mis sur l'évolution exem-plaire de l'Union soviétique n'étaient pas sans rappeler les premiers temps de l'« empire » et en disaient long sur la volonté d'intégration absolue et définitive des peuples est-européens.

Si, pour les dirigeants soviétiques, l'objectif final n'avait pas changé – faire de cet agrégat d'États une seule communauté sur le modèle et sous l'égide de l'URSS – les méthodes avaient évolué. Hélène Carrère d'Encausse, s'intéressant à la politique du « grand frère », a fait un inventaire des principaux moyens utilisés par celui-ci pour parfaire l'intégration des pays de l'Est européen :

– la *signature de traités bilatéraux* unissant l'URSS à chacun des États, traités qui, à partir du milieu des années 1960, imposent une série d'obligations strictes : respect absolu du Pacte de Varsovie, intervention militaire en cas d'agression, impossibilité absolue de signer des accords en contradiction avec le traité passé avec l'URSS ;

- la révision (de 1971 à 1975) de toutes les constitutions dans le sens d'une affirmation du rôle dirigeant du Parti communiste et, sur le plan extérieur, *d'une appartenance irréversible à la communauté socialiste* ;
- une *coordination permanente entre les différents partis communistes* à propos de tous les grands problèmes du moment ;
- l'accroissement considérable, depuis le début des années 1970, de la *coopération économique* (par le biais du COMECON) qui aboutit à une interdépendance croissante des économies (accentuée par l'endettement des pays depuis la crise des années 1973-1974) ;
  - le développement, à compter de 1961, des activités du Pacte de Varsovie, ainsi que le *renforcement continu de la domination de l'URSS dans le Pacte*. Fait fondamental, le Pacte – à la différence de l'OTAN – s'est imposé, depuis la mise au pas de la Tchécoslovaquie, comme « l'instrument privilégié de l'intégration politique et pas seulement militaire du camp socialiste ».

Au total, la consolidation du bloc des pays de l'Est par l'équipe Brejnev fut une réalité. Sous son égide, et de manière habile, le système ne cessa de se renforcer. Pas au point, toutefois, d'écarter toute contestation d'une population toujours meurtrie par la domination de l'URSS et de plus en plus exaspérée par les grippages socio-économiques.

5.3. Pesanteurs et échecs

5.3.1. Un bilan économique globalement négatif

Durant les premières années de son arrivée au pouvoir, l'équipe Brejnev, sous l'action de Kossyguine, tenta de procéder à certaines réformes économiques, en s'inspirant notamment – comme nous l'avons indiqué plus haut – des thèses d'Evsei Liberman. Des résultats non négligeables furent obtenus dans le secteur agricole. Le kolkhoze fut appelé à fonctionner comme une usine, si possible en association avec les sovkhozes pratiquant le même type d'activités. Quant aux agriculteurs, une série de mesures, arrêtées à partir de 1967, les assimila à des salariés à revenus fixes et à retraites garanties, jouissant (à compter de 1976) du droit de se déplacer librement à l'intérieur de l'URSS.

En outre, l'ouverture à l'Ouest apporta un vrai ballon d'oxygène à l'économie soviétique. Par le biais de la Détente, l'URSS pénétra, à compter de 1970-1971, sur le marché mondial. On la vit alors acheter des équipements complets (usines dites « clefs en mains »), payer ses achats avec des produits fabriqués dans ses établissements, échanger des brevets, des informations... En 1975, les matériels occidentaux représentaient 39 % des investissements bruts en équipement dans l'industrie chimique ; près de 30 % dans le textile ; 22 % dans la métallurgie...

Toutefois, ces nouvelles orientations ne permirent pas de dégripper la machine économique. Toutes sortes de raisons expliquent cet échec. Certaines, dues en grande partie à la fatalité, comme la série des *mauvaises récoltes* (1969, 1972, 1975, 1977, 1979, 1981) qui gênèrent considérablement l'approvisionnement alimentaire, nécessitèrent des achats de plus en plus volumineux à l'étranger, et déséquilibrèrent la balance commerciale. Par ailleurs, la *crise mondiale*, dite du pétrole, qui commença en 1973, eut pour conséquence de diminuer les achats de l'Occident et donc d'accentuer l'endettement de l'URSS (1,9 milliard de dollars en 1970, 11,23 en 1977...).

© ARMAND COLIN. La photocopie non autorisée est un délit

L'échec de ces réformes s'explique aussi par la *résistance de la bureaucratie*, résistance que Brejnev ne sut ou ne voulut vaincre, compte tenu de ses liens étroits de dépendance avec les *apparatchiks*. Alors qu'officiellement, il soutenait que les entreprises et les kolkhozes devaient jouir d'une nécessaire autonomie, il laissait la bureaucratie maintenir, voire développer son contrôle, notamment par le biais du système de planification et de direction économique toujours très centralisé. Mais, bien d'autres contradictions contribuaient à gêner la nouvelle donne économique proclamée par l'équipe Brejnev : comment, dans un même laps de temps, accroître de manière substantielle la production des biens de consommation, et maintenir la priorité absolue à l'effort d'armement ? Comment, simultanément, rehausser le niveau de vie de la population et accorder une aide croissante (économique et militaire) aux pays alliés du Tiers Monde (Érythrée, Angola, Laos, Vietnam...) ? Comment, enfin, dynamiser une économie avec une main-d'œuvre dont la productivité ne cesse de diminuer (+ 5,8 % par an en 1966-1970, +3,2 % en 1976-1980, dans l'industrie) ? Toutes les solutions à ces dilemmes remettaient en cause les bases du système Brejnev, la relance de l'économie exigeant, en effet, d'une part, un renversement de la politique extérieure, avec arrêt de l'effort d'armement et de l'expansion tiers-mondiste ; et d'autre part, un redéploiement de la stratégie interne permettant de diminuer le poids de la bureaucratie et d'améliorer la « participation » de la population à la vie des entreprises.

Non seulement, l'équipe Brejnev se refusa à assumer les risques de mécontenter sa base et ne voulut pas se priver du bénéfice de ses succès extérieurs, mais à partir des années 1979-1980, constatant l'échec de sa politique, elle eut *tendance à se fermer à toute réforme* et à se radicaliser dans une position de plus en plus centralisatrice et autoritaire. Ce fut alors que, la « première économie » (le secteur officiel planifié) devenant de plus en plus déficiente, et la « deuxième » (l'armement) ne cessant de se développer, le régime dut, pour éviter une révolte des consommateurs, tolérer l'extension de la « troisième économie » (le secteur privé, légal et... illégal), qui s'épanouit, alors, « dans le laxisme et le bakchich » (G. Duchêne).

5.3.2. Le réveil de la société civile

Si, pendant un temps, le compromis tacite entre la population et le pouvoir brejnevien fut préservé, on observa, très tôt pour quelques groupes et, à mi-parcours pour d'autres, une rupture caractérisée. Aux deux causes classiques du mécontentement (pratiquement aussi anciennes que le régime), – la mauvaise organisation de la production et de la distribution des biens de consommation, l'absence de libertés d'expression – s'ajouta toute une *série de dysfonctionnements liés aux profondes mutations qui affectèrent la société soviétique pendant l'ère Brejnev* : l'extension de l'urbanisation (de 4,7 % en 1959, la population urbaine passa à 65,6 % en 1986), la réduction de la cellule familiale, la hausse sensible du niveau d'éducation... Ces différents facteurs, ainsi que les défauts de gestion contribuèrent à accentuer notablement les disparités sociales (inégalités des salaires et de la répartition des fonds d'aide) et culturelles, et à généraliser des « comportements négatifs » par rapport au système : fréquents abandons d'emploi (un travailleur sur cinq chaque année), démotivation (absentéisme, « flânerie », non-respect des normes...), corruption et fraude effrénées. L'URSS de Brejnev s'apparente alors à un vrai royaume du pot-de-vin, où tout peut s'acheter (un poste de président de kolkhoze comme un diplôme universitaire), tout peut se voler, tout peut se truquer (le produit de la récolte d'un petit fermier comme le bilan d'une grosse entreprise).

Si, économiquement, le régime perd tout crédit, son autorité s'effrite aussi dans les autres domaines. Il enregistre un rejet croissant des normes culturelles officielles. Ainsi, malgré les actions zélées entreprises sous Khrouchtchev, l'athéisme se heurte à une *renaissance des croyances et des pratiques religieuses*, tant dans la communauté orthodoxe que chez les autres chrétiens (baptistes, adventistes, pentecôtistes...) et qu'au sein des populations musulmanes. De même, les minorités nationales de l'« empire » font preuve d'une obstination discrète mais efficace pour sauvegarder leurs valeurs culturelles originales. Surtout, à partir de la fin des années 1960, sont observés des signes patents de *résurgence du sentiment national* chez les peuples des républiques fédérées, très hostiles à la politique de russification des dirigeants moscovites ; les correspondants de presse signalent des actes de terrorisme à l'encontre de personnes ou d'édifices publics en Géorgie, en Arménie, en Ukraine et dans les pays baltes. Dans ces mêmes pays, se créent des mouvements nationalistes clandestins ainsi que des groupes de défense des droits de l'homme ou des accords d'Helsinki ; des publications « souterraines » sont lancées pour populariser ces causes.

Par ailleurs, face à un antisémitisme persistant (340 synagogues fermées entre 1965 et 1969), de nombreux Juifs, appuyés par l'Occident, se battent, à compter des années 1968-1969, afin d'obtenir le droit de retourner en Palestine : lettres ouvertes aux plus hautes autorités, manifestations silencieuses, détournements d'avion... Grâce à ces pressions (et surtout à celles émanant des autorités américaines), une centaine de milliers de Juifs peuvent quitter l'Union soviétique entre 1972 et 1975. De même, une partie de la minorité allemande obtient, à partir de 1970, l'autorisation de gagner la République fédérale allemande.

Durant cette période, s'affirme un petit noyau oppositionnel actif, formé surtout d'intellectuels, qui tente sans violence de créer un îlot de liberté dans un pays de plus en plus totalitaire. Le « dégel » post-stalinien (1953-1956) et un second « dégel » en 1962, porteurs de tous les espoirs de l'intelligentsia, n'avaient été, en effet, que de beaux feux de paille. Dès la fin du « règne » de Khrouchtchev, la réaction était en marche. Elle s'accentua sous Brejnev, du fait de la conjonction de deux événements : le « printemps de Prague », en 1968 (dont Moscou craignit la contagion) et la politique d'ouverture vers l'Occident qui, en aucun cas, ne devait entraîner un affaiblissement doctrinal. C'est pourquoi, durant les années 1969-1975, l'ensemble du « bloc » fut le théâtre d'une énergique campagne de redressement idéologique visant à mieux contrôler l'éducation, l'enseignement ainsi que la production littéraire et artistique.

Ce *raidissement du pouvoir*, loin d'imposer le silence comme au temps du stalinisme, suscita au sein de l'intelligentsia contestataire une mobilisation tout à fait exceptionnelle. Pour lutter contre la censure et la désinformation officielle, elle inventa le *samizdat*, ou auto-édition. Déjà, en 1959, l'écrivain Alexandre Guinzbourg, en agrafant plusieurs feuillets dactylographiés, avait créé la première revue clandestine ; mais il fallut les années 1966-1970 pour voir des publications souterraines sortir du strict domaine littéraire et s'orienter vers une information à caractère sociopolitique. En avril 1968, avec la parution du premier numéro de la *Chronique des événements en cours*, le *samizdat* devient un véritable contre-pouvoir médiatique, non seulement pour une poignée de Soviétiques, mais pour tout l'Occident, où il parvient grâce à un efficace réseau de complicités. Dès lors, il ne cesse de se développer, chaque groupe contestataire – national, religieux ou idéologique – s'efforçant de faire paraître, plus ou moins régulièrement, un bulletin propre.

© ARMAND COLIN. La photocopie non autorisée est un délit

L'époque brejnevienne voit aussi se généraliser les *manifestations oppositionnelles* *« légalistes »*. L'une des toutes premières a lieu le 5 décembre 1965, sur la place Pouchkine à Moscou ; elle rassemble deux cents jeunes gens venus protester contre l'arrestation de deux écrivains, André Siniavski et Youri Daniel. Cette manifestation est à l'origine directe d'une véritable réaction en chaîne : la répression qui la suit va, en effet, entraîner un mouvement d'opinion animé par Alexandre Guinzbourg, Youri Galanskov, puis par Vladimir Boukovski, eux-mêmes emprisonnés, eux-mêmes soutenus par d'autres intellectuels. Pour la première fois, on fait face au pouvoir, à visage découvert, en dénonçant ses exactions au nom de la Déclaration des droits de l'homme, adoptée par l'ONU et ratifiée par l'URSS. En mai 1969, se crée précisément un Groupe d'initiatives pour la défense des droits de l'homme, rassemblant « croyants et incroyants, optimistes et sceptiques, communistes et non-communistes », qui déclare scandaleux les procès d'opinion et réclame le droit à la libre expression. En novembre 1970, trois physiciens dont l'académicien Andrei Sakharov lancent un comité pour la défense des droits de l'homme, qui, bien que proclamant sa parfaite loyauté envers le régime, suscite une campagne haineuse. Comme elles l'avaient fait contre Alexandre Soljenitsyne pendant six ans (de novembre 1969, date de son exclusion de l'Union des écrivains, jusqu'à février 1974, où il est déchu de la citoyenneté soviétique et expulsé), les autorités se déchaînent contre Sakharov, pour finalement, en 1980, l'assigner à résidence à Gorki.

Si ces deux « grands » de la dissidence soviétique – tous deux consacrés par l'obtention d'un prix Nobel, en 1970 et en 1975 – sont relativement protégés par leur notoriété internationale, de nombreux obscurs et sans-grade (intellectuels, nationalistes, croyants…) sont, eux, expédiés dans quelques-uns des 1976 camps, 273 prisons et 85 hôpitaux psychiatriques « spéciaux » qui composent le goulag brejnevien, peuplé d'un à cinq millions de détenus, dont 10 000 à 20 000 politiques.

Apprécier l'ampleur et la portée de ces oppositions internes est délicat. La dissidence apparaît comme un phénomène diffus, difficile à cerner, tant les causes (conjoncturelles et structurelles), les degrés (du révisionnisme des frères Medvedev au rejet total du système par Soljenitsyne) et les formes (de la fraude à l'attentat) en sont multiples. La réduire à la fronde d'une poignée d'intellectuels, comme on a alors coutume de le faire en Occident, est inadmissible. À l'évidence, le système totalitaire frustre gravement l'ensemble de la société civile (notamment les minorités ethniques, religieuses, la jeunesse…) et, par ses insuffisances en matière de gestion, pèse d'un poids de plus en plus lourd sur un maximum de personnes. La dissidence n'a cependant jamais constitué un vrai danger pour l'équipe Brejnev. Les différents mécontentements ou oppositions qu'elle a engendrés se sont, en effet, juxtaposés sans jamais s'unir. C'est là une différence fondamentale avec les mouvements contestataires qui secouent alors le bloc soviétique en Tchécoslovaquie et en Pologne.

5.3.3. La dangereuse contestation des « pays frères »

À plusieurs reprises, en moins de douze ans (1968-1980), une forte partie de la population de deux pays satellites entra en dissidence ouverte avec l'URSS.

L'«*affaire tchécoslovaque*» semble avoir particulièrement surpris l'équipe Brejnev. Il est vrai que, mises à part de violentes manifestations ouvrières en mai et juin 1953, la Tchécoslovaquie – à la différence de la Pologne et de la Hongrie – comptait parmi les pays les plus apparemment soumis du « glacis européen ». L'éviction à la tête du

Parti communiste tchécoslovaque d'Antonin Novotny, le 4 janvier 1968, au profit d'Alexandre Dubcek, reçut certainement l'aval du Kremlin. Celui-ci, comme nous l'avons souligné (p. 81), ne s'émut vraiment que lorsque la nouvelle équipe révéla son objectif de créer « la voie tchécoslovaque du socialisme ». Une telle remise en cause du « système » en vigueur dans le bloc lui parut intolérable et éminemment dangereuse, ainsi, d'ailleurs, qu'à la plupart des dirigeants des « pays frères » (RDA, Pologne, Hongrie et Bulgarie). Après une lettre d'avertissement (17 juillet), 500 000 hommes et plus de 7 000 chars des troupes du Pacte de Varsovie furent, dans la nuit du 20 au 21 août 1968, dépêchés en Tchécoslovaquie. En l'absence de résistance organisée, *Brejnev inventa une forme subtile de remise au pas, que l'on dénomma la normalisation.* Elle consista à désagréger – sans précipitation apparente – l'équipe Dubcek, à épurer progressivement le Parti et l'administration, tout en soumettant la population à une propagande dénigrante sur les événements du printemps et de l'été 1968. Simultanément, les dirigeants du Kremlin s'efforcèrent de légitimer l'intervention aux yeux de l'Occident (qui s'était, d'ailleurs, borné à de simples protestations) et des autres États communistes, en forgeant la thèse – déjà évoquée – de l'internationalisme socialiste qui obligerait les pays membres du Pacte de Varsovie à intervenir chaque fois que le socialisme serait jugé en danger dans l'un d'entre eux...

La menace que faisait désormais peser la « doctrine Brejnev » sur les États contestataires du bloc ne découragea cependant pas les Polonais qui, à quatre reprises, se révoltèrent ouvertement. Une telle constante et un tel défi au Kremlin ne peuvent s'expliquer que par l'exaspération et le désespoir de toute une population, profondément déçue par l'expérience pseudo-réformiste de Gomulka (1956-1970), puis par celle de son successeur, Gierek (1971-1980). Les deux hommes se montrèrent, en effet, incapables aussi bien de libéraliser le régime et d'imposer une voie nationale du socialisme par rapport à l'Union soviétique, que de réformer et de gérer l'économie. Pendant toute la période, les biens de consommation demeurèrent rares avec des prix en constante augmentation. Ce double échec attisa le mécontentement des intellectuels (particulièrement sensibles à la privation des libertés) et des ouvriers (très vulnérables à la hausse des prix alimentaires). Certes, une telle situation n'était pas unique à l'intérieur du bloc soviétique, l'URSS comprise. Mais *l'originalité de la Pologne des années 1970 réside en l'existence d'une structure oppositionnelle potentielle discrète mais très influente : l'Église,* qui, face à l'État socialiste, apparaît, au moins depuis 1956, comme le vrai porte-parole de la société civile. Durant les quatre flambées de l'histoire immédiate polonaise, celle-ci renforce ce rôle de contre-pouvoir, et s'affirme comme un élément majeur d'union entre les divers groupes culturels et socioprofessionnels contestataires.

La première explosion, celle des intellectuels en mars 1968, s'inscrivit dans la vague déferlante qui submergea alors les campus universitaires du monde entier. La seconde (décembre 1970-janvier 1971) fut, elle, exclusivement ouvrière. Les dockers et le personnel des chantiers navals de Gdansk, Gdynia, Szczecin, en hurlant dans les rues : « Du pain ! À bas Gomulka ! », proclamaient leur rupture avec un régime dont la seule politique consistait à augmenter les prix et à incarcérer les mécontents. Leur détermination face à la répression (une cinquantaine de morts, plus d'un millier de blessés) inquiéta le Kremlin, qui préféra sacrifier Gomulka, et donner l'impression d'une nouvelle donne, en lui substituant le « gestionnaire » Edward Gierek.

En réalité, malgré une ouverture économique vers l'Occident (qui, dans l'immédiat, se traduisit par une progression de l'endettement), aucun problème majeur ne fut résolu par le nouveau secrétaire général. À nouveau, les prix des denrées alimen-

© ARMAND COLIN. La photocopie non autorisée est un délit

taires connurent de folles flambées. À nouveau, le 25 juin 1976, les ouvriers de la côte baltique – mais aussi ceux du centre du pays et de Silésie – descendirent dans la rue. À nouveau, beaucoup furent arrêtés. Mais, pour la première fois, la répression créa un puissant lien de solidarité entre le monde ouvrier et les intellectuels. Désormais, le mouvement fit tache d'huile et se popularisa. L'Occident prit vraiment conscience de cette extension de la dissidence durant l'été 1980, lorsque s'affirma la *revendication d'un syndicalisme libre* pour tous les groupes socioprofessionnels. Dès le 22 septembre se créa, avec comme figure de proue *Lech Walesa*, une fédération de syndicats indépendants : *Solidarité*.

Pendant plus d'un an, sous les yeux attentifs mais impuissants du Kremlin, le système brejnevien se défait en Pologne. Les structures officielles – en particulier le Parti – se vident de toute légitimité, au profit de *Solidarité* et de l'Église. Une Église, considérablement renforcée depuis l'élection en octobre 1978 de l'archevêque de Cracovie, Karol Wojtyla, comme pape sous le nom de *Jean-Paul II*. La seule carte jouable du pouvoir officiel est l'armée, qui, à partir du 13 décembre 1981 (proclamation de l'État de siège par le général Jaruzelski), se substitue au Parti défaillant. L'équipe Brejnev a évité le pire – une intervention « à la tchécoslovaque » qui, dans ce pays, aurait vraisemblablement entraîné une résistance acharnée – mais elle n'a rien résolu. La question polonaise fera partie – avec la question afghane – des problèmes les plus épineux légués en héritage par l'équipe Brejnev à l'équipe Gorbatchev.

BIBLIOGRAPHIE

Ouvrage d'ensemble sur le monde communiste

SOULET J.-F., *Histoire comparée des États communistes, de 1945 à nos jours*, Coll. U, A. Colin, 1996.

Études par pays

BERGERE M.-C., *La République populaire de Chine, de 1949 à nos jours*, Coll. U, A. Colin, 1987.

DOMENACH J.-L., Ritter Ph., *La Chine (1949-1985)*, Imprimerie nationale, 1987.

CABESTAN J.-P., *Le Système politique de la Chine populaire*, Thémis, PUF, 1994.

FEJTO F., *Histoire des démocraties populaires*, 2 vol., Coll Points-Histoire, Seuil.

WERTH N., *Histoire de l'Union soviétique*, Thémis, PUF, 1992.

Chapitre 3

Le duopole américano-soviétique sur les affaires internationales

Du POINT DE VUE des relations internationales, le fait majeur, à compter du début des années soixante, fut la transformation de l'espèce de *modus vivendi* – qui s'était élaboré au cours de la décennie précédente – entre l'Union Soviétique et les États-Unis, en une entente fondée sur des accords bilatéraux et une complicité de fait dans le règlement des affaires internationales. Cet accommodement entre les deux grands rivaux, qui devait faire d'eux non pas des alliés mais des « adversaires-partenaires » (Raymond Aron), connut un apogée au début des années soixante-dix. Mais, à partir de la « guerre du Kippour » et en raison de facteurs propres à chacune d'entre elles, la cogestion exclusive, par les deux superpuissances, des affaires mondiales fut remise en question, même si elles continuèrent à exercer une influence majeure.

1. LA « DÉTENTE » OU L'APOGÉE DU DUOPOLE (DU MILIEU DES ANNÉES 1960 AU MILIEU DES ANNÉES 1970)

1.1. Le contexte

1.1.1. La funeste « expérience » de la « guerre froide »

Moins de deux ans après leur victoire commune, États-Unis et Union soviétique s'étaient opposés dans une forme de guerre inédite – qualifiée de « guerre froide » – au cours de laquelle *les affrontements directs avaient été de trois natures : idéologiques*, d'abord, chaque camp s'efforçant de propager ses idéaux par l'intermédiaire de groupes sympathisants, grâce à des moyens d'information (radio, presse), des campagnes d'opinion (comme celle pour la paix, contre l'armement atomique de 1949-1950), ou de véritables « croisades » (chasse aux « révisionnistes » à l'Est, chasse aux « sorcières » communistes aux États-Unis…) ; *économiques*, sous la forme d'aides et de subsides distribués à des pays dans l'intention de les rallier (plan Marshall de 12 à 13 milliards de dollars intéressant seize pays européens) ; *diplomatiques*, un camp profitant de la faiblesse temporaire de l'autre, pour tenter de marquer des points (blocus de Berlin en 1948-1949 sur ordre de Staline).

Mais la Guerre froide s'était surtout caractérisée par ses affrontements indirects, qui avaient été de deux types : la *subversion et la guerre ouverte par satellites interposés*. Ainsi, la guerre de Corée (1950-1953) n'avait pas été seulement une guerre civile, dressant l'une contre l'autre deux fractions d'un même peuple ; avec la présence de « volontaires » chinois dans le Nord, et de « bataillons de l'ONU » –

© ARMAND COLIN. La photocopie non autorisée est un délit

composés, en fait, pour les neuf dixièmes de soldats américains – dans le Sud, elle avait surtout été un combat entre les deux « blocs ».

Deux zones avaient été principalement le théâtre des affrontements : l'*Europe*, dont l'Union soviétique était parvenue – comme nous l'avons rappelé au chapitre précédent – à satelliser l'ensemble des pays de la partie orientale (Bulgarie, Hongrie, Pologne, Roumanie, Tchécoslovaquie), et dont la pomme de discorde essentielle s'était trouvée être l'Allemagne (partition effective en deux États en 1949) ; et l'*Asie* (occupation du Japon par les États-Unis, conquête de la Chine par Mao Zedong, guerre de Corée…).

Au cours de cette âpre lutte, qui fit craindre, à plusieurs reprises, l'éclatement d'une troisième guerre mondiale, s'étaient constitués deux énormes « blocs », avec leurs structures militaires (OTAN en 1949 ; Pacte de Varsovie en 1955…), économiques (OECE, COMECON…), et leurs réseaux d'alliés et de satellites.

1.1.2. Une trêve imparfaite : la « coexistence pacifique »

Au début des années cinquante, des changements internes aux deux blocs (mort de Staline, avènement de Khrouchtchev et d'Eisenhower), l'ascension de la Chine, et surtout les progrès de l'Union soviétique en matière d'armement atomique (bombe A en 1949, bombe H en 1953), qui contribuèrent à créer un « équilibre de la terreur », obligèrent les deux camps à envisager l'instauration entre eux d'une certaine « coexistence pacifique ».

Un nouveau climat s'instaura alors, marqué par l'armistice de Pan-Mun-Jon en Corée (juillet 1953), la conférence de Genève sur l'Indochine (juillet 1954), la reconnaissance de l'Allemagne fédérale (1955), la visite de Khrouchtchev à Londres (avril 1956), la dissolution du Kominform (avril 1956)… En outre, des crises aussi graves que celles qui éclatèrent en 1956 dans les pays de l'Est (Pologne, Hongrie) et au Proche-Orient (Égypte) furent volontairement désamorcées, et ne donnèrent lieu, de part et d'autre, qu'à des protestations verbales.

Toutefois, *la « coexistence » connut plusieurs graves accrocs* : la crise de Formose (août 1958 : bombardement par l'artillerie communiste de l'île de Quemoy, occupée par les nationalistes) ; la crise de Berlin (novembre 1958 : tentative de Khrouchtchev d'exiger la transformation de Berlin-Ouest en une ville libre démilitarisée) ; et, surtout, la crise de Cuba, dont l'extrême gravité obligea les dirigeants des deux « blocs » à envisager un nouveau comportement dans le règlement des affaires internationales.

1.2. Les grandes étapes de la « détente »

1.2.1. La crise des fusées de Cuba (octobre 1962) ou l'immense peur d'un conflit nucléaire

Plusieurs faits – comme la construction du Mur de Berlin en août 1961 et la reprise par l'URSS de ses essais nucléaires en septembre 1961 – avaient particulièrement marqué, à compter du début des années soixante, la détérioration des rapports entre les deux « grands ». Mais le paroxysme de la tension fut atteint lorsque le 15 octobre 1962 des avions espions américains repérèrent, à Cuba, des rampes de missiles nucléaires soviétiques (pointées sur les États-Unis). Durant treize jours (16-28 octobre), l'opinion mondiale vit dans la *crainte d'un conflit nucléaire*. Fort heureusement, le président J-F Kennedy, ne cédant pas à la pression de son entourage (chefs militaires, leaders du Congrès, conseillers…) repousse l'idée d'une action armée, et s'oriente très vite (dès le 18 octobre, en privé) vers un simple blocus. Le 22, il dénonce l'installation des missiles, et somme Khrouchtchev d'« arrêter et de supprimer cette menace clandestine, irréfléchie et provocatrice à l'égard de la paix mondiale ». Le Kremlin s'étant incliné (28 octobre), le conflit est écarté, mais jamais les deux superpuissances et, avec elles, le monde entier, n'avaient autant pris conscience du danger nucléaire. Pour beaucoup, ces treize jours dramatiques marquent le crépuscule de la Guerre froide et l'aurore de la détente.

Dès 1963, en effet, se succèdent, de part et d'autre, une série de gestes d'apaisement : renonciation par l'Union soviétique à une paix séparée avec la RDA (15 janvier) ; décision, de la part des États-Unis et de l'URSS, de coopérer pour l'utilisation pacifique de l'énergie atomique (21 avril) ; établissement d'un fax entre Moscou et Washington, destiné à éviter le déclenchement accidentel d'un conflit nucléaire (20 juin) ; signature à Moscou d'un traité sur l'arrêt des expériences atomiques dans l'atmosphère et des essais sous-marins (5 août) ; propositions par le président Kennedy d'une expédition commune américano-soviétique vers la lune (20 septembre), échange de lettres entre Khrouchtchev et Johnson (31 décembre-18 janvier) sur un règlement pacifique des différends territoriaux.

1.2.2. Les difficiles « années Vietnam »

Malheureusement, les années qui suivirent 1963 ne lui ressemblèrent pas. Certes, le processus de détente ne fut pas ouvertement remis en cause : plusieurs fois interrompue, la conférence du désarmement à Genève continua ses travaux ; des accords furent conclus entre les États-Unis, l'URSS et la Grande-Bretagne sur la réduction simultanée de la production des matières fissiles et sur l'utilisation pacifique de l'espace ; une ligne directe fut établie entre Moscou et Washington... Mais l'engagement massif des deux puissances au Vietnam, beaucoup plus que les changements de personnes (successions de Johnson et Brejnev à Kennedy et Khrouchtchev), gêna alors la progression de la détente.

On assista, au contraire, durant cette période, à une *reprise de la course aux armements*, notamment en matière de missiles à grande portée, comme les IRBM (*Intermediate Range Ballistic Missile*), de 2 000 à 4 000 km, les ICBM (*Intercontinental Ballistic Missile*) pouvant dépasser 10 000 km, ou les SLBM (*Submarine Launched Ballistic Missile*) lancés à partir d'un sous-marin. À cet égard, les deux Grands parvinrent, vraisemblablement, sous des formes différentes (charges thermonucléaires moins nombreuses mais très puissantes, du côté soviétique ; charges inférieures mais multiples et précises, du côté américain), à une égalité de fait. Par ailleurs, tandis que l'Union soviétique développait considérablement sa flotte (de surface et sous-marine), les États-Unis, avec environ cinq ans d'avance, faisaient voler leur premier avion de pénétration à géométrie variable – le F 111 – dès la fin 1964, et préparaient activement la sortie des chasseurs de la nouvelle génération (F 14), effective fin 1970.

1.2.3. Les actives « années Kissinger »[29]

Pour que des orientations aussi contraires à l'esprit de détente que cette surenchère en matière d'armement, ou la poursuite acharnée de la guerre du Vietnam, n'aient pas abouti à une rupture des relations Est-Ouest, mais au contraire, à leur

© ARMAND COLIN. La photocopie non autorisée est un délit

---

29 *Cf.* plus haut, chapitre 1, p. 22.

apogée, il fallut l'habileté et le réalisme de la nouvelle équipe américaine mise en place en 1969, formée par Richard Nixon et par son conseiller en matière de sécurité nationale, Henry Kissinger. Ce dernier, persuadé de *l'inutile agressivité de la politique américaine envers l'Union soviétique*, et convaincu, par contre, de l'intérêt représenté par la « bonne volonté » des Soviétiques dans les zones en crise, particulièrement au Moyen-Orient et au Vietnam, fit, dès le début de 1969, des ouvertures aux dirigeants de l'URSS.

Ceux-ci, préoccupés de limiter la course aux armements (dont les incidences sur l'économie se révélaient de plus en plus lourdes) étaient, en outre, désireux à la fois de compenser l'isolement entraîné par la rupture avec la Chine, et de conforter leurs positions en Europe, ébranlées par l'incontournable « question allemande » et la récente intervention en Tchécoslovaquie. Pour Henry Kissinger – pas plus que pour les maîtres du Kremlin – il ne s'agissait de tenter de réconcilier les deux systèmes, aussi différents que l'eau et le feu, mais de *négocier globalement* (point clef de la doctrine kissingerienne, selon laquelle tous les problèmes devaient être liés : *linkage*), en faisant en sorte qu'une concession dans un domaine donné entraînât, de la part de l'adversaire, une concession équivalente sur ce terrain ou sur un autre. L'application de ce principe à la conférence d'Helsinki (1975) permit ainsi de troquer le chapitre sur le commerce (« corbeille 2 ») contre celui des droits de l'homme (« corbeille 3 »).

Cette conjonction d'intérêts fut à l'origine directe de la phase la plus féconde qu'aient connue les relations américano-soviétiques depuis la Seconde Guerre mondiale. La détente – nous le verrons d'une manière plus détaillée dans la section suivante de ce chapitre – reçut alors sa plus large acception. Elle fut d'abord concrétisée par les concertations régulières entre les responsables des deux pays : voyages de Nixon en URSS (mai 1972, juillet 1974), visite de Brejnev aux États-Unis (juin 1973). S'instaura alors un dialogue régulier sur la maîtrise des armements nucléaires stratégiques (SALT). Les échanges commerciaux s'intensifièrent. Le cercle des « adversaires-partenaires » s'élargit. Les alliés des deux camps, tout en s'inquiétant parfois du « condominium soviéto-américain » (M. Jobert), se trouvèrent, de gré ou de force, impliqués dans cette nouvelle dynamique internationale. L'action du chancelier Willy Brandt – nous y reviendrons – se révéla décisive dans la normalisation des relations entre les deux Allemagnes et leur réconciliation avec les pays de l'Est. De plus, l'ensemble des États européens participa à la conférence sur la Sécurité et la Coopération en Europe (1973-1975).

1.3. D'importants accords

Surtout durant sa phase la plus active (1969-1973), la Détente aboutit à la signature d'accords importants et variés. En vertu même du *linkage* kissingerien, tous les secteurs furent concernés. Outre les conventions à caractère stratégique, économique et politique – que nous allons analyser – des accords de type scientifique, médical et humanitaire furent également conclus.

1.3.1. Les accords nucléaires

La négociation stratégique se révéla, dès le début, le fer de lance de la Détente. Limiter les dangers et les coûts des armes nucléaires fut, nous l'avons vu, l'origine directe du rapprochement soviéto-américain. Le 5 août 1963 – même pas un an après la crise des fusées de Cuba ! – les deux États signaient à Moscou un traité interdisant les essais nucléaires dans l'atmosphère et sous les mers. Quatre ans plus tard (janvier 1967), l'espace cosmique était à son tour en principe préservé de toute implantation d'arme nucléaire.

Les pourparlers visant à empêcher la prolifération de l'arme atomique furent, comme on pouvait s'en douter, bien plus délicats. Il fallut attendre janvier 1968 pour que les États-Unis et l'URSS présentent un projet commun à la Commission du désarmement à Genève. Imposant aux puissances signataires (62, dès juillet 1968) de ne livrer ni armes ni technologies nucléaires aux autres pays, et de ne pas chercher à en acquérir, le traité, qui n'obligeait pas les États disposant de l'arsenal nucléaire à s'en défaire, mais seulement à mettre fin « le plus tôt possible » à son développement, apparut discriminatoire, et suscita l'opposition de la France et de la Chine.

Malgré ces réserves, les États-Unis et l'Union soviétique poursuivirent en cavaliers seuls leurs négociations et parvinrent à deux types d'accords : les uns concernant la prévention d'un conflit nucléaire, les autres ayant trait à la réduction de l'armement atomique. Dans la première catégorie, il faut situer la convention du 30 septembre 1971, qui avait pour objet de limiter les conséquences d'un « accident » nucléaire, et surtout l'accord du 22 juin 1973, qui obligeait les deux puissances à se consulter d'urgence « si les relations entre des pays non parties à l'accord, semblaient impliquer le risque d'une guerre nucléaire entre les États-Unis et l'Union soviétique, ou entre l'une des parties et d'autres pays ».

En matière de limitation d'armes, un accord parut plus nécessaire que jamais lorsque, à partir de 1966, commencèrent à s'implanter des réseaux de défense anti-missile (ABM : *Anti-Ballistic Missile System*) qui remirent en cause le système traditionnel de défense des deux pays. Les négociations furent néanmoins très difficiles, achoppant sur la notion – subjective – d'« armes stratégiques », sur les types d'armement (pour les uns, uniquement les anti-missiles ; pour les autres, les armes défensives et offensives), ainsi que sur le problème du contrôle du désarmement. Envisagées dès l'entrevue Kossyguine-Johnson de Glassboro (23 juin 1967), *les négociations SALT I (Strategic Arms Limitation Talk) débutèrent à la fin de l'année 1969 et furent conclues le 26 mai 1972* à Moscou, après 127 sessions (!) tenues alternativement à Helsinki et à Vienne. Les deux puissances s'entendirent sur deux points principaux : 1 – la limitation des armements anti-missiles (ABM) à deux sites de cent fusées par pays ; 2 – le gel, durant cinq ans, des armes stratégiques existantes ; l'arrêt, durant la même période, de constructions de rampes de lancement fixes pour ICBM, et de lanceurs balistiques installés sur sous-marins (SLBM).

À l'évidence, l'accord SALT I était bien imparfait, reposant sur l'idée – contestable – que la supériorité technologique américaine compensait la supériorité quantitative des armes soviétiques. Il n'incluait ni les missiles à moyenne portée (IRBM), ni les bombardiers stratégiques et n'excluait pas la possibilité du *mirvage*, c'est-à-dire l'adaptation à un missile d'une ogive à têtes multiples à guidage indépendant... C'était, toutefois, le premier traité limitant effectivement la production de certains types d'armement. Considéré comme un début, il fut envisagé, dès le 21 novembre 1972, un second cycle de négociations (SALT II) susceptibles d'aboutir à une convention plus large et durable sur les armements offensifs.

1.3.2. Les accords commerciaux

Dès 1949, le taux d'importation soviétique de biens d'équipements anglo-saxons – qui atteignait encore 95 % en 1946, 85 % en 1947, 30 % en 1948 – s'était effondré à 0,2 % du total des achats. Même si cette rupture, occasionnée par la Guerre froide,

© ARMAND COLIN. La photocopie non autorisée est un délit

ne se traduisit jamais par une totale interruption des relations commerciales entre l'URSS et l'Occident, le principe de l'embargo (concrétisé par l'institution du COCOM* en 1949 et l'établissement de listes de produits interdits à l'exportation vers l'Est) imposé par les États-Unis, prévalut longtemps. Ce fut avec infiniment de méfiance que l'opinion américaine accueillit l'idée de coopération économique proposée par Khrouchtchev au nom de la coexistence pacifique. Tout transfert de technologie, dans la mesure où il aidait à la survie économique de l'URSS ou à son développement, et aussi du fait qu'il pouvait être détourné à des fins stratégiques, était jugé dangereux. L'adhésion des pays d'Europe occidentale à cette conception américaine ne fut jamais entière. Très tôt, certaines élites européennes se trouvèrent séduites par la *théorie de la « convergence »* – défendue plus tard par l'avocat Samuel Pisar – selon laquelle l'aide économique à l'Union soviétique et à ses satellites, accélérerait la libéralisation interne du système communiste. Aussi, dès les années qui suivirent la disparition de Staline, les importations soviétiques d'équipements en provenance d'Europe occidentale (Grande-Bretagne, RFA, Italie, France...), puis du Japon, ne cessèrent-elles de croître. Le maximum des échanges Est-Ouest fut atteint après 1965 : en six ans (1970-1975), les exportations occidentales firent plus que quadrupler.

Une telle accélération – au début des années 1970 – à laquelle contribuèrent activement les États-Unis, s'explique, en grande partie, par la politique de détente voulue par les deux pays leaders. Tout contribua alors à favoriser la reprise du commerce : les besoins considérables des Soviétiques, les intérêts du lobby agro-alimentaire américain, la volonté des États-Unis de rattraper le retard pris sur les pays européens dans les échanges avec l'URSS, la doctrine du *linkage* chère à H. Kissinger, et la diffusion des thèses de Samuel Pisar... *En juillet, août et octobre 1972, fut donc conclue une série d'accords* portant sur la liquidation des dettes de guerre, sur l'utilisation des ports des deux pays ainsi que sur des achats massifs de produits agricoles, d'équipements industriels et d'hydrocarbures. En six ans (1970-1975), le commerce américano-soviétique décupla, tout en restant faible dans l'absolu et profondément déséquilibré (les exportations américaines demeurant très supérieures aux importations).

1.3.3. Les accords politiques

Le troisième volet de la Détente fut d'ordre politique. Mais, à la différence des accords sur les armements stratégiques et sur les échanges commerciaux, les États-Unis ne jouèrent pas dans ce type de négociation un rôle de premier plan. *L'Ostpolitik, qui devint très vite le symbole de la détente entre l'Est et l'Ouest*, fut avant tout une initiative allemande conduite avec brio par Willy Brandt.

Dans ce domaine aussi, les premiers signes d'une diminution de la tension qui marqua la période de guerre froide datent de l'ère khrouchtchevienne ; ils se traduisirent par une reconnaissance implicite du *statu quo* allemand par les deux Grands. Soucieux d'aller plus en avant, et de désamorcer l'hostilité très vive du bloc soviétique envers la RFA, et assuré du soutien de la France gaulliste, le Parti socialiste d'Allemagne de l'Ouest (SPD) tenta, à compter de 1964, d'imposer l'idée d'un « changement par le rapprochement » en saisissant toutes les occasions possibles – notamment d'ordre économique – d'améliorer les rapports avec la RDA et les autres pays socialistes. Ainsi, en 1967, les relations diplomatiques avec la Roumanie et la Yougoslavie furent rétablies. Cette « politique des petits pas » se heurta aux

---

* Comité de coordination pour le contrôle multilatéral des exportations.

hésitations de la CDU, aux réticences de la CSU, et à l'hostilité des dirigeants de la RDA et de l'URSS qui redoutaient les risques d'une contagion idéologique. Cette hantise d'une progression de l'« impérialisme ouest-allemand » dans les pays est-européens fut d'ailleurs l'un des principaux prétextes à l'intervention des forces du Pacte de Varsovie, en Tchécoslovaquie, au mois d'août 1968. En fait, de par la volonté de l'URSS, on assista à un renversement rapide et radical de cette conjoncture défavorable.

1969 constitua un tournant décisif. Le contexte, tant du côté soviétique que du côté américain, devint soudain très opportun aux opérations d'ouverture. Il en alla de même en Europe occidentale où le commerce avec l'Est ne cessait de croître depuis plusieurs années. En RFA, la mise sur pied d'une coalition socialo-libérale à partir de septembre 1969, avec à sa tête Willy Brandt, contribua notablement à accélérer le rapprochement. Les premières négociations avec l'Union soviétique s'amorcèrent dès la fin de l'année.

Pour chacun des deux camps, les enjeux de ces pourparlers étaient très gros. À l'Ouest, on craignait que le fait de traiter d'abord avec l'Union soviétique passât pour une reconnaissance officielle du leadership soviétique, et ce faisant, accentuât la division de l'Europe. De plus, en aboutissant à l'acceptation des frontières existantes, c'est-à-dire à une renonciation à toute revendication territoriale, l'*Ostpolitik* liait les mains des Occidentaux. Les États-Unis redoutaient, quant à eux, que l'amélioration directe des relations des pays de l'Europe de l'Ouest avec ceux du bloc soviétique ne contribuât à distendre les liens avec leurs alliés européens. « C'est, avoue Henry Kissinger, sans enthousiasme, mais non sans confiance que nous donnâmes notre accord à la politique révolutionnaire de Brandt. »

Pour la RDA et l'ensemble des pays socialistes, cette politique, si elle avait l'avantage majeur de faire reconnaître définitivement les positions acquises au lendemain de la Seconde Guerre mondiale, présentait cependant deux risques importants déjà évoqués : la contagion idéologique et la remise en question de la cohésion du bloc, qui s'était faite, en grande partie, autour de l'hostilité de « l'Allemagne revancharde de Bonn ».

Les *premiers accords – traité de Moscou (12 août 1970) – passés entre la RFA et l'URSS*, engagèrent les deux signataires à exclure de leurs relations tout recours à la force (art. 2), et à « respecter, sans restriction, l'intégrité territoriale de tous les États en Europe dans leurs frontières d'aujourd'hui » (y compris, donc, la frontière Oder-Neisse et celle entre les deux Allemagnes). Le second accord, conclu le 7 décembre 1970 à Varsovie, *entre la RFA et la Pologne*, reprit les engagements du précédent, à propos du *statu quo* frontalier et du non-recours à la force. Il prévoyait, en outre, l'autorisation du départ des Polonais d'origine allemande. Beaucoup plus laborieux furent les pourparlers engagés *entre la RFA et la Tchécoslovaquie*. Compte tenu de la complexité du contentieux relatif aux suites de la conférence de Munich (septembre 1938), le traité de Prague, qui concernait la question des frontières, le non-recours à la violence et la coopération mutuelle, ne fut signé que le 11 décembre 1973. Des relations diplomatiques furent également nouées avec la Hongrie et la Bulgarie.

L'*accord quadripartite sur Berlin* exigea dix-sept mois de négociations. Pour les Occidentaux, il devait permettre de tester la bonne volonté des Soviétiques qui, lors des traités précédents, avaient davantage reçu que donné. En réaffirmant les droits des quatre puissances occupantes sur l'ensemble de Berlin, en admettant sa responsabilité ultime dans tout ce qui regardait l'accès à Berlin-Ouest, et en contraignant la

© ARMAND COLIN. La photocopie non autorisée est un délit

RDA à renoncer à ses vues sur l'ancienne capitale du Reich (ce qui obligea à remplacer le stalinien Walter Ulbricht par un dirigeant moins marqué par son passé : Erich Honecker), l'Union soviétique fournit des gages suffisants aux Occidentaux, qui acceptèrent de signer l'accord le 3 septembre 1971.

Un an plus tard (21 décembre 1972), fut paraphé *un traité fondamental entre la RFA et la RDA*: les deux Allemagnes se reconnaissaient mutuellement comme des États égaux et souverains en droit, mais, n'étant pas « étrangers » (*Ausländer*), acceptaient que leurs rapports fussent réglés de manière particulière. Ce traité, pas davantage que tous ceux qui concrétisent l'*Ostpolitik*, ne réglait les multiples divergences qui subsistaient, mais la vive contestation que chacun d'entre eux suscita en RFA dans l'opposition et une partie de l'opinion, suffit à démontrer qu'il ne s'agissait pas de conventions formelles destinées à donner quelques gages à la politique de Détente. L'Union soviétique, pour sa part, les considéra comme une initiative politique majeure augurant bien de l'issue des négociations sur la sécurité et la coopération en Europe qui étaient en cours depuis 1969.

1.3.4. Les accords sur la sécurité européenne

Dès la conférence des Quatre à Berlin, en janvier et février 1954, l'Union soviétique avait tenté d'établir un lien direct entre le règlement de la question allemande et la sécurité européenne, en présentant un projet de traité, selon lequel les Européens se seraient engagés à régler leurs litiges par des moyens pacifiques et à unir leurs efforts en cas d'agression armée. Cette proposition présentée par Molotov, fut rejetée de la même manière que, trois ans plus tard, le plan de neutralisation atomique de l'Europe centrale proposé par le ministre des Affaires étrangères de Pologne, Rapacki. L'idée fut néanmoins relancée en 1964, puis en 1969, à Budapest, par les États du Pacte de Varsovie ; elle fut accueillie, cette fois – Détente oblige ! – avec plus d'intérêt par les Occidentaux.

Ceux-ci comprirent que, étant donné l'attachement de l'URSS à ce projet, ils pourraient, contre leur propre adhésion à celui-ci, obtenir une attitude coopérative des Soviétiques dans deux autres négociations : l'une, visant à régler les problèmes de l'Allemagne, en particulier la question de Berlin ; l'autre, à réduire de manière équilibrée les forces militaires en Europe (souhait formulé ouvertement par certains membres de l'OTAN depuis juin 1968, repris avec fracas par le sénateur américain Mike Mansfield proposant, en mai 1971, de réduire de moitié l'effectif des troupes américaines en Europe, et réaffirmé par Leonid Brejnev à la même époque). Les liens explicites établis entre ces projets de négociations, surtout entre celui de l'*Ostpolitik* et celui sur la tenue d'une conférence européenne, permirent d'en accélérer le cours.

Fin mai 1972, les États-Unis donnèrent leur accord pour commencer la préparation multilatérale de *la conférence européenne sur la sécurité et la coopération*. Des pourparlers provisoires débutèrent le 22 novembre de cette même année et se poursuivirent durant six mois. Le 3 juillet 1973, s'ouvrit à Helsinki la conférence proprement dite, qui regroupait trente-trois pays d'Europe, les États-Unis, le Canada, ainsi que le secrétaire général de l'ONU.

Cette conférence représentait pour l'Union soviétique l'aboutissement d'efforts continus depuis plus de vingt ans, et l'un des grands objectifs de sa politique de détente avec l'Occident. Elle en attendait au moins trois types d'avantages : 1 – la confirmation de la situation politique qu'elle avait contribué à créer en Europe de l'Est depuis la Seconde Guerre mondiale, notamment la division de l'Allemagne ; 2 – à moyen terme, l'assouplissement des cadres de coopération économique et commerciale ; 3 – à long terme, la substitution d'une Europe neutralisée (après l'éventuel retrait des forces américaines) à une « Europe atlantique » militarisée et dominée par les États-Unis.

Le camp occidental, conscient des arrière-pensées soviétiques, abordait la conférence plutôt sur la défensive, avec l'idée de limiter ses effets institutionnels, et de peser de tout son poids pour obtenir des dirigeants de l'URSS, que les personnes, les idées et les marchandises circulent mieux entre la partie orientale et la partie occidentale de l'Europe.

Le texte de *l'acte final de la conférence signé à Helsinki le 1er août 1975* – 110 pages réparties en cinq chapitres et trois thèmes, appelés les « trois corbeilles » – apparaît comme un compromis entre les thèses des pays de l'Est et ceux de l'Ouest. Considéré comme une simple déclaration d'intention – même s'il est qualifié de « haute signification politique » – l'acte n'a pas force de traité. Il a toutefois le mérite d'avoir rassemblé les États européens autour de dix principes dont quatre fondamentaux : le non-recours à la menace ou à l'emploi de la force ; le respect de la souveraineté de chaque pays ; la reconnaissance des libertés fondamentales des hommes et des droits des minorités nationales ; l'encouragement à l'échange d'informations et à la coopération dans tous les domaines. En outre, sans créer – comme le réclamaient les Soviétiques – un organe permanent, les États participants prévoyaient l'organisation d'autres rencontres internationales afin d'approfondir leurs relations mutuelles et la détente en Europe (en 1977, à Belgrade ; en 1981, à Madrid…).

Les *négociations sur la réduction des forces en Europe* (MBFR : *Mutual and Balanced Force Reduction*) s'imposèrent finalement comme un complément inévitable de la conférence sur la « sécurité » européenne d'Helsinki. Après cinq mois de consultations préliminaires, 19 États (12 de l'OTAN et 7 du Pacte de Varsovie) se mirent d'accord pour se retrouver à Vienne à partir du 30 octobre 1973, afin de tenter d'évaluer le poids respectif des troupes et des armements dans les deux blocs, de proposer des réductions tenant compte des réalités géopolitiques, et de mettre au point un système de contrôle acceptable par tous… Autant de problèmes aussi difficiles à trancher que le nœud gordien, du fait de la dissymétrie et de l'hétérogénéité des deux camps, ainsi que des différences des objectifs. Alors que, pour les pays de l'OTAN, les pourparlers devaient aboutir à une nouvelle répartition des forces, pour l'URSS, il s'agissait surtout d'enrayer toute extension des forces en RFA.

1.4. La cogestion des affaires internationales

Pour tisser ce vaste réseau de concertations et d'accords, échelonnés sur une dizaine d'années, les États-Unis et l'Union soviétique durent éviter tout affrontement direct irrémédiable. S'établit alors entre eux une connivence de fait qui aboutit à une espèce de cogestion des affaires internationales. Un code tacite s'instaura en fonction des types de conflit, du degré d'engagement des deux superpuissances, et surtout, de la localisation géopolitique des affrontements. En schématisant au maximum des situations complexes et variées, il est possible de distinguer trois grandes sortes de cas.

1.4.1. Premier cas : conflits périphériques se développant en dehors des zones d'influence traditionnelles des deux partenaires

Dans ce premier type de situation, la liberté d'action paraît avoir été tolérée. Liberté relative cependant, aucune des deux superpuissances ne devant, par une intervention trop massive ou trop décisive, déséquilibrer le rapport de forces existant.

© ARMAND COLIN. La photocopie non autorisée est un délit

Lors de la guerre sanglante du Biafra (mai 1967 à janvier 1970) qui opposa, au Nigeria, l'ethnie Ibo – en majorité chrétienne – aux populations musulmanes, les États-Unis et l'Union soviétique adoptèrent des positions bien tranchées. Les premiers se bornèrent à un attentisme prudent, alors que les Soviétiques, soucieux de contrebalancer le soutien de la Chine aux Biafrais et de gagner la confiance des États africains modérés, aidèrent le gouvernement fédéral.

Durant cette période de pleine détente, l'équipe Brejnev – on l'a observé plus haut (p. 87-89) – se montra très prudente dans ses relations avec de nouveaux partenaires, se limitant comme au Yémen du Sud, à des accords d'assistance, et préférant confier aux Cubains les tâches plus ingrates. Ce n'est pas un hasard si la « grande offensive brejnevienne » dans le Tiers Monde ne débuta qu'après 1975, c'est-à-dire une fois que le processus de détente se fut enrayé.

1.4.2. Second cas : conflits internes aux deux blocs

Au nom de la « coexistence pacifique » qui, admettant la division bipolaire du monde, reconnaissait la responsabilité de chaque Grand dans sa sphère d'influence, se forgea, très tôt, le principe de « non-interférence », c'est-à-dire de non-intervention en cas de crise ou de conflit à l'intérieur du camp adverse.

Dès avril 1965, le président Johnson utilisa cette logique pour tenter de justifier le débarquement des *marines* à Saint-Domingue, tout comme Leonid Brejnev, trois ans plus tard, en août 1968, à propos de l'intervention en Tchécoslovaquie des troupes du Pacte de Varsovie. Certes, de telles actions furent flétries par des discours publics de la part de l'« adversaire-partenaire », mais les réactions demeurèrent purement verbales. Pour Johnson, l'invasion de la Tchécoslovaquie ne fut qu'un « fâcheux incident de parcours » ne remettant pas en cause la Détente. C'était très exactement ce qu'avait souhaité entendre le gouvernement soviétique lorsque, le 20 août 1968, dans le message adressé au président des États-Unis pour l'avertir de l'intervention à Prague, il avait précisé : « Nous espérons que ces événements ne porteront pas atteinte aux relations américano-soviétiques, au développement desquelles le gouvernement soviétique attache, comme auparavant, une très grande importance. » À Washington, on se borna – par décence, sans doute – à retarder l'annonce de la visite de Johnson à Moscou, et celle de l'ouverture des pourparlers techniques sur les problèmes nucléaires.

À l'égard du « régime des colonels », installé en Grèce en avril 1967 et qui se maintint durant sept ans, l'Union soviétique ne dépassa pas non plus le stade de l'agressivité verbale. De même, en Amérique latine, les États-Unis purent durant toute la période continuer, sans être inquiétés par leur « grand » partenaire ni par son fidèle allié Fidel Castro (totalement aligné sur Moscou à partir de 1968), à éliminer les chefs de guérillas (Luis de la Puente au Pérou, Camilo Torres en Colombie, « Che » Guevara en Bolivie...) ou à mettre au pas les régimes récalcitrants, tel celui du socialiste chilien Salvador Allende qui, établi en septembre 1967, fut renversé en septembre 1973. La règle tacite du duopole fut respectée : à chaque leader le droit de faire régner l'ordre dans son propre camp...

1.4.3. Troisième cas : conflits mettant aux prises des alliés de chacun des deux blocs

Lorsqu'il ne s'agissait plus de crises internes intéressant des États *satellites*, mais de conflits mettant aux prises des États *alliés*, sur lesquels les formes et les moyens de pression étaient bien différents, les problèmes se révélaient beaucoup plus délicats.

En tant que leader d'un bloc, chaque Grand se devait, à moins de perdre la face, d'apporter son soutien à ses alliés. Mais il lui fallait aussi respecter les engagements pris dans le cadre de la Détente, qui l'obligeaient à désamorcer toute crise latente ou ouverte entre les deux camps.

En général, chaque leader commençait à faire connaître publiquement son soutien de principe à la cause de ses amis. L'aide était donc d'abord morale. Elle pouvait prendre ensuite des formes plus concrètes (envoi de conseillers, livraisons de marchandises, d'armes) mais sa caractéristique était de rester limitée ; elle devait seulement servir à maintenir un équilibre entre les deux belligérants. La guerre du Vietnam et le conflit israélo-arabe fournissent des exemples de tels comportements.

• *La guerre du Vietnam*[30]

La longue guerre du Vietnam qui, de 1965 à 1973, opposa un État communiste à un État soutenu par l'Occident, aurait dû, en bonne logique, annihiler toute détente entre les leaders des deux blocs. D'autant que ces derniers s'impliquèrent très nettement dans le conflit. Du côté américain – on l'a vu dans le chapitre 1 – l'engagement fut aussi précoce que total. Après avoir aidé dès 1954 le gouvernement de Ngo Dinh Diem par l'envoi de techniciens et de matériel, les États-Unis entrèrent ouvertement dans la guerre contre le Viêt-công poursuivant sans relâche leur croisade contre le communisme par des bombardements de plus en plus massifs (à titre de représailles ou à titre préventif), et l'envoi de troupes de plus en plus nombreuses (750 000 hommes en juillet 1965, 380 000 à la fin 1966, 540 000 en 1968...).

Face à cette méthodique entreprise de destruction visant un pays du camp socialiste, quelle fut l'attitude de l'Union soviétique ? Il semble que, dès février 1965, la visite de Kossyguine à Hanoï ait permis de rétablir de bonnes relations avec les communistes nord-vietnamiens et d'apaiser un contentieux aussi ancien que lourd, créé par l'indifférence de Moscou pendant la période des luttes coloniales, et par ses pressions sur Hanoï pour lui faire accepter les accords de Genève en 1954. Onze ans après cette « trahison » – accomplie en vue du « dégel » avec l'Occident – les deux gouvernements, tenant compte du péril constitué par l'intervention américaine, décidèrent de resserrer leurs liens. Les Nord-Vietnamiens adoptant une attitude de neutralité dans le conflit idéologique Moscou-Pékin, la nouvelle équipe Kossyguine-Brejnev, très désireuse de trouver des alliés dans le Pacifique, promit, dès le début de la guerre, de faire sienne la cause vietnamienne, au point de laisser craindre aux Américains une intervention directe. Crainte vaine. Certes, durant le conflit, les Soviétiques manifestèrent à leurs alliés de Hanoï un soutien diplomatique sans faille, un appui stratégique important (fourniture d'armes, d'équipements et de munitions, représentant 85 à 90 % de l'aide militaire totale, le reste provenant de la Chine), et une aide de grande ampleur dans l'organisation d'une campagne de solidarité mondiale.

Mais, soit méfiance envers les dirigeants viet-minhs, soit désir de prolonger l'enlisement des États-Unis, soit crainte de mettre en péril les négociations sur la limitation des armements et les problèmes européens, l'engagement des Soviétiques aux côtés des Vietnamiens ne fut jamais total. Lors de leurs rencontres avec les Américains, ils évitèrent soigneusement les pièges du *linkage*, et s'efforcèrent d'établir une distinction très nette entre l'affaire vietnamienne et les autres affaires en cours. Durant les entretiens de Londres en février 1967 et l'entrevue de Glassboro

© ARMAND COLIN. La photocopie non autorisée est un délit

---

30 *Cf.* chapitre 1, p. 20 et, troisième partie, Vietnam, p. 359.

au mois de juin, Kossyguine se borna à transmettre des offres de Hanoï, selon lesquelles, des « conversations » pourraient avoir lieu en échange d'un arrêt des bombardements américains. Johnson note alors dans ses *Mémoires* que, contrairement à certaines affirmations, l'engagement des États-Unis au Vietnam n'empêchait pas ces derniers de « parvenir à des accords avec les Soviétiques ou de résoudre les différends qui existaient entre Washington et Moscou ».

Si l'offensive des troupes du FNL et du Nord-Vietnam contre la base de Khe San (fin 1967) et celle du Têt (30 janvier 1968) contre les grandes métropoles du Sud (Hué et Saïgon) conduisirent Johnson et Nixon à réviser radicalement la politique américaine en Asie, le comportement soviétique, lui, ne varia pas. Au printemps 1969, Kissinger projeta d'envoyer en mission Cyrus Vance à Moscou pour y commencer les discussions SALT et avoir une entrevue secrète avec un délégué nord-vietnamien. « Vance, explique Kissinger, aurait pleins pouvoirs pour faire avancer rapidement les choses dans chacun des *deux* domaines, tout en s'efforçant de toujours les mener de front. » La mission n'eut pas lieu, moins semble-t-il, en raison du refus des Soviétiques que de celui de Hanoï, soucieux de conserver le maximum d'indépendance par rapport au Kremlin – ne serait-ce que pour ménager son autre allié, la Chine – et rendu justement méfiant par le comportement de l'URSS en 1954.

Jusqu'à la fin du conflit vietnamien, le Kremlin se montra déterminé à le considérer comme un épiphénomène en le maintenant hors du champ des négociations avec les États-Unis. Comment, sinon, expliquer qu'aux pires moments de l'engagement américain (intervention au Cambodge en avril 1970, blocus du Vietnam du Nord en mai 1972…), les rapports avec Washington aient été maintenus et un accord fondamental signé le 29 mai 1972 ? Jamais – sauf peut-être lors de la guerre des Six Jours – la Détente n'était apparue une notion aussi « divisible ».

• *La guerre israélo-arabe des « Six Jours*[31] *»*

L'appui prêté par les États-Unis à Israël lors du conflit de juin 1967 procède d'un comportement assez voisin de celui de l'Union soviétique au Vietnam. Ce soutien, en effet, ne s'est jamais révélé entier et inconditionnel et s'est plutôt apparenté à un engagement minimum, destiné à maintenir l'existence de l'État juif sans encourager pour autant ses velléités expansionnistes.

Contrairement à ce qu'affirma l'Égypte au lendemain de sa défaite, les États-Unis n'avaient joué aucun rôle dans la décision d'Israël de se lancer dans une guerre préventive contre ses voisins arabes jugés de plus en plus agressifs. Leur action avait été plutôt modératrice. Le 22 mai 1967 – à quelques heures de l'interdiction par Nasser du détroit de Tiran à la navigation israélienne – le président Johnson avait proposé à Alexis Kossyguine de calmer les passions dans les États du Moyen-Orient : « Vos liens, lui écrivait-il, ainsi que ceux que nous avons avec certaines nations en cause pourraient nous impliquer dans des difficultés que, je suis sûr, aucun de nous ne souhaite. Il semble qu'il est temps que nous usions pleinement de l'influence dont nous disposons, y compris l'influence que nous pouvons exercer sur les mesures prises par les Nations unies, pour servir la cause de la modération. »

Resté sourd à ces appels, Israël, à l'aube du 5 juin 1967, lançait son armée en direction de l'Égypte et de la Jordanie. Aussitôt la majeure partie de l'aviation égyptienne était détruite au sol ; le 6 juin, le désert du Sinaï était conquis ; le 7, l'armée israélienne arrivait sur le canal de Suez. Du côté jordanien, la vieille ville de Jérusalem et la partie

---

31 *Cf.* troisième partie, Palestine, p. 326.

cisjordanienne étaient occupées... La défaite du camp arabe se révélait totale et humiliante. L'Union soviétique, qui l'avait puissamment armé, pouvait-elle ne pas réagir ?

Le « téléphone rouge », installé au lendemain de la crise des fusées de Cuba, fonctionna pour la première fois le 5 juin, et fut utilisé à plusieurs reprises durant cette guerre des Six Jours. Cette liaison constante entre Washington et Moscou, ainsi que la volonté commune de calmer l'ardeur des belligérants n'évitèrent cependant pas des moments d'extrême tension. Le 10 juin, l'URSS, qui ne voulait pas perdre la face par rapport aux pays arabes, estimant qu'Israël continuait sa contre-offensive, menaça de prendre « les mesures nécessaires, d'ordre militaire s'il le fallait ». Les États-Unis, tout aussi soucieux de leur prestige dans la région, ordonnèrent à la VIe Flotte de se rapprocher des côtes syriennes... L'escalade n'alla pas plus loin ; la Détente était sauvée, comme elle devait l'être encore, mais cette fois-ci plus difficilement – nous le verrons – lors d'un nouveau conflit israélo-arabe – la guerre du Kippour – en octobre 1973.

• *Les conflits indo-pakistanais*[32]

Dans une autre partie du monde, l'URSS et les États-Unis avaient fait également pression, en septembre 1965, pour dissuader la Chine de toute intervention militaire contre l'Inde, alors en guerre ouverte contre le Pakistan à propos du Cachemire. Pékin n'avait pas hésité à parler de « connivence » entre les deux superpuissances. Plus de six ans plus tard, au cours d'un nouveau conflit indo-pakistanais concernant cette fois le Bengale occidental, Moscou et Washington pratiquèrent le même jeu ambigu qu'au Proche-Orient.

Le conflit ayant éclaté à la fin de novembre 1971, l'Union soviétique apporta un appui ouvert à l'Inde – son alliée depuis le mois d'août – tant militairement que diplomatiquement (vetos répétés du Kremlin aux projets de résolution du Conseil de sécurité de l'ONU), de même que les États-Unis accordèrent leur aide au Pakistan, auquel ils étaient liés par le pacte de l'OTASE (Organisation du Traité de l'Asie du Sud-Est) (1955) et un accord d'assistance bilatéral de mars 1959.

Par une offensive foudroyante, l'armée indienne parvint, en treize jours, à prendre Dacca et à installer un gouvernement provisoire du Bangladesh indépendant. La déroute de leur allié plaça les États-Unis en fâcheuse posture ; d'autant que la concertation avec l'Union soviétique fut rendue plus difficile par l'implication de la Chine qui, aux côtés de Washington, soutenait le Pakistan. L'administration Kissinger joua sur plusieurs tableaux. Après avoir manifesté publiquement sa détermination par l'envoi de porte-avions et de bateaux de guerre dans le golfe du Bengale, elle menaça de remettre en question le sommet russo-américain prévu pour l'année suivante. Ce dernier argument fut vraisemblablement d'un grand poids. Moscou persuada l'Inde de ne pas poursuivre son offensive. Le 17 décembre 1971, un cessez-le-feu intervint entre les deux pays. Quelques jours plus tard, le secrétaire d'État américain William Rogers pouvait même estimer que l'année 1971 avait été surtout caractérisée par l'amélioration des relations entre les États-Unis et l'Union soviétique... et qu'à aucun moment, il n'avait été envisagé de remettre la visite que Richard Nixon devait faire à Moscou, au mois de mai suivant....

Collusion ? Connivence ? Cogestion ? Il est délicat de se prononcer sur la nature exacte des rapports entre les deux grandes puissances. Ce qui est sûr, c'est qu'au temps de la Détente, le règlement des conflits internationaux fut presque entièrement subordonné à leurs intérêts et à leur volonté.

---

32 *Cf.* troisième partie, Inde, p. 287 et Pakistan, p. 324.

© ARMAND COLIN. La photocopie non autorisée est un délit

1.5. Portée et limites de la Détente

Les bilans des rapports internationaux esquissés au terme de la décennie soixante, par bon nombre d'Occidentaux, sont en général sévères et pessimistes. Non sans amertume, ils évoquent à propos de la Détente, l'illusion, le rêve, le mythe ou l'utopie. Une telle déception a d'abord pour origine les ambiguïtés de la notion de Détente selon les camps.

En Occident, l'avènement de la Détente fut souvent considéré comme la naissance d'un nouveau code des relations internationales, code accepté par une Union soviétique en pleine mutation, désireuse de s'adapter aux structures et aux valeurs du monde occidental et de coopérer étroitement avec lui afin d'établir la paix mondiale. La signature d'accords stratégiques et commerciaux parut conforter cette idée d'un nouvel ordre mondial. À ce regard favorable succéda assez vite la déception lorsque l'on s'aperçut que *l'Union soviétique avait une conception différente de la Détente.*

À l'évidence, en effet, l'objectif de la coexistence pacifique pour les Soviétiques n'était pas de tenter de réconcilier des idéologies irréconciliables, ni de renoncer aux principes socialistes, mais, au contraire, de poursuivre avec profit la lutte entre les deux systèmes. Compromis provisoire avec les « oppresseurs » capitalistes, la Détente devait permettre au camp des « opprimés » de tirer parti de l'apaisement des tensions internationales pour marquer – selon d'autres moyens et d'autres formes – le maximum de points.

La *désillusion finale des Occidentaux* s'explique par le fait qu'ils ne veulent voir, alors, dans les rapports Est-Ouest de cette période que des agissements de partenaires sans prêter suffisamment attention aux comportements de rivalité. Pourtant, ceux-ci n'ont pas manqué. Que d'accrocs aux thèses de bonne conduite internationale définies par les deux « partenaires » : absence de concertation pour régler un conflit ; actes d'intimidation (la flotte américaine croisant dans le golfe du Bengale au moment du conflit indo-pakistanais ou se rapprochant des côtes syriennes durant la guerre des Six Jours) ; interventions unilatérales (soutien par l'URSS du gouvernement nigérian pendant la guerre du Biafra ; signature d'un traité d'assistance avec l'Inde alors que les États-Unis se refusaient à livrer des armes au Pakistan…) ; accords stratégiques tournés ; accords économiques détournés (transferts de technologie utilisés à des fins militaires)… !

Faut-il alors renvoyer dos à dos les deux « adversaires-partenaires » et conclure que chacun a su profiter également de l'ambiguïté de la Détente pour étendre ses moyens et son champ d'action ? Bon nombre d'observateurs occidentaux insistent sur l'importance de la progression de l'Union soviétique pendant cette période, tant en matière d'armement (le montant des dépenses militaires passe de 107 milliards de dollars – en 1965 – à 144, en 1975), que du point de vue de l'extension des zones d'influence (en Europe, en Asie et au Moyen-Orient). Selon le dissident soviétique Vladimir Boukovsky, « le communisme avait la moitié d'un pas à faire pour parvenir à la domination du monde ».

Dans les années 1970, la position américaine peut sembler globalement moins avantageuse que celle de l'URSS, mais l'évaluation est très difficile. Si, en effet, les États-Unis avaient enregistré de graves revers en Asie (avec la défaite du Vietnam du Sud et du Pakistan), leur influence restait très forte en Amérique latine, solide au Moyen-Orient et en Europe occidentale, plus faible en Afrique.

Si donc, pour les deux protagonistes, le bilan des pertes et des profits paraît en définitive assez équilibré, il n'est pas certain qu'il en ait été de même pour leurs alliés, et, surtout, pour les autres États du monde. Pour conserver la cogestion des affaires internationales, que d'intérêts – dans leur propre camp même – les deux superpuissances n'ont-elles pas bafoués en Asie, en Europe, au Moyen-Orient ou en Afrique ! « Détente que de crimes n'a-t-on pas commis en ton nom ! », pourrait-on écrire en paraphrasant le mot célèbre sur la liberté. Dès lors, où faut-il chercher, sinon dans l'écrasant duopole exercé pendant plus d'une décennie par les États-Unis et l'Union soviétique, d'autres raisons immédiates à la « révolte des pions » (André Fontaine) qui marque, à partir des années 1970, les relations internationales ?

2. LA CRISE DU DUOPOLE (DU MILIEU DES ANNÉES 1970 AU MILIEU DES ANNÉES 1980)

2.1. De nouveaux facteurs

2.1.1. Facteurs propres aux deux « blocs »

Vers le milieu des années 1970, on constate, dans chacun des deux camps, une montée des critiques contre la politique de Détente, rendue responsable de certaines difficultés internes et, surtout, des échecs externes.

Aux États-Unis notamment, la politique étrangère kissingerienne est l'objet de vives attaques de la part des membres du « comité sur les dangers actuels », désireux de contrer la poussée soviétique en Afrique, et d'accroître la puissance militaire américaine*. *Gerald Ford, puis Jimmy Carter subissent de plein fouet la pression de ces milieux hostiles à la Détente.* Pour leur résister, ils ne disposent, de manière continue, d'aucune équipe cohérente et soudée, et sont eux-mêmes totalement inexpérimentés en matière internationale. Zbigniew Brzezinski, nommé par J. Carter conseiller à la Sécurité nationale, qui est très hostile à l'Union soviétique, ne tarde pas à se heurter à Cyrus Vance, secrétaire d'État, plutôt favorable à la détente avec l'URSS. Ces divergences aboutissent, comme le note l'historien J. Elleinstein, à une politique chaotique « parfois ferme et souple selon les moments, mais pas toujours à bon escient, et parfois même en même temps, selon les opinions émises par Brzezinski, Vance ou Brown (secrétaire à la Défense) ».

Les hésitations continuelles de J. Carter à s'orienter nettement soit vers un redéploiement de la Détente de type kissingerien, soit vers une rupture avec l'URSS, ainsi que son insistance à défendre les droits de l'homme provoquent chez les dirigeants soviétiques un véritable malaise, fait de perplexité et d'agacement : par sa versatilité, et la référence constante à des valeurs morales, leur « adversaire-partenaire » des années 1963-1973 a incontestablement changé de visage ; il est devenu insaisissable. L'arrivée au pouvoir, en 1981, de l'administration Reagan, dont la plupart des dirigeants avaient participé au « comité sur les dangers actuels », et dont le leader *Ronald Reagan n'hésite pas à affirmer que l'URSS est « la représentation du diable dans le monde moderne »* ne doit pas – à l'évidence ! – contribuer à rétablir un climat favorable à la Détente.

Cette évolution négative du comportement des États-Unis pèse certainement d'un grand poids dans la modification de la stratégie soviétique. Toutefois, le changement, déjà sensible peu avant le milieu des années 1970, obéit aussi à des facteurs spécifiques. À cet égard, c'est avec raison que les économistes insistent sur la *« perte de confiance en la boussole capitaliste »* (G. Sokoloff) provoquée par la crise mondiale, ainsi que sur

---

* *Cf.* plus haut, p. 27.

© ARMAND COLIN. La photocopie non autorisée est un délit

l'échec de la relance économique interne, patent au début des années 1970. Ces deux facteurs ont pu, à eux seuls, inciter les Soviétiques à un certain désengagement vis-à-vis de l'Ouest, et à une réorientation de l'effort national de l'économique vers le militaire ; ou, si l'on préfère, à substituer à l'objectif d'expansion interne (jugé impossible à atteindre en raison du blocage des structures) celui d'expansion externe (considéré réalisable de par l'attitude américaine). En outre, dans cette rétractation progressive par rapport à l'Ouest, il faut tenir compte des craintes – avivées par les remontrances cartériennes – d'une déstabilisation du bloc soviétique à la suite des accords d'Helsinki qui, en principe, devaient favoriser la circulation des idées et des hommes en Europe.

2.1.2. Facteurs externes

Ce fut également durant cette période que les deux « grands » prirent totalement conscience qu'ils n'étaient plus les maîtres absolus du jeu international. Le quatrième conflit israélo-arabe – dite *« guerre du Kippour »* – survenu en octobre 1973, et ses incidences économiques (embargo pétrolier), révélèrent la fragilité de la Détente entre les deux superpuissances, et mirent en évidence les limites de leur autorité sur leurs « vassaux ». Nous verrons, en effet, dans le chapitre suivant*, que ce conflit, enclenché sans l'accord de l'URSS et des États-Unis, leur avait échappé. Une fois les opérations lancées, malgré l'énorme moyen de pression que représentaient les fournitures d'armes, les deux « grands » ne parviennent pas, à l'évidence, à contrôler Israël et les pays arabes. « Il apparaît clairement au lendemain des événements de 1973, observe l'historien Pierre Milza, que *plus rien ne sera tout à fait comme avant*. Ni la croissance exponentielle et insolente des nantis. Ni la possibilité pour eux de gaspiller sans complexe les richesses de la planète, qui sont en grande partie celles des autres. Ni celle d'imposer aussi facilement que par le passé leur domination aux faibles. Ni sans doute l'hégémonie incontestée des deux gendarmes du monde. »

2.2. La difficulté de conclure des accords bilatéraux

Les premiers signes de détérioration des relations apparaissent dès 1975, avec la dénonciation en janvier par l'URSS, des accords commerciaux de 1972. À compter de l'année suivante, on observe un net coup de frein aux achats soviétiques d'équipements occidentaux, ainsi qu'une diminution sensible des transactions commerciales (de 4,45 milliards de dollars, le commerce américano-soviétique passe à 1,96 durant l'année 1980), et des échanges culturels et scientifiques.

De même, peu à peu, les rencontres directes entre les dirigeants se raréfient. Il n'y aura pas de « sommet » entre celui de Vienne, en juin 1979 (Carter-Brejnev) et celui de Genève, en novembre 1985 (Gorbatchev-Reagan). Durant cette période, *les incidents sont relativement nombreux*, et, à certains moments, la tension assez vive. La poursuite des interventions soviétiques en Afrique, l'invasion de l'Afghanistan (décembre 1979) et les menaces d'intervention en Pologne à la fin 1981 d'une part, le déploiement de nouveaux missiles américains en Europe (Pershing II et Cruise), l'annonce du projet d'*Initiative de défense stratégique* (IDS) et le débarquement de troupes des États-Unis dans la petite île de Grenade d'autre part, suscitent inquiétude et réactions dans les deux camps. Les protestations verbales sont les plus nombreuses, mais dans les cas jugés les plus graves, *on imagine des sanctions* : interruption des livraisons de céréales, boycott des jeux Olympiques de Moscou, dénonciation de conventions, non-ratification des accords SALT II par le Congrès américain…

---

* Cf. plus bas, p. 120-123.

La détérioration du climat n'empêche pas les négociations de continuer dans l'ombre. C'est ainsi que *les accords SALT II sont conclus en juin 1979*. Le nombre (2250) et le type (1320 missiles à têtes multiples maximum dont 820 pour les engins ICBM sol-sol) des lanceurs nucléaires intercontinentaux sont limités pour chacun des deux États. En outre, un seul nouveau missile intercontinental terrestre est autorisé jusqu'en 1985, et chaque vecteur ne peut recevoir un nombre d'ogives supérieur à celui existant en 1979.

Mais ces accords suscitent des *réactions négatives aux États-Unis*, où ils sont jugés trop favorables à l'Union soviétique (le bombardier *Backfire*, par exemple, n'avait pas été considéré comme un avion stratégique) et surtout en Europe de l'Ouest – notamment en RFA – inquiète de la non-limitation des missiles nucléaires soviétiques SS-20 et des Backfires capables à eux seuls d'anéantir l'Europe. Aussi, en novembre 1981, tandis que les négociations sur la réduction des forces conventionnelles en Europe (MBFR), ouvertes à Vienne en juin 1973 entre les États de l'OTAN et du Pacte de Varsovie s'enlisent, les États-Unis et l'Union soviétique amorcent-ils à Genève (en l'absence des Européens, pourtant les premiers intéressés) des entretiens sur les « Forces nucléaires de portée intermédiaire » (FNI) qu'ils entreposent en Europe.

Ces négociations eurostratégiques sont l'aboutissement de nombreuses péripéties entre les deux superpuissances et les Européens, commencées en 1977, avec le déploiement sur le territoire soviétique, en direction de l'Europe, de fusées SS-20 (engins mobiles à trois têtes nucléaires de 150 kilotonnes chacune, d'une portée de 5 000 km). Aussitôt, le secrétaire général de l'OTAN, Joseph Luns, avait demandé des contre-mesures à bref délai. Après accord intervenu à la conférence de la Guadeloupe, en janvier 1979, le Conseil de l'OTAN décide le 22 décembre de cette même année le déploiement, entre 1983 et 1989, de 108 lanceurs Pershing II (d'une portée de 1800 km, avec une seule ogive) en RFA, et de 464 missiles de croisière lancés du sol (GLCM) (de 2500 km de portée) dans les autres pays européens ; ainsi que *l'ouverture de négociations avec l'URSS sur les euromissiles*.

Celles-ci, conduites par les États-Unis au nom de l'OTAN, s'engagent à Genève dès novembre 1980. Ronald Reagan propose, l'année suivante (18 novembre 1981) l'« option zéro » : les États-Unis se disent prêts à renoncer à l'installation des Pershing II et des missiles de croisière, si les Soviétiques retirent leurs missiles SS-20, SS-4 et SS-5. En décembre 1982, Youri Andropov – qui a succédé à L. Brejnev – annonce que son pays est disposé à « ne conserver en Europe que le même nombre de missiles que l'Angleterre et la France » ; mais l'arrivée des premiers Pershing en Grande-Bretagne (novembre 1983) et l'approbation par le Bundestag de l'implantation d'euromissiles en RFA poussent l'URSS à rompre ces négociations ainsi que celles menées parallèlement (depuis juin 1982, également à Genève) sur la limitation et la réduction des armements stratégiques (START : *Strategic Armement Talks*). Il faudra attendre l'avènement de Mikhaïl Gorbatchev pour faire évoluer la position soviétique et pour relancer le dialogue, à la fois, sur les armes spatiales ainsi que sur les missiles à longue, moyenne et courte portée.

2.3. Les « ingérences » dans le camp adverse

Les règles tacites établies par les deux superpuissances pour gérer, au mieux de leurs intérêts, les affaires du monde furent mal – ou pas – appliquées durant la décennie 1976-1985. *Le principe de non-interférence lors des différends internes au bloc opposé se trouva, à de nombreuses occasions, bafoué.* Ainsi les États-Unis ne cessèrent

© ARMAND COLIN. La photocopie non autorisée est un délit

pas, à partir de 1975, de soutenir ostensiblement les dissidents des pays de l'Est. L'administration Carter, au nom du respect des droits de l'homme, manifesta sa sympathie active à tous les grands opposants au régime soviétique : à Andrei Amalrik (reçu par Cyrus Vance), à Guinzbourg et Orlov qui avaient été arrêtés, à Sakharov, menacé de poursuites, à V. Boukovski, accueilli à la Maison Blanche après son expulsion d'URSS. Zbigniew Brzezinski augmenta la puissance des émissions de *Radio Free Europe*, destinées aux États d'Europe orientale...

Ces initiatives furent jugées comme des ingérences inadmissibles par les Soviétiques, et contribuèrent à dégrader le climat entre les deux puissances. L'affaire polonaise donna lieu également à maintes pressions pour décourager l'Union soviétique d'une intervention armée : mise en garde très ferme du secrétaire d'État Muskie, menaces de rétorsion (livraisons d'armes à la Chine) et d'embargo (rupture des relations économiques des pays alliés des États-Unis), contacts avec *Solidarité*... De son côté, l'URSS ne craignait point d'aider militairement le Nicaragua[33], pays situé dans la sphère d'influence américaine, tandis que Cuba, son fidèle allié, appuyait un coup d'État à l'île de Grenade (mars 1979) donnant le pouvoir à un gouvernement marxiste.

2.4. L'engagement massif dans les conflits périphériques

Par ailleurs, la déclaration de politique générale du président des États-Unis, faite en 1985 et connue sous le nom de « doctrine Reagan », qui promettait le soutien américain à tous les maquis anticommunistes d'Afghanistan, d'Angola, du Kampuchea, d'Éthiopie et du Nicaragua – véritable charte de l'interventionnisme et nouvelle croisade anticommuniste digne de la Guerre froide – devait apparaître comme la négation éclatante de la notion de non-ingérence.

Il faut rappeler que l'Union soviétique avait auparavant largement outrepassé un autre principe tacite de la Détente : le non-engagement massif dans des conflits situés en dehors des zones traditionnelles d'influence de chacun des deux blocs. En lançant ses troupes en Angola[34] et en Éthiopie[35] – territoires à l'écart des aires d'action directe des deux puissances – L. Brejnev déterrait la hache de guerre. Il faussait les règles du jeu en augmentant brusquement sa mise initiale sans contrepartie pour le partenaire. Encore aurait-il déguisé quelque peu son jeu en ne faisant intervenir que son allié cubain, un compromis honorable aurait, peut-être, pu être trouvé, mais, conforté par l'inertie des États-Unis, il choisit la voie directe qui avait l'avantage d'impressionner favorablement les dirigeants du Tiers Monde. L'invasion de l'Afghanistan[36], à la fin de 1979, qui, pourtant, pouvait mieux s'expliquer – sinon se justifier ! – par des raisons géostratégiques que les aventures africaines, déclencha néanmoins une crise bien plus aiguë avec les États-Unis. Elle apparut comme une nouvelle escalade dans l'expansionnisme, un ultime défi au code de conduite internationale servant de base à la Détente. Ce que comprit fort bien Mikhaïl Gorbatchev qui, une fois au pouvoir, vit dans le retrait des troupes soviétiques d'Afghanistan l'une des conditions essentielles à la reprise d'un dialogue étroit avec les États-Unis.

---

33 *Cf.* troisième partie, Nicaragua, p. 315.
34 *Cf.* troisième partie, Angola, p. 256.
35 *Cf.* troisième partie, Érythrée, p. 281.
36 *Cf.* troisième partie, Afghanistan, p. 243.

BIBLIOGRAPHIE

Mémoires et témoignages

BRANDT W., *De la Guerre Froide à la Détente 1962-1975*, Gallimard, 1978.

GROMYKO A., *Mémoires*, Belfond, 1989.

KISSINGER H., *Diplomatie*, Fayard, 1996.

NIXON R.M., *Mémoires*, Stanké, 1978.

Ouvrages généraux

DE TINGUY A., *USA-URSS, la Détente*, Complexe, Bruxelles, 1985.

ELLEINSTEIN J., *La Paix froide. Les relations États-Unis/URSS depuis 1950*, Londreys, 1988.

FONTAINE A., *Un seul Lit pour deux rêves. Histoire de la « détente » 1962-1981*, Fayard, 1981.

TATU M., *Le Triangle Washington-Moscou-Pékin et les deux Europes*, Casterman, 1972.

Études particulières

CARRÈRE D'ENCAUSSE H., *Ni Paix, ni guerre*, Flammarion, 1986.

FRITSCH-BOURNAZEL R., *L'Union soviétique et les Allemagnes*, PFNSP, 1979.

© ARMAND COLIN. La photocopie non autorisée est un délit

Chapitre 4

L'émergence du Tiers Monde

Sɪ ʟᴇꜱ ʀᴇʟᴀᴛɪᴏɴꜱ ɪɴᴛᴇʀɴᴀᴛɪᴏɴᴀʟᴇꜱ sont, tout au long des décennies soixante et soixante-dix, dominées par le duopole américano-soviétique, on y observe néanmoins, en arrière-plan, une affirmation croissante des États du Tiers Monde. Un Tiers Monde que l'Occident avait comme découvert à Bandung lorsque 29 pays afro-asiatiques représentant près de 55 % de la population mondiale mais disposant à peine de 8 % du revenu mondial, avaient proclamé, au printemps 1955, leur refus d'être les simples instruments de la rivalité des Grands. Si les difficultés économiques, les discordes et, surtout, les récupérations politiques par ces derniers, empêchèrent le Tiers Monde de jouer encore un rôle dominant sur la scène internationale, sa reconnaissance n'en progressa pas moins, durant ces deux décennies, sous l'action de plusieurs États leaders. L'opinion occidentale réalisa soudainement cette mutation, lors de la « guerre du Kippour » et ses incidences économiques, qui révélèrent la prise de conscience par des États du Tiers Monde de leur exploitation par les pays industrialisés, et leur volonté de peser désormais sur les grandes décisions – économiques et politiques – concernant l'ordre mondial. Désormais, il devint évident que la scène internationale n'était plus seulement réservée à deux « grands » acteurs...

1. L'IRRUPTION DE NOUVEAUX ACTEURS SUR LA SCÈNE INTERNATIONALE

1.1. Les bouleversements de l'ordre économique mondial

1.1.1. L'accentuation des inégalités Nord-Sud

De par son mécanisme même, et de par ses « dérapages » (dévaluations, inflation...), la forte croissance des pays industrialisés des années 1950-1960 contribua à approfondir les disparités avec les pays sous-développés. Avant de rappeler sommairement ces faits, il faut toutefois remarquer, à défaut de sombrer dans un manichéisme simpliste, que le Tiers Monde, ou si l'on préfère, le « Sud » (selon la terminologie en faveur dans les années 1970) avait connu durant cette période des évolutions positives.

Depuis la conférence de Bandung, les problèmes spécifiques du sous-développement n'avaient cessé d'être mieux compris dans le reste du monde. Même si l'aide financière des pays industrialisés avait très rarement dépassé 1 % de leur revenu national, même si les effectifs des agents « prêtés » au titre de l'assistance technique restaient faibles, nul ne pouvait nier qu'il n'y ait eu prise de conscience du problème. Nul doute non plus que, pendant cette vingtaine d'années, ces pays avaient enregistré une progression de leur produit national brut (plus 3,3 % entre 1955 et 1970 pour les pays les plus sous-développés). Dans trois pays sur quatre, les prévisions des

© Aʀᴍᴀɴᴅ Cᴏʟɪɴ. La photocopie non autorisée est un délit

planificateurs avaient même été dépassées. Les situations n'en demeuraient pas moins très diverses – de la quasi stagnation (Haïti, Maroc...) à la hausse rapide (Brésil, Mexique, Grèce...) – et très mouvantes. Fait plus grave, certains blocages fondamentaux avaient eu tendance à s'aggraver dans beaucoup de pays.

Toutefois, si la production, notamment la production alimentaire, avait progressé grâce aux efforts internes et à l'aide extérieure, l'écart par rapport à l'augmentation de la population restait dramatiquement élevé. Compte tenu de l'inefficacité et de la rareté (jusque vers 1965) des politiques de limitation des naissances, *les taux d'accroissement démographique marquaient une progression constante.* D'un milliard six cent quatre-vingts millions en 1950 (soit 67 % de l'effectif mondial), la population des pays sous-développés grimpa, en moins d'une génération, à deux milliards six cents millions (72 % de la population mondiale) en 1970.

Paralysés par le problème démographique, pétrifiés par le spectre de la famine (à laquelle restaient soumis les quatre cinquièmes d'entre eux), privés d'une organisation efficace, les pays du Tiers Monde n'étaient pas en état de résister aux pressions de plus en plus fortes de pays industrialisés à la recherche fébrile de matières premières à bon marché. De 1958 à 1970, le volume des produits non-énergétiques en provenance du Tiers Monde s'éleva des deux tiers, et les achats de pétrole furent multipliés par 3,5. À la fin des années 1960, le Sud fournissait l'essentiel des besoins en énergie et en produits miniers du Nord. Les exportations des pays en voie de développement augmentèrent alors de 3,8 % par an pendant la période de 1950-1960, puis de 6,6 % de 1960 à 1970. Cette intensification ne saurait cependant faire illusion ; elle s'effectuait dans des conditions de plus en plus mauvaises pour les pays du Sud. Les termes de l'échange ne cessèrent de leur être défavorables à partir des années 1950, se dégradant jusqu'en 1962, et plafonnant ensuite.

Tandis, en effet, que le prix des produits manufacturés fournis par le Nord s'élevait en raison notamment de l'inflation, *les prix des matières premières (café, cacao, bananes, phosphates, bauxite, minerai de fer...) baissaient fortement* – en pouvoir d'achat mais aussi en dollars courants durant cette période. L'indice Moody's (cours de quinze matières premières non-énergétiques sur la place de New York) – base 100 en 1931 – passait de la moyenne de 400 entre 1951 à 1957 à celle de 370 en 1971. Tel était le résultat du *monopole de fait exercé par les grandes sociétés occidentales* qui, contrôlant la totalité du circuit des matières premières, s'étaient rendues maîtresses du marché et agissaient sur les prix selon leur seul intérêt.

On observe d'autre part, pendant ces mêmes décennies, que la part des pays du Tiers Monde dans les exportations mondiales s'amenuisa considérablement (de 31 % en 1950 à 18 % en 1970), l'essentiel du négoce international portant désormais sur des produits élaborés, commercialisés surtout par les pays industrialisés. Ainsi, à la fin des années 1960, la dégradation de la situation marchande des pays du Tiers Monde était certaine. Jamais depuis l'ère coloniale, leur commerce ne s'était trouvé aussi régenté et étriqué, leur économie dominée et entravée au point d'être privés des moyens indispensables au moindre « décollage ». En trente ans, les pays les plus pauvres avaient vu leur production et leur revenu s'accroître soixante-dix fois moins que ceux des pays les plus riches.

1.1.2. Un premier effort de concertation : le mouvement des non-alignés et la CNUCED

Face aux initiatives corrosives du Nord, le Sud mit du temps à s'organiser. Il fallut attendre six années après Bandung, pour que, en septembre 1961, sur l'invitation de

Tito, une conférence rassemblât à Belgrade des chefs d'État ou de gouvernement (de vingt-cinq pays) réclamant le droit des peuples à l'autodétermination et à la libre disposition de leurs richesses, et demandant la mise en place d'un fonds d'équipement contrôlé par l'ONU pour dispenser une aide aux pays en voie de développement. Cette réunion constitua la base du mouvement des non-alignés, qui, dès octobre 1964, à la conférence du Caire, réussit presque à doubler ses effectifs initiaux en réunissant quarante-sept nations.

Durant cette même année fut créée, au sein de l'ONU, une autre organisation – la *conférence des Nations Unies pour le Commerce et le Développement*: CNUCED – qui s'attaqua aux problèmes économiques du Tiers Monde, notamment à la question fondamentale des cours des matières premières. Non seulement, la CNUCED décida de tenir une session tous les quatre ans, mais les pays en voie de développement participant à ses travaux souhaitèrent former une structure spécifique – désignée sous le nom de *Groupe des 77* – qui définit ses principaux objectifs en octobre 1967 (charte d'Alger), le plus urgent d'entre eux étant de redonner au Sud une place satisfaisante dans le commerce mondial et de rééquilibrer les termes de l'échange avec le Nord.

Vers 1968, compte tenu de l'audience internationale acquise cette année-là (déclaration sur la politique pétrolière) par l'OPEP (*Organisation des Pays Exportateurs de Pétrole*) – créée en 1960-, le Tiers Monde commença à disposer de structures internationales de concertation et de négociation (CNUCED, Groupe des 77…) et d'une tribune politique (conférence des non-alignés). Il serait toutefois naïf d'imaginer que celles-ci formaient autant de fronts unis, en parfait accord sur la politique à mener. L'extrême inégalité des situations économiques, la diversité des choix politiques et les pressions exercées par les Grands formaient autant d'entraves. Dès que l'on dépassait le degré des principes rassembleurs (sauvegarde de la paix, règlement pacifique des conflits, condamnation de la colonisation et de la discrimination raciale, rééquilibrage des échanges commerciaux…), l'unanimité laissait la place aux dissonances et aux divisions, voire aux hostilités.

Les années 1968-1969 furent, à cet égard, exemplaires des *antagonismes* qui paralysaient le mouvement des non-alignés. La préparation de la troisième conférence – qui se tint finalement à Lusaka (Zambie) en septembre 1970 – fut des plus laborieuses, achoppant sur le choix du lieu de réunion et surtout sur l'admission de divers mouvements de libération (OLP, gouvernement révolutionnaire provisoire du Vietnam du Sud…). Six ans après celui du Caire, le *sommet de Lusaka* n'en marqua pas moins une évolution importante dans la politique dite de non-alignement. Les 53 États présents s'entendirent pour radicaliser leurs positions, en remplaçant notamment dans le projet de charte les mots « pays riches » et « pays pauvres » par « oppresseurs et opprimés », en rejetant l'idée de négociations entre grandes puissances, pour celle d'une opposition aux alliances militaires de celles-ci. En outre, les non-alignés établirent avec clarté le lien entre l'indépendance politique et l'indépendance économique. Cette prise de conscience facilita – à la suite de la réunion des ministres des Affaires étrangères, tenue en 1972 à Georgetown – la création de structures permanentes siégeant à New York, et la préparation, dans de bonnes conditions, de la *conférence d'Alger*, en septembre 1973.

Alors que trois ans auparavant, les observateurs pariaient sur la désagrégation du mouvement, celui-ci, avec 75 pays participants, 9 pays latino-américains observateurs, 3 pays invités, 4 organisations internationales – dont l'ONU – représentées, sortit renforcé du sommet d'Alger. L'éclat de la conférence – 22 ans après celle de

© ARMAND COLIN. La photocopie non autorisée est un délit

Bandung – et la confirmation d'une stratégie de concertation entre pays producteurs de matières premières devaient aider l'opinion internationale à prendre conscience de la mutation décisive qui s'était faite dans l'ordre mondial : « Si dans le passé, avait rappelé le président algérien Houari Boumediene quelques jours avant l'ouverture de la conférence, le monde était divisé en deux blocs, le bloc communiste et le bloc capitaliste, aujourd'hui il est, à notre avis, composé de deux parties, le monde riche et le monde pauvre, ou les habitants du Nord et les habitants du Sud. »

Cette assurance de compter désormais dans le jeu mondial comme un partenaire majeur, le Tiers Monde venait de la fortifier par l'exemple de la politique ferme et cohérente conduite par les pays producteurs de pétrole depuis trois ans.

1.1.3. Une action retentissante : la hausse du cours des matières premières

En exigeant de *l'Occidental Petroleum* une augmentation de taxes de l'ordre de 65 % du prix à la production, le colonel Mouamar Kadhafi, nouveau chef d'État libyen depuis septembre 1969, encouragea la contestation des pays producteurs de pétrole. Timide et divisée, *l'OPEP adopta dès lors une attitude très déterminée*, réclamant une augmentation des prix et des taux d'imposition en fonction de la hausse des prix industriels. Réunies à Téhéran le *14 février 1971*, vingt-trois grandes compagnies pétrolières s'inclinèrent, reconnaissant pour la première fois aux pays producteurs l'initiative de la fixation des prix. Moins d'un an plus tard, la conférence de Genève, prenant acte de la dévaluation du dollar, releva à nouveau les prix. Parallèlement, les États pétroliers s'efforcèrent de peser directement sur le marché en nationalisant les concessions ou en acquérant, par une cession progressive, une majorité de parts. Ainsi procédèrent, de 1971 à 1973, l'Algérie, la Libye, l'Irak, Abu Dhabi, le Koweit, l'Arabie saoudite, l'Iran…

Cette véritable révolution incita les autres producteurs de matières premières à procéder de même. Profitant, durant l'année 1972, d'un accroissement soudain de la demande occidentale, difficile à satisfaire en raison d'une relative pénurie de la production, les pays du Tiers Monde agirent – souvent de manière concertée – afin de provoquer et maintenir la hausse des cours. En outre, dans le sillage des nationalisations des pays pétroliers, on observa la prise de contrôle par les gouvernements de secteurs économiques de base, détenus jusque-là par des compagnies étrangères (au Togo, en Guyane, en Mauritanie, au Pérou…).

Ainsi donc, avant même l'automne 1973, de nombreux États du Sud avaient retrouvé une partie de la maîtrise de leurs richesses naturelles. La gestation d'un nouvel ordre économique mondial était achevée. La crise de septembre-octobre 1973 ne devait, en définitive, que consacrer sa naissance aux yeux de l'opinion.

1.2. La guerre du Kippour (octobre 1973) et l'« arme » du pétrole

Le quatrième conflit israélo-arabe[37] qui débuta par l'attaque simultanée le 6 octobre 1973 – jour de la fête du Yom Kippour en Israël – de la rive Est du canal de Suez par cinq divisions égyptiennes, et du plateau du Golan par des troupes syriennes, eut une résonance et des conséquences inattendues.

---

37 *Cf.* troisième partie, Palestine, p. 326.

1.2.1. La fin du complexe d'infériorité arabe

Cette attaque révéla d'abord aux yeux du monde entier les progrès militaires et la cohésion du camp arabe. Bien qu'impliquant des dizaines de milliers d'hommes appartenant à plusieurs États et un matériel considérable, *l'opération fut tenue totalement secrète*. L'effet de surprise fut entier lorsque, à l'heure H plus six, les brigades blindées des cinq divisions d'infanterie égyptienne franchirent le canal de Suez sur des ponts construits grâce à un « machinage » du terrain. Très vite, lors de sa contre-attaque sur le front du Sinaï et sur celui du Golan, Israël et les observateurs du monde entier réalisèrent les mutations extraordinaires opérées dans le camp arabe depuis la guerre des Six Jours. Maîtrisant désormais parfaitement un armement sophistiqué (Mig 21, missiles SAM, fusées antichars...), affichant un moral à toute épreuve, fondé sur la certitude de l'excellence de leur cause (la libération des territoires occupés par Israël), *les armées arabes se montrèrent redoutables*. « C'est pour les Israéliens – note le général Beaufre – la révélation que la confiance aveugle mise dans la supériorité écrasante de l'armée israélienne est maintenant, en partie, démentie : les armées arabes ont osé défier l'armée israélienne, lui ont infligé de grosses pertes et n'ont pas été écrasées. Du côté arabe, la légende de l'invincibilité de Tsahal (l'armée israélienne) est désormais mise en doute. C'est un état d'esprit tout nouveau qui apparaît chez les Arabes, débarrassés des complexes consécutifs à la guerre de Six Jours. C'est un renversement de situation absolument capital. »

Le fait que, la terrible surprise passée, Israël ait engagé avec succès une double contre-offensive, d'abord pour stopper les forces syriennes qui avaient réussi à franchir le large fossé antichar établi sur le Golan, puis pour refouler sur la rive ouest du canal les divisions égyptiennes, ne devait pas modifier l'impression très favorable produite dans le monde par les armées arabes. La participation, aux côtés des troupes syriennes, de contingents marocains, koweïtiens, irakiens, jordaniens et saoudiens, ainsi que l'appui diplomatique de la plus grande partie des pays du Tiers Monde contribuèrent à conférer au camp arabe une cohésion et une force tout à fait nouvelles. Le recours judicieux, à compter du 16 octobre (en pleine bataille du grand lac Amer, au nord de Suez) à l'« arme du pétrole », par les pays arabes producteurs, acheva de convaincre l'opinion mondiale, en particulier l'Occident, des nouvelles possibilités d'actions du Tiers Monde.

1.2.2. Une nouvelle arme : le pétrole

La menace d'utiliser l'arme du pétrole avait déjà été brandie à de nombreuses reprises, surtout durant les mois précédant la guerre du Kippour. Le 13 mai 1973, le colonel Kadhafi, dénonçant le comportement de certaines sociétés pétrolières américaines en Libye, avait affirmé que son pays n'hésiterait pas à se servir de l'arme du pétrole pour « peser sur le déroulement du conflit israélo-arabe. » Dès le début de la guerre, *le 7 octobre, l'Irak décidait de nationaliser deux sociétés américaines*, « en représailles – selon les termes de Radio-Bagdad – contre l'agression israélienne », et demandait aux autres pays arabes producteurs d'interrompre l'approvisionnement en pétrole des États-Unis et des pays soutenant Israël. Les 16 et 17 octobre, les six pays du Golfe persique convenaient d'augmenter de 17 % le prix affiché du brut, et – de concert avec l'Algérie, Bahrein, l'Égypte, la Libye et la Syrie – de réduire la production de 5 % par mois, « jusqu'à ce que les Israéliens se soient complètement retirés des territoires occupés, et que les droits légaux du peuple palestinien aient été restaurés ». *L'Arabie saoudite et le Qatar renchérissaient peu après*, portant le taux de

© ARMAND COLIN. La photocopie non autorisée est un délit

réduction à 10 %, et proclamant l'embargo sur les exportations à destination des États-Unis. Cette dernière mesure fut reprise à leur compte par les autres pays arabes, au détriment des États-Unis, du Portugal, des Pays-Bas, de l'Afrique du Sud et de la Rhodésie. La conférence d'Alger (26-28 novembre) entérina ces décisions.

Observons que la nouveauté ne résidait ni dans l'augmentation des prix, ni dans la nationalisation des concessions, ni dans la limitation de la production. Ces trois possibilités avaient été, depuis deux à trois ans, utilisées par les pays producteurs, redevenus en grande partie maîtres de leurs gisements. Le caractère neuf – justifiant l'emploi du mot « arme » – tenait au fait que ces mesures, prises jusqu'à présent à des fins économiques, l'étaient désormais à des fins stratégiques.

Quoi qu'il en soit, ces décisions arrêtées en pleine guerre du Kippour provoquèrent pleinement l'effet recherché par leurs promoteurs. Outre la menace de pénurie qui paniqua un moment l'Europe occidentale et le Japon, le renchérissement des prix (quadruplement des cours à la fin décembre par rapport à ceux du début d'octobre) contribua à perturber fortement l'économie, déjà mal en point, de ces pays. Seuls, dans un premier temps, les États-Unis supportèrent beaucoup mieux les mesures de rétorsion pétrolière prises par les pays arabes, et même, du fait notamment de l'affaiblissement consécutif de leurs concurrents européens et japonais, en bénéficièrent ; au point que l'on évoqua alors une éventuelle collusion entre l'Arabie saoudite et Washington, œuvre du machiavélique docteur Kissinger, qui, il est vrai, se dépensa beaucoup durant le conflit.

1.2.3. Les difficultés du duopole soviéto-américain

Les événements d'octobre 1973 – la guerre du Kippour et l'embargo pétrolier – eurent également pour particularité de confirmer la fragilité de la Détente entre les deux superpuissances (*cf.* plus haut, p. 108-109) et de mettre en évidence les limites de leur autorité sur leurs vassaux.

La première entorse au code moral que les Grands avaient voulu solennellement établir dans leurs relations, au sommet de Moscou en mai 1972, fut *le silence du Kremlin* au tout début d'octobre 1973. Alors que celui-ci avait été averti au moins deux jours à l'avance de l'opération « Étincelle » projetée par l'Égypte contre la ligne Bar-Lev, il ne prévint pas le gouvernement américain de l'imminence de l'attaque. Par ailleurs, chacun d'entre eux accepta de livrer massivement des armes aux belligérants afin d'éviter la défaite de leur protégé respectif. Quel aurait été le sort final d'Israël, assailli sur deux fronts, cerné par une marée de chars et paralysé dans ses attaques aériennes par les fusées soviétiques SAM, si, dès le 12 octobre, Washington ne lui avait pas, par pont aérien, livré des fusées antichars, du matériel électronique de contre-mesures et des Phantoms tout équipés ? Démontrant aux yeux du monde l'aspect factice de leur rapprochement, et la subordination de la paix à leurs propres intérêts, *les superpuissances jouèrent chacune un jeu propre* et antinomique.

Pour les Soviétiques, il s'agissait d'affirmer la continuité de la politique de soutien aux pays arabes, amorcée vingt ans auparavant par Khrouchtchev, tandis que Richard Nixon devait tenir compte des pressions du Congrès et du lobby pro-israélien. L'engagement fut si intense – ou se voulut si intense, compte tenu de la part non négligeable de bluff dans ces confrontations publiques internationales – que les 24 et 25 octobre, les relations entre les deux puissances furent on ne peut plus tendues. Les observateurs n'hésitèrent pas à propos de ces journées, à évoquer l'affaire des fusées de Cuba onze ans auparavant. Craignant, en effet, que la contre-offensive israélienne (qu'un cessez-le-feu négocié par l'ONU le 22 octobre n'avait nullement arrêtée) n'anéantît totalement l'armée égyptienne, les Soviétiques dépêchèrent des unités de leur flotte vers Alexandrie. Washington riposta aussitôt en mettant ses troupes en état d'alerte et en dirigeant des porte-avions vers la Méditerranée orientale ; mais, simultanément, il imposa à Israël d'arrêter sa progression. Golda Meir céda, non sans avoir jeté ces mots amers : « Je n'ai pas d'illusions. Je sais bien que tout nous sera imposé par les grandes puissances. »

En apparence, les deux superpuissances avaient donc, une fois encore, géré cette très grave crise ; mais, à y regarder de près, la soumission de leurs « amis » n'avait été que partielle et se trouvait entachée de beaucoup de ressentiment. Dès ses débuts, le conflit qui manifestement avait été enclenché sans l'accord des deux Grands, leur avait échappé. À quatre reprises, selon Anouar-el-Sadate, l'URSS aurait déconseillé d'attaquer Israël. À Washington – qui se trouvait en pleine affaire du Watergate – personne, pas même la CIA, ne s'était douté des préparatifs.

1.3. L'affirmation de nouveaux centres de puissance

Les forces et les courants nouveaux qui avaient contribué à ébranler l'ordre mondial durant ces années tournantes 1970-1973, continuèrent à progresser tant dans le Tiers Monde que dans les pays industrialisés. Dans les deux cas, cette affirmation revêtit deux aspects principaux : un effort de regroupement et de coordination au sein d'entités géopolitiques ou économiques ; et l'émergence – parfois éphémère – d'États leaders, capables, sinon de traiter d'égal à égal avec les superpuissances, du moins de perturber leur domination.

1.3.1. La conquête des grandes organisations internationales par le Tiers Monde

Du seul fait de la décolonisation et de la multiplication de nouveaux États indépendants en Afrique et en Asie, le Tiers Monde devait devenir, en quelques années, majoritaire dans toutes les grandes organisations mondiales créées au lendemain de la Seconde Guerre mondiale. De 51 membres fondateurs (1945), l'ONU passa à 100 adhérents en 1960, 127 en 1970, 159 en 1985. Ainsi, en regroupant depuis une vingtaine d'années 70 à 80 % des États de l'organisation internationale, *le Sud opéra à son profit une « révolution tranquille »*, qui lui permit, par la règle des deux tiers, de disposer d'une majorité automatique au sein de l'Assemblée générale. Grâce à ce poids du nombre, il put notamment obtenir la multiplication et l'élargissement des institutions économiques et socioculturelles en fonction de ses problèmes spécifiques.

Politiquement, il parvint à faire des assemblées générales – tant annuelles que spéciales – le *lieu privilégié d'expression des grandes revendications tiers mondistes* et des dénonciations de l'« impérialisme américano-occidental ». Les discours et les motions contre la politique des États-Unis en Amérique latine, contre Israël, contre l'apartheid ont été innombrables durant cette période, de même que l'accueil retentissant fait à certains leaders « sudistes ». Qui ne se souvient encore du triomphe obtenu par Yasser Arafat à la tribune de l'ONU le 13 novembre 1974, ou des paroles prononcées en ce même lieu par Houari Boumediene quelques mois plus tôt, à l'ouverture d'une session extraordinaire sur les matières premières et le développement : « L'ordre économique mondial que nous vivons aujourd'hui est aussi injuste et aussi périmé que l'ordre colonial duquel il tire son origine et sa substance » ?

© ARMAND COLIN. La photocopie non autorisée est un délit

Cette « *explosion* » *du Tiers Monde au sein de l'organisation onusienne,* pour aussi spectaculaire qu'elle fût, révéla cependant très vite ses limites. Si le Sud avait désormais pour lui le nombre, il ne possédait toujours ni les revenus, ni la puissance militaire des pays industrialisés. Il n'assumait même qu'une infime partie des charges financières (de l'ordre de 800 millions de dollars au milieu des années 1980) de l'ONU. Dès lors, combien de temps des pays comme les États-Unis, fournissant à eux seuls 25 % du budget, allaient-ils accepter de continuer à financer une organisation qu'ils ne contrôlaient plus et dont leur politique était la cible privilégiée ? Dès 1972, le nouveau secrétaire général des Nations Unies, Kurt Waldheim, faisait état d'une triple crise – financière, administrative et politique – crise jamais résolue depuis lors, les États riches menaçant constamment de réduire leurs contributions, et passant parfois à l'acte (diminution de moitié de la contribution américaine décidée par l'administration Reagan en 1985).

Dans le domaine politique, l'ONU « tiers mondisée », boudée par les Grands jusque-là maîtres du jeu, se trouva, de ce fait, frappée d'impuissance. Du Conseil de sécurité – instrument de base des années 1950-, *le pouvoir glissa à l'Assemblée générale,* où, sans soutien des grandes puissances, il s'effrita et se réduisit surtout en condamnations verbales des situations coloniales ou néocoloniales. Toute action d'envergure se solda le plus souvent par des échecs. Les sessions sur le désarmement tenues depuis 1978 n'aboutirent jamais à des résultats concrets et à de vraies négociations, alors que, parallèlement, les deux Grands parvenaient, en dehors de l'organisation internationale, à progresser dans cette direction. Dans la plupart des règlements des grands conflits de la période (guerre du Vietnam, conflit israélo-arabe, Cambodge…), l'ONU ne devait jouer qu'un rôle minime, et seulement après que les superpuissances eurent décidé, entre elles, de mettre un terme – définitif ou provisoire – aux hostilités.

On observe alors une semblable évolution (progression des pays du Sud et de l'idéologie tiers mondiste), et des problèmes du même type (pressions et menaces de retrait ou de non-paiement des contributions, de la part de pays du Nord) dans les principales *institutions spécialisées des Nations unies.* Sous la pression numérique des États du Tiers Monde, les puissances industrialisées, réticentes à modifier de manière significative les processus de décision, ont dû, néanmoins, consentir des adaptations particulières. Dès juillet 1975, le Fonds monétaire international – administré par cinq représentants permanents des cinq plus forts souscripteurs (États-Unis, Grande-Bretagne, France, RFA, Japon) – devait accepter de fournir des prêts à des conditions plus favorables aux pays pauvres (4,5 % au lieu de 8,5 %) ; en décembre 1987, le FMI annonçait la création d'un nouveau fonds (8,4 milliards de dollars) pour aider les 62 pays les plus pauvres du monde. Les adhérents au GATT (*General Agreement on Tariffs and Trade*) ont été conduits à inclure – depuis 1966 – dans le traité initial, une partie propre aux pays du Tiers Monde et à amorcer, à compter de 1986, un nouveau cycle de négociations commerciales et multilatérales sur l'agriculture, très importantes pour les pays du Sud.

Dans deux autres organisations internationales (l'Organisation internationale du Travail et l'Unesco), les rapports entre la majorité tiers mondiste et les pays industrialisés occidentaux se sont tendus au point de provoquer le départ des États-Unis de la première institution en 1980 et de la seconde en 1984. Devenue aux yeux de plusieurs États occidentaux – dont les États-Unis, fournisseurs du quart de ses ressources – une « machine de guerre contre les démocraties », l'Unesco, du fait de sa politisation, de sa gestion budgétaire et de la personnalité controversée de son directeur général (Amadou Mahtar M'Bow, 1974-1987) a traversé, depuis le milieu des années 1970, une crise particulièrement grave, symptomatique de l'évolution des rapports de force Nord-Sud au sein des organisations mondiales.

1.3.2. Le développement des structures de concertation et de solidarité mondiales...

Tout en profitant des instances onusiennes, les pays du Tiers Monde s'efforcèrent de faire progresser *l'idée d'une restructuration du système mondial* par le canal d'organisations spécifiques, notamment celles mises en place au début des années 1960 : les non-alignés et les CNUCED.

En dépit d'une hétérogénéité croissante, le *Groupe des 77* (qui, en fait, rassembla peu à peu 125 pays) tenta de s'accorder sur un programme commun avant la tenue de chacune des CNUCED (Santiago, 1972 ; Nairobi, 1976 ; Manille, 1979), mais n'y parvint vraiment que pour celle de Belgrade (1983), au cours de laquelle il proposa des mesures conjoncturelles ainsi qu'un plan de mise en œuvre du Nouvel Ordre Économique International (NOEI). Néanmoins, les résultats obtenus à Belgrade se révélèrent minces, en raison de la réticence des pays occidentaux (assumant environ les trois quarts de l'aide publique au Tiers Monde), frappés par la crise économique et financière et ébranlés par les conceptions néo-libérales reaganiennes. La CNUCED suivante (Genève, 1987), tout en restant cependant le théâtre de nombreux affrontements politiques entre les pays du Sud et du Nord, se conclut – pour la première fois depuis 1963 – par un consensus sur la nécessité d'alléger la dette des pays les plus pauvres, et de développer l'aide des pays industrialisés à concurrence de 0,7 % de leur PNB.

Non sans difficultés, l'autre grande caisse de résonance du Tiers Monde – la *Conférence des non-alignés*, créée en 1961 – se maintint en accentuant ses tendances radicales affirmées à Alger en septembre 1973. En son sein, le groupe « progressiste » (Cuba, Vietnam, Mozambique, Afghanistan, Éthiopie, Angola, Nicaragua...), bien qu'il n'ait représenté numériquement qu'un quart des adhérents, parvint à faire prévaloir sa conception du non-alignement : la lutte ainti-impérialiste primant sur tout ne pouvait s'effectuer que par l'alliance avec le camp socialiste, et faisait rejeter la thèse (défendue par le groupe des « modérés ») d'une équidistance des relations entre l'Est et l'Ouest. « Comment peut-on nous demander, s'indignait Samora Machel, président du Mozambique, à la conférence de La Havane, en septembre 1979, d'être à égale distance, dans nos rapports avec notre principal adversaire, qui brûle, bombarde, tue et massacre, et ceux qui nous aident à mieux nous défendre, à résister, à vaincre ? »

Aux sommets suivants (New Delhi, mars 1983 ; Harare, septembre 1986), un anti-impérialisme virulent domina toutes les résolutions. La dénonciation de la situation en Afrique du Sud – notamment du régime de l'apartheid – fut constante et quasi unanime. Par contre, de *graves divergences* s'affirmèrent tant à propos des conflits du Cambodge, de l'Afghanistan, et de la guerre Irak-Iran, que de la ligne du mouvement (« Le non-alignement n'existe pas », lança le colonel Kadhafi à la conférence d'Harare) ou de son organisation (choix du lieu des conférences et du président). Au total, en dépit de l'importance croissante de ses rassemblements périodiques (75 pays à Alger en 1973, 92 à La Havane en 1979, 99 à Harare en 1986), le mouvement des non-alignés ne réussit pas à devenir un organe de pression efficace sur les réalités internationales contemporaines. Il demeura seulement une tribune, à partir de laquelle les voix discordantes du Tiers Monde eurent de moins en moins d'écho.

© ARMAND COLIN. La photocopie non autorisée est un délit

1.3.3. ...et inter-régionales

Les organisations inter-régionales tenant à développer l'unité et la solidarité des populations d'un continent ou d'une même civilisation, se révélèrent également décevantes durant cette même période. Ainsi la *Ligue arabe*, la plus ancienne (1945) des coalitions réalisées dans le Tiers Monde, si elle parvint – grâce aux adhésions du Qatar (1971), de la Mauritanie (1973), de la Somalie (1974), de la Palestine (1976) et de Djibouti (1977) – à regrouper la quasi totalité des pays arabes, si elle fournit d'utiles concours à de nombreux mouvements de libération – dont l'OLP –, si elle contribua à renforcer le sentiment d'identité culturelle des différents rameaux arabes, se révéla, par contre, impuissante à régler les conflits mettant aux prises ou intéressant ses propres membres. Elle fut fort ébranlée, en 1979, à la suite du traité de paix signé par l'Égypte avec Israël. Du Caire, le siège de la Ligue fut transféré à Tunis ; et il fallut attendre le sommet extraordinaire d'Amman (Jordanie), en novembre 1987, pour que chaque État fût autorisé à rétablir ses relations diplomatiques avec l'Égypte. Ce même sommet vit une spectaculaire « réconciliation » syro-irakienne, sérieusement ternie par une déclaration postérieure de la Syrie affirmant « inchangée » son entente avec Téhéran...

L'*Organisation de l'unité africaine* (OUA, 1963), de création plus récente que la Ligue arabe, se heurta à des obstacles similaires. Simple organe de concertation et de coordination, rassemblant une cinquantaine d'États aux revenus et aux régimes fort dissemblables, l'OUA, même si elle renonça définitivement au rêve initial panafricain, n'exerça qu'une action limitée dans les domaines-clefs de la politique africaine contemporaine. Au nom du principe de « non-ingérence dans les affaires intérieures des États » (art. 3 de sa charte), elle toléra la présence dans ses rangs de tyrans comme Jean-Bedel Bokassa ou Amin Dada, président de la douzième conférence des chefs d'État, à Kampala en juillet 1975, et passa ainsi pour un « cartel de chefs d'État » ayant pour principal souci de préserver mutuellement leur pouvoir. Elle ne se montra pas davantage efficace à propos des interventions étrangères (françaises au Zaïre et au Tchad ; cubaine en Angola ; soviétique en Éthiopie...), ou des différends entre États membres (conflit Tanzanie-Ouganda en 1979 ; intervention libyenne au Tchad ; affaire du Sahara occidental...).

L'admission, en 1984, de la République arabe sahraouie démocratique (RASD)[38] provoqua le boycott de l'Organisation par dix-sept États et le départ du Maroc : un exemple parmi d'autres de l'impossibilité réelle de l'organisation à apaiser des conflits internes. Au mieux, elle parvint, dans les mêmes conditions que l'ONU – c'est-à-dire lorsque les belligérants ou les puissances les soutenant se montrèrent décidés à terminer le conflit – à s'imposer comme autorité d'arbitrage.

Le bilan de l'*Organisation des États américains* (OEA) est moins brillant encore. Il suffit de relire sa charte – proclamée le 30 avril 1948 à Bogotá – pour mesurer son inefficacité depuis quarante ans. Ses objectifs premiers, en effet, n'étaient-ils pas de parvenir à un « ordre de paix et de justice », de maintenir la solidarité américaine, et de régler pacifiquement les différends entre États ? En fait, dominée par les États-Unis, l'OEA apparut – surtout après la victoire de Fidel Castro (1959) – comme une organisation anti-communiste. À certains moments, notamment vers le milieu des années 1970, on assista cependant à des velléités d'indépendance par rapport à la tutelle nord-américaine : proclamation du droit pour chaque État de choisir son

---

38 *Cf.* troisième partie, Sahara, p. 340.

système politique, économique et social (Mexico, février 1974), dénonciation du caractère discriminatoire et coercitif de la nouvelle loi des États-Unis sur le commerce extérieur (janvier 1975), levée de l'embargo imposé à Cuba depuis 1964 (juillet 1975)... Mais de multiples actions devaient enrayer ce processus et confirmer l'influence décisive de Washington : l'affaire des Malouines ou Falkland (où l'on vit le gouvernement Reagan soutenir la Grande-Bretagne en guerre contre un État américain !), l'occupation militaire de la Grenade, l'aide à la Contra nicaraguayenne...

Comment, d'ailleurs, les États de l'OEA, de plus en plus dépendants financièrement des États-Unis, pouvaient-ils exercer leur libre arbitre au sein de cette organisation ? À peine Washington tolérait-il, lors des réunions périodiques, quelques accès de mauvaise humeur à propos de l'endettement généralisé et massif qui paralysait la plupart des États. La seule constitution d'un groupe indépendant tel que celui de *Contadora*, formé en juillet 1983 par les gouvernements de Colombie, du Mexique, du Venezuela et de Panama, afin de jouer un rôle actif dans la recherche d'une solution politique à la crise centre-américaine, fut jugée avec défiance par les États-Unis.

À *l'échec relatif des organisations inter-régionales* telles que la Ligue arabe, l'OUA et l'OEA, on peut opposer, non sans schématisme, le succès d'organes politiques, économiques ou techniques à base régionale. Leurs ambitions plus limitées, la contiguïté géographique, la communauté de civilisation et parfois de langue ont fait souvent de ces ensembles, des réalités vivantes du Tiers Monde contemporain. Parmi bien d'autres structures de ce type, on peut citer :

- l'ASEAN (*Association of South East Asian Nations*), créée en 1967 par l'Indonésie, la Malaisie, les Philippines, Singapour et la Thaïlande, afin de promouvoir la formation en Asie du Sud d'une « zone de paix, de liberté et de neutralité » (garantie à la fois par Moscou, Pékin et Washington), permettant de développer la coopération dans tous les domaines, notamment dans celui des échanges commerciaux. Un pari difficile à tenir, et sur lequel nous reviendrons dans la dernière partie de ce chapitre (p. 148-149) ;
- l'ALADI (*Association latino-américaine d'intégration*), fondée en 1980, ayant pour objectif de former un marché commun latino-américain ;
- le *Pacte andin* (1969), rassemblant, en vue d'une meilleure intégration économique, la Bolivie, le Chili (jusqu'en 1976), la Colombie, l'Équateur, le Pérou et le Venezuela (à partir de 1973) ;
- le *Pacte amazonien* (1978), destiné à développer une politique commune de mise en valeur de l'Amazone (Bolivie, Brésil, Colombie, Équateur, Guyane, Pérou, Surinam).

L'Afrique également a vu se créer de nombreux regroupements régionaux à caractère économique :

- l'OCAM (*Organisation commune africaine et mauricienne*), établie en juin 1968, héritière de l'Union africaine et malgache de coopération économique, qui, depuis le sommet de Bangui (août 1974), se consacre exclusivement au développement économique et culturel ;
- la CAEO (*Communauté économique de l'Afrique de l'Ouest*), créée en 1973 (siège à Ouagadougou) dans des buts identiques ;
- la CEDEAO (*Communauté économique des États de l'Afrique de l'Ouest*), créée en 1975, dont le siège est à Lagos et qui est organisée sur le modèle de la CEE. Même si ces structures aux dimensions réduites n'échappent pas aux défauts des

© ARMAND COLIN. La photocopie non autorisée est un délit

vastes regroupements continentaux (hétérogénéité des revenus et des régimes politiques, rivalités, affrontements...), elles ont en général mieux répondu aux besoins immédiats et concrets du Tiers Monde.

1.3.4. L'émergence de quelques États

Cette « longue marche » du Tiers Monde entreprise depuis Bandung fut stimulée par l'émergence d'un certain nombre d'États, qui, en raison du charisme – politique ou religieux – de leur chef, ou du fait d'une réussite économique exceptionnelle, s'imposèrent pendant un temps comme des leaders ou des modèles.

Après l'*Égypte* de Nasser, qui avait été l'un des fers de lance du Tiers Monde, deux autres États du monde arabe – la *Libye* avec Kadhafi et l'Iran du temps de Khomeiny[39] – virent leur image valorisée aux yeux d'États du Sud. Par leur rigorisme moral, par leur indépendance relative vis-à-vis des deux grands blocs, et, surtout, par les coups humiliants portés au Goliath des pays capitalistes, ils apparurent des espèces de David justiciers. L'*Algérie*[40], également, joua un grand rôle – grâce notamment à Houari Boumediene – dans l'orientation du mouvement des non-alignés et les efforts de restructuration du système économique mondial. Au sein du monde arabe, ce pays a tenté, non sans succès, de nombreuses actions de médiation : entre l'Iran et l'Irak, la Libye et le Tchad, la Libye et la Tunisie, l'OLP et la Syrie...

D'autres États, tout en restant populaires au sein du Tiers Monde, ne parvinrent pas à y maintenir toute leur influence, en raison notamment de leurs liens avec l'Union soviétique. Tel fut le cas de l'Inde[41], qui choisit en 1971 de signer un traité d'alliance avec l'URSS, et Cuba qui fut considéré très vite comme un simple satellite de Moscou.

1.4. Les incidences des difficultés des pays industrialisés

Si, comme certains observateurs catastrophistes croyaient pouvoir l'annoncer à la charnière des années 1960-1970, les pays industrialisés ne se sont pas effondrés, la nouvelle conjoncture a, par contre, provoqué chez eux un choc profond, au double sens du mot. On a, en effet, constaté à la fois un désarroi devant la brutalité de la remise en cause de positions jugées inébranlables, et une exacerbation des rivalités entre les principaux leaders.

1.4.1. Le « Nord » en proie aux crises, aux tempêtes et au marasme

Durant la décennie 1973-1982, « chocs pétroliers », « tempêtes monétaires », « marasme de l'emploi », « inflation galopante » n'ont guère cessé de faire la « une » de la presse quotidienne des pays développés. Dès 1975, les effets de la hausse du prix du pétrole (effet déflationniste du prélèvement pétrolier sur l'activité des pays importateurs d'une part, et réduction des importations et diminution des activités liées à ce type d'énergie, d'autre part), se conjuguèrent avec les problèmes monétaires, conduisant à une *forte récession* (recul généralisé de la production) et à *une inflation supérieure à 10%* dans la zone OCDE. Durant les quatre années suivantes, la situation ne s'améliora pas vraiment.

---

39 *Cf.* troisième partie, Iran, p. 292.
40 *Cf.* troisième partie, Algérie, p. 252.
41 *Cf.* troisième partie, Inde, p. 287.

Certes, l'on crut, plus d'une fois, observer des signes favorables de reprise (taux de croissance de l'ordre de 5 % par an aux États-Unis, au Japon et en RFA), mais la croissance moyenne de l'ensemble des pays occidentaux ne dépassa pas 2,5 % durant cette période, soit moins de la moitié du taux des quinze années précédant 1974. Le chômage, par contre, fit un bond prodigieux frappant 17 millions de personnes dans la zone OCDE, sans pour autant ralentir l'inflation. Cette situation nouvelle fut baptisée stagflation.

La hausse des prix varia alors de 6 % (RFA) à 20 % (Italie, Grande-Bretagne) stimulée par l'enchérissement du pétrole brut (dix fois plus coûteux à la fin des années 1970 qu'avant 1973), qui devait entraîner lui-même une détérioration considérable des paiements extérieurs. L'absence de règles monétaires internationales précises (flottement des monnaies entériné par les accords de la Jamaïque en janvier 1976) et le déversement massif d'eurodollars et de pétrodollars (720 milliards en 1979, soit plus du double du total des réserves mondiales d'or et de devises) contribuèrent considérablement à stimuler l'inflation, donc à amplifier les taux d'intérêt. *Le «second choc pétrolier»* (doublement des prix de décembre 1978 à décembre 1979) et *le troisième* (marqué par des hausses désordonnées tout au long de l'année 1980), liés directement à la révolution iranienne et au conflit Irak-Iran, remirent en cause les efforts d'adaptation et jetèrent à nouveau les pays de l'OCDE en pleine crise : diminution du PNB, baisse de la production industrielle et des échanges internationaux, hausse de l'inflation et du chômage (trente millions de demandeurs d'emploi en 1982 dans la zone OCDE)... La croissance des pays développés tomba à 1,5 % en 1980 et 1981, stagna en 1982.

Dans les années suivantes, malgré la désescalade des prix du pétrole – sensible dès le début de 1983 – en raison de la mésentente au sein de l'OPEP et du déclin progressif de cette organisation dans la production mondiale (54,2 % en 1973 ; 34,2 % en 1982), et malgré la baisse du dollar, la plupart des pays capitalistes développés ne parvinrent pas à redresser durablement leur situation. Leur taux de croissance annuel, après avoir atteint 4,7 en 1984, tomba à 3,0 en 1985 et 2,4 en 1986. Ces résultats d'ensemble fort médiocres apparurent d'autant plus préoccupants qu'ils prenaient en compte ceux – exceptionnels – des États-Unis (6,8 % en 1984 ; 3,0 % en 1985 ; 2,9 % en 1986) et du Japon (5,1 %, 4,7 %, 2,5 %).

Pour les seuls États de l'OCDE, les taux stagnèrent autour de 2,4-2,6 %. À la fin des années 1980, l'importance des déficits budgétaire et commercial des États-Unis se répercutant sur le cours du dollar, ainsi que le gonflement de la dette des pays sous-développés (100 milliards de dollars en 1973, 1000 milliards en 1986...) firent de plus en plus peser la menace d'un krach aux effets dévastateurs.

Afin de conjurer la crise multiforme qui s'abattait sur eux, *les pays industrialisés tentèrent de mieux s'organiser et multiplièrent les rencontres de concertation.* Le procédé du «sommet», réunissant les dirigeants des principaux États, n'était évidemment pas nouveau, mais il eut tendance à se propager à compter du début des années 1970.

La recherche d'une solution à la crise pétrolière suscita une première série de rencontres de ce type : un sommet européen à Copenhague – suggéré par la France – (14-15 décembre 1973), qui rassembla les pays de la CEE, et permit d'ouvrir le dialogue avec six pays arabes producteurs de pétrole ; la conférence de Washington (11 février 1974) – à l'appel des États-Unis – dans le cadre de l'OCDE, qui aboutit à la création d'une Agence internationale de l'énergie, ayant pour objet immédiat d'assurer en cas d'urgence l'approvisionnement du pétrole, et, à long terme, d'élaborer un programme de coopération susceptible de contrer l'OPEP.

© ARMAND COLIN. La photocopie non autorisée est un délit

En novembre 1975, à l'initiative de Valéry Giscard d'Estaing, se réunirent à Rambouillet les représentants de l'Allemagne fédérale, des États-Unis, de la France, de la Grande-Bretagne, de l'Italie et du Japon, afin d'étudier les problèmes économiques et monétaires des grandes nations industrialisées. Les participants, qui s'étaient engagés à «œuvrer en faveur d'une plus grande stabilité monétaire» se retrouvèrent autour de ce thème dès janvier 1976, à la conférence de la Jamaïque. Désormais, les six pays (ainsi que le Canada) se réunirent tous les ans pour échanger leurs vues sur les questions économiques, et tenter de coordonner leur action. La dizaine de sommets qui, à partir de 1977, se tint aux quatre coins du monde (Porto Rico, Londres, Bonn, Tokyo, Venise, Ottawa, Versailles, Williamsburg, Paris...) n'eut guère de résultats concrets. Il suffit de parcourir les déclarations prononcées à l'issue de ces réunions, qui cherchent désespérément à rassembler sur des positions communes, des pays ou des ensembles devenus économiquement rivaux, pour mesurer les limites de ces sommets. À Ottawa (juillet 1981), par exemple, les Sept dénoncent « les représailles qui conduisent à l'escalade » au Proche-Orient, et « l'accroissement permanent de la puissance militaire soviétique », mais ne se prononcent pas sur le refus de Ronald Reagan de s'engager à réduire les taux d'intérêt américains. Au sommet de Williamsburg (1983), les problèmes de sécurité et des relations Est-Ouest l'emportent encore sur les questions monétaires, abordées seulement de manière annexe.

Les réunions spécifiquement financières furent souvent infructueuses. Certes, les principaux pays occidentaux se mirent d'accord sur des taux de change acceptables et organisèrent les interventions des banques centrales sur les marchés des changes pour qu'ils restent dans les limites souhaitées. Mais, en 1986, à Londres, les ministres des Finances de France, du Japon et de RFA ne parvinrent pas à s'entendre avec ceux des États-Unis et de la Grande-Bretagne sur une diminution concertée des taux d'intérêt. Un an plus tard – en février 1987 – réunis à Paris (sans l'Italie, mécontente d'avoir été écartée des discussions préliminaires), les pays occidentaux les plus industrialisés se bornèrent à promettre de « coopérer étroitement pour promouvoir la stabilité des taux de change autour des niveaux actuels »... Du point de vue strictement commercial, les grandes négociations tenues sous les auspices du GATT, notamment le Tokyo Round (1973-1979), confirmèrent les divergences entre les pays industrialisés, et leurs tendances plus ou moins feutrées à un renouveau du protectionnisme.

1.4.2. L'amorce d'un dialogue Nord-Sud

Le dialogue, devenu inévitable, avec les pays du Sud donna lieu également à maintes rencontres, qui, elles aussi, se soldèrent davantage par des déclarations de principe que par l'adoption de mesures d'ensemble. À ce propos, le meilleur exemple de la disproportion entre le battage publicitaire, la durée des négociations d'une part, et la minceur des résultats obtenus d'autre part, est celui de *la Conférence pour la Coopération Économique Internationale* (CCEI), qui réunit à Paris, de décembre 1975 à juin 1977 – après deux sessions préparatoires – les représentants de 19 pays du Tiers Monde et 8 (dont un au nom de la CEE) du monde industrialisé. Après de longs mois d'efforts, les participants décidèrent de créer un fonds d'aide spécial d'un milliard de dollars, un fonds commun destiné à réduire les fluctuations des prix des matières premières de base, et... de poursuivre le dialogue dans le cadre des Nations unies. Aucun accord ne fut possible, ni sur le prix du pétrole, ni sur la question de l'approvisionnement en énergie, ni sur les dettes. De nombreux et irréductibles clivages apparurent, le principal à propos de l'objet même des négociations. Les pays du Nord, obsédés alors par la crise du pétrole, souhaitaient faire du problème de l'énergie le point essentiel de la conférence, tandis que les pays du Sud voulaient « globaliser » les négociations, et discuter de l'ensemble des freins au développement.

Clivages aussi entre les pays industrialisés (États-Unis – CEE), et entre les États de la Communauté européenne. Si, au *sommet de Cancun* (Mexique), qui rassembla, en octobre 1981, 8 pays développés, 13 en voie de développement et la Chine, on constata un certain progrès des idées d'interdépendance (notamment énergétique) et de globalisation des négociations (dans le cadre des CNUCED), le camp des pays industrialisés parut néanmoins toujours divisé. L'absence de représentants du bloc soviétique contribua à entraver tout processus décisionnel d'ensemble.

Dans cette amorce de dialogue Nord-Sud, les résultats les plus encourageants furent peut-être obtenus lors des *conventions de Lomé* (Togo). Dès la première d'entre elles, signée le 28 février 1975, entre la CEE et 35 pays d'Afrique, des Caraïbes et du Pacifique (ACP), et garantissant pour cinq ans la stabilité des recettes d'exportation, l'accord fut justement salué par Claude Cheysson, ministre français des Affaires étrangères, comme « unique au monde, unique dans l'histoire. C'est la première fois qu'un continent entier se lie collectivement, après avoir négocié un ensemble de problèmes complexes, avec des pays industrialisés ». Une seconde convention (1er janvier 1981) permit à la quasi totalité des exportations des 60 États de l'ACP de pénétrer en franchises à l'intérieur de la CEE. Une aide de 7200 millions de dollars fut prévue pour la période 1981-1985. Avec l'entrée en vigueur, en janvier 1986, de la troisième convention, dotée de 8,5 milliards d'écus pour cinq ans, le système qui concourt à stabiliser les exportations des produits primaires des pays associés (le « stabex ») devait être encore amélioré. Considérés par une majorité de pays du monde comme « une esquisse d'un modèle de coopération Nord-Sud », les accords de Lomé doivent aussi être appréciés comme une des rares victoires des pays industrialisés sur leurs différends (opposition entre les conceptions mondialistes et régionalistes de l'aide au Tiers Monde à l'intérieur de la CEE) et leurs rivalités (CEE-États-Unis).

En dépit de ces efforts, et, parfois d'encourageantes avancées, les années 1980 furent, néanmoins, pour le Tiers Monde, bien davantage dominées par les tensions et les conflits, que par les accords.

2. UN MONDE À HAUTS RISQUES CONFLICTUELS

Sans sombrer dans un déterminisme trop simpliste, on observe que les grandes aires conflictuelles des années 1970-1980 correspondent généralement à d'anciennes possessions coloniales européennes situées dans des secteurs stratégiques de première importance, tant pour l'approvisionnement énergétique que pour la domination militaire. Constater ce fait, c'est déjà attribuer aux convoitises et aux rivalités des puissances extérieures (celles de l'époque coloniale et les grandes puissances actuelles) une responsabilité majeure. Toutefois, une approche plus directe révèle l'existence dans ces zones d'une multiplicité de problèmes internes (ethniques, religieux, politiques, économiques…) qui, à l'évidence, ont contribué notablement à les fragiliser. À cet égard, le Moyen-Orient est exemplaire.

© ARMAND COLIN. La photocopie non autorisée est un délit

2.1. Le Moyen-Orient

Durant les dernières décennies, l'intérêt stratégique et économique de ce vaste carrefour qu'est le Moyen-Orient arabe reliant l'Europe, l'Asie orientale et l'Afrique, recélant 25 % et 54 % du total des réserves mondiales de gaz naturel et de pétrole, n'a cessé de croître, comme n'ont cessé de s'y développer les tensions de tous ordres et les guerres les plus meurtrières : guerre du Liban, « révolution iranienne », guerre Irak-Iran, problème palestinien...

2.1.1. Le temps de la revanche...

En moins de huit ans (1973-1980), le monde arabe passa de l'exaltation à l'abattement, de la confiance au découragement. La guerre du Kippour, en effet, inaugura une brève mais extraordinaire période gratifiante pour l'opinion arabe. Même si, sur le plan militaire, elle ne représenta qu'une « semi-victoire », elle suffit en quelques heures à effacer le souvenir de la défaite cuisante infligée en 1967 par les Israéliens ; elle manifesta au monde entier ébahi les progrès et l'efficacité des armées arabes proche-orientales. L'arme du pétrole vint parachever ce retournement complet de situation.

Diplomatiquement, la position du monde arabe se trouva très renforcée. Les deux Grands adoptèrent à son égard une politique souple et conciliante, plus respectueuse des « naturels » nationaux et des indépendances. La diplomatie kissingerienne des « petits pas » qui visait, sans délaisser Israël, à étendre l'influence américaine au Proche-Orient s'imposa comme la plus réaliste. Dès le printemps 1974, les États-Unis avaient renoué les relations avec l'Égypte, et obtenu la levée de l'embargo sur le pétrole ; Nixon recevait alors « un accueil délirant au Caire, somptueux à Djeddah, réservé à Damas, circonspect à Jérusalem, et chaleureux à Amman... » (*Universalia* 1975). Quant à l'URSS, obligée par suite de la défection de l'Égypte d'adopter une nouvelle stratégie, elle s'efforça de gagner les faveurs de la Syrie (livraison de Mig 23 en avril 1974), de l'Irak, et de renforcer les liens avec la Libye, le Yémen du Sud, la Somalie et l'Algérie. Ce fut donc l'ensemble du monde arabe qui, pour des raisons économiques et stratégiques, se trouva alors l'objet principal des assauts diplomatiques des deux grandes puissances. Ce fut, de même, la crise d'octobre 1973 qui « inaugura véritablement le dialogue euro-arabe » (D. Chevallier) par l'intermédiaire de la CEE et de la Ligue des États arabes. Ce fut, elle aussi, nous l'avons vu, qui fut à l'origine du « dialogue Nord-Sud ». Par rapport aux autres pays en voie de développement, les États arabes s'affirmèrent alors, par la soudaine richesse de certains d'entre eux, et par le poids diplomatique pris par l'ensemble, comme des leaders et souvent comme des bienfaiteurs.

Parallèlement, *à l'intérieur du camp arabe,* on enregistrait avec satisfaction et espoir, les efforts unitaires tendant à regrouper sous une forme économique (OPAEP : *Organisation des pays arabes exportateurs de pétrole,* créée en 1968, autonome de l'OPEP), ethnique (*Ligue arabe*), religieuse (*conférences islamiques*) ou politique, une partie ou la totalité des États arabes. Le colonel Kadhafi qui, se situant dans la trajectoire nassérienne, avait donné à la révolution libyenne comme objectif essentiel de parvenir à l'unité arabe, seule capable de mettre fin à l'État d'Israël, multiplia les initiatives. Après la Charte de Tripoli (1969-1970) liant la Libye, l'Égypte, le Soudan et la Syrie, ainsi que la création en 1971 de la Fédération des Républiques arabes (Égypte, Libye, Syrie), il proposa en 1972 la « fusion totale » entre l'Égypte et la Libye, puis en 1974 entre la Tunisie et la Libye. Ces tentatives furent autant d'échecs que Kadhafi expliqua par le nationalisme des gouvernements, mais elles prouvèrent que le grand rêve unitaire arabe n'était pas mort et faisait encore vibrer les foules, sinon les dirigeants.

2.1.2. ...et le temps des désillusions

Pour le monde arabe, la satisfaction procurée par la guerre du Kippour et ses incidences économiques, ainsi que l'exaltation suscitée par le renouveau islamique furent de courte durée. Les déceptions s'abattirent de toutes parts. L'arme du pétrole, en qui certains avaient vu l'arme absolue pour faire plier l'Occident pro-israélien et pour contribuer à lutter contre le sous-développement, se révéla en grande partie inefficace.

La concertation euro-arabe, par exemple, ressembla très vite à un dialogue de sourds, les États de la CEE ne voulant s'intéresser qu'au problème du pétrole et des avoirs financiers des pays de l'OPEP, alors que les États arabes auraient souhaité un engagement net et actif à propos du problème palestinien... Des énormes profits amassés par les producteurs de pétrole, les pays arabes non (ou faibles) producteurs n'eurent que des miettes, tandis que *les autres États du Tiers Monde* (à qui l'OPEP refusa d'accorder un prix préférentiel) *subirent de plein fouet la détérioration de leurs balances commerciales.* Tel ne fut pas le cas des pays industrialisés qui parvinrent, tant bien que mal, en diversifiant leurs sources d'approvisionnement et par le jeu de leurs exportations, à maintenir le cap.

Dans les pays arabes, les vrais gagnants du *boom* pétrolier furent, en définitive, très peu nombreux.

L'Arabie saoudite se tailla la part du lion ; en un an (1973-1974), son PNB augmenta de 250 % ! Sa situation au Moyen-Orient devint très vite prééminente. En Occident, les États industrialisés s'entre-déchiraient pour tenter d'arracher ses fabuleux marchés, plongeant le pays – comme tous ceux qui bénéficiaient de la rente pétrolière – dans une position de dépendance technologique des plus nocives.

En ce qui concerne les efforts de rapprochement et d'unification entre États arabes, l'arrêt par Sadate, à la frontière égyptienne, en juillet 1974, des 20 000 « marcheurs de l'unité » envoyés par Kadhafi pour hâter la réunion avec l'Égypte mit fin aux espoirs de fusion totale. Les années suivantes virent, au contraire, se distendre les liens de solidarité économique et politique, qui avaient semblé se renforcer lors des événements de 1973. On assista alors, au sein du monde arabe, à une division entre modérés et faucons. La fixation des prix du pétrole par l'OPEP révéla la force des oppositions entre des États comme l'Arabie saoudite, soucieux de ménager les intérêts des économies occidentales, et ceux comme l'Iran et la Libye, décidés à profiter au maximum de la manne pétrolière.

Du point de vue strictement politique, on retrouva ce même clivage, qui se radicalisa à partir de 1977 lorsque Sadate accepta de se rendre à Jérusalem pour discuter, sans préalable, de la paix au Proche-Orient. Accusée de trahir la cause palestinienne[36], l'Égypte fut mise au ban d'infamie lors d'un sommet arabe restreint à Tripoli (1-5 décembre 1977), tenu par la Syrie, l'Algérie, la Libye, le Yémen du Sud et l'OLP. Elle décida aussitôt de rompre ses relations avec ces pays. Un an plus tard (2-5 novembre 1978), le *IXe sommet arabe à Bagdad* rejeta les accords signés à Camp David par Israël et l'Égypte, suspendit cette dernière de la Ligue arabe, et transféra

© ARMAND COLIN. La photocopie non autorisée est un délit

42   *Cf.* troisième partie, Palestine, p. 326.

son siège du Caire à Tunis. Dans le monde moyen-oriental, une telle rupture fut vécue comme un désastre pour la cause arabe. Déjà, les heurts sanglants qui, en avril 1975, avaient opposé Phalangistes et Palestiniens près de Beyrouth, et au printemps suivant (fin mai 1976), toujours au Liban, ces mêmes Palestiniens aux Syriens, avaient mis à mal la solidarité arabe. L'attaque de l'Iran, le 22 septembre 1980, par l'armée irakienne, qui inaugura l'un des conflits les plus meurtriers de la période contemporaine, consacra la désagrégation du bloc arabe.

2.1.3. Quatre grands types de situations conflictuelles

Affaibli par ce contexte international défavorable, le Moyen-Orient n'était guère à même de résister à la poussée de multiples courants internes générateurs de bouleversements et de conflits.

• *La poussée de l'intégrisme religieux*

L'accroissement du capital de confiance obtenu par le monde arabe à l'occasion de la guerre du Kippour et de ses implications pétrolières se conjugua avec un *renouveau de l'islam* politique. Perceptible dès la fin des années 1960, notamment après le désastre de 1967, qui, en Égypte et en Syrie, bouleversa les consciences et incita les populations à chercher dans l'Islam des réponses à leurs interrogations, ce retour aux racines religieuses ne fut pas seulement le fait des groupes radicaux intégristes qui, tels les *Frères musulmans*, désiraient bâtir un « ordre social et politique islamique », mais aussi d'intellectuels progressistes et d'héritiers du nassérisme, soucieux de mieux lier le « socialisme arabe » et l'Islam.

Au début des années 1970, les dirigeants égyptiens, tout comme les leaders laïques du parti Baath en Syrie, durent tenir compte de ces nouvelles aspirations : la constitution égyptienne, élaborée en 1971, reconnut le droit islamique comme « l'une des sources principales de la législation » ; la construction de mosquées et d'oratoires reprit en Syrie… En mai 1971, se réunit la première conférence islamique, rassemblant 46 États afro-asiatiques. Trois ans plus tard (février 1974) à Lahore, lors de la seconde conférence, le colonel Kadhafi, qui semblait alors avoir choisi pour son pays la voie musulmane intégriste, reçut un accueil triomphal. En réalité, la remise en cause totale d'un État au nom de l'Islam ne fut pas le fait de la Libye mais de l'*Iran*, lorsque le 2 décembre 1979, une dizaine de mois après l'effondrement du régime impérial du Châh (février 1979) – accusé d'avoir sacrifié les intérêts du peuple au profit de ceux des impérialistes étrangers, d'avoir eu recours à la terreur policière, et surtout d'avoir renié les valeurs de l'Islam en cherchant à les remplacer par celles de l'Occident – fut votée la constitution de la nouvelle République islamique, qui reconnaissait l'origine divine du pouvoir et la soumission du peuple au Coran, à la « Tradition », aux Ulemas (docteurs de la loi) et à l'imam Khomeiny[43]. Cette poussée islamiste acheva de déconcerter le monde extérieur, et, souvent, de l'inquiéter.

Dès novembre 1979, en effet, un groupe armé, de tendance « mahdiste », occupait la grande mosquée de La Mecque, tandis que le gouvernement syrien – issu de la majorité alaouite, pratiquant une des variétés du chiisme – devait faire face durant trois ans à une série de troubles et d'attentats (dont le soulèvement de la ville de Hama en février 1982) inspirés par les *Frères musulmans*, intégristes sunnites. En Égypte, la *chari'a* (loi musulmane) devenait, à la suite d'une réforme constitutionnelle (mai 1980), « la » source principale de la législation ; en 1981, des incidents

---

43 *Cf.* troisième partie, Iran, p. 292.

éclataient au Caire entre musulmans intégristes et coptes, aboutissant à l'arrestation pour « sédition confessionnelle » de plus de quinze cents personnes ; le 6 octobre, le président Sadate était assassiné, à la suite d'un complot fomenté par les *Frères musulmans*, pour le punir – entre autres motifs – d'avoir signé la paix avec Israël.

• *Les résurgences des particularismes ethniques et confessionnels*

Ainsi, après l'euphorie du début des années 1970, où étaient réapparus les grands rêves panarabes et panislamistes, le monde moyen-oriental se retrouvait dix ans plus tard plongé dans la division et les déchirements. Les multiples particularismes communautaires – ethniques et confessionnels – que la poussée nationaliste unitaire avait fait quelque peu oublier, resurgissaient soudain, tels des vieux démons, plus vifs et plus radicaux que jamais. Longtemps facteur de richesse, l'hétérogénéité religieuse (coexistence des trois religions monothéistes – juive, chrétienne et musulmane) avec notamment les deux grands courants islamiques sunnite et chiite, mais aussi de nombreuses sectes (Wahabites, Alaouites, Druzes, Zaidis, Sanoussis, Mahdistes, Ismaélites, Khâridjites...) s'affirmait à nouveau comme un ferment de division, contribuant à dresser des États les uns contre les autres, et à attiser les guerres civiles.

À elle seule l'affaire libanaise illustrait toutes les conséquences tragiques des oppositions et de l'intolérance entre les communautés chrétienne, sunnite, chiite et druze. En avril 1975, un massacre de Palestiniens par des phalangistes déclenchait au *Liban* une guerre civile atroce, qui allait faire le jeu de la Syrie (dont les troupes interviennent en mai 1976), et être à l'origine, avec l'offensive israélienne de juin 1982, de la *cinquième guerre du Proche-Orient*[44].

Face à cette explosion des solidarités communautaires locales qui les constituaient, les États nationaux apparaissaient démunis et souvent impuissants. Fondés sur des bases territoriales peu solides – frontières mouvantes au gré des colonisations ottomanes et occidentales – ces États, dont les régimes avaient été fréquemment établis par la violence de quelques minorités, étaient bien mal armés pour résister aux courants centrifuges qui s'y déchaînaient. Rares étaient les pays épargnés par ces forces déstabilisatrices. En l'absence de pouvoir central et d'armée nationale, l'État libanais volait en éclats dès 1975. La Jordanie, du fait de la prolongation de la présence d'Israël, renonçait peu à peu – officiellement en août 1988 – à la Cisjordanie. L'Irak était en proie aux revendications kurdes, aux antagonismes entre chiites et sunnites, et aux prétentions iraniennes sur le Khouzistan.

• *Les rivalités inter-étatiques*

Plusieurs de ces États moyen-orientaux – et non des moindres – affaiblis par la poussée des revendications minoritaires (sociales, confessionnelles ou politiques) étaient alors gravement atteints. Dès le tout début des années 1980, s'opérèrent de ce fait d'importants reclassements.

L'*Égypte* ne put plus prétendre à un quelconque leadership, considérablement amoindrie par ses problèmes internes (démographie galopante, énorme endettement, montée de l'intégrisme...) et surtout par la signature de l'accord de Camp David, tache indélébile aux yeux de la communauté arabe.

La *Syrie* d'Hefez El Hassad, qui se voulait l'arbitre et le gardien de la cause arabe, voyait sa crédibilité très entamée par son combat au Liban contre les Palestiniens, et par son soutien de l'Iran khomeynyste en guerre contre l'Irak.

© ARMAND COLIN. La photocopie non autorisée est un délit

44 *Cf.* troisième partie, Liban, p. 300.

Ces deux dernières puissances – *l'Iran et l'Irak* – rivales pour le contrôle du golfe arabo-persique et totalement antagonistes dans le choix de leur régime (« république islamique » pour l'une[45], régime laïque pour l'autre) – amorçaient, en septembre 1980, une terrible guerre de huit années, qui devait les saigner et épuiser leurs ressources matérielles.

• *La guerre Irak-Iran (1980-1988)*

Deux causes principales expliquent ce conflit qui provoqua la mort d'un million de personnes environ :

1. Un vieux différend territorial entre les deux pays (possession du bras du fleuve Chatt-el-Arab, au sud du confluent du Tigre et de l'Euphrate).

2. Une très vive hostilité entre le régime laïque de Saddam Hussein et la « république islamique » de Khomeiny, qui incita le second à propager son message révolutionnaire au sein de la vaste communauté chiite irakienne, et le premier, à « libérer » les Arabes sunnites du Khouzistan iranien (région de surcroît bourrée de pétrole) de la domination persane et chiite.

Les opérations se déroulèrent en trois grandes phases :

1. *Attaques irakiennes* (septembre 1980-mars 1982).
   Le 22 septembre 1980, après de multiples incidents frontaliers, l'armée irakienne pénètre en Iran, attaque des installations aéroportuaires, et continue sa lente progression jusqu'en 1982.
2. *Contre-offensives iraniennes* (mars 1982-avril 1984).
   Au printemps 1982, l'Iran se lance dans la reconquête de tout son territoire, et à partir de juillet 1982, pénètre dans la partie méridionale de l'Irak.
3. *Nouvelles tactiques irakiennes et internationalisation du conflit* (avril 1984-août 1988).

À compter d'avril 1984, les Irakiens inaugurent deux nouvelles tactiques – reprises par les Iraniens – qui sont développées durant les quatre années suivantes :

– *la guerre des villes :* bombardements par missiles, pendant plusieurs semaines ou mois, des villes ennemies (Bagdad, durement touchée en septembre 1986, Téhéran, en février 1988...) ;
– *la guerre des pétroliers :* attaques, dans le golfe Persique, des navires transportant du pétrole acheté à l'adversaire (plus de 500 bâtiments de commerce atteints jusqu'en juillet 1988). Cette guerre du pétrole provoque les réactions des pays industrialisés (États-Unis, Grande-Bretagne, France, URSS) qui dépêchent des forces navales pour tenter de maintenir une navigation libre. De nombreux incidents éclatent dont la destruction par un croiseur américain, le 3 août 1988, d'un Airbus civil iranien.

Après avoir lancé d'amples offensives – victorieuses, mais très coûteuses en vies humaines de part et d'autre (65 000 morts et blessés en cinq semaines en janvier 1987, lors de l'approche vers Bassora) – l'Iran subit des revers décisifs à partir d'avril 1988, et dut céder la plupart de ses positions sur le territoire irakien. Le 19 juillet 1988, le gouvernement de Téhéran accepta la résolution 598 de l'ONU qui, prise un an plus tôt, exigeait un cessez-le-feu immédiat. Celui-ci devint effectif

---

45 *Cf.* troisième partie, Iran, p. 292.

le 20 août, après l'arrivée de 350 observateurs militaires onusiens. De difficiles pour-parlers s'ouvrirent alors à Genève.

Ce conflit, outre les énormes pertes humaines, entraîna dans les deux camps d'importantes conséquences économiques et politiques[46]. Sévèrement éprouvés par l'effort de guerre, les deux pays accrurent leur dépendance. Par ailleurs, le pouvoir politique ne cessa de se durcir et de se personnaliser. Au cours de ces huit années, cette guerre acharnée – entretenue en armes perfectionnées par les grandes puis-sances – devint l'une des bases des deux régimes, servant d'exutoire aux difficultés internes et à la dictature des pouvoirs, et de catalyseur à la ferveur révolutionnaire, au point de rendre problématique la survie de ces régimes une fois la paix enfin revenue.

• *Les dissidences nationalistes*

Parmi maintes minorités ethniques proche-orientales (Turkmènes, Baloutches, Azerbaïdjanais, Assyriens, Chaldéens...) estimant leurs droits mal respectés ou bafoués, trois ont posé le problème de l'autonomie, et de ce fait, ont été l'objet d'une dure répression de la part des pouvoirs centraux.

Pour la grande majorité des *Palestiniens*[47] vivant dans l'État d'Israël, comme pour les réfugiés – presque aussi nombreux – vivant précairement en Jordanie, en Syrie, au Liban ou dans d'autres États arabes, la fin des années soixante est marquée par la création de mouvements de résistance, regroupés sous l'égide de l'OLP. Désormais, par la participation aux guerres israélo-arabes et par des actions terro-ristes, il s'agit d'obtenir « la libération de la Palestine » (Charte de l'OLP, juillet 1968). À compter de 1973, les dirigeants de l'OLP – notamment le leader Yasser Arafat – tentent, tout en poursuivant la lutte armée, de populariser la cause palestinienne auprès des États occidentaux.

Les *Kurdes*[48], minorité ethnique la plus forte du Proche-Orient (vingt millions environ de personnes) se montrent également très combatifs. Ils continuent à mani-fester leur refus absolu d'assimilation par les États sur lesquels ils ont été dispersés (Turquie, Iran, Irak, Syrie, URSS), mais ils se heurtent à la collusion de ces derniers, et leur cause pâtit beaucoup de l'absence d'une tactique unitaire dans le conflit Irak-Iran.

Beaucoup moins nombreuse au Proche-Orient que les Kurdes, mais tout aussi éclatée, la *minorité arménienne*[49], massacrée par les Turcs entre 1915 et 1918, s'ef-force aussi de résister à l'assimilation, notamment par des actions terroristes violentes.

2.2. L'Afrique

Alors que l'Afrique n'avait joué longtemps qu'un rôle secondaire dans le système des relations internationales, ce continent devient, à compter du milieu des années 1970, l'un des principaux enjeux. La rivalité Est-Ouest y trouve un nouveau et vaste champ d'action, en raison des multiples atouts économiques (richesses en matières premières stratégiques : cobalt, chrome, manganèse, platine... et en minerais

---

46 *Cf.* troisième partie, Iran, p. 292.
47 *Cf.* troisième partie, Palestine, p. 326.
48 *Cf.* troisième partie, Problème Kurde, p. 298.
49 *Cf.* troisième partie, Arménie, p. 259.

© ARMAND COLIN. La photocopie non autorisée est un délit

précieux : or, argent, diamant…), des positions géostratégiques de première importance, ainsi que de la vulnérabilité de cet immense ensemble (sous-développement très accentué de nombreuses zones, fragilité des États, force des antagonismes…).

2.2.1. L'extrême fragilité des États

Un quart de siècle après la première vague de décolonisation, la faiblesse fondamentale du monde africain, celle qui le paralyse et le rend très dépendant, demeure d'ordre économique. Après avoir publié en 1962, *L'Afrique noire est mal partie*, l'agronome français René Dumont pouvait intituler, dix-huit ans plus tard, un nouveau bilan : *L'Afrique étranglée…* Selon lui, « deux décennies de développement annoncées à grands fracas aux Nations unies, répercutées à travers le monde riche par les mass media » n'avaient abouti qu'à un cinglant échec dans presque tous les domaines : une malnutrition accrue, un chômage toujours plus virulent, un pillage croissant par l'Occident…

Sans sombrer dans le catastrophisme, mais en tenant compte des effets très nocifs produits par la mauvaise conjoncture mondiale, on doit admettre que *l'Afrique des années 1980 réunit sur elle toutes les malédictions du Tiers Monde*: un taux de mortalité infantile record (sept fois plus élevé qu'en Europe), un revenu annuel par tête d'habitant le plus faible du monde, une production industrielle infime (0,9 % de la production mondiale), un endettement relativement faible (mille milliards de dollars à la fin de 1986, soit un dixième de la dette mondiale), mais insupportable par rapport aux recettes extérieures (pour les 39 pays les plus pauvres du continent, le total de la dette représente 350 % du montant des exportations !)… C'est encore en Afrique que l'on devait enregistrer, consécutivement au second choc pétrolier et à la hausse des taux d'intérêt, la baisse la plus marquée du développement économique avec une chute du taux de croissance annuel de 4,9 (1968-1979) à 1,4 (1979-1986).

Parmi les *multiples causes* susceptibles d'expliquer cette fragilité économique, l'impuissance, pour les uns, l'incapacité, pour les autres, des régimes politiques africains sont souvent citées. Il est certain que le morcellement en une soixantaine d'États – héritiers le plus souvent de partages coloniaux – aux structures et aux régimes mal assurés constitue, dans tous les domaines, un sérieux handicap. Les pratiques politiques, qui se sont développées au lendemain de la décolonisation, n'ont pas en effet évolué de manière fondamentale. Domine toujours, dans les années 1970-1980, comme système politique, une espèce d'État hybride que les élites africaines ont façonné après avoir dû renoncer – ne serait-ce qu'en raison de la multiplicité ethnique – à leur rêve initial de substituer un « État nation » à l'« État colonial ».

Ces « proto-nations » – comme les désigne Jean Ziegler – ont non seulement conservé des liens de dépendance étroits avec les anciennes métropoles et les puissances étrangères, mais ont trouvé commode d'utiliser à leur profit les appareils d'État autoritaires forgés pendant l'ère coloniale. Quelle que soit leur tendance idéologique – modérée ou progressiste – ces régimes post-coloniaux ont conforté peu à peu des systèmes autoritaires – ou carrément dictatoriaux – avec instauration d'un parti unique et sacralisation du chef de l'État, devenu « véritable monarque présidentiel ou sultan républicain » (J. du Bois de Gaudusson).

De telles pratiques, qui empêchent toute compétition politique et toute transmission naturelle du pouvoir, ainsi que les difficultés à élaborer un type de développement économique adapté à chaque pays, ont contribué – avec les pressions extérieures et les antagonismes ethniques internes – à créer dans ces États *une situation de « crise permanente » durable et généralisée* (E. M'Bokolo) ; celle-ci se manifeste par des troubles sociaux, des guerres civiles, des interventions militaires, et des séries de coups d'État. La liste de ces derniers est impressionnante puisqu'elle intéresse la moitié des États africains depuis l'indépendance. Même si certaines successions – comme celle de Leopold Senghor au Sénégal en 1980, ou celle d'Ahamadou Ahidjo au Cameroun en 1982 – ont pu s'effectuer par simple démission du titulaire, force est de constater la permanence de la pratique du coup d'État ; au Liberia et en Guinée-Bissau en 1980 ; en République centrafricaine et au Ghana en 1981 ; au Tchad en 1982 ; au Burkina Faso en 1983 ; en Guinée, en Mauritanie en 1984 ; au Soudan, au Nigeria en 1985 ; au Lesotho, en Ouganda en 1986 ; au Burkina Faso, au Burundi, en Tunisie en 1984…

Faut-il s'étonner dans de telles conditions, que ces « proto-nations », qui tout en possédant une identité collective n'expriment qu'une « souveraineté fictive », n'aient pu mieux répondre au souhait de N'Krumah : « L'Afrique doit s'unir » ? Nous avons rappelé – au début de ce chapitre – les espoirs et les déceptions suscités par la création de l'Organisation de l'unité africaine (OUA, 1963), qui, en proclamant l'intangibilité des frontières héritées de la colonisation, n'a fait que conforter le système étatique en place, et n'a su éviter ni la balkanisation du continent, ni le nouveau découpage en zones d'influence par les superpuissances des anciennes métropoles.

2.2.2. La convoitise des « Grands »

Sans aller jusqu'à évoquer un Yalta africain, on observe, depuis au moins le milieu des années 1970, une nette augmentation du nombre des interventions en Afrique, de la part des ex-puissances coloniales ainsi que de l'Union soviétique et de ses alliés. Aux accords de coopération technique, financière et économique, déjà effectifs depuis la décolonisation, se sont ajoutées les ventes d'armes (triplement du montant des armes achetées par l'Afrique dès les années 1975-1977 par rapport aux années 1972-1974), et surtout les actions militaires directes : forces françaises à Djibouti (1976-1977), au Zaïre (1977-1978), au Tchad (depuis 1968), en République centrafricaine (1979)… ; forces soviéto-cubaines en Angola (1975-1976), en Éthiopie (1977)… En quelques années, l'Afrique est devenue une nouvelle zone de compétition entre les deux blocs.

Dans ce nouveau rapport de forces, l'un des faits les plus marquants, durant ces années, tient à la *modération de l'engagement américain*, qui peut avoir une triple origine : 1 – l'idée, bien ancrée outre-Atlantique, que les États africains relèvent essentiellement de la responsabilité des pays européens alliés des États-Unis ; 2 – le sentiment que l'Afrique n'a pas une importance capitale dans la confrontation avec les Soviétiques ; 3 – les contradictions entre les partis républicain et démocrate (sensibles pendant les présidences Reagan), qui, elles-mêmes, reflètent les hésitations d'une opinion publique – bouleversée par le Vietnam – oscillant entre le moralisme et le réalisme. De ce fait, les interventions américaines sont apparues limitées et ambiguës : le soutien au FNLA et à l'UNITA en Angola (en 1975-1976) ne dépassa pas une aide financière. Le Maroc fut aidé militairement dans sa lutte contre le Polisario, mais la Somalie ne reçut pratiquement rien après sa rupture avec l'URSS. Vis-à-vis de l'Afrique du Sud, les positions se révélèrent peu nettes : le président Reagan affirmant (22 juillet 1986) que l'Occident commettrait un « acte de folie historique » en rompant avec le régime de Pretoria, alors que peu après (le 15 août), le Sénat votait de sévères sanctions économiques…

© Armand Colin. La photocopie non autorisée est un délit

La Grande-Bretagne mena également une politique discrète, mais, beaucoup mieux implantée que les États-Unis, elle parvint à de meilleurs résultats, tant du point de vue financier (investissements) que politique (rôle de médiation lors de la transition du Zimbabwe vers l'indépendance en 1980). Toutefois, elle enregistra une indéniable perte d'influence en raison des difficultés de la livre sterling (dévaluée en 1967) et surtout des positions de Margaret Thatcher à l'égard de l'Afrique du Sud, jugées beaucoup trop conciliantes par des États tels que le Nigeria et le Ghana. L'opposition forcenée du Premier ministre britannique à des sanctions économiques suscita en 1986 l'une des plus graves crises que le Commonwealth ait jamais connue (boycott des Jeux d'Édimbourg par 32 États sur 58).

Dans le camp occidental, la *France* fut le seul pays à donner une priorité – absolue à l'époque du général de Gaulle, relative ensuite – aux affaires africaines. En dépit de certaines périodes de flottement (1973-1975, par exemple), le discours politique en direction de l'Afrique est d'*une remarquable continuité, du général de Gaulle à François Mitterrand* (D. Domergue-Cloarec). Il s'agit de maintenir la présence de la France sur la scène internationale grâce à un réseau serré d'alliances (politiques, économiques et militaires) conclues avec les pays africains modérés. En dépit de la multiplicité des intervenants et du poids du président de la République, cette politique ne connaît pas de remise en cause décisive, y compris avec, en 1981, l'arrivée de la gauche au pouvoir.

L'évolution principale devait porter sur l'élargissement du champ d'action. Alors que celui-ci, durant la période gaulliste, s'était exclusivement limité aux États de l'ancienne Afrique française, il s'élargit ensuite, en particulier sous la présidence de Valéry Giscard d'Estaing, à d'autres États : anciennes possessions belges (Zaïre, Rwanda et Burundi) et portugaises (Sao Tomé, Guinée-Bissau). De même, si les formes d'aide culturelle, technique et économique ont pu varier (de la « communauté française » aux conventions de Lomé) et, en volume, ont pu diminuer à certaines périodes, l'effort en direction des pays d'Afrique se maintint (aide manuelle de près d'un milliard de dollars, présence de 200 000 coopérants...).

Persistance aussi, malgré les changements de gouvernement, de la politique de coopération militaire (bases françaises au Sénégal, en Côte-d'Ivoire, en République centrafricaine et à Djibouti), se traduisant par des interventions directes en terre africaine, à la demande des autorités légales (Djibouti 1976-1977 ; Mauritanie 1977-1978 ; Zaïre 1977-1978 ; République centrafricaine 1979 ; Tchad 1968-1980, 1983-1988). En dépit des vives critiques et des accusations de néo-colonialisme, émanant de l'extrême-gauche française et des États progressistes du Tiers Monde, la France continua, durant les années 1980, à se considérer en Afrique comme un frein efficace à la déstabilisation, et comme le principal rempart à l'expansionnisme du bloc soviétique.

Nous avons déjà plusieurs fois, dans ce livre (notamment p. 77 ; p. 87-88), fait allusion à l'*entrée* – fracassante pour les deux premiers États, discrète pour le troisième – *de l'URSS, de Cuba et de la Chine sur la scène africaine, au milieu des années 1970*, à la faveur des troubles de la décolonisation des territoires portugais et des révolutions malgache et éthiopienne. En fait, il s'agissait là non pas d'une première mais d'une seconde entrée. Déjà, en effet, au début des années 1960, des tentatives avaient eu lieu au lendemain de la première grande vague de décolonisation. À Pékin, à Moscou comme à La Havane, on avait estimé que la situation africaine était alors « éminemment favorable à la révolution ». Malgré de gros efforts (réalisations, par l'URSS, de 350 projets dans une dizaine de pays africains – Algérie, Guinée, Ghana, Éthiopie,

Maroc, Mali, Soudan... – entre 1954 et 1962), le soutien à des régimes instables, idéologiquement peu sûrs, se révéla décevant et provoqua une révision radicale de la politique.

À la « vision presque sentimentale de l'Afrique » (H. Carrère d'Encausse), qui avait été celle de Khrouchtchev, Brejnev et son équipe substituèrent une vision « rationnelle », en adoptant une stratégie en deux temps : soutien des luttes de libération nationale encore en cours sur le continent africain ; soutien des gouvernements mis en place par ces mouvements révolutionnaires.

Ce plan avait l'avantage final de placer l'URSS du côté des États respectueux de l'intégrité territoriale et de la légitimité gouvernementale, principes de base de l'Organisation de l'unité africaine (OUA). Cette habileté à imposer une image positive de son interventionnisme, à profiter de l'inaction des États-Unis – paralysés par les suites de l'affaire vietnamienne – et à tirer parti au mieux du militantisme révolutionnaire cubain, permit à L. Brejnev de tailler en terre africaine, en moins de quatre ans (1975-1978), un « empire » dispersé, fragile, mais énorme, formé principalement d'un noyau de quatre États alliés, ouvertement pro-soviétiques (Angola, Mozambique, Éthiopie, Congo), et d'une constellation d'États favorables, se réclamant du marxisme (Guinée-Bissau, Bénin) ou d'un « socialisme spécifique » (Algérie, Libye...).

2.2.3. Trois grandes zones de tension et de conflits

Outre de multiples conflits ponctuels, liés à des problèmes frontaliers (Ouganda-Tanzanie en 1978, 1979 ; Burkina Faso – Mali en 1985...), ethniques (comme au Burundi[50]), ou politiques, l'Afrique des années 1970 et 80 a vu se développer trois grandes zones de haute turbulence.

• *Les pourtours du Sahara*

Les États occupant la zone de transition et de contact entre l'Afrique méditerranéenne et l'Afrique tropicale (découpée artificiellement pour les besoins de la colonisation française en grands territoires aux tracés frontaliers géométriques) ont dû faire face, au lendemain de leur indépendance, à des problèmes de tous ordres : climatiques (sécheresse et famine des années 1969-1973), économiques (plusieurs de ces États, malgré certaines richesses minérales – fer, uranium... – sont classés parmi les plus pauvres du monde), sociaux et politiques.

Deux questions, par leur complexité et la mise en cause de plusieurs pays d'Afrique du Nord et d'Afrique sahélienne, ont généré de longs et meurtriers conflits : *la question du Sahara occidental*[51], cette bande désertique étirée le long de la façade atlantique, qui a fait très tôt l'objet de revendications de la part du Maroc, de la Mauritanie et de l'Algérie ; et *la question tchadienne*[52], qui a, successivement pris la forme d'une guerre civile (1965-1975), et d'un conflit international, avec notamment l'intervention de la Libye et de la France.

Simultanément, pour des raisons, cette fois, surtout ethniques et religieuses, et sur fond de misère et de famine, se poursuit au *Soudan*[53], depuis le départ des

---

50 *Cf.* troisième partie, Rwanda-Burundi, p. 337.
51 *Cf.* troisième partie, Sahara, p. 340.
52 *Cf.* troisième partie, Tchad, p. 354.
53 *Cf.* troisième partie, Soudan, p. 348.

© ARMAND COLIN. La photocopie non autorisée est un délit

Britanniques (1955), une *très dure guerre civile* entre les populations arabes et musulmanes du Nord, et celles, noires, chrétiennes ou animistes du Sud.

- **La «corne de l'Afrique»**

Pour les pays de la « corne de l'Afrique » – ce carrefour de civilisations et de races situé dans la partie nord-orientale du continent – les années soixante et, surtout, soixante-dix, représentèrent un moment capital. Ce fut d'abord l'époque (1971-1974) de l'une des plus *terribles sécheresses* jamais connues, qui, dans la seule province éthiopienne du Wollo, fit 200 000 morts. L'extrême misère qui en résulta contribua au coup d'État qui, en 1974, déposa l'empereur Haïlé Sélassié, et mit en place une junte militaire – le « Dergue » – dirigée par le colonel Mengistu, favorable au communisme. Le mécontentement provoqué par le radicalisme des réformes ainsi que les difficultés économiques, les rivalités sanglantes entre factions révolutionnaires, le relâchement, puis la rupture des liens avec les États-Unis créèrent les conditions favorables au développement des *insurrections de l'Érythrée*[54] et de l'Ogaden[55].

La Somalie paraissait en bonne position pour tirer parti au mieux de la situation délicate traversée par l'ennemi éthiopien, et réaliser ses projets de rassemblement des peuples somalis dispersés à Djibouti, au Kenya, et surtout en Éthiopie (Ogaden). Grâce à des premiers contacts établis dès 1963, et sans cesse renforcés après le coup d'État militaire de Syaad Barré en 1969, la République somalienne devait pouvoir compter sur l'appui total de l'Union soviétique. Cette dernière, outre une aide économique et militaire considérable, se trouvait liée avec elle depuis 1974, par un traité d'amitié et de coopération, du même type que ceux passés avec l'Égypte et l'Inde. En réalité, cette alliance soviéto-somalienne était moins solide qu'elle n'y paraissait. En vue de contrebalancer l'influence soviétique, Syaad Barré n'avait pas hésité à conclure un accord d'assistance économique avec la Chine, et bien qu'étant chef d'un État non-arabe, à adhérer en février 1974 à la Ligue arabe.

De son côté, l'Union soviétique, qui n'avait jamais soutenu nettement les revendications somaliennes sur l'Ogaden, prenait de plus en plus d'intérêt à l'évolution politique de la nouvelle équipe au pouvoir en Éthiopie depuis la chute du Négus. En décembre 1976, elle signait avec elle un accord secret de coopération militaire. Pendant quelques mois, elle espéra vraisemblablement pouvoir conserver la confiance simultanée des États rivaux, en proposant un plan de confédération marxiste-léniniste, regroupant l'Éthiopie, la Somalie, Djibouti (indépendant en 1977) et le Yémen du Sud. En fait, il était déjà trop tard ; le processus de retournement complet d'alliances, en marche depuis 1974, s'acheva brutalement en 1977 : la Somalie rompit ses relations avec l'URSS et se rapprocha des États arabes modérés, notamment de l'Arabie saoudite et des États-Unis, tandis que l'Union soviétique abandonnait la Somalie pour le Yémen du Sud et surtout l'Éthiopie, n'hésitant pas à aider le colonel Mengistu à combattre la rébellion érythréenne, qu'elle avait soutenue jusque-là. Dans la corne de l'Afrique, tout fut différent désormais ; les rapports de forces s'inversèrent.

- **L'Afrique sub-tropicale et australe**

Les parties centrale et surtout australe du continent africain se trouvèrent bouleversées, à compter de 1975, par la décolonisation des deux vastes territoires

---

54 *Cf.* troisième partie, Érythrée, p. 281.
55 *Cf.* troisième partie, Somalie, p. 345.

portugais de l'Afrique sud-tropicale : *l'Angola et le Mozambique*. Il en résulta une déstabilisation immédiate et continue, du Zaïre jusqu'à l'Afrique du Sud.

Le processus d'indépendance des colonies portugaises, accéléré par l'accès au pouvoir à Lisbonne, de la gauche militaire (révolution du 25 avril 1974), intervint en 1975. Aussitôt, en Angola[56], comme au Mozambique[57], éclatèrent des luttes acharnées entre factions antagonistes, les unes soutenues par l'URSS et Cuba, les autres par l'Afrique du Sud.

Simultanément, le « glacis protecteur » établi par l'Afrique du Sud se désagrégea. Après une longue période de guérilla, la Rhodésie du Sud accéda à l'indépendance, sous le nom de *Zimbabwe*[58], en avril 1980. La *Namibie*[59] dut attendre 1990, son avenir étant très lié à celui de l'Angola voisin.

Pièce maîtresse de toute l'Afrique australe, l'État d'*Afrique du Sud*[60] s'affirme, au moins jusque vers le début des années soixante-dix, à la fois, comme la « forteresse blanche » du continent (au moyen d'une politique systématique d'apartheid), et comme sa première puissance économique et militaire. Mais, dès 1975, des bouleversements politiques et les premières difficultés économiques l'affectent profondément. Des émeutes éclatent, s'intensifient ; les pressions internationales s'accentuent. Le pouvoir blanc hésite alors, durant toute la décennie quatre-vingt, entre l'assouplissement de l'apartheid et le durcissement de ses positions.

2.3. L'Asie

Stratégiquement et économiquement, deux océans – l'Océan Indien, le Pacifique – et leurs bordures se sont confirmés, durant les années 1970 et 80, comme de nouveaux pôles de l'équilibre mondial, comparables à ce que représentèrent dans le passé récent la Méditerranée et l'Atlantique. Au sein de ces immenses espaces, qui à eux seuls, regroupent le tiers (Océan Indien) et la moitié (Pacifique) de la population mondiale, on peut isoler deux zones conflictuelles majeures : l'une correspondant à l'Asie méridionale, l'autre à l'Asie orientale.

2.3.1. L'Asie du Sud-Ouest : une zone vulnérable et convoitée

• *De multiples oppositions raciales et religieuses*

Les facteurs de vulnérabilité déjà invoqués à propos des États du Moyen-Orient et d'Afrique se retrouvent tous dans cette partie septentrionale de l'océan Indien, contribuant à en faire une zone géopolitiquement mouvante et dangereuse. Durant les vingt dernières années, on a pu y observer une recrudescence inquiétante des particularismes et des antagonismes de tous ordres, qui ont rendu précaire l'existence non seulement des gouvernements mais des États eux-mêmes.

Les *antagonismes religieux*, qui avaient été à l'origine de la formation de l'Inde et du Pakistan, en 1947, sont demeurés très vifs et générateurs de nombreux troubles. On constate, à compter des années 70, un renouveau et un raidissement religieux sensible dans les pays pratiquant l'hindouisme et surtout l'islam. Depuis 1979, la loi

---

56 *Cf.* troisième partie, Angola, p. 256.
57 *Cf.* troisième partie, Mozambique, p. 311.
58 *Cf.* troisième partie, Zimbabwe, p. 365.
59 *Cf.* troisième partie, Namibie, p. 313.
60 *Cf.* troisième partie, Afrique du Sud, p. 247.

© ARMAND COLIN. La photocopie non autorisée est un délit

coranique est devenue loi suprême au Pakistan : l'adultère est puni de mort ; les châtiments corporels et les mutilations rétablis. Dans les années 1980, les *rivalités ethniques* – qui se doublent souvent de particularismes religieux et linguistiques – n'ont toujours pas désarmé et maintiennent, dans la plupart des États de l'Asie du Sud-Ouest, un climat de tension, au point que la moindre provocation – ou action jugée telle – peut déclencher une émeute sanglante.

• *La persistance d'énormes disparités sociales*

Expliquer cependant par les seules oppositions raciales et religieuses la déstabilisation de cette zone serait faussement simplificateur. Dans ces pays, dont certains les plus pauvres du monde (Afghanistan, Bangladesh, Bhoutan, Maldives, Népal, Yémen...), la société se trouve profondément perturbée par les disparités de classes et de castes. Autour des grandes familles foncières et des couches nouvelles de la petite bourgeoisie industrielle, qui nagent dans l'aisance et souvent l'opulence, bat le flot d'un *prolétariat rural*, chaque jour plus immense, plus vulnérable aux cataclysmes naturels, plus endetté, bref, plus misérable. Si l'on excepte le cas de l'Afghanistan – qui, en 1978, a procédé à des nationalisations, à une réforme agraire, et à une remise des dettes paysannes envers les grands propriétaires – les grandes idées de réforme des structures ont été peu à peu abandonnées : en Inde à partir de 1969, au Pakistan depuis l'éviction d'Ali Bhutto... Le jeu politique n'est pas suffisamment souple pour permettre aux oppositions d'aiguillonner le pouvoir en place et de susciter des réformes de fond. Les partis dominants – même dans des États à structure démocratique comme l'Inde – s'émiettent en factions hostiles. Lorsque, aux ambitions personnelles, s'ajoutent des *rivalités tribales ou ethniques*, les confrontations peuvent tourner au carnage et à la guerre civile (10 000 morts au Yémen du Sud[61], en janvier 1986, à la suite d'un conflit entre deux tendances du Parti socialiste yéménite).

• *Violence et instabilité politique*

L'absence de traditions démocratiques, l'éclatement des antagonismes, et la crainte des classes dominantes ont fait basculer des États de l'Asie méridionale dans des systèmes autoritaires, à parti unique, appuyés sur l'armée. Comme partout ailleurs – notamment en Afrique – de tels régimes ont produit les résultats inverses de ceux promis par leurs créateurs : une recrudescence des difficultés économiques et une forte instabilité politique. C'est par cascades que, durant cette période, on dénombre les *complots, coups d'État et putschs* tant au Bangladesh, en Birmanie qu'au Pakistan. Attentats et assassinats politiques ne sont même pas exclus (présidents du Bangladesh en 1975 et 1981 ; Indira Gandhi en Inde en 1984, général Zia ul-Haq au Pakistan en 1988...). Tout se passe encore trop souvent comme si la violence restait le seul moyen de dénouer les crises, ou de changer les équipes dirigeantes. En plusieurs circonstances, le prolétariat urbain, appuyé – ou stimulé – par les intellectuels et les étudiants ne craint pas de braver un appareil militaro-policier féroce pour descendre dans la rue : au Pakistan, en août 1983, des manifestations pour le rétablissement de la démocratie ont fait 200 morts !

• *Une zone privilégiée de la rivalité Est-Ouest*

Nul doute que les deux superpuissances n'aient prêté une particulière attention à ces émeutes et à ces attentats – dont certains les accusent d'ailleurs de les avoir

---

61 *Cf.* troisième partie, Yémen, p. 362.

inspirés – susceptibles de bouleverser une zone devenue majeure dans leur lutte d'influence. Pour toutes deux en effet, comme pour l'ensemble des pays industrialisés, cette région qui contrôle le départ, à partir du détroit d'Ormuz, des *principales routes du pétrole en direction de l'Europe, de l'Afrique et du Pacifique*, est vitale. Pour l'Union soviétique, elle représente en plus un glacis potentiel lui permettant de protéger – voire de repousser jusqu'aux mers chaudes – ses frontières méridionales, et d'exercer une influence directe sur la péninsule arabique et le sous-continent indien.

Ce vieux rêve du Kremlin devait se réaliser partiellement pendant les années 1970 et 80. Les mêmes moyens que ceux utilisés en Afrique – la diplomatie et les armes – lui permirent, sinon de transformer l'océan Indien en lac soviétique, du moins d'étendre sa sphère d'influence aux principaux États. Des *traités d'amitié* furent signés avec l'Inde (1971), l'Afghanistan (1978), le Yémen du Sud (1984) ; l'armée Rouge occupa l'Afghanistan[62] à partir de décembre 1979 ; à compter du début des années 1970, la flotte russe assura une présence constante de vingt-neuf bâtiments dans l'Océan Indien, grâce notamment aux bases et points d'appui d'Aden, de Socotra (Yémen du Sud), de Bombay, Cochin, Madras, Vishakhapatnam (Inde), de Chittagong (Birmanie)...

Il fallut l'intervention soviétique en Afghanistan et la révolution khomeinyenne, pour que les États-Unis, sûrs jusque-là de pouvoir compter sur l'Iran et l'Arabie saoudite dans la zone du Golfe persique, et empêtrés par ailleurs au Sud-Vietnam, s'alarment et tentent de rééquilibrer le rapport de forces Est-Ouest en Asie méridionale. Le Pakistan devint le pivot de cette nouvelle stratégie régionale. Au contraire de l'administration Carter qui, soucieuse de se rapprocher de l'Inde et hostile à l'accès du Pakistan à l'arme nucléaire, avait supprimé l'aide économique et militaire à Islamabad en avril 1979, l'administration Reagan s'efforça d'établir les meilleures relations possibles avec la junte dirigée par le général Zia ul-Haq, et dès 1981, lui offrit une aide de 3,2 milliards de dollars sur cinq ans, avec promesse de livraison prochaine d'avions F 16. Parallèlement – et malgré les réticences de l'Inde – elle renforça de manière considérable sa base militaire de Diego-Garcia (îlot de l'Océan Indien loué en 1973 à la Grande-Bretagne pour cinquante ans) à partir de laquelle pouvaient opérer sa force d'intervention rapide, et rayonner trente-deux bâtiments.

• *Des conflits ethniques de grande ampleur*

Souvent minimisés en Occident en raison de leur complexité, de leurs implications internationales réduites et de la discrétion gênée des pouvoirs centraux, les antagonismes ethniques ont, durant les années 1970-1980, continué à alimenter des conflits d'une extrême violence. Aucun pays de l'Asie méridionale, sous une forme ou sous une autre (attentats, émeutes, exil, guerre civile...) n'a échappé à cette lèpre : la Birmanie, toujours en proie depuis 1948 le long de ses frontières aux rebellions indépendantistes des minorités Kachin (*Kachin Independance Army*, 8 000 hommes), Karen (*Karen National Liberation Army*, 3 500 à 7 000 hommes), Mon, Shân, Chin, Arakan..., réprimées avec une rare brutalité (les représailles contre l'ethnie Arakan en 1978 provoquèrent la fuite de 200 000 personnes au Bangladesh), ainsi qu'aux forces de la guérilla communiste (10 000 hommes environ) ; le Bangladesh, soumis à l'agitation des populations Garos, au Nord, Chakmas, à l'Est (rébellion en 1975) ; le Népal ; le Bhoutan ; les Maldives...

© ARMAND COLIN. La photocopie non autorisée est un délit

---

62 *Cf.* troisième partie, Afghanistan, p. 243.

Dans trois États, les troubles ont pris une ampleur exceptionnelle :

- *au Pakistan*[63], où la coexistence entre les Punjabis – 55 % de la population, maîtres de la vie politique du pays – et trois autres peuples principaux (les Sindhis au Sud-Est ; les Baloutches, au Sud-Ouest ; les Pachtounes au Nord-Ouest) s'est révélée au fil des ans difficile, et, à certains moments, impossible ;
- *en Inde*[64], qui subit les pressions de multiples minorités insatisfaites de la place réduite qui leur est accordée par la constitution. L'État du Penjab, peuplée d'une forte communauté sikh, est le siège, notamment pendant la décennie quatre-vingt de troubles extrêmement violents ;
- *au Sri Lanka*[65] (ex-Ceylan), une véritable guerre oppose alors la communauté tamoul – qui s'estime en position discriminatoire sur les plans linguistique, économique, et politique – à la majorité cinghalaise.

2.3.2. L'Asie du Sud-Est, lieu de rivalités des puissances internationales et régionales

Les modifications des rapports de forces, survenues en Asie orientale, depuis le début des années 1970, ont été considérables. On peut les apprécier à deux niveaux : celui des puissances internationales, et celui des puissances régionales.

• *Une nouvelle donne internationale*

Si le fait le plus spectaculaire dans l'Asie du Sud-Est des années soixante-dix, reste le « *désengagement* » *des États-Unis* de la péninsule indochinoise – effectif dès 1973 –, il ne faudrait cependant pas exagérer les conséquences de ce grave échec, en concluant à un effacement de l'influence américaine dans cette partie du monde. Outre ses alliances anciennes conclues (et resserrées) avec le Japon et la Corée du Sud, Washington s'est employé durant ces années charnières à nouer des contacts avec la Chine d'une part (depuis 1972), et à développer d'étroites relations avec les pays de l'ASEAN, d'autre part. En outre, des aides substantielles ont été accordées à la Thaïlande (été 1982, par exemple) et aux Philippines. Par rapport aux années 1950 et 60, on a, en fait, assisté dans cette zone à une réorganisation fondamentale des réseaux d'alliances, la Chine se retrouvant désormais aux côtés des États-Unis pour tenter d'y contrer l'expansionnisme soviétique.

Ne disposant pas de capacités économiques et militaires suffisantes pour conduire une politique d'une aussi grande envergure que celle de l'Union soviétique, la Chine a préféré essayer de calmer un peu les différends avec cette dernière (apaisement de la tension militaire entre les deux pays en 1982-1983 ; reprise en février 1987 des pourparlers sur le problème frontalier, interrompus depuis neuf ans…) et, pour mieux résister à sa poussée, trouver des appuis objectifs chez les ennemis d'hier (les États-Unis) et d'avant-hier (le Japon). En une dizaine d'années, le Japon a pris, non seulement dans la stratégie économique (contribuant pour plus du quart au commerce extérieur), mais aussi politique de la Chine, une place capitale.

Si la *politique soviétique en Asie orientale* ne fut pas sans faute, elle n'y enregistra pas moins sous Leonid Brejnev ses plus belles avancées. Son soutien au Vietnam du Nord jusqu'à sa victoire finale, son appui – plus discret – dans l'intervention au

---

63 *Cf.* troisième partie, Pakistan, p. 324.
64 *Cf.* troisième partie, Inde, p. 287.
65 *Cf.* troisième partie, Sri Lanka, p. 351.

Cambodge, son gros effort d'assistance au Laos, lui permirent de prendre en tenaille son grand rival chinois, et d'affirmer de manière incontestable son influence dans le Sud-Est asiatique. De même que Washington tenta, par le biais de l'ASEAN, de maintenir ses intérêts de grande puissance dans la région, l'Union soviétique put désormais s'appuyer sur son allié vietnamien (traité du 3 novembre 1978). Un allié pas inconditionnel, mais qui avait manifesté depuis un demi-siècle une extraordinaire capacité de résistance, et depuis 1975, une volonté déterminée d'accéder au rang de puissance régionale.

• *L'expansionnisme vietnamien*

En se fondant sur les bénéfices majeurs obtenus par l'Union soviétique à la suite de la prompte intégration des États de la péninsule indochinoise par le Vietnam, il est tentant de considérer celle-ci comme une simple opération inspirée et conduite par Moscou. Minimiser à ce point le rôle et les motivations propres de Hanoï serait une erreur. L'idée d'unifier l'ancienne Indochine pour mieux la protéger des visées expansionnistes chinoises représente certainement le projet stratégique fondamental du Vietnam, l'occupation du Sud ne constituant que la première étape, et non pas, comme beaucoup l'ont cru, l'achèvement d'un plan.

Ce processus de *réunification du Vietnam, au profit exclusif du régime de Hanoï*, fut mené à son terme avec maîtrise et rapidité[66]. Assurées de la non-intervention américaine (démission de Nixon, le 6 août 1974) et tirant parti au mieux des faiblesses et des insuffisances en tous genres du gouvernement de Saïgon, afin de justifier la non-application des accords de Paris signés le 27 janvier 1973 (qui prévoyaient, outre le cessez-le-feu, une autodétermination de la population et une réunification sous le contrôle d'une commission internationale), les forces nord-vietnamiennes se lancèrent, au printemps 1975, dans une offensive massive qui leur livra Saïgon le 30 avril. Dès la fin de 1975, sous l'égide de l'omniprésent *Parti des travailleurs du Vietnam* (ou Parti communiste), l'ajustement des structures du Sud sur celles du Nord était presque achevé. Le 2 juillet 1976, une assemblée nationale élue en avril proclamait officiellement la réunification.

La *mainmise vietnamienne sur le Laos* fut aisée. Les liens entre le Pathet Lao (principal mouvement nationaliste laotien fondé en 1945) et le Viêt-minh étaient aussi anciens qu'étroits ; ils avaient permis à ce dernier de disposer, durant les deux guerres, d'une base arrière extrêmement précieuse. Aussi, lorsqu'en décembre 1975, après l'échec complet des tentatives neutralistes menées depuis 1962 par le prince Souvanna Phouma, le Pathet Lao, dirigé par le prince Souphanouvong, prit le pouvoir et proclama la République « démocratique et populaire » du Laos, n'hésita-t-il pas à recourir à l'assistance de ses amis vietnamiens. Pour contrer la résistance anticommuniste (*Front populaire révolutionnaire pour la libération nationale*) et l'opposition des montagnards méos, Hanoï dépêcha aussitôt des dizaines de milliers de soldats (60 000 à 170 000 selon les estimations) et signa avec Vientiane en juillet 1977 un traité d'amitié et de coopération valable pour vingt-cinq ans. Simultanément, le Laos devint aussi un satellite de l'URSS qui, dès 1976, y avait amorcé l'exécution d'un programme d'assistance militaire, économique, technique et culturelle, dont l'ampleur exceptionnelle témoignait de l'intérêt particulier que Moscou lui portait.

© ARMAND COLIN. La photocopie non autorisée est un délit

---

66 *Cf.* troisième partie, Vietnam, p. 359.

Au Cambodge[67], la stratégie expansionniste du Vietnam est beaucoup plus difficile à réaliser. Durant la période des Khmers rouges, la tension entre les deux pays est
extrême ; elle s'alimente notamment des revendications territoriales de Phnom Penh
(régions montagneuses à l'est du Mékong ; une partie de la Cochinchine ; îles du
golfe du Siam...). En outre, vu de Hanoï, le régime de Pol Pot apparaît comme un
menaçant cheval de Troie au service des ambitions chinoises, aussi dangereux pour
le Vietnam que pour l'ensemble de la péninsule. La dénonciation tardive de l'étendue des massacres perpétrés par les Khmers rouges fournit au Vietnam un bon
prétexte à une intervention.

Après avoir échoué dans une tentative de coup d'État contre Pol Pot (mai 1978),
et favorisé la constitution dans le Nord-Est du pays, d'un *Front uni de salut national
du Kampuchea* (FUNSK), sous la présidence d'un ancien chef khmer rouge, Heng
Samrin, *Hanoï lança le 25 décembre 1978 une offensive fulgurante et massive contre
Phnom Penh* qui tomba le 7 janvier suivant. Aussitôt, le FUNSK prit la direction du
pays, Heng Samrin devenant président du Conseil d'État. Si, dans la capitale, le nouvel
ordre commença à régner, ailleurs, les troupes d'élite de l'armée vietnamienne se heur-
tèrent à une forte résistance des Khmers rouges. Ce fut alors (17 février 1979) que la
Chine, voulant témoigner de son soutien à ses alliés, et tenant à « donner une leçon »
à Hanoï, fit pénétrer ses troupes à l'intérieur du territoire vietnamien. Cette opération
sans vainqueur ni vaincu, volontairement limitée dans l'espace et dans le temps (termi-
née le 16 mars), donna lieu néanmoins à des combats violents (peut-être plusieurs
dizaines de milliers de morts ou de blessés de part et d'autre).

Tandis que l'équipe d'Heng Samrin, fortement aidée par l'Union soviétique,
tentait – en vain – de se faire reconnaître à l'ONU à la place du gouvernement de
Pol Pot, et s'employait à reconstruire un pays ruiné et à rassurer une population traumatisée et très méfiante, Hanoï établissait les liens les plus étroits possibles avec le
Cambodge (signature en février 1979 d'un traité de paix et d'amitié analogue à celui
passé avec le Laos) et renforçait ses effectifs militaires dans le pays (150 000 à
200 000 soldats en 1980). Simultanément, avec des soutiens de la Thaïlande, de la
Chine et, peut-être, de pays occidentaux, diverses résistances au régime pro-vietna-
mien s'organisaient et essayaient de coordonner leurs efforts.

L'une des conséquences de l'affaire cambodgienne fut d'accentuer considérablement l'évolution de *l'Association of South East Asian Nations* (ASEAN), regroupant
l'Indonésie, la Malaysia, les Philippines, Singapour, la Thaïlande et (depuis 1984)
Brunei. À ses débuts (août 1967) en effet, elle ne s'était assignée que des objectifs
commerciaux et culturels, et avait plutôt opté pour le non-alignement. Les changements importants intervenus au tout début des années 1970 (alliance entre l'Inde et
l'URSS, rapprochement de la Chine et des États-Unis), qui laissaient craindre que l'Asie
du Sud-Est fût victime de nouveaux affrontements internationaux, la poussèrent à
reprendre l'idée d'une « neutralisation » de cette zone, lancée par Abdul Razak, premier
ministre de Malaysia ; une « neutralisation » qui, outre les États de l'ASEAN, s'éten-
drait au Laos et au Cambodge. L'invasion de ce dernier pays en 1979 par les troupes
vietnamiennes interrompit le dialogue ouvert avec Hanoï, et suscita une réprobation
immédiate et active de la part de l'ASEAN (ferme condamnation publique de l'intervention ; appel à l'ONU, convocation à New York d'une conférence internationale sur
le Cambodge en 1981, soutien ouvert à la résistance khmère anti-vietnamienne...)

---

67 *Cf.* troisième partie, Cambodge, p. 269.

• *L'action déstabilisatrice des intégrismes religieux et des guérillas*

À la poussée inquiétante de l'expansionnisme vietnamien, s'ajoutent dans cette région de l'Asie orientale, de graves tensions dues aux antagonismes raciaux et religieux. Les liens, parfois très serrés, entre religion et politique y ont souvent engendré l'intolérance (montée de l'intégrisme islamique en Indonésie, heurts entre hindous et musulmans en Malaysia, insurrection indépendantiste des musulmans Moros aux Philippines[68]...). De plus, beaucoup d'États se trouvent ébranlés – et dans certains cas, minés – par des guérillas. L'Indonésie, depuis son invasion (décembre 1975) de la partie orientale de l'île de Timor[69] (jusque-là colonie portugaise) a dû faire face à une résistance acharnée du *Front révolutionnaire pour l'indépendance du Timor oriental*, qui n'a jamais accepté l'annexion, et se bat pour l'indépendance.

Plusieurs gouvernements des pays de l'ASEAN ont dû également affronter les actions déstabilisatrices de mouvements communistes souvent soutenus par la Chine : *Malayan Communist Party* (MCP), et sa fraction dissidente, le *Communist Party of Malaya (Revolutionnary faction)* (CPM-RF), qui depuis le sud de la Thaïlande harcèlent le régime de Kuala Lumpur ; *Parti communiste indonésien* (PKI), écrasé dans le sang en 1965, mais toujours considéré par le gouvernement du général Suharto comme un « danger latent », danger aggravé par les incidences sociales de la crise économique de la fin des années 1970 ; *Parti communiste thaïlandais* (PCT), qui, au moyen de ses bases laotiennes et de ses 12 000 à 14 000 combattants, a pu s'implanter dans le nord-est et le nord du pays, mais qui s'est trouvé affaibli par la création en 1979 – après l'intervention vietnamienne au Cambodge – d'un parti communiste pro-soviétique, et désorienté par la volonté de Pékin de ménager le gouvernement de Bangkok, son nouvel allié objectif, occupé comme lui à lutter contre « l'hégémonie vietnamienne en Asie du Sud-Est »... Aux Philippines[70], par contre, la guérilla communiste, d'inspiration maoïste – la *New People's Army* (NPA) – loin de faiblir, se renforce au cours des années soixante-dix.

Si donc – avec les Philippines notamment – l'Asie du Sud demeure alors une zone conflictuelle majeure, le Pacifique comporte cependant d'autres « trous noirs » : l'un, relativement isolé, dans le Pacifique Sud-Ouest, en Nouvelle-Calédonie[71], mettant aux prises, à la fois, une métropole (la France) et un « territoire d'outre-mer », ainsi que deux communautés (Kanaks et Caldoches) ; l'autre, bien plus large et profond, à la charnière du Pacifique et de l'Atlantique, s'étendant à presque tous les États d'Amérique latine.

2.4. L'Amérique latine

De par la succession des coups d'État, le nombre des régimes autoritaires – pour la plupart à base militaire – la multiplicité des guérillas, la gravité de l'endettement, et la domination toujours forte exercée par les États-Unis, l'Amérique latine s'est confirmée pendant les décennies 1970-1980 comme l'un des ensembles à très « hauts risques » de la planète.

---

68 *Cf.* troisième partie, Philippines, p. 334.
69 *Cf.* troisième partie, Indonésie, p. 290.
70 *Cf.* troisième partie, Philippines, p. 334.
71 *Cf.* troisième partie, Nouvelle-Calédonie, p. 319.

© ARMAND COLIN. La photocopie non autorisée est un délit

2.4.1. De multiples facteurs conflictuels

L'aggravation des potentialités conflictuelles dans la zone latino-américaine est alors moins due à l'apparition d'éléments de crise de nature nouvelle qu'à la radicalisation de facteurs préexistants.

• *La fragilité des économies et les fortes disparités sociales*

Ces facteurs prédisposaient la plupart des États à subir de plein fouet les effets des cataclysmes naturels – terrible sécheresse au Brésil (1978-1983), fréquents cyclones tropicaux aux effets dévastateurs dans les Caraïbes et en Amérique centrale (1974-1988), séismes au Pérou (1970), au Nicaragua (1972), en Colombie (1983), au Chili (1985), au Salvador (1986)... – et des crises mondiales qui s'abattirent sur eux pendant cette période. Selon un rapport d'une commission de l'ONU (1983), « l'Amérique latine a souffert de la *crise économique la plus profonde de toute la période d'après-guerre* et, probablement, la plus grave depuis les années de la Grande Dépression ».

Au milieu de la décennie 80, le « miracle brésilien » des années 1968-1973 avec des croissances de 11 à 12 % par an, ou le « boom » financier chilien des années 1978-1982, ne sont plus que des souvenirs. Partout ou presque, on observe alors, à des degrés divers (les États sous régime militaire étant les plus touchés), une chute du PIB par habitant, une hausse brutale des chiffres d'inflation (94,4 % au Brésil, 204 % en Argentine, 207 % en Bolivie...), du chômage (23 % au Chili, 11,4 % en Uruguay) et du sous-emploi, une baisse des salaires réels, une multiplication des faillites industrielles et une augmentation gigantesque de l'endettement extérieur (300 milliards de dollars, soit la moitié de l'endettement total des pays sous-développés). Les limites économiques de l'industrialisation, ainsi que l'insuffisance et les effets pervers des réformes sociales structurelles – entreprises ou amorcées seulement dans quelques États : Cuba, le Pérou (1969), le Chili (1970, réforme agraire annulée en 1977), le Salvador (1980), le Nicaragua... – rendent plus dramatiques les difficultés de la conjoncture.

Dans beaucoup de pays, *les niveaux de vie régressent de quinze ou vingt ans*. On assiste alors à des émeutes de la faim, des pillages de magasins. Nombre de personnes ne survivent que par la pratique de l'« économie informelle » : troc, travail au noir, vol des matières premières, contrebande, trafic des devises, commerce de la drogue... Selon Alain Labrousse, « seul l'argent de la drogue a empêché la Bolivie de se déclarer en faillite [...] On peut penser qu'un Bolivien sur trois bénéficie directement de cette activité illicite ». En Colombie et au Venezuela, la politique – de gauche et de droite – est également associée depuis des années à l'économie souterraine de la drogue : on y parle souvent de la « narcopolitica ».

• *La faiblesse des systèmes politiques*

Il ne s'agit pas, non plus, d'un facteur nouveau. Il y a fort longtemps que, en dépit de constitutions apparemment démocratiques proclamant le suffrage universel, en dépit de consultations électorales périodiques (y compris sous les régimes les plus dictatoriaux du type de celui du Paraguay), la vie politique locale se trouve, en réalité, confisquée par la minorité de l'argent, voire (Nicaragua, Paraguay, Haïti...) par une famille, n'ayant que la force et la corruption pour se maintenir. Tenu à l'écart des sphères politiques, *le « pays réel » ne dispose que de la violence* pour exprimer ses revendications.

Compte tenu de la division fréquente des partis de gauche, de la faiblesse et de l'émiettement des autres tendances, deux grands « pôles » seulement sont susceptibles, alors, d'arbitrer les rapports de forces entre le Pouvoir et la société civile : l'armée et l'Église. L'un des faits nouveaux, propre à la période la plus contemporaine, tient peut-être à une certaine évolution du comportement de ces deux corps.

L'armée, certes, est restée, dans la grande majorité des cas, attachée à la doctrine de la « sécurité nationale », selon laquelle la guerre étant devenue totale et globale contre le communisme, et visant d'abord les « ennemis de l'intérieur », il importe que les États soient contrôlés par des militaires. Elle a donc appuyé, ou directement dirigé, des régimes ultra-conservateurs (en Argentine, de 1976 à 1983 ; au Chili, depuis 1973 ; en Colombie jusqu'en 1982 ; en Uruguay, de 1973 à 1985...). Toutefois, des juntes ont soutenu – comme au Pérou (1968-1975) ou au Salvador en 1979 – des expériences populistes ou réformistes ; ou bien ont consenti – par exemple en Équateur en 1979, au Pérou en 1980 et en Argentine en 1983 – à rendre le pouvoir à un gouvernement civil, non sans le mettre cependant sous haute surveillance...

L'évolution de *l'Église*, sans être massive, est plus nette que celle de l'Armée, mais son influence reste très variable : forte dans la plupart des États andins, elle se révèle extrêmement faible au Venezuela, et même en perte de vitesse dans beaucoup de pays dits catholiques, subissant de plein fouet la concurrence religieuse et sociopolitique des sectes : mormons, mais surtout évangélistes et *Pentecotistas*. Tandis que la majorité de la hiérarchie restait fixée sur la défense de l'ordre établi et du pouvoir en place, se sont développées, durant les deux dernières décennies, dans le sillage du courant de la « théologie de la libération », diverses initiatives remettant en cause les positions conservatrices de l'Église : mouvement de la *Iglesia popular* au Nicaragua, étroite-ment associé au pouvoir sandiniste ; « pastorale de la solidarité » (soutien aux familles des disparus, aux emprisonnés, aux défavorisés, aux organisations populaires...), qui s'est surtout développée au Chili, autour du cardinal Silva Henriquez et du Père Dubois ; « communautés de base » (plus de 50 000 au début des années 1980) qui offrent une nouvelle manière de vivre la foi en accord avec les réalités du temps...

Ce ralliement partiel de l'Église – symbolisé par les figures de don Helder Camara au Brésil, Mgr Leonidas Proano en Équateur, ou Mgr Romero au Salvador – à la cause des exploités, son opposition absolue et militante à la violence, les hésitations d'une armée davantage partagée et moins triomphante que jadis, l'amorce dans certains pays d'une prise de conscience des milieux populaires, les pressions exercées par le « grand frère » nord-américain, et surtout l'incapacité des dictatures à maîtri-ser les problèmes économiques, ont contribué à assainir très partiellement le système politique latino-américain, à la fin des années 1970 (au Brésil, au Pérou...) et au début de la décennie suivante (en Colombie, en Argentine, au Salvador...). Malgré une conjoncture économique des plus défavorables, une petite brise de démocratie a effectivement soufflé en quelques endroits sans atteindre – il s'en faut ! – la majorité des États, et sans que l'on puisse parier le moins du monde sur son irréversibilité.

• *Le maintien de l'influence des États-Unis*

Économiquement, l'influence des États-Unis est moins écrasante qu'elle n'était. Alors qu'en 1950, l'ensemble latino-américain participait pour un tiers aux importa-tions et pour un quart aux exportations, vingt-cinq ans plus tard, ces deux postes ne représentaient plus que 16 %. Par contre, l'Europe – surtout la RFA – et le Japon y ont nettement accru leurs investissements. Politiquement, la domination nord-américaine ne s'exerce plus de la même manière. Certes, les *manœuvres clandestines de déstabili-sation* – du type de celles menées au Chili à l'époque d'Allende – ou les aides finan-

© ARMAND COLIN. La photocopie non autorisée est un délit

cières et militaires aux mouvements contre-révolutionnaires – comme la *Contra* nica-raguayenne – ou encore l'interventionnisme direct (débarquement le 25 octobre 1983 de 2 000 *marines* à la Grenade, île anglophone des Caraïbes, pour mettre fin à l'expérience – soutenue par Cuba – d'un gouvernement progressiste anti-impérialiste ; envoi en mars 1988 d'un contingent de 3 200 militaires au Honduras pour des manœuvres conjointes (*Unitas...*), visant à repousser une incursion de l'armée sandiniste nicaraguayenne...) restent des pratiques toujours usitées. Mais les États-Unis, tout en étant décidés à conserver leur leadership sur le continent, s'orientent, à partir de la présidence de Jimmy Carter, vers une stratégie plus diversifiée, surtout plus distanciée envers les dictatures militaires, en privilégiant les régimes à « démocratie restreinte »*.

Plus souple, parfois plus discrète que jadis, la domination nord-américaine n'en demeure pas moins, surtout en Amérique centrale et dans les Caraïbes (zone définie le 24 février 1982 par Ronald Reagan comme le « cinquième côté du Pentagone » et comme « une artère commerciale et stratégique absolument capitale pour les États-Unis »), intolérable pour quelques États, pesante pour beaucoup, humiliante pour tous. La crise latente des solidarités inter-américaines (OEA, TIAR) – publiquement étalée lors du conflit des Malouines qui a vu les États-Unis isolés face à un continent impuissant mais quasi unanime à soutenir l'Argentine – ainsi que les initiatives du type de celles du Groupe de Contadora (qui rassemble quatre États de la Mésoamérique), proclamant le principe de la non-intervention, réclamant le retrait des conseillers militaires étrangers, et envisageant à Esquipulas (mai 1986) la création d'un parlement centraméricain, n'ont cessé de manifester le *désir d'indépendance des pays latino-américains* par rapport à leur puissant voisin du Nord. Dans les milieux populaires, il existe aussi de profonds sentiments de frustration, qui n'excluent cependant pas une réelle fascination.

2.4.2. Terrorisme d'État, guérilla et guerre civile

• *Les violences d'État*

En se conjuguant, ces différents facteurs ont engendré toutes les formes de violence possibles, et d'abord les violences d'État. L'histoire des années 1960-1980 de bien des pays est faite d'une succession de coups d'État, putschs ou *pronunciamentos*.

La *Bolivie* fournit à cet égard un exemple hallucinant. Le 27 mai 1969, le président Barrientos ayant été tué dans un accident d'hélicoptère est remplacé par Luis Salinas ; le 26 septembre, celui-ci est renversé par le général Candia, lui-même écarté le 6 octobre 1970 au profit du général Torres qui doit céder le pouvoir le 22 août 1971 au général Banzer. Après des émeutes et un soulèvement militaire infructueux à Santa Cruz le 7 novembre 1974, Banzer suspend la constitution, ajourne les élections et proclame l'« ordre nouveau ». Le 21 juillet 1978, nouveau coup d'État du général Pereda ; le 1er novembre, tentative de coup d'État ; le 24 novembre, Pereda est renversé. Le 1er novembre 1979, coup d'État du colonel Busch. 17 juillet 1980 : soulèvement du général Luis Meza ; 27 juin 1981, échec d'un putsch des généraux Cayola et Anez ; soulèvement militaire à Santa Cruz contre le général Meza compromis dans un trafic de drogue. 20 juillet 1982, le général Vidoso, nommé par les chefs des armées, succède au président démissionnaire...

À ces *pronunciamentos en cascade*, fruit exclusif d'ambitions personnelles, et que l'on appelle le « caudillisme », on peut opposer le coup d'État mûrement organisé,

---

* *Cf.* plus haut, p. 28-29 ; 35-36.

mettant en jeu des forces et des intérêts complexes (internes et externes), dont le prototype fut le renversement du régime d'Allende au Chili en septembre 1973. Préparé par une fraction de l'armée (la marine y jouant le rôle moteur), sous l'œil complaisant des États-Unis – mais, selon le rapport Church, sans l'assistance directe de la CIA – il fut précédé d'une série de manœuvres visant à étouffer l'économie (arrêt des crédits américains dès 1971), à décrier les réformes d'expropriation des grands domaines, et de nationalisation du cuivre, à affoler les classes moyennes (série de grèves des camionneurs et des chauffeurs) et les milieux populaires (manifestations du 1er décembre 1971 contre la pénurie alimentaire, meeting des femmes le 5 septembre 1973…), et à exploiter la surenchère révolutionnaire exercée par le *Mouvement de la gauche révolutionnaire*. Il suffisait, dès lors, aux militaires dirigés par le général Pinochet, commandant en chef de l'armée de terre, d'attendre le moment le plus propice pour mettre fin au chaos dans lequel se trouvait plongé le pays, en attaquant au lance-roquettes, le 11 septembre 1973, un palais présidentiel défendu par quelques fidèles ; puis, Salvador Allende s'étant suicidé, de mettre en place un gouvernement dictatorial fondé pendant quelques années sur la terreur policière.

Dans ces *États autoritaires* – tels le Chili et l'Uruguay depuis 1973, le Paraguay, l'Argentine de 1976 à 1983, le Nicaragua jusqu'en 1979, Haïti… – les méthodes politiques en vigueur bafouent délibérément les droits des citoyens et les règles démocratiques élémentaires. Les élections sont suspendues *sine die* ou truquées (la palme à cet égard revenant au général Stroessner, réélu, malgré une opposition effective croissante, pour la huitième fois président du Paraguay, en février 1988, avec 89 % des suffrages…). En Équateur, en juillet 1978, le gouvernement ne craint pas d'arrêter le dépouillement du premier tour des élections présidentielles à cause de l'avance du candidat de la gauche modérée, les résultats étant proclamés le 6 décembre ! Ces fraudes s'accompagnent de violences physiques à l'encontre de tous les opposants réels ou potentiels.

Le sens principal de ces dictatures étant « la destruction du modèle national-populaire et non la création d'un nouveau type de société ou d'économie » (A. Touraine), *le terrorisme d'État* y est pratiqué, soit directement par des organes officiels (armée, services secrets, police spéciale comme la fameuse DINA chilienne créée par Pinochet en juin 1974, remplacée en 1977 par la CNI – Centrale nationale d'information – formée de « spécialistes » recrutés au sein des forces armées), soit par le biais de formations para-étatiques : *Escadrons de la mort*, au Brésil, très actifs au cours des années 1969-1972 ; *Las Tres A* (Alliance anticommuniste argentine) qui fait son apparition à Buenos Aires en 1973, avec comme objectif d'éliminer systématiquement les factions de gauche en Argentine et, à l'occasion, dans les pays voisins (Uruguay, Chili, Bolivie) ; commandos de l'extrême droite guatémaltèque (*Main blanche, Nouvelle organisation anticommuniste, Conseil anticommuniste du Guatemala*), qui, depuis le tout début des années 1970, ont multiplié les enlèvements et les assassinats, provoquant des milliers de victimes ; *Escadrons de la mort, Groupe Orden* au Salvador ; *Alliance anticommuniste colombienne* et autres groupes paramilitaires (plus de 140 en 1988), disséminés dans toute la Colombie, responsables à la fin de 1987 de plusieurs milliers d'assassinats de militants ou sympathisants de l'opposition de gauche, perpétrés dans l'impunité totale depuis 1981…

• *Révoltes populaires et guérillas*

À ces exactions et à ces violences du pouvoir en place, les populations réagissent parfois par des *révoltes*. Certaines d'entre elles sont, vraisemblablement, en grande

© ARMAND COLIN. La photocopie non autorisée est un délit

partie spontanées, comme les émeutes de la faim de Haïti en mai 1984 ou les réactions violentes des Indiens brésiliens contre les établissements blancs d'Amazonie (septembre 1980). D'autres sont canalisées par des organisations (syndicats, partis politiques d'opposition...) et aboutissent à des *manifestations de grande ampleur*, durement réprimées : grèves (120 morts en octobre 1977, à la sucrerie Aztra en Équateur), marches (« longue marche » d'Ixtahuacan rassemblant pacifiquement paysans et ouvriers du Guatemala, qui provoqua l'incendie au napalm de plusieurs villages par l'armée), manifestations de protestation (fameuses *protestas* chiliennes organisées à partir du printemps 1983 pour réclamer le rétablissement de la démocratie)... Les résistances les mieux organisées et les plus redoutables pour le pouvoir sont cependant celles des guérillas rurales, d'inspiration castriste.

Prenant acte de l'échec des premières guérillas rurales (Bolivie, Pérou...) aussi bien qu'urbaines (Brésil, Uruguay, Argentine...) des années 1960, fondées sur la théorie du *foco* (une poignée de guérilleros décidés peut, par l'exemple, entraîner une masse paysanne), de *nouvelles organisations* se sont créées et se sont développées en Colombie[72], au Pérou, au Salvador, au Guatemala[73]...

Référence pour beaucoup de guérillas des pays du continent, cauchemar pour nombre de gouvernements – et pour les États-Unis – *la révolution nicaraguayenne*[74] a bouleversé en 1979 l'échiquier politique latino-américain, comme l'avait fait, dix-neuf ans plus tôt, la révolution cubaine. De même que cette dernière, elle est devenue, en raison du soutien soviétique aux sandinistes et des États-Unis à la Contra, un des terrains de la confrontation Est-Ouest jusqu'à la fin des années 1980.

Avec l'établissement de régimes pro-soviétiques – ou jugés tels – à Cuba, au Nicaragua et à La Grenade, la « Méditerranée américaine », que constitue le bassin caraïbe, présente alors, aux yeux de Washington, les plus graves dangers. Malgré le *Carribean Basin Initiative* de Ronald Reagan (programme d'aide présenté en mars 1982) et les souhaits du président américain d'y promouvoir les « quatre D » (Démocratie, Dialogue, Développement, Défense), les Caraïbes apparaissent à la fin des années 1980 comme une « zone sinistrée où tous les bouleversements politiques deviennent possibles » (M. Durin). La crise mondiale – en particulier la baisse constante des prix des matières premières d'exportation – y entraîne un faramineux endettement, qui achève de paupériser des populations déjà très misérables.

Dans les Caraïbes francophones, la chute du dictateur Jean-Claude Duvalier (7 février 1986) ne se traduit pas par une amélioration conséquente de la situation des cinq millions d'habitants poussés à l'émigration massive ou à la révolte[75]. L'acuité des problèmes économiques suscite également chez les jeunes Martiniquais, et surtout Guadeloupéens, un regain d'intérêt pour les organisations politiques indépendantistes et les groupes terroristes nationalistes, du type *Alliance Révolutionnaire caraïbe* (ARC), créée en avril 1983 à Paris, responsable de multiples attentats aux Antilles et en métropole.

---

72 *Cf.* troisième partie, Colombie, p. 278.
73 *Cf.* troisième partie, Guatemala, p. 283.
74 *Cf.* troisième partie, Nicaragua, p. 315.
75 *Cf.* troisième partie, Haïti, p. 285.

BIBLIOGRAPHIE

Ouvrages généraux

Le Breton J.-M., *Les Relations internationales depuis 1968*, Nathan, 1983.

Moreau Defarges P., *Les Relations internationales dans le monde d'aujourd'hui. Conflits et interdépendances*, STH, 1987.

Milza P., *Le nouveau Désordre mondial*, Flammarion, 1983.

Sur le Moyen-Orient

Corm G., *Le Proche-Orient éclaté (1956-1991)*, Folio-Histoire, 1991.

Laurens H., *Le grand Jeu. Orient arabe et rivalités internationales*, A. Colin, 1991.

Sur l'Afrique

M'Bokolo E., *L'Afrique au XXᵉ siècle, le continent convoité*, Seuil, 1985.

Domergue-Cloarec D., *La France et l'Afrique après les indépendances*, Sedes, 1994.

Sur l'Asie

Godement F., *La Renaissance de l'Asie*, O. Jacob, 1993.

Joyaux F., *La nouvelle Question d'Extrême-Orient*, 2 vol., Payot, 1985-1988.

– *Géopolitique de l'Extrême-Orient*, Complexe, Bruxelles, 1991.

Sur l'Amérique latine

Touraine A., *La Parole et le sang. Politique et société en Amérique latine*, O. Jacob, 1988.

Vayssiere P., *Les Révolutions d'Amérique latine*, Points-Histoire, Seuil, 1991.

© Armand Colin. La photocopie non autorisée est un délit

Deuxième Partie

Vers un nouvel ordre mondial

Des années quatre-vingt aux années quatre-vingt-dix

Chapitre 5

L'écroulement du système communiste

LE MONDE DES ANNÉES 1950-1970 – comme il a été rappelé dans la première partie de ce livre – est rien moins qu'immobile et paisible. Crises et conflits sont nombreux et dangereux. Toutefois, le duopole que les États-Unis et l'URSS mettent peu à peu en place – même s'il n'est jamais total, et s'il se trouve contesté à la fin de la période – donne l'impression à l'opinion mondiale d'une certaine stabilité et d'un certain équilibre.

Cette représentation relativement rassurante est soudain remise en cause par l'effondrement de l'un des deux piliers de l'équilibre mondial des années 1950-1970. Sans subir d'attaque frontale, et par sa seule érosion interne, le système communiste se délite durant la décennie 80. L'anéantissement du fleuron de la couronne – l'empire soviétique – est particulièrement stupéfiant. « Jamais, observe H. Kissinger, aucune puissance mondiale ne s'était désintégrée si totalement ou si vite sans défaite militaire. »

L'implosion du système communiste suscite au moins trois grandes questions : Quels ont été les facteurs d'une aussi brutale désintégration ? Pourquoi celle-ci a-t-elle été totale en Europe et limitée en Asie ? L'alternative, au lendemain de cette mutation, n'est-elle plus pour le monde que le chaos ou la domination de la seule superpuissance restée en lice, les États-Unis ? Nous tenterons de répondre aux deux premières de ces questions dans le présent chapitre, et à la dernière dans les deux suivants.

1. LA FAILLITE DU SYSTÈME

Si l'on ne veut pas sombrer dans un déterminisme *a posteriori*, facile et réducteur, il convient, tout en inventoriant les facteurs à l'origine de son écroulement, de garder toujours en mémoire les réussites et les avancées du système. Celles-ci sont, en effet, incontestables. Nous avons eu, ainsi, l'occasion (chapitre 2) de rappeler comment les dirigeants des grands États communistes, Brejnev en tête, sachant tirer parti de l'attrait que suscitaient toujours les principes communistes dans les pays du Tiers Monde, soumis à la misère et à l'injustice, étaient parvenus à étendre leur influence sur toute une large partie du monde. Même dans les années 1970, qui voient se conjuguer un maximum de dysfonctionnements internes, les troupes soviétiques, cubaines ou vietnamiennes se lancent dans de puissantes offensives. N'oublions pas que dans cette lutte sans merci pour la conquête du monde que se livrent – ouvertement ou par vassaux interposés – les deux superpuissances, l'URSS et ses satellites paraissent, aux yeux de beaucoup d'« observateurs », en train de gagner la partie.

© ARMAND COLIN. La photocopie non autorisée est un délit

L'appareil militaire communiste impressionne considérablement l'Occident, qui a été frappé par l'effort accompli par les pays socialistes – dans la décennie 1962-1972 – pour se doter d'armements stratégiques, et qui n'a pas encore idée des gaspillages qui se produisent dans la production des armements, et des mille dysfonctionnements liés à un sur-développement des armées.

Oui, à la veille de son écroulement, l'édifice communiste fait belle figure, *la façade reste pimpante*. Les potentialités humaines et économiques des quatorze pays communistes qui, avec près d'un milliard deux cents millions d'habitants, regroupent vers 1970 presque le tiers de l'humanité, paraissent fabuleuses. Par ailleurs, nul – sinon les adversaires inconditionnels – ne songe à minimiser les acquis sociaux obtenus par les populations depuis l'installation des régimes communistes, tant, par exemple, dans le domaine de l'alphabétisation, de la scolarisation, que de la protection sociale ou des multiples services publics assurés par l'État.

Mais ces réalisations, qui ont longtemps fait la réputation du système, se sont considérablement dégradées. Par le *samizdat* ou par les services d'espionnage occidentaux, des nouvelles alarmantes commencent à circuler sur l'état réel des pays socialistes, durant la décennie 70 et le début de la décennie 80.

1.1. Les blocages politiques

Parmi les multiples blocages qui affectent le système politique des pays communistes, deux apparaissent majeurs en ces années : *l'absence de participation réelle des populations à l'exercice du pouvoir ;* la monopolisation incessante et continue de ce pouvoir par le Parti. Ces traits – dérives directes des pratiques léninistes – n'étaient certes pas nouveaux, mais, avec le temps et les orientations de plus en plus autoritaires de certains dirigeants, ils s'étaient grossis ; et, compte tenu des évolutions inverses enregistrées dans beaucoup d'États du monde, ils conféraient un caractère anachronique aux pays communistes, faisant d'eux des structures politiquement archaïques, en inadéquation totale avec les zones les plus développées de la planète. S'il fallait un seul exemple de cette image de plus en plus négative, il suffirait de citer les désignations au poste de secrétaire général du PCUS au début des années 1980 : le monde consterné voyait alors se succéder, à la tête d'une des deux superpuissances du moment, des hommes très âgés, affaiblis et presque grabataires.

En dépit des principes constitutionnels qui régissaient les États communistes, et devaient servir à instaurer, à la fois, une démocratie sociale et politique, et en dépit des multiples élections au suffrage universel prévues pour le renouvellement des instances locales, régionales et nationales, aucun progrès réel n'avait été accompli en matière de participation populaire. Nul ne pouvait toujours être candidat à un poste de responsabilité s'il n'avait l'aval du Parti. Il n'était toujours pas question d'autoriser la multiplicité des candidatures pour un même poste... Le système semblait à jamais figé dans des pratiques qui, dissimulées derrière un rideau de fumée démocratique, écartaient du pouvoir la majorité de la population, dangereusement passive ou indifférente à la chose politique.

La participation populaire n'était pas devenue plus effective au sein du *Parti*. Ce dernier, au contraire, prétendait, plus que jamais, à lui seul, *décider de tout et tout diriger*. Certes, en de nombreux pays, le recrutement s'était ouvert. En juin 1975, le PC polonais (POUP) comptait 2 360 000 membres, soit un Polonais âgé de plus de 18 ans sur dix ; et le PC est-allemand, plus du cinquième de la population. Les effectifs du PC chinois étaient passés de 12 700 000 en 1957 (soit 2 % de la population totale) à 38 000 000 (3,8 %) en 1980. Ceux du PCUS avaient augmenté de 64 % entre 1964 et 1983… Mais ce gonflement du nombre des adhérents ne s'était absolument pas traduit par un fonctionnement plus démocratique au sein des partis. Les « sans-grade », c'est-à-dire la très grosse majorité des adhérents n'avaient toujours que peu de poids. Seule comptait l'élite qui regroupait les « apparatchiks » – ou permanents – et les « cadres » qui formaient la couche supérieure des responsables de l'appareil du Parti et des postes de commande de l'État.

Peu à peu, quelques individus étaient parvenus à monopoliser la totalité de l'exercice du pouvoir. À l'échelle des régions ou des provinces, les *premiers secrétaires* étaient plus que jamais des « tsars » et des « dieux » (B. Eltsine), bref, des « figures clés dans le système du pouvoir » (M. Gorbatchev). Ils composaient à leur guise l'appareil de gestion de leur zone de responsabilité, y compris les organes élus. En URSS, notamment, ces responsables régionaux – tant par leur nombre au sein du Comité central que par leur autorité dans leurs fiefs respectifs (républiques ou régions) – exerçaient depuis la mort de Staline une influence décisive dans la désignation du Premier secrétaire du Parti. Ils avaient sauvé Khrouchtchev en 1957, l'avaient écarté en octobre 1964, avaient constamment soutenu Brejnev, et devaient appuyer Gorbatchev en 1985.

À la tête de chaque État communiste, *le secrétaire général du Parti* n'oubliait jamais ceux à qui il devait son pouvoir, et s'employait à leur manifester sa reconnaissance. Aussi, membres du bureau politique et du secrétariat général étaient-ils traités comme des seigneurs, disposant de résidences officielles somptueuses, et ayant accès à des magasins et à des hôpitaux spéciaux. Dans un tel contexte, clans et factions avaient proliféré, transformant en cour royale les plus hautes instances du pouvoir communiste : « Oustinov, mon principal soutien – raconte, par exemple, M. Gorbatchev dans ses *Mémoires* – n'était plus là. De plus, l'attitude de Gromyko à mon égard s'était teintée d'une certaine jalousie depuis mon voyage en Grande-Bretagne. Andropov, pour complaire à son ami et partenaire, l'avait élevé au rang de premier vice-président du Conseil des ministres. Il avait droit à un bureau au Kremlin tout en gardant sa "résidence" au MID, place de Smolensk. Dans l'entourage d'Andropov, on murmurait que Gromyko était dévoré par l'ambition et bouffi d'orgueil »…

Or, plus que jamais cette oligarchie du Parti prétendait, en s'appuyant sur une bureaucratie pléthorique, contrôler l'ensemble de la politique du pays. Le Parti n'avait cessé, au fil des ans, d'empiéter sur les fonctions du législatif et de l'exécutif. Non seulement, il définissait les grands axes de la politique – sa fonction initiale – mais il tendait à placer en tutelle les organes chargés de légiférer (parlement) et de faire appliquer les lois (gouvernement). Toute décision quelque peu importante, prise par le conseil des ministres, nécessitait l'accord préalable des instances du Parti. Les grands ministères (Affaires Étrangères, Défense, Sécurité…) se trouvaient directement soumis au *bureau politique* et au *secrétariat général*. La nouvelle constitution de l'URSS – promulguée en 1977 – devait officialiser cette monopolisation totale des pouvoirs par le Parti, qui se trouvait reconnu, à l'article 6, l'« élément central du système politique ».

1.2. Les blocages économiques

Les économies des États communistes connaissent de très sérieux déboires durant les années 1970 et la première moitié des années 1980, mais ceux-ci prennent des formes diverses selon le degré de développement des pays. Il est ainsi difficile de

© ARMAND COLIN. La photocopie non autorisée est un délit

comparer la situation d'un pays comme le Vietnam, qui tente de sortir du sous-développement une économie perturbée par un extraordinaire effort de guerre, avec celle d'États comme la Hongrie, qui affrontent alors des problèmes économiques très voisins de ceux de pays industrialisés occidentaux. Chronologiquement, on observe aussi des décalages importants selon les pays.

En *Chine*, les blocages se manifestent très tôt, en raison des deux initiatives désastreuses de Mao Zedong : le « Grand Bond en avant », qui, dès 1960, plonge l'économie dans un chaos total ; la « Révolution culturelle », qui, à compter de 1966, entraîne notamment une forte baisse de la production industrielle (10 % en 1967, 15 % en 1968...). D'énergiques mesures prises par l'équipe Zhou Enlai-Deng Xiaoping parviennent cependant assez vite à relancer la machine économique.

En *URSS*, les « mécanismes de freinage » sont plus diffus. À compter des années 1950, le rythme de croissance diminue progressivement, puis s'effondre entre 1974 et 1979. L'économiste J. Sapir souligne la « violence » de cette cassure dans la seconde moitié des années 1970. Le taux de croissance de la production industrielle chute, passant de 8 % à 4 % environ après 1980. Même chute vertigineuse des taux d'investissement à compter de 1975 avec un « creux » atteignant la croissance zéro en 1979.

Dans les *pays d'Europe orientale*, c'est surtout à partir de 1975 que l'on constate une « baisse dramatique de dynamisme » (W. Brus). Comme en URSS, le taux de croissance du revenu national s'effondre : alors qu'il dépassait les 7 % annuels, de 1966 à 1975, il arrive à peine à 3 % entre 1976 et 1985. Parmi les pays est-européens, la Pologne semble, de loin, toucher le fond le plus bas et le plus tôt (dès la fin des années 1970). La Yougoslavie, qui résiste mieux dans la décennie 70 (croissance annuelle de plus de 5 %, de 1976 à 1980), n'échappe pas, dans la suivante, au vent mauvais. Malgré les mesures de décentralisation adoptées par l'État, les taux de croissance ralentissent dans toutes les républiques. En outre, l'inflation atteint 60 % dès 1983, et ne cesse de croître durant les années suivantes.

« Crise » « blocage » « déboires » « chaos »... Autant de termes qui désignent des réalités aux causes et aux effets bien spécifiques, difficiles à rassembler en une analyse générale.

Parmi les facteurs exogènes, il importe de prendre en compte les funestes *effets de la crise mondiale des années 1970*. Celle-ci contribue à dégrader la structure du commerce extérieur des pays communistes en raison de la très forte hausse des produits occidentaux importés, et de la régression des achats de la part du monde capitaliste. Ce retournement de conjoncture se traduit par une progression rapide des dettes nationales. En URSS, la dette sextuple presque, de 1970 (1,9 milliard de dollars) à 1977 (11,23 milliards). En Chine, des chiffres tardifs indiquent une évolution du même type (de 8 à 32 milliards entre 1980 et 1987). Dans les petits États (Hongrie, RDA, Yougoslavie, Pologne...), l'impact de la crise est encore plus considérable.

La crise survient, en outre, dans un contexte international relativement tendu. La fameuse « détente » entre l'Est et l'Ouest n'existe pratiquement plus dans la seconde moitié de la décennie 70. Les échanges diminuent (suite à des embargos ou à un manque de devises) tandis que, au contraire, la course aux armements s'intensifie.

La part des ressources en hommes et en équipements mobilisés pour *l'armée et la politique étrangère* (subventions aux pays « frères », interventions militaires...), qui avait toujours été très forte, tend, à partir des années 1960, à devenir écrasante, au point de gêner tout redressement économique dans plusieurs États comme la Corée, le Vietnam, Cuba et, avant tout, l'URSS. Dans ce dernier pays, l'accroissement des dépenses militaires est alors infiniment plus rapide que la progression du revenu national (deux fois plus vite que le PNB au cours des derniers quinquennats, selon M. Gorbatchev), bien que la parité dans l'armement ait été atteinte vers 1969, « au prix d'énormes sacrifices ». E. Chevarnadze évalue à 25 % la part du PNB affectée à la Défense durant les années Brejnev. Pour M. Gorbatchev, qui dans ses Mémoires ne cesse de stigmatiser le poids étouffant du complexe militaro-industriel dans l'économie soviétique, « les dépenses militaires aspiraient (alors) les sucs vitaux de pratiquement toutes les branches de l'économie [...] Non content de dévorer le fruit du dur travail de nos concitoyens, le Moloch militaire rendait impossible toute modernisation industrielle qui n'allait pas dans le sens de ses besoins ». Loin de se calmer, la course aux armements s'intensifie lorsque R. Reagan annonce son programme connu sous le nom de « guerre des étoiles » qui nécessitait une très haute technologie dans un domaine mal maîtrisé par les Soviétiques.

Le monde communiste, notamment ses pôles majeurs – l'URSS et la Chine – souffre en cette décennie 70 d'*une inadaptation manifeste aux nouvelles technologies*; pas seulement dans les secteurs de pointe de l'industrie d'armement, mais pour tout ce qui regarde la production et les communications. À cet égard, les constats de Deng Xiaoping et de Gorbatchev se recoupent parfaitement. « À la fin des années soixante, observait le nouveau maître de la Chine en 1979, l'écart (entre le niveau atteint par l'économie chinoise et celui du reste du monde) commença à se creuser. Pendant onze ou douze ans, il s'est creusé encore. Cela se passait précisément au moment où d'autres parties du monde venaient d'entamer une phase d'accélération de leur développement économique, une période où il fallait mesurer les changements à l'échelle des jours plutôt qu'à celle des années. »

En dépit de la progression du nombre des diplômés, et de l'impatience de ces derniers à s'investir, les pesanteurs (planification centralisée, bureaucratisation, absence d'autonomie des entreprises...) étaient telles que *le système se révèle incapable de s'auto-réformer* et de s'ajuster aux mutations et aux défis du moment. « S'agrippant aveuglément aux vieux dogmes – accuse M. Gorbatchev – (la direction brejnevienne) n'a pas vu les changements profonds qui se produisaient dans le domaine des sciences et des techniques, bouleversant les conditions d'existence de toute la communauté mondiale et marquant ainsi la naissance d'une civilisation nouvelle. Ces changements furent solidement endigués dans le pays, ce qui eut pour conséquence de le mener dans une impasse et de creuser encore le fossé qui nous séparait du reste du monde. » Fait tout aussi grave, le fossé ne fut pas seulement creusé par rapport au monde extérieur, il s'approfondit encore davantage entre d'une part, le Pouvoir, incapable d'engendrer l'initiative et l'innovation, incapable d'assurer un niveau minimum de croissance et de bien-être, et d'autre part, une société civile de plus en plus insatisfaite et impatiente.

1.3. La poussée de la société civile

Dans la recherche des processus qui ont conduit à la faillite du système communiste, il convient de ne pas minimiser le rôle de la société civile. Certes, celle-ci n'a pas, à proprement parler – et sauf dans certains cas particuliers – pris les armes contre le Pouvoir, de sorte que l'on a pu avoir le sentiment en Occident d'une simple « révolution par le haut », conçue et réalisée par quelques dirigeants réformistes. En réalité, ceux-ci, en décidant des réformes fondamentales, n'ont fait que

© ARMAND COLIN. La photocopie non autorisée est un délit

répondre aux sollicitations et aux pressions (ouvertes ou, plus souvent, diffuses) exercées par la société civile, et tenter de prévenir ainsi une implosion catastrophique pour le régime. Il était clair – pour qui voulait voir – que le système ne pouvait se sauver qu'en réinsérant dans ses rouages l'ensemble de la société.

Dans la plupart des États communistes, il était loin le temps où le Parti avait à cœur d'intégrer l'élite du pays. À ce niveau aussi s'était creusé un fossé entre une bureaucratie monopolisant les commandes et une « classe de spécialistes », dont le volume ne cessait d'augmenter au fil des progrès de l'instruction, qui se montrait de plus en plus désireuse de participer au développement et soucieuse de bien-être. Formée de nouveau diplômés (techniciens, ingénieurs...), elle était consciente des multiples dysfonctionnements qui gênaient sa progression, et était prête à faire cause commune avec la minorité réformiste, présente dans les divers secteurs de l'appareil du Parti et de l'État.

L'historien Moshe Lewin a, le premier, souligné l'aménagement, par de nouvelles couches sociales insatisfaites, d'*espaces de « micro-autonomie », qui échappent au contrôle du Parti*. Au sein, par exemple, de ces groupes informels qui se constituent parmi les migrants de nouvelles cités soviétiques, des échanges réguliers et des discussions très libres se nouent à propos des problèmes quotidiens (habitat, éducation, écologie...). À l'intérieur de l'intelligentsia notamment, les débats en groupes ou cercles, deviennent alors plus libres et plus incisifs. Pour Y. Afanassiev, c'est durant la période brejnevienne – dans les universités, les maisons d'édition, les rédactions de revues, et jusque dans certaines sections de l'Académie des sciences (en particulier la section sibérienne) que les intellectuels se détachent du marxisme-léninisme et s'ouvrent à d'autres courants.

Ces zones de relative autonomie ont alors tendance à s'élargir. Sans que le régime n'y prenne suffisamment garde, ou dans l'incapacité qu'il est d'endiguer le phénomène, s'installe peu à peu une sorte de « contre-société », ou mieux d'«*infra-société*». Tout se passe comme si, sous une société officielle qui se proclame toujours athée, internationaliste, collectiviste..., s'édifiait, en souterrain, une société de plus en plus attirée par les religions, très sensible aux identités nationales, et pratiquant une économie parallèle à l'économie officielle.

Ce schéma général de l'évolution de la société civile dans le monde communiste s'applique à des degrés très divers, selon les pays et les catégories sociales. Il est manifeste que les tendances à l'autonomisation et à la revendication sont alors spécialement marquées dans des États comme les Pays Baltes, les pays du Caucase, la Pologne ou le Tibet ; ainsi que chez les élites intellectuelles et ouvrières.

Face à cette affirmation de la société civile, le Pouvoir oscille entre le laxisme, la répression et le compromis. Si les déviances – comme l'alcoolisme, véritable fléau en URSS, ou la drogue – sont jugées d'utiles « soupapes de sécurité » et tolérées, les temps restent durs, par contre pour *les dissidents* – qu'ils soient soviétiques, chinois ou cubains. Ils sont emprisonnés, enfermés dans des asiles psychiatriques, ou expulsés à l'étranger. La signature des Accords d'Helsinki (1975) par l'URSS et ses satellites ne modifie guère les méthodes répressives, même si l'Occident peut désormais s'appuyer sur ces accords pour réclamer un plus grand respect des droits de l'homme.

Par ailleurs, le Pouvoir accepte davantage qu'à d'autres périodes, des compromis avec la société civile. Dans de nombreux États, une sorte de *modus vivendi* tend alors à s'installer. Dans la mesure où les apparences sont sauves, c'est-à-dire où la population accepte, sans contester ouvertement, de sacrifier aux rites collectifs d'adhésion

au régime et à ses leaders, *le pouvoir ferme les yeux* – ou presque – sur les comportements frondeurs, la très faible productivité au travail, les pratiques illicites (économie
parallèle ; pratiques religieuses…), et l'intérêt pour les cultures nationales.

Ce type de compromis tacite ne signifie nullement que le pouvoir communiste
soit parvenu à cette homogénéisation sociale qu'il s'était fixé comme objectif, ou
qu'il ait obtenu un quelconque ralliement à son idéologie de base. La société civile
n'a, en aucune façon, rallié le communisme. Une partie d'elle a seulement choisi,
pour vivre moins mal, de composer avec le groupe dominant. Il s'agit là d'une simple
alliance de circonstances entre, d'une part, un Parti-État incapable de faire fonctionner le système, mais désireux de conserver à tout prix le pouvoir, et d'autre part, une
population qui ne veut pas du pouvoir, et souhaite seulement pallier son incapacité.
Dans quelques pays, ce type de compromis fonctionna mieux qu'ailleurs. Tel fut le
cas, par exemple, dans la Hongrie de Janos Kadar (1956-1988), et surtout, dans la
Chine de Deng Xiaoping, à compter de la fin des années 1970.

2. LA TENTATIVE DE SAUVETAGE DE DENG XIAOPING EN CHINE

En Chine, la chute et la mort du dauphin désigné de Mao Zedong, Lin Biao, en
septembre 1971[1] ouvrent une impitoyable guerre de succession entre les factions
rivales des organes dirigeants du Parti. Ces hommes qui luttent, pour confisquer le
pouvoir à leur profit, sont issus de deux grands camps ennemis, dont les options
correspondent à deux tendances profondes de l'histoire contemporaine chinoise :
l'une prônant la mobilisation et la révolution permanente (la « Gauche officielle »,
représentée dans cette guerre de succession surtout par Wang Hongwen, et, de
manière moins nette, par Hua Guofeng) ; l'autre, beaucoup plus pragmatiste,
donnant la primauté à l'expansion économique, et privilégiant des méthodes de
gestion traditionnelles (Zhou Enlai, Deng Xiaoping…). Les tenants de ces différents
courants se répartissent de manière assez égale, de sorte qu'un rien suffit pour faire
pencher momentanément la balance en leur faveur. Comme Mao Zedong ne semble
jamais avoir été aussi hésitant – ou impuissant – que durant ses années ultimes de vie,
on comprend mieux dès lors l'étonnant ballet qui, en une quinzaine d'années, fait
alterner au pouvoir, tantôt un représentant de la gauche, tantôt un pragmatiste.

2.1. La guerre de succession (1971-1981)

2.1.1. Le zénith de Zhou Enlai (1971-1973)

Bien que diplomate et administrateur très apprécié, Zhou Enlai n'avait jamais
revendiqué la première place. S'il changea d'attitude à compter de 1970, ce fut vraisemblablement de crainte que son pays ne retombât dans le chaos des années de la
Révolution culturelle. Il se montra alors l'habile mais implacable adversaire de Lin
Biao, et, une fois celui-ci écarté, imposa une politique en tous points opposée à celle
du courant gauchiste.

---

1   *Cf.* plus haut, chapitre 2, p. 73-74.

© ARMAND COLIN. La photocopie non autorisée est un délit

À *l'extérieur*, il renoua avec la politique d'ouverture qu'il avait brillamment amorcée avant 1965, et l'étendit vers les pays du « bloc occidental » : établissement de relations avec les États-Unis (visites de Kissinger, puis de Nixon), reprises des rapports diplomatiques avec le Japon. L'admission de la Chine populaire à l'ONU, en octobre 1971, apparut comme un éclatant résultat de cette intense activité diplomatique.

À *l'intérieur*, fort de l'appui – momentané – de Mao Zedong, qui avait apprécié sa détermination dans l'éviction de Lin Biao, Zhou Enlai s'efforça avec pragmatisme de rétablir les principes antérieurs à la Révolution culturelle. Les critères de sélection furent réintroduits dans les écoles ; on rouvrit les universités, et on rappela les anciens professeurs. Les grands classiques du marxisme-léninisme furent remis à l'honneur, tandis que les campagnes de mobilisation s'espaçaient. On prêta une attention particulière aux conditions de vie, notamment à celles des classes les plus défavorisées. Politiquement, les structures du gouvernement (conseil des ministres, commissions...) et du Parti (syndicats, Ligue des jeunes...) furent restaurées. L'armée, enfin, fut épurée (400 000 officiers démobilisés ?).

Au mois d'août 1973 (X^e congrès du PCC), Zhou Enlai, en seconde position dans la hiérarchie, apparut en plein zénith, et le mieux placé pour succéder à Mao. En fait, ce dernier – par sénilité, pression de son entourage, ou volonté tactique d'alterner le désordre et l'ordre... – laissa promouvoir, à ce même congrès, un jeune dirigeant gauchiste de Shanghai, Wang Hongwen, propulsé au 3e rang des notables et aussitôt considéré comme son nouveau dauphin.

2.1.2. La brève contre-offensive de Wang Hongwen (été 1973 - été 1974)

Prenant à la lettre le mot d'ordre de Mao : « Aller à contre-courant est un principe du marxisme-léninisme », la nouvelle étoile, Wang Hongwen, et ses amis du clan « radical » – Jiang Qing, Yao Wenyuan, Zhang Chunqiao... – devaient, pendant un an environ, tenter de renverser le cours de l'évolution engagée par Zhou Enlai, en privilégiant comme tactique subversive l'attaque indirecte :

- *critiques* contre le film sur la Chine du cinéaste Antonioni, la musique classique occidentale, la venue de visiteurs étrangers, la technologie capitaliste... (afin de saper la politique extérieure d'ouverture) ;
- *louanges* d'une écolière qui avait défié l'autorité de son instituteur (ce qui permet de remettre en cause le système d'éducation rétabli depuis la Révolution culturelle) ;
- *dénonciation* de Confucius, que l'on caricature afin de lui prêter les « vices » de Zhou Enlai : « passé maître au double jeu », « menteur suave », « perpétuel partisan de la voie moyenne et de la pondération », il est accusé d'avoir « restauré l'ancienne classe » et « relevé les anciens nobles qui avaient été réduits à la condition roturière »...

À d'autres moments, l'offensive gauchiste prend un tour plus direct : mutations de commandements militaires régionaux ; inscriptions murales attaquant les autorités locales ; éloge de la « violence révolutionnaire » ; soulèvements d'ouvriers ; renaissance de factions entraînant des troubles graves (au Henan, au Jiangxi)...

Fort habilement, la faction modérée désamorce ces attaques. Reprenant le slogan gauchiste du moment, elle réussit à en imposer une interprétation qui le neutralise totalement : « Aller à contre-courant et observer la discipline du Parti, écrit *Le Drapeau rouge* en décembre 1973, sont des attitudes qui coïncident entièrement, car elles ont toutes deux pour but commun de soutenir la ligne correcte du Parti…» De la même manière, Zhou Enlai et ses partisans parviennent à dévier la campagne contre Confucius – qui les visait directement – en direction de Lin Biao (opération « pi Lin pi Kong » : critiquer Lin Biao, critiquer Confucius). Mao, lui-même, sans doute plus convaincu que jamais du rôle irremplaçable de Zhou Enlai en matière de diplomatie et d'administration, ne paraît pas désireux de voir aller trop loin la contre-offensive radicale.

2.1.3. La réplique de Deng Xiaoping (été 1974-hiver 1975)

Dès janvier 1974, Zhou Enlai, affaibli par un cancer, laisse la gestion des affaires courantes à l'un de ses proches collaborateurs, Deng Xiaoping. Celui-ci, disparu de la scène politique en 1966, avait été réhabilité en 1973. Il devait être réintégré dans le Comité permanent du bureau politique au début de 1975, avant d'être désigné comme vice-premier ministre et chef d'État-major général de l'APL. Sachant s'entourer de *collaborateurs dynamiques* – tel Hu Yaobang, secrétaire général des Jeunesses communistes avant la Révolution culturelle – et exprimant sans fard ses objectifs, au risque de s'attirer l'hostilité immédiate de ses adversaires, Deng Xiaoping affirme sa volonté de réaliser avec rapidité et en totalité le programme des *Quatre modernisations*, que Zhou Enlai avait présenté une première fois en 1964 et qu'il avait repris avec éclat – comme son testament politique – à la première session de la IV° Assemblée nationale populaire (13-17 janvier 1975).

L'énergie avec laquelle Deng Xiaoping conduit le redressement économique du pays, ainsi que les méthodes utilisées (réhabilitations des experts, rémunérations proportionnelles aux compétences, importation de technologies étrangères…) indisposent fort les « radicaux » – regroupés autour de Jiang Qing – et, vraisemblablement, Mao lui-même. Aussi, à compter du printemps 1975, et surtout durant l'été et l'automne, *les responsables de la gauche officielle conduisent trois offensives serrées* : l'une, idéologique, à propos de la dictature du prolétariat et de la limitation du droit bourgeois ; l'autre, au sujet de la politique agricole ; la troisième, enfin, sur le rôle de l'éducation, en prenant pour cible le ministre de l'Éducation, Zhou Ronqxin, proche de Deng Xiaoping.

Lorsque, le 8 janvier 1976, est annoncée la mort de Zhou Enlai, aucun des deux camps, qui se combattent depuis au moins la Révolution culturelle, ne l'a définitivement emporté. Tout reste possible.

2.1.4. Les ambitions et la défaite de Hua Guofeng (1976-1981)

Contrairement à toute attente, ce ne fut pas Deng Xiaoping mais un certain Hua Guofeng qui fut appelé à succéder à Zhou Enlai, en février 1976. Proche de la gauche officielle – sans y être totalement affilié – c'était un homme peu connu, au passé sans relief, devenu ministre de la Sécurité publique en 1973. À l'évidence, il apparaissait comme un premier ministre de transition, choisi en raison de l'incapacité du Parti à s'accorder sur un des leaders des deux principaux courants.

Voyant sans doute en Deng Xiaoping et en ses partisans le danger le plus immédiat, Hua Guofeng ouvre son « règne » par une violente offensive contre les pragmatistes et leur politique des Quatre modernisations. Mais, à l'inverse du résultat escompté, cette opération popularise les thèmes des « modérés » et renforce les positions de Deng Xiaoping. Un témoignage concret de l'adhésion populaire aux idées des pragmatistes est fourni par *les importantes manifestations de la place Tian'anmen*

© ARMAND COLIN. La photocopie non autorisée est un délit

d'avril 1976. Le 4 avril, jour de la fête des Morts, des centaines de milliers de personnes auraient défilé sur la principale place de Pékin, pour rendre hommage à la mémoire de Zhou Enlai, accumulant poèmes et couronnes de fleurs. Le lendemain, le pouvoir ayant fait enlever tous ces témoignages de fidélité, de violentes manifestations éclatent. Hua Guofeng en profite alors pour frapper les milieux favorables aux pragmatistes, en faisant arrêter 40 000 personnes, et destituer Deng Xiaoping de toutes ses fonctions politiques (7 avril).

Débarrassé de son principal rival et assuré du soutien de Mao – qui lui aurait transmis le message suivant : « avec toi aux affaires, je suis tranquille » – Hua Guofeng pouvait espérer mieux asseoir son autorité. En réalité, le contexte devait lui être défavorable. Le printemps et l'été 1976 comptent parmi les plus mauvais moments depuis la Révolution culturelle : effroyable tremblement de terre dans la région de Tang-shan (28 juillet) coûtant la vie à 600 000 ou 700 000 personnes ; reprise du banditisme ; vagues de grèves dans l'industrie ; triomphalisme et excès en tous genres de la faction radicale (Jiang Qing préside même le 1ᵉʳ Mai !) ; et enfin *la mort du Grand Timonier, survenue le 9 septembre.*

Pour faire face à une telle conjoncture, Hua Guofeng décide de s'appuyer sur les radicaux les moins intransigeants (notamment sur Wang Dongxing), ainsi que sur certains hauts responsables militaires (comme le ministre de la Défense Ye Jianying), désireux de ramener l'ordre dans le Parti et le pays. Ce compromis lui permet, dans un premier temps, d'éliminer la « bande des Quatre » (qui aurait projeté de porter au pouvoir Jiang Qing, la veuve de Mao) et de se faire élire à la présidence du Comité central, et de la Commission des affaires militaires (7 octobre), succédant ainsi, à la fois, à Mao Zedong et à Zhou Enlai.

Cette politique prudente de Hua Guofeng, qui semble ne rien vouloir renier d'essentiel dans l'expérience maoïste, tout en souhaitant un certain changement, passe mal dans une opinion inquiète et sans doute travaillée par les partisans de Deng Xiaoping. Dès janvier 1977, un dazibao proclame : « *Le président Hua est clairvoyant, mais il serait encore plus clairvoyant s'il travaillait avec le camarade Deng Xiaoping...* » Au sein même de la coalition, les « militaires » comme Ye Jianying, en particulier les chefs du Sud, se montrent favorables au retour au pouvoir de Deng Xiaoping. Après des négociations, celui-ci est effectif en juillet 1977, date à laquelle le Comité central rétablit Deng dans ses fonctions de premier vice-premier ministre et de chef d'état-major des armées. Le mois suivant, le XIᵉ Congrès approuve la désignation de Hua Guofeng à la présidence du Parti, et nomme Wang Dongxing, co-vice-président. À cette date, donc, le pouvoir est partagé et les leaders des deux courants (néo-maoïstes ou gauche modérée d'une part, pragmatistes d'autre part) se trouvent contraints de cohabiter, chacun gardant comme objectif final d'éliminer l'autre.

Au cours de ce nouveau duel – feutré mais acharné – les deux hommes font montre d'habileté, n'hésitant pas, pour conquérir l'opinion, à utiliser les méthodes ou à copier les programmes du camp adverse. C'est ainsi que l'important rapport économique de Hua Guofeng à la première session de la Vᵉ Assemblée nationale populaire (26 février – 5 mars 1978) est directement inspiré du projet de Zhou Enlai. Quant à Deng Xiaoping, s'il fait appel à des procédés classiques pour affaiblir son adversaire (comme la campagne de presse déclenchée par ses partisans contre le programme économique), s'il sait conforter son image de modéré dans l'opinion (réhabilitation massive des personnages éliminés pendant la Révolution culturelle), c'est cependant en recourant à la tactique maoïste de manipulation des masses qu'il parvient à son but final.

Cette *entreprise d'élimination du courant gauchiste*, menée au sommet par Deng Xiaoping, fut considérablement facilitée par le développement parallèle d'un mouvement parti de la base, qui s'exprima à partir de novembre 1978. Celui-ci, animé par d'ex-Gardes rouges, des lycéens, et de jeunes ouvriers – tous mécontents d'avoir été maltraités et d'être toujours exclus de la vie publique – visait à dénoncer ouvertement les erreurs et les crimes des radicaux. Par le moyen d'affiches, placardées tous les jours au carrefour Xidan de Pékin, et de revues ronéotées (*Printemps de Pékin, Tribune du 5 avril, Exploration…*), les jeunes dissidents – marxistes ou non-marxistes – regroupés en mouvements autonomes, exigeaient, à l'instar de leurs homologues des pays de l'Est, la reconnaissance des principales libertés démocratiques, et le respect des droits de l'homme. Ils réclamaient aussi une critique de l'action de Mao Zedong et de ses fidèles, ainsi que la prise en compte de doléances des victimes du régime depuis 1949, victimes venues par milliers à Pékin pour réclamer justice.

Durant l'hiver 1978-1979, cette virulente contestation servit parfaitement les intérêts de Deng Xiaoping ; trop parfaitement même pour ne pas soupçonner ses partisans de l'avoir encouragée. Ces derniers, en effet, pouvaient-ils rêver mieux que de dazibaos proclamant à l'adresse de leur ennemi : « Hua, tu es une merde qui t'es attiré les grâces de Mao pour avoir massacré les martyrs de Tian'anmen… » (décembre, à Shanghai) ; ou, au contraire, à la gloire de Deng Xiaoping : « Tu es venu enfin, à la fois petit et grand. Tu es la volonté indestructible de huit cents millions de gens » (novembre, à Pékin) ?

Mais, dès que ses positions furent consolidées, au cours du IIIe Plénum (décembre 1978) et du IVe Plénum (septembre 1979), Deng Xiaoping freina l'ardeur des contestataires, puis mit fin carrément au mouvement (interdiction d'afficher des dazibaos, condamnations des récalcitrants…).

S'il remporta d'importantes victoires lors de ces deux derniers plénums, Deng Xiaoping n'avait pas pour autant gagné la guerre qu'il livrait depuis trois ans à Hua Guofeng. Celui-ci se défendit jusqu'au bout, parvenant à marquer des points, notamment en captant les mécontentements de tous ceux qui s'inquiétaient des réformes de Deng et des conséquences d'une « démaoïsation » jugée trop radicale.

Étrange période où la cohabitation officielle des deux hommes masque le glissement progressif mais irrémédiable du pouvoir de l'un au bénéfice de l'autre. Guerre d'usure, au cours de laquelle *Deng Xiaoping dépouille peu à peu son adversaire de ses principaux attributs* et de ses meilleurs alliés. Ainsi, en décembre 1978, mis en minorité sur les problèmes agricoles, Hua Guofeng doit faire son auto-critique ; en février 1980, il lui faut accepter l'élimination de la plupart de ses partisans du bureau politique ; à l'automne 1980, il est déchargé de ses fonctions de premier ministre au profit de Zhao Ziyang, homme de confiance de Deng ; en juillet 1981, à l'issue d'un compromis des plus défavorables pour lui (passé au moment du procès de la « bande des Quatre », procès que Deng a su fort habilement exploiter), Hua Guofeng est rétrogradé de la présidence du Parti à la dernière des six vice-présidences. Au mois de septembre 1982, enfin, il est exclu du bureau politique…

2.2. La révolution deng-xiaopingienne

2.2.1. Un tacticien hors pair

L'exercice du pouvoir par Deng Xiaoping offre un certain nombre de caractères singuliers. À aucun moment, il n'assume – comme Mao Zedong ou Hua Guofeng – les fonctions hiérarchiquement les plus élevées du Parti et de l'État, mais seulement

© ARMAND COLIN. La photocopie non autorisée est un délit

celles de vice-président et de vice-premier ministre. En outre, dès 1979, il déclare : « J'ai passé mon soixante-quinzième anniversaire et je vais vers mon soixante-seizième. À cet âge, le moment est vraiment arrivé de se soucier de mettre en place ce qui doit venir ensuite. J'entends par là que nous avons le devoir de nous trouver des gens de valeur sur qui l'on puisse compter, de façon à éviter qu'il ne se produise encore une fois des troubles au moment où s'ouvrira la succession [...] Quant à moi, j'ai déjà déclaré qu'en 1985 au plus tard je me limiterai à une fonction de conseiller. » En 1982, mettant en application ses principes, il préside une commission des conseillers du Comité central, réservée aux dirigeants retraités... Il s'agit là, sans doute, d'une attitude tactique lui permettant, en cas de contestation, de n'être pas exposé au premier plan. Tactique dangereuse cependant, qui suppose, outre son maintien actif au comité permanent du bureau politique, ainsi qu'à la présidence de la (très importante) commission des affaires militaires du Parti, la présence, aux postes-clefs, de partisans dévoués.

Par ailleurs, l'autorité qu'il exerce sur la classe dirigeante et sur l'ensemble de la population n'est absolument pas comparable à celle dont disposait Mao Zedong à son zénith. D'une part, la Révolution culturelle et la démaoïsation, dont il est un des acteurs principaux, ont *brisé le mythe du chef, guide infaillible et tout-puissant*. D'autre part, Deng Xiaoping se trouve constamment menacé d'être débordé et emporté par l'un des courants puissants de l'échiquier politique : la tendance droitière, qui juge trop timide et trop lente la modernisation du pays, la tendance gauchiste, exaspérée par la rupture avec le projet maoïste, et l'armée qui, compte tenu de la réduction des crédits et des compressions de personnel, se considère comme une victime de la nouvelle ligne. Entre ces différents écueils, la navigation reste très délicate. Ainsi s'expliquent les secousses – surprenantes pour les observateurs occidentaux – qui marquent les années Deng Xiaoping (comme celle déclenchée à propos de la « pollution spirituelle » en 1983), et les non moins surprenants coups de barre (destitution de Hu Yaobang du poste de secrétaire général du PCC en janvier 1987, par exemple).

En dépit de la vigilance et de la pression des factions gauchistes, et malgré certaines résurgences périodiques, Deng Xiaoping et son équipe se sont employés à *rejeter systématiquement l'esprit et les supports de l'expérience maoïste*. Ce rejet n'a cependant jamais revêtu une forme aussi spectaculaire que la déstalinisation khrouchtchevienne. Le document public le plus significatif fut, à cet égard, la résolution adoptée le 27 juin 1981 au VIᵉ Plénum du Comité central, qui présente l'interprétation officielle de la période maoïste. Cette version des faits qualifie Mao Zedong de « grand marxiste et de grand révolutionnaire, stratège et théoricien prolétarien », mais elle affirme qu'il a commis des erreurs dans les dernières années de sa vie, notamment en déclenchant la Révolution culturelle, qui aurait causé « les revers et les pertes les plus graves depuis la fondation de la République populaire ». Si donc, officiellement, la condamnation de Mao Zedong demeure mesurée – et n'entraîne pas celle des cadres du Parti-, la politique conduite par Deng Xiaoping, depuis son accession au pouvoir, n'en est pas moins le contre-pied parfait de celle du Grand Timonier, tant en économie qu'en politique étrangère.

2.2.2. Un objectif exclusif : la réforme totale de l'économie

La « révolution réformatrice » (*gaige* en chinois), accomplie depuis 1978 par l'équipe Deng Xiaoping, se caractérise surtout par son total pragmatisme. Si elle se situe dans la tradition des « réformes au sommet », illustrées par la NEP soviétique et l'expérience Khrouchtchev, elle ne saurait s'identifier vraiment à aucune d'entre elles. Il existe, certes, un esprit commun (volonté d'accroître l'autonomie et les initiatives des producteurs, souci d'assouplir les moyens de commercialisation tout en maintenant au Parti-État la maîtrise des leviers de commande – prix, plans... – et des secteurs de base – industrie, armement...), tout comme il existe une certaine continuité avec la politique des années Liu Shaoqi (1960-1962). Mais le *gaige* se révèle plus souple et bien plus ouvert aux méthodes extra-socialistes, notamment à celles du monde capitaliste, que les expériences réformatrices précédentes. Seule compte l'efficacité, peu importe que l'inspiration vienne de l'Ouest ou de l'Est.

Pragmatique dans son inspiration, fractionné dans sa réalisation, fortement tributaire des divers aléas conjoncturels (de nature politique ou économique), le *gaige* n'a pas donné lieu à une loi-programme d'ensemble avec des objectifs et un calendrier bien définis. Ce fut tout le contraire. On pense plutôt à un puzzle géant dont on aurait placé peu à peu, en tâtonnant, les pièces maîtresses, et dont on découvrirait plusieurs années plus tard le contour général. Car, il existe, sans aucun doute, une logique du *gaige*, les différentes réformes s'emboîtant les unes dans les autres. Une volonté directrice s'affirme (émanant de Deng lui-même, de Chen Yun, de Hu Yaobang ?) imposant les priorités (l'agriculture, d'abord), les accélérations (poussées en 1978-1979, 1984-1985) et les pauses.

En quelques années, on assiste à une *véritable résurrection des campagnes chinoises*. L'équipe Deng Xiaoping parvient à une décollectivisation de fait des structures de production et à un redéploiement des structures de marché. Aux paysans travaillant dans les communes populaires, au sein de « brigades de production » (regroupant 20 à 30 familles) et rémunérés très faiblement, selon leur temps de travail, on propose de signer des « contrats de responsabilité » avec l'État. Au départ, on exige que l'acte soit conclu collectivement par 5 à 6 familles, puis très vite, on accepte l'engagement d'une seule famille. Cette dernière reçoit en fermage – pour une durée de trois ans, ensuite de quinze ans – un lopin de terre proportionnel à la taille de la famille. Elle est libre de travailler ce terrain à sa guise, avec pertes et profits, moyennant le versement d'un impôt et la fourniture à l'État d'un tiers des récoltes à un prix fixé par contrat, et une autre partie (les sur-quotas) à un prix variable selon les conditions du marché.

La mise en place d'un tel système eut pour conséquence première le dépérissement puis la disparition (fin 1984) des communes populaires, pièces maîtresses de l'expérience maoïste depuis les années 1950. Le succès de cette *décollectivisation rurale* fut très vite démontré par l'augmentation étonnante de la production (hausse de 27 % de la récolte céréalière, de 11 à 27 % des cultures industrielles, de 1978 à 1983 ; récoltes records en 1984 et 1985), ainsi que par une progression remarquable du niveau de vie paysan (130 % entre 1978 et 1983). « Fin 1984, souligne l'agronome Claude Aubert, et pour la première fois depuis des décennies, un véritable décollage s'esquissait ainsi. Décollage des productions avec des taux de croissance jusqu'alors inconnus, décollage alimentaire aussi. Alors que la ration paysanne stagnait depuis plus de vingt ans à son niveau des années cinquante, elle progressait brutalement, passant de 2100 calories par personne et par jour à plus de 2400, la consommation annuelle directe de grains augmentant de 220 kg bruts en 1977 à 266 kg en 1984, celle de viande de 6 kg à 11 kg... »

Dans l'industrie, les réformes, introduites avec beaucoup de prudence, furent d'abord expérimentées dans des zones pilotes (Sichuan, par exemple) et ne furent systématisées qu'à compter de l'automne 1984. La principale de ces réformes visait à

© ARMAND COLIN. La photocopie non autorisée est un délit

élargir l'autonomie des entreprises. On proposa à celles-ci des contrats de responsabilité conçus dans le même esprit que ceux passés avec les agriculteurs. Une fois satisfaites les obligations quantitatives et qualitatives du plan, l'entreprise contractualisée pouvait conserver une partie de ses profits et en disposer pour réinvestir ou distribuer des primes ; elle était libre également d'emprunter auprès des banques et d'échanger avec d'autres usines sa production hors quotas. Elle se trouvait, en contrepartie, soumise à des contraintes fiscales vis-à-vis de l'État central (impôt progressif de 7 à 55 % des bénéfices) et des autorités locales (taxes, cotisations…). Ces dernières tendaient à jouer un rôle croissant, la décentralisation étant l'une des idées-forces de la réforme.

La réforme la plus délicate, mais la plus nécessaire pour rendre efficace le fonctionnement des entreprises en voie d'autonomisation, et pour faciliter l'intégration de la Chine dans le commerce international, se révéla sans conteste celle du *système général des prix.* Le système en vigueur pendant la période maoïste, tenant peu compte de la structure de la demande et des coûts, avait pour conséquence, aux dires mêmes des autorités, d'établir « un écart irrationnel entre prix et marchandises ». Toutefois, la crainte d'une flambée des prix susceptible de mettre en danger le régime conduisit les responsables à retarder les premières décisions (arrêtées seulement à la fin de 1984) et à ne prendre que des demi-mesures insatisfaisantes. Ainsi, décida-t-on de soumettre la production industrielle à trois types de régimes selon les produits : l'ensemble des matières premières aurait un prix fixe et uniforme ; une partie des produits semi-finis serait soumise au même régime ; une autre partie, correspondant aux quantités hors quotas, serait écoulée sur le marché à des prix fluctuants à l'intérieur d'une certaine fourchette ; les produits finis seraient eux commercialisés librement. Par la suite, les autorités tendirent à diminuer le nombre des produits à prix officiels (de 120 à 60 puis à 23), à réajuster ces derniers et à généraliser les prix flottants. Une telle combinaison de la planification et du marché s'avéra délicate et, conjuguée à une politique monétaire mal contrôlée, entraîna de multiples dysfonctionnements socio-économiques.

En dépit de ces difficultés, le bilan général des réformes urbaines et des entreprises industrielles apparaissait positif. En peu d'années, la part de l'industrie dans la production intérieure était passée de 41,7 % (1978) à 45,8 % (1984), la *production industrielle avait presque doublé* (46,9 % de 1980 à 1985), les records revenant à l'industrie légère (industrie textile, industrie alimentaire…) et surtout aux industries rurales villageoises (29,1 % de croissance annuelle moyenne entre 1979 et 1986).

Un autre volet du tryptique réformiste de l'équipe Deng Xiaoping consista à mettre fin à la quasi-autarcie dans laquelle avait vécu la Chine de Mao. Dans ce domaine, aussi, le changement fut rapide et frappant. Durant ces années, *les échanges extérieurs enregistrèrent une forte progression* (30 % en moyenne annuelle de 1978 à 1985). Toutefois, le total des exportations (composées surtout de pétrole brut et de produits textiles) resta souvent (1978-1979, 1980, 1984, 1985…) en deçà des importations (usines clefs en mains, produits semi-finis, biens de consommation…) en nette expansion. En 1984, le déficit commercial se monta à 16 millions de dollars. Si le Japon s'imposa en maître de ce nouveau marché (36,6 % en 1985), les autres grandes puissances économiques mondiales – les États-Unis (11,7 %) et l'Europe occidentale (14,2 %) – ne le négligèrent cependant pas ; Hong Kong et Macao (13,5 %) pas davantage.

Prenant acte des immenses besoins du pays, tant en technologies, méthodes de gestion qu'en fourniture de produits finis et biens de consommation, l'équipe réformatrice mit au point, dès 1979, une *loi sur les entreprises mixtes*, élargie au fil des ans, qui permit aux partenaires commerciaux étrangers d'investir directement dans l'industrie chinoise. De 1978 à 1985, 4,6 milliards de dollars « extérieurs » furent ainsi injectés dans l'économie soit sous la forme de sociétés par actions (les « joint-ventures ») au capital mixte (dont 25 %, au moins, fournis par le partenaire étranger) – 931 furent formées de 1978 à 1984 et 1300 durant la seule année 1985 ! –, soit dans des entreprises à capitaux entièrement étrangers créées à l'intérieur des zones économiques spéciales.

Ces zones – une autre facette originale du *gaige* – ont été délimitées par une série de lois échelonnées de juillet 1979 à janvier 1985. À cette date déjà, tout au long des 18 000 kilomètres de côtes, notamment dans quatre *zones spéciales* situées en face de Taïwan et de Hong Kong, ainsi que dans quatorze villes, les capitalistes étrangers ont toute facilité (exemptions douanières et exonérations fiscales) pour établir des entreprises fabriquant des produits pour la réexportation. Bientôt, de *nouveaux secteurs d'activité sont ouverts aux entreprises étrangères* (transports, immobilier, distribution...). Si les capitaux viennent, en grande majorité, de Hong Kong, ils ne font, en réalité, pour la plupart, qu'y transiter, provenant d'autres pays (Japon, Taïwan, Corée du Sud...). Ces derniers pays procèdent à des délocalisations massives de leurs industries sur le continent chinois (soit par investissements directs soit par sous-traitance), en particulier dans le domaine des produits nouveaux à base d'électronique. Grâce à ces apports, le poids de la Chine dans le commerce mondial triple (passant de 1,1 % à plus de 3 %) entre 1980 et 1995.

Timide sur certains points, malencontreux sur d'autres, le *gaige* n'en avait pas moins, avec une rapidité foudroyante, commencé à changer la face de la Chine. Comme l'observe le sinologue J.-L. Domenach, « la politique de modernisation de Deng Xiaoping (avait) plus sûrement contribué à élever et même, paradoxalement, à égaliser les conditions de vie de la population chinoise que toutes les proclamations égalitaires de l'époque maoïste ».

2.2.3. Le retour de la Chine sur la scène mondiale

Politiquement, le bilan de ces années deng-xiaopingiennes est, sans aucun doute, moins favorable. Encore que, dans le domaine de la politique extérieure, on ait pu observer la confirmation de mutations considérables.

La démaoïsation se traduisit, en effet, par une remise en cause fondamentale de la politique étrangère. Le navire, en passant des mains du Grand Timonier à celles de Zhou Enlai et de Deng Xiaoping, vira brusquement de tribord à bâbord. De plus en plus persuadée, au moins depuis 1968, que l'URSS voulait la prendre « dans une tenaille » – comme semblaient d'ailleurs le prouver les multiples offensives diplomatiques de l'URSS dans le Pacifique et l'Océan Indien – et inquiète de son infériorité militaire (que son effort constant en matière d'armement atomique n'avait pas compensé), *la Chine choisit de se réconcilier* avec le « Tigre de papier » de l'époque maoïste, les *États-Unis*. En dépit de l'important contentieux entre les deux pays (Taïwan, Corée, Vietnam, *Japon*...), et de l'hostilité de l'*URSS* à tout rapprochement, la normalisation des relations s'amorça officiellement le 27 février 1972, et parvint à son terme le 16 décembre 1978. La signature, six mois plus tôt (août 1978), d'un traité de paix et d'amitié sino-japonais constituait un autre tournant capital : un autre ancien ennemi de la Chine devenait un allié, et économiquement, un associé. « Que des centaines et des milliers d'industriels japonais viennent

© Armand Colin. La photocopie non autorisée est un délit

en Chine et y investissent ! » devait répéter Deng Xiaoping au premier ministre Yasuhiro Nakasone, à Pékin, en mars 1984.

Dans ces conditions, l'histoire comme l'idéologie devant désormais, pour les nouveaux responsables de Pékin, se soumettre aux impératifs économiques, une reprise des relations avec l'URSS n'apparut plus impossible. Dès octobre 1969, eut lieu une relance des négociations, suivie d'une nette progression des échanges entre les deux pays. Interrompus par certaines initiatives belliqueuses (invasion du Cambodge par le Vietnam et riposte de la Chine en février 1979 ; invasion de l'Afghanistan par l'URSS en décembre 1979...), les entretiens se poursuivirent néanmoins. Des accords bilatéraux furent passés en 1982, 1983 et 1985. L'arrivée de M. Gorbatchev et l'application progressive de sa politique de désengagement devaient, bien entendu, faciliter les contacts. La visite du leader soviétique à Pékin, en juin 1989 – en plein milieu de la flambée contestataire de Tian'anmen – symbolisa la normalisation entre les deux anciens « pays frères ».

Ce *redéploiement radical de la politique étrangère chinoise* n'alla pas sans crises, et sans accrocs. Les relations avec les États-Unis ont été en dents de scie. La question de Taïwan, les problèmes du déséquilibre des échanges commerciaux (la Chine écoulant le tiers de ses exportations sur le marché américain mais n'y achetant que 2 % de ses produits), et la politique de respect des droits de l'homme ont régulièrement détérioré les rapports entre les deux États. Avec le Japon, la crise, en 1996, de l'archipel des Senkaku-Diaoyu a montré combien les passions nationalistes étaient loin d'être éteintes ; de même qu'avec l'URSS, puis la Russie et les États de la CEI, les problèmes liés aux zones de la frontière orientale ayant appartenu à l'empire sino-mandchou ne sont en rien réglés. Ajoutons, enfin, que la politique deng-xiaopingienne au Tibet suscita des critiques continues tant des pays occidentaux que du puissant et toujours rival voisin de la Chine, l'Inde.

2.3. Les limites et les défaillances

2.3.1. Le maintien d'un système totalitaire

Incontestablement, à l'heure du bilan, les résultats les plus limités de dix-sept ans de « dengisme » apparaîtront dans le domaine de la réforme politique du régime. Loin d'envisager une refonte radicale du système, impossible sans rompre l'accord tacite passé avec les conservateurs, les dirigeants chinois semblent avoir pensé que la réalisation de leur objectif majeur, la modernisation rapide de l'économie, exige seulement une redéfinition des fonctions du Parti au sein de l'État et de la société. Même ainsi circonscrit, *le champ de la réforme politique effraie les conservateurs*, qui ne cessent de contrer les projets de Hu Yaobang et Zhao Ziang. Ceux-ci doivent, au mieux, se borner à renouveler les cadres du Parti (65 % de nouveaux membres, au Comité central en 1987), et à encourager le recrutement de diplômés et d'hommes de terrain. Le plan le plus ambitieux – arrêté à l'automne 1987 – prévoit la suppression des « groupes du PC » dans les administrations et les entreprises, et décide la création d'un Institut national d'administration pour recruter les fonctionnaires. La réforme économique induit, cependant, une déconcentration des pouvoirs et contribue à un certain affaiblissement du pouvoir central, qui se heurte désormais à des bureaucraties régionales – notamment celles des provinces côtières – puissantes et résolues. Dans les villages, l'élection des autorités n'est plus tout à fait un simulacre.

Toujours pas associée au pouvoir, la société deng-xiaopingienne ne vit pas pour autant dans le même carcan qu'à l'époque de Mao Zedong. Certes, toute personne se réclamant des principes du modèle démocratique est aussitôt pourchassée par la police politique. Étudiants contestataires et Tibétains insoumis remplissent prisons et camps. Mais, *la population n'est plus en proie à la peur constante* des dénonciations et des arrestations. De hautes personnalités (notamment Hu Yaobang) protègent l'intelligentsia. Sauf peut-être, après les événements de Tian'anmen, il existe, par rapport à la période antérieure, une tolérance incontestable dans l'expression des idées et dans la critique des dysfonctionnements. On n'observe plus la propagande idéologique insistante et intensive d'autrefois ; nationalisme et confucianisme tendent à prendre le pas sur le marxisme-léninisme et la pensée mao-zedong.

Néanmoins, dans les hautes sphères du pouvoir, les clans continuent à ferrailler en vue d'imposer leur domination. Le camp conservateur, composé de politiciens âgés, aux nostalgies diverses (du maoïsme au liu-shaoqisme) n'a de cesse que de terrasser les deux leaders du camp progressiste : Hu Yaobang (en janvier 1987) et Zhao Ziyang (en juin 1989). Ces luttes incessantes donnent aux réformes un rythme des plus saccadés, Deng Xiaoping, multipliant les compromis, acceptant les reculs et parvenant tant bien que mal à imprimer un « mouvement de balancier entre la réforme et la contre-réforme » (J.-P. Cabestan).

2.3.2. Les dérives de la réforme économique et ses incidences sociales

Même si le « gaige » a obtenu ses premiers et plus spectaculaires résultats dans les campagnes, celles-ci ont aussi connu d'inquiétantes évolutions : lente dégradation des infrastructures agricoles et sanitaires (à la suite de la désagrégation des Communes populaires) ; diminution de certaines productions de base – céréales, coton, chanvre… – mal rémunérées par l'État ; prévarication des administrations locales ; corruption des cadres du Parti ; exode des populations…

Plus nombreux et plus dangereux encore sont les *dérapages de la réforme dans les grosses agglomérations*. C'est là qu'apparaissent de la manière la plus criante, les contradictions de « l'économie socialiste de marché ». Il est très difficile de faire coexister un important secteur d'État et un secteur privé, très difficile de moduler au mieux la « grandeur de la cage », c'est-à-dire, le volume idéal de l'économie de marché par rapport à l'économie étatique. Alors qu'elles assuraient plus de 80 % de la production industrielle en 1978, les entreprises d'État ne gèrent plus en 1996 que le tiers. Aux yeux de beaucoup d'experts, cette désétatisation est jugée trop rapide et trop sélective. Les entreprises publiques, paralysées par les ingérences du Parti et la mauvaise gestion, affichent des résultats beaucoup plus médiocres que les entreprises privées, ou celles associant investisseurs individuels, coopératives, pouvoirs locaux et capitaux étrangers. 300 000 doivent être déclarées en faillite en 1988.

Une telle économie à plusieurs vitesses, dont l'État ne maîtrise plus la conduite, engendre très tôt *d'énormes disparités*. Selon le secteur (État, collectif ou privé), selon la localisation et la spécialité des entreprises, l'écart des revenus est de plus en plus marqué. Les inégalités entre paysans et citadins, qui avaient été réduites dans la première moitié des années 1980, se creusent davantage par la suite, au point que le revenu par tête est trois fois plus élevé en ville. Ce phénomène ne cesse d'accroître l'afflux des paysans vers les grandes agglomérations, notamment celles des régions les plus prospères. Se conjuguant avec l'arrivée chaque année de six millions de jeunes sur le marché du travail, il contribue à faire du chômage un problème crucial.

© ARMAND COLIN. La photocopie non autorisée est un délit

En outre, si bien des chefs des nouvelles entreprises disposent d'énormes revenus, les employés du secteur privé, ne jouissant souvent que d'un contrat de travail temporaire, et ne bénéficiant pas d'une protection sociale (comme les salariés de l'État), connaissent une situation précaire. Le recours à des activités parallèles et à des spéculations diverses permet parfois d'y remédier, sans pour autant réduire notablement les inégalités sociales. Coexistent ainsi les situations les plus tranchées, depuis celles des vrais nababs du « capitalisme rouge » aux cent millions de personnes qui, selon la Banque mondiale, vivent encore au-dessous du seuil de pauvreté absolue. Si l'on ajoute à ce tableau le développement inquiétant de la corruption dans les rangs des fonctionnaires et du Parti, on mesure le lourd coût de la révolution dengxiaopingienne, et les dangers de tous ordres qu'elle avait sécrétés.

2.3.3. La cruelle répression des flambées contestataires

Dans un contexte aussi délicat que celui d'une réforme fondamentale remettant totalement en cause les structures économiques de l'époque maoïste, imposée plus qu'acceptée chez nombre de dirigeants, et génératrice de maints dérapages, il était prévisible que toute manifestation contestataire d'ampleur serait réprimée sans scrupule excessif. Dès 1979, Deng Xiaoping avait publiquement stigmatisé le slogan de la Révolution culturelle « Toute révolte est juste », et prévenu qu'il ne laisserait « aucune espèce de désordre social entraver son effort pour accélérer le progrès social et matériel ». La première application de cette inflexible détermination du pouvoir dengxiaopingien se manifesta lors des *explosions anti-chinoises au Tibet, de 1987 à 1989*.

À l'égard de ce pays, pourtant, le successeur de Mao s'était d'abord fait remarquer par sa modération. Rompant avec la politique de répression déclenchée lors du soulèvement de 1959, il avait cherché l'assentiment des populations par une aide économique, une certaine tolérance en matière religieuse, et une ouverture au tourisme. Cela ne suffit nullement à apaiser les ressentiments, et à neutraliser le nationalisme de la communauté tibétaine. Au début de l'automne 1987, à Lhassa, puis, quelques jours plus tard, à Pékin, des lamas hurlent des slogans indépendantistes ; ils sont violemment appréhendés par la police. Au printemps suivant, le 5 mars 1988, fête de la Grande Prière et premier débat sur le Tibet à la Commission des droits de l'homme à Genève, des milliers de Tibétains qui défilent à Lhassa pour réclamer la fin de l'« oppression chinoise » dans leur pays, se heurtent à nouveau à la police ; la répression fait au moins une douzaine de morts et des dizaines de blessés. Un an plus tard, les 5, 6 et 7 mars 1989, trentième anniversaire du soulèvement de 1959, une nouvelle émeute se solde par un bilan encore plus sanglant (50 à 60 morts, des centaines de blessés et d'innombrables arrestations). Pour le gouvernement de Pékin, l'ordre désormais règne à Lhassa, comme il doit régner dans toute la Chine. À l'évidence, la sanglante répression tibétaine se veut un avertissement à l'intention de tous les contestataires, en particulier la jeunesse.

Celle-ci, en effet, très active durant la Révolution culturelle, et pendant le *« premier printemps »* de 1978-1979, ne s'est pas assagie, en dépit des campagnes « pour le renforcement de l'éducation et la prévention de la délinquance juvénile » (1983). Désorientée par la remise en cause des principes de la période maoïste, frustrée par les dysfonctionnements de la réforme économique en cours (chômage notamment), et fascinée par les réussites matérielles de certains de ses concitoyens, une partie de la jeunesse chinoise des années Deng Xiaoping verse dans la marginalité et, souvent, dans la délinquance.

Les étudiants, tout en étant privilégiés par leur statut (seuls 2 % d'une classe d'âge sont appelés à l'université), ont, cependant, maintes raisons d'être inquiets et mécontents (conditions de logement déplorables, corps enseignant sous-payé assez médiocre, conformisme pesant, avenir incertain...). En outre, de par leur formation, ils sont mieux placés que quiconque pour exprimer des doléances non seulement à propos de leur statut, mais aussi sur la politique en dents de scie (alternance de périodes de réforme et de contre-réforme) conduite par l'équipe au pouvoir, et sur toutes les dérives – sociales et morales – engendrées par le « gaige ». Certains semblent avoir été particulièrement réceptifs à diverses idées exprimées par une partie de l'intelligentsia (journalistes comme Liu Binyan, écrivains comme Zhang Xianliang, ou professeurs comme l'astrophysicien Fang Lizhi) visant soit à rénover plus profondément le système, soit même à le changer.

Plusieurs manifestations contestataires ont lieu durant la seconde moitié des années 1980. Celles de décembre 1986, qui affectent une vingtaine de villes universitaires, inquiètent suffisamment le Pouvoir pour obliger Deng Xiaoping à demander la démission à l'un de ses dauphins, Hu Yaobang, accusé par les conservateurs d'être directement responsable de ce désordre. Moins importantes apparaissent les *manifestations étudiantes de 1988*, à Pékin, en avril et juin, à Nankin, en décembre. Mais leur répétition indique un malaise persistant, qui éclate soudainement au grand jour lors du « second printemps de Pékin » en mai et juin 1989.

Le fil des événements de ce que l'Histoire retiendra sous le nom de *mouvement de Tian'anmen* est assez bien connu. Durant un mois (17 avril-18 mai), les étudiants ont l'initiative et n'hésitent pas à défier le pouvoir de différentes manières : hommages multiples et appuyés à l'ancien secrétaire du Parti, Hu Yaobang, écarté en janvier 1987 et décédé le 15 avril 1989 ; slogans hostiles au régime (« A bas la corruption et la bureaucratie », « Vive la démocratie ! »...) ; demande de démission du gouvernement ; contestation publique de Deng Xiaoping en présence de Gorbatchev (15-17 mai)... D'abord limité à Pékin (500 000 personnes sur la place Tian'anmen le 24 avril), le mouvement s'étend en province.

La proclamation de la loi martiale le 19 mai annonce la contre-attaque du régime. Si, le lendemain, les 40 000 militaires chargés de dégager la place Tian'anmen sont arrêtés aux portes de Pékin par des barricades, ils y parviennent dans la nuit du 3 au 4 juin, faisant peut-être un millier de morts sur leur chemin. Quelques jours plus tard, Deng Xiaoping flétrit la « clique de contre-révolutionnaires » et la « masse de déchets sociaux » à l'origine, selon lui, de ces sanglants événements. Tandis que le secrétaire général du Parti, Zhao Ziyang, jugé trop conciliant avec les étudiants, est remplacé par Jiang Zeming – un technocrate à la tête de la municipalité de Shanghai depuis 1985 – la répression s'amplifie, sans jamais être véritablement massive comme à l'époque maoïste.

L'interprétation de ces événements est délicate. En Occident, où l'on a pu suivre, en direct, sur les écrans de télévision, grâce aux caméras de la chaîne américaine CNN, un grand nombre de ces manifestations, l'opinion a eu le sentiment d'assister à la révolte héroïque, à portée universelle, d'une jeunesse révoltée contre un pouvoir totalitaire, et aspirant à l'instauration de la démocratie. En réalité, selon des sinologues, les jeunes manifestants de Tian'anmen préconisaient essentiellement un changement de dirigeants, et une meilleure association de l'élite à l'exercice du pouvoir. Loin de rejeter l'ensemble du Parti, ils rejoignaient au contraire dans leurs revendications ses membres réformistes. Le clivage n'était donc pas entre la société officielle et la société civile, mais entre une coalition de progressistes et des éléments

© ARMAND COLIN. La photocopie non autorisée est un délit

conservateurs, les uns et les autres appartenant aux deux sociétés. De la société civile, seule la population urbaine, très perturbée par les dérives du « gaige » devait rejoindre les étudiants.

Dans un premier temps, on put penser que les événements de Tian'anmen avaient sonné le glas de la révolution deng-xiaopingienne. L'émotion suscitée entraîna, en effet, une mise en quarantaine immédiate du régime de Pékin, par les principales puissances occidentales. Par ailleurs, l'équipe dirigeante, y compris Deng Xiaoping – bien que très âgé et retiré du pouvoir – sortait de l'épreuve déconsidérée. Néanmoins, l'élan réformiste ne fut pas brisé. Dès juillet 1990, le Japon rétablissait son assistance économique à la Chine. Dès janvier 1992, en voyage à Shenzhen, « zone économique spéciale » limitrophe de Hong Kong, Deng Xiaoping annonçait l'ouverture de Shanghai au capitalisme, et relançait la réforme économique. Au mois d'octobre suivant, cette orientation vers l'« économie de marché socialiste » était confirmée au XIVe Congrès du PCC, et inscrite dans la Constitution en mars 1993. La seule hypothèque pesant sur le « gaige » restait la disparition prochaine de son initiateur, qui pouvait entraîner une remise en cause radicale de la politique réformiste. De ce point de vue, tout fut habilement préparé en vue d'une transition en douceur : la faction conservatrice fut délestée d'un certain nombre de ses membres les plus anciens, au congrès d'octobre 1992, tandis que Jiang Zemin, déjà responsable du Parti, et chef des armées, était nommé en mars 1993, chef de l'État. Dès lors, la mort de Deng Xiaoping, le 19 février 1997, totalement dédramatisée, n'entraîna aucune bataille visible pour le pouvoir entre clans rivaux.

Ce succès immédiat pour l'équipe Jiang Zemin laisse cependant entier le problème essentiel posé par le pari de Deng Xiaoping : peut-on réformer totalement un système économique, sans toucher au système politique ? Peut-on faire coexister longtemps une économie libérale et un pouvoir totalitaire ? Pour Mikhaïl Gorbatchev, qui devait se heurter à un dilemme semblable, la réponse fut, quelques années plus tard, négative.

3. L'ÉCHEC DE LA PERESTROÏKA GORBATCHEVIENNE EN URSS ET DANS LES DÉMOCRATIES POPULAIRES

En mars 1985, Mikhaïl Gorbatchev, appelé aux fonctions de secrétaire général du PCUS, pour succéder à Constantin Tchernenko, se trouve propulsé à la tête d'un Parti, d'un État et d'un empire parmi les plus puissants du monde. Six ans et demi plus tard, en décembre 1991, lorsqu'il est forcé de se retirer, il n'existe plus rien de l'héritage initial : le Parti est interdit, l'URSS a éclaté, l'empire est redevenu indépendant. Dans cette sidérante accélération de l'Histoire, quelles ont été les parts respectives de responsabilité de Gorbatchev et de la société civile ?

3.1. Les axes majeurs du projet gorbatchevien

3.1.1. La nécessité absolue de réformes en profondeur

À son arrivée au pouvoir, Mikhaïl Gorbatchev, bien qu'il ait été durant de longues années (1970-1978) Premier secrétaire de la région de Stavropol (sa région natale), et, par la suite, membre du secrétariat général du PCUS à Moscou, n'a, de son propre aveu, ni conscience de la « dimension réelle des problèmes » du pays, ni une idée juste de l'incroyable inertie de la bureaucratie du Parti et de l'État. Il n'a, en outre, pas davantage de plan général de réforme du système. Pour connaître sa première analyse globale des dysfonctionnements de l'URSS, et les orientations générales qu'il souhaite donner à la politique intérieure et étrangère de l'État soviétique, il faut attendre la parution, en 1987, de son livre *Perestroïka. Nouvelle pensée sur notre pays et sur le monde.*

Durant, au moins, la première année de son mandat, M. Gorbatchev navigue à vue, dans le sillage de l'action de l'un de ses mentors en politique, *Youri Andropov*, longtemps responsable du KGB et éphémère premier secrétaire général (novembre 1982-février 1984). Il s'agit de remettre de l'ordre en faisant la chasse aux abus qui minent le système : un programme antialcoolique est adopté en mai 1985 ; la corruption et l'économie parallèle sont dénoncées avec virulence ; une large épuration (10 à 30 %) écarte les cadres du Parti les plus incompétents et les plus corrompus... Un très large accord règne dans l'appareil du Parti et de l'État sur un « rétablissement de l'ordre » sans changement structurel, de sorte que Gorbatchev ne rencontre alors aucune opposition notable au sein des instances dirigeantes.

Même si les mots qui devaient devenir emblématiques de la nouvelle politique : *glasnost* (transparence) et *perestroïka* (restructuration) étaient déjà prononcés, et avaient commencé à se traduire dans les faits (une partie de la presse – *Ogoniok, Moskovskie Novosti, Argoumenty i Fakty...* – osait désormais dénoncer les abus et les défaillances du système), même si les déclarations du nouveau Secrétaire général sur sa volonté de mettre fin aux opérations expansionnistes de ses prédécesseurs, notamment en Afghanistan, avaient été reçues avec surprise et espoir, aucune réforme décisive ne devait être tentée durant cette première période. « Pendant quelque temps, reconnaît Gorbatchev dans ses *Mémoires*, nous avons effectivement espéré surmonter la stagnation grâce à ce que nous pensions encore être les "avantages du socialisme" : la planification mobilisatrice, le travail d'organisation, la conscience et le militantisme des ouvriers. Même si nous avions compris la nécessité de réformes structurelles dès 1984, l'extrême gravité de la situation économique dont nous avions hérité exigeait des mesures immédiates. Il nous semblait alors possible de rétablir quelque peu les choses avec les seules méthodes dont nous disposions avant d'entamer des réformes approfondies. »

Ce fut au cours de l'année 1986 que se produisit une double prise de conscience au sein de l'équipe gorbatchevienne. Elle comprit, d'une part, qu'il ne suffirait pas de corriger le système, mais qu'il fallait le repenser en profondeur ; et que, d'autre part, sans changement politique, les transformations économiques resteraient impossibles. S'il n'en fut pas le seul facteur, *l'accident survenu à la centrale nucléaire de Tchernobyl, dans la nuit du 25 au 26 avril 1986*, joua un rôle important dans cette prise de conscience. Il constitua, en effet, aux dires mêmes de Gorbatchev, « la preuve la plus spectaculaire et la plus terrible de l'usure de notre matériel et de l'épuisement des possibilités du vieux système », et apparut comme « un nouvel argument de poids en faveur de réformes profondes ».

Le projet gorbatchevien ne commença donc véritablement à se concrétiser qu'à compter de la fin de 1986, et surtout de 1987. Si l'on veut avoir une idée exacte du nouveau système que le secrétaire général ambitionnait de mettre en place, c'est surtout cette période qu'il faut scruter.

© ARMAND COLIN. La photocopie non autorisée est un délit

3.1.2. Une réévaluation du rôle de l'État et de la société

S'il est difficile de croire M. Gorbatchev, écrivant en 1995, que, dix ans plus tôt, son objectif était de « retirer le pouvoir au Parti communiste, qui en avait le monopole, pour le remettre aux soviets, ses détenteurs de droit aux termes de la Constitution », on ne peut lui dénier, en revanche, d'avoir manifesté, alors, une double volonté : celle de transférer du Parti au gouvernement toutes les fonctions de gestion ; et celle de faire participer la société, concurremment avec le Parti, à l'exercice du pouvoir.

L'une des applications les plus nettes de la politique de *transfert de compétences du Parti à l'État* fut fournie par la décision du Comité central, le 30 septembre 1988, de supprimer la plupart des départements qui, jusque-là, coiffaient les grands secteurs étatiques en matière de transports, d'énergie, d'industries chimiques. La même réforme fut imposée aux appareils du Parti des républiques fédérées et des régions.

Quant aux efforts visant à une association effective de la société civile à la marche des affaires, ils s'exprimèrent de deux manières. Par la politique de « glasnost », une partie de la société – notamment l'intelligentsia – se vit invitée à participer, sans risques de représailles, au grand débat sur les réformes en cours. Et, surtout, une révision de la Constitution, en décembre 1988, en créant une *nouvelle instance populaire élargie – le Congrès des députés du peuple* (2250 élus au lieu de 1500 pour le Soviet suprême) – amorça une démocratisation. Désormais, en effet, il était possible, pour les candidats à la députation, d'être présentés pas seulement par le Parti ou les organisations sociales qui en dépendaient, mais par une réunion de cinq cents électeurs au moins. Même si, aux premières élections du printemps 1989, le Parti – qui était le seul à disposer d'une organisation puissante et ramifiée – l'emporta de beaucoup (la proportion de ses membres passant d'environ 50 % dans l'ancien parlement à 85 % dans le nouveau), il ne se trouvait plus en position de monopole. La haute nomenklatura ne s'y trompa d'ailleurs point et considéra les résultats de ces élections comme une défaite. « Le fait que les électeurs – commente M. Gorbatchev – aient eu l'audace de préférer d'illustres inconnus à des personnalités de poids, comme Iouri Soloviev, premier secrétaire de l'obkom de Leningrad et membre suppléant du Politburo, fut un véritable choc pour certains. D'une certaine manière, leur monde s'écroulait. L'élite dirigeante, intimement vissée aux fauteuils directoriaux, était tellement présomptueuse qu'elle ne pouvait même pas imaginer un résultat électoral défavorable. Le 28 mars 1989, à la première réunion du Politburo après les élections, l'humeur était à la consternation ».

L'inquiétude et le mécontentement de l'appareil du Parti étaient alors d'autant plus forts, que le Secrétaire général avait, simultanément à ces réformes politiques internes, amorcé une mutation fondamentale dans l'organisation de l'économie. Une loi, prise le 19 novembre 1986 et complétée le 26 mai 1988, permettait l'exercice à titre privé d'une trentaine d'activités artisanales ou de services. Comme en Chine, il était proposé aux paysans des « contrats-baux » par lesquels une ou plusieurs familles étaient autorisées à louer des terres pour une longue durée (50 ans) et à disposer de la production.

Enfin, un dernier motif de malaise – et non des moindres – était fourni aux hauts responsables du Parti par la nouvelle politique étrangère conduite par M. Gorbatchev, qui avait pris le contre-pied total de celle menée par ses prédécesseurs.

3.1.3. Une « nouvelle pensée » en politique étrangère

En moins de trois ans, le nouveau Secrétaire général imposa « un tournant à 180° » à la politique extérieure soviétique et, de ce fait, modifia totalement les relations Est-Ouest. Loin d'être, comme, à l'origine, beaucoup d'observateurs le pensaient, une simple adaptation aux réalités du moment, *la « nouvelle pensée » gorbatchevienne remettait radicalement en cause les concepts de base du régime*. À l'idéologie marxiste-léniniste fondée sur la lutte des classes, elle substituait le concept d'interdépendance mondiale. Il s'agissait désormais, dans les relations internationales, de mettre davantage l'accent sur ce qui unissait plutôt que sur ce qui séparait, sur les valeurs universelles (la paix, la justice, le respect de l'environnement...) plutôt que sur les idéologies : « La désidéologisation des relations entre États, devait affirmer M. Gorbatchev, est un impératif de la nouvelle étape. Nous ne renonçons ni à nos convictions, ni à notre philosophie, ni à nos traditions, pas plus que nous n'appelons qui que ce soit à renoncer aux siennes [...] C'est cela la lutte honnête des idéologies. Mais elle ne doit pas être transférée aux relations entre les États. Sinon, nous ne pourrons tout simplement résoudre aucun des problèmes mondiaux ; ni mettre au point une large coopération mutuellement avantageuse et égale en droit entre les peuples ; ni faire un usage rationnel des acquis de la révolution scientifique et technique ; ni restructurer les relations économiques mondiales, ni protéger l'environnement ; ni vaincre le sous-développement, ni en finir avec la faim, les maladies, l'analphabétisme et autres fléaux ; pas plus naturellement que nous ne parviendrons à éliminer la menace nucléaire et le militarisme. » La coexistence pacifique qui était prônée par le nouveau leader soviétique ne correspondait plus, comme au temps de Khrouchtchev, à une simple pause, en attendant une inéluctable confrontation, mais à un objectif définitif des nouvelles relations entre le monde communiste et le monde capitaliste.

Pour imposer et crédibiliser une telle mutation dans les élites dirigeantes – tant soviétiques qu'occidentales – il fallut toute l'opiniâtreté et l'habileté de M. Gorbatchev. À lire ses Mémoires, il ne prit aucune décision fondamentale sans avoir obtenu préalablement l'aval de la majorité du Politburo et des appareils des départements internationaux du Comité central, des Affaires étrangères, et du KGB. Ce qui sous-entend de sa part des qualités de persuasion, mais suggère aussi un milieu pas aussi fermé et rigide qu'on ne l'imaginait. Sans doute, celui-ci était-il largement convaincu que la réprobation générale et les tensions extrêmement fortes qu'avait suscitées dans le monde la politique conquérante et brutale de Brejnev depuis le milieu des années 1970, nécessitaient un important et rapide *aggiornamento*. En Occident, si les dirigeants étaient tous très méfiants envers l'URSS, jugée particulièrement agressive dans la décision brejnevienne de déployer les missiles SS-20 dans la partie européenne de l'Union soviétique, et dans son intervention en Afghanistan, Ronald Reagan était, de loin, le plus intransigeant envers ce qu'il n'avait pas hésité à appeler « l'empire du Mal ». Non seulement, il s'efforçait d'aider les forces anticommunistes en Afghanistan, au Nicaragua, en Éthiopie et en Angola, il encourageait l'OTAN à déployer des missiles intermédiaires en Europe, mais il s'enflammait pour la mise sur pied d'une défense stratégique contre les missiles soviétiques, une espère de « ligne Maginot dans l'espace », la fameuse IDS. Le convaincre soudain que, par la magie de Gorbatchev, l'État qu'il décrivait comme un loup dangereux s'était métamorphosé en agneau, semblait impensable. Ce fut néanmoins ce qui arriva.

© ARMAND COLIN. La photocopie non autorisée est un délit

En trois ans, avec le concours de son ministre des Affaires étrangères *E. Chevarnadze*, Mikhaïl Gorbatchev parvint à dissiper les rancœurs, à faire preuve de sa bonne foi, et, en donnant d'importants gages, à *imposer sa conception d'un « nouvel ordre mondial »*. L'opération ne se déroula pas sans à-coups. Des forces hostiles très puissantes – notamment celles émanant des complexes militaro-industriels des deux camps – se mobilisèrent pour tenter de faire échouer le processus de rapprochement. Le *« sommet » de Reykjavik*, le 10 octobre 1986, fut un échec, Reagan se refusant à renoncer à ses projets de militariser l'espace (IDS), et Gorbatchev à traiter de manière séparée le problème des missiles de portée intermédiaire en Europe. Des concessions ayant été faites, de nouvelles négociations purent s'engager – conduites avec habileté par le secrétaire d'État américain George Shultz – qui aboutirent, en décembre 1987, à *la signature à Washington du premier traité de désarmement nucléaire* (élimination des missiles nucléaires intermédiaires). Un an plus tard, dans un « discours capital » (H. Kissinger), prononcé à l'ONU, où il affirmait le « nouveau rôle » de l'Organisation des Nations unies, Gorbatchev annonçait une réduction unilatérale de 500 000 hommes et de 10 000 chars, dont la moitié de ceux qui étaient dirigés contre les pays de l'OTAN, soit 10 % des forces militaires de l'URSS.

Par contre, *l'idée d'une « maison commune européenne »* lancée, dès octobre 1985, par Gorbatchev au moment de sa visite en France, nourrit les rencontres que le leader soviétique eut, durant toute la période, avec les chefs d'État européens, mais ne parvint pas à se concrétiser. Elle était, en effet, à la fois floue et ambitieuse. « Nous vivons tous dans cette Europe, avait constaté Gorbatchev... Nous vivons dans la même maison, même si nous y avons des entrées différentes. Nous devons collaborer pour établir des communications à l'intérieur de cette maison. » Bien des Occidentaux se persuadèrent que cette offre de collaboration générale cachait mal la volonté de faire aboutir une constante de la stratégie de l'URSS depuis l'après-guerre : l'affaiblissement de l'Alliance atlantique et la démilitarisation de l'Europe, notamment de l'Allemagne. Margaret Thatcher, Premier ministre britannique et François Mitterrand refusèrent nettement que tout projet de désarmement de l'Europe prît en compte les potentiels nucléaires de la France et de la Grande-Bretagne. Cette réserve fondamentale faite, le président français accepta de nouer le dialogue avec Gorbatchev, tant sur la réduction des missiles nucléaires que sur celle des armements conventionnels, et proposa d'intensifier la coopération scientifique et technique entre tous les pays européens.

3.1.4. De nouvelles relations avec les « pays frères »

Dès son arrivée au pouvoir, en particulier les 25-26 avril 1985, à l'occasion de la reconduction du Pacte de Varsovie, *Gorbatchev rejette radicalement la « doctrine Brejnev »* en proclamant : « Chaque pays doit décider seul de ce qu'il veut faire. » Par ailleurs, au « sommet » de Moscou en novembre 1986, il tente de persuader les dirigeants des « pays frères », qu'il est nécessaire de réformer fondamentalement les mécanismes de coopération au sein du COMECON. Il est, selon lui, urgent de rééquilibrer les échanges entre l'URSS et ses satellites, et d'interrompre les subventions (400 millions de roubles par an à la Bulgarie) ou les aides financières soviétiques (des centaines de millions de dollars à la Hongrie) destinées à soutenir artificiellement des économies mal gérées. La solution passe, pour les « pays frères » comme pour l'URSS, par de profondes réformes.

Ce discours nouveau et quelque peu brutal est inégalement accueilli dans la « communauté socialiste ». Si Kadar (Hongrie) et Jaruzelski (Pologne) se montrent d'emblée réceptifs à la nouvelle politique de Moscou, les réactions des leaders roumain, est-allemand, bulgare et tchèque sont plutôt négatives, ce qui fait écrire à Gorbatchev à propos du « sommet » de Moscou : « Pour une fois, la discussion semblait profonde et les questions "désagréables" ne furent pas laissées de côté. J'eus néanmoins l'impression que nous conservions une certaine distance théorique avec la réalité. J'avais du mal à croire que nos débats pourraient entraîner des actions immédiates. L'âge avancé de mes partenaires y était sans doute pour beaucoup. Pour la plupart, ils avaient franchi le cap des soixante-dix ans et les autres s'en rapprochaient. Leur usure était d'autant plus claire qu'ils dirigeaient leurs pays respectifs depuis deux ou trois décennies. »

Ce *clivage par rapport à la perestroïka* se radicalise au sein du camp socialiste à compter de 1987. La faction du refus est définitivement constituée par la RDA et la Roumanie – dont les chefs interdisent même la publication des actes du plenum du CC du PCUS de janvier 1987 abordant la question de la démocratisation et celle des cadres du parti – ainsi que par la Bulgarie, et par la Tchécoslovaquie. Seules la Pologne et la Hongrie, qui avaient déjà amorcé des réformes, accueillent favorablement les mutations de l'URSS.

Dans ces conditions, Gorbatchev est l'objet de pressions diamétralement opposées afin de ramener l'unité dans la « communauté socialiste ». Il déclare, dans ses Mémoires, avoir, au nom du nouveau principe de non-ingérence qu'il avait proclamé, subi, par exemple, sans broncher, à la fois, le « lobbying des anciens du « Printemps de Prague » et celui de ses fossoyeurs.

En fait, dès ce moment, en URSS comme dans le reste du « bloc », les décisions n'appartiennent déjà plus tout à fait aux dirigeants mais aux sociétés civiles.

3.2. La dégradation de la situation en URSS et la désatellisation des pays de l'Europe de l'Est (1988-1989)

3.2.1. « Le temps presse, il faut tout faire avant un an »[2]

L'« empire » soviétique tout entier – son centre, l'URSS, comme ses dépendances, les pays d'Europe de l'Est – voit s'accentuer, à compter de 1987, et surtout de 1988, tous les facteurs de la triple crise – économique, politique et morale – qui le menace depuis plus d'une décennie. *Tout concourt à dégrader la situation :* les dysfonctionnements anciens du système, la timidité et la maladresse des « réformateurs » du parti, le sabotage délibéré de la politique réformiste par leurs adversaires, l'impatience et la radicalité des « actifs » de la société civile, le poids écrasant des dettes gouvernementales (notamment envers l'Occident), les catastrophes naturelles (le tremblement de terre en Arménie qui, le 7 décembre 1988, fait au moins 55 000 morts)… Au total, sans que personne ne puisse prévoir une fin aussi proche, l'« empire », dès 1988, est, d'ores et déjà, profondément travaillé par les forces qui vont le terrasser.

Le plus surprenant – et, pour ses dirigeants conservateurs, le plus inquiétant – est que cet empire, longtemps dit immobile, bouge soudain de toutes parts. Il devient alors le théâtre de *manifestations populaires très diverses*, les unes anarchiques et

© ARMAND COLIN. La photocopie non autorisée est un délit

2   Gorbatchev au Comité central, 29 juin 1988.

violentes, d'autres organisées et pacifiques. Dans la première catégorie, prennent place d'impitoyables affrontements ethniques, refoulés jusque-là. Ainsi, au *Haut-Karabakh*[3], petite région montagneuse du Caucase (4 400 km²), peuplée à 75 % d'Arméniens, mais intégrée depuis 1923, à la république d'Azerbaïdjan, l'antagonisme permanent qui régnait entre Azéris et Arméniens dégénère en conflit ouvert à partir de 1987. Les Arméniens, dénonçant la discrimination culturelle et économique dont, selon eux, ils sont victimes, réclament avec force le rattachement de la région à la république voisine d'Arménie. Pour les Azéris, qui rejettent toutes les accusations, il n'est pas question d'abandonner le Haut-Karabakh, berceau de leur civilisation et, donc, terre sacrée... Même type de différend au *Kosovo (Yougoslavie)*, peuplé en grande majorité d'Albanais, mais dominé par la minorité serbe. En novembre 1988, tandis que plus d'un million de Serbes se rassemblent à Belgrade afin de soutenir cette dernière, des dizaines de milliers d'Albanais manifestent au Kosovo. Slobodan Milosevic, responsable du parti communiste depuis 1987, comprend vite le bénéfice personnel qu'il peut tirer d'une exacerbation du nationalisme serbe.

D'autres manifestations populaires restent pacifiques mais n'en sont pas moins insolites et significatives dans la mesure où leur organisation échappe au Parti. Le 15 mars 1988, près de 10 000 personnes défilent à Budapest pour commémorer l'insurrection de 1848 ; et le 27 juin, toujours à *Budapest,* près de 50 000, pour protester contre la politique d'assimilation forcée de la minorité hongroise en Transylvanie roumaine. Durant l'été, en *Pologne,* une grève, partie de Haute-Silésie, s'étend jusqu'aux chantiers navals de Gdansk, avec comme objectifs la légalisation du syndicat *Solidarité* et des augmentations de salaires.

Sans que l'ensemble des populations de l'« empire » soit concerné, il n'en reste pas moins que l'on assiste à une affirmation et à un début d'organisation de la société civile. La tendance est nette dans certaines républiques soviétiques (Pays Baltes, pays du Caucase, grosses agglomérations russes...), en Hongrie, en Pologne, et en Yougoslavie ; elle est plus discrète – en raison de la rigueur de la répression – mais pas inexistante en RDA et en Tchécoslovaquie.

Des *associations dites informelles* défendant, en principe, des causes écologiques ou humanitaires, se développent, notamment en Russie (où elles passent d'une cinquantaine en 1987 à 60 000 en 1989). En Hongrie, des clubs universitaires se créent, ainsi que des embryons de partis, comme le « Forum démocratique hongrois » (10 000 adhérents à la fin de 1988) ou la « Fédération des jeunes démocrates ». En Tchécoslovaquie, la Charte 77 – principale structure d'opposition – continue, malgré les persécutions, à réclamer le respect des droits de l'homme, tandis qu'en RDA, jeunes et intellectuels se regroupent au sein du Mouvement de la Paix, et trouvent un écho à leurs revendications auprès d'une poignée de pasteurs de l'Église évangélique. C'est toutefois en Pologne et dans les Pays Baltes que la société civile paraît, face au pouvoir, la plus soudée et la mieux organisée. L'« état de guerre » proclamé le 13 décembre 1981 par les dirigeants polonais pour tenter de démanteler l'organisation *Solidarité*, devenue un redoutable contre-pouvoir[4] ne devait pas émousser la combativité de ses militants. Ceux-ci, avec à leur tête Lech Walesa, retrouvent la clandestinité et la répression, mais ne faiblissent pas. Ils mettent

---

3 *Cf.* troisième partie, Arménie, p. 259.
4 *Cf.* plus haut, chapitre 2, p. 95-96.

en place une véritable nébuleuse avec groupes de réflexion, bulletins et journaux, qui, forte notamment du *soutien de l'Église, du pape Jean-Paul II, de l'Occident et des États-Unis*, multiplie les actions oppositionnelles. Même si le général Jaruzelski marque des points en activant les réformes économiques, le pouvoir communiste se voit contraint à proposer, en août 1988, une « table ronde » aux opposants « qui respectent l'ordre légal et la Constitution », et à accepter un débat télévisé (le 30 novembre) entre Lech Walesa et le président du syndicat officiel OPZZ. Dans les États baltes, aussi, les projets d'amendement à la Constitution soviétique voulus par Gorbatchev – et rendus publics le 22 octobre – se heurtent à une population soudée et profondément hostile. Le parlement estonien n'hésite pas – le 16 novembre – à proclamer la primauté de ses lois sur celles de l'URSS. Pareil comportement s'il est désapprouvé à Moscou reçoit un écho très favorable dans les autres républiques baltes et en Géorgie.

Si une partie de plus en plus nombreuse de la société civile profite de la brèche ouverte par la glasnost et la perestroïka, les représentants du pouvoir communiste ne baissent pas pour autant les bras. Certains s'efforcent de réprimer par tous les moyens ce flot contestataire. D'autres, au contraire, cherchent à le canaliser à leur profit. Telle est l'attitude de Gorbatchev, qui tente de faire front et de déminer le terrain. Il a le sentiment d'être parvenu à un moment crucial pour la réalisation de son projet. L'impatience populaire est à son comble. À sa gauche, on ne cesse de critiquer la lenteur et l'inefficacité des réformes. À sa droite, on l'accuse de brader l'empire et le communisme. S'il ne suscite pas un sursaut, s'il ne remporte pas un vrai succès sur le front intérieur, il est perdu : « Le temps presse, confie-t-il le 29 juin 1988 au Comité central, il faut tout faire avant un an. » Mais ses succès, il ne les remporte qu'à l'extérieur, en retirant les troupes soviétiques d'Afghanistan[5] (15 mai), en favorisant un accord en Angola[6], en Namibie[7] (20 juillet), et un cessez-le feu entre l'Irak et l'Iran[8]. Ses projets de réforme économique, en revanche, s'enlisent, et les problèmes de ravitaillement deviennent dramatiques.

Dans le sillage de Gorbatchev, et, souvent même, le précédant, *les dirigeants de Hongrie et de Pologne tentent de garder les rênes*, en réformant les structures, et en composant avec la partie la moins extrémiste de l'opposition. À Budapest, l'arrivée de Karoly Grosz au poste de Premier ministre (juin 1987), puis de Secrétaire général du Parti (mai 1988) facilite l'élaboration de projets audacieux visant à restructurer radicalement l'armature économique et à transférer à l'État les principales responsabilités dévolues jusque-là au Parti. À Varsovie, le général Jaruzelski, ayant abouti, dès 1986, à la conclusion qu'il n'y avait « pas d'autre moyen de faire bouger les choses et les esprits » que d'accélérer les réformes économiques (par l'introduction des mécanismes de marché), et d'instaurer le dialogue avec l'opposition, engage, comme nous l'avons dit, durant le second semestre de 1988, un processus de négociations avec Solidarité.

Par contre, *à Prague, à Berlin-Est, à Sofia et à Bucarest, les dirigeants persistent dans leur refus absolu de tout aggiornamento*, et de tout dialogue avec la société civile. Les plus habiles se bornent à des faux-semblants comme Todor Jivkov qui annonce

---

5   *Cf.* troisième partie, Afghanistan, p. 243.
6   *Cf.* troisième partie, Angola, p. 256.
7   *Cf.* troisième partie, Namibie, p. 313.
8   *Cf.* plus haut, chapitre 4. p. 136.

© ARMAND COLIN. La photocopie non autorisée est un délit

à grands fracas une « peroustroïstvo » (restructuration), jamais réalisée. En fait, la tendance est, dans les quatre pays, au raidissement. Pour remplacer, en décembre 1987, le leader du PC tchécoslovaque Gustav Husak, on préfère au réformateur Lubomir Strougal, le vieil apparatchik Milos Jakez. Quant à Erich Honecker et à Nicolae Ceaucescu, ils défient jusqu'au bout Gorbatchev et les partisans du changement. Au XVIᵉ Congrès du PC Roumain, à la fin 1989, intitulé non sans provocation « congrès des grandes victoires, triomphe du socialisme, manifestation de l'indépendance et de la souveraineté de la Roumanie », l'auditoire se lève à 43 reprises pour applaudir et ovationner le discours de Ceaucescu...

Dans ces États où les dirigeants sont opposés à toute ouverture et où la société civile est muselée et apeurée, il semble que seules des pressions extérieures puissent débloquer la situation. Jamais d'ailleurs, les États occidentaux, notamment les États-Unis et la RFA, n'ont été aussi actifs à dénoncer les violations des droits (Roumanie, Tchécoslovaquie...), et à aider financièrement et économiquement les équipes de « rénovateurs » en Hongrie et en Pologne. *Le pape Jean-Paul II ne cesse, lui aussi, avec constance et habileté, d'encourager la libéralisation du système*, en privilégiant comme terrain d'approche la Pologne dont il maîtrise parfaitement les problèmes et qu'il sait pouvoir servir de modèle et de catalyseur à une mutation générale. Seul Gorbatchev se refuse toujours à intervenir : « J'ai souvent été critiqué, et parfois accusé – se justifiera-t-il plus tard – pour ma politique envers l'Europe de l'Est. Pour certains, Gorbatchev n'y aurait pas défendu le socialisme. Il aurait même "trahi ses amis". D'autres me reprochent d'avoir été trop patient avec Ceaucescu, Honecker, Jivkov et Husak qui ont conduit leurs pays respectifs à la catastrophe. Je rejette ces accusations avec fermeté. Elles viennent d'idées obsolètes quant à la nature des relations entre nos pays. Nous n'avions pas le droit d'intervenir dans les affaires de nos "satellites" pour défendre certains d'entre eux et punir les autres. De tels comportements allaient à l'encontre des principes d'égalité, d'indépendance et de non-ingérence dans les affaires intérieures d'autres États, et de la pleine responsabilité de la direction de chaque pays face à son propre peuple. »

3.2.2. Les révolutions de 1989 en Europe de l'Est

L'hiver 1988-1989 et le printemps 1989 voient s'intensifier les actions en faveur du pluralisme politique : réforme constitutionnelle en URSS, qui permet la mise en place, au sein du nouveau parlement, de groupes progressistes ; acceptation, par le Comité central du PC hongrois, du principe d'une transition vers le multipartisme ; *table ronde (6 février-15 avril) en Pologne* entre Solidarité, l'Église et le pouvoir, qui aboutit, après des élections, à un nouveau gouvernement (septembre) comptant 13 ministres sur 24, membres de Solidarité ; mobilisation populaire en Slovénie et en Croatie visant à mettre fin au monopole du PC et à développer des formations politiques non-communistes...

Simultanément, on observe, dans la plupart de ces pays, une accentuation des pressions en vue de la reconnaissance des droits nationaux. Dans les *Pays Baltes* et en *Moldavie*[9], les « fronts populaires », qui regroupent des membres du Parti et de la société civile, militent à visage découvert pour obtenir un maximum d'autonomie. Des affrontements violents déchirent la Géorgie[10], l'Ouzbékistan, et redoublent

---

9   *Cf.* troisième partie, Moldavie, p. 309.
10   *Cf.* troisième partie, Caucase du Nord, p. 272.

entre Azéris et Arméniens. Dans les Balkans, les Bulgares d'origine turque sont massivement expulsés, et les Albanais du Kosovo, cruellement réprimés par les forces de l'ordre serbes. Bref, en URSS comme en Yougoslavie, le concept fédéral est très sérieusement mis à mal.

En dépit des efforts désespérés des factions conservatrices, ce processus contestataire s'accélère durant l'été 1989 : grève des mineurs du Kouzbass, blocus de l'Arménie[11] par les Azéris, regain de tension en Abkhazie[12], en Moldavie[13], en Ukraine...

En Europe de l'Est, l'hallali est sonné par les dirigeants hongrois lorsque, le 10 septembre, ils ouvrent la frontière avec l'Autriche, entraînant aussitôt la *ruée de plus de 10 000 Allemands de l'Est en direction de la RFA*. Quelques semaines plus tard – en octobre – *le PC hongrois se transforme en parti socialiste*, et, à Budapest, les députés décident d'organiser les premières élections libres depuis 1947. Ce même mois d'octobre voit se multiplier les défilés de masse en RDA. Des milliers de personnes osent désormais manifester pour réclamer des réformes et le droit de se déplacer hors des frontières. Comme le confient des membres du Parti communiste, à l'entourage de Gorbatchev, lors de sa visite à Berlin-Est – à l'occasion du quarantième anniversaire de la RDA – il est « *minuit moins cinq* » *à la pendule de l'Histoire*... tant pour Eric Honecker qui, incapable de comprendre la situation, est « libéré », le 18 octobre, de son poste de secrétaire général du parti et de président du Conseil d'État de la République, que pour le régime communiste est-allemand. Pas plus Egon Krenz, surnommé le « Kronprinz » (le dauphin), que le réformateur Hans Modrow, nul ne parvient plus à reprendre le contrôle des événements. Dans la nuit du 9 au *10 novembre, le mur séparant Berlin-Est de Berlin-Ouest tombe* en quelques heures sous la poussée d'une énorme foule. La balle est désormais dans le camp du chancelier ouest-allemand, Helmut Kohl qui s'en saisit habilement en proposant, soudain, le 28 novembre, un plan en dix points ayant pour objet de conduire à la réunification allemande. La surprise passée, l'URSS et les partenaires de la RFA (notamment la France, au départ fort réservée) se résignent à ce qui apparaît comme la volonté du peuple allemand (élections du 18 mars 1990 remportée par l'Alliance pour l'Allemagne, soutenue par la CDU/CSU).

Dans le monde entier, et, à plus forte raison, chez les « pays frères » de l'est-européen, l'impact des événements allemands est considérable. À Prague, des manifestations populaires massives (17 et 18 novembre) aboutissent, en quelques jours, à la « révolution de velours ». L'opposition, regroupée sous le nom de Forum civique, et conduite par Vaclav Havel parvient à pousser à la démission les dirigeants du Parti et de l'État. Le 29 décembre, *Vaclav Havel remplace Gustav Husak à la présidence de la République*. En Bulgarie, aussi, les événements de Berlin-Est sont décisifs. Ils enhardissent la société civile et découragent les dirigeants communistes, convaincus désormais d'un « lâchage » complet de Gorbatchev. Dès le lendemain de la chute du Mur de Berlin, Todor Jivkov doit accepter son remplacement à la tête du Parti et de l'État par le réformateur communiste Petar Mladenov (10 novembre). Ce dernier est aussitôt soumis à une très forte pression populaire (100 000 personnes défilent à Sofia, le 10 décembre, pour réclamer l'approfondissement des réformes), exercée notamment

---

11 *Cf.* troisième partie, Arménie, p. 259.
12 *Cf.* troisième partie, Caucase du Nord, p. 272.
13 *Cf.* troisième partie, Moldavie, p. 309.

© ARMAND COLIN. La photocopie non autorisée est un délit

par les étudiants et des intellectuels. Sept mois plus tard (6 juillet 1990), il est acculé à la démission, et remplacé par le philosophe Jelio Jelev, leader de l'Union des forces démocratiques.

La Roumanie est le seul pays à ne pas s'enflammer à l'unisson avec les autres « pays frères ». À la fin novembre – nous l'avons rappelé – Nicolae Ceaucescu triomphe encore au Congrès du PC. En fait, tant à l'intérieur du Parti, que dans les milieux dissidents – en particulier à l'étranger – des manœuvres se préparent de longue date pour écourter le règne du Conducator. Dans la population, l'irritation et la désespérance sont telles que l'on peut être certain de son ralliement à toute solution alternative. Dans ces conditions, *la « révolution » roumaine, qui éclate finalement dans la seconde quinzaine de décembre 1989*, mêle inextricablement les caractères du complot et de la révolte populaire. Une première phase se déroule à Timisoara, ville située à la frontière avec la Yougoslavie et la Hongrie, où, à partir du 15 décembre, des habitants protestent contre le transfert d'un pasteur réformé hongrois, Laszlo Tökes. Le 17, les manifestants, dont le nombre n'a cessé de grossir, attaquent le siège de l'administration et du Parti. Ceaucescu ordonne la répression. Celle-ci est très sévère (environ 60 morts et 240 blessés), mais elle est considérablement amplifiée (les chiffres étant multipliés par cent) par les radios occidentales. Aussi, lorsque, le 21 décembre, Ceaucescu s'adresse à une foule rassemblée devant l'édifice du Parti à Bucarest, des cris fusent de quelques groupes l'accusant du « massacre » de Timisoara. Dès lors, malgré ses efforts, la maîtrise des événements, puis du pays tout entier, échappe en quelques heures au dictateur. Ses fidèles – dont les membres du Comité politique exécutif – quittent comme des rats le navire en perdition. Le couple Ceaucescu s'enfuit à son tour. Fait prisonnier, il sera exécuté, après un simulacre de procès, le 25 décembre. Déjà, trois jours auparavant, Ion Iliescu et Petre Roman – deux communistes réformateurs – ont fondé la nouvelle structure du pouvoir, le Front de Salut National, formé de 36 membres, dont d'anciens dirigeants évincés, des militaires et des dissidents. Des élections libres sont annoncées pour avril 1990.

3.3. L'Implosion finale

3.3.1. La fin de l'URSS

« La troisième période (de la perestroïka), les années 1990 et 1991, note rétrospectivement Gorbatchev dans ses Mémoires, fut celle du paroxysme de la lutte entre les forces sociales, nationales et politiques que nous avions libérées. » Le constat est honnête. Le leader soviétique se heurte pendant deux ans à une opposition de plus en plus large et offensive, qu'il ne parvient jamais à désamorcer, ni à canaliser ni à endiguer.

Il lui faut faire face à une redoutable nébuleuse de forces ayant pour seul liant une hostilité commune à sa politique ou à sa personne. Le courant progressiste – derrière Boris Eltsine, renforcé par son élection à la présidence du Soviet suprême de Russie en mai 1990 – ne cesse de stigmatiser *la lenteur et la timidité des réformes*. Celles-ci sont pourtant indéniables : autorisation des baux à vie sur la terre (février 1990) ; loi du Soviet suprême autorisant le multipartisme (mars) ; loi sur les modalités de sécession des républiques (avril) ; approbation du principe de l'« économie de marché contrôlée » (prévoyant notamment la dénationalisation de la propriété d'État) (juin) ; plan « Eltsine » de libération des prix (juillet) ; Traité de l'Union définissant les structures d'une « Union des républiques souveraines » (novembre)… Mais ces projets et ces lois se heurtent, dans leur réalisation et leur application, à l'hostilité, de plus en plus déterminée, des factions conservatrices. C'est le moment où le complexe militaro-industriel, fortement ébranlé par les accords de désarmement et, surtout, par la perte des pays satellites est-européens, se détache définitivement de lui. Par ailleurs, *la réforme des structures de l'Union suscite la crainte* tant en Russie que chez la minorité russe dispersée dans l'Union. Le groupe Soïouz – opposé aux mouvements d'émancipation nationale qui se développent dans les républiques de la fédération – rassemble alors le tiers des députés du nouveau parlement soviétique.

De tous les problèmes affrontés, alors, par l'équipe au pouvoir, le plus dangereux est devenu celui des nationalités, qui met en péril l'existence même de l'URSS. De ce point de vue, *les États baltes jouent un rôle décisif*. Ce n'est pas un hasard si Gorbatchev décide, en janvier 1990, de se rendre en Lituanie, avec la conviction que l'avenir de l'Union se joue dans cette petite république. Quelques jours plus tôt (20 décembre), le Parti communiste de celle-ci, réuni en congrès extraordinaire, a annoncé sa rupture avec le Parti communiste d'Union soviétique. Cette décision est fortement approuvée par le *Sajudis*, front populaire rassemblant communistes et non communistes, qui ne cesse de prôner la libération nationale du pays, et remporte, deux mois plus tard, une large victoire aux élections pour le Soviet suprême local. Dès le 11 mars, les nouveaux députés proclament *l'indépendance de la Lituanie* et la caducité des lois soviétiques sur le territoire lituanien. L'Estonie (30 mars) et la Lettonie (4 mai) font de même. Gorbatchev s'efforce de faire condamner ces proclamations, pour éviter la contagion aux autres républiques, tout en prenant en compte certaines revendications nationales dans le cadre d'un réaménagement du Traité de l'Union. Il s'agit de convaincre la population lituanienne – et à travers elle les populations des autres républiques – que son intérêt n'est pas de quitter la Fédération. Pour cela, tous les moyens peuvent être utilisés, sauf un seul : la force, qui ne manquerait pas de creuser définitivement un fossé entre nationalistes et fédéralistes. C'est pourtant à la force que l'on a recours, lorsque dans la nuit du 12 au 13 janvier 1991, la tour de la télévision de Vilnius et la station de radio sont prises d'assaut avec la participation de troupes soviétiques. Le sang coule. Pour Gorbatchev, cette décision – qui lui aurait totalement échappé (il la désigne sous le terme de « putsch de Lituanie »), et serait le fait de factions hostiles de l'armée et du KGB – sonne le glas de l'Union : « Tous les efforts pour empêcher la sécession de la Lituanie et des autres Pays Baltes, observe-t-il, se révélèrent vains après le bain de sang. Pis : une partie de la population russophone de ces républiques mises à part, un tournant se produisit dans l'opinion publique à l'échelle de l'Union. Les gens commencèrent à se demander s'il fallait retenir les Baltes de force et verser le sang. Puisqu'ils voulaient devenir indépendants, ne valait-il pas mieux les laisser s'en aller ? »

Pris en tenailles par des oppositions implacables, qui, désormais, ne songent qu'à l'écarter du pouvoir, Gorbatchev croit trouver la parade en s'appuyant sur l'Occident et en renforçant sans cesse ses pouvoirs. Les pays occidentaux ne lui ménagent pas leur aide financière et leur soutien, reconnaissants de son comportement conciliant lors de la désatellisation de 1989, et de la réunification de l'Allemagne l'année suivante ; et de ses efforts continus dans le règlement de conflits régionaux ainsi que dans les négociations sur le désarmement (destruction de stocks d'armes chimiques et accord START sur la réduction de 25 à 30 % des armements stratégiques conclu durant l'été 1991). L'attribution du prix Nobel, le 15 octobre 1990,

© ARMAND COLIN. La photocopie non autorisée est un délit

atteste avec éclat de « son rôle important dans le processus de paix ». De même que l'invitation du leader soviétique au sommet du groupe des sept pays les plus industrialisés (G7), à Londres, en juillet 1991, constitue une « reconnaissance économique de l'Union soviétique en mutation ».

Parallèlement, *Gorbatchev instaure un régime présidentiel.* La révision constitutionnelle du 14 mars 1990 prévoit la création d'un poste de président de l'Union soviétique, élu pour cinq ans au suffrage universel, chargé, à la fois, de la conduite de la politique intérieure, de la politique étrangère et de la politique fédérale. En outre, la loi du 3 avril 1990 sur l'état d'urgence – applicable en cas de « cataclysmes, d'importantes avaries, de catastrophes, d'épidémies, d'épizooties ou de désordres de masse » – lui confère des prérogatives quasiment illimitées. Une nouvelle institution est créée (décembre 1990) : la vice-présidence, exercée par une personnalité élue sur proposition du président et en même temps que lui, qui aura le pouvoir de le remplacer en cas d'absence ou de maladie grave.

Ce renforcement continu des pouvoirs présidentiels ne résout aucun problème de fond. Gorbatchev est contraint, durant ces années 1990 et 1991, à *un jeu périlleux d'équilibriste* entre les libéraux progressistes eltsiniens, à sa gauche, et les conservateurs de Soyouz et du complexe militaro-industriel, à sa droite. Ceci entraîne une politique très chaotique d'accélération et de freinage des réformes en cours. Néanmoins, un accord parvient à être conclu, à la fin juillet 1991, sur l'épineuse question du nouveau traité d'Union entre les présidents des neuf républiques demandant l'indépendance (Azerbaïdjan, Biélorussie, Kazakhstan, Kirghistan, Ouzbékistan, Russie, Tadjikistan, Turkménistan et Ukraine). Ce traité, publié le 15 août, devait être signé le 20 août.

Mais, le *19 août 1991*, un Comité d'État pour l'état d'urgence, présidé par le vice-président Guennedi Ianaev, et formé de huit membres (dont le Premier ministre, le ministre de l'Intérieur, le président du KGB et le ministre de la Défense), déclare Gorbatchev incapable pour « raisons de santé » d'exercer ses fonctions, le place en résidence surveillée (dans sa résidence de Crimée), décrète l'état d'urgence pour six mois, restaure la censure, et interdit toute manifestation. Très vite, *le putsch tourne court*, Eltsine ayant déclaré illégales les actions du Comité, et ayant pris le commandement des forces armées, tandis que des dizaines de milliers de manifestants hostiles au coup de force envahissent les rues de Leningrad, de Kichinev (Moldavie) et de Moscou. Gorbatchev peut rentrer à Moscou dans la nuit du 21 au 22 août ; mais il va constater très vite qu'il n'est plus le maître, et que *le pouvoir est désormais aux mains de son « sauveur » Boris Eltsine.* Dès le 23 août, celui-ci fait voter un décret suspendant les activités du PCUS sur le territoire de la Russie, obligeant ainsi Gorbatchev à démissionner de son poste de secrétaire général.

Le second semestre de l'année 1991 est tout entier occupé par les négociations sur les conditions de *retrait des différentes républiques de l'Union* qui, dès le lendemain du putsch manqué, ont tour à tour proclamé leur indépendance : Biélorussie et Moldavie (26 et 27 août), Azerbaïdjan (30 août), Kirghistan et Ouzbékistan (31 août)... Gorbatchev s'enlise dans de laborieux projets de restructuration de la Fédération (transformation de l'ex-URSS en « Union des États souverains »), tandis que, d'abord dans les coulisses, puis au grand jour, Boris Eltsine mène le jeu. Une fois assuré que la Russie héritera des attributs de puissance de l'URSS (chaîne de commandement nucléaire, siège du Conseil de sécurité, forces armées...), il se montre tout à fait favorable à l'éclatement de la Fédération. Le Rubicon est définitivement franchi le 8 décembre 1991, lorsque, réunis à Minsk, Eltsine et les présidents de l'Ukraine et de la Biélorussie, constatant que « l'Union soviétique n'existe plus », décident de former une *Communauté des États Indépendants (CEI)* ouverte à tous les États de l'ancienne URSS. Ces derniers – sauf les trois États baltes et la Géorgie – acceptent le 21 décembre, à Alma-Ata (Kazakhstan), d'adhérer à la nouvelle structure. Quatre jours plus tard, Gorbatchev ne peut qu'annoncer sa démission. L'URSS a volé en éclats comme va le faire un autre état fédéral communiste, la Yougoslavie.

3.3.2. Le délitement yougoslave

À cette charnière des décennies 80 et 90, la situation de la Yougoslavie n'est pas, à première vue, sans analogie avec celle de l'Union soviétique. Dans les deux cas, en effet, deux États communistes voient leur identité doublement remise en cause : par une contestation du monopole et du rôle du parti unique, ainsi que par une résurgence des nationalismes qui s'opposent aux structures fédérales de base. Par ailleurs, l'économie des deux États est au plus mal, ce qui entraîne, pour la population soviétique comme pour la population yougoslave, des conditions de vie des plus précaires. Mais on ne saurait pousser plus loin le parallèle. La politique de Tito n'a pas été celle de Staline ; le fédéralisme yougoslave – même s'il a eu ses limites (notamment dans son refus de reconnaître le Kosovo comme une entité autonome) – n'a jamais été, à la différence du fédéralisme soviétique, un simple paravent au centralisme et à la russification. En outre, le marasme économique n'a pas la même cause. En URSS, il est, surtout, le produit de structures obsolètes et d'un surarmement ; alors qu'en Yougoslavie, il est surtout lié à l'endettement engendré par des réformes mal maîtrisées, aux effets de la crise mondiale, et à un gaspillage des investissements entre les différentes entités de la Fédération. Ajoutons, enfin, que Slobodan Milosevic, leader de la république serbe, n'a rien de commun avec Mikhaïl Gorbatchev : il ne possède ni sa volonté de réforme, ni son total rejet de la violence, ni son souci de conciliation.

En ces années cruciales, la Ligue communiste yougoslave – pas plus que le PC en URSS – ne se montre apte à faire face aux problèmes économiques et aux questions nationales. Dans ce dernier domaine, notamment, elle refuse toute réforme, craignant, plus que tout, l'éclatement de la fédération. L'affrontement est donc inévitable entre les partisans d'une Confédération rénovée rassemblant des républiques souveraines (très nombreux en Croatie, Slovénie, Kosovo) et ceux du maintien de la fédération actuelle (très majoritaires en Serbie). *La confrontation est d'abord pacifique :* lors des premières élections parlementaires libres (avril-décembre 1990), l'opposition est vainqueur en *Slovénie* (coalition « Demes ») et en *Croatie* (Union démocratique de F. Tudjman) – ce qui entraîne quelques mois plus tard, dans les deux pays, des résolutions en faveur de l'indépendance – tandis qu'en Serbie, le parti de Slobodan Milosevic l'emporte. De leur côté, les 114 députés de souche albanaise du parlement du *Kosovo* adoptent une constitution établissant l'égalité de cette province avec les six autres républiques de la Fédération. Autant de décisions inadmissibles pour les Serbes, de plus en plus mobilisés autour d'un Slobodan Milosevic transformé en double champion de l'État yougoslave et de la nation serbe tout entière.

Les premiers heurts violents – entre policiers croates et civils serbes – ont pour théâtre la Croatie en mai 1991. Mais, c'est surtout à compter de la proclamation officielle, le 25 juin, de « leur souveraineté et de leur indépendance » par la Slovénie et la Croatie, qu'intervient l'armée fédérale, à dominante serbe. Si l'engagement

© ARMAND COLIN. La photocopie non autorisée est un délit

de celle-ci en Slovénie est bref, et cesse dès le 18 juillet, les *affrontements en Croatie*, qui débutent aussitôt, semblent – en dépit des efforts de médiation de la CEE – devoir se prolonger et être très meurtriers (400 morts en un mois). Partout, les positions se radicalisent. En Croatie, mais aussi en Bosnie-Herzégovine, les Serbes – soutenus par Belgrade – créent des régions autonomes. À son tour, la majorité croato-musulmane du parlement de Bosnie-Herzégovine – qui craint de se retrouver seule dans une fédération dominée par les Serbes – déclare la souveraineté et la neutralité de leur république.

Durant tout l'automne et l'hiver 1991-1992, les combats font rage en Croatie, autour de Dubrovnik, Vukovar, assiégée durant trois mois par l'armée fédérale et les milices serbes, et Zagreb, bombardée. D'ores et déjà, le conflit se solde par plusieurs milliers de morts, a provoqué le déplacement de plus de 500 000 personnes, et causé 21 milliards de dollars de dégâts. En février, le Conseil de sécurité de l'ONU décide à l'unanimité l'envoi de 14 000 casques bleus.

Mais, quelques semaines plus tard, en avril 1992, l'intervention de l'ex-armée fédérale en *Bosnie-Herzégovine* ouvre un nouveau front[14]. Le sort pitoyable des habitants de la capitale bosniaque, et l'effroyable premier bilan du conflit émeuvent particulièrement l'opinion occidentale. En juin 1995, une « Force internationale de réaction rapide » est enfin constituée. Grâce au concours de l'aviation américaine, elle oblige les Serbes bosniaques à un cessez-le-feu. *Un accord de paix est conclu, en novembre 1995, à Dayton (États-Unis).* Paix imposée par la force, paix complexe (corridors reliant des enclaves), donc paix fragile, l'Accord de Dayton a au moins le mérite de faire cesser un des épisodes les plus meurtriers de la désagrégation de l'ex-Yougoslavie. Mais il laisse sous la cendre des problèmes aussi brûlants que celui du sort des Albanais du Kosovo.

3.3.3. L'asphyxie de la dictature albanaise

Fort heureusement, la disparition du régime communiste ne revêtit pas en Albanie les formes tragiques de celle de son voisin yougoslave. Si l'on devait esquisser une comparaison avec l'évolution d'un autre État communiste, nous choisirions plutôt – avec néanmoins un retard d'un an sur celui-ci – le processus bulgare.

Longtemps, à Tirana, encore moins qu'à Sofia, les dirigeants ne semblent sincèrement souhaiter une « perestroïka ». Ramiz Alia, qui a succédé a Enver Hoxha en mars 1985, a maintenu le cap politique de ce dernier. Il a fallu attendre 1988 pour que l'anniversaire de la mort de Staline ne soit plus officiellement célébré ! Cependant, la nécessité absolue de désenclaver le pays, asphyxié par des années de quasi-autarcie et de repliement complet sur lui-même, et le désir de calmer le mécontentement diffus mais généralisé d'une population des plus misérables, conduisent l'équipe de Ramiz Alia à amorcer, *dans le courant de 1990, une très modeste « restructuration »*, avec instauration de la liberté des prix sur certaines denrées, reprivatisation partielle de l'agriculture, et promesse de révision de la constitution en vue de faire de l'Albanie un État de droit. Une première manifestation populaire, conduite par des intellectuels et des étudiants, les 9 et 10 décembre 1990, impose au pouvoir le *pluripartisme*. Mais l'opposition ne parvient pas à gagner les premières élections libres organisées en mars 1991. Il lui faut attendre, pour prendre le pouvoir, une assise populaire plus large qui se manifeste lors d'une

---

14 *Cf.* troisième partie, Bosnie-Herzégovine, p. 266.

flambée de violences en décembre 1991, et, surtout, aux nouvelles élections du printemps 1992, qui voient l'accession à la présidence de la République, du leader du Parti démocratique, Sali Berisha.

Mesurer les conséquences de la désintégration des régimes communistes n'est pas aisé. Celle-ci a, en effet, marqué, à la fois, la disparition souhaitable d'un système totalitaire, mais aussi – aux yeux de beaucoup de partisans de l'idée communiste – démontré les extrêmes difficultés à la réaliser – même sous plusieurs variantes. Cette prise de conscience et le brusque déficit idéologique qu'elle génère ne peuvent pas être sans incidences graves sur la détermination politique de la présente génération et des générations suivantes. D'un point de vue géopolitique, l'implosion communiste a, par ailleurs, conduit à un profond redéploiement : de nombreux États se sont scindés (comme l'URSS, la Yougoslavie, la Tchécoslovaquie), deux ont fusionné pour former l'Allemagne. De vastes regroupements inter-étatiques à vocation militaire et à vocation économique ont, soit volé en éclats (le Pacte de Varsovie, le COMECON), soit doivent être redéployés (l'OTAN, la Communauté européenne). Enfin, le système des relations internationales, fondé, depuis la Seconde Guerre mondiale, sur le duopole de deux superpuissances, se trouve totalement bouleversé par l'effacement de l'une d'entre elles, entraînant obligatoirement la mise en place d'un nouvel ordre mondial.

BIBLIOGRAPHIE

Témoignages

ELTSINE B., *Jusqu'au bout !*, Calmann-Lévy, 1990.
— *Sur le Fil du rasoir. Mémoires*, Albin Michel, 1994.
GORBATCHEV M., *Le putsch*, Olivier Orban, 1991.
— *Avant-Mémoires*, Odile Jacob, 1993.
— *Décembre 1991. L'histoire des jours qui virent disparaître l'URSS*, Éditions CopArt, Zug (Suisse), 1993.
— *Mémoires*, Éditions du Rocher, 1997.

Études

DOMENACH J.-L. et GODEMENT F. (sous la dir. de), *Communismes d'Asie : mort ou métamorphose ?* Complexe, Bruxelles, 1994.
CARRÈRE D'ENCAUSSE H., *La Gloire des nations ou la fin de l'Empire soviétique*, Fayard, 1990.
LEVESQUE J., *1989, la Fin d'un Empire. L'URSS et la libération de l'Europe de l'Est*, Presses de Sciences Po, 1995.
SOULET J.-F., *La Mort de Lénine. L'implosion des systèmes communistes*, A. Colin, 1991

Voir également la bibliographie du chapitre 2, p. 96.

© ARMAND COLIN. La photocopie non autorisée est un délit

Chapitre 6

Hégémonie américaine et mondialisation

L'IMPLOSION DE L'URSS, la fin de la Guerre froide, libérèrent les États-Unis des contraintes liées à l'équilibre stratégique entre les blocs : la route s'ouvre désormais pour que l'Amérique, seule puissance mondiale, puisse exercer sa mission de protecteur de la planète... Mais cette mission ne saurait être menée à bien sans une ardeur – économique et politique – retrouvée, à l'intérieur comme à l'extérieur.

Le nouvel ordre mondial, auquel président les États-Unis, existe-t-il vraiment ? S'organise-t-il au bénéfice des Nations unies (grâce à – et avec l'aval de – l'organisation du même nom), ou bien au seul profit des Américains, prêts, si besoin est, à se passer de la caution de la communauté internationale et déterminés à imposer leur loi à leurs partenaires, amis ou ennemis ? En un mot, la « mondialisation » ne masque-t-elle pas en grande partie l'hégémonie américaine ?

1. VERS UN NOUVEL ORDRE AMÉRICAIN ?

1.1. Le redressement interne des États-Unis

1.1.1. La victoire du reagano...

Compromis dans plusieurs scandales, victime des assauts répétés d'une presse avide de sensationnel, le président R. Reagan eut une fin de règne bien douce-amère. Somme toute, il ne put guère se prévaloir que du *rapprochement des États-Unis avec Moscou*, masquant difficilement les problèmes économiques et sociaux, les échecs et les bavures de la politique étrangère (en particulier en Amérique centrale et dans le Golfe persique). Pourtant Mikaël Dukakis, tentant au cours d'une campagne électorale bien médiocre d'assumer les objectifs de ses prédécesseurs, ne parvint pas à regrouper les États-Unis autour d'un grand projet démocrate. La victoire du vice-président sortant George Bush prolonge donc le double mandat de R. Reagan ; elle parachève le succès idéologique du reaganisme, volonté de renouveau, triomphe de grands principes empreints de rigueur, que le démocrate Bill Clinton ne désavouera pas entièrement.

• *Un renouveau du nationalisme et du patriotisme*

Les mandats de Ronald Reagan coïncidèrent avec un sursaut des États-Unis, désireux de *restaurer l'honneur et la puissance perdus*. Quelques signes, anodins ou importants, l'attestèrent. Un nouveau patriotisme s'exprima par les canaux les plus divers : aux jeux Olympiques de Los Angeles en 1984, tous les athlètes américains, noirs ou blancs pleurèrent d'émotion en écoutant l'hymne de leur pays lors des céré-

© ARMAND COLIN. La photocopie non autorisée est un délit

monies de remises des médailles (les JO de Mexico semblaient bien éloignés...) ; le nationalisme devint même une affaire commerciale, le drapeau américain ornant des tee-shirts et gadgets divers. L'armée attira de plus en plus de jeunes (sous le premier mandat de R. Reagan, le nombre des candidatures aux écoles militaires augmenta de moitié) ; le cinéma entretint et traduisit ce climat de renouveau patriotique, puisque les films *Red Dawn, Rocky, Rambo* attirèrent les foules.

Dans le même esprit, la guerre du Vietnam[15] fut éclairée d'un jour nouveau ; *réinterprétée, elle fut en fait réhabilitée.* À la fin des années 1960, les médias et les intellectuels étaient convaincus que les Américains poursuivaient au Vietnam des buts impérialistes, en violant le droit des peuples à disposer d'eux-mêmes ; à l'aube des années 1980, on chassa les vieux fantômes : selon Norman Podhoretz, la guerre du Vietnam était un piège, véritable affrontement entre les Grands, mais où un seul d'entre eux s'était engagé sur le terrain. La mainmise soviétique pouvait être contre-carrée en traitant directement avec Moscou et non en s'enlisant sur place... Les États-Unis auraient donc dû éviter la guerre au Vietnam, mais pour des raisons politiques et non pour des considérations morales : les événements postérieurs, au Vietnam et au Cambodge, montrèrent que la guerre était au contraire morale ; les États-Unis voulaient sauver le pays des maux du communisme et, en vérité, ce sont les opposants à la guerre qui portent une responsabilité dans la tragédie du peuple vietnamien depuis 1975. Aussi Ronald Reagan put-il définir l'engagement au Vietnam comme une « noble cause ».

Si tous les Américains furent loin d'adhérer à cette thèse, beaucoup en tout cas prirent conscience que les soldats s'étaient conduits comme des hommes ordinaires, et qu'en somme, ils avaient été plutôt les premières victimes d'une politique condamnable. À travers leurs témoignages, l'Amérique redécouvrit ses combattants et les réintégra à la communauté nationale : à la fin de 1982, quinze mille personnes défilèrent pour un salut national qui leur fut dédié, un monument commémoratif fut construit au centre de Washington. Le cinéma ne fut pas en reste ; si *Platoon* dénonce les horreurs de la guerre à travers la vie quotidienne d'une patrouille, ce film d'Oliver Stone réhabilita les soldats américains, avec leur courage, leurs haines, leurs faiblesses. De même *Full Metal Jacket*, de Stanley Kubrick (1987), délivra un message ambigu : certes l'entraînement des *marines* y est caricaturé, mais le héros ne le remet jamais en question – aimant le combat, il défend au Vietnam les valeurs de l'Amérique, les Vietnamiens apparaissant d'ailleurs dans ce film comme des figures négatives.

• *Pour une Amérique forte et respectée*

Ronald Reagan voulut poursuivre la politique de fermeté appliquée par son prédécesseur à la fin de son mandat (embargo sur les exportations de céréales et boycottage des jeux Olympiques de Moscou, à la suite de l'intervention soviétique en Afghanistan, augmentation du budget militaire, création d'une force de déploiement rapide...). Mais à la différence de Jimmy Carter, il avait une vue très cohérente et très idéologique du monde, *théâtre implacable de la lutte du Bien et du Mal.* Idéologie simpliste, ou de western, qui opposait des États-Unis défenseurs des justes valeurs à l'URSS, nouvelle prostituée de Babylone ! Cette conception du monde a pour corollaire l'affirmation de la force ; que l'Amérique soit forte et elle sera respectée ! Pour faire accepter sa politique, le nouveau président mit en œuvre, selon l'expression de Stanley Hoffmann, de véritables « relations publiques » des affaires étran-

---

15 *Cf.* chapitre 1 et troisième partie, Vietnam, p. 359.

gères. R. Reagan dut s'affirmer face aux pays dont il souhaitait conserver l'appui et cela le conduisit à des opérations de prestige comme la célébration du 40ᵉ anniversaire du Débarquement en Normandie, où il souligna l'importance de l'alliance avec l'Europe.

Le président dut aussi séduire l'opinion américaine, d'abord en la flattant (par exemple, l'expédition à l'île de la Grenade fut présentée à la fois comme la preuve de la volonté de ne pas se laisser faire et le souci de la défense des droits de l'homme face aux dictateurs marxistes), puis en l'apaisant – le syndrome vietnamien ne fut jamais tout à fait éliminé et l'opinion publique se méfiait de l'intervention dans des conflits interminables qu'elle aurait mal compris : si le président Reagan se montra décidé face à l'URSS, il mit aussi l'accent sur la volonté de négocier avec les Soviétiques, notamment sur le problème des armements.

• *La défense des mœurs*

Par l'intermédiaire de Ronald Reagan, les valeurs profondément *conservatrices de la nouvelle droite* américaine purent donc s'exprimer. Le reaganisme sous-entendait en effet le refus des valeurs des années 1960 et 70 ; la libération sexuelle, l'usage de la drogue, le rejet de l'autorité auraient constitué autant d'excès favorisés par le trouble créé dans les esprits par la guerre du Vietnam. Une réaction s'imposait : l'abolition de l'avortement, le rétablissement de la prière dans les écoles, la lutte contre la pornographie et l'homosexualité devinrent des enjeux importants. La société américaine souffrant d'un réel déclin moral, il fallait réhabiliter les valeurs fondatrices de l'Amérique : la croyance en Dieu, le respect de l'autorité, l'indissolubilité du mariage, le respect des parents, de la famille... À la télévision, les feuilletons les plus populaires décrivaient l'ascension de « jeunes très comme il faut » qui ne boivent pas, ne se droguent pas, respectent les valeurs établies... et réussissent. Le modèle américain par excellence fut donc celui du *yuppy* (*young urban people*) qui ne boit pas, ne fume pas, travaille beaucoup, se maintient en forme par le jogging ou la musculation, porte un costume strict...

L'Amérique s'est construite aussi sur des bases religieuses. Dans les années 1980, au-delà des églises majoritaires, les évangélistes, les renaissants, les fondamentalistes déployèrent une activité inlassable. Disposant parfois de moyens impressionnants, ils utilisaient les médias pour diffuser leur message : de l'église baptiste de Lynchburg en Virginie, le révérend Jerry Falwell qui animait la majorité morale, s'adressait toutes les semaines à plus de 25 millions d'Américains, au cours d'une émission télévisée.

1.1.2. ... bushisme

Plus encore que Ronald Reagan, divorcé, ex-gouverneur de Californie, terre du vice et de la luxure par excellence, George Bush put incarner, à la fin des années 1980, ces valeurs éternelles de l'Amérique, qui ont fourni la trame du reaganisme. Riche industriel, il a derrière lui une superbe carrière politique, commencée à 42 ans en 1966, lorsqu'il fut élu représentant du Texas. Nommé par Richard Nixon ambassadeur des États-Unis auprès des Nations unies, puis placé par Gerald Ford à la tête de la CIA, il ne put toutefois, face à R. Reagan, obtenir l'investiture républicaine à l'élection présidentielle : il devint donc vice-président. Son allure calme, sa vie familiale, en particulier son épouse Barbara, rassurent l'opinion et il apparaît comme le successeur tout désigné de Reagan, même si, lors de la campagne de 1988, il ne s'exprime guère sur les grands problèmes du pays.

© ARMAND COLIN. La photocopie non autorisée est un délit

Devenu président, George Bush *continue à mettre en avant les principes du reaga-nisme*, se montrant, comme son prédécesseur, dogmatique en matière d'État ; comme lui, il estime dangereuse l'intervention publique en matière économique et sociale mais il la juge parfois nécessaire dans le domaine des droits individuels. Comme Ronald Reagan, il se montre donc très rigoureux sur le plan idéologique pour recruter des juges conservateurs (« politiquement corrects » comme l'on dit alors) en matière d'interprétation de la Constitution. Il tente de résoudre quelques-uns des grands problèmes de société : la pollution – en juin 1989, rompant avec la politique de dérégulation, il présente un plan de lutte ; la drogue (les nouveaux moyens mis en œuvre visent surtout à renforcer la répression) ; l'avortement (la Cour suprême autorise chaque État à refuser l'aide publique pour les interruptions volontaires de grossesse).

Mais dès l'arrivée de George Bush au pouvoir et durant tout son mandat, l'opinion américaine *s'inquiète de la situation économique* : certes le chômage diminue, mais peu de propositions sont énoncées pour réduire le déficit du budget et le déficit commercial. Une majorité d'Américains pensent que la croissance des années 1980 a été improductive et spéculatrice, que l'expansion a laissé pour compte bon nombre de gens et que d'ailleurs elle repose sur un endettement généralisé : une prospérité à crédit en quelque sorte. En même temps, les Américains voient comme un mirage le rêve reaganien de retrait de l'État : sous la présidence de George Bush, l'État est on ne peut plus présent ; ainsi les dépenses publiques prélèvent une part très importante du PNB (plus de 40 %) et la très grande majorité des Américains paient plus d'impôts au début des années 1990 qu'en 1980. En fait, George Bush évite, y compris pendant la campagne électorale de 1992, d'aborder les problèmes essentiels, l'affaiblissement économique et l'endettement des États-Unis, refusant de reconnaître les responsabilités du « reagano-bushisme ».

Il préfère mettre en avant *les succès de la politique extérieure* américaine : poursuite du dialogue avec les autres Grands (la Chine et l'URSS, puis la Russie), relance de l'Alliance atlantique, rôle dans les négociations de paix au Proche-Orient, interventions directes, en Lybie, aux Philippines, au Nicaragua, au Panama… et surtout contre l'Irak ! Si bien que, au terme de son mandat, rares sont ceux qui voient George Bush vaincu : il bat, après la guerre du Golfe, tous les records de popularité. De ses succès internationaux, les démocrates et Bill Clinton ne vont pas hésiter à se servir : les républicains, depuis douze ans, ont mené le pays à la ruine, mais George Bush ne s'en préoccupe pas ; il ne s'intéresse qu'à la politique étrangère. Le président sortant n'a su invoquer à sa décharge que la victoire américaine (et républicaine !) contre l'URSS et la fin de la Guerre froide, comme si les Soviétiques n'étaient pas les premiers responsables de l'implosion de leur bloc…

1.1.3. Bill Clinton ou le retour du social ?

En 1992, l'élection de Bill Clinton à la présidence des États-Unis *ne constitue pas un véritable triomphe* : certes, il bat George Bush, mais avec 43 % seulement des suffrages exprimés contre 38 % au président sortant (il est vrai que l'élection, triangulaire, permet au candidat indépendant Ross Perot d'obtenir 19 % des voix). Gouverneur de l'Arkansas, politicien chevronné, soutenu par son épouse Hillary, brillante avocate, Bill Clinton a mis en avant, face à un président qui a trop compté sur la popularité née de sa victoire dans le Golfe, son dynamisme et sa jeunesse, qui ne sont pas sans rappeler ceux de John Kennedy. Nouveau démocrate, B. Clinton souligne aussi l'intérêt qu'il porte aux questions économiques et sociales ; grâce à lui, et certainement à Ross Perot, les Américains s'interrogent, lors de l'élection présidentielle, sur les fonctions et le rôle de l'État, qui doit, selon eux, favoriser le développement économique, le progrès social... Malgré la très difficile mise en place de son administration, Bill Clinton dispose – par opposition au conservatisme reagano-bushien – d'un certain capital de confiance ; mais se demande alors Marie-France Toinet, sait-il toujours surmonter « sa véritable faiblesse, cette soif de satisfaire chacun au risque de mécontenter tout le monde » ?

• *Des projets ambitieux*

Dans la première phase de sa présidence en tout cas, c'est-à-dire jusqu'aux élections du *mid-term* (1994) Bill Clinton souhaite régler les problèmes de la société américaine et mettre en chantier de grands projets. Il obtient du Congrès à la fois un accroissement des impôts sur les plus hauts revenus et une réduction des dépenses publiques (en raison de la fin de la Guerre froide, les dépenses militaires diminuent), parvenant à limiter le déficit budgétaire. Surtout, renouant avec les grands desseins des démocrates (le New Deal de Roosevelt, la Nouvelle Frontière de Kennedy), il annonce une *réforme ambitieuse du système de santé*, qu'il charge son épouse Hillary de mener à bien. Il s'agit d'offrir une couverture médicale à tous les Américains. Le système existant jusque là fait naître de lourdes inégalités, tant sociales que géographiques :

– les Américains qui le désirent (ou plutôt ceux qui en ont les moyens) peuvent être protégés des conséquences de la maladie par une assurance souscrite auprès de compagnies privées ; cette assurance est souvent (dans 80 % des cas) financée par l'employeur.

– les plus de 65 ans et les personnes les plus défavorisées sont pris en charge par l'État, par le programme *Medicare* pour les premiers, par *Medicaid* pour les secondes ; le système ne garantit pas la couverture de la totalité des frais de santé (les médicaments ne sont pas remboursés).

– 30 à 35 millions d'Américains sont sans couverture sociale : le programme *Medicaid* ne concerne pas ceux qui, dotés de faibles revenus, vivent aux frontières de la pauvreté, pas assez défavorisés pour bénéficier du soutien de l'État, pas assez aisés pour avoir leur propre assurance.

L'objectif de la réforme consiste à mettre en place une assurance universelle et en même temps vise à limiter les dépenses de santé, par la concurrence des hôpitaux, des médecins, concurrence encadrée, dans chaque État, par une agence régionale de santé. Salué avec enthousiasme par une grande partie de la population, qui voulait réaffirmer le modèle de société cher aux démocrates, le projet devient de plus en plus complexe et il ne dépasse pas le stade des discussions parlementaires... Outre cet échec, Bill Clinton connaît aussi bien des difficultés lorsqu'il veut mettre fin dans l'armée à la discrimination contre les homosexuels : le Comité des chefs d'état-major l'oblige à des compromis et l'opinion voit ses doutes à propos de l'absence de patriotisme du président renforcés (dans sa jeunesse, Bill Clinton s'était opposé à la guerre du Vietnam et avait échappé au service miliaire).

• *Un certain pragmatisme*

Les élections du *mid-term*, en 1994, entraînent une lourde défaite pour les démocrates, puisque désormais le Parti républicain domine les deux Chambres du

© Armand Colin. La photocopie non autorisée est un délit

Congrès fédéral ; elles font entrer la présidence de Bill Clinton dans une deuxième phase (jusqu'en 1998 au moins) où le président, *tirant les leçons de cette défaite, se révèle modéré.* Les républicains se rallient au projet du représentant Newt Gingrich, le « Contrat avec l'Amérique » : ils s'engagent, dans les cent premiers jours de leur mandat, à voter une réduction des impôts et des dépenses sociales, une augmentation des dépenses militaires, un amendement à la Constitution visant à interdire les déficits budgétaires ; ils se déclarent défavorables à l'intervention des troupes américaines sous commandement des Nations unies... Face à un tel programme, Bill Clinton n'hésite pas à recentrer ses positions et à faire preuve de pragmatisme : il n'oppose pas son veto à bon nombre de lois votées par les républicains. Ce qui provoque une crise au sein du Parti démocrate : une partie de ses élus reprochent au président d'avoir accepté que soit mis à mal le système d'aide fédérale aux plus démunis... Au terme des cent jours cependant, le Congrès n'a voté presque aucune mesure du « Contrat avec l'Amérique » et c'est finalement le président qui tire bénéfice de cette cohabitation avec un Congrès républicain.

• *Un deuxième mandat plus serein ?*

Ce qui explique peut-être la réélection de Bill Clinton en 1996, face à Bob Dole. Il est vrai que ce dernier, qui ne sait guère se servir des médias, mène une mauvaise campagne... mais une campagne honnête, puisqu'il n'attaque le président sortant ni sur sa personnalité, ni sur ses infidélités conjugales, ni sur les affaires du temps où il était gouverneur de l'Arkansas ! Face à Bob Dole, Bill Clinton se présente comme un modéré qui a de l'expérience, qui défend les plus faibles et incarne la jeunesse. Si le Sénat et la Chambre des représentants restent aux mains des républicains, Bill Clinton est réélu confortablement, avec 49,5 % des voix contre 41 % à son adversaire (en 1992, il avait obtenu 43 % des suffrages ; George Bush, 38 %), Ross Perot recevant seulement 8 % (contre 19 % en 1992). Bill Clinton a bénéficié, bien qu'il n'en soit pas le seul responsable, de la bonne santé de l'économie américaine : si les inégalités de revenus restent grandes, dix millions et demi d'emplois – certes souvent à temps partiel, et pour des salaires qui stagnent sur les quinze dernières années – ont été créés en quatre ans ; les taux de chômage (moins de 5 %), d'intérêt, d'inflation n'ont jamais été aussi faibles depuis 1968, alors que la Bourse se trouve au plus haut et que le déficit budgétaire se réduit. Les entreprises ont rationalisé leur production et ont réalisé des gains de productivité importants : grâce à cet effort, les Américains ont pu retrouver leur leadership dans nombre de secteurs traditionnels, l'automobile, l'armement, l'agro-alimentaire. Toutefois, les firmes, en particulier les plus grandes (Boeing, Levi-Strauss, General Motors, Kodak...) poursuivent les restructurations, même si la grande vague de « dégraissage » (*downsizing*) est passée, elles cherchent non à s'adapter aux fluctuations d'une économie vigoureuse, mais à agrandir leurs marges bénéficiaires : la croissance ne fait donc pas disparaître les suppressions d'emplois, mais les « travailleurs déplacés » (selon la terminologie officielle), retrouvent assez rapidement un emploi. Bill Clinton s'est également présenté, dans le domaine international, comme énergique et actif ; il a ajouté que le renouveau économique était la condition nécessaire à l'influence retrouvée des États-Unis dans le monde.

Au cours de son deuxième mandat, Bill Clinton semble entré dans une troisième phase de sa présidence, plus sereine que les deux autres, grâce à l'annonce, pour 1998, d'un *excédent budgétaire.* Les bons résultats économiques et financiers masquent, au moins pour un temps, les faiblesses chroniques des États-Unis : une organisation médicale encore peu adaptée, un système d'éducation très mal en point, une situation explosive dans les ghettos urbains. La popularité du président se renforce donc, malgré les « affaires », « Gennifer Flowers » sur ses infidélités conjugales, « Paula Jones », qui entraîne le président dans un procès pour harcèlement sexuel et surtout en août 1994, « l'affaire Whitewater » (achat d'un bien immobilier dans l'Arkansas par les époux Clinton, suivi d'une faillite frauduleuse). Sous l'action du procureur indépendant Kenneth Starr, cette dernière affaire crée de multiples scandales, du suicide de Vincent Foster, conseiller juridique ami des Clinton, aux relevés d'honoraires d'Hillary Clinton au cabinet Rose Law Firm, mêlé à Whitewater. Puis ce sont les affaires du licenciement du bureau de voyage de la Maison Blanche (« Travelgate »), celle du FBI (obtention illicite de dossiers sur des personnalités républicaines), celle des financements aux démocrates, assez obscurs, venus d'Asie (« l'Asiangate ») et la révélation de la liaison du président avec une jeune stagiaire de la Maison Blanche (« Monicagate »). On assiste alors à une véritable ruée médiatique, tant de la part des organes traditionnels que sur Internet… Le Parti républicain se fourvoyant en essayant d'exploiter tous ces scandales, alors que les Américains se montrent optimistes face à leur avenir, Bill Clinton peut se lancer, en 1998, dans une série d'initiatives sociales (qui vise à reconquérir l'électorat démocrate traditionnel, déçu depuis 1996) : il demande donc au Congrès d'utiliser l'excédent budgétaire pour soutenir le régime de retraites, de relever le montant du salaire horaire minimum et les crédits éducatifs, de lui renouveler l'autorité du *fast-track* qui permet à l'administration de conclure des accords commerciaux que le Congrès ne peut modifier ; d'accroître la contribution des États-Unis au FMI, de rembourser les sommes dues aux Nations unies.

Il a suffi donc aux États-Unis d'une dizaine d'années pour redresser leur économie, retrouver confiance en eux-mêmes et en leur avenir ; ce redressement interne s'est d'ailleurs accompagné, sur le plan extérieur, de la mise en place d'un véritable ordre américain nouveau.

1.2. La suprématie américaine

1.2.1. Une hégémonie politique

• *Succès militaires : la guerre du Golfe*

Durant les années 1980, Ronald Reagan avait rendu aux États-Unis confiance en leurs capacités scientifiques et techniques, notamment dans le domaine des armements, même si la « guerre des étoiles » avait fait fiasco. Il appartient désormais à George Bush de redonner à l'Amérique confiance en ses capacités militaires, pour pouvoir l'emporter dans un conflit lointain. Il faut *en finir définitivement avec le syndrome vietnamien* et, pour intervenir au Moyen-Orient, oublier les échecs militaires précédents dans cette zone (tentative de libération des otages américains en Iran ; envoi de troupes au Liban en 1982…). C'est pourquoi, lorsque la tension monte entre l'Irak et ses voisins – Saddam Hussein accusant certains pays arabes de faire baisser le prix du brut pour nuire à l'Irak et le Koweït de pomper le pétrole irakien dans la nappe de Roumaila – et lorsque le 2 août 1990 les troupes irakiennes pénètrent au Koweït, se développe une vaste campagne d'opinion aux États-Unis, véritable propagande contre le président irakien, visant à le diaboliser : Saddam Hussein est un nouvel Hitler, un nouveau Staline, un

© ARMAND COLIN. La photocopie non autorisée est un délit

nouveau Nabuchodonosor[16]; son armée, la quatrième du monde, ultra-moderne, compte un million d'hommes ; l'Irak, sur le point d'accéder à la force atomique, souhaite rayer Israël de la carte et priver l'Occident de pétrole... Le Mal ne pouvant plus s'incarner en une Union soviétique bien affaiblie, les États-Unis défendant depuis leur indépendance le droit et la morale, il faut à l'Amérique trouver un nouvel adversaire : sur le point de remporter la Guerre froide, les Américains peuvent-ils refuser de défendre un État agressé, le Koweït, et donc de devenir *le gardien de la morale internationale*?

Si l'on sort de ce scénario simpliste, la situation est plus complexe. Pour Saddam Hussein, l'invasion du Koweït constitue le dernier atout dans la stratégie d'un régime confronté à un fort mécontentement populaire, du fait des conséquences de la guerre contre l'Iran[17]. Il poursuit un triple objectif : financier, le Koweït, véritable banque du Moyen-Orient disposant d'avoirs importants en Occident ; stratégique, la conquête du Koweït permettant un meilleur accès au Golfe ; pétrolier, puisqu'en annexant les gisements de son voisin, l'Irak se trouverait à la tête de 20 % des réserves mondiales. Atteindre ces buts permettrait à Saddam Hussein d'exercer un véritable leadership sur le monde arabe, auquel ne peuvent prétendre, selon l'Irak, ni la Syrie, investie au Liban, ni l'Égypte, discréditée par la paix avec Israël.

Quant aux États-Unis, l'invasion du Koweït sert trop leurs intérêts *pour qu'ils laissent passer une telle occasion d'intervenir*, de consolider leur hégémonie sur le Moyen-Orient... et donc d'affirmer leur rôle de chef de file du monde. Pour eux aussi, les enjeux apparaissent multiples : économique (les débouchés arabes, comme les pétrodollars, sont nécessaires à la prospérité américaine), militaire (les États-Unis rêvent de rassembler dans une vaste alliance les pays arabes modérés et... Israël !), énergétique enfin et surtout (la région enferme 65 % des réserves pétrolières mondiales, elle est considérée comme vitale par les Américains depuis la Seconde Guerre mondiale).

George Bush, comme Saddam Hussein, n'envisageant pas la moindre concession, les conditions de l'escalade se développent rapidement. L'affrontement se déroule alors en plusieurs phases, rappelées ici pour mémoire :

1. *La réaction rapide des Américains*
   - protestation de l'ONU ;
   - gel des avoirs irakiens et koweïtiens sur les places financières internationales ;
   - visite de James Baker à Moscou, pour renforcer le consensus américano-soviétique, déjà manifeste lors du vote à l'ONU ;
   - interventions diplomatiques auprès des pays arabes.

2. *La mobilisation :* aux surenchères de Saddam Hussein (appel au djihad, prise en otage des Occidentaux, proclamation du Koweït 19e province de l'Irak, attaques contre les ambassades dans l'émirat, etc.) va répondre la construction minutieuse de la machine de guerre, politique et militaire, imaginée par la Maison Blanche :
   - à l'ONU, crescendo de résolutions du Conseil de sécurité ;
   - sommet Bush-Gorbatchev du 9 septembre, à Helsinki ;
   - accord, non seulement au contrôle de l'embargo, mais au déploiement sur le terrain des pays occidentaux (Grande-Bretagne, Canada, France, Italie) et des

---

16 En 597 avant J.-C., Nabuchodonosor détruisit le royaume de Juda et fit déporter à Babylone des milliers de Juifs.

17 *Cf.* chapitre 4, p.136 et troisième partie, Iran, p. 292.

pays arabes ; donc formation d'une puissante armée multinationale (700 000 hommes de 26 pays dont 515 000 Américains) ;
- financement du « Bouclier du Désert » par les alliés occidentaux et arabes des Américains.

3. *L'hésitation* : elle commence après l'adoption par le Conseil de sécurité de la résolution 678 (29 nov. 1990). George Bush, autant pour rassurer son opinion que pour achever la mise en place du dispositif militaire, fait mine d'appeler Bagdad au dialogue… Finalement la rencontre James Baker-Tarek Aziz à Genève le 9 janvier se solde par un échec total. Dès lors rien (ni la visite de Javier Perez de Cuellar à Bagdad les 13 et 14 janvier, ni le plan français rejeté par Washington parce qu'il inclut la perspective d'une conférence internationale) n'empêchera la guerre.

4. La guerre se déroule en deux phases :
- du *17 janvier au 23 février 1991*, la force multinationale agit par des bombardements massifs sur l'ensemble du potentiel militaire mais aussi économique de l'Irak ainsi que sur ses troupes stationnées au Koweït. L'Irak riposte par des tirs de Scud sur Israël, l'Arabie saoudite et Bahrein, et la mise à feu des puits de pétrole koweïtiens. C'est à la fin de cette phase que l'Irak entérine un plan soviétique de paix qui comprend le « retrait complet et inconditionnel » de l'Irak du Koweït ;
- du *23 au 28 février*, les forces coalisées pénètrent en Irak et au Koweït ; la résistance irakienne est très faible… Le 27 mars, Bagdad donne son accord au cessez-le-feu défini par la résolution 687, dans laquelle le Conseil de sécurité pose ses conditions à l'Irak : reconnaissance du Koweït dans ses frontières de 1963, paiement de dommages de guerre aux États et aux particuliers, destruction de ses armes chimiques et biologiques, maintien de l'embargo sur les ventes d'armes.

Les conséquences du conflit s'avèrent lourdes pour l'Irak surtout, qui compte de *150 000 à 200 000 morts, 60 000 prisonniers*, des destructions massives. Ceux qui ont cru à « la croisade du droit » doivent perdre leurs illusions : malgré de lourdes pertes, la dictature de Saddam Hussein se maintient, et fait couler, lors des rébellions au nord et au sud du pays, le sang kurde et chiite… Au Koweït libéré, les Al Sabah retrouvent leur trône, sans respecter aucun des engagements démocratiques pris devant leur peuple et devant leurs alliés ; ils se livrent même, en raison des positions de l'OLP dans le conflit, à une véritable chasse au Palestinien… Les alliés locaux des Américains tirent quelques bénéfices de leur appui aux États-Unis : pour l'Égypte, effacement de la dette militaire ; pour la Turquie, réaffirmation de son rôle de pilier dans l'OTAN ; pour l'Iran, libération de ses prisonniers et de son territoire encore occupé ; pour la Syrie, feu vert pour la normalisation au Liban.

Mais, en fait, *la guerre du Golfe a servi principalement les Américains*. Ils ont resserré leur contrôle sur les richesses du sous-sol de la zone ; ils ont évincé leurs concurrents occidentaux des marchés locaux, militaires et civils (en particulier des contrats fabuleux liés à la reconstruction). Ils ont surtout remporté de grands succès politiques, en formant une coalition de 43 nations contre l'Irak, notamment des pays arabes, l'Arabie saoudite – qui permit le déploiement des forces alliées sur son territoire –, l'Égypte et le Maroc, alliés traditionnels des États-Unis, mais aussi la Syrie, jusque-là amie de l'URSS et principal acteur arabe de la politique anti-impérialiste. Il faut souligner d'ailleurs que les États ou organisations arabes qui ne se joignirent pas à la coalition contre l'Irak ont été accablés d'opprobre par l'opinion internationale… Les États-Unis sont également, dans ce conflit, parvenus à neutraliser Israël :

© ARMAND COLIN. La photocopie non autorisée est un délit

jusque-là, dans le cadre de la Guerre froide, l'État hébreu était chargé de veiller aux intérêts occidentaux au Moyen-Orient ; avec l'effondrement du bloc de l'Est, Israël cesse d'être un atout militaire pour les Américains, qui peuvent recourir directement à l'usage des armes. Il fallait donc empêcher Israël d'intervenir dans la guerre (sinon le soutien des pays arabes aurait fait défaut aux États-Unis) ; d'où le refus des Américains, le 12 août, de suivre Saddam Hussein, qui souhaite lier le retrait de l'Irak du Koweït au retrait israélien des territoires occupés, palestiniens, syriens, et libanais. Désormais, qu'il s'agisse des pays arabes ou d'Israël, les États-Unis pensent pouvoir dicter leur loi au Moyen-Orient.

• *De grandes victoires diplomatiques : le processus de paix au Proche-Orient...*

La fin de la Guerre froide, la guerre du Golfe, l'adhésion de la plupart des pays arabes à la coalition contre l'Irak (dont la Syrie), l'apaisement du conflit libanais[18], conduisent les Américains, dans leur *recherche d'un nouvel ordre mondial*, à abandonner la politique menée jusque-là, celle des « petits pas » et des « navettes ». Dès le début des années 1980, ils sont devenus des partenaires indispensables du processus de paix, partenaires avec qui l'OLP[19] a cherché le dialogue. Même s'ils étaient des alliés privilégiés d'Israël – puisque le président Reagan avait renforcé l'alliance militaire israélo-américaine – ils sont apparus aussi comme une puissance amie des États arabes, en réprouvant la menace iranienne contre l'ordre établi au Moyen-Orient, et en aidant un peuple musulman, les Afghans, contre l'impérialisme soviétique.

Dans leur nouvelle approche géopolitique de la région, les Américains souhaitent désormais *normaliser les relations entre Israël et les pays arabes*, en faisant pression sur Israël et en respectant les positions arabes (négociations globales et non bilatérales, présence de l'URSS à une éventuelle conférence de paix). C'est à James Baker qu'il revient de préparer une dynamique de paix ; aussi prend-il contact avec des personnalités palestiniennes de l'intérieur et adresse-t-il à chaque participant des lettres dites « d'assurance » – souvent contradictoires...

Le processus de paix est ensuite mené par étapes :

– La *Conférence de Madrid* (31 octobre-1er novembre 1991) permet à la diplomatie américaine de réunir Arabes et Israéliens et d'exprimer la vision des États-Unis d'un ordre nouveau, confirmé par les Russes (le discours de M. Gorbatchev allant dans le même sens que celui de G. Bush), fondé sur la démocratie et l'intégration totale d'Israël dans la zone. La paix doit permettre, en effet, d'intégrer les Israéliens à la vie politique et économique du Proche et du Moyen-Orient.

– Après la Conférence de Madrid, se poursuit *une double série de négociations*. Des rencontres bilatérales officielles tout d'abord (onze cessions à Washington de décembre 1991 à août 1993) qui aboutissent à la signature d'un accord entre la Jordanie et Israël le 14 septembre 1993 ; ainsi que des réunions multilatérales (sous l'égide des États-Unis et de l'URSS, avec l'appui du Japon, de l'Europe, de la Turquie, de l'Égypte) de groupes de travail à Washington, Vienne, Ottawa, Moscou, Tokyo, La Haye... tandis que James Baker poursuit ses tournées au Proche-Orient. Ensuite, de manière secrète, le gouvernement israélien issu des élections de juin 1992, travailliste, désire prendre contact avec des membres de

---

18 *Cf.* troisième partie, Liban, p. 300.
19 *Cf.* troisième partie, Palestine, p. 326.

l'OLP : le premier des douze entretiens a lieu en Norvège, à Oslo, le 20 janvier 1993. Pourquoi ces négociations secrètes, loin de la pression américaine ? La victoire de Bill Clinton aux élections présidentielles a pu, peut-être, pousser les Israéliens, tout en assistant aux négociations officielles, à pratiquer une diplomatie cachée, les démocrates désormais au pouvoir aux États-Unis se montrant moins favorables à la cause palestinienne que les républicains. C'est cependant à Washington, par une cérémonie grandiose sur les pelouses de la Maison Blanche, que le processus de paix aboutit : le 13 septembre 1993, Yasser Arafat, devant un Bill Clinton ému, serre la main des dirigeants israéliens, concrétisant ainsi la reconnaissance mutuelle entre l'OLP et Israël (9-10 septembre 1993).

À la suite des accords du 13 septembre 1993, les Américains peuvent faire avancer Arabes et Israéliens vers la normalisation économique : les Américains et les Israéliens exigent que la mise en route du processus de paix soit liée à la levée du boycottage économique pratiqué par les pays arabes. D'où la tenue des deux sommets économiques de Casablanca (1994) et d'Amman (1995).

Le rôle des États-Unis ne s'arrête toutefois pas là. Il leur faut soutenir le gouvernement travailliste israélien, qui contrôle mal l'application du processus de paix : en janvier 1996, un attentat du mouvement Hamas fait 55 victimes israéliennes, au grand bénéfice de la droite qui considère l'OLP comme complice des terroristes. Le sommet de Charm-el-Cheikh (Égypte, 13 mars 1996) réunit donc les puissances occidentales, pour condamner l'Iran qui serait à l'origine des activités de Hamas et du Hezbollah, mais il se solde par un échec. De même que l'opération « Raisins de la Colère » menée ensuite par Israël au Liban... Les Américains ne parviennent pas après la victoire du Likoud aux élections israéliennes de mai 1996, à éviter l'effritement du processus de paix : le président Clinton a beau multiplier les sommets israélo-palestiniens à Washington, la violence grandit sur le terrain...

La fin de la Guerre froide, la guerre du Golfe ont permis la signature des accords d'Oslo et la mise en place d'un *nouvel ordre régional sous contrôle américain*, contre lequel il se manifeste des protestations violentes (que le sommet de Charm-el-Cheikh n'a pu effacer) : de la recherche de la paix, les Américains en viennent donc à la pacification, d'où les bombardements ponctuels sur l'Irak et les accords militaires entre la Turquie et Israël (février 1996) ; les Américains tiennent en main la sécurité du Golfe – ce qui n'est pas sans renforcer les positions des islamistes dans la région...

• *...et les accords de Dayton sur la Bosnie (14 décembre 1995)*

Après trois ans et demi d'une guerre[20] qui a fait plus de 200 000 morts – et près de trois millions de réfugiés – les États-Unis sont parvenus à *imposer la paix*, même si elle reste fragile.

Rappelons brièvement les faits : la guerre commence à Sarajevo au tout début de mars 1992 ; elle entraîne la création d'une « république serbe de Bosnie » (avec Pale pour capitale) et la victoire très rapide des forces bosno-serbes[21], avec leur cortège de massacres, de viols, visant à la « purification ethnique ». Deux ans et demi plus tard, en novembre 1994, elles occupent presque les trois quarts de la

---

20 *Cf.* troisième partie, Bosnie-Herzégovine, p. 266.
21 Les forces bosno-serbes sont formées de milices bosno-serbes, de milices nationalistes de Serbie et de l'armée nationale yougoslave.

© ARMAND COLIN. La photocopie non autorisée est un délit

Bosnie, sans réaction de l'ONU (les Casques bleus sont pourtant présents à Sarajevo depuis juin 1992, mais ils sont impuissants), ni de l'Union européenne, les deux organisations étant divisées – entre elles et en leur sein – sur leur interprétation du conflit. L'offensive serbe a fait exploser le front croato-musulman : les sécessionnistes musulmans s'installent à Bihac, les Croates proclament l'autonomie de la région où ils sont majoritaires (Herceg-Bosna), l'armée bosniaque tient 10 % du pays en décembre 1993.

C'est au début de 1994 que les États-Unis décident d'intervenir. À cela essentiellement des raisons externes. Depuis la fin de la Guerre froide, les Américains se présentent à l'opinion internationale comme les gendarmes du monde ; il est de leur devoir de se substituer à l'ONU ou aux organisations régionales lorsqu'elles ne remplissent pas leur rôle. Or ici c'est bien le cas, puisque les propositions de paix ont échoué : le plan Vance-Owen (2 janvier 1993), qui prévoyait une division de la Bosnie en dix provinces (trois par « ethnie » et une administration commune pour Sarajevo) est accepté par les Croates et les Musulmans, mais refusé par les Serbes[22] ; le plan Owen-Stoltenberg (29 juillet 1993) est rejeté, lui, par les Musulmans, car selon eux il entérine le « nettoyage ethnique » et les conquêtes serbes (la Bosnie serait devenue une union de trois républiques sans armée, avec présidence tournante, les Serbes recevant 52 % du territoire, les Musulmans 30 %, les Croates 18 %).

Par leur intervention, les États-Unis ne manqueront donc pas de souligner les incompétences de l'ONU et de l'Union européenne (un ennemi économique !), mais ils ont aussi l'occasion de se rapprocher des pays musulmans modérés, ce qui est utile puisqu'ils sont par ailleurs engagés dans le processus de paix au Proche-Orient. Gendarmes du monde, les États-Unis n'oublient tout de même pas d'assurer leurs arrières, par la présence de Casques bleus américains à la frontière serbo-macédonienne, de conseillers militaires et civils en Albanie, en Bulgarie, en Macédoine… et bien entendu par le soutien des bases de Grèce et de Turquie. Par ailleurs, il existe à leur intervention en Bosnie, des raisons peu avouables, liées à la politique intérieure américaine : Bill Clinton doit préparer les prochaines élections ; il a besoin de nouveaux succès diplomatiques…

Après avoir soutenu pendant près de trois ans l'intégrité de la Bosnie, les Américains se rangent à l'idée d'une partition. Ils mènent alors une double action :

- ils font *pression sur les Croates :* leurs représentants et les Musulmans signent à Washington un accord-cadre qui prévoit la création d'une fédération croato-musulmane en Bosnie, devant se confédérer à la Croatie. Entériné le 13 mars 1994 à Vienne, cet accord est approuvé cinq jours plus tard à Washington par les présidents Tudjman et Izetbegovic.
- ils fournissent une *aide militaire discrète aux Musulmans et aux Croates* (en armes et en conseillers). Les Américains souhaitent une reprise des hostilités, fondée sur la guerre-éclair, susceptible d'embarrasser une armée serbe assez lente : l'armée bosniaque tente de dégager Sarajevo, la Croatie lance ses troupes à l'ouest. Le 4 août 1995, Croates et Bosniaques mènent l'offensive générale, le 18 septembre, ils occupent la moitié du pays. En quelques semaines, les Américains ont donc fait changer les rapports de force sur le terrain : les Bosno-Serbes s'en remettent désormais à Belgrade.

---

22 Le plan des Bosno-Serbes (18 mai 1993), qui prévoyait aussi cette division en trois républiques, fut refusé par les Musulmans.

Par étapes, les États-Unis conduisent les diverses parties à la signature des accords de Dayton. Un préaccord est établi à Genève le 8 septembre 1995, entre les ministres des Affaires étrangères de Croatie, de Bosnie et de la nouvelle Yougoslavie ; il est rendu officiel à New York le 26 septembre. Les négociations qui se déroulent à *Dayton*, une base militaire de l'Ohio, réunissent les trois présidents, sous l'égide des États-Unis, durant trois semaines. Le plan de paix est signé le 21 novembre, ratifié à Paris le 14 décembre. La Bosnie reste indivise, mais elle se compose de deux entités distinctes : la partie bosno-serbe (qui contrôle 49 % du territoire) et la Fédération croato-bosniaque (51 %), Sarajevo devenant la capitale unique. 63 000 soldats (dont 20 000 Américains) seront dispersés, pour un an, sous commandement de l'OTAN, dans trois zones, pour veiller à l'application de ce plan. En fait, sur le terrain, de nombreux problèmes subsistent : les criminels de guerre ne sont pas poursuivis, les milices pas désarmées ; les populations serbes de Sarajevo refusent le contrôle gouvernemental bosniaque ; la Fédération croato-bosniaque étant confédérée à la Croatie, les Musulmans n'ont qu'une marge de manœuvre très étroite…

• *Mais aussi des échecs…*

Sur le plan militaire, même si elle aboutit à l'arrestation du général Noriega, on ne peut considérer comme un succès l'opération « Juste Cause » menée au Panama, le 20 décembre 1989 : 24 000 « marines » ont été en effet nécessaires pour que les États-Unis parviennent à leurs fins… De même, *l'intervention des États-Unis en Somalie se solde par un semi-échec*[23]. Depuis 1991, ce pays s'est enfoncé dans la guerre civile ; ses populations sont victimes des combats des factions rivales et de la famine (qui constitue une arme de guerre). Durant les deux mois où il reste en fonctions après l'élection présidentielle de novembre 1992, George Bush décide, sous la pression des médias, d'envoyer en Somalie, hors du cadre de l'ONU (mais avec l'accord du Conseil de sécurité) un corps expéditionnaire : dans la nuit du 8 au 9 décembre 1992, le débarquement des premiers éléments de la force américaine est suivi en direct par les caméras de télévision ; l'opération, baptisée *Restore Hope*, regroupe plus de trois mille hommes, des Américains, mais aussi des Italiens, des Français, etc. Très vite l'opinion américaine proteste ; le nouveau président, Bill Clinton, doit rapidement retirer les troupes, dont les Nations unies prendront le relais avec 28 000 hommes, dans le cadre du plan ONUSOM II. Certes les Américains sont parvenus à rétablir en partie les transports, à ravitailler les populations, mais ils n'ont pas réussi à désarmer les factions rivales. En Haïti également, l'envoi des troupes américaines (et canadiennes) se solde d'abord par un échec : alors qu'elles doivent permettre le retour à la légalité, elles ne peuvent même pas débarquer, le 11 octobre 1993, tant la foule, manipulée par les militaires au pouvoir, se montre hostile. Le navire qui les transporte doit faire demi-tour ! Il faudra des négociations menées par l'ex-président Jimmy Carter et l'autorisation de l'ONU pour que les Américains puissent prendre pied en Haïti[24] (septembre 1994).

Sur le plan diplomatique, certes, la fin de la Guerre froide se concrétise par la signature d'un certain nombre d'accords avec l'URSS, puis la Russie (START, puis START II en 1991 et 1993 ; accord Bush-Eltsine sur la réduction des arsenaux nucléaires en 1992 ; traité contre les armes chimiques en 1993…) mais ensuite en raison de la personnalité de Boris Eltsine, de sa maladie, des luttes de pouvoir au

---

23 *Cf.* troisième partie, Somalie, p. 345-347.
24 *Cf.* troisième partie, Haïti, p. 285.

© ARMAND COLIN. La photocopie non autorisée est un délit

Kremlin, les relations deviennent plus complexes avec une Russie empêtrée dans des conflits qu'elle considère comme internes (Tchétchénie[25]), qui voudrait bien revêtir les habits internationaux de l'URSS, mais qui en fait se révèle introuvable.

Les États-Unis entretiennent aussi des contacts difficiles avec leurs principaux partenaires économiques. Le Japon tout d'abord, partenaire financier décisif, qui assure par l'achat de bons du Trésor, le financement du déficit budgétaire américain, mais qui souhaite aussi mener son propre jeu par exemple dans la zone Asie-Pacifique. L'Europe ensuite : alors que c'est dans cette région qu'ils avaient le mieux élaboré l'ordre Ouest-Est, les États-Unis conçoivent mal que l'Union européenne, en renforçant ses structures économiques et politiques, s'émancipe trop du cadre occidental. De plus, les Américains cernent assez mal désormais cette Europe où, depuis la réunification, l'Allemagne autrefois meilleure élève de la classe occidentale, prend une place de plus en plus importante. Où du fait de l'élargissement à l'Est (vers la Pologne, la Hongrie, la République tchèque) et de la guerre en Yougoslavie, instabilité et diversité grandissent. Devenus seuls maîtres du monde sur le plan militaire, les États-Unis s'efforcent de restructurer l'OTAN, ce qui ne va pas sans problème, en raison par exemple des positions françaises.

1.2.2. Une domination économique

La puissance américaine est réelle : dans les années 1990, 5 % de la population mondiale fournissent un quart du PIB total. Croissance, inflation très basse, création d'emplois, réduction drastique du chômage et du déficit budgétaire montrent que l'économie est redevenue saine. Par ailleurs, le tiers des 500 plus grandes firmes mondiales sont américaines et dominent aussi bien la consommation de masse que les secteurs à forte valeur ajoutée.

Même si, durant ces années 1990, l'Amérique n'a pas de concurrent économique réel, elle cherche cependant à conforter sa puissance en l'installant sur un *nouvel ordre mondial, qui lui soit favorable.* Pour cela elle ne manque pas d'atouts :

- Les États-Unis disposent d'une puissance financière inégalée. La politique reaganienne, qui visait à enrayer le déclin, a accéléré dans le monde la libéralisation financière, l'ouverture américaine aux capitaux étrangers provoquant des réactions en chaîne : pour détourner une partie des capitaux qui s'investissaient dans les bons du Trésor américain, les économies des autres pays ont dû se libéraliser. La libéralisation financière provient donc des politiques adoptées par les États-Unis dans le but de restaurer leur suprématie économique. Et les États-Unis restent les maîtres du jeu financier : les fonds de pension américains tiennent un rôle important dans le capital des entreprises à l'étranger ; si les marchés financiers américains varient, les Bourses du monde entier sont atteintes immédiatement ; si la Réserve fédérale relève les taux d'intérêt à court terme, ceux des marchés monétaires en Asie et en Europe se trouvent affectés.
- Les États-Unis font preuve d'une extraordinaire capacité d'innovation et d'adaptation, reposant sur une assise technologique sans pareille. Le *brain drain* continue à fonctionner : les universités américaines et les laboratoires recrutent des chercheurs partout dans le monde, tandis que les congrès scientifiques les attirent. L'existence d'une culture de prises de risques et les liens existant entre les divers acteurs scientifiques et économiques expliquent la suprématie écrasante en

---

25 *Cf.* troisième partie, Caucase du Nord, p. 272.

certains domaines, où les constructeurs américains peuvent imposer leurs normes, par exemple la fabrication d'ordinateurs ou de logiciels. Dans ce dernier secteur, les trois premiers fabricants sont américains (Microsoft, Oracle, Computer Associates), IBM détenant le premier rang pour les systèmes d'exploitation (logiciel qui gère les diverses fonctions de l'ordinateur). Ces firmes ont su prendre des positions dominantes sur des zones plus particulières du marché : Microsoft apparaît sans conteste comme celle qui peut s'adapter le plus rapidement et s'approprier toute innovation ; aussi a-t-elle imposé son logiciel d'exploitation (Windows) comme une norme dans les PC (ordinateurs personnels qui représentent plus de 85 % du parc) ; aussi a-t-elle pu réagir à la concurrence de Netscape pour les logiciels d'accès au réseau Internet...

– Enfin, en matière économique comme dans les autres domaines, les États-Unis projettent sur le reste du monde le « devoir » de moralisme lié à leur leadership. Ils cherchent donc à étendre partout la loi américaine, à travers une politique de sanctions qui paraît quelque peu en contradiction avec les principes de libre concurrence défendus par ailleurs par les Américains. Ainsi, de multiples mesures ont été adoptées pour interdire aux firmes américaines mais aussi aux autres, de commercer avec certains États. Les plus connues sont le *Helms-Burton Act*, qui vise à empêcher tout échange avec Cuba, et le *d'Amato-Kennedy Bill*, qui concerne la Libye et l'Iran. Ainsi, les États-Unis prétendent lutter contre la violation des droits de l'homme, le trafic de drogue, le terrorisme, la prolifération nucléaire, en mettant au ban du commerce mondial des pays aussi divers que Cuba, l'Iran, la Chine, l'Afghanistan, la Colombie, le Nicaragua, le Nigeria...

La puissance économique américaine n'est pas cependant exempte de faiblesses. Elle résulte certes des atouts des États-Unis *mais aussi des insuffisances des autres économies*, européenne et asiatique qui se trouvent à un stade technologique moins avancé ou qui ont une organisation régionale moins poussée. D'ailleurs la part des États-Unis dans la production mondiale ·n'a cessé de reculer depuis la Seconde Guerre mondiale, pour en représenter aujourd'hui environ 25 % (soit le niveau de 1929, contre 40 % en 1945). Le leadership américain ne peut s'accomplir sans appel à l'argent des autres puissances ; le statut de débiteur des États-Unis constitue la limite la plus forte à la puissance américaine.

La mondialisation entraîne donc une certaine dépendance de l'économie américaine par rapport à l'évolution des autres économies, ce qui peut se traduire par des bénéfices ou par des pertes. La crise asiatique survenue à l'hiver 97-98 fournit un bon exemple de ce phénomène. Rappelons brièvement les faits. Dans un contexte de forte croissance, les pays asiatiques ont vu leurs salaires s'élever, ce qui a entraîné une hausse des prix des produits – or le « modèle asiatique de développement » repose sur les exportations ; de plus, pour stabiliser leurs monnaies et attirer les capitaux étrangers, ils avaient ancré leurs monnaies au dollar au moyen de parités fixes – le dollar, apprécié depuis 1995 a donc entraîné les monnaies asiatiques, d'où une perte de compétitivité encore accélérée et la détérioration des balances commerciales. De plus, les investissements étant dans cette zone protégés des risques de change, ils se sont multipliés, y compris dans des placements hasardeux, à la Bourse et dans l'immobilier, créant ainsi une « bulle spéculative » qui finit par éclater... Le décrochage des monnaies asiatiques, la chute des marchés boursiers de la zone, l'effondrement de la croissance se traduisent par des difficultés pour les États-Unis, qui voient leurs investissements dans ces pays fondre comme neige au soleil et les marchés asiatiques

© ARMAND COLIN. La photocopie non autorisée est un délit

se fermer (par recul drastique de la demande). En raison de la dévaluation de leurs monnaies, les Asiatiques ont l'opportunité, en revanche, d'envahir de leurs produits les États-Unis... Mais ces derniers peuvent aussi tirer profit de la crise : en termes conjoncturels, par la chute des prix mondiaux de l'énergie, des matières premières, par le rapatriement des capitaux aux États-Unis, elle écarte en effet les risques de surchauffe et les pressions inflationnistes qui menaçaient les États-Unis ; en termes structurels, face à la dévaluation des monnaies asiatiques et à la concurrence nouvelle qu'elle entraîne, les firmes américaines sont obligées de poursuivre leurs efforts d'innovation et de recherche de productivité, elles peuvent s'agrandir en achetant des entreprises asiatiques, qui sont à vendre à bas prix...

Toutefois, à l'aube du XXIᵉ siècle, grâce à leur rôle au sein de l'OMC et du G7, à leur influence sur la Banque mondiale et le FMI, à leur position de pivot dans deux organisations régionales, l'APEC et l'ALENA, les États-Unis obtiennent que les autres États s'alignent sur leur politique (ouverture des marchés, liberté de circulation des capitaux, protection de la propriété intellectuelle). Ils sont donc les principaux agents – et les principaux bénéficiaires – de la mondialisation de l'économie.

2. QUELLES CLEFS POUR UN NOUVEL ORDRE MONDIAL ?

2.1. Naissance d'une économie mondiale ?

Le concept de « mondialisation »[26] désigne le développement des échanges (de biens et de services) et des flux (de capital et de travail) qui conduit à une intégration de plus en plus grande de l'économie mondiale. Il est permis à la fois par l'ouverture des frontières économiques, par la déréglementation, et par les progrès des télécommunications. Il s'agit d'une extension, à l'échelle du globe, de l'économie capitaliste, qui semble validée, au début des années 1990, par l'effondrement du bloc communiste et par le triomphe – apparent du moins – du modèle libéral.

2.1.1. La première étape : l'internationalisation

En fait ce mouvement commença au XIXᵉ siècle, lorsque la *révolution des transports* (maritimes notamment) permit le développement des échanges. Il grandit, après un ralentissement dû aux deux guerres mondiales, après 1945 : les États-Unis réorganisèrent l'économie mondiale en s'efforçant d'intégrer, des accords de Bretton Woods (1944) à la création du GATT (1947), le plus de pays possible – les États communistes, puis ceux du Tiers Monde ensuite se tenant à l'écart. Cette « internationalisation » favorise, et a pour acteurs en même temps, les firmes multinationales.

Ce phénomène d'internationalisation, qui constitue une étape vers la mondialisation, bénéficie, durant les Trente Glorieuses, mais aussi après cette période, des nouveaux progrès dans le domaine des transports et *des télécommunications* (aux mouvements de marchandises s'ajoutent de plus en plus transferts de services et capitaux), ainsi que des stratégies des multinationales qui raisonnent en termes de plus en plus globaux. Les États jouent également un rôle, du moins ceux des grands pays industriels, en coordonnant ou en s'efforçant de le faire, dans le cadre des

---

26 Le terme français « mondialisation » traduit le terme « globalisation » apparu aux États-Unis dans les années 1980. Insistant sur la dimension géographique, il n'est pas totalement satisfaisant.

rencontres du G5, puis du G7, leurs politiques économiques. Enfin, la chute du mur de Berlin, l'effondrement du bloc de l'Est et des régimes du Tiers Monde liés à Moscou, l'ouverture économique de la Chine permettent, dans les années 1980, le passage à la « mondialisation » en intégrant des pays restés jusque-là en partie à l'écart du phénomène.

Aujourd'hui la mondialisation implique d'une part la mise en place d'un véritable espace économique mondial où circulent, comme nous l'avons dit, biens et services certes, mais aussi technologie, capitaux et hommes. Elle repose d'autre part sur l'activité d'entreprises dites « globales » qui intègrent toutes leurs affaires dans une perspective mondiale.

2.1.2. Le triomphe du libre-échangisme

Le nouvel espace économique mondial s'est mis en place, non sans heurts, *dans le cadre du GATT*, d'abord au cours des négociations du Tokyo Round, de 1973 à 1979, période où le contexte économique présentait bien des difficultés : 99 pays, couvrant 90 % des échanges, acceptèrent une réduction moyenne de plus de 30 % des droits de douane. Ouvert en septembre 1986 (à Punta del Este) l'Uruguay Round s'est achevé en décembre 1993 (Accord de Bruxelles) : malgré les affrontements entre États-Unis, Europe et Japon, il aboutit à une nouvelle réduction, importante (40 %), des droits de douane, à l'application des règles du GATT à de nouveaux secteurs (agriculture, textile, services). L'accord final, ratifié le 15 avril 1994 à Marrakech par 113 pays, met en place l'Organisation mondiale du commerce (OMC) qui remplace le GATT à partir de 1995.

Outre ce développement des échanges, le nouvel espace économique mondial se caractérise par une véritable *explosion des capitaux*, dont les flux s'accélèrent dans les années 1980 et 90 grâce aux progrès de la télématique et de la déréglementation. Ainsi par exemple, les investissements directs à l'étranger sont multipliés par 7 au cours des années 1980 et poursuivent leur progression, après un tassement, à partir de 1993. Ces flux impliquent un nombre croissant de pays et de firmes multinationales, qui souhaitent à la fois bénéficier de vastes marchés et contourner des réglementations trop rigides sur les droits sociaux notamment. Depuis 1995, dans le cadre de l'OCDE – qui regroupe les 29 États les plus riches de la planète – se négocie un nouveau pacte économique international, l'Accord multilatéral sur l'investissement ou AMI, prévu pour faciliter encore les mouvements de capitaux dans le monde et donc pour *accélérer la mondialisation*. Il s'agit d'étendre la libéralisation du commerce international, initiée par l'Organisation mondiale du commerce (OMC), aux investissements : les dispositions de l'accord de libre-échange nord américain (ALENA), seraient appliquées par l'AMI au monde entier, d'abord aux pays de l'OCDE, puis aux plus pauvres. Pour faire disparaître les obstacles à la mondialisation, par exemple les prérogatives étatiques, l'accord établit des règles empêchant les États de restreindre l'investissement étranger : ainsi les investisseurs privés pourraient traduire en justice les gouvernements qui violeraient le traité… D'abord prévue pour le printemps de 1998, la signature de cet accord achoppa sur les problèmes, liés aux investissements culturels, que soulevèrent les pays européens, notamment la France.

Le nouvel espace économique mondial concerne également le déplacement des hommes, en particulier les migrations de travailleurs : à la Conférence du Caire, en 1994, les experts ont estimé à seulement 3 % de la population mondiale la proportion de ceux qui vivent en dehors de leur pays de naissance. Compte tenu des

© Armand Colin. La photocopie non autorisée est un délit

mouvements de personnes déplacées ou réfugiées, qui représentent environ la moitié, les migrations internationales de travailleurs sont moins importantes qu'autrefois. Malgré la crise, elles n'ont cependant jamais disparu, se diversifiant même, par exemple par émigration de l'Afrique noire, de l'Asie du Sud-Est et des ex-pays communistes, par immigration vers les monarchies pétrolières. La mondialisation des systèmes de production entraîne toutefois de plus en plus le déplacement des firmes, devenues des « entreprises globales », vers la main-d'œuvre, et non l'inverse. D'où parfois des protestations sociales, en Europe en particulier. Les pays européens, qui s'étaient dotés au lendemain de la Seconde Guerre mondiale d'une organisation économique et sociale très favorable aux populations – un État-providence, des services publics très développés, un marché du travail structuré – voient ces structures remises en cause par les conséquences de la mondialisation, dont ils commencent à ressentir les effets. Face à l'explosion du chômage, au développement des inégalités, à la crise de la protection sociale, naissent des mouvements sociaux durant parfois plusieurs semaines, comme ce fut le cas en France en décembre 1995.

2.1.3. Les acteurs

• *L'entreprise-réseau ou globale*

Que faut-il entendre par « entreprise globale » ? Il s'agit d'une entreprise qui doit *s'adapter à un espace économique désormais mondial*. Le plus souvent centralisée (afin de faciliter la prise de décision rapide, et ceci que le centre soit unique ou multiple), elle doit organiser ses activités à l'échelle planétaire, en jouant, entre ses éventuelles filiales, sur l'échange des technologies, des capitaux, des produits. De façon à pouvoir réagir aux soubresauts des marchés locaux, elle met en application adaptation et flexibilité du travail, ce qui peut la conduire à des changements de choix spatiaux (ex. Hoover abandonnant son usine de Dijon pour s'installer en Écosse). Elle s'efforce d'être présente partout, en s'alliant avec des firmes locales, en passant des contrats avec des entreprises indépendantes, en installant des filiales de production, de commercialisation, ou encore des établissements en franchise (McDonald's) ; elle peut également avoir recours à la sous-traitance internationale – ainsi la firme Nike n'a que 8 000 salariés environ, mais elle fournit du travail à 75 000 personnes dans le sud-est asiatique. Pour être ainsi présente sur tous les marchés, l'« entreprise globale » doit concevoir et vendre des produits universels ; elle s'identifie donc à une catégorie, à un type de produits et à une marque. La mondialisation est renforcée encore car les « entreprises globales » s'organisent en réseaux, en s'alliant entre elles afin de limiter par exemple les dépenses liées à la pénétration des marchés ou à la recherche. Ce type d'alliance ou d'accord a lieu sur un point précis de leur activité et n'empêche donc pas la compétition à laquelle elles se livrent.

• *Les blocs régionaux*

Si les économistes s'entendent sur la définition de l'espace économique mondial et de l'« entreprise globale », leurs analyses divergent en revanche sur le rôle des blocs économiques régionaux : ils peuvent être perçus comme fractionnant l'économie mondiale en recréant des espaces protectionnistes ou au contraire comme menant à une mondialisation achevée. Ceci qu'ils soient informels (forum de l'Asie-Pacifique) ou institutionnalisés (Union européenne, ALENA).

L'Union européenne est ainsi née d'un renforcement de la Communauté, à la suite de la signature du traité de Maastricht, le 9 février 1992. L'Acte unique européen

(1986) qui devait achever le marché intérieur au 1er janvier 1993, avait en effet abouti à une déréglementation au niveau des États, les privant de leurs moyens d'action, sans constituer pour autant une réelle politique communautaire. L'Accord d'Union européenne, ratifié par 11 États sur 12 (à l'exception du Danemark) transforme l'ancienne communauté en Union essentiellement monétaire et économique, avec l'euro pour monnaie unique au 1er janvier 1999, afin de préserver le système européen menacé par la spéculation. Mais, en raison de « critères de convergence » à remplir pour accéder à l'Union, les pays membres doivent s'en tenir à l'orthodoxie budgétaire, ce qui remet en cause leur politique sociale : l'idée apparaît donc d'une Europe à plusieurs vitesses, tous les États n'accédant pas en même temps à l'Union ; le Danemark et le Royaume-Uni exploitant déjà leur différence. De plus, de nouveaux domaines sont touchés par les compétences communautaires : énergie, transport, télécommunications, éducation et culture, santé, politique industrielle (alors que la sécurité et la politique étrangère sont à peine évoquées par le traité de Maastricht). On assiste donc ici à un approfondissement de l'Union, à une meilleure intégration. Ceci est-il compatible avec son élargissement (Europe des 15 en 1994) prévu vers l'Est, à la Hongrie, la Pologne, la République tchèque ?...

L'ALENA, sorte de *marché commun nord-américain*, a été construit par étapes, les États-Unis craignant de plus en plus la concurrence européenne, dans un contexte de fin de Guerre froide où il n'y a plus besoin, comme dans les années 1950, de rempart à l'extension de l'influence soviétique. En 1987, est ainsi signé un accord de libre-échange entre le Canada et les États-Unis, qui ne sert en fait qu'à cautionner l'imbrication très étroite des deux économies. En août 1992 est entériné l'ALENA à proprement parler, accord de libre-échange nord-américain (ou NAFTA) qui vise à établir progressivement (sur quinze ans) une zone de libre-échange entre les États-Unis, le Canada et le Mexique, pour les marchandises, les services et les investissements ; il n'est pas question de libre circulation des personnes, les États-Unis voulant maintenir les populations mexicaines au-delà du Rio Grande (ainsi par exemple, les constructeurs automobiles américains ont augmenté, en 1994-1995, leurs investissements dans leurs usines mexicaines). En principe, l'ALENA ne contrevient pas aux règles du GATT et se limite aux stricts échanges économiques : on est loin ici des visées politiques et sociales de l'Union européenne. Tout en créant un espace qu'ils dominent, les États-Unis peuvent continuer à se poser en défenseurs du *fair trade*.

Forum informel de coopération plutôt que zone de libre-échange, l'APEC (*Asia-Pacific Economic Cooperation*) répond aux ambitions japonaises, le Japon souhaitant exporter ses produits et délocaliser ses entreprises vers les pays de l'ASEAN ou vers la Chine. Il offre aussi aux entreprises américaines de nouvelles possibilités dans le Pacifique. L'APEC regroupe donc les pays qui libéreront leurs échanges d'ici 2020, soit, pour l'Amérique, le Chili, le Mexique, le Canada et les États-Unis, pour le Pacifique Sud-Est, l'Australie, la Nouvelle-Zélande et la Papouasie-Nouvelle-Guinée, pour l'Asie enfin, la Chine, Taïwan, Hong Kong et les pays de l'ASEAN (Association des pays de l'Asie du Sud-Est : Thaïlande, Singapour, Malaisie, Indonésie, Philippines, Brunei, et Vietnam depuis 1995).

Signalons enfin pour les zones de libre-échange instaurées depuis la fin de la Guerre froide, l'UMA, créée en 1989, l'Union du Maghreb arabe (Libye, Tunisie, Algérie, Maroc, Mauritanie) divisée par de fortes tensions politiques ; le MERCOSUR en Amérique latine (1991 – Brésil, Argentine, Uruguay et Paraguay, ainsi que la Bolivie depuis 1995) qui voit progresser l'intégration commerciale et qui vise à de grands travaux en commun dans le domaine de l'énergie et des transports. En Europe centrale

© ARMAND COLIN. La photocopie non autorisée est un délit

et orientale, l'effondrement du CAEM amène les pays à se réunir en structures régionales de coopération. Ainsi, en 1991, la CEI (Communauté des États indépendants) regroupe les anciennes républiques d'Union soviétique, à l'exception des Pays baltes, ce qui permet à la Russie de conserver une influence économique importante sur cette zone. Fondé en 1992, le groupe de Visegrad réunit lui la Pologne, la République tchèque, la Slovénie trois ans plus tard, donc des pays attirés par l'Union européenne, ce qui peut-être compromet la cohésion et l'avenir de cet ensemble.

2.2. Vers une culture mondialisée ?

2.2.1. Une structure en réseaux

Le nouveau modèle économique (« globalisation » ou « mondialisation ») repose sur des réseaux d'information qui se développent à l'échelle planétaire. Ils ont été lancés, de manière officielle, au cours de la campagne électorale de 1992, par le vice-président des États-Unis, Al Gore, qui voulait créer des « autoroutes de l'information » (*information highways*, par allusion à son père qui lança le projet des autoroutes réelles). Cette expression est alors reprise un peu partout, dans les médias, par les hommes politiques, souvent à tort et à travers. En fait, de quoi s'agit-il ? De constituer, *à l'échelle mondiale, de vastes réseaux, qui permettront la circulation de textes, de sons, d'images fixes ou animées*. À l'origine, existe, sur le plan idéologique, une idée qui peut paraître très généreuse : la capacité d'accéder, à tout moment, grâce à des supports variés (ordinateur, poste de télévision…), à toutes sortes d'informations.

Sur le plan technique, outre des machines émettrices et réceptrices, les flux d'information nécessitent des *infrastructures* les véhiculant, qu'il s'agisse de câble coaxial, de fibre optique – qui autorise un gros débit – de satellite en orbite basse (onéreux), ou plus simplement de fil de cuivre. La numérisation permet d'une part d'emmagasiner des photographies, des textes, du son, des images animées, sur un support très peu encombrant, sorte de disque compact, le CD-ROM (*Compact Disc-read only memory*), d'une grande capacité (environ 650 millions d'octets) ; elle autorise aussi le stockage sur un serveur, sous forme compressée, de programmes télévisés, que l'on peut sélectionner depuis son foyer (télévision interactive).

Sur le plan économique, les applications multimédias dopent le marché de l'électronique, dominé par des firmes américaines, par exemple, International Electronics (Intel), le premier fabricant mondial de microprocesseurs, qui équipe plus de 80 % des micro-ordinateurs. Par ailleurs, le multimédia oblige à *l'alliance de plusieurs industries* : les firmes de l'audiovisuel, des télécommunications, de l'informatique et de l'électronique, les éditions éducatives ou ludiques, les câblo-opérateurs doivent s'efforcer de concilier leurs ressources financières et leurs compétences techniques, qui sont complémentaires. Au début des années 1990, se produit donc aux États-Unis tout d'abord, une série de fusions, d'achats d'entreprises, qui aboutissent à la création de grands groupes de communication, véritables géants du multimédia : ainsi par exemple se rapprochent Time-Warner et CNN. Au Japon, se déroule le même processus, les groupes intervenant même à l'étranger, notamment sur le sol américain : Sony et Matsushita s'allient, et rachètent, le premier CBS Records et les studios Columbia, le second MCA (Music Corporation of America). Face aux États-Unis et au Japon, l'Europe éprouve des difficultés à trouver une position unique ; même si elle dispose d'un bon réseau de lignes téléphoniques numérisées, l'ouverture du secteur des télécommunications par la fin du monopole public (1998), la faible intégration de ses entreprises dans le secteur du multimédia, entraînent bien des problèmes pour faire front. Il faut enfin remarquer que, même si les géants du multimédia appartiennent aux grands pays industrialisés, de grands groupes issus de pays du Tiers Monde parviennent aussi à s'annexer des parts de marché, par exemple pour les programmes de télévision, Televisa (Mexique) ou Globo (Brésil).

2.2.2. Le réseau des réseaux ?

Sur le plan culturel, le premier pas vers les autoroutes de l'information et le tout multimédia est constitué par *Internet* (International Net), l'un des réseaux (America on line, Compuserve...) issus de l'essor très rapide de la messagerie électronique. « C'est, nous explique Gilles Bauche, un réseau mondial fondé sur l'idée de fédérer grâce à une norme commune tous les ordinateurs et tous les réseaux de communication du monde. » Internet est né à l'Université de Californie-Los Angeles (UCLA), le 21 novembre 1969, des recherches menées autour du professeur L. Kleinrock (du MIT), par S. Crocker, M. Wingfield, J. Postel et V. Cerf : « Penchés sur un écran IBM, raconte L. Zecchini, ils attendaient anxieusement une réponse à la question qu'ils avaient posée à un correspondant installé devant un autre ordinateur, à plusieurs centaines de kilomètres de là, dans un laboratoire de l'université de Stanford : "Me recevez-vous ?". À la seconde même où un "oui" s'inscrivait sur l'écran, Internet était né. Deux ordinateurs avec des logiciels différents, reliés par le réseau électronique, se "parlaient". » (*Le Monde*, 16 novembre 1995).

Au départ, un projet financé par l'Agence de recherche pour les projets avancés, *dépendant du Pentagone*, qui visait à répondre, depuis les années 1950, aux avancées technologiques soviétiques (satellites Spoutnik) : il fallait connecter par un réseau de communication toutes les forces militaires américaines dispersées dans le monde entier. Très vite, *les scientifiques* voient tout l'intérêt d'un tel outil, pour accélérer la connaissance des résultats de leurs travaux et communiquer entre eux d'une manière plus rapide que les colloques ou les revues (en cas de connexion défectueuse, l'information prend un autre « chemin » et atteint donc son but). Puis, au début des années 1990, *le grand public et les hommes d'affaires* se branchent à leur tour... Le trafic double alors chaque année, si bien que, alors qu'il constitue un forum à l'échelle planétaire, Internet n'est pas exempt d'inconvénients (lenteur due aux lignes surchargées...). On a beaucoup écrit aussi sur les risques que présente ce maillage informatique : en offrant un flot d'informations, Internet permet l'expression des pornographes et des pédophiles, des organisations terroristes, négationnistes, néo-nazies ou mafieuses... À l'utilisateur, lui-même éditeur, de contrôler, de critiquer, de hiérarchiser toutes les données dont il prend connaissance. La question se pose donc : faut-il, et peut-on réglementer cet instrument qui ignore l'autorité, se joue des frontières et n'a en fait aucune réalité matérielle ? On a donné à cette interrogation les réponses les plus contradictoires... Le secteur culturel, celui de l'information sont en tout cas bouleversés (comme l'a été la télévision lors de l'assassinat de Kennedy, puis avec CNN pendant la guerre du Golfe) par son existence. Aux États-Unis, l'affaire baptisée « Monicagate » permit par exemple, de prendre conscience du potentiel d'un nouveau journalisme, dont le support est le « Web » : le scandale lui-même éclata par les révélations de Matt Drudge, qui vola à *Newsweek* son propre scoop pour le lancer sur Internet, ce qui par-delà le manque de fiabilité de l'information, contribua tout de même à éveiller les médias, d'une part les publications spéciales au Web (qui respectent les critères déontologiques du journalisme, comme *Wired News*,

© ARMAND COLIN. La photocopie non autorisée est un délit

Hotwired, Slate, etc.), mais aussi les éditions en ligne des grands organes de presse écrite ou audiovisuelle, qui souhaitent toucher un public nouveau (*New York Times, Wall Street Journal Interactive Edition*). Toutes voient leur audience grandir alors, surtout les premières, qui séduisent par leur caractère quelque peu provocateur (elles s'interrogèrent en particulier sur la fonction de procureur indépendant).

Internet symbolise donc désormais une culture qui dépasse les frontières, ou mieux, sans frontière. En fait cette culture à l'échelle mondiale concerne surtout le Nord de la planète, l'Amérique du Nord, l'Union européenne, l'Asie orientale, c'est-à-dire les zones qui cumulent plus de 80 % du pouvoir d'achat et des investissements mondiaux. Faute d'infrastructures et de moyens financiers, il s'établit *une sorte de ségrégation à un triple niveau*: Nord/Sud entre les pays riches et les plus défavorisés, mais aussi Nord/Nord entre ceux qui « naviguent sur le Web » et « exclus », et même Sud/Sud, puisque dans les pays les plus pauvres les trois quarts des lignes téléphoniques par exemple sont concentrées dans les capitales politiques ou économiques. Certains observateurs font donc remarquer que serait en train de se produire non pas une mondialisation de la culture, mais une uniformisation culturelle, une occidentalisation, voire une *américanisation*: la puissance hégémonique – les États-Unis – imposerait, par le biais de la langue de la globalisation, l'anglo-saxon, des valeurs qu'elle considère comme universelles : démocratie (d'où l'insistance sur la « fin des idéologies »), volonté individuelle, propriété et matérialisme, ce que d'aucuns regroupèrent sous l'expression « logique du Mac Monde ».

D'autres analystes soulignent au contraire les limites de cette vision globalitaire ou globalisante : d'abord, malgré l'existence d'événements considérés comme mondiaux ou globaux, qui réunissent d'immenses publics (les rencontres sportives par exemple), la communauté mondiale n'existe pas encore selon eux ; ensuite, même si l'on est entré dans une ère culturelle globale, la censure continue toujours à faire sentir ses effets (les médias et la guerre du Golfe) ; enfin, pour certains anthropologues notamment, la multiplication des flux culturels mènerait non pas à l'uniformisation, mais au *métissage* (comme semble le prouver l'évolution des télévisions brésiliennes dans la seconde moitié des années 1990)... Ou, au contraire, au *repli sur soi*, pulsion qui peut, selon A. Mattelart, « conduire aux tentations extrêmes de la fermeture sur sa propre identité : le retour au tribalisme, à la pureté des identités ethnoculturelles et aux expressions multiples de l'intolérance envers l'étranger. Toutes ces formes radicales de l'exclusion de l'Autre ne peuvent-elles pas aussi être interprétées comme des ripostes confuses aux exclusions inhérentes aux logiques ségrégatives de la globalisation sous le signe du libre-échangisme ? »

2.3. L'ONU, futur gouvernement mondial ?

2.3.1. Des conditions nouvelles et problématiques

L'implosion du bloc de l'Est, la fin de la Guerre froide, créent une nouvelle donne internationale, où, au moins pendant la première moitié des années 1990, l'ONU semble appelée à voir son rôle grandir. Ne va-t-elle pas réguler l'ordre mondial qui se met en place ?

Les grandes puissances montrent en effet *une belle unanimité*, comme en témoigne leur attitude lors de l'invasion du Koweït par l'Irak en août 1990 : à l'unanimité le Conseil de sécurité décide la création d'une force multinationale – certes à très forte composante américaine, nous l'avons dit – pour mener au nom de l'ONU contre Bagdad l'opération « Tempête du Désert », visant, comme on l'affirme alors, à restaurer le Koweït dans la plénitude de ses droits. Cette intervention, qui a pour but de punir un État agresseur et de restaurer la paix entre deux États belligérants, peut être considérée, si ce n'est par l'ampleur des moyens employés, comme classique ou traditionnelle ou héritée de la période précédente, opération de la « première génération » (*cf.* la guerre de Corée) ; mais elle est aussi destinée, semble-t-il, à devenir l'exception. Car les conflits qui naissent ou se développent depuis la fin de la Guerre froide n'opposent plus des États entre eux : ils procèdent de graves tensions internes où les données ethniques, religieuses, culturelles, interfèrent et servent de motivation ou de prétexte aux factions rivales.

2.3.2. Des interventions très complexes

L'ONU est donc appelée à mettre en place des opérations nouvelles, souvent plus longues et plus difficiles qu'autrefois. Ces interventions présentent toutefois *des points communs avec leurs aînées, en particulier sur le plan militaire :* les « Casques bleus » sont toujours chargés dans un premier temps, de s'interposer, c'est-à-dire de préserver la paix, mais aussi de désarmer les groupes rivaux, de déminer, et même à un stade ultime, de superviser la reconstitution d'une armée nationale. Dites de la « deuxième génération », elles possèdent, à côté des aspects militaires à proprement parler, un volet civil, lui-même double.

En premier lieu, dans les situations les moins problématiques, l'ONU mène des missions d'*ordre politique ;* il s'agit de construire un État, ou de le reconstruire, selon les valeurs démocratiques, en respectant des étapes précises : organisation d'élections libres (mise en place du recensement, établissement des listes électorales, surveillance du déroulement des élections), création ou réforme des institutions, installation de la nouvelle administration ou restauration de l'ancienne, éventuellement aide au développement d'infrastructures (afin de permettre le redémarrage de la vie économique). Ainsi, par exemple, en Namibie[27] la mission GANUPT doit veiller à l'application du plan de paix menant à l'indépendance (volet militaire traditionnel) et ensuite contrôler le processus qui instaure la démocratie (premières élections libres en novembre 1989). Au Cambodge[28], la mission de l'ONU est bien plus large ; l'APRONUC, Autorité provisoire des Nations unies au Cambodge, prend le pays totalement en mains du 15 mars 1992 au 30 septembre 1993 : outre des tâches militaires – désarmer les factions rivales et déminer, en particulier les grands sites archéologiques – elle doit assurer l'organisation des élections, surveiller l'administration et la police, veiller au rapatriement de quelque 350 000 réfugiés et enclencher la reprise économique... Le tout en s'efforçant de promouvoir les droits de l'homme !

En second lieu, les opérations nouvelles présentent *un volet humanitaire :* les forces de l'ONU doivent protéger les populations, éventuellement en créant des zones de sécurité ou des « corridors humanitaires », ou au moins, assister les convois, pour permettre l'acheminement, l'arrivée et la distribution des secours par les ONG.

Ainsi, en ex-Yougoslavie[29], l'ONU mène, au départ, une intervention classique. La Forpronu (Force de protection des Nations unies, créée le 21 février 1992) s'efforce de maintenir la paix en Croatie : 10 000 Casques bleus doivent s'interposer

27 *Cf.* troisième partie, Namibie, p. 313.
28 *Cf.* troisième partie, Cambodge, p. 269.
29 *Cf.* troisième partie, Bosnie-Herzégovine, p. 266.

entre forces croates et serbes, veiller à leur désarmement et protéger les populations. Puis, la guerre s'étendant, la mission de la Forpronu s'élargit sur le plan géographique à la Bosnie-Herzégovine et à la Macédoine ; ses effectifs passent à 25 000 hommes, qui reçoivent des responsabilités nouvelles. Leur action s'étoffe en effet : de juin 1992 à février 1994, ils procèdent à la réouverture de l'aéroport de Sarajevo ; ils veillent à la protection des convois humanitaires en Bosnie-Herzégovine, puis ils créent une zone d'exclusion aérienne au-dessus du territoire bosniaque (octobre 1992) et six zones de sécurité sur le terrain (Sarajevo, Bihac, Gorazdé, Srebrenica, Tuzla, Zepa – mai 1993). En février 1994, la situation politico-militaire ayant évolué, la Forpronu fait ouvrir des « routes bleues » entre Sarajevo et la Bosnie centrale et elle interdit les armes lourdes sur un périmètre autour de la capitale bosniaque. En juin 1995 enfin, une Force de réaction rapide (FRR), autorisée par l'ONU, permet de renforcer le dispositif international.

Particulièrement en Bosnie, l'action de l'ONU donna lieu à controverses. Selon certains analystes, l'aide à l'action humanitaire n'aurait servi qu'à masquer l'absence de perspective politique réelle ; de plus, les forces de l'ONU ne purent jamais totalement remplir leur mandat, ni en Bosnie où les zones dites de sécurité ne furent jamais vraiment protégées, ni en Croatie où les milices, notamment serbes, restèrent en armes. Au contraire pour d'autres observateurs, la présence des Casques bleus évita à la population musulmane d'être broyée dans les deux premières années du conflit ; elle permit aussi l'acheminement de l'aide humanitaire qui soulagea les populations civiles. Grâce à la mission de la Forpronu, l'intensité et l'extension du conflit auraient été limitées...

En Somalie[30], L'ONU mena deux missions afin de tenter de résoudre une guerre civile où les problèmes ethniques se mêlaient aux luttes politiques pour le pouvoir ; les populations et les ONG – présentes sur le terrain depuis 1991 – étaient victimes des exactions de multiples bandes armées, souvent livrées à elles-mêmes. La première, ONUSOM I (Opération des Nations unies en Somalie), impulsée le 24 avril 1992, apparaît des plus classiques, de contrôle du cessez-le-feu ; mais elle s'étend toutefois à la protection des convois humanitaires à partir du mois de juillet suivant. Ayant de nombreuses carences, dues notamment à l'incoordination des organisations humanitaires des Nations unies comme l'Unicef ou l'OMS, et à l'incapacité de faire renaître la société civile – comme le souhaiterait l'envoyé spécial de B. Boutros Ghali – la mission piétine. Le relais fut pris dès décembre 1992 par l'intervention américaine dans le cadre de l'opération « Restore Hope », qui se solda elle-même par un échec cuisant pour les États-Unis... La deuxième mission, ONUSOM II (26 mars 1993), fut donc munie d'un mandat bien plus étendu que la première : si les tâches militaires dominent (empêcher la violence entre les factions, contrôler l'armement...), elles se doublent d'activités civiles (mise en place de structures nouvelles capables d'assurer un service de police et de procéder au rapatriement des réfugiés). ONUSOM II dispose de forces largement plus importantes qu'auparavant, soit plus de 30 000 soldats et civils, Français, Belges, Pakistanais, Bostwanais... soumis bientôt à la vindicte publique, les populations les accusant de tortures, de viols. Le 5 juin 1993, 24 Casques bleus pakistanais qui s'apprêtaient à inspecter des dépôts d'armes sont tués. L'ONU et les États-Unis, considérant alors le général Aïdid responsable, s'engagent, en souhaitant l'arrêter, dans une dérive

---

30 *Cf.* troisième partie, Somalie, p. 345.

militaire, que ne tardent pas à dénoncer les organisations humanitaires… d'autant plus que les différentes composantes de la force onusienne ont chacune leur propre compréhension du conflit, et pratiquement leurs propres solutions, sans aucune véritable coordination. Aussi, le 3 octobre 1993, les Américains portent-ils, dans le secteur italien du sud de Mogadiscio, une attaque contre les miliciens du général Aïdid, qui entraînera plusieurs centaines de morts (dont 18 Américains). Du fait de la mauvaise collaboration entre Américains et autres composantes de la force des Nations unies, ONUSOM II est devenu un véritable protagoniste du conflit, position intenable. L'ONU rechercha donc des solutions négociées, dans le cadre de l'OUA, qui pourraient mener à la tenue d'une conférence de réconciliation nationale ; mais ce fut un échec, tout comme les efforts diplomatiques américains et éthiopiens pour aboutir à des rencontres entre factions somaliennes. Tirant les conclusions de ce double fiasco, ONUSOM II, tout en poursuivant la remise en état des infrastructures du pays, se désengage progressivement, entre octobre 1993 et septembre 1994.

Au Rwanda[30], à l'automne de 1993, sur le souhait du gouvernement rwandais et du FPR, fut déployée une mission internationale chargée de surveiller l'application des accords d'Arusha : la Minuar, Mission d'assistance des Nations unies au Rwanda – qui compte plus de quatre mille hommes –, doit maintenir la sécurité à Kigali, aider au déminage, superviser la démobilisation des combattants. Dès le début des massacres, les Casques bleus se montrent totalement impuissants à faire respecter le cessez-le-feu ; lorsqu'ils tentent en vain de protéger les civils, ils sont à leur tour pris pour cibles (en particulier les Belges). L'ONU, entérinant l'indifférence internationale, réduit les effectifs de la mission, puis les rétablit… N'ayant pu empêcher les massacres, la Minuar s'efforce de venir en aide aux survivants, d'inciter les populations déplacées à rentrer dans leurs villages, accomplissant ainsi des tâches humanitaires ; de plus, elle remplit là encore un rôle politique, en aidant à la reconstruction de l'État de droit et à la réhabilitation des infrastructures. Cette double action trouve cependant très vite ses limites : les nouveaux maîtres du pays reprochent à la Minuar sa passivité pendant les massacres ; ils ne se sentent pas eux-mêmes, aux yeux du personnel onusien, exempts de tout reproche, tant furent nombreux leurs excès dans la conquête du pouvoir. En avril 1996, les derniers éléments de la Minuar doivent donc quitter le Rwanda, abandonnant sur place une partie de leur matériel et mettant fin ainsi à l'une des opérations les plus lamentables jamais menées par les Nations unies.

2.3.3. Et des faiblesses à surmonter

L'échec de la Minuar au Rwanda montre à quel point, lors d'une crise très aiguë, l'ONU peut se révéler impuissante et lourde de dysfonctionnements. Au lendemain de la Seconde Guerre mondiale, l'intervention de l'ONU fut conçue dans le contexte dominant dans la période précédente, celui de conflits interétatiques où l'organisation internationale agit avec l'accord de la communauté et des parties en présence, *dans le respect des règles du droit international, qui repose essentiellement sur le principe de la souveraineté des États et de la non-ingérence.* Or la communauté internationale fut peu à peu amenée à prendre mieux en compte les violations des droits de l'homme, largement bafoués dans les conflits internes

© ARMAND COLIN. La photocopie non autorisée est un délit

---

30 *Cf.* troisième partie, Rwanda-Burundi, p. 337.

actuels : elle se trouve donc en proie aujourd'hui à un dilemme, concilier le prin-cipe de non-ingérence et le devoir d'assistance humanitaire, qui frôle souvent l'in-gérence. Le secrétaire général B. Boutros Ghali fut donc amené à rédiger un rapport, l'Agenda pour la paix (31 janvier 1992, texte complété par un supplément en janvier 1995), dans lequel il s'efforce de réfléchir aux nouveaux besoins des opérations de maintien de la paix, tout en respectant l'équilibre entre souveraineté de l'État et devoir d'ingérence.

Bien que *les moyens dont dispose l'ONU se soient considérablement améliorés*, en particulier en ce qui concerne la contribution en hommes (Casques bleus et obser-vateurs furent environ 100 000 en 1994, soit dix fois plus nombreux qu'en 1990), ils demeurent insuffisants. En fait, ils ne font que refléter les investissements des États membres, à la fois sur le plan financier et sur le plan humain. Or la multipli-cation et la diversification des opérations de maintien de la paix entraînent des dépenses de plus en plus lourdes, d'autant plus difficiles à assumer que les États membres cumulent les retards de versement de leur contribution (les États-Unis étant ainsi le principal débiteur de l'ONU). Fort heureusement, de nouveaux États, qui souhaitent tenir sur la scène internationale un rôle politique conforme à leur poids économique, en viennent progressivement à participer à des actions exté-rieures sous l'égide de l'ONU ; le Japon par exemple, qui depuis 1992 put enga-ger des troupes dans le cadre de missions de paix, au Cambodge et au Rwanda, et surtout l'Allemagne, qui de 1992 à 1994 participa à la surveillance de l'espace aérien en Bosnie, aux services de santé en Somalie et au Cambodge. Ce qui n'est pas d'ailleurs sans reposer le problème de l'entrée de ces deux États au Conseil de sécurité des Nations unies...

La question des moyens de l'ONU recouvre en fait celle de la volonté politique des États membres, puisque les missions des Nations unies ne peuvent agir que par délégation des États et dans le cadre juridique qu'ils ont défini pour ces actions. Ce qui peut soulever d'autres interrogations, notamment sur les rôles respectifs de l'ONU et des organisations régionales : devant la multiplicité et la complexité des opérations à mener, l'ONU se voit obligée, à la fois pour des raisons de budget et d'efficacité, d'associer à son action des organisations régionales, par exemple l'OTAN en Europe, devenue dans le conflit de l'ex-Yougoslavie, le bras armé des Nations unies. De même, nous venons de le voir, en Somalie, les forces américaines furent amenées à suppléer celles de la mission ONUSOM I.

On peut donc se demander si les actions menées par l'ONU ne relèveraient pas plus d'une volonté nationale, bi – ou multinationale de circonstance (par exemple pendant la guerre du Golfe) que d'une décision délibérée de l'organisation elle-même. Aussi l'ONU servirait-elle d'alibi pour masquer les intérêts de certains de ses États membres : en ex-Yougoslavie, des opérations furent conduites sous couvert de l'ONU, mais en réalité par l'UEO, l'OTAN et les États-Unis ; au Rwanda, la France put continuer à jouer son rôle de gendarme régional, par le biais de l'opération Turquoise.

Au début des années 1990, l'ONU voit donc son rôle revalorisé, mais, comme ses moyens n'ont pas augmenté en conséquence, elle en est réduite à cautionner l'ac-tivité de certaines nations (les États-Unis), organisations régionales ou coalitions plus vastes. C'est sans doute pourquoi elle n'intervient pas dans certaines luttes (en Afghanistan, en Tchétchénie, en Géorgie, au Sri Lanka, au Pérou...), la Charte, conçue dans le contexte de 1945, n'étant plus adaptée aux types de conflits qui écla-tent tout au long de la décennie.

BIBLIOGRAPHIE

Les États-Unis

Maraniss D., *A biography of Bill Clinton : First in his class*, Simon & Schuster, New York, 1997.

La mondialisation

Bauche G., *Tout savoir sur Internet*, Arléa, 1996.

Ferrandery J.-L., *Le Point sur la mondialisation*, PUF, 1996.

Gauchon P., « Vers un espace économique mondial ? », *Universalia*, 1996.

Mattelart A., « Vers la mondialisation de la culture ? », *Universalia*, 1996.

L'ONU et son action

Balencie J.-M., La Grange (de) A., *Mondes rebelles*, Éditions Michalon, 1996 (t. 1, article « Rwanda » ; t. 2, article « ex-Yougoslavie »).

Bertrand M., *L'ONU*, La Découverte, coll. Repères, 1994.

Bigou K., « L'opération ONUSOM II en Somalie (1992-1994). Entre ambition et irréalisme », *Cahier d'histoire immédiate*, n° 12, automne 1997.

© Armand Colin. La photocopie non autorisée est un délit

Chapitre 7

Le spectre du chaos

Par-delà le retour de la puissance américaine et la mise en place des premières structures d'une mondialisation encore balbutiante, l'ère postbipolaire semble celle de tous les dangers : de graves fléaux menacent une planète par ailleurs déchirée par de multiples guerres civiles, dues aux rivalités nationalistes, communautaires, ethniques ou religieuses… Le monde actuel serait livré au chaos.

Dans ce désordre apparent, l'historien de l'immédiat, sans tirer de conclusions hâtives ou définitives, ne peut-il, comme ses collègues spécialistes de politologie ou de géopolitique (aux travaux desquels il ne manque pas de se référer), tenter de découvrir les lignes de force d'un nouvel ordre mondial, encore en gestation ?

1. UN MONDE EN PROIE À DE GRANDS FLÉAUX ?

Théâtre de conflits de plus en plus nombreux, le monde des années 1990 fut également celui où se déchaînèrent des fléaux, souvent millénaires ou au contraire récents.

1.1. Une menace millénaire : la faim

1.1.1. Les ravages de la sous-alimentation…

Sur presque six milliards d'habitants que compte la planète, *plus de 800 millions de personnes, dont 500 en Asie et 250 en Afrique, souffrent de sous-alimentation*, alors que l'agriculture ne s'est jamais révélée aussi performante. Dans les trois dernières décennies en effet, la production agricole progressa plus vite que la population. Ces progrès relèvent essentiellement de l'intensification agricole pratiquée dans les pays du Nord – industrialisation des méthodes mais aussi développement des biotechnologies et amélioration des espèces par la recherche génétique – si bien qu'ils conduisent à un véritable *accaparement* du marché mondial : ainsi, l'Union européenne et l'Amérique du Nord fournissent les trois quarts des blés exportés dans le monde ; elles se livrent, sur le plan commercial, grâce aux subventions aux exportations et à la pratique du dumping, une lutte sans merci…

En revanche, les pays du Sud ne profitent guère de ce que l'on appelait dans les années 1960 *la révolution verte*. Certes, les productions asiatiques ont connu elles aussi une extraordinaire augmentation, mais la productivité semble culminer actuellement. Mais l'Asie fait figure d'exception ; l'Afrique quant à elle vit les cultures vivrières délaissées, au profit des commerciales (dont les cours connurent des baisses importantes). En Amérique latine, se multiplient les petits paysans qui doivent quitter leur exploitation et travailler comme ouvriers agricoles, pour des salaires de misère, sur les latifundia : en 1994 éclatèrent des émeutes de la faim dans le nord de l'Argentine…

© ARMAND COLIN. La photocopie non autorisée est un délit

1.1.2. ... et ceux de la malnutrition

Les problèmes de la malnutrition excèdent largement ceux de la sous-alimentation : *près de deux milliards de personnes* dans le monde sont exposées à des carences en iode, en vitamine A, en fer (dont 40 % des femmes, ce qui explique le faible poids des nouveau-nés dans certaines régions), indispensables à une vie active. En réalité, *ces problèmes ne touchent pas seulement les pays du Tiers Monde*, mais aussi nos sociétés. Le chômage et l'exclusion qu'il peut entraîner sont à l'origine de la résurrection de pathologies qu'on croyait d'un autre âge – le scorbut, lié à un déficit en vitamine C. La lutte contre l'exclusion ignore souvent ces questions, mettant plutôt en avant celles de l'emploi ou du logement ; elles sont pourtant bien présentes : c'est en 1984 que fut créée à Paris la première banque alimentaire européenne, par l'Armée du salut, Caritas-France et les Compagnons d'Emmaüs... En 1996, il existait en France toujours, près de 70 banques alimentaires, fournissant des denrées aux Restos du cœur, au Secours populaire et à d'autres organisations caritatives.

À l'heure de la mondialisation, la lutte contre la pauvreté, qui permettrait de supprimer la faim, devrait être internationalisée. Le sommet de la FAO, organisation des Nations unies pour l'alimentation et l'agriculture, tenu à Rome du 13 au 17 novembre 1996, se fixa pour objectif de ramener de 800 à 400 millions en 2015 le nombre de personnes qui en souffrent. Le sommet de 1974, lui, s'était promis d'éradiquer la faim de la surface du globe en deux décennies... Cette question en soulève d'autres, liées aux manipulations génétiques : l'ONG Greenpeace a ainsi protesté, en novembre 1996 contre les importations en Europe de soja et de maïs transgéniques en provenance des États-Unis.

1.2. Un danger préoccupant : la pollution

1.2.1. Des problèmes de plus en plus graves

Bien qu'elle puisse avoir des origines naturelles – émissions volcaniques, dispersion des poussières désertiques... – la pollution provient essentiellement des activités humaines : traitements agricoles, combustion industrielle et domestique, circulation, prolifération nucléaire. Depuis les années 1960, il fallut souvent, pour que l'opinion prît conscience de la nécessité de protéger l'environnement, de *véritables catastrophes :* citons en vrac les marées noires provoquées près des côtes anglaises par le *Torrey Canyon* (1967) ou sur le littoral breton, par l'*Amoco Cadiz* (1978) ; les ruptures de forage dans le golfe du Mexique ou en mer du Nord ; l'accident de Bhopal en Inde (1984) et bien sûr l'explosion de la centrale de Tchernobyl (1986), qui faisait suite à une série d'accidents nucléaires en URSS – dont les plus graves furent l'explosion dans une zone de stockage de plutonium à Kyshtym, près de Tcheliabinsk (1957, mais il ne fut connu qu'une trentaine d'années plus tard), celle d'un dépôt de missiles à la base navale de Severomorsk près de Mourmansk (13 mai 1984) et le naufrage du sous-marin nucléaire K 278 en mer de Norvège (7 avril 1989). Des phénomènes *chroniques* agissent dans le même sens : dépérissement des forêts en Europe tempérée (dû aux « pluies acides » ?), pollution de fleuves comme le Rhin, de lacs comme le Baïkal, de mers comme la Méditerranée ; menaces sur l'ozone atmosphérique ; déforestation en Afrique et en Amazonie (au rythme de 17 millions d'hectares par an actuellement, ce qui a des influences à la fois sur les ressources en bois, mais aussi sur le patrimoine génétique de la zone tropicale, et le climat). Plus prosaïquement, se pose chaque jour à chacun d'entre nous, le problème des effets de la pollution urbaine ou celui du traitement des ordures ménagères...

1.2.2. Des conférences sans grand effet

Outre les politiques menées par chaque État, ce fut *à l'échelle mondiale* que l'on s'efforça surtout dans les années 1990, de mieux cerner les questions et de formuler des solutions. Aussi se tint à Rio de Janeiro, du 3 au 14 juin 1992, la Conférence des Nations unies sur l'environnement et le développement (CNUED), que les médias baptisèrent « Sommet de la Terre » et qui regroupa 178 pays. Depuis la première conférence mondiale sur l'environnement qui avait eu lieu à Stockholm vingt ans auparavant, la communauté internationale a vu grandir ses inquiétudes sur l'avenir de la planète ; il était donc indispensable d'entreprendre une démarche globale et internationale. Le développement, qui permet de lutter contre la pauvreté, est-il compatible avec la protection de l'environnement ? Tel fut le thème du sommet de Rio, qui afficha de grandes ambitions : *faire admettre à la communauté internationale la nécessité du « développement durable ».*

Ce concept fut repris dans la déclaration de Rio ou « Charte de la Terre », qui exprime 27 principes pour une bonne gestion des ressources de la planète. Quatre documents supplémentaires furent signés : la déclaration sur les forêts, la convention pour la protection des espèces (végétales et animales), « l'Agenda 21 » (mesures à prendre à long terme), la convention sur le changement climatique (les pays industrialisés s'engagèrent à ramener leurs émissions de gaz à effet de serre au niveau de 1990 avant l'an 2000). Cette dernière convention entraîna, comme le prévoyait certains de ses articles, la tenue d'une autre conférence à Berlin (28 mars-7 avril 1995), qui rassembla 120 pays signataires et de nombreuses ONG ; il fut décidé surtout de poursuivre la consultation de la communauté scientifique internationale par le biais de l'IPCC (*Intergovernmental Panel on Climate Change*, Groupement intergouvernemental sur le changement climatique) et de mettre en œuvre des moyens techniques pour chiffrer les émissions des gaz à effet de serre, mais les participants ne purent s'accorder sur le calendrier de leur réduction... D'où la conférence de Kyoto (1er-10 décembre 1997) : 150 pays tentent à nouveau de s'engager à baisser leurs émissions en 2010, toujours par rapport au niveau de 1990 ; l'Europe promet une diminution de 15 % (elle seule a tenu ses engagements de Rio), le Japon de 5 %, tandis que les États-Unis évoquent plutôt une stabilisation ; les pays sousdéveloppés refusent de prendre des mesures qui, selon leurs représentants, nuiraient à leur croissance économique.

Apparaît ici une des *limites* de ces rencontres internationales : le Nord et le Sud ne conçoivent ni la pollution, ni la protection de l'environnement de la même manière. Aussi à Rio, par exemple, certains points ne furent-ils qu'effleurés, sans doute selon des considérations religieuses ou culturelles, la poussée démographique dont le contrôle serait pourtant facteur d'un meilleur équilibre écologique mondial. Le sujet fut à peine évoqué, toute latitude étant laissée à chaque gouvernement pour apprécier les solutions. La situation des forêts donna lieu, au contraire, à d'âpres discussions : les pays développés auraient souhaité l'établissement d'une convention sur les forêts comme patrimoine de l'humanité, mais le Brésil, l'Inde, l'Indonésie et la Malaisie refusèrent. Enfin, à Rio, on oublia les problèmes que pourrait poser la préservation des ressources de la planète dans un contexte de mondialisation de l'économie et de triomphe du libre-échangisme... Peut-être car le secteur de la protection de l'environnement met en jeu d'importants intérêts ; compte tenu du renforcement des réglementations en la matière, le marché de la lutte anti-pollution s'ouvre en effet à l'échelle mondiale : traitement des eaux usées

© ARMAND COLIN. La photocopie non autorisée est un délit

et des ordures ménagères, recyclage des déchets industriels et stockage des déchets radioactifs, limitation des rejets de gaz carbonique, etc.

La seconde des limites des rencontres internationales tient aux controverses qui divisent la communauté scientifique. Tous les chercheurs ne s'entendent pas à affirmer que le trou de la couche d'ozone est dû aux émissions de CFC (gaz propulseur d'aérosols dont le protocole de Montréal sur le changement climatique, en 1987, condamna la production), ni à rendre les pluies acides responsables des dégradations de certaines forêts européennes… Ils ne s'accordent pas non plus sur « l'effet de serre », c'est-à-dire la relation entre la concentration atmosphérique de gaz carbonique et le changement climatique.

1.2.3. La prolifération nucléaire

Plus difficiles à résoudre encore semblent les questions liées à l'utilisation de l'énergie nucléaire à des fins civiles ou militaires, en particulier celle de l'existence de *déchets radioactifs* : il faut impérativement confiner et stocker les résidus ultimes, solides. Si la France a choisi de construire à cette fin des silos bétonnés, tandis que l'Allemagne préfère occuper des formations géologiques profondes (mines de sel par exemple), de nombreux pays ont encore recours à l'immersion à l'aplomb des fosses marines, ce qui présente bien des risques (les conteneurs ne peuvent être récupérés et ils sont soumis à des pressions énormes). Si malgré tout certains États choisissent de poursuivre dans la voie du nucléaire civil ou de le développer (Chine), sur le plan militaire, on s'efforce de réduire la prolifération.

Le *désarmement nucléaire* fut amorcé dès 1963 – le traité de Moscou interdisait toutes les explosions nucléaires à l'exception des essais souterrains ; il s'accéléra au milieu des années 1980 lorsque les relations Est-Ouest se dégelèrent. L'écroulement du bloc soviétique et la fin de la Guerre froide furent à l'origine de nouveaux progrès : le démembrement de l'URSS, ses aléas économiques, le « désordre mondial » firent craindre une prolifération anarchique, par l'exode des chercheurs, allant vers le plus offrant, et la vente clandestine de matières fissiles… Il fallait donc donner un nouvel élan au traité de non-prolifération nucléaire (TNP, signé en 1968, entré en vigueur en 1970) qui arrivait à expiration en 1995. Des négociations débutèrent à Genève en 1994, mais elles ne purent aboutir à un texte en raison du veto de l'Inde. À l'initiative de l'Australie, la question fut portée devant l'Assemblée générale des Nations unies, qui approuva un document le 10 septembre 1996 – Inde, Népal et Bhoutan votèrent contre, tandis que s'abstenaient la Tanzanie, Maurice, Cuba, le Liban, la Syrie. Le traité sur l'interdiction totale des essais nucléaires (CTBT, *Comprehensive Test Ban Treaty*) fut entériné par les cinq puissances nucléaires membres permanents du Conseil de sécurité de l'ONU le 25 septembre. Toutefois, il entrera difficilement en application : il faudrait pour cela (article 44) que la quarantaine de pays qui possèdent des centrales nucléaires et les trois pays dits « du seuil », qui détiennent la capacité nucléaire militaire, acceptent. Le traité est donc, du fait du veto indien, mort-né…

1.3. Un fléau récent : le sida

Depuis le début des années 1980, les milieux scientifiques, puis les autorités politiques et l'opinion publique se préoccupent du VIH (virus de l'immunodéficience humaine, HIV en anglais) responsable du SIDA (ou sida, syndrome d'immunodéficience acquis, AIDS ou aids pour les Anglo-Saxons). Les défenses immunitaires du malade ne peuvent éliminer ce rétrovirus ; au contraire, c'est lui qui s'attaque aux lymphocytes, leucocytes jouant un rôle important dans l'immunité ; après une période d'inactivité (on parle de « séropositivité », l'individu étant infecté par le VIH mais encore non atteint par le sida), il affaiblit les défenses immunitaires et ouvre la voie à de multiples infections répétées, qui épuisent le malade.

1.3.1. Un mystère médical...

Le sida est d'abord décrit – dès 1982 dans les médias, qui font état des premières victimes – comme touchant essentiellement les homosexuels et les toxicomanes. Puis en 1983, son origine virale est indiquée : en effet cette année-là l'équipe du professeur Luc Montagnier isola, chez un malade atteint du sida, *un nouveau rétrovirus ;* peu de temps après, l'Institut Pasteur déposait une demande de brevet pour un test de dépistage sanguin. Quelques mois plus tard, l'équipe américaine du professeur Robert Gallo annonçait la même découverte et accomplissait la même démarche. Ce qui donna lieu à un conflit juridique largement médiatisé, véritable affaire qui se dénoua le 11 juillet 1994 seulement : la souche du virus « américain » était bien issue de l'institut français, qui l'avait prêtée à des fins de recherche, comme cela se pratique souvent.

Depuis la découverte du VIH, et malgré les querelles franco-américaines, les recherches n'ont cessé de progresser, dans une double direction. Tout d'abord vers une meilleure *compréhension des processus de transmission du rétrovirus :*

– Par voie sexuelle, y compris pour les hétérosexuels et non seulement pour les homosexuels comme l'opinion le pensait au départ. Des campagnes, assez timides selon nous, furent donc engagées en faveur du port du préservatif, seul moyen de prévention vraiment efficace.

– Par voie sanguine : transmission (chez les toxicomanes) par seringues infectées, mais aussi par transfusion. En France par exemple, le dépistage des donneurs devint obligatoire en août 1985 seulement, alors que des médecins avaient alerté l'administration sur les risques encourus par de très nombreux hémophiles : l'affaire du « sang contaminé » commençait[32].

Vers les *thérapies* ensuite. Deux démarches furent – et sont toujours – menées en parallèle : les chercheurs tentent d'élaborer d'une part des substances stimulant les défenses immunitaires des séropositifs et des malades (bi – puis tri-thérapies), d'autre part, un produit qui, inoculé aux personnes saines, multiplierait les anticorps protecteurs (ce que le public appelle « vaccin »). Ces investigations doivent reposer sur une connaissance plus fine du virus lui-même ; ainsi en 1996, plusieurs travaux permirent de mieux comprendre comment il entre dans les cellules-cibles, ce qui peut ouvrir de nouvelles voies pour le combattre...

1.3.2. ...à l'origine d'une épidémie mondiale

Outre une histoire, que nous venons de rappeler à grands traits, le sida possède une géographie qui révèle *de grandes disparités, entre pays industrialisés et pays du Tiers Monde*, à la fois quant à l'ampleur de la propagation de l'infection mais également quant à la mortalité qu'elle provoque. Selon le dernier rapport du programme Onusida des Nations unies porté à notre connaissance (26 novembre 1997), il y

© ARMAND COLIN. La photocopie non autorisée est un délit

---

32 *Cf.* infra, p. 229.

aurait dans le monde plus de trente millions de personnes contaminées, dont un million d'enfants de moins de quinze ans (soit une augmentation de 33 % en un an). Bien entendu, il ne s'agit là que d'estimations, la surveillance pouvant être très lacunaire ; ainsi en Inde, de 3 à 5 millions de personnes seraient infectées.

L'Afrique est la zone la plus touchée ; elle rassemblait déjà en 1990 le quart des cas mondiaux. Mais il existe plusieurs Afrique du sida. L'Afrique du Nord semblerait encore relativement épargnée. En revanche, l'épidémie frappe d'abord la région des Grands Lacs, puis le reste de l'Afrique noire, centrale, occidentale et australe (en Afrique du Sud plus de deux millions de personnes seraient infectées, sur 43 millions ; au Botswana entre 25 et 30 % de la population adulte). En raison des mœurs, la contamination par voie hétérosexuelle reste le mode de transmission essentiel, mais la contamination materno-fœtale est plus importante qu'ailleurs dans le monde (30 à 60 % contre 20 % en Amérique ; dans certains pays, on considère l'épidémie généralisée car plus de 5 % des parturientes sont séropositives).

En Asie, l'apparition de l'épidémie s'est produite plus tard, le niveau d'infection et les voies de transmission varieraient beaucoup plus qu'en Afrique. Pour l'instant quelques pays resteraient au premier stade de l'épidémie, par exemple les Philippines, l'Indonésie, le Bangladesh. Par contre, les experts d'Onusida s'inquiètent de la situation de certaines zones, ou de certaines populations, en Chine et en Inde. Ainsi, en Inde, le taux d'infection serait de 4 % chez les femmes enceintes de Pondichéry, et de plus de 6 % chez les chauffeurs routiers de l'État de Madras. En Chine, se développeraient deux épidémies, la première, touchant les toxicomanes du sud-ouest montagneux du pays, l'autre, plus récente, frappant les hétérosexuels de la façade maritime orientale – la prostitution jouant ici un rôle majeur dans la propagation du virus.

Dans les pays industrialisés, en raison des progrès de la prévention et des traitements, la pandémie reculerait. En Amérique du Nord, on estime en 1997 le nombre de nouveaux cas à 44 000 ; pour la deuxième année consécutive, il se serait donc produit une diminution. En Europe occidentale, où 30 000 personnes auraient contracté l'infection en 1997, le nombre des nouveaux cas de sida aurait baissé de 30 % par rapport à 1995. De plus, les nouvelles thérapies permettent d'allonger la période qui sépare la contamination de l'apparition du sida. En ce qui concerne les pays de l'Europe de l'Est et de l'ancienne Union soviétique, l'épidémie serait là encore à un stade précoce, mais elle progresserait rapidement, en raison de l'augmentation de la consommation de drogue par voie intraveineuse (100 000 nouvelles infections estimées en 1997).

1.3.3. Le sida, symbole de nos sociétés ?

Sur un plan *sociologique ou philosophique*, le sida constitue un agent de changement des modes de vie et des valeurs en cette fin du xxᵉ siècle et un *révélateur des contradictions* des sociétés. Dans les pays développés tout d'abord, il remet en cause la notion de progrès scientifique : dès son apparition dans les médias, il est présenté comme un mystère médical ; puis il renvoie l'image d'une communauté déchirée, luttant pour la paternité de la découverte du rétrovirus et pour l'obtention des brevets des tests de dépistage. Les problèmes de toutes les retombées économiques de la lutte contre cette maladie sont évoqués au grand jour, bien loin de l'image que se fait le public de savants désintéressés. Assez vite aussi, le sida pose *la présence de la mort* dans une société qui s'efforce de la nier, de la gommer ou à défaut de l'aseptiser en la cantonnant à certains lieux (hôpital, funerarium), et qui donc ne la socialise plus comme autrefois. Les reportages télévisés livrent le corps dégradé, amaigri, le visage émacié de malades durement touchés ; des romans, parfois avec force réalisme décrivent les derniers jours d'un compagnon ou d'un ami. L'acteur américain Rock Hudson, en voyage en France en juillet 1985, ne cache pas qu'il va mourir… Dans une société qui, par la publicité, le cinéma, le sport, magnifie le corps, le sida rappelle notre fragilité : même les plus forts, ceux qui sont au faîte de la gloire, peuvent être, sinon malades, du moins séropositifs (par exemple le basketteur américain Magic Johnson, des Los Angeles Lakers, qui participa à la « Dream Team », équipe décrochant la médaille d'or aux Jeux olympiques de Barcelone en 1992).

Le sida remet en question également l'une des valeurs des années 1960 et 70, *la liberté sexuelle*, pour une génération qui a vu la contraception largement diffusée et l'avortement libéralisé. Sur le même plan, il évoque un sujet tabou, l'homosexualité : au départ, le sida, maladie des homosexuels, prend des allures de châtiment divin – se développe d'ailleurs un vocabulaire discriminatoire, « groupes, individus, personnes, catégories à risques », qui introduit une dimension culturelle et morale. Si le sida menace la liberté sexuelle, il porte atteinte aussi à la liberté individuelle : dans une société où la ségrégation concernait jusque-là des groupes raciaux, ethniques, nationaux, voire linguistiques ou religieux (par exemple en France les Noirs, les Arabes, les musulmans), c'est l'individu, séropositif ou malade, qui peut désormais être rejeté, de son quartier, de son entreprise, voire de sa famille. En même temps, notamment lorsqu'apparaît la notion de « séropositivité », on découvre que la maladie, loin d'atteindre un seul groupe, peut toucher tout le monde : le sida devient cause collective. De plus, il accède d'une part au registre de l'économique, puisque les firmes industrielles luttent pour le partage du marché des tests de dépistage, des médicaments, mais aussi pour dominer dans certains pays le secteur du fractionnement plasmatique ; d'autre part au registre du politique, en étant à la base de nouvelles législations, notamment en matière de transfusion sanguine. Nous avons déjà évoqué l'affaire du sang contaminé, qui devint, au début des années 1990 en France, un scandale médical et national sans précédent. Elle a une double origine : le système de la transfusion sanguine française, et la sous-estimation du risque de transmission du VIH lors de l'utilisation du sang et de ses dérivés à des fins thérapeutiques. Lorsque furent révélées les contaminations liées aux transfusions, pour des hémophiles ou des polytransfusés, et la chaîne de décisions qui y mena (individuelles ou collectives, médicales, administratives et politiques), des sanctions furent prononcées – à l'encontre des médecins surtout. Les pouvoirs publics entreprirent une refonte complète du système de transfusion sanguine, visant à assurer une sécurité plus grande et à installer une tutelle plus efficace qu'autrefois.

Le sida est également révélateur des problèmes des pays sous-développés et au-delà *des relations Nord/Sud*. Ainsi par exemple, en Afrique, sa présence souligne l'existence de pratiques médicales (faute de centres de santé, on laisse des paramédicaux faire des injections avec une seringue unique non stérilisée), et de comportements sexuels à risque (fréquence des relations extra-conjugales ; entretien d'un « deuxième bureau », maîtresse officielle ; multiplication des partenaires ; non-utilisation du préservatif, souvent d'ailleurs à cause de son coût). De manière générale dans les pays sous-développés, le sida entraîne des conséquences économiques très lourdes, en coûts directs – inflation des budgets de santé, en raison de la recrudescence de nombreuses affections opportunistes, comme la tuberculose – et indirects – dilapidation des budgets éducatifs ; perte de productivité, puisque la classe d'âge des 20-40 ans et la population active urbaine sont très menacées.

© ARMAND COLIN. La photocopie non autorisée est un délit

Le sida symbolise à lui seul la réalité des rapports Nord/Sud : si les malades des pays industrialisés peuvent bénéficier des thérapies les plus prometteuses, elles sont hors de portée du budget des États du Tiers Monde. La Banque mondiale, dans un rapport diffusé le 3 novembre 1997 à Washington et à Genève, demanda donc que l'on fit porter l'effort, dans ces pays, sur la prévention. Par ailleurs, au même moment, Onusida prit l'initiative de diffuser dans le Tiers Monde les méthodes diagnostiques et thérapeutiques en usage dans les pays riches : un partenariat fut établi entre les Nations unies, les États concernés (la Côte-d'Ivoire, l'Ouganda, le Chili et le Vietnam seulement) et les multinationales pharmaceutiques – ce qui, outre des problèmes économiques, soulèvera des questions éthiques : quels malades bénéficieront de ces accords ?

2 LE RÈGNE DU CHAOS ?

La liquidation de la Guerre froide, à laquelle on avait imputé bien des conflits des années 1970 et 80, n'apporta pas l'apaisement que l'on attendait de la fin de la bipolarisation ; au contraire, les foyers de guerre ouverte se sont multipliés depuis le début des années 1990, revêtant, comme ceux hérités de la période précédente sans avoir trouvé de solution, des formes complexes, peu rationnelles, que l'on regroupe, faute de mieux, sous le terme de « guerres civiles ».

2.1. Des conflits complexes

2.1.1. Moins de repères idéologiques

Les conflits actuels opposent à des armées nationales encore dynamiques, mais aussi parfois en difficulté, voire en déconfiture, des mouvements armés souvent (sauf peut-être dans le cas des islamistes) sans repères idéologiques précis, même si certains continuent à se réclamer du guévarisme, du maoïsme, ou plus simplement du marxisme (FPLE d'Érythrée). Ils se forgent parfois des *doctrines syncrétistes*, qui peuvent mêler marxisme, nationalisme et indigénisme (Sentier lumineux au Pérou, Zapatistes du Chiapas), nationalisme et islam (Afghans, Bosniaques musulmans), nationalisme et valeurs culturelles et religieuses (Serbes de Bosnie), etc. À la limite, ils peuvent n'avoir aucun support idéologique : les bandes armées qui s'entre-déchirèrent pour le pouvoir au Liberia ne se dotèrent-elles pas de surnoms dignes de la « guerre des étoiles » ou de jeux vidéo ? A cette perte de repères, quelques éléments d'explication. Les transformations sociales tout d'abord : ces mouvements trouvent leurs troupes dans les bidonvilles des périphéries urbaines, où vivent des populations rurales déracinées, victimes du chômage, de l'analphabétisme, de la misère, privées de leurs références culturelles ou religieuses traditionnelles et donc sensibles à des mots d'ordre simples. Ou au contraire, l'absence de ces transformations : des populations rurales sont laissées loin de la modernité, sans aucune réforme ni progrès social (Chiapas) et en même temps elles sont menacées dans leur langue ou leurs coutumes...

2.1.2. Des financements originaux

Les conflits sont alimentés par des sources de financement nouvelles. En effet, dans la plupart des cas, les factions en lutte ne disposent plus ou beaucoup moins de soutiens extérieurs (qu'il s'agisse de l'aide des pays libéraux ou de l'aide des pays communistes ; le seul soutien actuel provenant aujourd'hui des États musulmans, Iran, Arabie saoudite, Pakistan…). Elles doivent donc, pour poursuivre leur combat, avoir recours à des *activités commerciales* portant sur des produits dont la vente est réglementée par des normes internationales strictes, qu'elles contournent (ivoire, bois précieux, œuvres d'art ou antiquités) ou des produits tout à fait illicites (drogue).

La drogue finance ainsi de par le monde un certain nombre de guérillas par prélèvement d'impôts sur les cultures, au Pérou, en Colombie, aux Philippines, en Indonésie, au Liberia : par exemple, le Mouvement démocratique de Casamance au Sénégal, qui conteste la tutelle des « Nordistes », pourrait tirer 70 % de ses revenus des taxes sur le cannabis cultivé dans la région. De plus ces impôts peuvent être perçus comme droits de passage, ou comme taxes sur la commercialisation, comme celles qui sont prélevées au Pérou par le Sentier lumineux sur les trafiquants colombiens (qui règlent parfois par des fournitures d'armes). Certains groupes armés – les factions afghanes, les guérillas de Casamance, le Sentier lumineux – n'interviennent pas en dehors de leur zone d'influence locale, tandis que d'autres organisations mettent en place des réseaux d'exportation vers les pays riches : milices chrétiennes libanaises, réseaux d'Albanais du Kosovo ou de Kurdes proches du Parti des travailleurs du Kurdistan, qui augmentant leurs profits peuvent acquérir des armes. L'argent de la drogue peut servir à financer des opérations secrètes : les services secrets pakistanais participèrent ainsi au trafic d'héroïne le long de la frontière afghane ; les profits réalisés financèrent des opérations de déstabilisation en Inde, plus spécialement au Cachemire et au Penjab.

La participation des guérillas ou des mouvements armés aux trafics illicites les oblige d'une part à entretenir des liens étroits avec des groupes mafieux qui servent de relais vers les marchés européen et nord-américain. Ces mafias peuvent n'avoir aucun rapport direct avec les guérillas ou au contraire être issues de diasporas qui se sentent proches des revendications des combattants (Kurdes, Arméniens). D'autre part, elle les amène à *contrôler des territoires* et non plus des populations : il faut en effet contrôler les zones où sont exploitées les richesses du sol ou du sous-sol. Cette stratégie, à la fois économique et territoriale peut entraîner, surtout si l'État central est affaibli, en particulier en Afrique, une véritable parité ; l'armée nationale ou officielle ressemble à ses adversaires ; elle n'est ni mieux équipée, ni mieux entraînée (parfois même plus mal), et du fait qu'elle ne perçoit plus sa solde, elle se livre aux mêmes crimes qu'eux – massacres, viols, pillages se sont ainsi multipliés au Rwanda, au Zaïre… Dans certains cas se produit une partition de fait, entre l'armée et les guérillas ou entre ces dernières, comme en Angola, au Liberia, en Afghanistan…

Si les appuis extérieurs manquent, si le pays ne dispose pas de ressources commercialisables, les factions combattantes *exploitent directement les populations civiles*, les réduisant à la misère et à la famine. Celle-ci peut devenir une arme aux mains des rebelles ou des groupes au pouvoir : au Soudan, en Somalie, elle a entraîné au nom du devoir d'ingérence une aide humanitaire dans la plupart des cas détournée de ses véritables destinataires, qui n'a eu pour effet le plus souvent que de renforcer les factions et de donner un nouvel élan au conflit… Qu'il s'agisse d'exploitation des ressources locales, de commerce illicite ou de prédation, cette économie de guerre oblige les groupes armés à se fractionner, à se morceler : le règne commence des petits chefs ou des seigneurs de la guerre qui se taillent un domaine autonome, se livrent à toutes sortes de trafics ou d'exactions pour le conserver, oubliant jusqu'aux raisons de leur entrée dans le conflit.

© ARMAND COLIN. La photocopie non autorisée est un délit

2.2. Des grilles de lecture simplistes ?

Très complexes, les conflits des années 1990 paraissent se dérober à une lecture rationnelle, tant certains d'entre eux ressemblent à de véritables imbroglios (Somalie, Liberia). Les spécialistes des relations internationales, même s'ils avaient des vues moins simplistes que nous ne l'exposons ici, furent longtemps habitués au confort du bi-polarisme, qui offrait des repères simples : le Soviétique ou le Cubain se cachait derrière le Vietnamien, le sandiniste ou l'Angolais du MPLA, tandis que *contras*, maquisards d'Érythrée et autres moudjahidins défendaient la liberté (tout au moins pour des Occidentaux). Ces observateurs tentent de construire de nouvelles structures globalisantes permettant de lire le monde actuel. Plusieurs schémas explicatifs sont donc proposés.

2.2.1. Le syndrome mafieux

La plupart des conflits actuels trouveraient leur origine dans l'action des mafias, déterminées à dominer le monde ou tout au moins *à en tirer le plus de profit possible*. Elles travailleraient directement ou par l'intermédiaire de guérillas ou de mouvements armés qui seraient dévoyés, pervertis, dégénérés. Ne parle-t-on pas, par exemple, pour les groupes nationalistes corses, de « dérive mafieuse » ?

Effectivement, nous l'avons vu, des liens étroits peuvent exister entre mafias et guérillas pour permettre à ces dernières de s'assurer un financement. Il est vrai aussi que des activités de type mafieux, le trafic de drogue par exemple, peuvent être directement source de conflit. De nerf de la guerre, la drogue peut donc devenir enjeu et origine des conflits : de l'Asie centrale au Caucase, des luttes existent pour le contrôle des filières qui mènent aux pays consommateurs ; de même, dans certains pays producteurs, s'opposent des rebelles ou des mafias et les forces de l'ordre, mais pas à des fins politiques : le gouvernement central passe des accords avec les groupes qui contrôlent la production et le trafic et prélève sa part des profits, par exemple en Birmanie.

2.2.2. La menace islamiste

Sous sa forme terroriste, *le fondamentalisme musulman constituerait le principal danger pour la sécurité et la paix* (et aussi pour la liberté) mondiales. Pour l'opinion des pays industrialisés, ce schéma peut séduire, car il présente la double vertu de fournir un ennemi aisément identifiable, et de le localiser tout aussi facilement, au Sud. À preuve de cette théorie, la *violence*, omniprésente, multiforme et aveugle, fait des groupes islamistes, depuis le début des années 1980 déjà : que l'on se rappelle la détention des otages occidentaux au Liban ; les enlèvements d'étrangers, les assassinats de journalistes et d'intellectuels, puis les massacres en Algérie, les attentats contre des groupes de touristes en Égypte… Pourtant, dans les pays musulmans, ou dans les pays arabes, la violence ne provient pas des seuls islamistes : l'OLP fut en son temps un groupe terroriste pratiquant attentats et détournements d'avions ; au Liban déchiré par la guerre, les milices chrétiennes n'avaient aucune leçon à recevoir des islamistes pour tenir par la terreur les zones qu'elles contrôlaient et elles se livrèrent à des massacres. Par ailleurs, la violence terroriste peut n'être qu'un moyen d'action provisoire : au Liban toujours, le Hezbollah devint en 1992 un parti politique prêt à suivre les règles du jeu démocratique (dans la mesure, il est vrai, où ces règles peuvent s'exercer dans un pays sous contrôle syrien).

Sur le plan interne, l'islamisme politique sait, comme tout autre groupe idéologique, *s'adapter aux situations locales*. Si au Soudan les islamistes se trouvent à la tête d'une dictature militaire, en revanche en Jordanie par exemple, le mouvement islamiste constitue une force d'opposition au parti du roi Hussein, dans un contexte de libéralisation politique. Le facteur religieux ne saurait à lui seul expliquer cette pluralité. Dans certains pays, pour comprendre la force des mouvements islamistes et la menace qu'ils peuvent constituer, il faut faire intervenir les blocages politiques et les frustrations sociales. Ainsi en Égypte, la violence islamiste met en lumière les blocages du système politique : le pouvoir, issu de l'armée, est aux mains d'un parti qui refuse toute réelle opposition. De même en Algérie, le Front islamique de salut avait accepté la logique parlementaire, mais l'armée interrompit le processus électoral et entraîna le pays d'abord dans une spirale répressive contre les militants, les cadres du mouvement islamiste, puis du fait de la riposte de celui-ci, dans l'escalade de la guerre civile. En fait, en particulier dans les pays arabes, ou en Turquie par exemple, les islamistes tirent profit des *frustrations sociales* multipliées depuis le début des années 1970 : l'adhésion de millions d'Algériens ou d'Égyptiens, de Turcs, aux thèses islamistes n'exprime pas forcément leur volonté de voir se construire un État islamique (sur le modèle iranien ou soudanais...) mais plutôt leur désir de justice sociale (et de liberté ?), dans des pays où des groupes réduits jouissent de privilèges tandis que la masse connaît la misère... Sur le terrain, dans les quartiers pauvres des grandes agglomérations en particulier, ce sont les islamistes qui assurent soutien scolaire, soins gratuits, aide aux familles les plus démunies... Non vraiment, la foi n'explique pas tout. D'ailleurs, comme l'écrit Olivier Roy, « la victoire politique de l'islamisme est la fin de la vraie dévotion. Les mosquées se remplissent là où elles sont devenues des lieux de mobilisation face à un État perçu comme particulariste, clientéliste et répressif, mais elles se vident quand l'islamisme prend le pouvoir ».

Sur le plan externe, là encore, les mouvements islamistes s'inscrivent dans le temps et dans l'espace et *leurs comportements dans les conflits locaux, régionaux ou mondiaux* ne sauraient trouver une explication unique. Certes il peut exister une certaine cohésion entre les islamistes, ou plus largement entre les musulmans, lorsqu'ils se mobilisent pour soutenir (parfois seulement par de belles déclarations) leurs coreligionnaires dans certains conflits, en Algérie, en Bosnie, en Palestine, en Tchétchénie : les populations musulmanes subissent des injustices, elles sont victimes de l'impérialisme ou de la mondialisation, et l'islam fournit une juste solution, identitaire et politique.

Mais parfois cette cohésion n'existe pas : comment expliquer les positions diverses des pays et mouvements politiques musulmans ou islamistes pendant la guerre du Golfe, les luttes pour le contrôle de l'Afghanistan ou des territoires palestiniens ? D'autres logiques interviennent donc, car les États, les mouvements se servent du pouvoir mobilisateur de l'islam pour défendre leurs intérêts. *Locales ou nationales* tout d'abord : ainsi, en 1992, l'Iran n'apporta pas son soutien aux chiites irakiens attaqués par les troupes de Saddam Hussein ; de même, les mouvements islamistes libanais et palestiniens donnèrent toujours la priorité à la conquête ou à la reconquête du territoire national sur la mise en application de la chari'a dans les zones qu'ils contrôlaient. Des *logiques régionales* ensuite : le Pakistan soutint en Afghanistan, avec l'aval et l'aide des Américains, d'abord les islamistes dirigés par Hekmatyar, puis les Talibans... même si ces derniers sont désormais honnis par une opinion publique internationale (ou plutôt occidentale) scandalisée de la rigueur du régime mis en place à Kaboul. Des logiques *plus larges enfin qui créent des solidarités* à mettre en rapport avec le processus de mondialisation – les alliés de l'Irak dans la guerre du Golfe – ou bien qui s'inscrivent dans la volonté d'exercer un leadership

© ARMAND COLIN. La photocopie non autorisée est un délit

islamique par leur aide financière, culturelle, militaire. Ainsi, l'Arabie saoudite, puis l'Iran, jouèrent un grand rôle dans la structuration d'une vie internationale islamique (mais pouvait-on parler d'une Internationale islamiste ?) et continuent à le faire. Mais leur légitimité historique, liée pour l'une à la présence des Lieux saints de l'islam sur son sol, pour l'autre à la révolution, pourrait être contestée par des États souhaitant élargir une influence encore régionale, comme le Pakistan.

2.2.3. Le danger nationaliste

Les idéaux nationalistes alimentèrent des *conflits anciens*, dont certains perdurent, que ce soit sur le territoire européen (au Pays basque, en Corse, en Irlande du Nord, à Chypre) ou ailleurs (Kurdistan, Timor, Nouvelle-Calédonie, Namibie, etc.). Au cours des années 1990, ils connurent un *regain d'influence*, en particulier du fait de la chute du Mur de Berlin et de l'implosion du bloc communiste : l'unification allemande, pacifique, en montrant que les frontières perdaient leur intangibilité, ouvrit la voie à l'expression de nations, qui voulaient devenir souveraines, en particulier *dans un espace où la fin de la Guerre froide avait laissé poindre les mécontentements hérités de la fin de la Première Guerre mondiale* (Yougoslavie, Albanie – et Kosovo –, Tchécoslovaquie ; relations entre la Russie, l'Ukraine et la Roumanie) *ou de la Seconde* (Moldavie, États baltes). Certaines sécessions furent admises sans grande difficulté (Slovénie) ; certains divorces furent négociés : évoqué depuis 1990, le projet de partition de la Tchécoslovaquie (1er janvier 1993) prit corps après les élections de 1992 qui portèrent au pouvoir à Prague le libéral Vaclav Klaus et à Bratislava le nationaliste Vladimir Meciar, tous deux favorables à la séparation : ils parvinrent donc à un accord, qu'approuvèrent les Parlements tchèque et slovaque et qu'entérina la Parlement fédéral. En revanche, la disparition de l'URSS en 1991 accentua la « balkanisation » du Caucase, où se multiplièrent les conflits (guerre entre l'Arménie et l'Azerbaïdjan, guerre civile géorgienne, conflit tchétchène, conflits du Karabakh, de l'Ossétie, de l'Abkhazie...). En Yougoslavie, la dislocation de la fédération tourna également à la tragédie, en raison de la surenchère nationaliste que pratiquèrent avec la même constance Serbes, Croates, « Musulmans » – et dans une bien moindre mesure Macédoniens – et surtout du fait de l'imbrication très étroite des nationalités (voulue autrefois par Tito afin de mieux soumettre les éventuels sentiments nationalistes au joug communiste...) sur le territoire, notamment en Bosnie. La dislocation de la Bosnie sembla rejouer, à une autre échelle et dans des circonstances plus cauchemardesques encore, celle de la Yougoslavie – nous pensons ici à ces poupées qui s'emboîtent les unes dans les autres... Enfin, des *minorités nationales* vivent toujours en Europe centrale loin de leur foyer national : près de trois millions d'Albanais en Macédoine et sur le territoire de la nouvelle Yougoslavie (au Kosovo principalement), alors que plus de trois millions de Serbes vivent en dehors de cet État ; 20 à 25 millions de Russes hors de Russie (dans les États baltes, en Moldavie, en Ukraine...), et près de quatre millions de Magyars hors de Hongrie (en Slovaquie, en Transylvanie roumaine, en Voïvodine yougoslave). La carte actuelle de ces zones semble lourde de dangers potentiels...

2.2.4. La menace communautaire ou ethnique

Bon nombre de conflits des années 1990 furent décryptés grâce au code communautaire ou ethnique – la crise tchadienne et pratiquement toutes les guerres ayant pour théâtre l'Afrique, mais aussi les luttes yéménites par exemple – sans que l'on tînt compte des facteurs politiques, économiques, sociaux voire même religieux qui s'entrecroisaient en fait avec une grande complexité. Le facteur communautaire ou ethnique donna lieu à des *expressions simplificatrices*, comme celle de « nettoyage » ou de « purification ethnique » en Bosnie ; existant certes, parmi d'autres éléments explicatifs, il fut placé au premier plan car il constituait une étiquette commode pour caractériser, aux yeux de l'opinion occidentale surtout, des situations particulièrement déroutantes. Il permit donc de lire la crise au Burundi par exemple, et par la simplification qu'il induisait, il ne permit pas de la résoudre ; elle se transmit donc au Rwanda, où eut lieu un véritable génocide, même si les critères ethniques sont impuissants à donner tous les éléments d'explication.

3. SOUS LE CHAOS, UNE NOUVELLE LOGIQUE ?

3.1. La crise de l'État

Tous les éléments de lecture du monde actuel, en particulier les conflits, peuvent selon nous, être rattachés à un phénomène plus large qui les englobe tous : la crise généralisée de l'État, du Tiers Monde à l'Europe de l'Est ou à l'ensemble de la zone occidentale.

3.1.1. Les carences des États du Sud

Dans les pays arabes par exemple, l'idéal resta longtemps – même après les coups que lui portèrent la guerre des Six Jours (1967), le modèle de l'État nassérien, qui assurait aux populations éducation quasi généralisée, santé gratuite : l'ouverture économique aggrava les inégalités ; *l'État abandonna peu à peu ses fonctions sociales*, sauf dans le domaine de la sécurité, dans les villages et les quartiers les plus défavorisés des villes où s'entassent d'anciens paysans déracinés. La porte s'ouvrit donc, nous l'avons dit, aux islamistes, pour dénoncer et pallier ces défaillances étatiques.

En Afrique, la carence de l'État constitue le problème principal. Même si la situation peut différer considérablement d'un pays à l'autre (le Ghana ayant par exemple assuré un certain enrichissement des campagnes), l'État « développeur », soucieux du bien-être des populations ou tout simplement de l'augmentation de sa propre puissance à long terme, n'existe pratiquement pas. En effet, *les élites au pouvoir se soucièrent peu d'assurer un véritable développement*, préférant capter à leur profit, ou à celui de leurs clientèles, les rentes disponibles issues de l'exploitation de matières premières agricoles (café, cacao, coton) ou minières (pétrole, diamants...) et de l'aide étrangère venue des organisations multilatérales ou des anciennes métropoles – les dirigeants africains ont su jouer du rapport dominé-dominant, qui trouve ses racines dans l'histoire coloniale, pour marchander le soutien des anciennes puissances colonisatrices ou obtenir des financements de la part des organisations économiques internationales. La transition démocratique, pratiquée au début des années 1990, fut réelle dans certains pays, comme en Zambie ou au Congo, mais elle ne s'est pas consolidée et elle n'a pas permis la mise en place d'une économie de marché institutionnalisée. Dans d'autres cas, elle fut dévoyée au profit de restaurations autoritaires : l'absence de légitimité des pouvoirs en place devint un facteur d'instabilité politique, une clique chassant l'autre et

© Armand Colin. La photocopie non autorisée est un délit

substituant un mode de redistribution de la rente à un autre. Dans le pire des cas, l'État lui-même se désagrège et entraîne la guerre civile, ses massacres, ses famines, ses déplacements de population.

En Amérique du Sud, les États sont *gangrenés par la corruption*: plusieurs chefs d'État, accusés d'enrichissement personnel, ont été poursuivis ou durent renoncer à leur charge durant les dix dernières années. Au Brésil, le président F. Collor de Mello démissionna en décembre 1992 alors que le Sénat ouvrait une session afin de voter sa destitution (pour trafic d'influences, perception de commissions occultes sur les grands travaux et contrats de l'État) ; au Venezuela, le président Carlos Andrés Perez fut suspendu de ses fonctions par la Cour suprême de justice en mai 1993, pour détournements de fonds. Le président colombien Ernesto Samper, l'Argentin Carlos Menem furent aussi montrés du doigt pour avoir reçu de l'argent du narcotrafic, ou pour avoir contribué au blanchiment d'argent de la drogue. Si la corruption a toujours existé dans ces États, elle ne peut qu'augmenter du fait des dérégulations et circulations de capitaux liés à la mondialisation... Et, puisque l'exemple vient du plus haut de l'État, *l'ensemble de la société est touchée*, la police notamment. Comme l'écrit Maurice Lemoine, « si un fonctionnaire est corrompu, c'est qu'il y a quelqu'un pour le corrompre » : ainsi, à l'été 1994 au Brésil, la société française Thomson aurait versé des pots-de-vin à des officiels pour décrocher des contrats...

3.1.2. Les dérives des États du Nord

Dans les pays développés, du « Nord », les États traversent une véritable crise de confiance, qui se traduit par le désintérêt des citoyens lors des consultations électorales (aux États-Unis comme nous l'avons vu), peut-être lié à l'impression que tous les partis politiques tiennent le même discours et proposent en des termes différents, le même programme... D'où *l'alternance* qui semble devenue la règle dans les pays européens (Espagne, Italie, Angleterre...) ou ce que l'on nomme en France la « cohabitation » entre un président de gauche et un gouvernement de droite ou vice-versa, comme si les électeurs cherchaient à se garantir contre des solutions uniques. Cette crise de confiance est liée à *ce que l'opinion et les médias appellent les « affaires »*, scandales financiers ou politico-administratifs touchant des secteurs aussi variés que la banque et l'immobilier (Crédit Lyonnais en France par exemple), la santé (affaire du sang contaminé), le financement des partis politiques par la pratique des fausses factures, les affaires de mœurs (réseaux de pédophilie en Belgique)... La collusion entre le politique et la finance (symbolisée dans les années 1980 en France par un Bernard Tapie) ont nui à l'image de la politique et donc conduit le processus démocratique vers *des dérives médiatiques ou des solutions extrémistes*. Dans une société gangrenée par le chômage et l'exclusion, les progrès du nationalisme s'expliquent aisément (ceux du Front national en France, qui parvint à emporter quatre mairies aux élections municipales de 1995), comme ceux du populisme qui s'incarna (outre en un B. Tapie en France) à merveille – en 1994 – en Italie en un S. Berlusconi, mettant en application une démagogie télévisuelle, exploitant, orientant, fabriquant l'opinion par des moyens médiatiques. Connaissant de telles dérives, les États purent même être menacés dans leur intégrité : en Belgique, Flamands et Wallons songèrent à se séparer ; en Italie, la Ligue du Nord exprima les ressentiments de populations lasses de l'incurie des régions du sud de la péninsule.

3.1.3. La fragilité des ex-États communistes

En Europe de l'Est, les États issus des grands bouleversements dus à la chute du communisme restent fragiles ; ils durent faire face à des contraintes multiples : d'une part, sur le plan économique, il leur fallait entrer dans une *véritable économie de marché*, tout en luttant contre les effets de la crise dont le régime antérieur avait cherché à masquer les effets sociaux, d'autre part se construire une identité politique et culturelle. Les restructurations économiques, dues au passage au libéralisme, eurent un coût social élevé : chômage de près de 20 % parfois, exclusion, misère des personnes âgées ne percevant plus que de petites retraites, démembrement des systèmes de santé autrefois gratuits... *Les configurations les plus diverses émergèrent donc sur le plan politique :* après une période de transition où l'ancienne opposition fut aux affaires, d'anciens communistes revenus au pouvoir prônèrent ainsi le capitalisme libéral et l'intégration à l'Ouest (par exemple le Premier ministre hongrois G. Horn, ou le Polonais A. Kwasniewski, élu président en novembre 1995), tandis que les plus nombreux préférèrent faire une synthèse entre nationalisme et populisme (le Roumain I. Iliescu, le Serbe S. Milosevic, le Lituanien Brazauskas, le Slovaque Meciar, l'Ukrainien Koutchma...).

3.2. Vers une nouvelle organisation du monde ?

Face à la multiplication des nouveaux conflits, devant leurs origines et leurs formes complexes, il est possible, comme le propose par exemple Jean-Christophe Rufin, de trouver des lignes de force pour lire le monde actuel, en particulier en aval de ces conflits, dans *les réactions de la communauté internationale.* Car dans les années 1990, ces réactions ne furent pas uniformes. Dans un premier temps, il est vrai, on a pu penser qu'elles le seraient : les années 1990 s'ouvrirent sur un bel activisme onusien. Puis les grandes puissances ont adopté des attitudes plus modérées.

En fait, selon J.-C. Rufin, nous pouvons distinguer trois grands ensembles, dont l'existence peut expliquer les variations de comportement de la communauté internationale :

Dans la zone du Nord, celle des pays développés, face aux menaces internes dues à des mouvements terroristes, les États mettent en œuvre des moyens de répression, policiers, militaires, souvent massifs (au Pays basque, en Irlande du Nord) ; mais la démocratie leur impose la recherche de solutions négociées, en Ulster par exemple ou en Corse (bien que dans ce dernier cas, la négociation ait été considérée comme la démission d'un État français n'ayant pas épuisé toutes les mesures répressives). Même en cas de divorce avéré, des solutions pacifiques peuvent être proposées (partition tranquille de la République tchèque et de la Slovaquie).

Aux limites des États du Nord existe une ceinture, sorte de seuil, où les grandes puissances perçoivent de manière très préoccupante le danger (nord de la Chine, Caucase, Moyen-Orient, Maghreb, Caraïbes, Mexique). Elles peuvent y intervenir directement, en cas d'agression trop forte sur les États de la zone (chargés de la garder justement), pour stabiliser des régions où elle possèdent des intérêts. Aussi une coalition internationale, sous la houlette américaine et sous la responsabilité de l'ONU, fut-elle formée contre l'Irak, pour assurer la protection des ressources pétrolières. De même les Américains intervinrent en Haïti pour rétablir l'ordre et la démocratie, afin que ce pays ne soit pas la source de flux migratoires incontrôlés vers les États-Unis ; les Russes menèrent des combats en Tchétchénie pour maintenir la cohésion de la Fédération russe – remarquons que l'on retrouve ici les principes des

© ARMAND COLIN. La photocopie non autorisée est un délit

« chasses gardées » fonctionnant pendant la Guerre froide, chacun intervenant dans sa zone d'influence. Le plus souvent toutefois, la communauté internationale ou les grandes puissances préfèrent s'en remettre, pour lutter contre toute menace déstabilisatrice, à l'État concerné, même si ce dernier emploie la force contre ses adversaires : la communauté internationale ou plutôt occidentale confie ainsi le soin de lutter contre les progrès de l'islamisme à l'Égypte, à la Tunisie, au Maroc – fermant les yeux sur les atteintes aux droits de l'homme qui peuvent en découler – et à l'Algérie – ne cherchant pas à s'ingérer dans la guerre civile qui déchire ce pays, alors qu'elle n'a pas hésité à le faire ailleurs. De même c'est au Mexique membre de l'ALENA qu'il convient de régler la question du soulèvement indien au Chiapas (alors qu'en d'autres temps, les États-Unis sont intervenus directement en Amérique centrale). Dans le même but, les Russes apportent leur soutien à des régimes ou à des groupes capables de déjouer les tentatives de déstabilisation en Asie centrale et dans le Caucase (clan Dostom en Afghanistan ; Tadjikistan et Ouzbékistan).

Au-delà de cette ceinture, de ce seuil, plusieurs cas de figure peuvent se produire. Un principe semble toutefois bien établi : les grandes puissances, les États-Unis en l'occurrence, ont montré, par exemple à travers l'échec de leur intervention somalienne, qu'ils ne tenaient guère à s'engager vraiment ; seule la France, durant ces années 1990 a paru disposée à intervenir militairement (opération Turquoise au Rwanda). Dans le meilleur des cas, l'ONU mena des opérations multinationales, sans grands moyens il est vrai. Ainsi, en Somalie, la communauté internationale avait donné l'impression que l'ingérence, en particulier humanitaire, devenait son premier devoir ; les limites d'une telle position furent vite perceptibles... Toujours par l'intermédiaire de l'ONU, la communauté internationale tenta aussi de déléguer ses missions à des organisations régionales, au Liberia notamment. En fait, dans les zones les plus reculées, les plus éloignées du Nord, la communauté internationale répugne à s'impliquer : puisqu'il n'existe aucun enjeu économique, les populations sont abandonnées à leur triste sort (Angola, Somalie après Onusom II, sud du Soudan), et les factions rivales peuvent s'entre-déchirer et poursuivre leur action prédatrice... Se constituent donc des zones de non-droit qui deviendront peut-être des *no man's lands...*

BIBLIOGRAPHIE

Sur les grands fléaux (sida)

Doelnitz T., « Environnement et développement : le rendez-vous de Rio », *Universalia*, 1993.

Sur le « chaos » actuel

Bayart J.-F., Ellis S., Hibou B., *La criminalisation de l'État en Afrique*, Complexe, Bruxelles, 1997.

Botiveau B., Cesari J., *Géopolitique des Islams*, Economica, 1997.

Gresh A., *Un péril Islamiste ?* Complexe, Bruxelles, 1994.

Labrousse A., Koutouzis M., *Géopolitique et géostratégies des drogues*, Economica, 1996.

Sur une lecture possible du monde actuel

Rufin J.-C., « Le temps du monde rebelle », in Balencie J.-M., La Grange (de) A., *Mondes rebelles*, T. 1, Michalon, 1996.

Troisième Partie

Les principaux conflits internes dans le monde

Depuis les années soixante

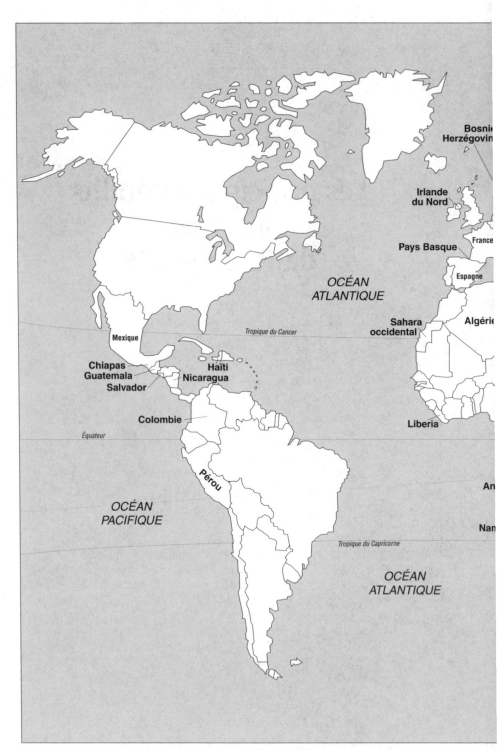

Localisation des principaux confli

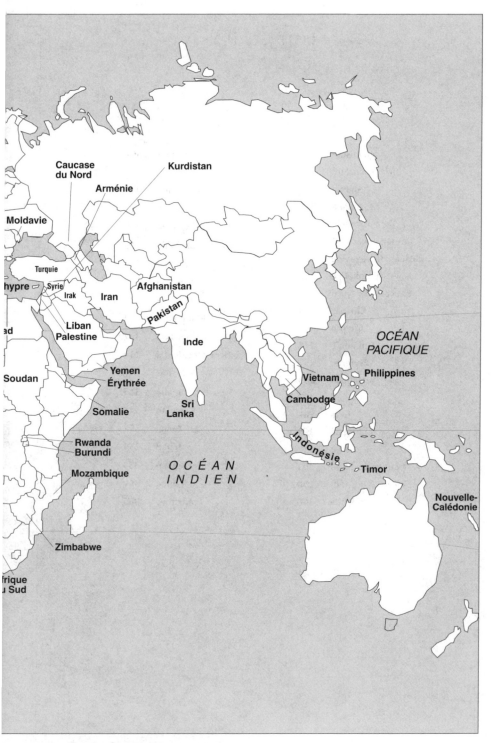

ternes analysés dans cet ouvrage.

Liste des Pays

AFGHANISTAN

Données statistiques

	1970	1995
Population (en millions)	15,9	21,9
Densité	25	33,9
Analphabétisme (en%)		68,4
PIB par habitant (en $)		304

Chronologie sommaire

651-871	Conquête musulmane
1360-1405	L'Afghanistan dans l'empire de Tamerlan
1839-1919	Guerres anglo-afghanes
1973	Coup d'État contre le roi Zaher Chah
Avril 1978	Prise du pouvoir par les communistes
1979-1988	**Conflit soviéto-afghan**
Février 1989	Retrait des dernières troupes soviétiques
1992-...	**Guerre civile**

LES ORIGINES

L'Afghanistan se trouve à l'intersection de deux ensembles linguistiques, l'un d'origine perse (groupes Tadjik, Farsiwan, Chahar Aimak, Baluch, Hazara et Pachtoun, qui regroupent plus des trois quarts de la population), l'autre türk (dont l'élément dominant est ici le groupe Uzbek, 9 % de la population). Ce sont les Pachtouns qui furent les fondateurs de l'État afghan au XVIIIe siècle ; ils imposèrent au pays, tant du point de vue politique que social, un code tribal, essentiellement laïc, qui entraîna de fait une sorte de séparation État – religion. L'État afghan s'est toujours montré relativement effacé (absence d'état civil, de cadastre…). Face au pouvoir central, c'est le malek du village qui assure un rôle minimal, collectant l'impôt, levant les recrues pour le service militaire, payant le *mollah*, finançant parfois certains travaux d'intérêt local (par exemple au Nouristan).

Au cours du XIXe siècle, l'Afghanistan dut lutter contre les Britanniques, qui voulaient empêcher la progression russe vers l'Empire des Indes. S'ils contrôlèrent à la fois les relations diplomatiques de l'Afghanistan et le tracé de ses frontières, notamment avec le Pakistan actuel («ligne Durand», 1893, qui sépare les ethnies du Pachtounistan, noyau fondateur de l'État afghan au XVIIIe siècle), ils ne purent continuer à dicter la politique afghane après la venue au pouvoir du roi Amanullah en 1919.

Pour le nouveau souverain, lutter contre l'empire britannique conduit à favoriser l'agitation des Pachtouns de l'Inde et à se rapprocher de la Russie bolchevique. Dans les années trente pourtant, l'URSS n'est pas le partenaire principal : désirant moderniser leur pays, les souverains afghans se tournent vers l'Occident. Mais à partir des années cinquante, à la demande de Kaboul, les relations avec l'URSS sont renouées en raison de l'hostilité commune au Pakistan. L'Afghanistan obtient une aide économique et militaire, un appui à ses thèses sur le Pachtounistan. Il se produit alors une « soviétisation rampante » (H. Carrère d'Encausse), qui explique en 1965 la création du PDPA, *Parti démocratique du peuple afghan*, parti communiste très tôt déchiré en deux factions rivales, le *Khalq* et le *Parcham*.

Sur le plan économique, dans ce pays, l'un des plus pauvres du monde, considéré comme « féodal » en raison de ses structures très traditionnelles, l'agriculture reste le secteur de loin le plus important et le plus problématique (diversité du statut de la terre, répartition de l'eau). La pression démographique – la crois-

© ARMAND COLIN. La photocopie non autorisée est un délit

sance de la population est proche de 2 % par an – oblige au morcellement de la petite propriété, alors que l'exode rural reste faible et que les rendements n'augmentent guère. Dans les années qui précèdent la révolution, la petite paysannerie s'est appauvrie.

Sur le plan religieux, si 80 % de la population est sunnite, la présence d'une forte minorité chiite montre que l'Afghanistan n'était pas fermé aux divers courants qui traversaient la communauté. L'émigration d'un million de travailleurs afghans dans la région arabo-persique, le développement des milieux étudiants dans les années soixante-dix expliquent que les deux mouvements islamistes actifs en Afghanistan étaient liés à des organisations internationales (*Frères musulmans, Parti musulman*).

Dans les années soixante-dix, la vie politique afghane est marquée par deux coups d'État :
– En 1973, le prince Daoud renverse le roi Mohammed Zaher Shah ; la République est proclamée, Daoud devient président.
– En 1978 (27 avril), l'armée liquide Daoud au profit du *Parti démocratique du peuple afghan*, alors dirigé par Mohammed Taraki. En n'apportant aucune solution aux difficultés économiques, en abolissant la monarchie alors qu'elle était le seul symbole d'unité d'une société divisée par les oppositions ethniques et tribales, en renouant le dialogue avec le Pakistan, Daoud est devenu très impopulaire. Le PDPA au pouvoir imprime au régime une nette orientation pro-soviétique, bientôt suivie par une véritable « révolution culturelle » (bouleversement des rapports économiques et sociaux traditionnels : réforme agraire, annulation des dettes, interdiction du prêt usuraire et de la dot, introduction du divorce, campagne d'alphabétisation qui vise à supprimer les modes de pensée religieux). Désemparée, désorganisée, la paysannerie est solidaire de la rébellion des notables ruraux. La résistance grandit, en même temps que l'anarchie et la violence d'État.

LE CONFLIT

Une guerre de libération

Le 27 décembre 1979, les troupes soviétiques pénètrent en Afghanistan* ; la guerre

soviéto-afghane, qui opposera la résistance aux troupes gouvernementales et à leurs alliés étrangers, vient de commencer. L'indignation internationale n'a d'égale que la surprise ; pourtant les signes avant-coureurs de cette intervention n'ont pas manqué : l'armée afghane a reçu des équipements complémentaires, de nouveaux conseillers soviétiques et des militaires de haut rang se sont rendus à Kaboul (printemps 1979).

Au lendemain de l'intervention, les responsables soviétiques, Leonid Brejnev en premier lieu, déclarent agir à la demande des dirigeants afghans, afin de « maintenir le pouvoir national » contre les menées subversives de l'extérieur. Derrière la thèse officielle transparaît la profonde inquiétude des Soviétiques, préoccupés des réactions de la population afghane aux bouleversements économiques et sociaux, et des divisions de la direction entre Khalq et Parcham (élimination par Mohammed Taraki de certains membres du Parcham en juillet 1978, éviction de Taraki par Amin en septembre 1979, lui-même remplacé par Babrak Karmal).

Avec 80 000 hommes au départ, les Soviétiques s'en tiennent au contrôle des villes, en particulier de la capitale et des grands axes de communication ; l'armée afghane, qui a perdu la moitié de ses effectifs depuis 1978 par désertion ou ralliement à la résistance, permet de tenir la frontière pakistanaise. Outre l'occupation militaire, les Soviétiques poursuivent leur effort politique, en aidant le Parcham à administrer le pays et en cherchant à gagner l'allégeance de certains chefs traditionnels qui ne se sentent pas proches des résistants.

Si la population s'est spontanément soulevée contre les réformes menées par le régime communiste, en particulier dans le Nouristan et le Tadjikistan, puis dans la région d'Hérat et le Pachtounistan, ce n'est qu'après l'intervention soviétique que la résistance s'est organisée vraiment. Force idéologique, l'islam est alors devenu une force politique, en réaction à la fois contre le PDPA, contre les Soviétiques et contre d'autres mouvements d'opposition. Installés à Peshawar (Pakistan), six des sept « partis » de la Résistance afghane qui se réclament de l'islam, n'en sont pas moins divisés, durant la plus grande partie du conflit, en deux groupes :
– L'alliance modérée, conservatrice et nationale, repose sur les élites traditionnelles et les notables d'ancien régime. Elle comprend le

---

* Cf. plus haut, p. 88.

Harakat-i-Inqilab-i-Islami, Mouvement révolutionnaire islamique, surtout présent dans le Pachtounistan ; le *Mahaz-i-Melli-Islamiye* (Front national islamique) dans la province de Paktia ; le *Jabha-i-Nejat-i-Melli-Afghanistan* (Front de libération nationale de l'Afghanistan) dont les leaders sont monarchistes.

– L'alliance islamiste regroupe le *Jamiat-i-Islami*, influent dans le nord-est et l'ouest du pays (région d'Hérat), animant la résistance militaire dans les régions proches de la frontière soviétique ; le *Hezb-i-Islami*, Parti islamique de Yunis Khales, au sud-est de Kaboul ; le *Hezb-i-Islami* dirigé par Goulbouddin Hekmatyar, plus dispersé sur le territoire afghan, surtout connu par sa lutte contre les autres mouvements de résistance. Les islamistes ont un projet révolutionnaire, des objectifs sociaux bien affirmés ; ils recrutent leurs cadres parmi les membres des classes moyennes urbaines, parmi les jeunes intellectuels, parmi les commerçants des bazars.

Sur le terrain, les commandants des fronts locaux ou régionaux doivent, pour leur armement, en référer aux « partis » ; il leur faut donc y être affiliés, bien qu'ils gardent une certaine autonomie dans le domaine militaire. Soutenue par la population, cimentant le nationalisme afghan, la résistance est cependant fragmentée et se livre à des rivalités armées ; au moins jusqu'en 1985, elle doit faire face à l'insuffisance de l'armement, au manque de cadres compétents, ainsi qu'aux difficultés du ravitaillement dans les régions rendues exsangues par les combats.

Durant plus de huit années, le conflit soviéto-afghan a traversé trois grandes phases :

Les premiers heurts (1979-1981)

Le 27 décembre 1979, une division aéroportée et quatre divisions d'infanterie mécanisées soviétiques occupent Kaboul et les grands centres du pays. À la fin de l'année 1980, les Soviétiques semblent cependant avoir du mal à tenir les villes et surtout à contrôler constamment les grands axes de communication. L'année suivante, la situation semble se stabiliser sur le plan militaire, mais sur le plan diplomatique, l'impasse est totale.

Les grandes offensives soviéto-afghanes (1982-1984)

À partir de 1982, les combats redoublent d'intensité, notamment dans la vallée du Panchir dont les Soviétiques veulent s'assurer le contrôle. La résistance réplique alors par des attaques à l'intérieur des villes, y compris à Kaboul. Malgré la trêve négociée pour six mois avec Massoud, chef de la résistance dans le Panchir à la fin de 1983, les offensives soviétiques reprennent en 1984 par intervention massive de l'aviation et de l'artillerie lourde, tandis que les incidents de frontière se multiplient avec le Pakistan. L'hiver 1984-1985 n'apporte aucun répit, les Soviétiques voulant desserrer l'étau de la résistance autour de Kaboul. Durant toute cette période, les opérations de grande envergure ont été doublées par des offensives de « pacification » dans les campagnes et par les premières interventions ponctuelles des commandos.

Les hésitations soviétiques (1985-1988)

Malgré la poursuite de ces deux types d'opérations, les troupes soviéto-afghanes paraissent de plus en plus menacées par une résistance très motivée, et surtout mieux structurée et mieux armée qu'auparavant (missiles antiaériens Stinger, missiles antichars Milan). Les échecs répétés sur le terrain orientent les Soviétiques vers une nouvelle stratégie politique : Najibullah remplace Babrak Karmal (avril 1986) et lance une politique de réconciliation nationale visant à rallier les membres de la résistance armée. Parallèlement, les tentatives diplomatiques sont multipliées, sous l'égide du médiateur des Nations unies, Diego Cordovez. Mais l'impuissance des Soviétiques à dégager les bases gouvernementales susceptibles de tomber aux mains de la résistance, l'activité accrue de cette dernière dans la province de Hérat, le Nord-Est, et autour de Kaboul, conduisent à l'impasse : le 8 février 1988, Mikhaïl Gorbatchev annonce le retrait prochain des troupes soviétiques, sans considération pour la nature du régime futur qui s'établira en Afghanistan*.

LES SUITES

Une guerre civile

Pour l'Afghanistan, le bilan de huit ans de combats est particulièrement lourd. Sur le plan démographique, il y aurait eu un million de morts, plus de quatre millions de réfugiés sur un total de dix-neuf millions d'habitants au recensement de 1979 ; la guerre a modifié la

---

*   Cf. plus haut, p. 181-182 ; 185.

© ARMAND COLIN. La photocopie non autorisée est un délit

répartition de la population, au profit des villes comme Kaboul, Hérat et Kandahar, qui ont vu le nombre de leurs habitants doubler, voire tripler. Dans le domaine économique, si les provinces septentrionales ont été de plus en plus intégrées, par le développement des mines et de l'énergie, au système de l'Asie centrale soviétique, plusieurs zones qui étaient autrefois des greniers à blé sont restées en friche.

Sur le plan politique, le retrait soviétique ne provoque pas immédiatement la chute du régime communiste. Cependant, même s'il tente de « se décommuniser » pour mieux se maintenir (politique de réconciliation nationale, décembre 1986 ; élection de Mohamed Najibullah comme chef de l'État le 30 septembre 1987 ; Constitution du 30 novembre 1987, instaurant l'islam religion d'État et affirmant le pluripartisme politique…), les oppositions à l'intérieur du parti, le refus des chefs de la résistance de se rallier, fragilisent ses positions.

Entre 1989 et 1992, le pays explose donc en zones islamistes autonomes, qui couvrent 80 % du territoire (et reçoivent une aide américaine), et zones gouvernementales isolées (Kaboul, Kandahar, Herat). La balance penche en faveur des islamistes lorsque, en avril 1992, une partie de l'armée (dont le général ouzbek Dostom) lâche le président Najibullah, qui doit démissionner. La République islamique est proclamée.

Durant les quatre années suivantes, les factions rivales entraînent l'Afghanistan dans la guerre civile. Le jeu subtil d'alliances et de contre-alliances entre factions rivales n'obéit pas à l'idéologie, mais à des logiques ethniques (rivalités entre Pachtouns, Tadjiks, Hazaras et Ouzbeks), que le cadre islamique de l'État ne gomme pas et qui sont entretenues par les États extérieurs.

En effet, depuis le début de la guerre soviéto-afghane, le Pakistan accueillit plus de trois millions de réfugiés afghans ; il autorisa les partis de la résistance à s'établir à Peshawar. Il semblerait que le Pakistan ait tiré profit de sa « participation » au conflit ; la gestion des réfugiés a permis au gouvernement de renforcer sa souveraineté sur les régions concernées, de continuer son programme nucléaire, grâce à l'aide américaine, le soutien à la résistance afghane apporté par les Pakistanais servant de monnaie d'échange… Actuellement, le Pakistan souhaite déstabiliser les Pachtouns, (ce qui le conduisit à soutenir d'abord

Hekmatyar, puis les Taliban, étudiants en religion maîtres de Kaboul depuis le 26 septembre 1996) ; il parie sur la supériorité idéologique de l'islam et veut créer un État vassal, afin d'accéder, via l'Afghanistan, aux marchés d'Asie centrale.

S'associant à toutes les condamnations internationales envers l'URSS durant le conflit, l'Iran reçut plus d'un million de réfugiés ; il procéda à des envois d'armes – le danger paraissait grand, puisqu'en occupant l'Afghanistan occidental, l'URSS avait augmenté de près de 60 % sa frontière avec l'Iran. Mais la « neutralité » soviétique dans le conflit irano-irakien, le silence de Moscou sur l'élimination des communistes du Tudeh par Téhéran, l'amenèrent à plus de modération, malgré ses liens avec les chiites afghans. Aujourd'hui, l'Iran craint davantage les progrès turcs que les pakistanais ; dans une zone où progresse l'islam sunnite (du fait de l'action américaine et saoudienne, par l'intermédiaire du Pakistan), il se trouve de plus en plus isolé.

La Russie cherche à prolonger la politique soviétique : elle fournit une aide au général ouzbek Dostom, car elle craint de voir passer les républiques d'Asie centrale sous influence pakistanaise (ce qui signifierait aussi sous influence américaine).

Le conflit soviéto-afghan, les luttes actuelles entraînèrent donc de graves conséquences pour le pays lui-même, pour la géopolitique régionale (car, comme l'écrit F. Thual, « les guerres afghanes s'articulent autour de l'un des grands défis de cette fin de XXᵉ siècle, le désenclavement de l'Asie centrale »), mais aussi pour le monde, des « Afghantsys » russes aux « Afghans » algériens…

CORRÉLATS

INDE • IRAN • PAKISTAN

BIBLIOGRAPHIE

Akram A., *Histoire de la guerre en Afghanistan : 1979-1996*, Balland, 1997.

Bachelier E., *L'Afghanistan en guerre, la fin du grand jeu soviétique*, PUL, Lyon, 1992.

Frison P., *L'Afghanistan post-communiste*, La Documentation Française, 1993.

AFRIQUE DU SUD

DONNÉES STATISTIQUES

	1970	1995
Population (en millions)	21,5	41,75
Analphabétisme (en %)	20	
PIB total (en millions)	10 870[1]	114 300[2]

CHRONOLOGIE SOMMAIRE

1488	Bartolomeu Dias découvre le cap de Bonne Espérance
1795	L'Angleterre occupe le Cap
1834	Début du « grand Trek »
1899-1902	Guerre des Boers
1948	Victoire électorale des nationalistes
1948-1991	**L'Afrique du Sud sous régime d'apartheid**
Avril 1994	Premières élections multiraciales

1. En millions de rands. 2. En millions de dollars.

LES ORIGINES

L'Afrique du Sud naquit des guerres que menèrent les Boers, descendants de colons hollandais, contre les Bantu Xosah (guerres cafres, 1775-1850), contre les Zulu (lors du grand Trek, migration vers le Natal, 1836), puis contre les Britanniques, installés au Cap depuis 1795 (guerre des Boers, 1899-1902) ; ces derniers l'emportèrent et complétèrent leur domination par l'Acte d'Union (1909).

En 1919, l'offre de mandat sur le Sud-Ouest africain, ancienne colonie allemande, confirma le statut de l'Union et renforça la tutelle britannique. L'Afrique du Sud fut alors victime d'une mauvaise conjoncture économique (sécheresse exceptionnelle, chute de l'or). De grandes grèves éclatèrent, durement réprimées. La répression s'accompagna de mesures ségrégatives, politique qui avait déjà été adoptée par le gouvernement Botha, dès les premières années de l'Union. En 1911, le *Mines and Work Act* excluait ainsi les Africains de tout emploi qualifié dans les mines et l'industrie ; en 1913, le *Native Land Act* introduisait la ségrégation foncière, complétée en 1914 et 1916 par la ségrégation judiciaire

et dans la vie publique. Donc, dès la fin des grandes grèves, l'enseignement professionnel fut rendu inaccessible aux indigènes par l'*Apprentice Act*; en 1924, l'*Industrial Conciliation Act* priva les syndicats non-blancs de toute reconnaissance légale ; en 1929, enfin, le *Riotous Assemblies Amendment Act* amplifia les droits du ministre de la Justice en matière d'assignation à résidence et de détention préventive.

À partir de 1933, l'histoire de l'Afrique du Sud se confondit avec le développement minier et industriel. La production d'or doubla de 1933 à 1940, grâce aux investissements britanniques et américains. La Seconde Guerre mondiale accéléra le processus. Les Noirs furent touchés à double titre : l'engagement de vingt mille volontaires sud-africains rendit nécessaire l'appel à la main-d'œuvre africaine qui occupa alors les postes semi-qualifiés dont elle était exclue auparavant ; les Noirs affluèrent vers les zones industrielles ; admis comme résidents temporaires, ils n'avaient aucun droit de propriété et étaient logés dans des conditions insalubres et précaires.

Parallèlement au développement économique et aux difficultés nouvelles qu'il engendrait, le nationalisme afrikaner s'organisait.

© ARMAND COLIN. La photocopie non autorisée est un délit

Durant la guerre, l'anglophobie et la germanophilie ne cessèrent de s'affirmer dans les rangs afrikaners, où naquit l'idée d'une République sud-africaine, totalement étrangère à l'influence et à la sensibilité britannique. Progressivement, alors que les Afrikaners comprenaient qu'ils devraient encore supporter la tutelle britannique, se substitua au nationalisme anti-britannique un nationalisme blanc : énoncée en janvier 1943 par Malan, la théorie de l'apartheid repose sur le principe du développement séparé des races non-européennes sous tutelle du Blanc, définition « positive », certes... mais qui se traduisit par une législation ségrégative, répressive et préventive à la fois.

Aux élections du 28 mai 1948, les citoyens approuvèrent le programme nationaliste établi sur l'apartheid ; et ce phénomène revêtit un double caractère. Pour la première fois, l'Afrique du Sud avait un gouvernement sans participation anglophone ; l'apartheid allait augmenter en même temps que la contrainte policière nécessaire à son maintien : en 1949, le *Prohibition of Mixed Mariage Act* et l'*Immorality Act* interdisent les relations sexuelles et les mariages interraciaux. En 1950, sont promulguées de nouvelles lois qui renforcent la domination blanche : le *Population Registration Act* désigne le groupe racial auquel on appartient, le *Suppression of Communism Act* permet de punir tout désordre. Surtout, le *Groupe Areas Act* oblige à la ségrégation résidentielle.

La réaction à ces mesures fut l'explosion, notamment en 1950 à Johannesburg et en 1953 dans toutes les grandes villes, de violentes émeutes, qui ne furent pas étrangères à la formation en 1959 du *Pan African Congress*, mouvement noir issu de l'ANC (*African National Congress*, fondé en 1912, le plus vieux parti africain) et qui aboutirent aux massacres de Sharpeville en 1960.

LE CONFLIT

Une guerre civile

« La forteresse blanche » (1960-1973)

Face à la menace, d'une ampleur sans précédent, qui se révèle à Sharpeville, le gouvernement consolide la « forteresse blanche », en prenant des mesures pour :
– anéantir toute opposition au régime par un réel renforcement de la législation préventive.

– enlever aux Noirs toute possibilité d'accéder à la citoyenneté sud-africaine, et les diviser en confiant des responsabilités à une élite. Dans ce but, la politique des bantoustans, élaborée depuis 1951, se poursuit ; elle prévoit l'accession à l'autonomie, puis à l'indépendance, des foyers nationaux bantu, constituant à la fois la clef de voûte et le terme ultime de l'apartheid : les ressortissants des bantoustans acquièrent obligatoirement la citoyenneté de ceux-ci et sont donc considérés comme étrangers en Afrique du Sud.
– faire quelques concessions, afin de sauver l'essentiel. On assiste, après 1962, à un relatif allégement de la législation sociale, notamment du *« petty apartheid »* (apartheid mesquin, dans les lieux publics, par exemple).

À la suite du long processus d'arrestations, d'interrogatoires, de tortures et de procès, qui suit les massacres de Sharpeville, le gouvernement finit par casser l'ANC et le PAC. À partir de 1963, les principaux leaders des deux mouvements (Sobukwé – dès 1961 – Sisulu, Mbeki, Mandela, Motsoledi, Mlangeni) sont condamnés à la prison à vie. En fait, Sharpeville constitue un véritable tournant de la lutte, puisque les jeunes Noirs se tournent désormais vers la violence : le 16 décembre 1961, des dirigeants de l'ANC clandestin ont annoncé la création de l'*Umkonto we Sizwe, le Fer de lance de la Nation*, organisation militaire du mouvement de libération, qui multiplie les sabotages.

Durant cette période, l'économie sud-africaine connaît un boom permanent que la crise monétaire mondiale ne ralentit guère, même si elle suscite quelques inquiétudes. La croissance atteint jusqu'à 7 % par an, et elle est particulièrement nette dans le domaine de l'extraction (or, diamants, platine, uranium, charbon, manganèse...), le pays ayant d'importantes réserves, ce qui explique l'intérêt que lui porte le monde occidental.

Cet intérêt est encore renforcé par la perspective de très hauts profits, que la surexploitation des salariés dans les villes, et surtout la proximité des bantoustans, rendent possibles. Les investissements étrangers se multiplient donc, et se diversifient. La puissance sud-africaine repose aussi sur le contrôle de l'économie des pays voisins (Lesotho, Mozambique, Zimbabwe, Botswana, Swaziland et Malawi actuels).

À la suite du référendum du 5 octobre 1960, où l'électorat blanc a approuvé, à une faible majorité certes – 850 000 voix contre 775 000 – la proclamation de la République sud-africaine, l'appartenance au Common-wealth britannique n'est plus possible, les nations afro-asiatiques qui en font partie condamnant violemment l'apartheid. Mais les échanges économiques avec les pays occidentaux se poursuivent : sous prétexte de non-immixtion dans les affaires intérieures d'un État indépendant, les milieux commerciaux et financiers occidentaux savent, en effet, respecter la consigne du silence et fermer les yeux sur la politique raciale appliquée par leur partenaire sud-africain.

De même, dans les années soixante, en raison de la politique raciste menée par Pretoria, on peut croire que l'Afrique noire ne souhaite pas entretenir des relations avec la République sud-africaine d'autant plus que le problème du Sud-Ouest africain constitue une autre pomme de discorde : ancienne colonie allemande, le Sud-Ouest africain fut confié en 1920 à l'Afrique du Sud qui, en 1949, procéda à l'annexion pure et simple de ce territoire, où très vite, elle appliqua l'apartheid… Malgré tout, à la fin des années soixante, principal pôle économique et militaire du continent africain, la « forteresse blanche » apparaît comme un partenaire nouveau, susceptible de favoriser le développement des pays pauvres, tout en constituant une alternative aux propositions des grandes puissances.

Les premiers ébranlements (1974-1982)

Lorsque l'indépendance du Mozambique et de l'Angola est proclamée en 1975, l'appartenance des deux nouveaux États au camp socialiste, l'intervention directe de Cuba en Angola, conduisent les grandes puissances occidentales à réviser leur attitude sur les problèmes de l'Afrique australe*. Les États-Unis jouent alors un rôle-clef : les Américains veulent à tout prix éviter la naissance de situations à la mozambicaine ou à l'angolaise, qui serviraient le clan communiste en faisant passer en son sein de nouveaux États ; il leur faut donc convaincre les régimes blancs minoritaires de renoncer à leurs prérogatives, au moins au Zimbabwe (ex-Rhodésie) et en Namibie (ex-Sud-Ouest africain), pour maintenir l'équilibre global de la zone en faveur des Occidentaux. Contestée en partie par les puissances occi-dentales, la domination blanche l'est aussi par les États africains, qui par la déclaration de Dar es-Salaam (11 avril 1975), ont appelé à la libération totale de l'Afrique australe, et déclaré prioritaire l'émancipation du Zimbabwe et de la Namibie.

Les ondes de choc de la révolution portugaise, qui ont modifié l'équilibre de l'Afrique australe, font sentir leurs effets en Afrique du Sud même, en provoquant une renaissance de la lutte anti-apartheid. Après les massacres de Sharpeville, l'ANC est impitoyablement traqué, ses leaders condamnés à la prison à vie ou à l'exil. Mais, lorsque survient la décolonisation portugaise, l'ANC reconstitue ses forces, et s'installe au Mozambique et en Angola, d'où l'organisation peut lancer des actions de sabotage en Afrique du Sud. En même temps, les organisations de masse qui s'inspirent de la *Conscience noire*, telles la *Convention du peuple noir*, l'*Association des parents d'élèves noirs*, voient leur audience grandir. Cette opposition trouve dans la politique scolaire menée par le gouvernement Vorster les motifs du soulèvement de Soweto, principale ville noire de la banlieue de Johannesburg, où se produisent, le 16 juin 1976, de violentes émeutes qui s'étendent aux autres *townships* (villes réservées aux Noirs).

Le drame de Soweto n'a fait que renforcer la volonté de lutte contre l'apartheid. Les ouvriers noirs rejoignent le mouvement, si bien qu'en 1979, le gouvernement se voit obligé de légaliser l'existence du syndicalisme noir. Toutes les organisations professionnelles, culturelles, sportives, formées dans la mouvance de la *Conscience noire*, en principe interdites après les événements de Soweto, se réorganisent et fusionnent, en 1978, dans un parti politique national, l'*Organisation du peuple d'Azanie* (AZAPO), fondée pour développer la conscience politique et sociale des Noirs, et aussitôt condamnée à la clandestinité. Enfin, les événements de Soweto ont entraîné des clivages au sein de la minorité blanche. Ainsi, l'Église catholique adopte la multiracialité. Certains hommes d'affaires et des intellectuels de la communauté afrikaner dénoncent l'apartheid.

Après Soweto, le pouvoir blanc se durcit (arrestation de tout suspect, interventions armées dans les townships). De cette répression, l'Occident retient surtout des symboles : la mort en prison de Steve Biko, animateur du *Mouvement de la conscience noire*, en décembre 1977 ; l'assassinat de Richard Turner, intellectuel anglophone, le 7 janvier

---

*   Cf. plus haut, p. 142-143.

© ARMAND COLIN. La photocopie non autorisée est un délit

1978, et l'emprisonnement de Breyten Breytenbach, peintre et poète d'expression afrikaans, universellement connu comme l'un des chefs de file de la nouvelle littérature d'Afrique du Sud.

Aux yeux des Occidentaux, Pretoria s'est en fait déconsidérée depuis plusieurs années, et ce discrédit n'a cessé de croître après Soweto. L'Afrique du Sud tente donc de modifier son image de marque, en finançant des campagnes publicitaires, en allant jusqu'à adopter, en 1977, un régime présidentiel... Comment expliquer cette attitude sud-africaine qui consiste à renforcer de plus en plus la politique répressive à l'intérieur, tout en recherchant, par tous les moyens, l'appui de l'étranger ? Il faut tenir compte des difficultés économiques de l'Afrique du Sud (problèmes énergétiques, chute du cours de l'or, étroitesse du marché intérieur).

Vers l'affrontement

Dès 1983, et surtout après 1984, les émeutes reprennent dans les *townships* des zones d'urbanisation accélérée (Johannesburg, Durban, Port Elizabeth, Le Cap). À cela, des causes multiples : hausse du coût de la vie, augmentation des loyers et des tarifs des transports, inégalité de l'accès à l'éducation. Le bilan de ces émeutes est très lourd, en particulier depuis l'instauration de l'état d'urgence, en juillet 1985 : entre septembre 1984 et septembre 1986, il s'élève à plus de 25 000 arrestations, de 1 800 morts. Mais l'opposition se renforce. En 1983, le débat suscité par la révision de la Constitution entraîne la formation de nouveaux fronts anti-apartheid : *le Forum national* (NF), le 12 juin, et le *Front démocratique uni* (UDF), le 20 août. Recommandant le boycottage des élections, l'UDF est une alliance multiraciale qui regroupe plus de 2 millions de membres à travers 700 organisations (syndicats, Églises, mouvements de femmes, d'étudiants...) et dont les objectifs sont non violents. Devant la montée des violences, les Églises s'engagent elles aussi, approuvant, en juin 1985, la désobéissance civile, et l'adoption par les pays étrangers de sanctions économiques contre l'Afrique du Sud. Enfin, le mouvement syndical noir se consolide.

La montée des tensions en Afrique du Sud inquiète les investisseurs étrangers qui s'interrogent sur la viabilité à long terme de leurs placements, puisque le gouvernement ne fait preuve d'aucune volonté réelle de démantèlement de l'apartheid ; plusieurs entreprises quittent donc le pays. L'Afrique du Sud, quant à elle, rejette toutes les offres de médiation qui lui sont proposées (septembre 1985, échec de la mission tripartite de la CEE, puis, au printemps 1986, de la délégation du Commonwealth). Les pays occidentaux prennent donc des sanctions économiques contre la République sud-africaine ; en particulier, en septembre 1986, le Congrès des États-Unis, malgré l'opposition du président Reagan, décide l'arrêt des prêts bancaires ou des investissements, et l'embargo sur les importations de charbon, d'acier, de fer, d'uranium...

Pretoria, qui a défini une nouvelle constitution (association des Indiens et des Métis à la vie politique), s'efforce de la rendre crédible en supprimant l'apartheid dans la plupart des lieux publics, et en levant l'interdiction des mariages mixtes et des relations sexuelles interraciales, enfin en supprimant le *pass*. Mais les lois les plus importantes restent en vigueur : le *Group Area Act*, qui impose la ségrégation des lieux de résidence, et le *Population Registration Act*, base de la classification raciale. La politique des bantoustans, autre pilier de l'apartheid, n'est pas remise en cause...

Dans les années quatre-vingt, la République sud-africaine est donc très isolée ; elle se sent doublement en danger, du fait des menaces de sanctions économiques occidentales et à cause des actions de sabotage de l'ANC sur son territoire, qui se révèlent de plus en plus efficaces. Aussi se dote-t-elle d'une importante industrie d'armement et signe-t-elle des accords de non-agression avec ses voisins (Angola, Mozambique, 1984).

À partir de 1984, le pouvoir blanc ne peut guère compter que sur l'appui de l'Inkhata, mouvement zoulou. Tout en refusant la nouvelle Constitution, son dirigeant, Buthelezi, s'engage en effet dans une politique de collaboration active, en appuyant les mesures de réformes prises par le gouvernement Botha, en condamnant les sanctions économiques étrangères et en lançant ses comités de vigilance, composés de Zulu armés, dans les *townships*, afin d'y prévenir toute explosion de violence. Finalement, l'Inkhata entretient les dissensions qui peuvent exister au sein des populations noires, et permet au gouvernement de revendiquer, pour l'Afrique du Sud, le statut de démocratie pluraliste, puisque l'Inkhata est présenté comme un vaste mouvement d'opposition à l'existence légale.

LES SUITES

À la fin des années quatre-vingt, l'apartheid est condamné. D'une part par la crise économique, née des sanctions internationales et de l'inquiétude des milieux d'affaires étrangers, ainsi que de l'étroitesse du marché intérieur. D'autre part par la volonté de F. W. De Klerk, président de la République, pragmatique, crédible aux yeux des Afrikaans, et de Nelson Mandela, leader de l'ANC, libéré, après plus de vingt ans de prison, le 11 février 1990.

Le passage à la démocratie s'accomplit par étapes, selon un processus négocié et même cogéré par les Blancs au pouvoir et par l'ANC : légalisation des partis politiques interdits (1990), abolition de l'apartheid (17 juin 1991), rédaction d'une Constitution... Les premières élections multiraciales, au suffrage universel, se sont déroulées les 26, 27 et 28 avril 1994 de façon assez satisfaisante, apportant la victoire à l'ANC (62,65 % des voix) ; le 10 mai suivant, Nelson Mandela est élu président de la République, F. W. De Klerk et Thabo Mbeki (ANC) devenant vice-présidents. Les traces de l'apartheid sont peu à peu effacées, au moins sur le papier : les bantoustans et les entités urbaines racialisées sont supprimés, le territoire redécoupé en neuf régions.

Mais en fait l'Afrique du Sud doit faire face à de graves problèmes :
– l'absence de cohésion du parti au pouvoir, l'ANC : l'ANC s'est forgé comme mouvement de libération dans la lutte contre l'apartheid ; formation politique désormais à la tête de l'État, il est divisé entre une ligne prudente, libérale sur le plan économique (celle de Mandela) et une ligne radicale, voire populiste, qui bénéficie de l'appui du Congrès des syndicats sud-africains (Cosatu) et exprime l'impatience des populations noires face à la lenteur des changements depuis 1994. Se pose en particulier le problème de la succession de N. Mandela : la 50ᶜ Conférence nationale du mouvement, en décembre 1997 à Mafikeng, a renforcé le rôle du vice-président Thabo Mbeki, désigné comme candidat à l'élection présidentielle de 1999.

– la violence politique, qui existe encore, qu'elle soit le fait d'une extrême gauche noire inquiète de la lenteur des réformes, ou d'une extrême droite blanche qui refuse de perdre ses privilèges. Mais la nouvelle Afrique du Sud est surtout menacée par les luttes, au Kwazulu-Natal, entre militants de l'ANC, favorables à la création d'une véritable nation sud-africaine, et les partisans de l'Inkhata Freedom Party (IFP) qui défendent la nation zouloue (leur leader Buthelezi, qui jouait un rôle important au temps de l'apartheid, a été marginalisé, après 1992, par l'alliance du gouvernement blanc et de l'ANC).

– les difficultés économiques : l'Afrique du Sud mise, pour développer sa croissance, sur les investissements à l'extérieur, notamment sur le reste du continent africain, et sur la venue de capitaux extérieurs, que s'efforce d'attirer N. Mandela, au cours de ses déplacements à l'étranger. Aux yeux de ses voisins, en détenant le tiers des richesses du continent, en ayant un PNB par habitant dix fois supérieur à celui du Nigeria, autre géant africain, elle constitue un havre de prospérité, qui attire, du Mozambique ou de l'ex-Zaïre notamment, trois ou quatre millions d'immigrés clandestins. Elle a cependant bien du mal, en raison aussi de la crise de l'industrie de l'or, à restructurer son économie, affaiblie par des années d'isolement.

– la question sociale : l'égalité des droits politiques n'a pas fait disparaître la misère ; les leviers de l'économie sont aux mains des Blancs ou d'hommes d'affaires noirs qui souhaitent agrandir leur influence sans chercher à réduire la pauvreté de la population noire (frappée à 40 % par le chômage, qui touche environ 4 millions de personnes dans le pays). Le gouvernement parvient à peine à améliorer le logement, les infrastructures de base (distribution d'eau et d'électricité, voirie) dans les zones noires. En conséquence, la criminalité se développe dans les métropoles, notamment Johannesburg, devenue une des villes les plus dangereuses du monde.

– l'ambiguïté de sa position internationale : certes, la fin de l'apartheid a permis à l'Afrique du Sud de retrouver son rang. En 1991, elle est ainsi entrée à l'OUA, au Mouvement des non-alignés ; elle a été admise au sein du Commonwealth et elle a réintégré l'ONU après vingt ans d'exclusion. Elle apparaît aujourd'hui comme une superpuissance régionale à la fois conquérante sur le plan économique

© ARMAND COLIN. La photocopie non autorisée est un délit

et solidaire sur le plan politique, ce qui n'est peut-être pas toujours compatible…

CORRÉLATS

ANGOLA • MOZAMBIQUE • NAMIBIE • ZIMBABWE

BIBLIOGRAPHIE

DARBON D. (sous la direction de), *Afrique du Sud, état des lieux*, Karthala, 1993.

« Afriques blanches, Afriques noires », *Hérodote*, n° 65, 1992.

ALGÉRIE

DONNÉES STATISTIQUES

	1962	1985	1995
Population	10 240 000	21 760 000	28 600 000
PNB (dollars par hab.)	1276 (1960)	2722	1700

CHRONOLOGIE SOMMAIRE

1830	Début de la colonisation française
1954-1962	Guerre d'Indépendance
1965	Arrestation du président Ben Bella ; Houari Boumediene, président du Conseil de la Révolution
1979	Colonel Chadli, président de la République
1980	«Printemps berbère »
1988 octobre	**Émeutes à Alger et dans les principales villes**
1989 février	Référendum pour une nouvelle constitution
juillet	Loi autorisant le multipartisme
1990 juin	Succès islamiste aux élections locales et régionales
1991 juin	Arrestation de deux dirigeants du FIS
décembre	Succès islamiste au 1er tour des élections législatives
1992 janvier	**Démission du président Chadli ; création d'un Haut Comité d'État ; annulation des élections législatives**
1992-1998	**Affrontements nombreux et violents entre les maquis islamistes, l'armée, la population**

LES ORIGINES

Un pouvoir politique confisqué

Dès la Guerre d'indépendance (1954-1962), se déroulent, au sein de l'élite algérienne, d'intenses batailles pour le pouvoir : luttes fratricides entre les nationalistes et les supplétifs enrôlés dans l'armée française (harkis) ; rivalités entre FLN et MNA (Mouvement nationaliste algérien) ; conflits majeurs entre les chefs des maquis « de l'intérieur », l'État-major général de l'armée des frontières (dite « de l'extérieur ») – l'ALN – et le Gouvernement provisoire de la République algérienne (GPRA), qui conduit les négociations avec la France.

Finalement, après bien des péripéties – souvent violentes – l'Armée s'impose. Dès la présidence Ben Bella, elle a la main sur des ministères-clefs, et, après le coup d'État du 19 juin 1965 – qui permet l'accession à la présidence du Conseil de la Révolution et à la tête du gouvernement, de son principal leader, Houari Boumédiène – elle se trouve définitivement au cœur du pouvoir, dominant, à la fois, l'État et le parti unique, le FLN. En 1979, la compétition pour la succession de H. Boumédiène est forte, mais limitée à l'État-major, et se termine par la désignation du colonel Chadli Bendjedid, sous le critère suivant : « l'officier le plus ancien dans le grade le plus élevé ».

Ce système politique triangulaire (Armée, Administration, FLN), qui confisque totalement le pouvoir, n'engendre cependant pas une dictature policière de type stalinien. S'il fallait esquisser une comparaison, on penserait plutôt à l'espèce de compromis tacite qui règne en URSS pendant la période brejnevienne : une population se résigne à ne pas exercer ses droits politiques, moyennant la prise en compte par l'oligarchie dominante, des besoins créés par les transformations économiques, ainsi que des aspirations nationalistes grâce à une politique étrangère dynamique. Tel semble avoir été le type de compromis entre le pouvoir et la société civile, dans l'Algérie des années soixante et soixante-dix, durant lesquelles le régime autoritaire de H. Boumédiène jouit d'une réelle popularité.

Cette popularité repose sur deux piliers : la politique extérieure et la politique sociale du régime Boumédiène. Le peuple algérien éprouve une fierté certaine de l'habile et brillante politique étrangère de ses dirigeants qui savent profiter du passé glorieux de la Guerre d'indépendance, pour jouer un rôle international de premier plan parmi les États du Tiers Monde, notamment dans le cadre du mouvement des non-alignés[1]. Le crédit du régime Boumediene tient, aussi et surtout, à son investissement et à sa réussite dans des domaines sociaux clefs comme la scolarisation (de 20 % en 1962, le taux de scolarisation des 6-13 ans passe à 70 % en 1974, et à 90 % en 1986) ; ou la salarisation (la masse salariale s'élève de 4 milliards – 1963 – à 62 milliards – 1981 – et le nombre des salariés, de 1,7 million – 1966 – à plus de 3,7 millions – 1984). Il s'agit là – avec d'autres mesures comme l'octroi de bourses ou l'instauration de la médecine gratuite – de véritables révolutions qui s'accompagnent, jusqu'à la fin des années soixante-dix,

d'une hausse continue du niveau de vie.

Une profonde mutation socio-économique

La société algérienne connaît alors, en un simple quart de siècle, des changements considérables dans ses structures et ses modes de vie. De 10 240 000 habitants, à la fin de la Guerre d'indépendance, l'Algérie est passée à 21 760 000 habitants en 1985. À cette dernière date, près de 60 % de la population ont moins de 20 ans, et, désormais, les habitants des villes sont majoritaires. Cette double implosion (démographique et urbaine) fait éclater les cadres traditionnels de vie, et modifie profondément les comportements, tant à l'intérieur qu'à l'extérieur des familles.

Si, pendant un temps, cette société, entraînée dans le tourbillon des mutations, a paru faire confiance à un régime qui légitimait la confiscation du pouvoir par de stimulantes réalisations nationalistes ou « développementistes », sa relation consensuelle avec le pouvoir commence à se modifier dès la seconde moitié des années soixante-dix. D'abord, parce que le pouvoir lui-même change. Prenant acte de l'inversion de conjoncture (baisse drastique du prix des hydrocarbures), particulièrement déstabilisante pour une économie très dépendante – dans les achats et dans les ventes – du marché mondial, le colonel Chadli imprime un tournant radical à la politique industrielle et commerciale gouvernementale. Sa « débouchédiénisation » se traduit par une restructuration de l'imposant secteur public, dans le but de faciliter sa privatisation.

Une telle réorientation libérale de l'économie entraîne un accroissement de la corruption et de l'affairisme, ainsi qu'une forte progression du chômage. Après deux décennies durant lesquelles l'opinion avait vécu dans un contexte de croissance économique et de rayonnement extérieur, le « chadlisme » a un goût amer pour une grande partie de la population : les jeunes, scolarisés et diplômés, mais sans emploi ; les couches inférieures du salariat, inquiètes du rétrécissement du marché du travail et de la dégradation du pouvoir d'achat ; les classes moyennes, mécontentes d'être privées de toute expression politique réelle ; ainsi que tous ceux qui dans la société civile étaient demandeurs d'espaces de liberté (femmes,

© ARMAND COLIN. La photocopie non autorisée est un délit

1   Chapitre 4, p. 123-124.

L'éveil de la société civile

Dans les années quatre-vingt, ce blocage du système socio-politique algérien est de plus en plus patent. Alors que la conjoncture impose une réorientation économique délicate, nécessitant le concours actif de la société civile, celle-ci continue à être écartée du pouvoir, et maintenue sous tutelle. Elle ne dispose toujours pas de partis d'opposition ou d'associations indépendantes de celles du FLN. Dès lors, les dysfonctionnements ne peuvent s'exprimer que par des manifestations de rues et se solder par des violences. Telle est, par exemple, le cas de la revendication pour la culture berbère, qui se heurte à une fin de non-recevoir, et déclenche, en avril 1980, une grève générale en Kabylie, suivie, à la suite de la répression policière, de trois jours d'émeutes. D'autres soulèvements localisés ont lieu durant les années 1980-1982 – tous sévèrement réprimés – dans l'Oranais, le Constantinois et l'Algérois.

De telles flambées de violence ne constituent cependant pas les seuls signes tangibles de l'éveil de la société civile. Il faut signaler la création, sur le territoire algérien, de ligues pour la défense des droits de l'homme (dont l'une est démantelée par le pouvoir en 1985) et, à l'extérieur, une restructuration de partis d'opposition (alliance tactique en 1985 du Mouvement pour la démocratie en Algérie – MDA – de Ben Bella, avec le Front des Forces Socialistes – FFS – de Aït-Ahmed). Lors d'une grande grève, en 1987, les étudiants s'organisent en coordination autonome ; et, au début de 1988, les journalistes forment une sorte de syndicat indépendant. Toutefois, le fait essentiel, dans le processus d'organisation de la société civile, est le développement du courant islamiste.

Ce courant ne pénètre que lentement et tardivement dans la vie politique algérienne, le pouvoir ayant imposé une soumission aux dignitaires religieux, sur la base d'une alliance de l'islam et du socialisme boumédiéniste. Mais, des questions aussi sensibles que l'enseignement religieux, l'utilisation de la langue arabe, et la codification du statut personnel, suscitent des pressions. L'association El Qiyam (« les valeurs »), interdite en 1966, dissoute en 1970, milite pour le rétablissement de l'enseignement religieux. En 1974, Abdellatif Soltani publie au Maroc un ouvrage remettant en cause les positions de H. Boumédiène

sur le rôle de la religion. Dès 1978, des cercles de réflexion sont implantés dans les mosquées non contrôlées par l'État. À compter de 1980 – à l'exemple, sans doute, de la révolution iranienne – des actions ponctuelles marquent une progression lente mais régulière de l'influence islamiste : destruction d'un magasin d'alcool (mars 1981), grève des étudiants arabophones (novembre 1982), participation massive aux obsèques d'A. Soltani (1984), soutien à Mustapha Bouyali, qui, à la tête d'un groupe terroriste, harcèle le pouvoir (1986-janvier 1987).

LES CONFLITS

Les grandes émeutes d'Alger d'octobre 1988

Le 5 octobre 1988, de jeunes lycéens et des chômeurs manifestent dans les rues de Bab-el-Oued et du centre d'Alger pour protester contre la cherté des produits alimentaires et la pénurie de semoule. De nombreux édifices publics sont saccagés et pillés. L'armée intervient très brutalement ; l'état de siège est décrété à Alger le 6 octobre. Les jours suivants, les troubles s'étendent aux villes de province. Des islamistes s'emparent du mouvement, et défilent pour réclamer plus de justice sociale ainsi que l'instauration de la loi islamique. Lorsque le 10 au soir, le président Chadli prend la parole, les émeutes ont déjà fait, au moins, 161 morts, selon la version officielle, et plus de 500 morts, ainsi qu'un nombre très élevé de blessés d'après d'autres sources. Tandis que s'opèrent des arrestations en masse – souvent suivies de tortures – et que deux hauts responsables (du FLN et de la sécurité militaire) sont limogés, le pouvoir promet des réformes en vue d'une démocratisation de la vie politique.

Le FLN se voit contraint d'accepter d'importants changements : le principe d'une séparation du parti et de l'État ; sa transformation en « front », susceptible de regrouper plusieurs tendances ; ainsi que la liberté de candidature aux élections municipales et législatives. Apparemment, le président Chadli tire bien son épingle du jeu, puisqu'il est élu à la présidence du FLN, et réélu, pour la troisième fois à la présidence de la République, avec 81,17 % de suffrages exprimés (décembre 1988).

Le remodelage du paysage politique et l'expression croissante du mécontentement (1988-1992)

Une nouvelle constitution, promulguée le 23 février 1989, consacre la fin de l'État-FLN, et reconnaît à la société de nouveaux moyens d'expression : droit de grève, liberté syndicale, autorisation de créer des « associations à caractère politique ». En un peu plus d'un an, près de 50 formations politiques sont avalisées. Le paysage politique algérien se répartit alors en trois principales tendances : le FLN ; les formations de gauche (PAGS, FFS, RCD, PT…) ; et, enfin, le Front islamique de salut (FIS), autorisé à compter de septembre 1989. Ce dernier, conduit par Abbassi Madani ne va, dès lors, cesser – de manifestations de rues en prières publiques – de se populariser, au point d'obtenir une victoire éclatante aux élections locales et régionales de juin 1990 : 54,3 % des votants et 37,7 % des inscrits, alors que le FLN ne totalise que 18,3 % et 17,5 % des voix.

Cette cuisante et inquiétante défaite raidit le pouvoir, obsédé désormais par l'idée d'un nouvel échec aux prochaines élections législatives. Le nouveau découpage électoral et, surtout, le mode de scrutin prévu (majoritaire à deux tours), ayant été jugés – avec raison – défavorables au FIS, ce dernier lance, en mai 1991, un mot d'ordre de grève générale illimitée. De violents affrontements ont alors lieu ; l'état de siège est proclamé pour quatre mois ; les élections législatives sont repoussées ; les dirigeants du FIS arrêtés et condamnés pour « conspiration armée » à 12 ans de réclusion…

Mais rien ne paraît devoir arrêter la vague déferlante du FIS, qui sait habilement détourner la ferveur nationaliste et confisquer à son profit le sentiment de rejet du pouvoir, pour devenir le porte-parole de tous les mécontentements. Au premier tour des élections législatives (décembre 1991), tout en perdant plus d'un million de voix par rapport aux élections de juin 1990, il obtient 188 sièges sur 430, le FLN, à peine 16, le FFS 25, tandis que 198 sont en ballottage. Ces résultats suscitent de vives réactions. 300 000 opposants au FIS manifestent le 2 janvier 1992 pour « sauver la démocratie ». Finalement, sous la pression de l'armée, le président Chadli démissionne (11 janvier), l'état d'urgence est instauré, le second tour des élections annulé. Un Haut Comité d'État est mis en place, avec, pour président, Mohamed Boudiaf (assassiné en juin 1992).

La guerre ouverte des islamistes depuis 1992

Désormais, à compter de 1992, c'est la guerre ouverte et totale entre le pouvoir militaire et les islamistes. Le premier dissout des municipalités à majorité FIS, arrête en masse des dirigeants et des militants du mouvement (7000 détenus en 1992) ; les seconds utilisent toute la panoplie du terrorisme : sabotages, incendies (écoles, mairies, sous-préfectures…), attentats (à la voiture piégée, bombes…), attaques dans les transports, faux barrages de police, assassinats individuels et collectifs (journalistes, artistes coopérants, religieux français, communautés villageoises…).

Ces actes de violence et de barbarie sont perpétrés par des groupes ou fractions de groupes appartenant aux 20 000 maquisards dénombrés à la fin des années quatre-vingt-dix : *Mouvement Islamique Armé* (MIA*) ; Armée Islamique du Salut* (AIS), branche militaire du FIS (créée en 1993*) ; Groupe Islamique Armé* (GIA), lui aussi bras militaire du FIS, devenu ensuite son rival, comptant 2000 à 3000 militants radicaux répartis en petites cellules dirigées par un « émir » ; le *Front Islamique du Djihad Armé* (FIDA), créé en août 1994, regroupant de jeunes intellectuels (les « Djazarites ») et des politiques du GIA… Ces diverses guérillas, qui ont leur aire d'implantation propre (le GIA dans l'Algérois, l'AIS dans l'Ouest et l'Est du pays…) contrôlent, à certains moments, jusqu'à un tiers du « pays utile ».

L'armée, quant à elle, protège en priorité les zones stratégiques et économiques vitales (notamment les raffineries). Elle lance – sans résultats décisifs – des opérations d'envergure contre les maquis (par exemple, au printemps 1995 à Aïn Defla et Jijel). Ses troupes spéciales – les « ninjas » en cagoule – acquièrent, au sein de la population, une réputation de brutalité et de violence extrêmes, qui les font tout aussi redouter que les groupes armés islamistes.

L'escalade d'exactions, d'attentats et de tueries est constante depuis 1992. D'épouvantables assassinats collectifs, perpétrés par des bandes fanatiques – souvent difficilement identifiables, mais dont au moins une partie se réclame du GIA – ne cessent, durant ces années, de décimer des communautés

© ARMAND COLIN. La photocopie non autorisée est un délit

villageoises entières (hommes, femmes et enfants). Les bilans, aux chiffres incertains, sont effrayants : de 70 000 à 100 000 morts depuis 1993.

La situation politique paraît bloquée. La nomination du général Zeroual (30 janvier 1994) comme chef de l'État n'a pas permis d'avancées fondamentales. Le pouvoir a rejeté la « plate-forme pour une solution politique et pacifique de la crise algérienne », signée à Rome (à la mi-janvier 1995) par les principaux partis de l'opposition légale. De même que les offres d'arbitrage de la communauté internationale – horrifiée par les massacres – ont été reçues comme des tentatives d'ingérence dans les affaires intérieures.

CORRÉLATS

IRAN

BIBLIOGRAPHIE

ADDI L., *L'Algérie et la Démocratie*, La Découverte, 1994.

BURGAT F., *L'Islamisme en face*, La Découverte, 1995.

STORA B., *Histoire de l'Algérie depuis l'indépendance*, La Découverte, 1995.

ZAATER M., « Le paysage politique algérien à la fin des années 90», *Cahiers d'histoire immédiate*, n° 13, printemps 1998, p. 83-99.

ANGOLA

DONNÉES STATISTIQUES

	Début des années 1970	Milieu des années 1990
Population	5 673 000	10 300 000
Luanda (capitale)	475 328	2 000 000
Espérance de vie		46 ans
Mortalité infantile		143 pour 1000
Analphabétisme		80%
PIB par habitant		291 dollars

CHRONOLOGIE SOMMAIRE

1482	Le Portugais Diogo Cão découvre le pays
1889-1901	Des traités fixent les limites de la colonie portugaise
1961	Plusieurs mouvements nationalistes déclenchent une insurrection en vue d'obtenir l'indépendance du pays
1975	L'Angola devient indépendant
1976-1988	**Guerre civile**
1991	Accord politique entre le gouvernement et la guérilla
1992	Premières élections libres
1994	Nouvel accord de paix à la suite de la reprise de la guerre civile

LES ORIGINES

Ayant jusqu'au XIXe siècle pour objet unique, dans le cadre de l'empire colonial portugais, de fournir des esclaves au Brésil, l'Angola (qui ne domine longtemps qu'un dixième du pays) devient son fleuron tardivement, grâce à des richesses minérales (fer, diamant, pétrole) et des productions agricoles remarquables (second producteur africain de café), aux mains de quelque 200 000 à 400 000 colons.

Proclamée en 1955 « province » du Portugal, l'Angola est le théâtre d'un puissant et précoce mouvement anticolonialiste. Trois courants conduisent la lutte contre la domination portugaise : le Mouvement populaire de Libération de l'Angola (MPLA), d'inspiration marxiste, fondé en 1956 – par Agostinho Neto, Lucio Lara, Mario de Andrade – s'appuyant sur l'ethnie Kimbundu, mais disposant d'une implantation sociale assez large ; le *Front National de Libération de l'Angola* (FNLA), établi en 1962 (avec pour leader Roberto Holden) au cœur de l'ethnie Bakongo (Nord du pays) pour une indépendance respectueuse des structures et des engagements de l'époque coloniale ; *l'Union Nationale pour l'Indépendance Totale de l'Angola* (UNITA), née d'une scission du FNLA (1966) accusé de « tribalisme », ayant pour base ethnique les Umbundu, sans projet précis sur l'avenir angolais.

L'indépendance des États voisins, notamment celle du Congo belge en 1960, renforce les mouvements d'opposition, soutenus à l'ONU par le groupe, de plus en plus nombreux, des pays afro-asiatiques[1]. De sanglantes confrontations avec les troupes portugaises ont lieu en février et mars 1961. Malgré des réformes imposées par l'ONU (abolition du code de l'indigénat et octroi du droit de vote aux autochtones), la pression nationaliste se fait toujours plus forte durant la décennie soixante. En décembre 1972, le MPLA et le FLNA forment un Conseil suprême de libération de l'Angola, avec comme président, Roberto Holden, et vice-président, Agostinho Neto.

La « révolution des œillets »[2] au Portugal (25 avril 1974) accélère considérablement le processus. La junte militaire au pouvoir à Lisbonne, présidée par le général Antonio de Spinola, offre aussitôt un cessez le feu aux nationalistes africains, et accepte l'indépendance des « provinces d'outre-mer » (11 novembre 1975). Mais, en dépit d'une tentative de conciliation (accords d'Alvor, 15 janvier 1975), les rivalités sont telles entre les trois mouvements angolais, qu'une guerre impitoyable pour le pouvoir se déclenche immédiatement, tandis que, en quelques semaines, 400 000 Européens quittent l'Angola, créant ainsi le plus grand exode d'Afrique noire.

LE CONFLIT

Une guerre civile internationalisée (1975-1988)

Très tôt, les trois mouvements angolais cherchent à renforcer leurs appuis extérieurs. L'UNITA a recours à l'Afrique du Sud. Le FNLA reçoit un soutien financier de la CIA américaine[3], et militaire du Zaïre et de la Chine. Le MPLA, quant à lui, voit, à partir du printemps 1975, s'amplifier prodigieusement l'aide que l'Union soviétique lui dispense depuis l'époque de Khrouchtchev (distribution d'armes, formation des cadres...) ; affluent soudain d'importants équipements militaires en provenance du monde socialiste européen, ainsi que les premiers « volontaires cubains »[4]. Cet engagement total permet au MPLA de porter des coups très sévères à ses deux adversaires qui décident alors d'unir leurs efforts et de solliciter un concours plus actif et direct de l'Afrique du Sud. La guerre civile angolaise se transforme ainsi en conflit international ; chaque camp est armé et assisté de plus en plus massivement par ses alliés extérieurs (150 000 soldats cubains, 7 000 à 8 000 experts civils...).

L'extraordinaire effort militaire et diplomatique du bloc soviétique[5] – qui va très au-delà de l'appui sud-africain et zaïrois – se solde, dès la mi-février 1976, par une victoire du MPLA et sa reconnaissance par l'OUA[6] comme représentant du peuple angolais. Ce succès immédiat ne doit cependant pas masquer les lourdes hypothèses sur l'avenir. La guerre a coûté la vie à plusieurs dizaines de milliers de personnes et profondément atteint certains secteurs économiques (plantations de café). Par ailleurs, les deux mouvements rivaux du MPLA, bien que battus, ne renoncent pas à poursuivre ultérieurement leur combat. Au sein même du MPLA, l'accord est loin d'être total. Un coup d'État est organisé, en mai 1977 à Luanda, par Nito Alves – tendance dite « Noiriste » – contre le président A. Neto (qui décède à Moscou un an et demi plus tard). En décembre 1978, le Premier ministre est destitué. En outre, l'Afrique du Sud[7] – en application de sa

---

3   Chapitre 1, p. 27-28.
4   Chapitre 2, p. 77.
5   Chapitre 2, p. 88.
6   Chapitre 4, p. 126.
7   Chapitre 4, p. 142-143.

© ARMAND COLIN. La photocopie non autorisée est un délit

politique dite de « stratégie nationale totale » – et les Forces territoriales namibiennes (SWATF) effectuent de nombreux raids dans le pays (1981-1988) pour tenter – en invoquant un soi-disant « droit de suite » – d'en déloger les guérilleros du principal mouvement d'opposition de Namibie, la *SWAPO (South West African People's Organisation)* qui en font l'une de leurs bases, ainsi que pour apporter de l'aide à l'UNITA.

Bien que très touchée, l'UNITA, en effet, parvient durant la décennie quatre-vingt à reconstituer ses forces, au point de se tailler autour de sa zone d'implantation ethnique, sur le haut plateau central, un immense « sanctuaire » couvrant, selon les périodes, un tiers à deux tiers du territoire national. Avec ses 25 000 à 30 000 guérilleros, ses 37 000 maquisards, ses chars et son artillerie lourde, ses instructeurs sud-africains et israéliens, et l'appui direct des troupes de Pretoria, elle tient tête aux offensives annuelles, déclenchées à chaque saison sèche par les forces gouvernementales (40 000 à 50 000 hommes) et cubaines (50 000 hommes en 1988), et parvient même par des attentats (comme à Huambo en avril 1984) et des sabotages à créer un climat d'insécurité dans le reste du pays. Elle bénéficie, en outre, de sympathies d'États africains (Gabon, Maroc) et des États-Unis (suppression en 1985 par la Chambre des représentants américaine de l'amendement Clark, qui interdisait toute assistance à l'UNITA).

En fait, ce ne sont pas les armes, mais la « nouvelle pensée gorbatchevienne »[1] sur les relations internationales qui va – provisoirement – imposer un double accord, signé le 22 décembre 1988 à New York, entre les ministres des Affaires étrangères d'Angola, de Cuba et d'Afrique du Sud. Le premier accord prévoit l'application, à partir du 1er avril 1989, de la résolution 435 de l'ONU sur l'indépendance de la Namibie, après l'organisation d'élections libres ; et, le second, le retrait, étalé sur 27 mois, des quelque 50 000 soldats cubains, stationnés en Angola depuis 1975.

LES SUITES

Ces accords de New York ne mettent fin que très provisoirement à la guerre civile. Si, en effet, les trois principaux signataires (les gouvernements d'Angola, de Cuba et d'Afrique du Sud) acceptent de les respecter, il en est autrement des parties écartées du processus de paix : la SWAPO de Sam Nujoma et l'UNITA de Jonas Savimbi. Dès avril 1989, la SWAPO, en opérant depuis le territoire angolais, remet en question les accords. Quelques mois plus tard, les combats font à nouveau rage entre les troupes de l'UNITA et les forces gouvernementales.

Après de longues négociations et la pression conjointe des États-Unis, de l'URSS et du Portugal, un accord de paix est signé le 1er mai 1991 à Estoril, près de Lisbonne, entre l'UNITA et le gouvernement angolais. Ce dernier s'engage à promouvoir le pluralisme, à organiser des élections libres – en présence d'observateurs de l'ONU-, à fusionner les deux armées, et à libérer les prisonniers politiques.

Mais il faut, très vite, constater l'échec de cette nouvelle tentative de mettre fin à un conflit qui a déjà fait 100 000 morts, 40 000 mutilés, qui a délabré profondément l'économie et instauré la corruption. Les combats reprennent entre les deux camps. De nouvelles et laborieuses négociations aboutissent à de nouveaux accords de paix, en novembre 1994, à Lusaka, qui prévoient les conditions précises de la participation de l'UNITA au pouvoir et à l'administration du pays (premier gouvernement d'union nationale en avril 1997), ainsi que l'envoi de forces de pacification de l'ONU, à la mission, cette fois, bien déterminée.

CORRÉLATS

AFRIQUE DU SUD • MOZAMBIQUE • NAMIBIE

BIBLIOGRAPHIE

Beaudet P., (sous la direction de), *Angola. Bilan d'un socialisme de guerre*, L'Harmattan, 1992.

Dia Kassembe, *Angola, 20 ans de guerre civile*, L'Harmattan, 1992.

Messiant C. (sous la direction de), « L'Angola dans la guerre », *Politique africaine*, n° 45, 1992.

---

1   Chapitre 5, p. 181-182.

ARMÉNIE

DONNÉES STATISTIQUES

Population arménienne (milieu des années quatre-vingt-dix)	6 500 000
Arménie (ex-Arménie soviétique)	3 646 000
Géorgie (ex-Géorgie soviétique)	550 000
Russie	500 000
Ukraine	100 000
Moyen-Orient	358 000
Amérique	1 185 000

CHRONOLOGIE SOMMAIRE

1555	Partage de l'Arménie entre les Perses et les Ottomans
1828	Traité de Turkmentchaï avec la Perse, laissant à la Russie un territoire de 27 000 km², avec Erevan et Etchmiadzine
1894-1896	Massacres généralisés d'Arméniens ordonnés par le sultan Abdülamid II
1915-1916	Génocide perpétré par le gouvernement jeune-turc
1918-1921	République indépendante d'Arménie
1922	Arménie intégrée dans l'Union fédérale des républiques socialistes soviétiques de Transcaucasie, incorporée à l'URSS
1936	L'Arménie devient une République socialiste fédérée
1988-1994	**Conflit entre Arméniens et Azéris à propos du Haut-Karabakh**

LES ORIGINES

Le peuple arménien, très anciennement implanté au nord-est de l'Anatolie, connaît une histoire mouvementée et tragique, faite de brèves périodes d'indépendance (notamment aux Xᵉ-XIᵉ siècles) et de longues périodes de vassalisation par les Romains, les Parthes, les Perses, les Byzantins, les Arabes, les Turcs… Au cours du XIXᵉ siècle, tandis que les Russes s'emparent de la partie nord-ouest de l'Arménie (traité de 1828 avec la Perse), les Turcs se montrent particulièrement durs, leur domination sur les minorités chrétiennes chancelant peu à peu, et la communauté arménienne – entre autres – s'organisant politiquement pour réclamer un statut d'autonomie (promis dès mars 1878, au Congrès de San Stéfano). À une série de révoltes, qui éclatent en 1895 et 1896, l'armée turque réagit avec violence et cruauté, faisant périr – selon des estimations – plus de 150 000 Arméniens.

Cette terrible répression accentue le mouvement d'exode, surtout vers la partie du territoire arménien sous protectorat russe, mais aussi vers la France (Marseille).

La révolution jeune-turque suscite un espoir de courte durée, car la politique de « turquisation » qu'elle génère est source de nouveaux massacres (1ᵉʳ avril 1909, à Adana). L'horreur est atteinte lors de la Première Guerre mondiale, qui place les Arméniens de Russie et de Turquie dans des camps opposés. La balance l'emportant largement en faveur des Alliés, le gouvernement turc accuse les Arméniens de jouer le rôle d'une « cinquième colonne », et déclenche contre leur communauté des actions d'extermination. Commencé le 24 avril 1915, le génocide se poursuit durant un an sous la forme de déportations dans les déserts de populations civiles, d'assassinats des notables, d'exécutions des soldats… Près d'un million d'Arméniens (soit environ la

© Armand Colin. La photocopie non autorisée est un délit

moitié de la communauté arménienne de l'empire ottoman) périssent alors.

En mai 1918, est proclamée une République indépendante d'Arménie, qui, un an plus tard, (Acte du 28 mai 1919) réunit, en principe, l'Arménie turque et l'Arménie russe, et se trouve reconnue officiellement, le 10 août 1920, par le Traité de Sèvres. Mais le nouvel État va très vite succomber sous l'assaut conjoint des Turcs kémalistes, des Bolcheviques soviétiques, et des Azéris (novembre-décembre 1920) : la Turquie récupère Kars et Ardahan, l'Armée rouge occupe toute la partie transcaucasienne.

En dépit des coups terribles qui lui ont été portés, la communauté arménienne ne se soumet pas. Où qu'elle soit (France, Amérique du Nord, Syrie, Iran, Liban, Turquie, URSS[1]...), elle affirme, sous différentes manières, un farouche nationalisme.

LE CONFLIT

Des actions nationalistes éclatées

Depuis les années soixante, trois types d'actions ont été conduites par différents éléments de la communauté arménienne.

L'activisme anti-turc de la diaspora arménienne

Fuyant les massacres et les guerres, une partie de la population arménienne a d'abord trouvé refuge au Moyen-Orient et en France. Puis, durant les années soixante-dix et quatre-vingt, en raison des conflits qui ensanglantent le Liban, l'Iran et l'Irak[2], celle-ci quitte en masse ces pays pour gagner l'Europe (500 000 environ), et surtout les États-Unis et le Canada (un million).

Malgré cette nouvelle dispersion, elle reste suffisamment soudée et active pour impulser une très forte campagne d'opinion destinée à populariser la cause arménienne et à faire reconnaître le génocide des années 1915 : création en France du Comité de défense de la cause arménienne (1965), grandes manifestations en 1980, interventions sans effet (en raison de l'opposition active de la Turquie)

auprès de l'ONU et, avec succès, auprès du Parlement européen qui déclare le 18 juin 1987 « que les événements tragiques qui se sont déroulés en 1915-1917 contre les Arméniens établis sur le territoire de l'Empire ottoman constituent un génocide », et qui « estime que le refus de l'actuel gouvernement turc de reconnaître le génocide constitue [...] un des obstacles incontournables à l'examen d'une éventuelle adhésion de la Turquie à la Communauté ». Dix ans plus tard, en décembre 1997, la Turquie se voit effectivement refuser l'entrée dans la Communauté européenne en raison de son comportement discriminatoire envers les minorités nationales, notamment kurde.

Simultanément, des actions terroristes violentes[3] sont menées par des organisations clandestines :

– l'ASALA (Armée Secrète Arménienne pour la Libération de l'Arménie), créée en 1975 à Beyrouth, très liée avec les extrémistes palestiniens, ayant comme leader Hagop Hagopian, est responsable d'une série d'attentats anti-turcs, en Turquie, en Europe (notamment à l'aéroport d'Orly, le 15 juillet 1983, où l'explosion d'une bombe fait 8 morts et 56 blessés), et au Liban (assassinat des leaders du Parti Dachnak en 1985-1986).

– le CJGA (Commando des Justiciers du Génocide Arménien), fondé en août 1975, probablement affilié au Parti indépendantiste Dachnak et à l'Armée révolutionnaire arménienne depuis juillet 1983, est particulièrement bien implanté au Liban et en Amérique du Nord.

– la NRA (Nouvelle Résistance Arménienne), formée de jeune Arméniens européens inspirés par le maoïsme, organise plusieurs attentats de 1977 à 1983.

Cette politique terroriste, jugée nuisible à la cause, est abandonnée à compter du milieu des années quatre-vingt, au profit d'actions de lobbying sur les instances internationales.

La dissidence culturelle dans l'Arménie soviétique

Dans l'Arménie transcaucasienne, les populations arméniennes sont, très tôt, soumises aux pires épreuves. Révoltées en février 1921 contre le gouvernement communiste, elles chassent les Russes, mais

---

1   En 1981, on dénombrait 220 000 ressortissants arméniens en Iran, 170 000 au Liban, 120 000 en Syrie, 80 000 en Turquie, 2 770 000 en URSS.

2   Chapitre 4, p. 135-136.

3   Chapitre 4, p. 137.

ceux-ci récupèrent le pouvoir dès le tout début avril. Elles assistent alors au dépeçage de leur territoire : le Karabakh devient un oblast autonome azerbaïdjanais (juillet 1923), le Nakhitchevan est reconnu république autonome (septembre 1924)... Jusqu'en 1936 (où elle devient une république), elle est intégrée à l'Union fédérale de Transcaucasie.

Même si, après la Seconde Guerre mondiale, Staline réclame le retour de Kars et d'Ardahan, et encourage les réfugiés arméniens à regagner la République fédérée (100 000 à 150 000 Arméniens répondent à cet appel entre 1946 et 1948), la politique du gouvernement soviétique vise exclusivement – dans cette république comme dans toutes les autres – à l'assimilation et à la russification.

Malgré une répression très sévère, et compte tenu du refus de la bureaucratie communiste d'adopter une politique moins assimilatrice, la population manifeste très tôt une véritable dissidence, surtout culturelle, parfois politique. En avril 1965, la célébration du cinquantième anniversaire du génocide donne lieu dans les rues d'Erevan, à d'impressionnants défilés, regroupant des dizaines de milliers de personnes, qui n'hésitent pas à réclamer le retour des territoires occupés par les Turcs. Des mouvements clandestins – comme le Parti national unifié (NOP) créé en 1966 – militent pour « le rétablissement d'un État national sur tout le territoire de l'Arménie historique ». Dans les années 1972-1974, le journaliste français Jean Kehayan visitant le pays se dit frappé par les multiples réticences à la soviétisation[1] : « l'attachement acharné aux traditions ancestrales » (faible émancipation de la femme, maintien de la vendetta) ; « un gigantesque développement de la corruption, de la pratique du travail au noir, de toutes sortes de marchés et petits métiers parallèles », ainsi qu'« un profond mépris (des Arméniens) pour les Russes, qui, nombreux dans leur république, y occupent des postes dans l'administration, l'enseignement et la recherche ».

Ce nationalisme retrouve une nouvelle vigueur à la faveur de la perestroïka gorbatchevienne (fondation en 1987 d'une Union pour l'autodétermination nationale), durant laquelle resurgit la douloureuse question du Haut-Karabakh.

Un sanglant conflit avec l'Azerbaïdjan à propos du Haut-Karabakh

En février 1988, l'Arménie soviétique tout entière se mobilise pour soutenir la cause des Arméniens (75 % des 180 000 habitants) qui peuplent la région autonome du Haut-Karabakh (4400 km^2), rattachée depuis 1923 à la république voisine d'Azerbaïdjan. Comme le déclarera un député, « le problème du Haut-Karabakh est devenue une obsession nationale, tant il touche le cœur des gens ». À la nouvelle que 70 000 de leurs compatriotes ont défilé, le 11 février 1988, dans les rues de la capitale du Haut-Karabakh pour réclamer leur rattachement à la République d'Arménie, et que les jours suivants, le Parlement et le Parti communiste de la région ont soutenu cette revendication, les habitants d'Erevan manifestent aussitôt leur solidarité – les 15 et 26 février – par des défilés incroyablement massifs et répétés[2].

Cette poussée de fièvre nationaliste inquiète et irrite au plus haut point les populations d'Azerbaïdjan. À Soumgaït, le 29 février une manifestation d'Azéris turcophones dégénère en pogrom qui cause vraisemblablement la mort de plusieurs centaines d'Arméniens. Moscou tente alors de calmer la situation en annonçant des réformes au Haut-Karabakh, et en repoussant le principe de son rattachement à l'Arménie[3]. C'est un échec complet. L'agitation reprend, dès le mois de mai, lorsque le Parlement arménien vote unilatéralement l'intégration du Haut-Karabakh : grèves de soutien à Erevan et à Stepanakert (capitale du Karabakh) ; défilés et pogrom (Kirovabad) du côté azéri. Même le terrible tremblement de terre qui, le 7 décembre 1988, ravage le nord de l'Arménie (Spitak et Leninakan), faisant environ 50 000 morts et 500 000 sans-abri n'apaise pas durablement le conflit interethnique ; encore moins, la création par Moscou d'une Commission spéciale chargée d'administrer directement le Haut-Karabakh (janvier 1989). L'Azerbaïdjan organise le blocus économique de l'Arménie. À compter de janvier 1990, c'est vraiment la guerre entre les deux républiques. L'autorité de Moscou est bafouée ; en mai 1990, à

---

1   Chapitre 2, p. 93.

2   Chapitre 5, p. 184.
3   Chapitre 5, p. 187.

Erevan, des affrontements mettent aux prises Arméniens et militaires soviétiques. Lorsque l'URSS s'écroule, en décembre 1991, le conflit arméno-azéri a déjà fait plusieurs milliers de morts.

des victimes s'est considérablement accru : 20 000 morts depuis 1988 ; celui des réfugiés se chiffre, lui, par plusieurs centaines de milliers.

LES SUITES

Les indépendances des deux États belligérants dès août-septembre 1991 n'apportent aucune solution durable à la question du Haut-Karabakh. Tandis que le blocus est maintenu (mais allégé par l'ouverture, en accord avec la Turquie, d'un corridor aérien et ferroviaire), et que des négociations se nouent et se dénouent entre Erevan et Bakou, le Haut-Karabakh reste occupé par des combattants arméniens. Un cessez-le-feu – maintes fois violé – est néanmoins signé et entre en vigueur au printemps 1994. À cette date, le nombre

CORRÉLATS

CAUCASE • PROBLÈME KURDE • LIBAN

BIBLIOGRAPHIE

MOURADIAN C., *L'Arménie*, Ramsay, 1989.

DJALLILI M.-R. (sous la direction de), *Le Caucase post-soviétique : la transition dans le conflit*, Bruylant/LGDJ, Paris-Bruxelles, 1995.

QUESTION BASQUE

DONNÉES STATISTIQUES

	Superficie (km²)	Population (1995)	Bascophones (estimation)
Euskadi Nord	2 967	250 000	40 000
Euskadi Sud	17 000	2 600 000	600 000 à 750 000

CHRONOLOGIE SOMMAIRE

1895	Fondation du PNV, qui préconise l'indépendance des sept provinces basques et leur confédération
1959	Fondation de l'ETA
1960-...	**Guérilla indépendantiste**
1970	Procès de Burgos (six condamnés à mort)
1973	Attentats d'Iparretarak (ceux du Nord)
20 novembre 1973	Assassinat de Carrero Blanco
1979	Adoption du statut d'autonomie au Pays basque Sud
1981	François Mitterrand énonce le projet d'un département basque
Décembre 1983-juillet 1987	Action des GAL
1995-1998	Assassinats de membres du Parti populaire (espagnol)

LES ORIGINES

Le Pays basque n'a jamais formé un État indépendant reconnu internationalement. Couvrant 20 550 km² (dont 2 990 au Nord), il comprend sept provinces : Guipuzcoa, Biscaye, Alava, Navarre au Sud, Labourd, Soule et Basse Navarre au Nord – ces trois dernières formant avec le Béarn le département français des Pyrénées-Atlantiques. Ces provinces connurent des histoires bien différentes, l'intégration à la France pour les unes, à l'Espagne pour les autres, avec ici des choix opposés pendant la guerre civile et lors de l'octroi de l'autonomie en 1979 (la communauté autonome basque, *Euskal Herriko*, ne comprend que les trois provinces occidentales, la Navarre formant une communauté forale en 1982). Ce qui unit ces territoires, ce sont des traits culturels et linguistiques communs, l'attachement à la religion catholique par exemple ou plus encore, la langue basque, l'*euskara*, que parle en moyenne un quart de la population – 40 % en Guipuzcoa, 10 % en Navarre, 5 % en Alava, 35 % au Pays basque français.

Le nationalisme basque émergea durant les guerres carlistes, qui opposèrent entre 1833 et 1876 les troupes du prétendant absolutiste Don Carlos aux partisans de la famille régnante. Ce conflit entre Espagnols entraîna en fait un contentieux entre l'État et le Pays basque, et la défaite carliste provoqua la suppression de la plupart des privilèges dont jouissaient les Basques. C'est en 1895 que fut créé le PNV ou Parti nationaliste basque, par Sabino Arana y Goiri, qui théorisa le nationalisme et fut à l'origine de la renaissance littéraire de la langue basque.

Durant la guerre civile espagnole, les provinces de Biscaye et d'Alava, qui demeurèrent fidèles au régime légal, reçurent en octobre 1936 leur autonomie. Mais elles payèrent un lourd tribut pour leur soutien à la république : l'ancienne capitale de la Biscaye, Guernica, où les rois de Castille et les seigneurs de la province se réunissaient pour jurer d'observer les fueros, fut détruite en 1937 par l'aviation allemande au service des nationalistes.

© ARMAND COLIN. La photocopie non autorisée est un délit

Dans le même temps, Navarre et Alava apportaient leur soutien aux franquistes. La victoire de ces derniers signifia non seulement la fin d'une éphémère autonomie, mais aussi l'interdiction du drapeau et de la langue basque.

Malgré (ou à cause de) la répression, naquit en 1959 l'ETA, *Euskadi ta Askatasuna*, Pays basque et Liberté, le PNV étant devenu aux yeux de bon nombre de nationalistes trop modéré et trop proche de l'Église catholique. L'ETA se donne pour objectif la constitution d'un État socialiste basque, unifié et bascophone : il prône donc l'indépendance totale. Moins d'une dizaine d'années plus tard, le mouvement entre dans la violence en assassinant un policier espagnol (1968). Ce fut également dans les années cinquante et soixante que se produisit un réveil basque en France. En 1953, une association créée par des étudiants et des prêtres, *Enbata* (Vent du large), développe une action culturelle, puis passe au militantisme politique : la « charte d'Itxassou » (avril 1963) manifeste le droit à l'autodétermination et à l'indépendance pour les sept provinces basques, dans le cadre d'un État socialiste autogestionnaire.

LE CONFLIT

Une lutte nationaliste

Au sud

Dès le début des années soixante-dix, l'ETA se scinde en deux branches : ETA politico-militaire, qui crée le parti Euskadiko Eskerra, favorable à un socialisme démocratique, et opposé à la lutte armée ; ETA militaire, à l'origine de la coalition d'extrême gauche Herri Batasuna, qui accepte l'option armée et devient la première formation nationaliste.

Sous la dictature franquiste, l'ETA, n'hésita pas à frapper à la tête de l'État : en décembre 1973 fut assassiné Luis Carrero Blanco, ancien vice-président du Conseil, Premier ministre et alors successeur désigné du général Franco. Entretenant ainsi l'image d'une lutte acharnée contre le franquisme, l'organisation bénéficie d'un important soutien populaire, au plan national et international, comme on put s'en rendre compte à l'émotion soulevée par le procès de Burgos : en décembre 1970, seize militants furent traduits devant le Conseil de guerre, six d'entre eux furent condamnés à mort (puis grâciés).

Lorsque l'Espagne entra dans la voie de la démocratie, après 1975, le Pays basque s'achemina vers l'autonomie : négociée essentiellement entre l'État et le PNV, présentée au Parlement espagnol en 1978, elle fut acceptée par référendum en octobre 1979. Mais ni la démocratisation, ni l'autonomie ne mirent un point final aux violences. Au contraire même, l'ETA multiplia les attentats entre 1975 et 1980, prouvant ainsi que son but est bien l'indépendance et non une quelconque autonomie. Dans les années quatre-vingt, elle dut faire face aux GAL (Groupes antiterroristes de libération) qui poursuivirent certains de ses militants résidant en France, ce qui se solda par plus d'une vingtaine de morts. L'action des GAL provoqua, en particulier chez les jeunes, un regain de sympathie pour l'organisation nationaliste ; mais décapitée en 1992, l'ETA parut décliner et amorcer une reconversion vers la lutte politique ; il n'en fut rien et elle intensifia au contraire la violence à partir de l'été 1996, en visant des installations touristiques en Andalousie et en Catalogne et en assassinant plusieurs élus du Parti populaire au pouvoir.

Au nord

Au début des années soixante-dix, l'association Enbata mit de plus en plus l'accent sur ses revendications politiques, sur la lutte de libération nationale ; soutenant les actions de l'ETA, elle est interdite par les autorités françaises en 1974.

S'accélère alors la radicalisation des groupes nationalistes, en particulier *Iparretarrak* (Ceux du Nord), issu en 1973 de l'association culturelle Amaïa. Organisation socialiste de libération nationale, comme il se définit lui-même, Iparretarrak constituerait la branche « française » de l'ETA militaire et le parti EMA (Mouvement des *abertzale* ou nationalistes de gauche) en présenterait la façade légale. Dès 1976, Iparretarrak utilise la violence contre des représentants de l'État et des spéculateurs immobiliers ou touristiques. Il compterait à son actif quatre assassinats (deux CRS en mars 1982, deux gendarmes en 1983 et 1987) et plus de deux cents attentats, en nette recrudescence en 1991-1992, alors qu'on le croit décimé (son chef historique, Philippe Bidart, fut arrêté en 1988 et condamné en novembre 1992 à la réclusion criminelle à perpétuité). Ce mouvement aurait longtemps entretenu des relations houleuses avec l'ETA ; cette dernière se montrait en effet opposée à la lutte armée en Pays basque nord, le territoire français constituant une zone de repli pour ses propres activistes. Au début de 1996, Iparretarrak se serait toutefois, en radicalisant ses positions, rapproché de l'ETA...

La dimension politique de la lutte est essentiellement aux mains de trois groupes :
– Euskal Batasuna (Unité basque), créé en 1986 par des anciens d'Enbata ;
– Eusko Alkartasuna (Solidarité basque) fondé également en 1986 ;
– EMA, mouvement des nationalistes de gauche (abertzale) qui soutient, comme nous venons de le voir, Iparretarrak et la lutte armée.

Sur le plan culturel, malgré l'interdiction d'Enbata, le combat se poursuit à travers de multiples organisations, locales ou plus larges, qui s'efforcent de diffuser l'identité et la langue. Ainsi, *Seaska* (le Berceau) gère le réseau des ikastolas, écoles privées de langue basque (en 1983, l'État signa une convention avec cette association pour subventionner cet enseignement). D'autres organisations militent aussi pour la création d'un département basque, projet qui constituait la 54ᵉ des 110 propositions de François Mitterrand en 1981, mais qui n'eut aucune suite.

LES SUITES

En fait l'attention se concentre essentiellement sur le Pays basque sud où l'autonomie est plus favorable que partout ailleurs en Espagne : Alava, Biscaye et Guipuzcoa disposent d'un parlement et d'un gouvernement à Vitoria, d'un Trésor public qui perçoit l'impôt (en reversant une quote-part à Madrid), d'une police autonome (qui a commencé à détruire certains modes de financement de l'ETA), d'une radio et d'une télévision en basque...

De plus en plus contestée par une large majorité de Basques et d'Espagnols, l'ETA continue à assassiner, bien que nombre de ses militants soient en prison. Outre une large réprobation, ces attentats entraînent un renforcement de la lutte contre le terrorisme sur le plan international, par l'action concertée de la France et de l'Espagne, mais aussi du Mexique et des États-Unis, où des membres de l'ETA ont été arrêtés.

CORRÉLATS

IRLANDE

BIBLIOGRAPHIE

CASSAN P., *Le pouvoir français et la question basque*, L'Harmattan, 1997.

CHAUSSIER J.-D., *Quel territoire pour le Pays basque ? Les cartes de l'identité*, L'Harmattan, 1996.

© ARMAND COLIN. La photocopie non autorisée est un délit

BOSNIE-HERZÉGOVINE

DONNÉES STATISTIQUES

	1971	1991	1997 (estim.)
Population	3 746 000	4 366 000	3 400 000
Sarajevo (capitale)	244 000	416 000	360 000

CHRONOLOGIE SOMMAIRE

VIIe siècle	Peuplement slave
1463-1482	Conquête turque ; début de l'islamisation
1875-1878	Insurrection en Herzégovine
1878	Le congrès de Berlin place la Bosnie-Herzégovine sous l'administration de l'Autriche-Hongrie
1908	Annexion par l'Autriche-Hongrie
1914, 28 juin	Attentat à Sarajevo
1918	Intégration de la Bosnie-Herzégovine dans le nouveau royaume des Serbes, Croates et Slovènes
1941-1945	Intégration de la Bosnie-Herzégovine dans l'État indépendant de Croatie
1945	La Bosnie-Herzégovine, république de la Fédération de Yougoslavie
1991, 15 octobre	Proclamation de la souveraineté de la Bosnie-Herzégovine au Parlement de Sarajevo
1992, 3 mars	**Indépendance**
5 avril	**Début du siège de Sarajevo**
1995, 1-21 novembre	**Négociations de Dayton**
14 décembre	Accords de Paris

LES ORIGINES

Une mosaïque ethnique et confessionnelle

Monarchie indépendante au XIVe siècle, la Bosnie tomba, ainsi que l'Herzégovine (région proche du littoral), aux mains des Turcs au cours du XVe siècle. Durant cette occupation, une partie de sa population se convertit volontairement à l'islam. Au XIXe siècle, prenant prétexte d'insurrections populaires contre les Turcs, l'Autriche-Hongrie occupa à son tour la Bosnie-Herzégovine en 1878, et l'annexa en 1908. Cet impérialisme viennois fut à l'origine de l'assassinat de l'archiduc François-Ferdinand d'Autriche, le 28 juin 1914, à Sarajevo, qui devait déclencher la Première Guerre mondiale.

Intégrée en décembre 1918 au royaume de Yougoslavie, annexée en avril 1941 par la Croatie fasciste oustacha d'Ante Pavelic, elle constitua en 1945 l'une des six républiques fédérées de la Yougoslavie communiste. Une telle reconnaissance fut surtout motivée, comme celles de la Macédoine et du Monténégro, par le souci de Tito de faire contrepoids aux deux principales entités nationales, la Serbie et la Croatie, en évitant un partage entre elles de la Bosnie-Herzégovine. Celle-ci, en effet, avait une population composite formée de Croates (catholiques), de Serbes (orthodoxes) et de Musulmans, ces différents groupes nationaux étant le plus souvent profondément imbriqués les uns dans les autres. À cette différenciation ethnique et confessionnelle – qui n'avait jamais été un obstacle majeur à la cohabitation – s'ajoutait une certaine différenciation sociale entre la population musulmane, plus citadine et placée, sous l'Empire ottoman, à des postes de responsabilité, et les populations serbe et croate plus rurales et, en général, de condition plus modeste.

Les débuts de l'implosion yougoslave[1]

Durant la période titiste, la Bosnie-Herzégovine connut les mêmes types de problèmes que les autres petites républiques de la Fédération. Non seulement le régime ne parvint pas à créer un large consensus supranational autour de l'idée communiste (en 1981, seulement 5,44 % de la population totale de la Fédération se déclaraient yougoslaves), mais, par une décentralisation continue – aussi bien de l'État que du Parti et de l'économie – il accentua les tendances autonomistes, et creusa les antagonismes entre les républiques. La mort de Tito (1981) et la dégradation catastrophique de la conjoncture économique dans les années quatre-vingt (inflation de 30 à 2600 %, de 1980 à 1989 ; endettement extérieur colossal, et chômage très élevé) aiguisèrent les frustrations entre les républiques (produit social par habitant près de 3 fois plus élevé en Slovénie qu'en Bosnie-Herzégovine) et favorisèrent la résurgence des nationalismes. Les structures fédérales, de même que les principes communistes, furent ouvertement contestés à partir des années quatre-vingt. Tandis que cette contestation poussait les Croates et les Slovènes à remettre en cause l'existence de la Fédération yougoslave, les Serbes, galvanisés par le discours populiste de Slobodan Milosevic, défendaient le maintien de celle-ci. Lorsque, en 1990, les communistes furent contraints d'admettre le pluripartisme, les premières élections libres, organisées à des dates différentes selon les républiques, donnèrent la victoire soit à de nouveaux partis nationalistes (Slovénie, Croatie, Bosnie-Herzégovine), soit aux socialistes, héritiers du communisme (Serbie, Monténégro). Faute de pouvoir trouver un compromis avec la Serbie sur l'avenir de la Fédération, la Slovénie et la Croatie proclamèrent leur indépendance en juin 1991. Si les forces serbo-fédérales renoncèrent très vite à retenir la Slovénie, il n'en fut pas de même en Croatie, où vivait une importante minorité serbe hostile à la sécession. Cette minorité, soutenue par l'armée fédérale, se révolta et la guerre éclata à l'automne 1991. La Bosnie-Herzégovine devait connaître au printemps suivant une évolution semblable.

LE CONFLIT

L'éclatement de la Bosnie (septembre 1991- mars 1992)

Les élections libres de novembre 1990 marquèrent en Bosnie-Herzégovine une nette radicalisation des clivages ethniques. Les votes se répartirent entre trois partis, en fonction des trois composantes de la population (17,3 % de Croates, 31,3 % de Serbes, 43,7 % de Musulmans) et aboutirent à la formation d'un gouvernement nationaliste tripartite avec le SDA (Musulmans, avec pour leader Alija Izetbegovic), le HDZ (Croates, Mate Boban), le SDS (Serbes, Radovan Karadzic).

L'intervention violente de l'armée fédérale yougoslave (aux mains des Serbes) pour s'opposer à l'indépendance de la Slovénie et de la Croatie, obligea la Bosnie-Herzégovine à préciser ses positions, et révéla les profondes divergences entre les trois composantes de sa population. Dès l'été 1991, six enclaves de Bosnie à majorité serbe se déclarèrent autonomes, tandis que le 15 octobre, une coalition SDA-HDZ au Parlement de Sarajevo proclamait la souveraineté de la Bosnie-Herzégovine. En décembre, les premiers affrontements armés mettaient aux prises les Musulmans favorables à l'indépendance, et les Serbes désireux du maintien dans la Fédération.

Le laminage des populations musulmanes (mars 1992-février 1994)

Toute solution de compromis parut, dès lors, impossible. Tandis que la population musulmane et croate se prononçait massivement pour l'indépendance (proclamée le 3 mars 1992), par un référendum boycotté par les Serbes, la CEE ne parvenait pas à convaincre les trois composantes de se maintenir unies. Les Serbes décidèrent de s'ériger en « République serbe de Bosnie-Herzégovine » – proclamée 8e république et 4e État serbe de la Yougoslavie (28 mars) – et quelques jours

---

1   Chapitre 5, p. 191.

© ARMAND COLIN. La photocopie non autorisée est un délit

plus tard, commença le siège de Sarajevo, par l'armée fédérale. À compter de ce moment, la Bosnie-Herzégovine devint le théâtre d'une guerre civile terrible qui devait faire plus de 200 000 morts, occasionner la torture et le viol de milliers de femmes, et provoquer le déplacement de trois millions de personnes.

La guerre tourna très vite au désavantage des Musulmans. Dès novembre 1992, les forces serbes de Bosnie dirigées par le général Ratko Mladic contrôlaient plus de 70 % de la Bosnie. Simultanément, dans la partie occidentale de l'Herzégovine, les Croates mettaient en place un État croate autonome, l'Herceg-Bosna, avec Mostar comme capitale. Des combats les opposèrent alors aux Musulmans, avant que la diplomatie américaine[1], au printemps 1994, ne leur impose de s'associer à ceux-ci en une Fédération.

Plusieurs plans de paix proposés par l'ONU et la CEE – notamment le plan de paix Vance-Owen – furent rejetés par l'une ou l'autre. La guerre continuait.

Lenteur et faiblesses de l'intervention occidentale

Le « nettoyage ethnique » auquel procédèrent principalement les Serbes, dans leurs conquêtes et dans l'établissement de « corridors » reliant les zones occupées, émut l'opinion occidentale, mais les gouvernements, craignant de s'embourber dans une opération militaire très délicate, se bornèrent, d'une part, à encourager le développement – sous l'égide de l'ONU – d'un système d'assistance humanitaire et d'observation (par l'intermédiaire de « casques bleus »), et, d'autre part, à décréter un embargo sur les armes. Ce dernier, en fait, gêna surtout les Musulmans qui apparurent, alors, les principales victimes du conflit. L'éclatement d'un obus sur le marché de Sarajevo (66 morts) le 5 février 1994, souleva une indignation générale en Occident. Le retentissement d'un tel événement incita les gouvernements occidentaux à plus de détermination. L'OTAN, sous l'impulsion de la France et des États-Unis, exigea des Serbes le retrait des armes lourdes pointées sur Sarajevo, et n'hésita pas, le 28 février 1994, à lancer une première attaque aérienne. En mai 1995, sur l'initiative de la France, fut créée une *Force de Réaction Rapide* (FRR) destinée à renforcer les troupes d'observation de l'ONU (FORPRONU).

Ces pressions internationales se révélèrent longtemps insuffisantes. Les forces de l'ONU, dépourvues de mandat clair, furent humiliées (prise en otage de 370 « casques bleus », en mai 1995, par les Serbes de Bosnie), et ne purent empêcher les massacres et déplacements de populations (exode des Serbes des Krajinas en 1995, liquidation sommaire des Musulmans lors de la prise de Srebrenica en juillet 1995)*.

Le fait décisif pour obtenir l'arrêt des combats fut l'opération « Deliberate Force », lancée contre les troupes serbes par l'OTAN et la FRR à compter d'août 1995. Furent signés à Paris, le 14 décembre 1995, des accords de paix, négociés en novembre, sur la base aérienne de Dayton (États-Unis), entre les présidents serbe (Slobodan Milosevic), croate (Franjo Tudjman), et bosniaque (Alija Izetbegovic).

Selon ces accords, la Bosnie-Herzégovine formait désormais un État composé de deux entités autonomes : la Fédération croato-bosniaque (51 % de tout le territoire) et la République serbe (49 %), avec comme capitale Sarajevo, unifiée sous contrôle bosniaque. Des forces de paix internationales remplaceraient la FORPRONU : *l'Implementation Force* ou IFOR (de décembre 1995 à décembre 1996), puis la *Stabilization Force* ou SFOR (décembre 1996 à mai 1998). Des poursuites seraient engagées par le Tribunal pénal international de La Haye (en fonction depuis juillet 1994) contre des personnes appartenant à toutes les factions, accusées de crimes de guerre et de crimes contre l'humanité, notamment des responsables des Serbes de Bosnie (Radovan Karadzic et Ratko Mladic).

* *Ibid.*, p. 217-218.

BIBLIOGRAPHIE

BOUGAREL X., «État et communautarisme en Bosnie-Herzégovine », *Culture et conflits*, n° 15-16, 1994.

– *Bosnie, anatomie d'un conflit*, La Découverte, 1996.

CHICLET C. (sous la direction de), «Bosnie», *Confluences Méditerranée*, n° 13, 1994.

ROUX M., « Bosnie » *in* LACOSTE Y. (sous la direction de), *Dictionnaire de géopolitique*, Flammarion, 1993.

---

1   *Cf.* chapitre 6, p. 205-207.

CAMBODGE

DONNÉES STATISTIQUES

	1970	1979	1987	1995
Population	7 100 000	5 500 000	7 690 000	10 250 000
Phnom Penh (cap.)	1 500 000			920 000

CHRONOLOGIE SOMMAIRE

IXe-XIVe s.	Empire Khmer
Juillet 1863	Protectorat de la France
1864	Couronnement du roi Sihanouk
Novembre 1949	État indépendant associé
Novembre 1953	Indépendance
Septembre 1957	Proclamation de neutralité du pays
Mars 1970	Renversement de Norodom Sihanouk par le général Lon Nol
1970-1975	**Guerre civile**
1975-1978	**Dictature des Khmers rouges**
1978-1989	**Occupation vietnamienne**
Octobre 1991	Conférence de Paris prévoyant l'organisation par l'ONU d'élections libres
Mai 1993	Élections

LES ORIGINES

Ayant obtenu l'indépendance de son pays (proclamée en novembre 1953, reconnue internationalement à la Conférence de Genève en juillet 1954, et effective, après la dissolution, en décembre 1954, de l'Union économique et monétaire indochinoise), le prince Norodom Sihanouk, inspiré par la Conférence de Bandung[1], et soucieux, tant de la paix interne que de la sécurité extérieure, choisit le non-alignement, et fit proclamer, en septembre 1957, la neutralité de l'État cambodgien.

Bénéficiant, du fait de son non-alignement, d'aides étrangères très diverses (États-Unis, URSS, France, Chine...), le Cambodge améliora alors considérablement ses infrastructures industrielles et commerciales, et diversifia son économie. Cet essor

du pays – qui s'accompagna d'un effort notable en faveur de l'instruction – n'alla cependant pas sans certains dysfonctionnements graves, comme la corruption de la bourgeoisie ou le chômage des jeunes diplômés.

Mais, pour le régime de Sihanouk, la menace principale était liée à l'évolution de la situation dans le Vietnam voisin. Le monarque ne sut pas résister longtemps aux pressions de sa droite, qui le poussait à rompre la neutralité, en prenant ouvertement position pour les Américains et les Sud-Vietnamiens. Dès octobre 1966, il nomma Premier ministre le général Lon Nol, qui s'aliéna vite les milieux de gauche. À compter de janvier 1968, le Parti communiste khmer entra en lutte armée contre le régime. Pour y faire face, Sihanouk amorça un rapprochement avec les États-Unis, mais pas de manière aussi radicale que le souhaitaient Washington et les factions de la droite cambodgienne...

---

1 Chapitre 4, p. 117.

© ARMAND COLIN. La photocopie non autorisée est un délit

CONFLITS ET CRISES

La guerre civile (mars 1970-avril 1975)

Le 18 mars 1970, le général Lon Nol et d'autres conjurés renversaient Norodom Sihanouk et prenaient le pouvoir, avec le soutien des États-Unis, désireux d'empêcher les communistes nord-vietnamiens d'utiliser le Cambodge comme zone de passage et de repli. Mais Lon Nol se heurta aussitôt à un *Front National du Kampuchea* (FUNK) – formé par Sihanouk et les communistes khmers – qui reçut l'appui actif des nord-Vietnamiens, puis de la Chine. Tandis que Lon Nol faisait massacrer les Vietnamiens installés au Cambodge, Hanoï ripostait en facilitant la pénétration des communistes khmers dans les campagnes (mars – octobre 1970).

En dépit de l'appui massif des Américains, et du retrait des unités nord-vietnamiennes (consécutif aux Accords de Paris, signés en janvier 1973), Lon Nol ne parvint pas à endiguer la progression continue des Khmers rouges. L'effondrement du régime de Saïgon, au début de 1975, lui porta le coup de grâce. Le 1er avril 1975, il s'enfuyait ; seize jours plus tard, les Khmers rouges pénétraient dans Phnom Penh.

L'« auto-génocide » des khmers rouges (avril 1975-janvier 1979)

Sihanouk et ses partisans ayant été rejetés, les Vietnamiens écartés, les factions khmères rivales liquidées, le pouvoir se trouva entièrement aux mains de Saloth Sar – connu sous le nom de Pol Pot – et de son second, Ieng Sary. Ces hommes, fermant le pays à toute influence extérieure – excepté à celle de la Chine – tentèrent alors, par la terreur, de remodeler entièrement le système – politique, social, économique et culturel – en vigueur jusque-là au Cambodge. Comme nous l'avons rappelé[1], le bilan de ce communisme utopique fut catastrophique, se soldant par l'élimination de plus de 20 % de la population.

L'occupation vietnamienne (décembre 1978-septembre 1989)

Les rapports avec le Vietnam n'avaient cessé de se dégrader depuis la prise du pouvoir par le clan polpotien, en raison de son nationalisme virulent (entraînant notamment des différends frontaliers), et de l'éviction brutale de la faction khmère pro-vietnamienne. Celle-ci suscita plusieurs rébellions, et forte de l'appui très actif de Hanoï, constitua un *Front uni de salut national du Kampuchea* (FUNSK), véritable cheval de Troie des ambitions expansionnistes vietnamiennes[2]. Le 25 décembre 1978, le gouvernement de Hanoï donnait l'ordre à son armée d'envahir le Cambodge. Phnom Penh une fois prise, les militaires installèrent au pouvoir Heng Samrin, leader de la faction pro-vietnamienne du FUNSK.

Malgré la sévère « punition » infligée par la Chine (qui attaqua et occupa une partie du territoire vietnamien, en février et mars 1979), Hanoï – soutenu par l'URSS – ne cessa de conforter sa domination sur le Cambodge (signature d'un traité de paix et d'amitié ; renforcement des effectifs militaires…). Il ne fallut pas moins de dix longues années de négociations byzantines, et, surtout, la « nouvelle pensée » gorbatchevienne sur le monde[3], pour que l'armée vietnamienne consentît à évacuer totalement le Cambodge (septembre 1989).

LES SUITES

À l'instigation notamment de l'ANSEA (*Association of South East Asian Nations*)[4] et de l'ONU, des pourparlers furent très tôt entamés en vue de mettre fin à l'occupation vietnamienne et de permettre la coexistence des principales forces du pays : Sihanoukistes, Khmers rouges, faction pro-vietnamienne de Heng Samrin (puis de Hun Sen).

Le prince Sihanouk proposa, au début de 1984, la formation d'un « gouvernement de réconciliation nationale », mais la guerre civile avait rendu les différents camps très méfiants. En novembre 1988, enfin, l'ONU, sur proposition de l'ANSEA, vota un « règlement politique d'ensemble » prévoyant le retrait des forces étrangères ainsi qu'une réconciliation nationale autour de Sihanouk. Après maintes rencontres, les parties acceptèrent la signature d'un accord international à la conférence de Paris (octobre 1991), comportant l'organisation par l'ONU d'élections libres.

---

1   Chapitre 2, p. 75-76.

2   Chapitre 4, p. 148.
3   Chapitre 5, p. 181-182.
4   Chapitre 4, p. 127 ; 148-149.

Parallèlement, une importante aide économique était promise par la communauté internationale (Japon, France...) et la Banque mondiale.

Les élections de mai 1993, placées sous le contrôle de l'APRONUC (*Autorité Provisoire de l'ONU au Cambodge*) permirent la désignation d'une assemblée constituante, qui rétablit la monarchie au profit de Sihanouk, ainsi que la formation d'un gouvernement où cohabitaient les Sihanoukistes et les partisans pro-vietnamiens de l'ex-PC khmer.

Le calme total ne revint pas pour autant dans tout le pays. Des Khmers rouges continuèrent à contrôler une grande partie des régions occidentales, même si certaines bandes, comme celle de Ieng Sary, ex-beau-frère de Pol Pot, consentirent, en échange d'une amnistie, à se rallier au gouvernement (été 1996). Ce dernier, malgré l'aide internationale, a bien du mal à faire face aux multiples problèmes posés par une nation profondément martyrisée et traumatisée.

En juillet 1997, les partisans des deux co-premiers ministres – Hun Sen, chef du Parti du peuple cambodgien, et le prince Norodom Ranariddh (fils du roi Norodom Sihanouk) du Funcinpec – s'affrontent violemment, suscitant un nouvel exode de la population.

CORRÉLATS

VIETNAM

BIBLIOGRAPHIE

KIERNAN B., *Le génocide au Cambodge 1975-1979. Race, idéologie et pouvoir*, Gallimard, 1998.

LECHERVY C. (sous la direction de), «Cambodge, de la paix à la démocratie?», *Problèmes politiques et sociaux*, 1993.

RÉGAUD N., *Le Cambodge dans la tourmente: le troisième conflit indochinois, 1978-1991*, L'Harmattan, 1992.

© ARMAND COLIN. La photocopie non autorisée est un délit

CAUCASE DU NORD[1]

DONNÉES STATISTIQUES

Régions	Superficie	Population (1979)	capitale	% de l'ethnie contestataire
Tchétchénie	19 300 km²	1 277 000 hab.	Grozny (400 000)	52,9% Tchétchènes
Ossétie du Nord	8 000 km²	634 000 hab	Ordjonikidzé (300 000)	50,5% Ossètes
Ossétie du Sud	3 900 km²	99 000 hab.	Tskhinvali (34 000)	66,4% Ossètes
Abkhazie	8 600 km²	537 000 hab.	Soukhoumi	17,1% Abkhazes

CHRONOLOGIE SOMMAIRE

Fin du XVIIIe siècle	Débuts de la conquête russe
1834-1859	«Guerre sainte» menée par l'imam Chamil contre les Russes
1917-1918	Les peuples du Caucase éliminent les fonctionnaires du tsar et s'organisent en États indépendants (Géorgie, Arménie, Azerbaïdjan)
1921-1924	Intégration de l'Abkhazie et de l'Ossétie du Sud à la République socialiste soviétique de Géorgie ; de l'Ossétie du Nord et de la Tchétchénie à la Russie soviétique
1944-1957	Suppression, sur ordre de Staline, de la République autonome de Tchétchénie-Ingouchie, et déportation des populations en Asie centrale
1988-1990	**Début des mouvements indépendantistes en Abkhazie et en Ossétie**
Automne 1991	**Début du mouvement indépendantiste en Tchétchénie, conduit par le général Doudaev**
Mai 1997	**Signature d'accords de paix entre la Russie et la Tchétchénie**

1. Pour les problèmes du Caucase du Sud, voir **ARMÉNIE** p. 259.

LES ORIGINES

À partir de l'extraordinaire mosaïque ethnique (9 grandes ethnies, 70 petites) fournie par le Caucase, les tsars russes, puis les dirigeants soviétiques opérèrent – sans aucun scrupule – des regroupements, des fractionnements, et des déportations de peuples.

Les Abkhazes, qui habitaient l'antique Colchide, et avaient connu l'indépendance, furent annexés de force par la Russie en 1814, déportés, en partie, vers l'Empire ottoman en 1866 et 1878, intégrés ensuite à l'URSS,

mais de manière fractionnée (1921) : les uns étant rattachés à la Géorgie (Abkhazie), les autres à la Russie (région autonome de Karatchaï-Tcherkessie).

De même, les Ossètes, annexés à l'empire russe (1768-1774), puis à l'URSS se trouvèrent fractionnés en deux entités (1922) : l'Ossétie du Nord, rattachée à la Fédération de Russie, et l'Ossétie du Sud, à la République de Géorgie.

Dans le Nord du Caucase, la Tchétchénie, conquise très difficilement par la Russie (1850-1860), bien que déclarée Région autonome (1922), puis République autonome (1936) ne fut jamais vraiment soumise. Accusée de collaboration avec les Allemands, la population, en février 1944, se vit, sur ordre de Staline, déportée massivement en Asie centrale. La République autonome de Tchétchénie-Ingouchie ne devait être rétablie qu'en janvier 1957, et ses habitants ne purent jamais récupérer leurs terres données à l'Ossétie du Nord... S'appuyant, néanmoins, sur des mafias nombreuses et ramifiées (en URSS et dans les démocraties populaires), et forts d'importantes richesses pétrolières, les Tchétchènes forment, à l'époque Brejnev, l'un des peuples les plus actifs et les plus indépendants de la mosaïque nord-caucasienne.

LES CONFLITS

Le mouvement tchétchène

Quelques semaines seulement après le putsch contre M. Gorbatchev, le général d'aviation Doudaev – élu président d'un Comité exécutif du « Congrès national du peuple tchétchène » – proclame la Tchétchénie souveraine à partir du 1er novembre 1991. Jugeant cet acte illégal, Boris Eltsine impose l'état d'urgence et une administration directe. En fait, la Russie[1], qui hésite à utiliser la force, va tolérer la sécession de fait de la Tchétchénie. Elle ne reste cependant pas inactive, et s'efforce de déstabiliser les dirigeants tchétchènes, en participant au conflit opposant les Ossètes du Nord aux Ingouches ; ces derniers, ayant été écartés de la nouvelle république tchétchène, tentent, en effet, de récupérer, par la force, les territoires donnés par Staline aux Ossètes.

Simultanément, les clans tchétchènes se déchirent à partir de 1993. Des affrontements sanglants, pour la maîtrise du territoire, mettent aux prises les forces gouvernementales et les adversaires de Doudaev. Toutefois, lorsque Boris Eltsine décide, en décembre 1994, de « ne pas rester à côté de cette effusion de sang (dans une république de la Fédération de Russie) », et de faire intervenir l'armée russe, un accord est scellé entre Doudaev et l'opposition. Les forces russes se heurtent, en 1995 et durant le premier semestre de 1996, à une résistance nationale acharnée, nullement ébranlée par les bombardements massifs de Grozny, la capitale, et des principales villes.

Le général Doudaev ayant été tué, plusieurs cessez-le-feu (juin, août 1996...) sont proclamés. Des négociations prévoient le retrait des troupes russes – retrait effectif en décembre 1996 – et le gel du statut de la Tchétchénie jusqu'à un référendum prévu en 2001. En mai 1997, huit mois après la fin des hostilités, le président russe Boris Eltsine et son homologue tchétchène, Aslan Maskhadov, signent un accord à Moscou, qui met fin, en principe, à un « conflit multiséculaire », ayant officiellement coûté la vie à près de 40 000 civils, 7 000 militaires tchétchènes et 1426 russes.

Les dissidences minoritaires face à l'ultranationalisme des géorgiens

En Géorgie, dès les débuts de la perestroïka, l'opposition anticommuniste fait vibrer la corde nationaliste, toujours très sensible dans la population de cette république (attaques contre les Meskhètes, minorité turcophone islamisée). Aussi, les Abkhazes qui, depuis 1978 au moins, réclament leur rattachement à la Fédération de Russie, franchissent le pas ; en mars 1988, un « Front populaire » déclare la sécession de l'Abkhazie ; et, un an plus tard, le Parlement affirme, à son tour, l'indépendance du pays. Aussitôt, les forces géorgiennes interviennent et obligent les indépendantistes à se réfugier dans le nord-ouest. Un cessez-le-feu signé sous l'égide de Moscou ne calme pas les passions. Les combats meurtriers reprennent. Bénéficiant du concours de l'armée russe, de celui de Tchétchènes et d'autres populations caucasiennes, les séparatistes abkhazes s'emparent de la capitale Soukhoumi en septembre 1993. Le 26 novembre 1994, Vladislav Ardzinba est élu président de l'« État souverain d'Abkhazie ». En août 1997, ce dernier et le président de la Géorgie, Édouard Chevarnadze signent – sous le parrainage de la Russie – une « déclaration de paix ».

En Ossétie du Sud, à compter de novembre 1990, un mouvement du même type, réclamant l'indépendance, ainsi que le rattachement à la Fédération de Russie (en vue d'une union avec l'Ossétie du Nord) a regroupé la totalité de la population (99,75 % des suffrages au référendum de janvier 1992), et s'est heurté à la même intransigeance du gouvernement géorgien. Comme en Abkhazie, celui-ci a répliqué par les armes, suscitant un exode massif vers l'Ossétie du Nord. En juin 1992, à la suite d'un accord

---

1   *Cf.* chapitre 7, p. 234.

© ARMAND COLIN. La photocopie non autorisée est un délit

passé entre la Russie et la Géorgie, la première a reconnu l'intangibilité des frontières de la seconde, tandis qu'a été créée, par la CEI, une force d'interposition, et que les milices géorgiennes se sont retirées.

Pendant la même période, les nationalistes géorgiens se montrent aussi intolérants envers les autres minorités, notamment la minorité grecque. Ces actions sont conduites dans un climat de tension extrême, et, à partir de décembre 1991, de véritable guerre civile, qui oppose les partisans de l'ultranationaliste Zviad Gamsakhourdia, premier président de la République de Géorgie (élu en mai 1991), et ceux d'Édouard Chevarnadze, ancien ministre des Affaires étrangères de Gorbatchev, élu président en octobre 1992.

Au total, la région du Caucase – tant la partie Nord que le Sud, avec le terrible différend entre l'Arménie et l'Azerbaïdjan à propos du Haut-Karabakh – compte parmi les régions les plus ébranlées par la désagrégation de l'URSS. Celle-ci y a entraîné une véritable balkanisation avec guerres civiles et conflits interethniques en cascade.

CORRÉLATS

ARMÉNIE • MOLDAVIE

BIBLIOGRAPHIE

DJALLILI M.-R. (sous la direction de), *Le Caucase post-soviétique : la transition dans le conflit*, Bruyhlant/LGDJ, Paris-Bruxelles, 1995.

CHIAPAS

DONNÉES STATISTIQUES

Superficie	73 887 km^2
Population	2,1 millions
Capitale	Tuxtla Gutierrez

CHRONOLOGIE SOMMAIRE

1911-1919	Soulèvement d'Emiliano Zapata
1993	Naissance de l'EZLN (Armée Zapatiste de Libération Nationale)
1er janvier 1994	Soulèvement des Indiens du Chiapas
1994-...	**Guérilla zapatiste**
16 février 1996	**Signature des accords de San Andres**
23 décembre 1997	Massacre d'Acteal

LES ORIGINES

État de l'extrémité du sud-est du Mexique, le Chiapas est une zone montagneuse, une des régions les plus pauvres du pays, qui produit la moitié du café mexicain et porte d'immenses forêts. La réforme agraire n'y a pratiquement jamais été appliquée ; les populations indiennes sont restées longtemps soumises aux exactions du gouvernement de l'État et des « guardias blancas » (les gardes blanches, milices des grands propriétaires). En 1992, le gouvernement met fin au système de l'*ejido* (communauté agraire née de la révolution mexicaine) en permettant la privatisation des terres communautaires. Un syndicat paysan autonome, l'Alliance paysanne indépendante Emiliano Zapata (ACIEZ), réclame alors une redistribution des terres et la formation de propriétés collectives qui proviendraient de la confiscation des exploitations de plus de 50 hectares. Dissous en 1993, ce syndicat donne naissance à l'EZLN, Armée zapatiste de libération nationale. L'EZLN n'est pas une guérilla de type « classique » en Amérique latine, qui emprunterait au modèle marxiste ou guévariste ; elle s'inspire d'une vision indigène du monde et met en avant des revendications paysannes certes, mais aussi ethniques. Elle reçoit l'appui d'une partie du clergé catholique, notamment celui de l'évêque de San Cristobal de Las Casas, Samuel Ruiz Garcia.

LE CONFLIT

Une guérilla indienne

Le 1er janvier 1994, jour d'entrée en vigueur de l'ALENA, se produit le soulèvement des Indiens du Chiapas : l'EZLN occupe les principales villes de l'État. Après douze jours de combat (et 400 morts), le président Salinas de Gortari décrète un cessez-le-feu unilatéral. Des négociations s'engagent, et aboutissent fin février-début mars, entre le gouvernement fédéral et l'EZLN.

Dès le début du soulèvement, les zapatistes font connaître leurs revendications, dans la « première déclaration de la forêt Lacandone », intitulée *Ya basta !* (Ça suffit !) : ils ne souhaitent pas prendre le pouvoir, mais posent la question de la démocratie politique dans un pays où le Parti révolutionnaire institutionnel (le PRI, fondé en 1946), véritable Parti-État, détient de manière autoritaire toutes les commandes en s'appuyant sur les caciques locaux. Dans leur deuxième déclaration, le 10 juin 1994, ils en appellent à la société civile pour qu'elle participe à un dialogue national permettant la transition vers une réelle démocratie – les zapatistes deviennent donc ainsi les alliés objectifs du Parti révolutionnaire démocratique, le PRD, parti d'opposition.

En août 1994, la trêve vole en éclats : le 21, la fraude, lors de l'élection au poste de gouverneur du Chiapas, permet la victoire du candidat du PRI, Eduardo Robledo, aux dépens du candidat de l'opposition, que le PRD soutient, Amado Avendaño. Ce dernier se proclame donc gouverneur alternatif, tandis que l'EZLN occupe des municipalités. Tout en faisant intervenir 60 000 hommes de l'armée fédérale pour les reprendre, le président Zedillo accepte la médiation d'une commission que préside Mgr Samuel Ruiz (la Conai) ; le 17 janvier 1995, l'EZLN décrète un cessez-le-feu.

Le pouvoir mexicain joue désormais sur plusieurs registres : il maintient l'armée fédérale au Chiapas (50 000 hommes) et reprend le dialogue ; en novembre 1995, l'EZLN accepte les propositions gouvernementales sur l'autonomie indigène. L'EZLN, quant à elle, reste sur sa ligne. Elle en appelle au dialogue national et, le 27 août 1995, elle invite la société civile à un référendum sur ses orientations futures : plus de la moitié des votants souhaitant que l'EZLN se transforme en parti politique, un nouveau rassemblement est créé, le Front zapatiste de libération nationale, coalition somme toute assez floue. En même temps, l'EZLN continue à participer aux négociations : le 16 février 1996, sont signés les accords de San Andres, texte de compromis sur l'autonomie, le respect des, coutumes des indigènes, l'égalité devant la loi. La commission chargée de l'application de ces accords ne sera jamais reconnue par le gouvernement ; or l'opposition – mexicaine ou zapatiste – en fait un préalable à la reprise des négociations, dans l'impasse depuis 1996.

En fait le pouvoir mexicain compte sur le pourrissement de la situation : l'armée fédérale, largement présente sur le terrain, encercle les communautés indigènes et laisse les groupes paramilitaires sévir contre les populations. Le massacre de 45 Indiens à Acteal, le 23 décembre 1997, montre qu'elle cherche à diviser les communautés, pour mieux les « protéger », de façon à favoriser une issue militaire au conflit.

Afin que leur cause soit reconnue, les zapatistes ont souhaité une médiatisation de la guerre au Chiapas. D'où l'organisation, du 27 juillet au 3 août 1996, de la « Rencontre continentale pour l'humanité et contre le néolibéralisme » qui rassembla plus de 30 000 personnes, en majorité des étrangers. D'où également la figure quasi mythique du sous-commandant Marcos…

Le mouvement zapatiste a révélé les profondes fractures de la société mexicaine (que souligne aussi l'apparition, en 1996 dans le Guerrero, de l'Armée populaire révolutionnaire). Il a fragilisé le PRI, parti qui n'avait jamais été vraiment contesté et qui s'est divisé entre partisans du dialogue et de la manière forte. Il a surtout fait naître une réflexion politique, concrétisée par l'accord national sur une véritable démocratisation

© ARMAND COLIN. La photocopie non autorisée est un délit

(17 janvier 1995, accord qui prône l'autonomie du législatif et du judiciaire, la clarté sur le financement des campagnes électorales et l'accès aux médias).

L'opposition, incarnée par le PRD, est majoritaire au Parlement fédéral depuis juillet 1997 ; elle affirme vouloir l'application des accords de San Andres.

CORRÉLATS

GUATEMALA • SALVADOR

BIBLIOGRAPHIE

Ya Basta ! Les insurgés zapatistes racontent un an de révolte au Chiapas (communiqués de l'EZLN, traduits par A. Muchnik et annotés par M. Lemoine), Dagorno, 1995.

ARRAITZ N., *Tendre venin. De quelques rencontres dans les montagnes indiennes du Chiapas et du Guerrero*, Éditions du Phéromone, 1995.

NADAL M.-J., À *l'ombre de Zapata, vivre et mourir dans le Chiapas*, Éditions du Félin, 1995.

CHYPRE

DONNÉES STATISTIQUES

	1969	1995
Population	629 000	730 000
Densité	68	78,9
PIB par habitant (en dollars)		9 389

CHRONOLOGIE SOMMAIRE

1571	Les Turcs s'emparent de Famagouste
1878	Début de l'occupation anglaise
1960	Indépendance
1974	Tentative de putsch grec, intervention militaire turque
1974	**Partition de l'île**

LES ORIGINES

Le problème chypriote est issu de la « question d'Orient » : l'île, cédée aux Britanniques par les Ottomans en 1878 (en échange de leur promesse d'aide contre la Russie), reste sous leur contrôle jusqu'en 1959. Elle est alors peuplée de Grecs et d'une minorité turque dont les intérêts divergent. La Turquie souhaite un partage de l'île, pour des raisons essentiellement géostratégiques (blocage des ports turcs par les possessions égéennes de la Grèce). La Grèce verrait dans le rattachement de Chypre (*enosis* que réclament les Chypriotes grecs après la Première et après la Deuxième

Guerre mondiale) une juste compensation aux mouvements de population qui suivirent la guerre gréco-turque de 1922-1923 (un million et demi de Grecs vivant en Asie mineure en sont chassés, tandis que 500 000 Turcs sont expulsés de Grèce).

L'indépendance de Chypre, proclamée en 1960, met en place un statut communautaire proche de celui du Liban. Il ne satisfait ni les Grecs – qui jugent trop important le rôle politique de la communauté turque – ni les Turcs – qui craignent la puissance économique grecque. En 1963, l'archevêque-président Makarios ayant proposé une révision constitutionnelle, la crise éclata à la suite du refus turc. Les heurts entre communautés entraînèrent un remodelage de l'espace chypriote, les Turcs étant repoussés au nord de l'île, les Grecs au sud.

LE CONFLIT

En 1974, la crise rebondit : le président Makarios souhaite une indépendance réelle de l'île, ce qui déclenche une tentative de putsch par le régime des colonels grecs et surtout l'intervention militaire turque. La guerre est évitée de justesse grâce aux pressions de l'OTAN sur la Grèce et la Turquie (qui font partie de l'Alliance atlantique), mais la partition de l'île est accomplie de facto.

Depuis 1974, la communauté turque (proclamée République turque de Chypre du Nord en 1983) est maintenue à bout de bras par la Turquie : la réunification de l'île pourrait constituer une éventuelle monnaie d'échange à l'admission de la Turquie au sein de l'Union européenne. La question chypriote semble même devenue une échappatoire aux problèmes internes turcs : ne faut-il pas interpréter ainsi l'assassinat, à l'été 1996, de trois chypriotes grecs par des Turcs, et la surenchère du Premier ministre Tansu Ciller, alors que Nicosie et Athènes jouent l'apaisement ?

La partie grecque de Chypre, elle, n'accepterait la réunification que contre un contrôle total de l'île. Il est vrai que, prospère grâce aux revenus du tourisme et au transfert de capitaux (à la suite du conflit libanais), elle peut se permettre de voir le *statu quo* maintenu.

BIBLIOGRAPHIE

DREVET J.-F., *Chypre île extrême*, Syros Alternatives, 1991.

PECHOUX P.-Y., « Il nodo cipriota », *La citta nuova*, vol. VII, n° 1-2, G. Macchiaroli, 1992.

© ARMAND COLIN. La photocopie non autorisée est un délit

COLOMBIE

DONNÉES STATISTIQUES

	1970	1995
Population (en millions)	21	35
Densité	18,5	30,5
Mortalité infantile ($^0/00$)	76,6	40
Analphabétisme ($^0/0$)	19,2	12,6
PIB Par habitant (en dollars)	340	1414

CHRONOLOGIE SOMMAIRE

1550	Création de l'« audiencia » de Santa Fe de Bogotá
1811	Proclamation de l'indépendance
7 août 1819	Bolivar écrase les troupes espagnoles au pont de Boyaca
Vers 1840	Début de la lutte entre conservateurs et libéraux
1948-1953	Guerre civile larvée (La « violencia »)
1949	**Début de la guérilla**
1958-1974	Alternance au pouvoir du Parti libéral et du Parti conservateur dans le cadre de l'accord de « Front national »
Années 1980-1990	**Lutte contre la drogue**

LES ORIGINES

Depuis l'indépendance, la vie politique est réglée par la confrontation de deux grands partis, le libéral et le conservateur. Liés tous deux à l'oligarchie, ils fonctionnent sur un clientélisme familial, recrutant dans toutes les classes de la société. Au XIXᵉ siècle, leur lutte provoqua une grande instabilité politique, tournant à plusieurs reprises au soulèvement armé (1853, 1876, 1885, 1895, 1899-1903). En 1948, l'assassinat d'Eliecer Gaitan, leader de la gauche du Parti libéral entraîna une véritable guerre civile, *la Violencia* (1948-1957), qui se solda par près de 300 000 morts. Au terme de ce conflit, les deux partis en vinrent à cogérer l'État : signé en 1958, l'accord de Front national prévoit l'alternance obligatoire à la présidence, le partage des ministères et des charges de l'administration publique, pour une période de seize, puis, en 1974, de quatre ans. De plus, en 1968, la réforme constitutionnelle imposa au président de laisser la moitié des portefeuilles ministériels au parti arrivé en seconde position aux élections – dans

un pays où l'abstention bat tous les records, puisque les trois quarts des électeurs ne votent pas...

L'indemnisation versée par les Américains, en échange de l'accession de Panama à l'indépendance (1903), qui priva la Colombie du contrôle du commerce interocéanique, fut à l'origine de l'expansion économique – qui profita surtout à l'oligarchie – mais aussi de l'influence de plus en plus grande des États-Unis sur le marché du café, l'exploitation des bananeraies et des gisements de pétrole.

LE CONFLIT

La lutte contre la guérilla

Le partage du pouvoir entre libéraux et conservateurs ne laisse aucun espace à une quelconque opposition légale, alors que la réalité sociale du pays est très difficile ; seule peut donc agir la guérilla, aux groupes divers :
– les FARC (Forces armées révolutionnaires de Colombie, bras armé du PC) sont issues des maquis communistes présents dans la

cordillère centrale à la fin de la Violencia, réprimés lors du plan mené par les États-Unis (LASO, Latin America Security Operation). Ce mouvement de résistance rurale, formé de paysans spoliés, comprend d'autres groupes : l'ELN, Armée de libération nationale inspirée par la révolution cubaine (1965) et l'EPL, Armée populaire de libération de tendance maoïste (1967).

– Le Movimiento 19 de Abril (M-19), issu en 1974 de l'Alliance nationale populaire (Anapo), parti politique nouveau de tendance populiste, dirigé par le général Rojas Pinilla, victime d'une fraude électorale le spoliant de sa victoire aux élections de 1970. Mouvement de guérilla urbaine, M-19 se distingua par le vol de plusieurs milliers d'armes dans une caserne (1979), puis par une prise d'otages à l'ambassade de la République dominicaine à Bogotá (1980). Il installa ensuite, à côté des FARC, de l'ELN et de l'EPL, ses propres groupes de guérilla en zone rurale.

Dans un tel contexte, bien qu'elle ne soit jamais directement au pouvoir, l'armée reçoit des prérogatives de plus en plus grandes, d'abord lors de l'état de siège, décrété en 1976, puis après septembre 1978, lorsqu'elle obtient une partie des compétences de la justice civile (statut de sécurité). Sous le mandat du président conservateur Belisario Betancur, l'armée voit ses effectifs et son budget doubler ; elle organise des assassinats politiques et des disparitions, sabotant ainsi la trêve conclue avec les mouvements de guérilla à l'initiative du chef de l'État (1984). Ces assassinats sont menés directement ou par l'intermédiaire de groupes paramilitaires, légaux en Colombie depuis 1965 (décret 3398 voté par le Conseil supérieur de la défense, transformé en loi en 1969). Des dirigeants du M-19, des membres de l'Union patriotique (fondée le 28 février 1985 par les FARC), mais aussi des syndicalistes, sont torturés ou abattus. C'est également l'armée qui, en novembre 1986, sans l'aval du président de la République, prend d'assaut le Palais de justice de Bogotá occupé par le M-19 qui veut dénoncer ainsi le non-respect des accords (150 morts). À partir de 1988, les groupes paramilitaires liés à l'armée ajoutent, aux assassinats de militants des partis de gauche, des massacres collectifs de paysans.

La Colombie, narco-démocratie ?

De Colombie, pays très proche de la Floride, ce furent d'abord, dans les années soixante-dix, la marijuana, puis dans les années quatre-vingt, la cocaïne, qui inondèrent le marché américain, les trafiquants bénéficiant généralement de l'appui d'une haute bourgeoisie locale, corrompue et spéculative. Le président Betancur tenta d'éradiquer ce problème : en 1984, il se déclare favorable à l'extradition des narcotrafiquants, demandée par les États-Unis. Dès lors, les pressions, les enlèvements et séquestrations, les assassinats se multiplient, particulièrement entre août 1989 et avril 1990.

La lutte contre les *narcos* se poursuit sous la présidence du libéral Cesar Gaviria (élu le 27 mai 1990). Durant la campagne, il avait affirmé son refus de négocier avec le cartel de Medellín, la principale organisation mafieuse. Mais, trois mois à peine après son élection, en septembre 1990, il indique que seront jugés en Colombie et non aux États-Unis les trafiquants passibles d'extradition qui se rendraient : les trois frères Ochoa se livrent alors, puis Pablo Escobar qui continuera à diriger ses affaires de la prison construite pour lui, d'où d'ailleurs il s'évade... Cette politique, si elle démantèle le cartel de Medellín et limite les actes terroristes, ne freine en rien le narcotrafic ; le cartel de Cali, qui entretient des liens étroits avec la bourgeoisie traditionnelle, peut poursuivre toutes ses activités.

En fait, c'est sous la présidence d'Ernesto Samper, libéral élu le 19 juin 1994 (68 % des inscrits se sont abstenus), que la lutte contre le trafic de drogue obtient les meilleurs résultats, avec parfois l'aide de la *Drug Enforcement Administration* des États-Unis : policiers destitués, laboratoires démantelés, milliers d'hectares de coca et de pavot supprimés (ce qui déclenche la colère des paysans dont la culture de la coca est la seule source de revenus), le numéro deux du cartel de Cali, Miguel Rodriguez Orejuela, arrêté...

Mais en même temps, la Colombie est qualifiée par le Sénat américain de « narco-démocratie » : le cartel de Cali aurait participé au financement de la campagne électorale d'Ernesto Samper. Le Parlement colombien ouvre une enquête... qui conclut à son innocence. La classe politique fait bloc face aux accusations américaines, mais les révélations, les inculpations, les démissions se multipliant (conseillers du président, parlementaires, ministres, ambassadeurs), elle finit par lâcher Samper...

© ARMAND COLIN. La photocopie non autorisée est un délit

LES SUITES

Les Américains qui souhaitent voir se rétablir les accords d'extradition des narcotrafiquants et intervenir en Colombie directement, multiplient les pressions et les humiliations, supprimant des aides économiques, refusant au président Samper un visa d'entrée (11 juillet 1996), suspendant la « certification » de la Colombie (chaque année, les États-Unis « certifient » que certains pays coopèrent pleinement avec eux pour réduire le trafic de drogue), alors qu'elle est accordée au Mexique, pourtant principale voie d'entrée de la drogue en Amérique du Nord. En fait, un président comme Samper, envisageant un plan social ambitieux (*el salto social*), projetant la paix avec les guérillas et affirmant l'indépendance de son pays, ne convient guère aux États-Unis qui préféreraient un chef d'État faible... Avec l'appui des néo-libéraux, l'ex-président Gaviria et le vice-président de la Calle, le président Clinton contribue à déstabiliser le pays, tout en maintenant l'aide militaire la plus importante du sous-continent... Le gouvernement colombien ne peut que céder aux pressions américaines (loi d'extradition, loi d'expropriation des biens appartenant aux narcos, loi d'augmentation des peines). L'avion du président échappe de peu à un attentat, le 12 février 1997...

La violence en Colombie est générale, mêlant guérillas, armée, groupes paramilitaires, délinquants de droit commun, trafiquants de drogue... Depuis le début des années quatre-vingt, les trafiquants de drogue ont constitué de très grandes propriétés dans les zones où la présence de la guérilla faisait baisser le prix de la terre ; ils ont ensuite formé des groupes paramilitaires ou des milices privées pour combattre les paysans hostiles aux grands propriétaires. Les enlèvements sont de plus en plus pratiqués, à la fois par les trafiquants de drogue ou les délinquants de droit commun mais aussi par la guérilla, qui contrôle, à la suite de son offensive de septembre 1996, une grande partie du pays, soutenant les paysans producteurs de coca et réclamant la réforme agraire... L'armée a donc été renforcée et elle reçoit, dans sa lutte contre la guérilla, le soutien des groupes paramilitaires.

Ni la politique néo-libérale de Gaviria, ni les projets sociaux de Samper n'ont pu freiner la montée du chômage, ni mettre fin aux inégalités : 3 % des propriétaires terriens détiennent 70 % des terres cultivables, plus de la moitié des habitants vivent dans la pauvreté (43 % n'ont accès à aucun service de santé, 33 % en ville n'ont pas de logement, 60 % des travailleurs vivent avec le salaire minimum...).

CORRÉLATS

PÉROU

BIBLIOGRAPHIE

Dossier Colombie, *Problèmes d'Amérique latine*, n° 16, 1995.

Géopolitique des drogues, rapports annuels de l'Observatoire Géopolitique des Drogues, La Découverte.

ÉRYTHRÉE

DONNÉES STATISTIQUES

	1990	1996 (estim.)
Population totale		3 627 000
Asmara	374 000	
Massaoua	29 000	
Assab	22 000	

CHRONOLOGIE SOMMAIRE

1869	Achat d'Assab par une compagnie maritime gênoise
1890	L'Érythrée devient colonie italienne
1941	Occupation britannique
1952	Rattachement à l'Éthiopie sur injonction de l'ONU
1961	Naissance du Front de Libération de l'Érythrée
1962	Annexion par l'Éthiopie
1961-1991	**Guerre d'indépendance**
1991 (mai)	Accord de cessez-le-feu
1993 (24 mai)	Indépendance officielle

LES ORIGINES

Lorsque, en 1890, l'Italie fait de l'Érythrée une colonie, celle-ci est peuplée de multiples entités distinctes. Sur le plateau, les traits communs des populations sont essentiellement la pratique d'une agriculture traditionnelle et l'adhésion au christianisme orthodoxe, alors que, dans les plaines, dominent largement des pasteurs de confession musulmane.

Durant la Seconde Guerre mondiale, les Britanniques décident d'occuper l'Érythrée (1941), qui, avec ses 875 kilomètres de côtes sur la mer Rouge, constitue une base de choix pour repousser les forces de l'axe. Cette période d'administration militaire britannique, qui se prolonge jusqu'en 1951, est marquée par un net développement de la vie politique chez les élites. Celles-ci se répartissent en deux grands courants, fortement connotés religieusement et ethniquement ; l'un, qui rassemble surtout les chrétiens du plateau, partisans d'un retour de l'Érythrée sous l'influence de l'empereur d'Éthiopie, Hailé Sélassié ; l'autre – la Ligue islamique – qui regroupe les communautés musulmanes et réclame l'indépendance.

Après bien des hésitations et, vraisemblablement, la pression décisive des États-Unis, l'ONU propose, en décembre 1950, que l'Érythrée forme « une entité autonome fédérée à l'Éthiopie », avec gouvernement et parlement. Conformément à ces vœux, une fédération « érythréo-éthiopienne » est mise en place en 1952, qui officiellement perdure jusqu'en 1962, date de l'annexion du pays par l'Éthiopie. En fait, dès 1956, le statut prévu par l'ONU est bafoué, et, en 1961, éclate une insurrection, qui marque les débuts d'une guérilla de trente ans.

LE CONFLIT

Une guérilla sécessionniste (1961-1991)

Quatre grandes phases peuvent être distinguées dans cette longue guerre de libération du peuple érythréen.

© ARMAND COLIN. La photocopie non autorisée est un délit

Divisions et revers de la guérilla (1961-1974)

Bien des facteurs expliquent les fortes divisions qui, durant la première décennie, nuisent à l'efficacité de la rébellion, et permettent au gouvernement éthiopien des contre-offensives victorieuses : le poids excessif des identités ethniques et religieuses, le dogmatisme des dirigeants, les rivalités des chefs, les pressions des puissances étrangères, notamment les États voisins.

En 1970, le *Front de Libération de l'Érythrée* (FLE) – créé en 1961 – se scinde en deux branches : l'une musulmane (majoritaire), l'autre chrétienne mais d'obédience marxiste-léniniste, qui donnera naissance, un peu plus tard, au *Front Populaire de Libération de l'Érythrée* (FPLE). Les deux organisations se livrent, jusqu'à la révolution éthiopienne de 1974-1975, à des règlements de comptes sanglants.

Concertation et premiers succès (1975-1977)

La disparition du Négus et l'instauration d'une « démocratie populaire » à Addis-Abeba font basculer la quasi totalité des populations chrétiennes érythréennes dans le camp de la rébellion. Les deux mouvements, qui consentent, enfin, à unir leurs troupes (dix à douze mille combattants chacun), sont alors capables de contrôler une grande partie du pays : le FPLE domine la province de Sahel et le triangle Keren-Asmara-Massaoua ; le FLE, les provinces de Barka et de Gash.

Les effets catastrophiques de la « trahison » soviétique (1978-1986)

L'Union soviétique ayant décidé de soutenir le régime du colonel Mengistu Haïlé Mariam, nouvel homme fort de l'Éthiopie, à compter de 1977, la situation de la guérilla érythréenne se modifie radicalement. Alors que l'URSS avait, jusque-là, aidé une partie de celle-ci, elle s'emploie, à partir de 1978, – avec le concours des Cubains – à l'anéantir[1].

Les 200 000 soldats de l'armée de Mengistu, encadrés par les Cubains et les Soviétiques, réoccupent, dès 1978, la plus grande partie de l'Érythrée. Des combats acharnés (avec utilisation d'armes chimiques) ont lieu jusqu'en 1986, pour tenter de déloger la guérilla.

Unification et victoire finale (1987-1991)

Les années 1987 et 1988 apparaissent après coup décisives. D'une part, la rébellion est unifiée au profit du FPLE, ce qui entraîne une série d'offensives victorieuses, dont l'anéantissement de 4 divisions (15 000 hommes et 50 chars) et la prise d'Afabet, quartier général des forces éthiopiennes, en mars 1988. Par ailleurs, Mikhaïl Gorbatchev annonce une diminution drastique de son aide à Addis-Abeba[2], tandis que les États-Unis se montrent de plus en plus coopératifs avec la guérilla. Dès lors, celle-ci ne cesse de progresser, et parvient finalement à prendre Asmara en mai 1991. Un accord de cessez-le-feu est signé à Londres peu après. La « guerre de libération » a, durant ces trente années, coûté la vie à plus de 100 000 Érythréens.

LES SUITES

Un référendum d'autodétermination – contrôlé par l'ONU et l'OUA – se traduit, en avril 1993, par un oui massif (99,8 % des votes) en faveur de l'indépendance. Un gouvernement provisoire est alors désigné pour quatre ans, avec, comme Premier ministre, Issayas Afeworki, leader du FPLE (devenu, en février 1994, le *Front pour la Démocratie et la Justice*), également élu président de la République par l'Assemblée nationale. Ce cumul des pouvoirs, et l'absence de partis d'opposition, ne peuvent qu'inquiéter les partisans de la démocratie. En outre, malgré une aide européenne et américaine très substantielle, la reconstruction du pays est lente, rendue encore plus complexe par la démobilisation de milliers de combattants et le retour des réfugiés du Soudan.

CORRÉLATS

SOMALIE

BIBLIOGRAPHIE

KURDI N., *L'Érythrée : une identité retrouvée*, Karthala, 1994.

MARCHAL R., « Conflits et recomposition d'un ordre régional dans la Corne de l'Afrique », *Études Internationales*, n° 2, Québec, 1991.

---

1   Chapitre 4, p. 142.

2   Chapitre 5, p. 185.

GUATEMALA

DONNÉES STATISTIQUES

	1972	1995 (estimations)
Population (en millions)	5,5	10,5
Densité	49	95
Mortalité infantile (⁰/00)		48
Analphabétisme (⁰/0)		43,6
PIB	2591[1]	11 031[2]

CHRONOLOGIE SOMMAIRE

Xe siècle	Écroulement de l'ancien empire maya
Xe-XIIIe s.	Conquête toltèque dans le Yucatán
1523-1524	Conquête du Guatemala par Alvarado
15 septembre 1821	Proclamation de l'indépendance
1822-1823	Rattachement à l'empire du Mexique
1823-1839	Provinces-Unies d'Amérique centrale
1951	**Projet de réforme agraire dirigée contre l'United Fruit Co.**
1961	Début de la guérilla
Milieu des années 1970-1996	**Guerre civile**
1982	Création de l'URNG
1992	Rigoberta Menchu prix Nobel de la Paix
1996	Signature des accords de paix

1   En millions de quetzales.
2. En millions de dollars.

LES ORIGINES

Pays montagneux, le Guatemala vit l'épanouissement de la culture maya ; puis il fut conquis par P. de Alvarado en 1524. Comme ailleurs en Amérique centrale apparurent très vite des haciendas, alors que continuèrent à subsister des communautés indigènes très appauvries. Les principaux problèmes du pays existent donc déjà : il s'agit des questions agraire et indienne.

Indépendant en 1821, puis rattaché au Mexique, le Guatemala forma ensuite les Provinces-Unies d'Amérique centrale. Durant tout le XIXe siècle, comme au Mexique, le libéralisme – par exemple sous Justo Rufino Barrios, 1873-1885 – s'attaqua aux privilèges de l'Église (donc à ses terres) et aux propriétés collectives des communautés paysannes. La culture du caféier se développa, tandis que, au début du XXe siècle, se constitua sur la côte atlantique l'empire de la United Fruit Co. (bananeraies). L'oligarchie foncière, soutenue par les intérêts étrangers, s'appuya sur la dictature pour maintenir les structures sociales.

C'est en 1951 qu'éclata le problème de la terre : élu à la présidence avec le soutien des communistes, le colonel Arbenz Guzman veut exproprier la United Fruit Co., pour distribuer les terres aux paysans. Une junte militaire, appuyée sur des exilés venus du Honduras et du Nicaragua et soutenue par la CIA, l'oblige à s'exiler en 1954. Désormais la Constitution interdit toute atteinte à la

© ARMAND COLIN. La photocopie non autorisée est un délit

propriété privée : plus question donc de réforme agraire. Le régime militaire souhaita plutôt coloniser les terres « chaudes » du Peten, opération qui eut un double but stratégique : peupler des zones proches du Belize, avec lequel existent des litiges frontaliers ; créer des bases d'appui pour combattre une éventuelle guérilla.

LE CONFLIT

Une guerre civile

Ce fut en effet au début des années soixante que commença la guérilla. Elle vit une guerre civile d'abord limitée, qui prit de l'ampleur dans la décennie suivante. Outre le problème de la terre déjà évoqué, c'est la résistance indienne qui explique la guérilla.

Au Guatemala, les Indiens représentent au moins la moitié de la population ; ils sont divisés en 21 ethnies, dont les Mayas. Concentrés sur les hautes terres de l'ouest, ils pratiquent la culture vivrière du maïs, mais travaillent aussi dans les plantations de café. Ils seront les premières victimes de la guerre civile entre État et guérilla (à laquelle ils fournissent ses troupes). C'est dans les années soixante-dix que s'organisa vraiment la résistance indienne, dans le cadre du Comité d'union paysanne. Des régions entières basculèrent dans l'opposition armée, ce qui permit à la guérilla, en 1982, d'unifier ses quatre courants principaux au sein de l'Union révolutionnaire guatémaltèque (URNG).

L'armée mena une terrible répression, n'hésitant pas, pour couper la guérilla de ses racines, à raser des centaines de villages et à regrouper leur population dans des zones surveillées par les militaires. Elle tenta aussi d'encadrer les populations rurales en mobilisant de gré ou de force près de 800 000 hommes dans des patrouilles armées civiles chargées de l'autodéfense des communautés rurales.

Le retour au pouvoir des civils en 1985, entraîna, avec le soutien des États-Unis après 1990, le règlement progressif des problèmes : distribution de la terre, retour à la paix civile dans certaines zones. En 1990 fut conclu un accord permettant de normaliser les relations entre les divers partis politiques et l'URNG. Mais il fallut attendre 1996 pour voir, à l'initiative du président Alvaro Arzu, la signature de la paix. Paix fragile, comme en témoigne l'assassinat, le 26 avril 1998, de Mgr Juan Gerardi, responsable du bureau des droits de l'homme de l'archevêché de Guatemala et principal auteur d'un rapport sur les atrocités commises par l'armée au cours de la guerre civile.

LES SUITES

Le Guatemala sort ruiné de la guerre civile, qui causa plusieurs centaines de milliers de morts et de réfugiés. L'armée continue à jouer un rôle-clé dans le système politico-économique et en raison de la misère, trafic de drogue et délinquance se développent.

L'URNG, qui n'a pu obtenir le pouvoir socialiste objectif de sa lutte armée, a permis à la démocratie de progresser. Malgré tout la question indienne reste posée : en 1992, le prix Nobel de la Paix fut attribué à Rigoberta Menchu, qui avait vu sa famille massacrée par les militaires. La lutte des Indiens fut alors reconnue ; elle se poursuit désormais par des voies légales, puisque de nombreuses villes, petites ou moyennes, ont comme maire un descendant des Mayas.

CORRÉLATS

CHIAPAS • NICARAGUA • SALVADOR

BIBLIOGRAPHIE

LEBOT Y., *La guerre en terre maya. Communauté, violence et modernité au Guatemala*, Karthala, 1992.

LEMOINE M., *Les cent portes de l'Amérique latine*, Éditions de l'Atelier, 1997.

ROUQUIÉ A., *Guerres et paix en Amérique centrale*, Seuil, 1992.

– *Les forces politiques en Amérique centrale*, Karthala, 1992.

HAÏTI

DONNÉES STATISTIQUES

Superficie	27 750 km^2
Population	7 millions
Analphabétisme	72%
Mortalité infantile	86 pour 1000
Espérance de vie	53 ans
Taux de chômage	75%
PIB par habitant	380 $

CHRONOLOGIE SOMMAIRE

1492	Débarquement de Christophe Colomb en Haïti
1503	Introduction des premiers esclaves noirs
1697	L'Espagne cède à la France le tiers de l'île
1804	Proclamation de l'indépendance
1957-1986	Dictature des Duvalier
16 décembre 1990	Élection de J.-B. Aristide
30 septembre 1991	Coup d'État militaire
1994-1995	Intervention américaine, mission de l'ONU
Décembre 1995	Élection de René Préval

LES ORIGINES

Haïti devient indépendante en 1804 : les colons blancs sont rapidement remplacés par une élite mulâtre, formée d'anciens affranchis, qui détient le pouvoir politique, dirige le commerce et les grands domaines et qui domine ainsi une majorité de paysans noirs. Aujourd'hui encore existe un clivage profond, à la fois racial et social, entre noirs et mulâtres.

De 1957 à 1986, Haïti est aux mains des Duvalier, famille qui joue la carte des Noirs, mais dont le pouvoir repose sur l'alliance de fait entre les nouveaux riches noirs et l'élite mulâtre... et sur la répression. François, le père, est élu en 1957, grâce aux masses noires ; son régime s'appuie sur les célèbres « tontons macoutes » qui contrôlent toute la vie sociale ; c'est une dictature que les États-Unis ne soutiennent plus dès 1963. En 1971, Jean-Claude Duvalier succède à son père : le régime devient de plus en plus corrompu, mais il s'affaiblit en 1980, lorsque Jean-Claude épouse une jeune femme de la haute bourgeoisie mulâtre. En 1986, une vague de manifestations populaires, que l'Église soutient, le chasse du pouvoir.

LE CONFLIT

Une guerre civile internationalisée

Le départ de Duvalier ne signifie pas retour à la démocratie : le pays traverse une difficile période de transition, où des clans et leurs clientèles se disputent le pouvoir et où l'armée, écartée jusque-là par les Duvalier (elle était formée par les États-Unis et dirigée par les mulâtres), cherche à rejouer un rôle.

Les élections présidentielles de 1990 voient triompher Jean-Bertrand Aristide, qui incarne aux yeux des pauvres le changement et rejette le duvaliérisme ; il obtient 67 % des voix mais il est très controversé : est-ce un prophète qui mènera le pays à la démocratie ou un démagogue qui pourrait devenir autoritaire ?

Jean-Bertrand Aristide est renversé le 29 septembre 1991 par le coup d'État du

© ARMAND COLIN. La photocopie non autorisée est un délit

général Raoul Cédras – en 1986, les duvaliéristes s'étaient réfugiés dans l'armée et s'étaient ainsi alliés à l'élite mulâtre. Le pays subit alors la répression des « attachés » héritiers des tontons macoutes, qui se livrent à des massacres. Il est également soumis aux pressions internationales, par plusieurs embargos :
– commercial, décrété par l'OEA le 8 octobre 1991, alors que les crédits pour Haïti sont gelés par les pays occidentaux ;
– sur les armes, le pétrole et les capitaux, prévu par le Conseil de sécurité de l'ONU le 16 juin 1993.

En fait ces embargos, s'ils écrasent la population, permettent aux clans qui soutiennent la junte au pouvoir de s'enrichir par toutes sortes de contrebandes (et par le trafic de drogue).

L'ONU s'efforce alors de mieux intervenir, en durcissant les sanctions, en provoquant des négociations et en organisant des missions sur place. Le 3 juillet 1993 est ainsi signé un accord entre Cédras et Aristide (le retour d'Aristide est prévu le 30 octobre 1993, la communauté internationale apportera son soutien au développement du pays et à des réformes), que les militaires ne respecteront pas. De même échoueront les premières missions civiles – Micivih, Mission civile internationale en Haïti, de l'OEA et de l'ONU ; Minuha, mission des Nations unies en Haïti – elles seront toutes deux expulsées le 11 juillet 1994. L'opération « Restore Democracy » (Soutien à la démocratie, 19 septembre 1994) vise à rétablir le président élu, par l'intervention d'une force multinationale (en fait essentiellement américaine) puis de six mille Casques bleus : le 15 octobre 1994, les chefs de la junte ayant quitté le pouvoir, le président Aristide reprend ses fonctions.

LES SUITES

Le retour à la légitimité permet la tenue d'élections législatives, puis présidentielles en 1995.

Mais le redémarrage de l'économie se fait attendre, le PNB a chuté, le commerce est limité avec les États-Unis, la déforestation s'aggrave dans un pays où l'érosion est déjà intense. Deux tiers des Haïtiens sont sans emploi ; les trois quarts vivent dans une extrême pauvreté, migrant vers des villes surchargées ou vers les États-Unis (mais ils sont repoussés, sous prétexte de sida…). Dans ces conditions, la délinquance se montre très active et la violence politique perdure : la nouvelle police ne parvient pas à rompre avec un passé où, pour les organisations paramilitaires, quadriller et surveiller le pays permettait de s'enrichir…

Structures sociales désagrégées, système politique faible, corruption, grande pauvreté : autant de menaces sur la survie de la jeune démocratie haïtienne.

BIBLIOGRAPHIE

Aristide J.-B., *Tout moun es moun, tout homme est un homme* (en collaboration avec C. Wargny), Seuil, 1992.

Cervetti M., Ott E., *Des bleus sans casques, chronique d'une mission civile de l'ONU en Haïti*, Éditions Austral, 1994.

Rudel C., *Les chaînes d'Aristide*, Éditions de l'Atelier, 1994.

INDE

DONNÉES STATISTIQUES

	1975	1985	1995
Population	620 700 000	768 200 000	935 700 000
Densité (h/km²)	188,8	233,7	284,6
PIB par habitant (dollars)	430	1025	1290 (1994)

CHRONOLOGIE SOMMAIRE

1764	Colonisation anglaise
1885	Création du Parti national du Congrès
1907	Gandhi prend la direction du mouvement national
1947	Fin de l'Empire britannique des Indes Proclamation de l'indépendance de l'Inde et du Pakistan Terribles massacres entre hindous et musulmans
1947-1948	Guerre indo-pakistanaise à propos du Cachemire
1965	Nouvelle guerre indo-pakistanaise à propos du Cachemire
1966	Découpage du Penjab en trois États
1971	Guerre indo-pakistanaise, création du Bangladesh
1980	**Mouvements en Assam** contre les immigrés Bengali
1983	**État d'urgence au Penjab** Début de l'occupation par 5000 **Sikhs** du temple d'Amritsar
1984	Assassinat d'Indira Gandhi par 3 Sikhs de son escorte
1990	**Administration directe du Cachemire** par le pouvoir central

LES ORIGINES

Vouloir rassembler en un même État une population parlant plus de 1650 langues (dont 15 officielles), pratiquant plusieurs religions (hindouisme, 82 % ; islam, 11 % ; sikhisme, 1,8 %...), vivant dans plus de 500 États princiers distincts, et profondément hiérarchisée en fonction de l'appartenance à des castes : tel avait été l'extraordinaire pari du mouvement national dirigé depuis 1907 par le mahatma Gandhi. Non seulement, il s'était agi de chasser les colons anglais du territoire, mais, en même temps, de dépasser les particularismes de castes, de classes, de communautés linguistiques et religieuses, pour mettre en place, le 15 août 1947, un État unifié, l'Union indienne.

Tout fut fait, par les premiers dirigeants du nouvel État, pour privilégier les éléments unificateurs et atténuer les facteurs séparatistes. La Constitution de 1949 interdit ainsi « toute discrimination fondée sur la religion, la race, la caste, le sexe ou le lieu de naissance » et fait obligation à tous les citoyens de la nouvelle république de « promouvoir l'harmonie et l'esprit de fraternité au sein de tout le peuple indien en transcendant les diversités religieuses, linguistiques et régionales ».

Ce pari unificateur se heurta, au fil du temps, à toutes sortes d'obstacles. Le système des castes, par exemple, officiellement aboli en 1949, persista dans les mœurs en maintenant les clivages. Parallèlement, de nouveaux antagonismes sociaux apparurent à la suite de l'émergence d'un prolétariat agricole contestataire, et de l'arrivée de nouvelles couches moyennes, plus sensibles à leurs intérêts immédiats qu'à ceux de l'ensemble de la communauté nationale. La dégradation progressive du consensus majoritaire initial se traduisit par un émiettement des partis et une instabilité

© ARMAND COLIN. La photocopie non autorisée est un délit

politique de plus en plus marqués à partir des années soixante-dix.

Le Parti du Congrès, fer de lance du mouvement d'unification, dirigé par l'illustre famille des Nehru (Nehru lui-même, Premier ministre de 1947 à 1964 ; sa fille Indira Gandhi, de 1966 à 1977, de 1980 à 1984 ; son petit-fils, Rajiv Gandhi, de 1984 à 1989), s'émietta en factions rivales, et perdit son hégémonie. Son recul se fit au profit de coalitions éphémères (comme celle du *Janata Party*, de 1977 à 1980), de partis régionaux – en nette progression dans de nombreux États – et, surtout, de mouvements nationalistes extrémistes comme *l'Association du peuple indien* (BJS devenu par la suite BJP). Ce dernier, après avoir, vingt ans durant, stagné autour de 10 %, ne cessa de progresser aux élections nationales (119 sièges à la Chambre basse en 1991, 160 en 1996), au point de devenir le plus grand parti de l'Assemblée. Cette fulgurante progression du BJP, que l'on explique par un « complexe d'infériorité majoritaire des Hindous » (C. Jaffrelot), s'accompagna d'une poussée très forte de l'intégrisme religieux, marquée par des actions aussi inquiétantes que la démolition violente de la mosquée d'Ayodhya (décembre 1992), pour construire, à sa place, un temple hindou.

Le lien entre ces bouleversements de la vie politique indienne, à compter des années soixante-dix, et l'explosion des revendications identitaires dans plusieurs États, est évident, même s'il est difficile de déterminer toujours le sens de cette interaction. Tout aussi fort est le poids d'une conjoncture économique défavorable, avec une dette extérieure totale passée de 13 milliards (1975) à 41 (1985) et 99 milliards (1995).

LES CONFLITS

Les multiples tensions de nature identitaire qui affectent l'Union indienne ne sont pas toutes de la même gravité[1]. Beaucoup visent à une réorganisation administrative (redécoupage d'États), ou à une plus grande autonomie. Si, depuis le début des années soixante-dix, le gouvernement central, très soucieux d'affirmer sa prééminence et de maintenir l'unité, se montre réticent à des remaniements territoriaux, il l'est moins à la création de

« conseils régionaux » (Gorkhaland, en 1991 ; Jarkhand en 1994...) destinés à mieux représenter certaines identités. Aux yeux de New Dehli, les risques majeurs pour l'unité nationale sont surtout représentées par les revendications identitaires radicales qui, s'exprimant dans le cadre d'un État tout entier, peuvent conduire à la sécession. Trois États correspondent à ce cas de figure : l'Assam, le Penjab et le Cachemire.

L'Assam : des revendications identitaires multiformes

Situé dans la partie Nord-Est de l'Inde, entre le Bangladesh, la Birmanie et la Chine, l'État de l'Assam a été le théâtre, depuis les années soixante-dix, de trois types de mouvements identitaires : interethnique, régionaliste et séparatiste.

Les premières actions, de nature xénophobe, dressèrent une partie de la population assamaise – de religion hindoue – contre les paysans musulmans du Bangladesh (de langue bengali) venus, depuis la guerre indo-pakistanaise de 1971, s'installer en masse dans la vallée du Brahmapoutre et les collines du Sud-Est, et souhaitant bénéficier de tous les droits, y compris celui de voter. Il y eut des massacres, mais la violence put être dépassée par la victoire, aux élections de 1985, d'un parti régionaliste (l'AGP).

Toutefois, la faction la plus dure du mouvement décida de créer un *Front uni de libération de l'Assam*, afin d'agir, par les armes, pour obtenir l'indépendance du pays. Ses actions violentes (attentats, enlèvements, assassinats...) suscitèrent l'intervention de l'armée, mais il put y avoir une négociation avec la fraction la moins radicale.

Simultanément, l'élite d'une tribu établie dans la vallée du Brahmapoutre, la tribu Bodo, réclama violemment la création d'un nouvel État, qui, détaché de l'Assam, formerait le Bodoland. New Delhi parvint à trouver un compromis, en acceptant, en 1983, la création d'une région autonome bodo au sein de l'Assam.

Le Penjab : le terrorisme sikh

L'État du Penjab avait été créé en 1966 afin de satisfaire la forte communauté sikh qui le peuplait (9 millions sur les 15 millions habitant la péninsule). Mais cette ethnie guerrière fière et influente (formant 14 % de l'armée indienne), qui parlait la langue pendjabi et était

---

1   Chapitre 4, p. 146.

adepte d'une secte religieuse fondée au XVe siècle, ayant pour sanctuaire national le Temple d'Or d'Amritsar, ne tarda pas à augmenter ses exigences en réclamant que Chandigarh fût capitale de son seul État (et non plus du Penjab et de l'Haryana, à majorité hindoue).

Certains extrémistes revendiquèrent l'indépendance, avec la création d'un État purement sikh, le Khalistan. Des concessions faites par Indira Gandhi à la suite de violents troubles survenus en 1983 (400 morts) radicalisèrent le mouvement. L'année 1984 fut celle des affrontements sanglants entre Sikhs et Hindous : 400 morts, de février à juin ; 554 morts lors de l'assaut par l'armée du Temple d'Or où s'étaient réfugiés 500 Sikhs ; assassinat d'Indira Gandhi le 31 octobre par des Sikhs de son escorte... Tout au long des années 1985 et 1986, la situation continua à se dégrader au Penjab, où des groupes extrémistes sikhs, ayant parfois leurs bases au Pakistan, multiplièrent les actions terroristes et provoquèrent le départ de nombreuses familles hindoues. En mai 1987, pour tenter de mettre un terme à un conflit ayant déjà causé plus de 10 000 victimes, le Premier ministre Rajiv Gandhi prit la décision de confier au gouvernement central l'administration du Penjab. Cette mise en tutelle par New Delhi perdura plus de cinq ans. Depuis, sans que le calme ne soit revenu – terrorisme et banditisme continuant à s'y conjuguer – on observe une certaine tendance à l'apaisement.

Le Cachemire : une terrible pomme de discorde entre l'Inde et le Pakistan

Alors qu'il était peuplé pour les 3/4 de population de confession musulmane, le Cachemire opta, en 1947, pour son rattachement à l'Inde, du seul fait de son maharadjah – hindou. Le Pakistan ayant refusé d'entériner ce choix, une première guerre l'opposa à l'Inde en 1947-1948. À l'issue du cessez-le-feu, l'ONU prononça la coupure de l'État en deux : une petite partie fut rattachée au Pakistan (l'Azad), l'autre à l'Inde, avec un statut spécial (reconnu par l'article 370 de la Constitution indienne). En 1962, la Chine occupa la partie Nord-Est (l'Aksai chin). Cette triple partition devait entraîner de multiples incidents de frontières et une seconde guerre avec le Pakistan en 1965[1].

Les pressions extérieures – notamment pakistanaises – et le non-respect par New Delhi du statut spécial accordé à l'État de « Jammu et Cachemire », encouragèrent le développement de mouvements séparatistes. Ceux-ci s'amplifièrent à compter du début des années quatre-vingt, en raison de la perte de crédibilité du Parti du Congrès, et de la poussée de l'intégrisme islamique dans les pays voisins. Aidés financièrement par l'Iran et l'Arabie saoudite, entraînés par les mujahedins afghans, soutenus étroitement par les Pakistanais, ces mouvements ne cessèrent d'intensifier leurs actions (attentats, enlèvements...). New Delhi tenta de juguler cette vague terroriste par une dure répression et la nomination d'un gouverneur favorable aux intégristes hindous, puis (janvier 1990) par l'administration directe de l'État. Mais les affrontements sanglants, les occupations de mosquées, les manifestations anti-hindous et les incidents frontaliers continuèrent, provoquant la mort de 15 000 à 50 000 personnes entre janvier 1990 et mars 1996. Cependant, pour la première fois depuis neuf ans, des élections au parlement régional purent se dérouler en septembre 1996.

Au total, par sa durée (nouveaux affrontements entre les armées indienne et pakistanaise, le long de la frontière, en août 1997), et par sa nature, le conflit du Cachemire revêt une dimension particulière par rapport aux autres mouvements. C'est « le territoire relique d'une construction nationale inachevée. Pour le Pakistan, il est la part musulmane qui reste à s'adjoindre ; pour l'Inde, il est (il était ?) la preuve que chacun trouve sa place dans une nation pluraliste pourvue d'un État laïque » (Jean-Luc Racine).

CORRÉLATS

PAKISTAN • SRI LANKA

BIBLIOGRAPHIE

« L'Inde et la question nationale », *Hérodote*, n° 71, 4e trim. 1993.

JAFFRELOT C., *Les nationalistes hindous. Idéologies, implantation et mobilisation des années 1920 aux années 1990*, Presses de la FNSP, 1993.

LACOSTE Y. (sous la dir. de), *Dictionnaire de géopolitique*, Flammarion, 1993.

---

1 Chapitre 3, p. 109.

© ARMAND COLIN. La photocopie non autorisée est un délit

INDONÉSIE

DONNÉES STATISTIQUES

	1975	1985	1995
Population	135 700 000	167 300 000	193 750 000
Densité (h/km²)	70,9	87,5	101,3
PIB (par hab.)	501	1633	3690
Dette extérieure (milliards de dollars)	11,51	36,71	90,50 (1994)

CHRONOLOGIE SOMMAIRE

XIIIᵉ s.	Introduction de l'islam par des marchands
XVIᵉ s.	Arrivée des Portugais (1509), des Espagnols (1521), des Hollandais (1595), des Anglais (1600)
1922	L'Indonésie est intégrée au royaume des Pays-Bas
1927	Création du Parti nationaliste indonésien (Sukarno)
1942-1945	Occupation japonaise
1949	Indépendance de l'Indonésie
1962	Accords avec les Pays-Bas sur la Nouvelle-Guinée Occidentale
1965	Répression anti-communiste
1966	Le président Sukarno donne les pleins pouvoirs au général Suharto
1969	**Rattachement de la Nouvelle-Guinée Occidentale**
1975	**Invasion du Timor oriental, et début de la résistance**
1998	Émeutes étudiantes. Démission du général Suharto qui passe la main à son dauphin Jusuf Habibie.

LES ORIGINES

La brève histoire de l'Indonésie contemporaine, ancienne colonie néerlandaise, qui a obtenu son indépendance en 1949, est particulièrement riche en tensions de toutes sortes – politiques, sociales et ethniques – dont le dénouement a été le plus souvent violent. En 1965, un coup d'État contre le président Sukarno a été le prétexte d'une répression anti-communiste d'une ampleur terrifiante (700 000 arrestations, 500 000 morts, 430 dirigeants exécutés). Malgré le régime de fer instauré par Sukarno, puis par son successeur, le général Suharto (pas d'élections de 1957 à 1973), les émeutes xénophobes n'ont pas été rares (anti-japonaises en 1974, anti-chinoises en 1980…), aiguisées par les très fortes inégalités sociales (avec 4 % à peine de la population la minorité chinoise contrôle près de 80 % des entreprises) et par un chômage total ou partiel pouvant atteindre, dans la dernière décennie, 30 à 40 % de la population active. En outre, le séisme boursier de l'automne 1997, particulièrement ravageur en Indonésie, a accentué le malaise social (émeutes étudiantes au printemps 1998) et précipité la démission du général Suharto.

À cette occasion, le régime, bien que soutenu par les États-Unis, et désireux d'affirmer son rôle sur le plan régional (dans le cadre de l'ANSEA) et international (présidence du mouvement des non-alignés, de 1992 à 1995) s'est vu fortement critiqué en Occident, malgré ses succès économiques, pour sa corruption généralisée et son non-respect des droits de l'homme envers plusieurs mouvements séparatistes qui se sont développés sur son territoire : à Atjeh (Sumatra Nord), et, surtout, à Timor et en Irian (Nouvelle-Guinée Occidentale).

LES CONFLITS

Le mouvement séparatiste du Timor oriental

Sous administration portugaise durant quatre siècles, la partie orientale de l'île de Timor (la plus grande de l'archipel de la Sonde, à moins de 500 km de l'Australie) n'a connu l'indépendance qu'en 1975, et seulement pour quelques jours, l'armée indonésienne l'ayant presque aussitôt envahie.

La « révolution des œillets » à Lisbonne* se traduisit à Timor comme dans les autres colonies par un désengagement rapide du Portugal. Trois partis politiques apparurent alors : l'un pour l'indépendance (FRETILIN), l'autre pour le maintien de liens avec le Portugal (UDT), et un troisième (APODETI) favorable au rattachement à l'Indonésie.

Le 28 novembre 1975, le FRETILIN – majoritaire dans le pays – proclama l'indépendance de la République démocratique de Timor. Huit jours plus tard, l'armée indonésienne pénétrait dans l'île et l'occupait. Elle l'annexait en juillet 1976, en tant que 27e « gouvernement ». Ni la condamnation unanime du Conseil de Sécurité des Nations unies, ni la résistance de la population locale ne changèrent en rien la détermination du pouvoir indonésien qui, comme à son habitude, usa des pires violences. 60 000 personnes furent massacrées lors de la prise de l'île ; et, durant la période de « pacification » (1977-1978), l'armée indonésienne dévasta les cultures au défoliant et interna les opposants dans des camps. La perte répétée des récoltes engendra plusieurs famines (en 1978, et, surtout, en 1982, durant laquelle périt peut-être un tiers de la population).

Malgré ces violences et l'assassinat de son président Nicolas Loboto (janvier 1979), le FRETILIN – allié avec l'UDT depuis mars 1989 – continua à animer une résistance militaire et civile aux troupes d'occupation indonésiennes. L'opinion internationale, alertée par les organisations humanitaires et l'Église catholique (à laquelle appartient la majorité des Timorais orientaux), fut particulièrement choquée par les massacres, le 12 novembre 1991, à Dili, de plus d'une centaine de jeunes manifestants pacifiquement pour l'indépendance du pays. L'attribution du prix Nobel de la paix, en octobre 1996, à l'évêque de Dili, Carlos Belo, et à José Ramos-Horta, dirigeant du Conseil national de la résistance maubère « pour leurs efforts en faveur d'une solution juste et pacifique au conflit timorais », a démontré aux autorités de Djakarta que, malgré leurs efforts, l'opinion internationale restait sensible au sort des Timorais.

Le mouvement séparatiste papou en Nouvelle-Guinée occidentale

Vaste territoire (les 4/5e de la France), l'Irian Jaya ou Nouvelle-Guinée Occidentale est passée, de 1962 à 1963, de la souveraineté néerlandaise à la souveraineté indonésienne, sans que sa population (un million de Papous) soit véritablement consultée.

Estimant discriminatoire le traitement qui leur était infligé par les Indonésiens, les Papous amorcèrent spontanément, par le biais des clans qui structurent leur société, et, avec pour tous moyens, des arcs, des lances, et des haches de pierre, une résistance armée à partir de 1965. En juin 1971, fut constitué un gouvernement révolutionnaire provisoire en exil au Bénin. Bénéficiant de l'aide des populations de la moitié orientale de l'île, et s'étant mieux structurée (constitution de l'OPM, *Organisation Papua Merdeka*), la guérilla papoue remporta quelques succès. Mais, en 1978, l'armée indonésienne procéda, avec de gros moyens (bombardements), à une contre-offensive.

Pour tenter de s'affirmer en Nouvelle-Guinée, le gouvernement indonésien n'utilisa pas seulement la répression, il fit appel aussi à l'immigration. 250 000 colons javanais, mais aussi des populations des Célèbes et des Moluques furent installés, dans les années quatre-vingt, sur les meilleures terres. Les frustrations ressenties par cette néo-colonisation se trouvèrent renforcées dans la communauté papoue par la politique de la compagnie américaine Freeport-Mc Moran, qui exploite depuis 1967 la plus grande mine de cuivre et d'or du monde, dispose – sans considération pour les cultivateurs itinérants – des richesses forestières du pays, et appuie le maintien de l'« ordre » par l'armée indonésienne.

BIBLIOGRAPHIE

DEFERT G., *Timor-Est, le génocide oublié, droits d'un peuple, raisons d'État*, L'Harmattan, 1992.

– *L'Indonésie et la Nouvelle Guinée Occidentale. Maintien des frontières coloniales ou respect des identités communautaires*, L'Harmattan, 1996.

---

* Cf. chapitre 1, p. 43.

© ARMAND COLIN. La photocopie non autorisée est un délit

IRAN

DONNÉES STATISTIQUES

	1975	1985	1995
Population	33 300 000	48 900 000	61 100 000
PIB (dollars par hab.)	2809	6239	4650 (1994)

CHRONOLOGIE SOMMAIRE

1906	Révolution : adoption d'une Constitution
1921	Coup d'État militaire du général Reza Khân
1925	Le général Reza Khân se fait proclamer Châh
1941	Abdication du Châh en faveur de son fils, Mohamad Rezâ
1953, août	Renversement du gouvernement Mossadegh, et rétablissement de l'autorité du Châh
1963, janvier	Référendum pour la charte de la *Révolution blanche*
1977, octobre-novembre	Manifestations contre le Châh
1978	Très violentes émeutes urbaines
1979, 16 janvier	**Départ du Châh pour l'Égypte**
1er février	**Retour de l'imam Khomeiny**
1er avril	**Proclamation de la République islamique**
5 novembre	Début de la prise d'otages à l'ambassade des États-Unis
1980-1988	Guerre contre l'Irak
1989, juin	Mort de l'imam Khomeiny
1997, mai	Succès aux élections présidentielles de Mohamad Khatami qui prône une ouverture à l'extérieur, et une détente à l'intérieur

LES ORIGINES

Le despotisme éclairé du Châh Rezâ Pahlavi

Ayant succédé à son père – fondateur de la dynastie des Palhavi (coup d'État de 1921) – qui avait été mis en demeure d'abdiquer par les Alliés en septembre 1941, Mohamad Rezâ tente de transformer, en quelques années, son vieil empire en « Japon du Proche-Orient », en privilégiant quatre axes de développement :

1. une meilleure maîtrise des richesses pétrolières (premières nationalisations dès 1951, durant le gouvernement Mossadegh) ;

2. une réforme agraire (élément capital de la *Révolution blanche* lancée en janvier 1953) permettant de distribuer une partie des terres des grands seigneurs et du clergé chiite à plus de deux millions de familles paysannes ;

3. une occidentalisation affirmée de la société (égalité hommes – femmes ; réorganisation complète de l'enseignement ; modernisation des structures des villages…) ;

4. un accroissement continu de la puissance militaire (10 % du PNB).

Cette impressionnante restructuration s'effectue en coopération étroite avec les États-Unis. Depuis août 1953, époque qui a vu le rétablissement du Châh dans ses pleins pouvoirs grâce à un complot fomenté par la CIA, l'ancrage dans le camp américain (même s'il n'exclut pas une politique de bon voisinage avec l'URSS) a été total. Adhérent du Pacte de Bagdad (1955), devenu CENTO (1959), l'Iran s'affirme comme un domaine très privilégié des ventes d'armes et des investissements américains.

La montée des forces d'opposition populaires

À partir du début des années soixante-dix, plusieurs facteurs contribuent à l'émergence d'une contestation populaire. Le régime s'est peu à peu mué en une dictature militaire et policière (symbolisée par la toute-puissante SAVAK), où tous les partis d'opposition sont interdits, l'expression syndicale étouffée, la presse censurée. Par ailleurs, dans la décennie soixante-dix, la situation économique se dégrade notablement en raison, à la fois, des fluctuations du prix du pétrole, du poids de plus en plus lourd des dépenses militaires, et du coût croissant des produits occidentaux. Ces difficultés mettent davantage en évidence les dérives du régime : bureaucratie dévorante, corruption et affairisme de la haute bourgeoisie liée à la Cour…

Quatre groupes socioprofessionnels servent alors de pôles d'opposition :

1. le clergé chiite – notamment sa hiérarchie représentée par les 1200 ayatollahs, dont « le premier d'entre eux », Khomeiny – qui manifeste une hostilité implacable à la dynastie Pahlavi, coupable de l'avoir dépossédé de la plus grande partie de son capital foncier (réforme agraire de 1963), de lui avoir retiré le monopole de l'éducation, et de faire prévaloir les valeurs et les mœurs de l'Occident sur celles de la Perse traditionnelle. De ses lieux d'exil (irakien, puis français), l'imam Khomeiny ne cesse, dans ses discours enregistrés sur cassettes (et distribués dans tout le pays) de mobiliser les foules : « Les musulmans – s'écrie-t-il – ne seront pas libres tant que la racine du mal et de la corruption – le Châh – n'aura pas été arrachée. Le peuple de l'Iran ne sera pas indépendant tant qu'il sera la proie de cette famille méprisable que sont les Pahlavi. » ;

2. les commerçants, propriétaires de boutiques dans les importants « bazars » (marchés) des principales villes, qui, condamnant le jeu du grand capitalisme, se rallient aux chefs religieux et les aident financièrement ;

3. les étudiants et la jeunesse, qui supportent très mal l'autorité étouffante du châh, et dont certains militent dans des groupes clandestins, à la fois coraniques et marxistes comme les *Moudjahidin du Peuple*, particulièrement virulents à l'encontre de l'« impérialisme américain » ;

4. les notables (hommes d'affaires, avocats, enseignants…) du *Front national*, opposés au pouvoir personnel du Châh, mais inégalement disposés à s'engager aux côtés des religieux, tels Chapour Bakhtiar, de tendance social-démocrate, ou Mehdi Bazargan, de la branche politico-religieuse du mouvement.

LE CONFLIT

Les émeutes de 1978

Dès 1977, l'intelligentsia ose contester le régime, tantôt sous des formes légalistes (lettres ouvertes au Châh, pétitions en faveur du rétablissement du droit constitutionnel, de la liberté de la presse ou de la libération des prisonniers…), tantôt par des grèves et des manifestations d'étudiants, au moment du voyage du Châh aux États-Unis.

La situation devient de plus en plus explosive en 1978. Des émeutes populaires s'enchaînent les unes aux autres, chaque fin de deuil des victimes d'une émeute étant marquée par une reprise de l'agitation : à Qom (janvier), Tabriz (février), Ispahan (août), Abadan (août)…. Durant l'été, les troubles s'étendent à une vingtaine de villes. Un nouveau gouvernement tente, alors, par certaines mesures (restauration du calendrier musulman, fermeture des maisons de jeux…), de calmer l'opposition religieuse. En vain.

Le second semestre sonne l'hallali du régime. Les massacres du « vendredi noir » (4-16 septembre) et du « dimanche rouge » (5 novembre), au cours desquels l'armée tire sur les étudiants, scellent définitivement la rupture entre la monarchie et le peuple. D'immenses mouvements de grève paralysent les secteurs-clefs de l'économie (pétrole, transports aériens…), tandis que les manifestations – notamment à l'occasion de l'Achoua, point culminant du grand deuil chiite, les 10 et 11 décembre – drainent la quasi totalité de la population urbaine.

L'écroulement du régime (janvier-mars 1979)

En désespoir de cause – et, sans doute, sur les conseils pressants des États-Unis[1] – le Châh demande, à la fin décembre, à Chapour Bakhtiar, de former un nouveau

---

1   Chapitre 1, p. 29.

© ARMAND COLIN. La photocopie non autorisée est un délit

gouvernement. Mais, ce dernier, évaluant mal la puissance des mollahs, et ne disposant que de très peu d'appuis, ne parvient pas à maîtriser la situation. Le 16 janvier 1979, le Châh et sa famille quittent le pays, leur départ déclenchant une explosion de joie. L'imam Khomeiny s'impose aussitôt, en faisant un retour triomphal à Téhéran (le 1er février), en déclarant « illégal » le gouvernement de C. Bakhtiar, et en désignant Medhi Bazargan comme Premier ministre.

La confusion est alors très grande dans tout le pays, les deux gouvernements se traitant d'illégitime, l'armée se montrant divisée, et la lutte entre les courants – réformiste, marxiste et intégriste – étant intense à l'intérieur du Conseil de la Révolution, nommé en février par Khomeiny. D'autant que la population – armée et en grève générale – est en constante effervescence.

La proclamation de la République islamique (1er avril 1979)

Un référendum ayant approuvé par 99,5 % de « oui » le remplacement de la monarchie par une république islamique, le nouveau régime se met en place. Après C. Bakhtiar parti en exil, M. Bazargan démissionne le 6 novembre 1979, deux jours après la prise en otage des Américains de l'ambassade. La nouvelle constitution – adoptée le 14 décembre – fait du chiisme la religion d'État, exclut la « domination du capital étranger », et ne mentionne pas le droit de grève. En revanche, les salaires de base sont doublés, les licenciements interdits, la gestion des entreprises confiée, en principe, à des « conseils ouvriers ».

La guerre sans merci que déclenche l'Irak[1] à compter de 1980 (et qui devait durer jusqu'en août 1988) affaiblit considérablement la nouvelle République islamique (400 000 morts, dont 45 000 enfants de 12 à 14 ans, et 400 milliards de dollars, en destructions, surcroît en armes et manque à gagner).

La dégradation des conditions de vie – due à ce terrible conflit – ainsi que les morts de l'imam Khomeyni (juin 1989), et, en 1994-1995, de plusieurs autres personnalités éminentes du régime (dont Ruhollah Khomeiny, fils du fondateur) ont, peu à peu,

ébranlé le courant le plus conservateur. Même si ce dernier demeure très influent – personnifié par le guide spirituel de la République, l'ayatollah Ali Khamenei – le succès aux élections présidentielles de mai 1997, du candidat modéré – Mohamad Khatami – paraît annonciateur d'un changement important marqué par une ouverture à l'extérieur (en direction de l'Occident) et une détente à l'intérieur.

LES SUITES

Dans le Tiers Monde, l'établissement du régime de l'imam Khomeiny fut considéré, à la fois, comme une révolte populaire et une revanche sur l'impérialisme occidental – qui avait soutenu le Châh. La prise d'otages à l'ambassade des États-Unis fut, de ce point de vue, un vrai symbole. On voulut, très vite, reconnaître dans la politique étrangère de Khomeiny – « ni l'Ouest, ni l'Est » – la doctrine du non-alignement, qui avait réuni les États du Sud à l'époque de Bandung.

À ces caractères généraux, qui faisaient de la prise de pouvoir de Khomeiny une révolution tiers mondiste, s'ajouta, pour des millions de musulmans, la conviction que l'islam avait été l'inspirateur et le moteur de ce changement. Partout où – depuis, au moins, le début des années soixante-dix – s'étaient développés des mouvements de contestation au nom de l'islam, l'écho de la révolution khomeynienne fut formidable. De l'Indonésie au Maghreb (notamment en Algérie) et au Soudan, les courants radicaux islamiques se trouvèrent aussitôt fortifiés et stimulés. À l'heure où la crise économique semblait sonner le glas des ambitions et des « mœurs décadentes » de l'Occident, les événements d'Iran suggérèrent au Tiers Monde l'exaltante possibilité d'un autre type d'expérience : « La révolution d'al-Aghâni – écrivait la revue algérienne *al-Asâla*, au printemps 1979 – visait à libérer les musulmans de la domination étrangère, politique, économique et sociale ; celle de Khomeiny tout en libérant le pays de la domination étrangère voilée dans les domaines politique, économique et social, a rectifié la déviation interne (*inhirâf*), imposée par des gouvernants appartenant à l'islam, aux masses populaires musulmanes [...] La révolution de l'ayatollah Khomeiny entraînera, par la

---

1 Chapitre 4, p. 136-137.

volonté divine, des changements dans nombre de pays qui proclament dans leur constitution que l'islam est la religion de l'État. »

CORRÉLATS

ALGÉRIE • KURDE • SOUDAN

BIBLIOGRAPHIE

Adelkhah F., Bayart J.-F., Roy O., *Thermidor en Iran*, Complexe, Bruxelles, 1993.

Haghighat C., *Iran, la révolution islamique*, Complexe, Bruxelles, 1985.

Khosrokhavar F., *L'Utopie sacrifiée. Sociologie de la Révolution iranienne*, Presses de la FNSP, 1993.

IRLANDE DU NORD

DONNÉES STATISTIQUES

Superficie	13 483 km^2
Population	1 600 000 habitants (dont environ 40% de catholiques)
Taux de chômage :	
Protestants	15%
Catholiques	35%

CHRONOLOGIE SOMMAIRE

12 juillet 1690	Défaite des Irlandais à La Boyne
1800	Union Act
1846-1848	Grande Famine
1916	Révolte de Pâques
1919-1920	Guerre d'indépendance
1921-1923	Guerre civile
1968 –...	**Guerre civile en Ulster**

LES ORIGINES

Au XIIe siècle, l'Irlande devint colonie anglaise : en 1175, le traité de Windsor consacra la suzeraineté d'Henri II d'Angleterre sur l'île, l'invasion féodale resta toutefois clairsemée. Sous les Tudor, la mise en place de la Réforme protestante et la confiscation des terres provoquèrent le mécontentement, qui grandit tout au long du XVIIe siècle, les colons anglais et écossais s'installant de plus en plus nombreux. Les révoltes du XVIe siècle, la jacquerie de 1641 furent durement réprimées ; les Irlandais soulevés sont battus par Guillaume d'Orange à La Boyne le 12 juillet 1690. Tout au long du XVIIIe siècle, l'oppression se poursuivit, faisant même naître un sentiment nationaliste chez les riches protestants : l'*Union Act*

(1800) intégra l'Irlande au sein du Royaume-Uni, les députés irlandais vinrent siéger à Westminster.

Pendant la plus grande partie du XIXe siècle, la masse des Irlandais souffrit de graves conditions économiques et sociales : accaparement des terres par les grands propriétaires britanniques, abandon des labours au profit des herbages, exportation de denrées alimentaires vers la Grande-Bretagne, expansion démographique. Avec la maladie de la pomme de terre, ces problèmes sont à l'origine de la Grande Famine (1846-1848) qui fit plus de 700 000 morts et contraignit plus de 800 000 Irlandais à l'exil. Malgré les réformes agraires de 1870 et 1881, l'agitation ne cessait pas dans les campagnes et désormais, le problème national paraissait plus aigu que la question sociale.

© ARMAND COLIN. La photocopie non autorisée est un délit

À la fin du XIXᵉ siècle et au début du XXᵉ, le nationalisme prit en effet son essor. Sur le plan culturel, la défense de la langue et des traditions est assurée par la Ligue gaélique, fondée en 1893. Sur le plan politique, le Parti parlementaire irlandais, qui jouait un rôle charnière au Parlement de Westminster, mena en 1885 campagne pour l'autonomie interne, le *Home Rule*. En 1905, apparut le Sinn Fein : s'inspirant des idées de la Fraternité républicaine irlandaise (*Irish Republican Brotherhood*, mouvement révolutionnaire fondé aux États-Unis en 1858 qui avait alors soulevé l'agitation des Fenians), il prône l'indépendance.

En 1912, lorsque le gouvernement britannique s'apprête à accorder le *Home Rule* à l'Irlande, les protestants du nord-est de l'île se soulèvent : unionistes, ils réclament le maintien de l'Ulster dans le royaume. La Première Guerre mondiale semble mettre un terme à l'agitation, mais à Pâques 1916, les troupes britanniques doivent réprimer une révolte, menée par une partie de l'aile militaire du Sinn Fein, les Volontaires irlandais, qui tentent de proclamer la république. La répression accrut l'audience du Sinn Fein, qui remporta les élections de décembre 1918. En janvier 1919, l'indépendance de l'Irlande est proclamée mais l'*Irish Republican Army* ne peut triompher. En décembre 1920, le *Home Rule* est accordé à l'île, toutefois partagée en deux zones : les six comtés du nord rattachés au Royaume-Uni, les 26 autres devenus dominion. La guerre civile fait rage entre partisans et adversaires du statut (1921-1923).

S'établit en Ulster une véritable discrimination politique à l'égard des catholiques : le *Special Powers Act*, adopté en 1922, devenu permanent en 1933, donne des pouvoirs très étendus au ministère de l'Intérieur ; la représentation proportionnelle est ensuite abolie, les circonscriptions sont découpées arbitrairement.

LE CONFLIT

Une guerre civile

Le temps des émeutes populaires

À partir de 1967, se déroulent en Ulster, à l'initiative du Mouvement des droits civiques, des marches pacifiques menées par une jeune femme de 22 ans, Bernadette Devlin. Les catholiques manifestent non pour un changement de statut, mais pour l'égalité des droits civiques entre protestants et catholiques.

Durant les deux années suivantes, ils se heurtent à la police nord-irlandaise, assez partisane (Londonderry, 5 et 7 octobre 1968), puis aux groupes protestants (Belfast, décembre 1968-janvier 1969). Peu à peu l'Ulster s'enflamme... Seule l'armée britannique parvient à rétablir un calme relatif, malgré les manifestations catholiques et les attentats protestants qui frappent Dublin (décembre 1969). L'arrestation de B. Devlin, députée à Westminster (28 juin 1970), fait renaître la violence : l'armée britannique donne l'assaut à Belfast-Ouest le 3 juillet, faisant plus de 300 blessés et 5 morts...

Le comportement des militaires britanniques et l'absence de réformes reposent le problème de la réunification de l'Irlande. L'IRA, qui protège les quartiers catholiques, bénéficie alors d'un courant de sympathie dans la population. Renaissante, elle se scinde cependant en deux factions rivales, l'IRA officielle, marxiste et favorable à l'action politique, et l'IRA provisoire, militaire et nationaliste. Cette dernière multiplie les attentats et les accrochages avec les troupes britanniques. 1972 peut être considérée comme la plus dramatique du conflit : le 30 janvier (*Bloody Sunday*), 14 manifestants sont tués à Londonderry ; en représailles, l'IRA porte les attentats sur le sol anglais. Le gouvernement britannique décide alors d'administrer directement la province, en créant un secrétariat d'Etat, puis un ministère chargé de l'Irlande du Nord.

Le conflit s'engage ensuite vers une solution politique : en décembre 1973 sont signés les accords de Sunningdale entre les chefs de gouvernement anglais, irlandais et ulstérien (partage institutionnalisé du pouvoir à Belfast entre les deux communautés ; mise en place d'un Conseil de l'Irlande, chargé de la coopération entre l'Ulster et la République d'Irlande). L'insurrection des protestants d'Ulster – grève générale de mai 1974, attentats à la voiture piégée à Dublin – enterre l'unique tentative vers les catholiques du conflit nord-irlandais...

L'installation de la violence terroriste

À partir de 1974-1975, l'action terroriste succède aux émeutes populaires. L'IRA fomente des attentats en Grande-Bretagne et des assassinats dans la communauté protestante. Lui répond la violence protestante... Malgré les grandes manifestations du Mouvement des femmes pour la paix (1976), le conflit se trouve dans une impasse politique et militaire, rendant tout dialogue impossible.

Durant les années quatre-vingt, toutes les initiatives en ce sens avortent en effet, qu'il s'agisse de la Conférence sur l'avenir de l'Ulster (janvier 1980), du plan Prior prévoyant la création d'un Parlement local (1982) ou des accords d'Hillsborough Castle entre République d'Irlande et Royaume-Uni...

La reprise du dialogue

Au début des années quatre-vingt-dix, des pourparlers se renouent, dans le but de conclure entre les partis politiques nord-irlandais un accord de décentralisation des pouvoirs (étape 1), auquel l'Eire s'associerait (2), puis que Dublin et Londres garantiraient. Les négociations s'ouvrent le 30 avril 1991, en l'absence du Sinn Fein, qui refuse de condamner le terrorisme de l'IRA. Elles se soldent par un échec, en raison de la poursuite des violences et des blocages des unionistes.

1993 constitue un tournant où se multiplient les initiatives :
– Plan Hume-Adams (7 octobre 1993), première offensive politique du Sinn Fein, qui demande l'envoi d'un médiateur américain et préconise l'arrêt de toute action armée.
– Déclaration de Downing Street (15 décembre 1993), commune aux Premiers ministres britannique et irlandais, J. Major et A. Reynolds. Le gouvernement britannique accepterait la réunification irlandaise, à condition qu'elle naisse de la consultation des populations ; les deux partenaires en appellent à l'IRA pour qu'elle renonce à la violence. D'où le cessez-le-feu de l'IRA, puis des paramilitaires protestants (août, octobre 1994).
– Propositions anglo-irlandaises pour des négociations de paix : reconnaissance par le Royaume-Uni du droit à l'autodétermination des Irlandais du Nord ; abandon par l'Eire de ses revendications sur le Nord ; élection à la proportionnelle, avec garanties pour les catholiques, d'une nouvelle assemblée à Belfast.

Le processus de paix suit alors un itinéraire chaotique, soumis à la rupture de la trêve par l'IRA (février 1996), à la reprise des affrontements entre les deux communautés (juillet 1996), au bon vouloir des diverses parties (1997-1998). Le 10 avril 1998, la majorité des formations politiques de la province parviennent toutefois à un accord (accepté par référendum le 22 mai). Sera créée une Assemblée d'Irlande du Nord, où ministres et nationalistes partagent les responsabilités ; sera établi un conseil réunissant des représentants du nord et du sud de l'Irlande.

LES SUITES

En Ulster, ce sont des clivages politiques et sociaux, plus que des facteurs religieux (donnant certes leur identité aux parties), qui expliquent le conflit et sa durée. Les communautés se trouvent en fait séparées à l'école, dans les loisirs. Au travail également, puisqu'il existe une véritable discrimination à l'embauche, malgré l'existence de la *Fair Employment Agency*, à l'égard des catholiques. Le chômage toucherait ainsi 35 % des catholiques contre 15 % des protestants, 70 % des chômeurs de longue durée appartiennent à la communauté catholique. Le logement, les quartiers, reflètent les mêmes divisions : la moitié de la population vit dans des zones confessionnellement homogènes.

Les tensions communautaires restent donc liées au marasme économique qui trouble l'Ulster, la région la plus pauvre du Royaume-Uni, que seules les subventions britanniques permettent de maintenir à flot. Alors que les secteurs traditionnels (textile, chantiers navals) étaient mortellement touchés par la crise, la violence a empêché les reconversions industrielles et freiné les investissements étrangers.

Les négociations de paix ne peuvent donc être détachées d'un contexte économique et social très préoccupant.

CORRÉLATS

BASQUE (QUESTION).

BIBLIOGRAPHIE

Brennan P., Deutsch R., *L'Irlande du Nord : Chronologie, 1968-1991*, Presses de la Sorbonne Nouvelle, 1993.

– *The Conflict in Northern Ireland*, Longman, Londres, 1992.

Guiffon J., *La question d'Irlande*, Complexe, Bruxelles, 1989.

© Armand Colin. La photocopie non autorisée est un délit

QUESTION KURDE

DONNÉES STATISTIQUES

Population kurde (estimation)	
Turquie	12 000 000
Iran	7 500 000
Irak	4 000 000
Syrie	1 000 000
Europe	700 000 (?)
Ex-URSS	500 000
Amérique du Nord	50 000

CHRONOLOGIE SOMMAIRE

1946	Écrasement de la République démocratique kurde de Mahabad
1963	Plan d'arabisation en Syrie
1961-1975	Conflits sporadiques en Irak
1980	Instauration de la République islamique en Iran. Conflit entre les Kurdes et l'armée iranienne « révolutionnaire »
1984 (août)	Début de l'insurrection armée du PKK
1988 (août)	Massacre (au gaz) à Halabje par l'armée irakienne
1991	Insurrection au Kurdistan irakien, très lourdement réprimée
1997-1998	Vague d'émigration vers l'Europe

LES ORIGINES

Répartis entre la Turquie, l'Iran, l'Irak, la Syrie et certaines républiques de l'ex-Union soviétique, les Kurdes, musulmans sunnites, constituent la minorité ethnique la plus nombreuse au Proche-Orient. Estimés à près de 25 millions de personnes, ils seraient quatre millions environ en Irak, sept à huit millions en Iran, douze millions en Turquie, un million en Syrie, près de cinq cent mille en ex-URSS. Mais il s'agit d'une population de plus en plus « diasporisée ». Plus de la moitié des personnes se revendiquant « Kurdes » vivent désormais hors du Kurdistan.

À la suite de la Première Guerre mondiale et du démantèlement de l'Empire ottoman, les Alliés envisagèrent la création d'un État kurde… qui resta lettre morte. Une République kurde fut bien proclamée en 1946 à Mahabad, dans le nord de l'Iran, avec le soutien des Soviétiques, mais elle dura

moins d'un an, Moscou préférant lui retirer son aide, pour conclure un accord pétrolier avec Téhéran. En fait, les Kurdes n'ont cessé de se révolter, surtout en Turquie dans les années vingt et trente, puis en Irak, sous la conduite de Moustapha Al Barzani, jusqu'à la fin des années soixante-dix.

LE CONFLIT

Des luttes de libération

Durant les vingt dernières années, les Kurdes ont continué à manifester avec acharnement – mais sans succès – leur refus absolu d'assimilation. À leur échec, on peut voir plusieurs raisons :

***Leur division* en mouvements distincts et rivaux :**

– en Turquie : le *Parti des travailleurs du Kurdistan* (PKK) (à l'origine, partisan d'un

État kurde indépendant marxiste-léniniste mais, aujourd'hui, prêt à envisager une solution négociée dans le cadre de l'État turc), le *Parti socialiste du Kurdistan de Turquie* (TSKP), qui, lui, s'en tient à la lutte politique… ;
– en Iran : le *Parti démocratique du Kurdistan* (PDKI) (mouvement autonomiste ralliant plus des trois quarts des suffrages de la population kurde iranienne) et le *Komala* (d'inspiration marxiste, minoritaire) ;
– en Irak : le *Parti démocratique du Kurdistan* (PDK) de Mustapha et Mesud Barzani (implanté dans le nord du pays, à la frontière turque), l'*Union patriotique du Kurdistan d'Irak* (UPK), de Jalal Talabani, qui contrôle la parti sud, à la frontière iranienne.

L'alliance objective des États dominants

Passant outre leurs rivalités et leurs différends, les trois principaux États peuplés de Kurdes ont noué des accords – tacites ou déclarés – pour mieux lutter contre ce peuple rebelle : en mars 1975, une réconciliation Iran-Irak a été conclue sur la base d'une renonciation du Châh au soutien des Kurdes irakiens en révolte ouverte depuis plus d'un an. En octobre 1984, un accord de cessez-le-feu entre l'UPK et le président Saddam Hussein échoua à la suite des pressions de la Turquie…

L'absence d'une tactique claire et unitaire durant le conflit Irak-Iran

La guerre qui, en 1980, éclata entre les deux principaux « maîtres »*, put d'abord apparaître aux Kurdes comme un facteur positif de leur cause. Occupés à se combattre, les deux États auraient dû diminuer contrôle et répression à l'encontre de leurs minorités. De plus, celles-ci pourraient trouver une aide auprès du camp ennemi. Ces prévisions ne furent qu'en partie réalisées. Malgré la guerre, les « rebelles » kurdes subirent des offensives d'une grande ampleur, tant en Iran (1982-1983) qu'en Irak (1987-1988, avec destruction systématique de villages et utilisation d'armes chimiques). Sans gains évidents – sinon le contrôle momentané des « zones libérées kurdes » – les alliances tactiques nouées avec le camp adverse

(appui par l'UPK et le FDK-Irak des forces iraniennes à partir de 1986) ne firent qu'accentuer les haines, intensifier la répression, et rendre plus difficiles les solutions d'après-guerre.

L'indifférence internationale lors de la guerre du Golfe*

Au printemps 1991, la défaite de Saddam Hussein suscita une insurrection qui s'empara des principales villes du Kurdistan : les chiites du Sud-Est se soulevant dans la région de Bassora, les Kurdes irakiens, appuyés par d'autres venus de Turquie ou d'Iran, s'emparèrent de la capitale régionale, Kirkouk, et de son pétrole. Mais cette révolte fut vite écrasée par les unités d'élite de l'armée irakienne, qui menèrent une répression très dure. Deux millions et demi de personnes durent s'enfuir dans les États voisins… La communauté internationale décidant alors de créer une zone d'exclusion aérienne, les Kurdes y établirent un gouvernement autonome, qui ne résista pas à leurs conflits internes.

Les deux conflits du Golfe ont donc permis une affirmation, malgré ses divisions, du nationalisme kurde, en Iran, en Irak et en Turquie (où le PKK en a profité pour étendre son influence politique au nord-est du pays). Ces trois États semblent cependant privilégier une solution militaire ou encore favoriser – en hiver 1997-1998 pour la Turquie – l'émigration des Kurdes vers l'Europe, ce qui n'est pas sans embarrasser l'Occident.

---

* Chapitre 6, p. 201-204.

CORRÉLATS

IRAN.

BIBLIOGRAPHIE

Picard E. (sous la direction de), *La question kurde*, Complexe, Bruxelles, 1991.

Bozarslan H., *La question Kurde*, Presses de Sciences Politiques, Paris, 1997.

---

* Chapitre 4, p. 136-137.

© Armand Colin. La photocopie non autorisée est un délit

LIBAN

DONNÉES STATISTIQUES

	1970	1995
Population (en millions)	2,8	3
Densité		285
Analphabétisme (%)		18,7
PIB total	4 756[1]	2,8[2]

CHRONOLOGIE SOMMAIRE

IIIe millénaire av. J.-C.	Arrivée des Phéniciens
64 av. J.-C.	La Phénicie passe sous domination romaine
635 apr. J.-C.	Beyrouth aux mains des Arabes
Fin XIIIe siècle	Fin des croisades et du royaume franc
1516-1918	Administration turque au Liban
1943	Indépendance du Liban – Pacte national
1975-1990	**Guerre civile internationalisée**

1. En millions de livres libanaises. 2. En milliards de dollars.

LES ORIGINES

L'originalité libanaise

La Première Guerre mondiale, provoquant la chute de l'Empire ottoman, a bouleversé le Proche-Orient. À la conférence de San Remo (avril 1920), la France se voit attribuer le contrôle de la Syrie et du Liban. Créé le 30 août 1920, l'*État du Grand Liban* est proclamé indépendant de la Syrie ; les zones utiles (côte et plaine intérieure céréalière) ont été rattachées à la montagne.

Déjà, le Liban se distingue des autres États du Proche-Orient par :
– L'opposition de l'identité culturelle de la montagne, reposant sur des hiérarchies familiales et claniques fermées, et celle des villes, ouverte à l'étranger, tolérante et prospère.
– La coexistence de dix-sept communautés religieuses où dominent les maronites (catholiques de rite syrien), les Druzes (musulmans aux rites ésotériques), les sunnites et les chiites.
– La croissance économique fondée sur le développement des activités de service, dans le cadre d'un total libre-échange.

En 1926, la *Constitution* prend comme base de la représentation populaire et du partage du pouvoir, les communautés religieuses. Les résultats du recensement de 1932 justifient la distribution inégale des responsabilités politiques entre communautés (le président de la République est maronite, le Premier ministre sunnite, le président de la Chambre des députés, chiite, etc.).

En 1943, le *Pacte national*, compromis entre les élites chrétiennes et musulmanes, est un accord, tacite sur de grands principes ; communautaire, assurant la domination politique des maronites et des sunnites ; précaire, l'équilibre étant maintenu par la négociation entre les « patrons » qui forment entre eux un réseau d'échanges économiques, de relations matrimoniales, de rivalités parfois exacerbées. La crise de 1958 a montré que le Pacte est aussi statique : les revendications de la majorité des musulmans se heurtent alors à l'intransigeance du président Camille Chamoun et à ses positions pro-occidentales. Dénoncer cette politique étrangère alignée permet aux « patrons » traditionnels et aux leaders progressistes de se mobiliser contre le président, dont

Washington exige le départ, au profit du général Chehab... Loin d'inquiéter la classe politique libanaise, la crise de 1958 l'enferme, au contraire, dans le stéréotype d'un Liban protégé de lui-même et de ses voisins par l'équilibre de ses communautés et la sympathie des États-Unis.

En 1968, en pleine prospérité, le Liban est confronté au *problème palestinien*, le nombre des réfugiés ayant considérablement augmenté à la suite de la guerre des Six Jours. Malgré les accords du Caire (3 novembre 1969), définissant les droits et les devoirs du groupe palestinien, la coexistence devient des plus difficiles...

Les racines de la crise

Depuis le début des années soixante-dix, le Liban traverse une grave crise intérieure, due aux déséquilibres économiques et sociaux du pays et aux grippages de son système politique.

En rapide croissance entre 1968 et 1975, l'économie libanaise ne peut se passer :

– **De l'Occident**, pour ses importations alimentaires et industrielles, notamment de l'Europe, qui fournit les deux tiers des produits consommés au Liban. En effet, l'agriculture stagne depuis plusieurs décennies ; elle souffre des structures profondément inégalitaires de la propriété rurale. La pénétration du capitalisme moderne dans le secteur agricole a été la source de nouvelles difficultés ; les négociants des villes, qui ont racheté aux propriétaires absentéistes des terres peu mises en valeur, ont certes mécanisé et développé l'irrigation, mais contrôlant les importations d'engrais et de matériel, tenant le crédit et les circuits de distribution, ils ont renforcé la dépendance alimentaire en se tournant vers les cultures commerciales. Le secteur primaire ne cesse de décliner, pour ne fournir que 9 % du PNB en 1975... L'industrie, négligée, doit surmonter un handicap structurel, la coexistence de milliers d'ateliers artisanaux – qui fournissent en 1971 le tiers de la production et occupent 40 % des salariés du secteur secondaire – et d'un nombre restreint de grandes entreprises. Même si elle connaît un relatif succès (17 % du PNB en 1974), les investissements y demeurent réduits.

– **Des pays arabes**, pour la formation du capital : les bénéfices de l'extraction pétrolière et les revenus des Libanais du Golfe persique affluent au Liban, et sont investis dans le commerce, le tourisme, l'immobilier où les profits sont rapides. L'économie marchande triomphe : le pays offre des services multiples, financiers, bancaires, touristiques qui rendent positive la balance des paiements, alors que la balance commerciale reste très déficitaire.

La croissance libanaise entraîne d'importants déséquilibres régionaux : le libéralisme, la rémunération rapide des capitaux investis dans le secteur tertiaire ont transformé Beyrouth en centre commercial, financier, portuaire et universitaire pour tout le Proche-Orient, provoquant un sur-développement relatif de la capitale.

De plus, la prospérité, loin d'atténuer les inégalités sociales, ne fait que les renforcer, puisque l'État n'a aucune politique de redistribution des revenus. Les élites qui dominent à la fois l'économie et l'État libanais appartiennent à la chrétienté et à l'islam associés ; leur fortune repose de moins en moins sur la propriété foncière, et de plus en plus sur les liens avec le capital pétrolier des monarchies du Golfe. À l'origine du développement des loisirs et des nouvelles habitudes de consommation de produits de luxe importés, elles impriment au Liban son image de marque à l'étranger...

À l'autre extrémité de l'échelle sociale, les familles chassées de leurs terres par la mécanisation et l'endettement, par les troubles des régions frontalières, ont dû migrer vers les villes : à la veille de la guerre, la moitié de la population libanaise est devenue urbaine. Les travailleurs qui quittent les campagnes s'entassent dans les bidonvilles et les immeubles construits à la hâte (la « Quarantaine » à l'entrée nord de Beyrouth) ; ils occupent des emplois saisonniers, sont embauchés dans le bâtiment ou les services les plus disqualifiés. La misère et la prolétarisation dépassent les clivages communautaires ; le chômage aussi, touchant 10 % de la population active en 1970, au plus fort du miracle libanais, et 15 % en 1975. L'inflation, qui fait de ces catégories sociales ses premières victimes, atteint les salariés des couches moyennes urbaines : techniciens, enseignants, médecins émigrent vers le Golfe persique ou les Amériques... La protestation sociale, malgré l'action de la CGTL, apparaît souvent désorganisée ; les grèves ouvrières s'accompagnent de marches populaires et de manifestations étudiantes ; des incidents peuvent éclater (novembre 1972). La violence semble alors justifier la thèse, fréquente en Occident, d'une révolte des

© ARMAND COLIN. La photocopie non autorisée est un délit

masses musulmanes exploitées par la toute-puissance économique des maronites. En fait, une guerre sociale larvée, mais intense, existe au sein de chaque communauté.

Le système institutionnel et politique est grippé par le *clientélisme* : au patron qui assure protection, redistribution des bénéfices, les clients promettent fidélité et garantissent l'autonomie politique. À côté du patron « féodal », la croissance a fait apparaître des patrons urbains, hommes d'affaires par exemple, qui peuvent aussi bien soutenir des sociétés de bienfaisance que des organisations syndicales. La meilleure personnification du système reste le président de la République : élu par le Parlement, il dispose de pouvoirs étendus, y compris dans le domaine législatif ; il distribue à ses partisans les portefeuilles ministériels et peut se constituer une nouvelle clientèle en augmentant les effectifs de la fonction publique. Ainsi, Sleimane Frangié, élu en 1970, installe des maronites aux postes clefs – plus de la moitié des postes de directeur des principaux ministères, contrairement à l'usage – ce qui irrite les Grecs orthodoxes et les musulmans, en particulier les sunnites. Aux deux leaders du sunnisme (Rachid Karamé de Tripoli et Saëb Salam de Beyrouth), S. Frangié préfère des premiers ministres plus jeunes, sans clientèle, manipulables, renforçant le pouvoir de sa propre communauté…

Le système politique est donc vicié par la corruption, le népotisme, et dominé par quelques grandes familles dont le réseau constitue le moyen d'accès le plus efficace à la représentation parlementaire : entre 1920 et 1972, 26 familles monopolisent 35 % des sièges, parmi elles les Frangié, Qabalan, député de Zghorta en 1929, Hamid qui joue un rôle important dans les années quarante, Sleimane, patron de la montagne du Nord et président de 1970 à 1976, Tony, élu au Parlement en 1972.

Face aux problèmes politiques, les opinions divergent. Les partisans du libéralisme, de l'individualisme, de la solidarité communautaire souhaitent conserver le système tel qu'il fonctionne dans les années soixante-dix. Ils sont représentés par le *parti Kataëb* de Pierre Gemayel, dont la majorité des adhérents appartiennent à la communauté maronite, qui fédère le PNL (*Parti national libanais*) de Camille Chamoun, les *Zghortiotes* de Sleimane Frangié et d'autres mouvements maronites, pour former le Front libanais. Se considérant comme seul capable de remplacer un État

défaillant face au danger palestinien, le parti Kataëb peut aligner à la veille du conflit quinze mille combattants, armés par Israël.

Partisans de réformes du système communautaire, les sunnites et les chiites exigent une participation plus active aux affaires de l'État, les premiers de manière modérée, les seconds en usant parfois de violence, puisque certains d'entre eux appartiennent au *mouvement Amal* créé par Musa Sadr.

Les partis radicaux, par exemple, le *Parti communiste*, qui recrute ses militants d'abord parmi les chrétiens, puis dans les autres communautés, réclament des transformations profondes. Le PCL anime un rassemblement des partis nationalistes et progressistes, avec le chef héréditaire d'un des clans Druzes, l'ancien ministre de l'Intérieur Kamal Jounblatt. Devenu le *Mouvement national libanais* à la veille de la guerre, le rassemblement regroupe une quinzaine de formations, parmi lesquelles le *Parti social nationaliste* (PSNS créé en 1932, connu sous le nom de Parti populaire syrien qui ambitionne alors la réunion du Liban à la Syrie), le *Bath,* les *Murâbitûn,* souhaitant réorganiser l'armée, restructurer la fonction publique et surtout supprimer la distribution communautaire du pouvoir.

Déjà exaspérée par ses divisions internes, la société libanaise se déchire sur le problème palestinien, habilement circonscrit au territoire libanais par les États voisins décidés à empêcher – même au prix d'affrontements sanglants comme en Jordanie en 1970 – que le problème palestinien ne les déstabilise.

Terre d'accueil pour les Palestiniens après les événements tragiques de Jordanie, le Liban est aussi, jusqu'en 1982, le lieu d'élection de la lutte palestinienne. Avec plus de 350 000 Palestiniens en 1972 (soit 15 % de la population du pays), le Liban apparaît à Israël comme la première source de danger, responsable des opérations menées par la résistance (incidents frontaliers et incursions, attaques de commandos palestiniens basés à Beyrouth contre des intérêts et des citoyens israéliens à travers le monde). Israël exerce donc des représailles : on ne compte pas moins de trente mille violations du territoire libanais entre juin 1968 et juin 1974 ; le sud du pays est envahi en février et surtout septembre 1972 (en représailles contre le massacre des Jeux olympiques de Munich) ; des commandos assassinent plusieurs dirigeants du Fath à Beyrouth (avril 1973).

Israël n'a qu'un seul but : amener l'État libanais et l'armée à réagir, comme l'a fait la Jordanie.

Ces événements divisent les Libanais, provoquant leur colère et leur inquiétude sur la politique libanaise de défense – que faire pour pallier les carences de l'armée ? – la politique arabe – où se situe le Liban face à des négociateurs comme l'Algérie ou le Koweït, face à des intervenants comme l'Égypte et la Syrie, qui veulent recouvrer les provinces perdues en 1967 ? Les positions diffèrent enfin sur la politique à l'égard des Palestiniens : les affrontements entre armée libanaise et résistance palestinienne, entre Libanais eux-mêmes se multiplient, notamment en mai 1973. Le protocole de l'hôtel Melkart (17 mai 1973) ne constitue qu'une trêve fragile, rompue en juillet 1974, par l'intervention des Kataëb ; l'armée libanaise est pratiquement déjà exclue de la crise...

LE CONFLIT

Une guerre civile internationalisée

De la guerre civile à la domination syrienne (1975-1981)

Le massacre de 27 passagers palestiniens d'un autobus à Aïn Remmaneh, perpétré par les phalangistes, le 13 avril 1975, est, en général, considéré comme le point de départ de la guerre civile. Mais sans cet « incident », la guerre aurait sans doute éclaté ailleurs : déjà, trois mois auparavant, une manifestation de protestation sociale dans la ville sunnite de Saïda s'était heurtée à l'armée libanaise ; le lendemain, à Beyrouth, des chrétiens descendaient dans la rue pour clamer leur soutien aux militaires... Le centre de Beyrouth est ruiné par des combats très violents à l'automne 1975 ; l'horreur atteignant son paroxysme le « samedi noir » (6 décembre) où les chrétiens massacrent « au hasard » entre 100 et 200 musulmans en représailles de l'exécution de quatre jeunes chrétiens dans le Metn. En janvier 1976, les massacres se poursuivent, de chrétiens à Damour, de musulmans à la Quarantaine ; le Liban connaît jusqu'à la mi-novembre ces mois tragiques.

Les affrontements ne sont alors que les premiers balbutiements d'une guerre qui ne cessera de se compliquer, mais les éléments de base sont en place. L'État et l'armée sont paralysés : dominé par des factions régionales, communautaires, économiques, le gouvernement ne peut ni arbitrer les conflits, ni définir de politique nationale. Le président Sleimane Frangié propose bien un projet de rééquilibrage des pouvoirs en faveur des musulmans (février 1976), mais ses heurts avec son premier ministre Rachid Karamé (lui-même désapprouvé par le ministre de l'Intérieur Camille Chamoun) et l'opposition de la majorité des députés le contraignent à la démission en mars 1976... L'armée, déjà divisée, éclate, et ses unités prennent part aux combats, les unes aux côtés du *Front libanais*, les autres du *Mouvement national*.

Les groupes en présence, malgré leur dispersion et la confusion de leurs objectifs, peuvent être divisés en deux camps. Les « islamo-progressistes » regroupent les formations du *Mouvement national progressiste*, les élites sunnites, les clans chiites dont le mouvement communautaire Amal et les forces (divisées) de la résistance palestinienne (les chrétiens, nous l'avons dit, sont présents, en particulier au PC et au PSNS). Les conservateurs, presque exclusivement chrétiens, veulent promouvoir les intérêts de leur communauté, tout en préservant les privilèges des « patrons ». Leurs dirigeants, Camille Chamoun, Pierre Gemayel, Charbel Qassis proposent en janvier 1976 la création d'un Liban fédéral qui permettrait aux communautés de s'organiser séparément.

Le 31 mai 1976, les troupes syriennes pénètrent massivement au Liban, avancent malgré la résistance des forces palestino-progressistes, s'installent à la fin de l'automne dans la quasi-totalité du pays ; en fait, dès le début de l'année 1976, les Syriens ont pesé de toute leur influence sur la vie politique libanaise (contact Gemayel-Assad ; programme de réformes du président Frangié ; élection à la présidence du candidat de Damas, Elias Sarkis).

Les Syriens paraissent avoir une stratégie peu claire – veulent-ils annexer le Liban, le partager avec Israël ? – même si elle est légitimée par l'idéologie panarabe du parti Bath et par l'idée de la continuité historique et géographique de la grande Syrie (le général Assad n'a-t-il pas parlé de « deux États, une nation » ?). En fait, ce que la Syrie redoute, c'est la domination israélienne sur de nouvelles régions arabes : depuis la conquête du Golan par Israël en 1967 et le désengagement égyptien à partir de 1975, le Liban appartient au système de défense syrien, en particulier la vallée de la Bekaa. Par ailleurs, en cas de victoire des « islamo-progressistes » dans la

© ARMAND COLIN. La photocopie non autorisée est un délit

guerre civile libanaise, quel danger pourrait représenter une OLP toute-puissante, pour les équilibres régionaux et pour la Syrie elle-même ?... L'idéal pour les Syriens serait qu'il n'y ait ni vainqueur, ni vaincu !

Dans le camp arabe, les progressistes (Irak, Libye, Algérie) poursuivent leur soutien à l'OLP et au mouvement national ; les États conservateurs, satisfaits de voir l'OLP en difficulté, en appellent malgré tout au cessez-le-feu et cherchent à ménager la Syrie : au sommet de Ryad (octobre 1976), la solution syrienne au problème libanais est approuvée, puisque la force arabe de dissuasion qui se déploiera au Liban sera composée, aux trois quarts, de soldats syriens... À la satisfaction des États-Unis, qui préfèrent placer face à Israël un interlocuteur étatique (la Syrie) plutôt qu'un mouvement de libération révolutionnaire, s'oppose le mécontentement de l'URSS (qui a pourtant fait de la Syrie, depuis 1973, la première puissance militaire arabe de la région). Israël, enfin, profite de l'intervention syrienne pour prendre pied dans le pays. De plus, la guerre du Liban atteint plusieurs des buts d'Israël : elle affaiblit la résistance palestinienne, à laquelle Syriens et Libanais imposent des restrictions de mouvement et d'action (accords de Chtaura, juillet 1977) ; elle mobilise l'armée syrienne dans une occupation coûteuse ; enfin, elle met en question l'existence même de l'État libanais, pluricommunautaire, que les Palestiniens présentaient comme un modèle, opposé à l'État juif.

De 1977 à 1981, le Liban connaît une embellie fragile :

– La situation économique semble relativement prospère, en partie parce que le quart de la population libanaise, réfugiée à l'étranger, allège d'autant les besoins du pays.

– Cependant l'État s'est désagrégé, même si les institutions paraissent fonctionner (une loi réorganisant l'armée est votée en mars 1979) : il ne parvient pas à faire respecter la moindre décision dans le domaine de la défense ou de la fiscalité, et il est soumis au contrôle syrien.

– Surtout, le pays est divisé géographiquement entre les factions rivales : le Liban chrétien couvre le cinquième de la superficie du pays et comprend la partie orientale de Beyrouth ; les Syriens occupent la Bekaa, le Hermel, le Akkar, Tripoli, la montagne de Zghorta (fief des Frangié), la plaine de la Koura. Les organisations palestiniennes contrôlent Beyrouth-Ouest et ses banlieues,

la région de Saïda, le Jabal Amil. Enfin, Israël est présent au sud du pays.

Le traité égypto-israélien de 1979 introduit au Proche-Orient un contexte nouveau, qui modifie la situation au Liban : prenant conscience de l'affaiblissement du camp arabe, les Syriens se réconcilient avec l'OLP, à qui ils remettent les zones qu'ils détenaient au nord de Beyrouth. Cela conduit les forces libanaises à resserrer encore leurs liens avec Israël. Les Libanais ont en fait perdu le contrôle de la guerre qui se déroule sur leur sol ; en effet l'armée libanaise se révèle incapable de prendre le relais de la *Force arabe de dissuasion* (FAD) (financée en grande partie par l'Arabie saoudite et le Koweït, comptant des contingents saoudiens, yéménites, soudanais, libyens), lorsque celle-ci se replie en 1979 et 1980 dans la Bekaa. Surtout, les problèmes initiaux du conflit sont oubliés : peu importe désormais la transformation du système politique et l'équilibre entre chrétiens et musulmans. La question urgente, c'est le sort des Palestiniens.

Le tournant : la cinquième guerre du Proche-Orient (1982-1984)

L'offensive israélienne (opération « Paix pour la Galilée », 6 juin 1982) en territoire libanais a pour but de repousser les forces palestiniennes à plus de 40 kilomètres de la frontière israélo-libanaise ; en fait, l'armée israélienne atteint Beyrouth, assiège la capitale durant trois mois, occupe le Chouf (jusqu'en septembre 1983), puis la Bekaa occidentale et le Sud (jusqu'en juin 1985).

Si Israël s'est réjoui de voir les Syriens faire son travail au Liban, il n'en a pas pour autant oublié sa propre sécurité ; cependant, ni la prise de contrôle direct du sud du territoire libanais (1978), ni les ratissages, ni les arrestations, ni les raids aériens sur Beyrouth n'ont empêché l'OLP d'agir. Le rapprochement syro-palestinien a inquiété Israël, qui a affronté directement les Syriens (Zahlé, avril-mai 1981) puis les Palestiniens (juin 1981) sans que cela fût décisif.

L'OLP subit d'importantes pertes ; elle doit abandonner le Liban-Sud. Retranchés dans Beyrouth-Ouest, 14 500 combattants palestiniens doivent se rendre et sont évacués (août 1982). Les 16 et 17 septembre, l'opinion internationale découvre horrifiée le récit des massacres de Sabra et Chatila ; un millier de civils palestiniens ont été tués par des miliciens phalangistes, autorisés par les Israéliens à pénétrer dans ces camps.

Les Libanais se divisent de plus en plus. Les conservateurs chrétiens, leur chef Amine Gemayel, la milice des Forces libanaises se considèrent comme vainqueurs de la guerre menée par Israël. Mais leur erreur est de s'appuyer sur les puissances occidentales (entrée d'une force multinationale au Liban en août 1982) et de tenter par la force de soumettre la montagne et les populations de Beyrouth-Ouest... Jamais ratifié, le traité de paix israélo-libanais amplifie la guerre larvée. Les groupes progressistes et islamiques, alliés de la Syrie, ou des Palestiniens, ou de l'Iran, poursuivent la lutte contre les Israéliens.

Les diverses parties libanaises livrent pourtant à l'opinion internationale une illusion d'entente, à Genève (novembre 1983) et à Lausanne (avril 1984). Un gouvernement d'union nationale (30 avril 1984) se forme même sous la présidence de Rachid Karamé, avec Camille Chamoun, le gendre de Sleimane Frangié, Walid Jounblatt, Nabih Berri...

Syriens et Israéliens, entre 1982 et 1984, ont donc pris le Liban pour champ de bataille ; désormais ils s'attaquent aux alliés de leurs adversaires et même directement l'un à l'autre. Ainsi en 1982, l'armée israélienne repousse les Syriens dans la Bekaa ; à partie de 1985 au contraire, les Syriens s'avancent en direction du Sud. Stratégies d'exclusion mutuelle, qui sortent parfois du domaine militaire...

Les Israéliens n'ont pu en effet imposer leur solution à la crise libanaise (implanter un État maronite fort), mais ils peuvent empêcher que la solution syrienne ne soit appliquée, en encourageant les plus radicaux des conservateurs chrétiens à combattre les projets de réconciliation nationale élaborés sous l'égide de Damas, et en utilisant la fiction de l'armée du Liban-Sud, formée en majorité de chrétiens, pour intervenir au-delà de leur frontière.

Les Syriens, eux, poursuivent un double objectif, d'abord le contrôle de l'OLP ; puis le contrôle de l'État libanais, par la diplomatie (la Syrie préside les réunions de Genève et de Lausanne, les négociations entre milices en 1985 et 1986 ; l'accord tripartite de décembre 1985 sur le rééquilibrage communautaire est conclu à Damas) ou par la force : la Syrie consolide ses positions dans la Bekaa, fournit des armes aux opposants (Amal)... Au printemps 1987, 35 000 soldats syriens contrôlent à nouveau plus de la moitié du territoire libanais.

Les « petites guerres » du Liban (1984-1990)

Les événements de l'été 1982 et leurs conséquences ont laissé libre cours aux rivalités et aux affrontements entre plusieurs dizaines d'organisations militaires, qui se préoccupent surtout de l'autonomie et des avantages matériels du groupe dont elles sont issues.

La coalition du Mouvement national et des partis musulmans n'a pas résisté à la disparition de son chef Kamal Jounblatt en 1977, ni surtout aux rivalités d'intérêt et après 1982, au départ de l'OLP, qui jouait jusque là un rôle fédérateur. En mai 1985, Amal écrase ainsi à Beyrouth la milice sunnite des Murâbitûn. De janvier 1986 à avril 1987, les affrontements entre milices sont si violents qu'ils provoquent le retour de l'armée syrienne dans la capitale (22 février 1987).

Le programme de « déconfessionnalisation » du système politique établi par les partis d'opposition est remis en cause par les extrémistes chiites. La détention d'otages, les attentats contre les militaires de la *Force intérimaire des Nations unies du Liban* (FINUL) apparaissent comme les moyens d'action favoris des milices chiites sous influence iranienne. De plus, durant la « guerre des camps » (juin 1985-janvier 1988), la milice d'Amal assiège les camps de Beyrouth et de Tyr, pour obtenir la reddition des combattants de l'OLP, revenus au Liban par Damas ou par mer ; ceux-ci, en effet, menacent son hégémonie à Beyrouth-Ouest.

Même s'ils s'efforcent d'opposer un front uni aux projets syriens, les conservateurs chrétiens sont divisés en deux pôles qui sont les Forces libanaises et la présidence de la République. Il s'agit de contrôler le parti Kataëb et d'assurer la succession d'Amine Gemayel à la présidence. À long terme, il faut effectuer des choix constitutionnels importants pour l'avenir du pays.

Faute de quorum au Parlement, l'élection présidentielle ne peut se tenir avant le terme officiel du mandat d'Amine Gemayel (22 septembre 1988), le camp chrétien ayant refusé le candidat de compromis proposé par les Américains et les Syriens. Le pays n'a donc plus de chef d'État, mais peut par contre se prévaloir de deux gouvernements, l'un militaire, nommé par Amine Gemayel et dirigé par le général Michel Aoun, chrétien maronite et commandant en chef de l'armée, l'autre civil, dirigé par Selim Hoss, Premier ministre musulman par intérim depuis juin 1987.

© ARMAND COLIN. La photocopie non autorisée est un délit

En 1989, le général Michel Aoun, qui souhaite libérer le Liban de l'occupant, combat les Forces libanaises de Samir Geagea, soutenu par les Syriens. Mais la fin de la Guerre froide amène les Américains à accepter le contrôle du Liban par la Syrie et une refonte du système politique libanais donnant une place plus importante aux musulmans, avec à terme l'abolition du confessionnalisme. Les accords de Taëf sont donc signés le 22 octobre 1989.

LES SUITES

L'invasion du Koweït par l'Irak, le ralliement de la Syrie à la coalition internationale contre Saddam Hussein mettent le conflit libanais entre parenthèses (le général Aoun livre ses derniers combats le 13 octobre 1990) et assurent la reconnaissance implicite de la mainmise syrienne. Depuis 1991, la guerre civile libanaise semble donc avoir pris fin, les diverses milices ayant déposé les armes. Seul le Hezbollah pro-iranien poursuit ses attaques sur Israël au Sud, entraînant de la part de l'État hébreu de fortes ripostes (opération « Justice rendue » en 1993, « Raisins de la colère » en 1996).

Après quinze ans de guerre civile, le Liban est ruiné. La nomination comme Premier ministre, en octobre 1992, de l'homme d'affaires Rafik Hariri, à l'origine d'un plan grandiose de reconstruction de Beyrouth, symbolise l'entrée du Liban dans une nouvelle phase, où seule compte l'économie. Le Liban offre à la Syrie – qui le met en coupe réglée – ses savoir-faire en matière de services financiers, des postes pour sa main-d'œuvre, sa façade maritime. Le libéralisme, la corruption permettent l'édification de fortunes rapides, tandis que le fossé entre riches et pauvres se creuse, d'autant plus que l'État se désengage de son rôle social.

Le sort du Liban dépend donc désormais de la Syrie, qui assure, par la présence de son armée sur les grands axes de communication, et de sa police secrète, un contrôle étroit des populations et le maintien de la paix. Il est lié aussi aux négociations syro-israéliennes, dans lesquelles la Syrie disposerait d'un atout en empêchant les attaques du Hezbollah sur Israël.

CORRÉLATS

IRAN • PALESTINE

BIBLIOGRAPHIE

Kiwan F., (sous la direction de), *Le Liban aujourd'hui*, CNRS Éditions, 1994.

Picard E., *Liban, État de discorde*, Flammarion, 1988.

Picaudou N., *La déchirure libanaise*, Complexe, Bruxelles, 1989.

LIBERIA

DONNÉES STATISTIQUES

	1975	1997
Population	1 650 000	2 300 000
Monrovia (capitale)	180 000 (1971)	1 000 000 (1994)
Buchanam	12 000	25 000

CHRONOLOGIE SOMMAIRE

1816	Volonté affirmée de philanthropes américains de créer une « colonie de Noirs libres » en Afrique occidentale
1821	Premières installations de Noirs venus des États-Unis
1847	Déclaration d'indépendance
1926	La firme américaine Firestone obtient 4 400 000 ha pour 99 ans
1979	Émeute populaire
Avril 1980	Le président William Tolbert assassiné par le sergent Samuel Doe, qui se proclame chef d'État
Octobre 1985	Élections (Samuel Doe obtient 51,05%) contestées par l'opposition
Décembre 1989	**Début de la guerre civile** (rébellion de Charles Taylor)
Septembre 1990	Assassinat du président S. Doe
Août 1995	Treizième accord de paix depuis 1989
1996	Reprise de la guerre

LES ORIGINES

Bien situé sur la côte du Golfe de Guinée, disposant de riches ressources minières, et seul État africain à ne pas avoir été colonisé par l'Europe, le Liberia n'était pas sans atouts. Mais, très tôt, surgirent des problèmes de diverses natures.

Fondée – sur une idée américaine – dans la première moitié du XIXe siècle, pour constituer un foyer réservé aux Noirs affranchis, la nouvelle République se trouva d'emblée dominée par les anciens esclaves venus des États-Unis (dénommés « afro-américains »), qui se comportèrent comme des colons à l'égard de la population autochtone («natives»). Par ailleurs, désireux d'assainir une situation financière difficile, le gouvernement accorda, en 1926, à la firme américaine Firestone une concession d'hévéas d'un million d'acres pour 99 ans, puis, plus

tard, à des sociétés américaines, suédoises et allemandes, l'exploitation des mines de fer (4e exportateur mondial en 1974). Il tira également de gros bénéfices de l'immatriculation de navires étrangers (pratique du « pavillon de complaisance ») (1er rang mondial des flottes marchandes). Grâce à ces ressources, le Liberia enregistra le taux de croissance le plus élevé du monde entre 1950 et 1960 (11,5 % par an).

Cet essor économique profita tout particulièrement à l'élite afro-américaine (4 % de la population). Celle-ci monopolisa le pouvoir et la richesse, sans que l'on mesurât, à l'extérieur du pays, l'état d'exaspération du reste de la population («natives»), pauvre et dominé. Les rancœurs surgirent au grand jour lorsque s'enraya la croissance, qui, fondée trop exclusivement sur quelques produits (hévéa, fer…) et sur les stratégies fluctuantes de multinationales, se révéla fragile.

© ARMAND COLIN. La photocopie non autorisée est un délit

LE CONFLIT

De l'anarchie (la décennie Doe)...

Le conflit se noua sous la présidence de William Tolbert (1971-1980), qui, pourtant, à la différence de son prédécesseur – William Tubman – n'était pas fermé aux réformes et à une libéralisation de la vie politique. L'augmentation du prix de vente du riz ayant entraîné, au printemps 1979, des émeutes à Monrovia – la capitale – W. Tolbert fit intervenir l'armée, mais légalisa les partis d'opposition, notamment le *Progressive People's Party* (PPP). Cette ouverture venait trop tard. Le 12 avril 1980, le président Tolbert était assassiné par un petit groupe de soldats issus de la population autochtone, conduits par le sergent Samuel K. Doe, qui s'empara du pouvoir.

Durant dix ans, se développa, sous la présidence Doe, une anarchie croissante : luttes sanglantes entre les factions ayant pris le pouvoir, complots militaires, tentatives de coups d'État (dix au moins)... Dans la société civile, la contestation émana surtout des syndicats et des étudiants. Au printemps 1986, des grèves paralysèrent les établissements scolaires et universitaires de Monrovia ; en août 1988, l'université fut fermée, et le syndicat étudiant dissous par le pouvoir. Celui-ci tenta de faire front, à la fois, par la répression, par la fraude (élections truquées d'octobre 1985), et par la propagande (lancement, en novembre 1986, de la « révolution verte » visant à l'autosuffisance alimentaire). Le président Doe parvint ainsi à résister longtemps aux très fortes pressions conjuguées du FMI, des États-Unis, et d'une opposition interne, regroupée au sein de la *Liberia Grand Coalition* (LGC). Mais, le 9 septembre 1990, il fut capturé et tué. Déjà, depuis près d'un an, l'anarchie avait fait place à une véritable guerre civile.

...À la guerre civile (depuis 1989)

La guerre civile débuta en décembre 1989 sous l'action d'un mouvement d'opposition organisé dans le nord-est du pays (comté de Nimba), le *Front National Patriotique du Liberia* (FNPL), dirigé par un homme issu du milieu afro-américain, Charles Taylor. Cette lutte entre les troupes du FNPL et l'armée du président Doe – qui devait se terminer par l'exécution de ce dernier – réveilla le tribalisme.

La mise en place – sous l'égide de la *Communauté Économique des États de l'Afrique de l'Ouest* (CEDAO) – d'un gouvernement intérimaire présidé par le Dr Amos Sawyer (novembre 1991), et l'acceptation par Charles Taylor, de l'envoi de 7 000 à 10 000 « casques blancs », ne calmèrent que momentanément la guerre. Celle-ci reprit très vite sous l'action de différentes factions armées : le FNPL de C. Taylor (qui, à la fin de 1991, contrôlait 90 % du pays), le FNPIL (*Front National Patriotique Indépendant du Liberia*), le *Mouvement Uni de Libération pour la Démocratie* (ULIMO), formé par des partisans de l'ex-président Doe...

Face à ces guérillas rivales et sujettes à des querelles internes (scission en deux branches de l'ULIMO en 1994), la « force de la paix » réunie par le CEDAO – l'ECOMOG – sous forte influence nigériane, apparut impuissante. Des combats sanglants (notamment entre octobre 1992 et juillet 1993) multiplièrent les victimes : 150 000 morts (à la date de juin 1996), et 750 000 personnes réfugiées, surtout en Guinée et en Côte-d'Ivoire.

Au total, plus d'une douzaine d'accords de paix ont été signés et non tenus. En mai 1996, l'ECOMOG parvenait cependant à reprendre Monrovia, tandis que les rebelles se repliaient dans leur bastion montagneux du nord-est du pays, d'où ils participent à de fructueux trafics d'armes, de drogue et de métaux précieux. Aux élections présidentielles de juillet 1997, Charles Taylor était élu au premier tour (avec 75 % des suffrages). Sa formation (dénommé désormais le Nouveau Parti Patriotique, NPP) disposait également de la majorité au futur Parlement bicaméral.

BIBLIOGRAPHIE

GALY M., « Le Liberia, une guerre oubliée », *Le Monde Diplomatique*, n° 486, septembre 1994.

MOLDAVIE

DONNÉES STATISTIQUES

	1939	1959	1970	1979	1989
Population	599 000	2 884 000	3 569 000	3 947 000	4 400 000
Moldaves d'origine roumaine	28,5%	65,4%	64,6%	63,9%	64,5%
Russes	10,2%	10,2%	11,6%	12,8%	12%

CHRONOLOGIE SOMMAIRE

XVᵉ s.	Conquête turque
1812	Rattachement à la Russie
1856	Incorporation à la Roumanie
1878	Sud de la Moldavie attribué à la Russie
1924	République autonome de l'URSS
1941-1944	Récupération de la Bessarabie et annexion de la Transnistrie par la Roumanie
1944	République fédérale de l'URSS
1989	Manifestations populaires des Moldaves d'origine roumaine
1990	Les Moldaves roumanophones proclament la souveraineté de la République, les russophones réclament l'autonomie pour la Transnistrie, et les Gagaouzes pour leur région
1991-1992	**Indépendance et guerre avec les séparatistes russophones**
1993	La Moldavie intègre la CEI

LES ORIGINES

Située entre les basses vallées du Prout et du Dniestr, cette région, conquise par les Turcs, fut plusieurs fois envahie par les Russes qui l'annexèrent au traité de Bucarest (1812), la perdirent au traité de Paris (1856) au profit du nouvel État de Roumanie, et récupérèrent la Bessarabie au Congrès de Berlin (1878).

En 1920, les Alliés exaucèrent le vœu de la population en rattachant la Bessarabie à la Roumanie. Les Soviétiques protestèrent et décidèrent, en 1924, la création, sur la rive gauche du Dniestr, d'une République autonome de Moldavie, dépendante de l'Ukraine, qu'ils agrandirent, en 1940, de la Bessarabie du Nord et de la Transnistrie. Annexée à la Roumanie de 1941 à 1944, cette république redevint soviétique en 1944.

Ces péripéties historiques devaient profondément marquer une population qui, à la fin des années quatre-vingt, restait composite, avec 64,5 % de Moldaves d'origine roumaine, 13,8 % d'Ukrainiens, 12 % de Russes, 3,5 % de Gagaouzes (turcophones chrétiens), et 2 % de Bulgares. Il était presque fatal que la désintégration de l'URSS, à l'époque gorbatchevienne, et la flambée de nationalisme qui suivit, réveillassent sur ce territoire, aussi, les antagonismes culturels, et de tenaces rancunes.

LE CONFLIT

L'indépendance et la fièvre nationaliste roumanophone

Dans une première phase, la poussée nationaliste fut essentiellement le fait de la portion – majoritaire – la plus roumanophile

© ARMAND COLIN. La photocopie non autorisée est un délit

de la population. Celle-ci forma un Front populaire, qui sut, à la fois, mobiliser des foules (400 000 manifestants à Kichinev à la fin août 1989), faire adopter des mesures symboliques telle que le choix du roumain comme langue officielle (avec le russe), et proclamer, en juin 1990, la souveraineté de l'État[1].

Ce fut à ce moment que les minorités de la République commencèrent à s'inquiéter. Dès septembre 1990, les russophones réclamèrent l'autonomie pour la partie du territoire situé sur la rive gauche du Dniestr, autour de Tiraspol (la Transnistrie, 5 000 km², 700 000 habitants) et mirent en place une garde nationale ; de même que les 153 000 Gagaouzes, pour la région de Komrat.

Simultanément, malgré les mises en garde et les ultimatums de Gorbatchev, le processus d'indépendance de la République s'accéléra. Son parlement, n'ayant d'yeux que pour Bucarest, prit alors toute la distance possible par rapport à Moscou. Le 27 août 1991, peu après le putsch contre Gorbatchev, l'indépendance fut officiellement proclamée[2].

La guerre séparatiste (hiver 1991-1992-juillet 1992)

À compter de l'hiver 1991-1992, les relations se dégradèrent totalement entre la majorité roumanophone et les minorités russophones – russe et ukrainienne – de Transnistrie. Ces dernières ayant reçu l'appui de l'ex-14ᵉ armée soviétique – stationnée à cet endroit, et dirigée par le général Lebed – ainsi que de Cosaques du Don, les hostilités furent déclenchées (faisant environ un millier de morts). Elles se calmèrent seulement durant l'été (accords de cessez-le-feu, signés le 8 juillet), lors de l'arrivée de forces d'interposition de la nouvelle Communauté d'États Indépendants (CEI), et d'un changement au sein du personnel dirigeant moldave.

L'apaisement et le retour dans le giron russe

À partir de l'été 1992, s'amorça en Moldavie une nette modification de la ligne politique – confirmée par les résultats des premières élections législatives pluralistes en février 1994 – dans le sens d'un rapprochement avec la Russie et l'Ukraine. Dès août 1992, un traité de paix était signé entre la Moldavie et la Russie ; en février 1993, un accord de coopération économique et de retrait de l'ex-14ᵉ armée soviétique était conclu. En octobre enfin – fait tout à fait significatif du changement politique – la Moldavie intégrait la CEI. Peu après, en mars 1994, la population moldave se prononçait à une très large majorité (95,4 %) contre la fusion avec la Roumanie, que les difficultés économiques avaient rendue de moins en moins attractive.

Un compromis fut trouvé avec la Gagaouzie qui obtint le statut de république autonome (28 décembre 1994), lui conférant le droit de posséder ses propres emblèmes, ses organes exécutifs et législatifs, et lui donnant la possibilité de faire sécession en cas de réunification avec la Roumanie.

Avec la Transnistrie, les enjeux étant beaucoup plus élevés (la région abrite le tiers du potentiel industriel de la Moldavie, et sa capitale constitue un nœud ferroviaire stratégique), les négociations se sont révélées nettement plus difficiles. En avril 1997, enfin, une entente s'établissait sur l'octroi d'un statut particulier à cette région, et, en mai, le président de Moldavie, Petru Loutchinski, et le dirigeant de la Transnistrie, Igor Smirnov, signaient à Moscou un mémorandum pour normaliser leurs relations.

CORRÉLATS

ARMÉNIE • CAUCASE DU NORD

BIBLIOGRAPHIE

CAZACU M., TRIFON N., « La Moldavie ex-soviétique, histoire et enjeux actuels », *Cahiers d'Iztok*, 2/3 Akratie, Paris, 1993.

CROSNIER M.-A., « Moldavie », *Le courrier des pays de l'Est*, n° 397-398, mars-avril 1995.

---

1 Chapitre 5, p. 186.
2 Chapitre 5, p. 190.

MOZAMBIQUE

DONNÉES STATISTIQUES

	1970	1995
Population (en millions)	8,2	15,8
Densité	10	20,2
Analphabétisme (%)		66,5
PIB par habitant (en dollars)		60

CHRONOLOGIE SOMMAIRE

XVe siècle	Arrivée des Portugais
1888, 1895	Révoltes durement réprimées
1964	Insurrection des Makondé
1975	Le Mozambique devient indépendant
1977-1992	**Guerre civile**
1992	Signature d'un accord de paix
1994	Premières élections libres

LES ORIGINES

La situation géographique du Mozambique permit à sa métropole, le Portugal, de surveiller les débouchés maritimes de l'Afrique minière, le transit ferroviaire et portuaire fournissant une bonne partie des ressources de la colonie – outre l'exportation de main-d'œuvre vers les mines d'Afrique du Sud et de Rhodésie.

Grâce à l'action des pays voisins, en particulier de la Tanzanie, les mouvements nationalistes apparaissent au début des années soixante : Le Front de Libération du Mozambique (FRELIMO) fut créé en 1962 et il déclencha la lutte armée en 1964 depuis le pays makondé au nord. Mais il ne tarda pas à être déchiré par des factions antagonistes ; en 1970, la ligne dure marxiste l'emporte et Samora Machel en prend la tête.

Accéléré par l'accès au pouvoir à Lisbonne de la gauche militaire (révolution du 25 avril 1974), le processus d'indépendance des colonies portugaises intervint en 1975*.

LE CONFLIT
Une guerre civile internationalisée

Au Mozambique, compte tenu de l'autorité du FRELIMO, qui avait à son actif une dizaine d'années de guerre contre le Portugal (plus de 2000 morts et près de 900 blessés), la prise du pouvoir en 1975 fut infiniment plus calme qu'en Angola. Samora Machel, président du FRELIMO, devint chef de l'État, et, marxiste sans dogmatisme, entreprit avec réalisme de redresser une situation économique désastreuse, en tentant de modifier des structures héritées de la colonisation qui rendaient le pays très dépendant de l'Afrique du Sud et de la Rhodésie. Il dut toutefois faire face à la Résistance nationale mozambicaine (RENAMO), mouvement de 8 000 à 12 000 combattants, créé en novembre 1976, avec le soutien de Pretoria, par d'anciens coloniaux portugais, ainsi qu'aux attaques répétées de la Rhodésie (1976-1980) et aux raids de l'Afrique du Sud (1981-1984).

Nettement orienté vers le marxisme-léninisme, et officiellement ancré dans le camp communiste par un traité conclu avec l'Union soviétique en 1977, le Mozambique fut jugé

---

* Chapitre 1, p. 43.

© ARMAND COLIN. La photocopie non autorisée est un délit

et traité (comme l'Angola) par les gouvernements conservateurs voisins comme un foyer déstabilisateur de cette portion de l'Afrique : ce fut de leurs bases du Mozambique que les guérilleros rhodésiens de la ZANU (Union nationale africaine du Zimbabwe), dirigés par Robert Mugabe harcelèrent le régime blanc de Salisbury et que les militants de l'ANC (Conseil national africain) préparèrent leurs actions contre l'Afrique du Sud. Membre actif de « la ligne de front » (avec le Botswana, la Zambie, la Tanzanie et l'Angola), le Mozambique ne cessa de faciliter la lutte des pays d'Afrique australe contre le régime de Pretoria et sa politique d'apartheid. Ses efforts – politiques, logistiques et matériels – appuyés par ceux de l'Union soviétique et de Cuba, aboutirent, dès le début de la décennie 80, à d'importants résultats au Zimbabwe et en Namibie.

LES SUITES

La chute du bloc soviétique, la fin de l'apartheid en Afrique du Sud ont changé la donne : en 1992, sont signés des accords de paix entre le gouvernement et la RENAMO, que la mission de l'ONU (ONUMOZ, 1993-1995) est chargée de faire appliquer. Dans ce pays où le conflit s'est soldé par 900 000 tués et 3 millions de déplacés, la violence continue cependant. Bien que la RENAMO ait accepté d'entrer dans le jeu politique et obtenu plus du tiers des suffrages aux élections législatives de 1995, la situation reste troublée, le FRELIMO monopolisant l'État à son profit.

L'économie se libéralise et se privatise, mais le Mozambique, malgré un important allégement de sa dette extérieure (décidé le 22 janvier 1998 par le Club de Paris, qui réunit les créanciers publics des pays en voie de développement), ne parvient pas à surmonter les désastres de la guerre civile... Le tiers de la population n'a pas accès à l'eau potable ; dans les campagnes, 60 % des ménages vivent en deçà du seuil de pauvreté – le revenu moyen par tête ne dépasse pas 100 dollars par an. En raison des intérêts miniers, le Mozambique est toutefois admis au sein du Commonwealth. Il compte beaucoup sur les activités touristiques et sur les accords commerciaux conclus avec l'Afrique du Sud, le « corridor de Maputo », couloir de transports et d'investissements, devant relier les deux pays avant l'an 2000...

CORRÉLATS

AFRIQUE DU SUD • ANGOLA • ZIMBABWE

BIBLIOGRAPHIE

CAHEN M., *Mozambique, la révolution imposée*, L'Harmattan, 1987.

JOUANNEAU D., *Le Mozambique*, Karthala, 1995.

PÉLISSIER R., « Angola, Mozambique : des guerres interminables et leurs facteurs internes », *Hérodote*, 4e trim. 1987.

NAMIBIE

DONNÉES STATISTIQUES

	1970	1995
Population	746 328	1 650 000
Densité	0,9	2
Analphabétisme (%)		60
PIB par habitant (en $)		1550

CHRONOLOGIE SOMMAIRE

1484	Le Portugais Diogo Cão touche Cape Cross
XVIIIᵉ siècle	Comptoir hollandais
1884	La Namibie devient allemande
1919	Mandat de l'Union sud-africaine
1949	**L'Afrique du Sud procède à l'annexion de fait de la Namibie**
1973	L'ONU et l'OUA reconnaissent la SWAPO comme représentante du peuple namibien
1971-1988	**Guerre d'indépendance**
1990	La Namibie entre dans l'Union douanière sud-africaine

LES ORIGINES

La Namibie, ancienne colonie allemande, largement étalée (824 000 km²), sur le flanc sud-ouest de l'Afrique, en partie désertique, pauvre en hommes, mais riche en minerais (diamants, cuivre, plomb…) et métaux stratégiques (uranium, germanium, sélanium…), et surtout comme le Zimbabwe, maillon essentiel de la chaîne protectrice établie par l'Afrique du Sud, fut l'objet d'une interminable épreuve de force, diplomatique et militaire.

LE CONFLIT

Guerre d'indépendance

D'un côté, la puissante Afrique du Sud, transformant unilatéralement en annexion (1949) un mandat de la SDN (1919), établissant un régime d'apartheid au profit d'une très faible minorité blanche (5 % environ), repoussant tous les ultimatums de l'ONU, et n'hésitant pas à se lancer dans de vastes opérations de poursuite en Angola contre les maquisards namibiens (comme l'opération Protée en août 1981, qui fit mille morts environ dans les rangs de la SWAPO), ou directement contre les troupes angolaises (opération Hooper en décembre 1987 dans la périphérie de Cuito Cuanavale) ; n'hésitant pas non plus à grever son budget d'une charge évaluée de 2 à 3,25 milliards de francs pour les dépenses militaires, et à 3,64 milliards pour les dépenses civiles ! Pareille détermination avait pour base essentielle la volonté de ne se résigner pas plus à la consolidation du régime marxiste d'Angola, qu'à l'idée d'une installation d'un régime identique en Namibie.

Dans le camp adverse, la détermination n'était pas moindre, même si les intérêts étaient plus dispersés. Le principal mouvement nationaliste, la SWAPO, disposait de nombreux atouts : sa large assise dans le pays (bonne implantation chez les Ovambos qui forment 45 à 50 % de la population namibienne) ; sa légitimité (reconnaissance officielle depuis 1973 par l'ONU et l'OUA de sa représentativité du peuple namibien) ; ses unités combattantes (7 000 à 8 000 guérilleros stationnés dans le Sud angolais, conseillés

© ARMAND COLIN. La photocopie non autorisée est un délit

par des Cubains); son prestige conféré par l'ancienneté (1966) et le prix humain (plus de 10 000 morts à la fin 1986, selon des sources sud-africaines) de son engagement. Il disposait enfin du soutien actif du gouvernement officiel de l'Angola (MPLA), des forces cubaines et des experts soviétiques en mission dans ce pays. La victoire de la SWAPO était, en effet jugée capitale tant par le MPLA angolais – qui espérait ainsi pouvoir définitivement écraser l'UNITA, privée de ses alliés namibien et surtout sud-africain – que par l'Union soviétique, pour laquelle l'installation d'un régime progressiste à Windhoek (capitale de la Namibie) constituerait une étape décisive dans le processus d'encerclement de l'Afrique du Sud, et dans la progression de sa propre influence.

Au total, de l'issue du conflit, dépendait directement l'avenir de deux pays (l'Angola et la Namibie) et, indirectement, celui de l'Afrique du Sud. De tels enjeux expliquent l'extraordinaire effort de guerre ainsi que les difficultés, non moins extraordinaires, à régler pacifiquement la question. Longtemps, l'ONU y usa sa patience et son autorité. De 1947 à 1966, ne vota-t-elle pas 73 résolutions condamnant l'annexion de la Namibie par Pretoria! Son ultimatum de 1976, tout comme sa résolution 435 du 29 septembre 1978 sur l'indépendance de la Namibie restèrent lettres mortes. Des négociations plusieurs fois envisagées ou engagées entre l'Afrique du Sud et la SWAPO (1978-1981, 1984...) avortèrent toutes. Pour qu'un vent d'espoir sérieux se levât enfin en 1988 (cessez-le-feu signé le 8 août à Genève sous l'égide de l'ONU), il fallut un changement de climat international, notamment la volonté de l'Union soviétique et des États-Unis de mettre fin aux grands conflits régionaux en

faisant pression sur leurs protégés (Cubains, Angolais, SWAPO d'un côté, UNITA, Sud-Africains de l'autre). Le 22 décembre 1988 fut signé, à New York, un traité entre l'Angola et Cuba, garantissant le retrait du corps expéditionnaire cubain d'Angola, et l'accession – au début de 1990 – de la Namibie à l'indépendance.

LES SUITES

La nouvelle Namibie se dote d'un régime politique qui associe le système majoritaire et une certaine représentation communautaire. Mais les élections traduisent la division ethnique du pays et le rôle déterminant des Ovambos dans la victoire de la SWAPO (57,3 % des suffrages en 1989; 72,71 % en 1994) sur la DTA (*Democratic Turnhalle Alliance*, coalition de 11 partis qui obtient 28,5 % et 22,3 % des voix à ces mêmes consultations).

Malgré son indépendance, la Namibie reste dans l'orbite de son voisin, en particulier sur le plan économique, puisque depuis 1990, elle appartient à l'Union douanière sud-africaine.

CORRÉLATS

AFRIQUE DU SUD • ANGOLA

BIBLIOGRAPHIE

FRITZ, J.-C., *La Namibie indépendante. Les coûts d'une décolonisation retardée*, L'Harmattan, 1991.

NICARAGUA

DONNÉES STATISTIQUES

	1973	1995
Population (en millions)	2,04	4,27
Densité	14,7	32,8
Mortalité infantile (⁰/00)		52
Analphabétisme		22
PIB	7809[1]	1325[2]

CHRONOLOGIE SOMMAIRE

1502	Christophe Colomb prend possession du Nicaragua au nom du roi d'Espagne
1570	Fondation d'une colonie espagnole
1821	Indépendance
1823-1838	Fédération des Provinces-Unies d'Amérique centrale
1901	Théodore Roosevelt inaugure au Nicaragua la politique du « big stick »
1936-1979	Dictature du clan Somoza
1979	Révolution sandiniste
1979-1988	**Guerre civile internationalisée**
1990	Les sandinistes perdent le pouvoir

1. En millions de cordobas.
2. En millions de dollars.

LES ORIGINES

Au XIXᵉ siècle, le Nicaragua eut une vie politique agitée ; il fut entraîné dans la guerre interne que se firent, en 1854, le *Parti conservateur légitimiste de Granada* et le *Parti libéral de León*, deux villes qui reflétaient l'organisation spatiale du pays.

Le soulèvement nationaliste de 1912 entraîna l'intervention des *marines* ; dès lors le Nicaragua se transforma en néo-colonie des États-Unis : les Américains y installèrent des bases navales, créèrent la Garde nationale en 1925, réprimèrent les grèves, luttèrent contre le soulèvement armé du général libéral Moncada (1926-1927), puis d'un de ses « généraux », A.C. Sandino. En même temps le capitalisme américain développait son implantation (occupation des terres par la *United Fruit company*).

Quittant le Nicaragua en 1933, les Américains laissèrent à la tête de la garde nationale Anastasio Somoza Garcia, qui, par un coup d'État, devint président en 1936. Le Nicaragua vécut dès lors sous la domination de la famille Somoza, qui resta au pouvoir jusqu'en 1979. Le pays se trouva de plus en plus inféodé aux États-Unis, dont il dépendait pour ses exportations (café, coton, sucre, banane, viande bovine, bois...) et pour ses emprunts.

En 1961 fut fondé, à la suite de la révolution cubaine, un mouvement d'inspiration guévariste, le *Front sandiniste de libération nationale*, qui parvint à développer son audience parmi les masses populaires de 1970 à 1975. Les grèves, les manifestations étudiantes, l'opposition d'une partie du clergé amena le FSLN à rechercher l'alliance avec les milieux bourgeois, de plus en plus hostiles aux exactions des somozistes (1977).

© ARMAND COLIN. La photocopie non autorisée est un délit

LE CONFLIT

Une guerre civile internationalisée

La révolution sandiniste

La crise qui provoqua la chute des Somoza éclata, en fait, le 10 janvier 1978, lorsque Pedro Joaquin Chamorro, directeur du journal d'opposition la *Prensa*, fut assassiné. À l'appel du *Front élargi d'opposition* (FAO), la grève générale est immédiatement déclenchée avec le soutien du patronat et de l'Église (janvier 1978) ; la guérilla du Front sandiniste tourne à l'insurrection populaire*.

La force de la révolte s'explique par la mainmise totale du clan Somoza sur l'économie du pays et par la paupérisation croissante de la population ; mais le succès, lui, a d'autres sources : quand, en juillet 1979, Somoza prend la fuite, l'opposition tout entière fait corps. Le contexte international lui-même se révèle alors favorable. Au moment de la grève générale de janvier-février 1978, les États-Unis suspendent leur aide militaire au Nicaragua, et restreignent l'aide économique, ce qui entraîne la condamnation du régime Somoza par les cinq membres du Pacte andin (Bolivie, Colombie, Équateur, Pérou et Venezuela) au sommet de Carthagène (mai 1979).

Avant même la chute de Somoza, les différents courants anti-somozistes se sont unis au sein de la *Junte de gouvernement de reconstruction nationale*, qui annule la constitution antérieure et fonde les nouveaux pouvoirs de l'État (20 juillet 1979) : la junte de gouvernement (exécutif de 5 membres – y compris deux représentants de la bourgeoisie – qui détient aussi des pouvoirs législatifs) ; le Conseil d'État, composé des multiples forces anti-somozistes (co-législatif) ; la Cour suprême de Justice, les forces armées populaires et la police. Cette structure de transition, établie pour faire face aux besoins de l'administration du pays, s'est maintenue jusqu'à l'investiture du président de la République en janvier 1985...

Le programme de la junte désormais au pouvoir insiste sur la garantie du respect des droits de l'homme, les libertés fondamentales, l'abrogation des lois répressives et l'abolition des forces de répression héritées du régime précédent, l'annulation des jugements illégaux.

La révolution confisquée ?

Selon certains observateurs étrangers, à peine parvenus au pouvoir, les Sandinistes auraient détourné la révolution à leur profit. Il est vrai que quelques mois à peine après la chute de Somoza, l'alliance qu'ils avaient conclue avec la bourgeoisie anti-somoziste se désagrège : les Sandinistes acquièrent alors la place prépondérante dans le gouvernement nicaraguayen (avril 1980). Et, après la brusque montée des périls aux frontières, l'attitude du gouvernement se durcit ; il décrète l'état d'urgence le 15 mars 1982. La censure se renforce ; les libertés syndicales sont limitées. Enfin le 11 avril 1983, sont créés des « tribunaux populaires anti-somozistes », nommés par la junte de gouvernement.

Sur le plan économique, en raison des alliances formées dans la lutte contre le somozisme, la junte ne peut envisager de se lancer dans une étatisation de l'économie. Les premières mesures prises visent en fait à une socialisation minimale : sont nationalisés les biens de Somoza, le crédit, le commerce extérieur, les mines, les assurances, l'industrie pharmaceutique, l'objectif essentiel de la politique économique étant d'assurer le redémarrage de la production. L'année 1981 constitue un tournant, où se met en place la réforme agraire et où se développe le secteur coopératif, sous l'égide d'un système de planification.

Mais la conjoncture économique ne cesse de se dégrader : la spéculation, l'absence d'investissements, les ruptures d'approvisionnement entraînent pénurie, marché noir et envol des prix en 1984, si bien que le gouvernement instaure le contrôle de la distribution des produits de base par un réseau de magasins populaires gérés par des organisations de masse...

Sur le plan international, le Nicaragua s'efforce de suivre la politique du mouvement des non-alignés ; mais il suit aussi sa propre ligne (à l'ONU, il s'abstient dans le vote condamnant l'intervention soviétique en Afghanistan). Après 1981, lorsque Reagan met l'embargo sur les exportations de blé vers le Nicaragua et bloque les crédits votés par le Congrès, les sandinistes se rapprochent non seulement de l'URSS mais aussi de la France socialiste, des autres

---

* Chapitre 4, p. 154.

pays européens et depuis 1983 des pays du groupe de Contadora (Mexique, Venezuela, Colombie, Panama). Enfin, Cuba occupe une place privilégiée dans les relations extérieures.

La révolution combattue

• *Les forces en présence*

L'effondrement du somozisme a privé le Nicaragua d'armée. Autour des guérilleros sandinistes, s'organisent donc peu à peu des milices, environ 40 000 hommes et femmes chargés de la défense des villages, mais aussi des frontières. Au cours de l'été 1980, face à la menace des bandes d'anciens somozistes, la junte crée une *Armée populaire sandiniste* de 8 000 hommes, puisés essentiellement dans la milice. Mais cela ne suffit pas face à l'augmentation des forces de la *Contra* (forces contre-révolutionnaires) et aux agressions extérieures : l'état d'urgence est décrété en mars 1982 (il sera levé partiellement en juillet 1984), le service militaire est instauré (1984) malgré l'opposition de l'Église catholique et d'une large partie de l'opinion. Toutes forces confondues, le Nicaragua peut ainsi aligner 100 000 hommes pour assurer sa défense (la plus forte armée d'Amérique centrale), le but étant de ne laisser la Contra occuper vraiment aucune parcelle du territoire.

Dès la victoire des sandinistes, de petits groupes composés d'anciens gardes somozistes organisent des sabotages et des coups de main, en particulier sur les frontières. L'aide américaine permet ensuite à la Contra de s'organiser en véritables armées, dont les trois principales composantes sont la *Force démocratique nicaraguayenne* (FDN) basée au Honduras, dont les cadres s'entraînent aux États-Unis et qui bénéficie de l'appui de la CIA ; la Misura, qui comprend environ 2 000 Indiens Miskito, fraction indigène de la FDN, non pas danger militaire véritable pour les sandinistes, mais réel échec politique ; *l'Alliance révolutionnaire démocratique* (ARDE), créée par Eden Pastora après sa rupture en 1982 avec le FSLN, basée dans le sud du Nicaragua, qui se réclame d'un sandinisme originel, et qui refuse longtemps d'intégrer la FDN. L'ensemble des forces contre-révolutionnaires peut compter sur l'appui de la bourgeoisie libérale, d'une partie des classes populaires excédées par les difficultés de la vie quotidienne, et sur le soutien actif de l'Église (qu'incarne Mgr Obando y Bravo, archevêque de Managua, puis cardinal).

• *Le rôle des États-Unis*[*]

Depuis la venue au pouvoir de Ronald Reagan en 1981, les intérêts nord-américains, en particulier stratégiques et militaires, cachés sous un discours à dominante économique, ont été réaffirmés. Mais le projet de développement économique du bassin des Caraïbes, lancé par le discours du président Reagan devant l'OEA (24 février 1982), s'est effacé, après la guerre des Malouines, derrière la politique de réactivation du Condeca (*Conseil de défense centro-américain*). L'intervention à l'île de la Grenade, le rapport Kissinger (janvier 1984) montrent que la position américaine ne varie pas désormais : face à la subversion communiste, il faut appuyer la démocratie, soutenir le développement économique, défendre la sécurité des nations menacées, parmi lesquelles, au premier plan, le Nicaragua.

Sans avoir recours à un engagement militaire direct et de grande envergure, les États-Unis mènent donc contre le régime sandiniste une guerre de « basse intensité » :
– formation et équipement de la Contra dans des bases installées au Honduras ;
– action psychologique, à destination de la Contra et de l'opinion publique internationale ;
– déstabilisation de l'économie nicaraguayenne (restriction de l'aide extérieure, pressions auprès des banques internationales, sabotage des installations portuaires et pétrolières) ;
– aide financière privée ou publique, officielle ou non (comme l'a dévoilé le scandale de l'Irangate).

LES SUITES

Le Nicaragua a ressenti durement les effets du boycottage américain, ainsi que les coups portés aux projets de développement et aux efforts d'équipement par les opérations de la Contra. Très touchés par les pénuries liées à l'économie de guerre, victimes des déplacements de population (par la Contra ou par les forces gouvernementales, dans les zones considérées comme stratégiques), les Nicaraguayens contestent de plus en plus le régime : en 1987 et 1988, des manifestations anti-gouvernementales, réunissant plusieurs milliers de personnes, se sont déroulées à Managua.

---

[*] Chapitre 1, p. 36.

© ARMAND COLIN. La photocopie non autorisée est un délit

De plus, aucun des États d'Amérique centrale n'est épargné par la guerre, et le conflit nicaraguayen concerne les plus proches voisins de ce pays. Ainsi, le Costa Rica a accueilli sur son sol, avant la révolution, les guérilleros du FSLN, et après la victoire des sandinistes, des groupes d'anciens somozistes. Le Honduras, lui, apparaît comme le pays de la zone le plus concerné par les problèmes du Nicaragua, puisqu'il est le principal support de la politique nord-américaine en Amérique centrale. Le 7 août 1987, les chefs d'État de cinq pays d'Amérique centrale (Costa Rica, Guatemala, Honduras, Nicaragua, Salvador) signent les accords d'Esquipulas, qui enclenchent un processus de pacification dans la région. S'ordonnant autour de trois thèmes indissociables – démocratisation, pacification, coopération régionale – ce plan entraîne au Nicaragua la levée de l'état de siège et de la censure, et un cessez-le-feu provisoire (avril 1988). Il fallut toutefois attendre les accords de Tela (7 août 1989), annonçant des élections générales pour le 25 février 1990, pour que la guerre cessât.

Le conflit avait fait plus de 50 000 morts et ruiné l'économie (inflation de 1700 % en 1989). Les élections purent toutefois se dérouler, donnant la victoire à Violeta Chamorro, (qui obtint 54,2 % des voix devant le sandiniste Daniel Ortega) et à l'Union nationale d'opposition, coalition hétéroclite de onze partis, des conservateurs aux sociaux-démocrates. Le pays retrouva une certaine stabilité politique, grâce à la gestion de V. Chamorro, soutenue par les sandinistes dès 1993. Si l'inflation est jugulée, les privatisations, les dérégulations, en un mot la libéralisation de l'économie, ont en revanche un coût social très lourd : 60 % de la population active serait au chômage. Grand défi pour A. Alemàn (Alliance libérale), qui emporte les élections présidentielles de 1996...

CORRÉLATS

GUATEMALA • SALVADOR

BIBLIOGRAPHIE

Rouquié A., *Guerres et paix en Amérique centrale,* Seuil, 1992.

Vayssière P., *Nicaragua : les contradictions du sandinisme,* Presses du CNRS, 1988.

NOUVELLE-CALÉDONIE

DONNÉES STATISTIQUES

Superficie	19 058 km²
Population	200 000
Densité	11 hab/km²
Population urbaine	80 %
Mortalité infantile	10 pour 1000
PIB par habitant	13 314 $ (1995)

CHRONOLOGIE SOMMAIRE

1774	Découverte par Cook
1853	Possession française
1878, 1917	Révoltes des populations autochtones
1946	Suppression du code de l'indigénat
1956	La Nouvelle-Calédonie devient territoire d'outre-mer
1984	Formation du FLNKS
1984-...	**Lutte pour l'indépendance**
5 décembre 1984	Massacre de Hienghène
avril-mai 1988	Événements de la grotte d'Ouvéa
6 novembre 1988	**Référendum sur le statut de la Nouvelle-Calédonie**
1988-1998	Poursuite des négociations entre les diverses parties
1er février 1998	Accords de Bercy
5 mai 1998	Signature officielle de l'accord de Nouméa, sur le futur statut du territoire

LES ORIGINES

Peuplée par les Kanaks, la *Nouvelle-Calédonie*, découverte par Cook en 1774, *devint possession de la France* en 1853 ; elle fut ensuite transformée en colonie pénitentiaire. Peu à peu, la colonisation européenne s'organisa autour des libérés et des nouveaux arrivants. Les *Kanaks*, qui avaient eu des contacts difficiles avec les premiers Européens (massacre des marins de « *L'Alcmène* » en 1850), ressentirent durement l'appropriation privée des terres. Ils *se révoltèrent plusieurs fois*, en particulier en 1878 et 1917.

Durant la Seconde Guerre mondiale, la présence de soldats américains, puis le retour du bataillon du Pacifique – qui comprenait des tirailleurs autochtones – firent éclater les *contradictions* de l'île ; en 1946, le code de l'indigénat fut donc supprimé et le travail forcé des indigènes aboli ; en 1952, les Mélanésiens obtinrent le droit de vote.

Si en 1956, la colonie devint *territoire d'outre-mer* – donc territoire ayant vocation à l'indépendance – une série de lois remirent ensuite en question les acquis (1963, 1965, 1969). La métropole souhaitait en effet renforcer son pouvoir économique (on spéculait alors beaucoup sur l'exploitation du minerai de nickel) et son influence politique, en limitant l'action de l'*Union calédonienne*, mouvement qui encadrait les Mélanésiens avec l'appui des missions catholiques et protestantes.

La population néo-calédonienne comprend trois groupes : les Kanaks, Mélanésiens, premiers occupants de l'île, qui ont connu au siècle dernier un grave déclin démographique ; les Européens ou Caldoches, descendants des forçats libérés ou des premiers colons, installés depuis plusieurs générations

© ARMAND COLIN. La photocopie non autorisée est un délit

et métropolitains arrivés récemment ; les « autres » originaires de Vanuatu (Mélanésie) et de Polynésie (Wallis et Futuna, Tahiti), mais aussi d'Indonésie et du Vietnam, attirés par les emplois offerts par les mines dans les années 1960-1970.

La croissance démographique est importante entre 1969 et 1976 ; le boom du nickel provoque en effet un afflux d'émigrants métropolitains et polynésiens, environ 25 000 personnes s'installant alors en Nouvelle-Calédonie, pour une population de 100 000 habitants en 1969. Les divers groupes connaissent ensuite une évolution différente : alors que la population d'origine européenne stagne, passant d'environ 52 000 habitants en 1974 à 54 000 en 1983, la population mélanésienne a une croissance régulière, atteignant 62 000 habitants en 1983, contre 55 000 en 1976, malgré un léger fléchissement ces dernières années en raison de l'émigration et de la baisse de la natalité. Les « autres », au nombre de 26 000 en 1983, ne maintiennent leur expansion que grâce à la volonté de l'élite caldoche, qui favorise l'immigration.

Même si le secteur agricole ne tient plus qu'une place restreinte dans la valeur de la production de l'île, les problèmes fonciers restent au cœur des conflits entre les communautés, les Mélanésiens ayant été refoulés par les colons dans les réserves où ils pratiquent la culture des tubercules traditionnels et un élevage médiocre. Certains d'entre eux ont pu développer de petites plantations de caféiers, ou dans les îles, des cocoteraies, mais l'essentiel est aux mains des Européens à la tête de vastes domaines d'élevage extensif, les stations.

La prospérité de l'île dépend en fait surtout des cours du nickel, longtemps richesse essentielle, qui explique la forte immigration du début des années soixante-dix et le travail d'une partie des Kanaks dans les mines. La baisse des cours et de la production du nickel après 1976 a donc sérieusement affecté l'économie néo-calédonienne (la production dépassait 140 000 tonnes en 1970 ; elle n'est plus que de 63 000 tonnes en 1986, de 56 000 en 1987, la Nouvelle-Calédonie perdant son rang de quatrième producteur mondial au profit de l'Indonésie). Les disparités économiques et sociales, déjà fortes, se sont encore accentuées : la population mélanésienne subit un chômage endémique ; la moitié d'entre elles n'a pour seules ressources que les prestations sociales et connaît des conditions de vie et de

logement particulièrement précaires. La dégradation de la situation des Kanaks, dès la fin des années soixante, explique qu'ils affirment leurs revendications, en réclamant notamment l'égalité des droits et la régionalisation.

L'entrée des Kanaks sur la scène politique après 1968, en particulier dans des organisations comme les *Foulards rouges* ou le *Groupe 1878*, renforce les oppositions sur l'île, même si les revendications indépendantistes n'apparaissent que plus tard.

Dans les années 1970-1980, l'antagonisme entre les deux principales communautés se cristallise autour de deux groupes :
– L'*Union calédonienne*, créée en 1951, la plus vieille formation politique calédonienne ouverte aux Mélanésiens, qui se transforme en *Front indépendantiste*, puis en *Front de libération national kanak et socialiste* (FLNKS), qui durcit ses positions lorsque la crise éclate au grand jour.
– Les partis « nationaux », de plus en plus représentatifs de la population d'origine européenne, en particulier le *Rassemblement pour la Calédonie dans la République* (RPCR), fondé en 1967. Le *Front calédonien*, expression locale du Front national, a une influence moins importante.

Le retour en 1976 à un statut d'autonomie interne fait du contrôle du gouvernement territorial l'enjeu essentiel des luttes politiques. Les gouvernements métropolitains qui se succèdent jusqu'en 1981 veulent donner aux partis nationaux, le RPCR notamment, la maîtrise de cette autonomie, tout en mettant en œuvre une politique dite de promotion mélanésienne.

LE CONFLIT

Une guerre de libération

Le changement de majorité nationale en 1981 engage au contraire la métropole dans une politique clairement affirmée de décolonisation ; mais, depuis deux ans déjà, le climat politique et social s'est dégradé en Nouvelle-Calédonie.

Lors des élections à l'assemblée territoriale de 1979, le Front indépendantiste obtient 34,4 % des voix, soit 14 sièges sur 36 ; mais les incidents se multiplient : provocations, manifestations, série de « faits divers » meurtriers surtout. Ainsi, un jeune Mélanésien, Théodore Daye, est assassiné le 6 janvier 1980 dans des circonstances mal définies en présence d'un officier de police ; quelques mois plus tard, le commandant de brigade de gendarmerie Franz Cabale, qui enquêtait sur les trafics d'armes entre la Nouvelle-Calédonie et la minorité extrémiste blanche de Vanuatu, est exécuté (26 novembre 1980). En septembre 1981, enfin, Pierre Declerc, secrétaire général de l'Union calédonienne, est abattu à son domicile, alors qu'il était l'un des rares Européens à soutenir la cause des Kanaks...

De 1979 à 1982, la tension a été particulièrement vive sur l'île, entretenue par les manifestations et les barrages du Front indépendantiste et par les agissements du RPCR (par exemple la distribution d'un tract intitulé « Dernier avertissement » en décembre 1980) ; elle atteint son paroxysme après le meurtre de Pierre Declerc. La mort de ce dirigeant indépendantiste blanc introduit en Nouvelle-Calédonie les luttes politiques nationales, au moment où, en métropole, le régime vient de changer ; or les Caldoches, qui se sentent menacés, contestent la légitimité du nouveau gouvernement.

En effet, une politique de réformes par ordonnances est mise en place (octobre 1982), qui paraît plutôt favorable aux Mélanésiens : création d'un office kanak, d'un office de développement et d'un office chargé de distribuer aux tribus des terres rachetées aux colons européens, introduction d'assesseurs coutumiers kanaks dans les cours de justice. Le principe du droit à la souveraineté kanake est ensuite reconnu par les diverses composantes politiques du territoire, les autorités coutumières mélanésiennes et des représentants du gouvernement (juillet 1983). Enfin les socialistes au pouvoir en métropole proposent un nouveau statut pour l'île – appelé le statut Lemoine, du nom du secrétaire d'État aux DOM-TOM, Georges Lemoine – qui prendrait effet avec le renouvellement de l'assemblée territoriale (18 novembre 1984) et qui aboutirait, en 1989, à un référendum sur l'autodétermination.

Les Kanaks émettent les plus grandes réserves sur le statut Lemoine ; selon eux, rien ne prouve que les socialistes seront toujours au pouvoir en 1989 : il faut donc avancer la date du référendum et réformer le système électoral par la création d'un collège composé des Kanaks et des Européens issus de parents nés sur le territoire. La discussion du statut Lemoine dans l'indifférence totale à l'Assemblée nationale, l'ignorance des revendications kanakes entraînent le Front indépendantiste à se dissoudre. Le 24 septembre 1984, il laisse place au FLNKS, regroupant notamment le Palika, groupe marxiste, créé en 1976, et l'Union calédonienne (dont le secrétaire est Éloi Machoro), qui décide de boycotter les élections du 18 novembre.

La discorde va donc s'amplifiant entre socialistes et Kanaks, tandis que la tension croît. Aux élections à l'Assemblée nationale, le RPCR obtient 70 % des suffrages, 16 sièges sur 17 dans la circonscription sud (le 17e allant au Front national) ; le parti de libération kanak socialiste (LKS), né d'une scission du Palika, qui n'adhère pas au FLNKS et a refusé le principe du boycott, reçoit 7 % des suffrages. La moitié des électeurs, seulement, s'est rendue aux urnes. Avant, pendant et après les élections, on ne compte plus, sur le « Caillou », les explosions de cocktails Molotov, les incendies de mairies, les bureaux de vote paralysés, les barrages sur les routes, les occupations de gendarmerie... Le sous-préfet Jean-Claude Delmar est pris en otage à l'île de Lifou (22 novembre 1984). Devant la montée de la violence, le gouvernement annule les élections, en raison des conditions dans lesquelles elles se sont déroulées ; un nouveau plan est élaboré, prévoyant la création par ordonnance d'une assemblée constituante qui définirait les droits de chaque communauté et réglerait la question électorale. Tandis que les forces de l'ordre sont renforcées en Nouvelle-Calédonie, Edgar Pisani est nommé délégué du gouvernement sur le territoire ; le choix n'est pas innocent, car il paraît susceptible de rallier une droite qui s'agite beaucoup. Mais, dans l'île, la situation s'aggrave : présence de commandos d'extrême droite, évacuation des Européens de la brousse vers Nouméa, destruction des locaux syndicaux et des sièges des journaux indépendantistes, massacre de dix Kanaks à Hienghène (5 décembre 1984), mort d'Éloi Machoro (12 janvier 1985), tué par des gendarmes du GIGN... Edgar Pisani présente cependant son plan le 7 janvier 1985.

Le plan Pisani a permis à la Nouvelle-Calédonie de connaître une certaine rémission, malgré la prolongation de l'état d'urgence instauré le 12 janvier 1985 et maintenu jusqu'au 30 juin, et en dépit des incidents de Thio entre gendarmes mobiles et Kanaks (17 février 1985), à la suite d'un pique-nique organisé par le Front calédonien. Edgar Pisani a proposé un statut d'État indépendant

© ARMAND COLIN. La photocopie non autorisée est un délit

associé à la France ; il a en outre prévu l'organisation rapide d'un référendum d'autodétermination.

En septembre 1985, plus de 80 % des électeurs participent aux élections au Congrès du territoire, quatre régions ayant été définies par la loi Pisani (août 1985). Les anti-indépendantistes remportent 60,84 % des voix, contre 35,18 % aux partisans de l'indépendance. Le RPCR obtient 25 des 46 sièges du Congrès, dont 17 sur 21 dans la région de Nouméa, tandis que le FLNKS est majoritaire dans les trois autres régions, Nord, Centre, et îles Loyauté. Le FLNKS a donc accepté les nouvelles institutions qui permettent sa participation réelle à la gestion du territoire ; parallèlement, le gouvernement a pris des mesures pour réduire les inégalités (formation, fiscalité, accès aux emplois publics...).

Le calme paraît illusoire ; les Européens ne veulent pas d'une politique qui, à leurs yeux, conduit à une indépendance dominée par les Mélanésiens. Plus de 80 % des Kanaks eux-mêmes continuent à revendiquer l'indépendance ; ils considèrent le statut Pisani comme transitoire et le savent condamné si la droite revient au pouvoir en métropole (ce qui survient effectivement en mars 1986). Peu à peu, les modérés du LKS se rallient donc au FLNKS, qui mène une activité diplomatique intense et obtient des succès dans ce domaine : accueil triomphal fait à son leader Jean-Marie Tjibaou au sommet des non-alignés de Harare (septembre 1986), prise de position favorable du Forum du Pacifique-Sud, regroupant treize États indépendants d'Océanie, propositions du Comité de décolonisation des Nations unies...

En avril-mai 1988, la violence éclate à nouveau, partie des tribus et soutenue par le FLNKS. Elle se cristallise autour de « l'affaire d'Ouvéa » : le 22 avril, des indépendantistes enlèvent des gendarmes, qu'ils détiennent pendant plusieurs jours en otages dans une grotte ; le 5 mai, l'assaut donné par les forces de l'ordre entraîne la mort de 19 indépendantistes et de 2 gendarmes. Les polémiques se multipliant, une instruction judiciaire est ouverte...

Les raisons de ce retour à la force sont en germe dans la politique menée par le gouvernement issu des élections législatives de mars 1986. Très lié au RPCR, le gouvernement Chirac a en effet remis en question le processus engagé par son prédécesseur : les droits politiques, culturels, fonciers des Kanaks sont contestés (dissolution de l'office foncier, réinstallation des colons sur les terres des tribus) ; le système policier et militaire est renforcé ; un nouveau statut d'autonomie et de régionalisation (statut Pons) est soumis à référendum le 13 septembre 1987 (59,1 % des inscrits se sont exprimés, 98,3 % des votants ont approuvé le statut). Le FLNKS a le sentiment que l'information et la justice sont manipulées (acquittement des responsables de la fusillade de Hienghène, 29 octobre 1987), que le climat encourage l'action de l'extrême droite. Le fait que les élections présidentielles et territoriales soient placées le même jour (24 avril 1988) apparaît comme une provocation...

Pourtant, après les élections législatives de mai-juin 1988, le gouvernement Rocard parvient à « renouer les fils du dialogue » (accord du 26 juin 1988). Le 6 novembre 1988, les accords de Matignon sont entérinés par référendum (80 % de oui). Ils prévoient notamment la tenue, dix ans plus tard, d'un scrutin d'autodétermination, qui permettrait le maintien du territoire dans la République ou son accession à l'indépendance.

LES SUITES

Les problèmes graves qui assaillent la Nouvelle-Calédonie durant les années quatre-vingt ont dévoilé les ambiguïtés de la vie politique française. D'abord en cristallisant les luttes internes, notamment lors de la période dite de cohabitation : le président François Mitterrand se montrant hostile au statut élaboré par Bernard Pons, celui-ci accuse le chef de l'État de favoriser l'extrémisme et le « jusqu'au-boutisme » ; de même, en août et septembre 1987, l'opposition (socialiste) s'indigne de l'importance du dispositif policier déployé lors de manifestations indépendantistes pacifiques. Certains signes montrent que les divisions s'exacerbent sur la question calédonienne : ainsi, le leader du FLNKS, Jean-Marie Tjibaou, est reçu par le président Mitterrand, mais pas par le Premier ministre Jacques Chirac (novembre 1986)... Le problème de la légitimité du pouvoir socialiste a ensuite été posé : proches des Kanaks, mais aussi gardiens de l'ordre et de l'État, les socialistes ont vu leur légitimité contestée à la fois par la droite métropolitaine, par les Caldoches... et par les Kanaks eux-mêmes, en particulier lors des discussions sur les statuts

Lemoine et Pisani. La répression très dure durant la période des élections de novembre 1984, la mort d'Éloi Machoro, l'affaire de la grotte d'Ouvéa, constituent autant d'équivoques qui font par ailleurs douter de la détermination des hommes au pouvoir…

La crise néo-calédonienne a montré également les difficultés – voire l'impossibilité ? – du dialogue entre deux communautés qui n'ont pas les mêmes références, en particulier par rapport au temps et à l'espace. En ce qui concerne le temps, les Kanaks, en rappelant leurs droits innés sur l'archipel, se placent dans la longue durée, alors que pour les Caldoches, tout se joue dans le temps bref (un homme = une voix) qui, en reflétant la situation du moment, doit déterminer l'avenir (peu importe si la démographie a été délibérément déséquilibrée depuis les années soixante-dix et si elle évolue en défaveur des Caldoches). En ce qui concerne l'espace, alors que les Caldoches restent attachés à une métropole lointaine, pour les Kanaks, le territoire s'intègre déjà dans la zone Polynésie-Mélanésie qui, dans les années 1960-1970, a presque intégralement recouvré l'indépendance : aussi, en liaison avec les Kanaks, le Forum du Pacifique-Sud a-t-il décidé de soutenir à l'ONU l'inscription de la Nouvelle-Calédonie sur la liste du Comité de décolonisation (à l'automne 1986, 89 États s'y sont montrés favorables aux Nations unies, contre 24 oppositions et 34 abstentions).

Depuis 1988, les trois parties en présence en Nouvelle-Calédonie ont tenté de poursuivre le dialogue, menant des discussions sur l'avenir institutionnel de l'île, malgré l'assassinat de Jean-Marie Tjibaou. Cela n'alla pas sans difficulté, les indépendantistes boycottant à plusieurs reprises les négociations en raison des retards du rééquilibrage économique.

Les négociations sont restées soumises à la levée du « préalable minier » posé par le FLNKS : ce dernier voulait développer dans la province nord, qu'il dirige, une nouvelle usine de traitement du nickel, construite par le groupe calédonien SMSP et le canadien Falconbridge, afin justement de favoriser le rééquilibrage du territoire. Pour alimenter cette nouvelle structure, il faut échanger le gisement minier de Koniambo, propriété d'une filiale d'Eramet (groupe détenu à 55 % par l'État), contre celui de Poum, appartenant à la SMSP. Les accords de Bercy, signés le 1er février 1998, marquent la fin d'un affrontement de près de deux années au sein du mouvement indépendantiste. Le 5 mai suivant, Lionel Jospin, au nom de l'État, Roch Wamytan, pour le FLNKS, et Jacques Lafleur pour le RPCR signent l'accord de Nouméa, protocole qui prolonge les accords de Matignon : après modification de la constitution, la souveraineté sera progressivement partagée entre État français et Nouvelle Calédonie. Au terme d'une période de vingt ans, si la population en décide ainsi, cette souveraineté pourrait être totale.

L'avenir de l'île reste soumis au déséquilibre économique – et ses conséquences sociales – entre nord et sud du territoire, d'autant plus que les cours du nickel, en raison de la crise asiatique et des surcapacités de production d'acier inoxydable, ont brutalement baissé… Il est également lié aux enjeux économiques, militaires et stratégiques de la région. En effet, le principe des zones économiques exclusives adopté par l'ONU a attribué aux États souverains le monopole d'exploitation de la mer et des fonds sous-marins dans un rayon de 200 miles marins à partir de chaque point émergé du territoire. En Nouvelle-Calédonie, les ressources potentielles semblent considérables : pêche, aquaculture, et surtout exploitation des nodules polymétalliques… Ce qui importe plus encore, c'est l'intégration actuelle de l'île dans le réseau des bases militaires, des stations de télécommunications, des couloirs aériens, des relais spatiaux établis dans cette région par les puissances occidentales depuis la Seconde Guerre mondiale. Le territoire constitue donc un point stratégique de première importance pour la France. Enfin, l'enjeu paraît aussi de nature politique : la plus grande puissance du Pacifique Sud, l'Australie, ne souhaite pas voir la Nouvelle-Calédonie devenir Kanaky socialiste ; elle préférerait une indépendance plaçant l'île sous sa coupe (bon nombre de petits États de la région dépendent en effet de l'Australie pour les prêts financiers, le commerce, la coopération technique…).

BIBLIOGRAPHIE

Bensa A., *Nouvelle-Calédonie, un paradis dans la tourmente*, Gallimard, 1990.

Chesneaux J., Maclellan N., *La France dans le Pacifique. De Bougainville à Moruroa*, La Découverte, 1992.

© Armand Colin. La photocopie non autorisée est un délit

PAKISTAN

DONNÉES STATISTIQUES

	1970	1994
Population (en millions)	65,7	132
Densité	81,7	163
Mortalité infantile (^{0}/00)	142,4	109
Analphabétisme (^{0}/0)	79	63
PIB par habitant (en dollars)	170	390

CHRONOLOGIE SOMMAIRE

1876	Naissance de Mohammed Ali Jinnah, fondateur du Pakistan
1906	Création de la Ligue musulmane de l'Inde
23 mars 1940	Déclaration de Lahore La Ligue musulmane exige la création d'un État musulman autonome, le Pakistan
15 août 1947	**Proclamation de l'indépendance du Pakistan** **Crise du Cachemire**
1954-1955	Adhésion du Pakistan à l'OTASE et au Pacte de Bagdad
1956	Proclamation de la République islamiste du Pakistan
1965	**Guerre indo-pakistanaise**
1971	**Deuxième guerre indo-pakistanaise** **Indépendance du Bangladesh** **Ali Bhutto succède au général Yahia Khan**
1978-1988	Dictature du général Zia
Années 1970 – années 1990	**Violences larvées**
Printemps 1998	Essais nucléaires

LES ORIGINES

Le Pakistan est né du mouvement séparatiste de la minorité musulmane de l'empire des Indes, soucieuse de préserver ses particularismes religieux et culturels, face à la majorité hindoue. Quand le nationalisme indien se concrétisa par la formation du Congrès national indien (1885), les musulmans favorables à l'indépendance ne purent joindre le mouvement qu'avec difficulté : en 1906 fut donc fondée la Ligue musulmane.

Sous l'influence de Gandhi, des rapprochements purent s'opérer entre le Congrès et la Ligue, dirigée depuis 1913 par Mohammed Ali Jinnah. Ce dernier, bien qu'il fût partisan de l'unité indienne, se rallia, face à la violence des heurts entre communautés, à l'idée d'un

État musulman indépendant. Au départ des Britanniques, le partage s'imposa.

Fondé donc lors de la partition de l'Inde en 1947, le Pakistan est un État artificiel, tout en contrastes : géographiques entre plaines et montagnes ; climatiques entre régions désertiques et régions arrosées par les fleuves ; culturels entre une zone d'influence irano-afghane à l'ouest et au nord-ouest, et une zone indianisée dans le Sind et le Penjab ; sociaux entre système tribal assez égalitaire et système des castes, hiérarchique ; économiques entre migrants et autochtones, citadins et ruraux.

Forgé sur le modèle politique anglo-saxon, qui repose sur le respect de la démocratie parlementaire et des libertés individuelles, il s'est en fait trouvé à plusieurs reprises soumis à l'armée (en 1958, 1969, de 1978 à 1988 avec le général Mohammed Zia). Il a connu trois conflits avec l'Inde, en 1949 (à propos du Cachemire), en 1965, et en 1971 (le Pakistan oriental devint alors indépendant sous le nom de Bangladesh)*.

LE CONFLIT

Des violences chroniques

Le Pakistan ne traverse pas depuis 1971 de véritable guerre, mais il est le théâtre d'une violence permanente, née des problèmes du pays et de la contagion des guerres afghanes (le Pakistan veut, en raison d'une stratégie économique vers l'Asie centrale, jouer un rôle en Afghanistan ; la province du nord-ouest a servi de base arrière aux moujahiddines dans leur lutte contre les Soviétiques) ; cette violence s'inscrit aussi dans la culture des tribus. Elle se manifeste par :

Des luttes régionalistes

Des groupes ethniques souhaitent préserver, face au pouvoir fédéral, leurs caractères sociaux ou religieux. Ainsi le Baloutchistan connut une grande insurrection de 1973 à 1977, véritable mouvement séparatiste qui s'essouffle à la fin des années quatre-vingt, le Front de libération du Baloutchistan – marxiste – perdant l'aide des Soviéto-Afghans dont il bénéficiait jusque-là. La violence n'a pas pour autant disparu, les anciens guérilleros se livrent maintenant au trafic d'armes ou de drogue.

Des antagonismes confessionnels

République islamique depuis 1956, le Pakistan abrite la deuxième communauté chiite du monde (plus de 20 millions de personnes, soit environ 20 % de la population totale). Chiites et sunnites s'opposent d'abord dans le nord-ouest, à Peshawar, puis dans le Penjab et le Sind, prolongeant les rivalités en Afghanistan de l'Arabie saoudite et de l'Iran, pour la suprématie au sein du monde musulman. Ces antagonismes se répercutent sur l'un des deux pivots de la vie politique pakistanaise, le pôle islamique.

Des heurts communautaires

Le Sind en forme aujourd'hui le centre. Fief de la famille Bhutto – qui domine le Parti populaire pakistanais – il fut marginalisé notamment sous le régime militaire du général Zia ; Karachi perdit ses fonctions de capitale administrative au profit de Lahore puis d'Islamabad. Peuplant surtout les campagnes, soumis à l'aristocratie terrienne, les Sindhis deviennent minoritaires chez eux en raison de la croissance rapide de Karachi. Capitale industrielle, commerciale et bancaire du pays, cette métropole perd peu à peu son caractère sindhi, devant l'afflux des Mohajirs («réfugiés » en ourdou ; ce terme désignait les trois millions de musulmans indiens arrivés au moment de la partition. Ourdouphones, ils détiennent des responsabilités dans les affaires et l'administration). Lieu, dès la fin des années soixante-dix, de tous les antagonismes – entre sindhis et ourdous, entre citadins et ruraux fraîchement arrivés – Karachi sert de théâtre, depuis 1994, à une véritable guérilla urbaine, qui oppose dans une violence aveugle et une ambiance d'incurie et de corruption, les diverses communautés, ethnies, classes sociales.

CORRÉLATS

AFGHANISTAN • INDE

BIBLIOGRAPHIE

BOILLOT J.-J., KRIEGER-KRYNICKI A., « Le Pakistan : les turbulences de l'État des purs », *Notes et Études documentaires*, n° 4918, La Documentation française, 1990.

ÉTIENNE G., *Le Pakistan, don de l'Indus : économie et politique*, PUF, 1989.

---

*   Chapitre 3, p. 109.

© ARMAND COLIN. La photocopie non autorisée est un délit

PALESTINE

DONNÉES STATISTIQUES (estimations vers 1995)	Cisjordanie	Gaza
Superficie (km²)	5879	378
Population (en millions)	1,05	0,72
Densité	178,6	1905
PIB par habitant (en dollars)	1588	847
Mortalité infantile	44	48

CHRONOLOGIE SOMMAIRE

1947	Plan de partage de la Palestine
14 mai 1948	Indépendance d'Israël
1948, 1956, 1967, 1973	Guerres israélo-arabes
1964	Création de l'OLP
1968-1993	**Conflit palestino-israélien**
13 septembre 1993	Signature à Washington de la Déclaration de principes sur l'autonomie des Territoires occupés

LES ORIGINES

Fruit des revendications sionistes depuis la fin du XIXe siècle et des engagements britanniques – déclaration Balfour, 1917 –, conséquence du génocide perpétré par les nazis durant la Seconde Guerre mondiale, le partage de la Palestine fut décidé par l'ONU en novembre 1947, alors que des troubles très graves opposaient la communauté arabe aux organisations terroristes sionistes (Irgoun, groupe Stern).

Le rejet du plan de partage de la Palestine par les Palestiniens conduisit David Ben Gourion à proclamer l'indépendance d'Israël (14 mai 1948). La guerre qui éclata alors, la victoire de l'État juif contraignirent des milliers de Palestiniens à l'exil. Ce n'était là que le premier épisode d'un conflit qui rebondit en 1956, puis en 1967 et qui amena Israël à occuper le Sinaï, le plateau syrien du Golan, la Cisjordanie (malgré la résolution 242 de l'ONU – novembre 1967).

La résistance palestinienne s'organisa, par les premières cellules du Fath, en 1956-1958 dans les pays du Golfe. En janvier 1964, le sommet de la Ligue arabe du Caire décida de créer l'Organisation pour la libération de la Palestine, qui fut rapidement dotée d'une charte nationale. Après la guerre des Six Jours, le Fath rejoignit les rangs de l'OLP, tandis que la charte était amendée sous l'influence nouvelle de la résistance activiste développée en dehors de l'OLP par une dizaine de petites organisations. Fonctionnant selon le principe dit du « centralisme démocratique », l'OLP dispose d'un Conseil national palestinien, organe suprême qui en établit le programme, d'un conseil central ayant un rôle consultatif auprès des deux organes exécutifs, comité exécutif et président (Yasser Arafat depuis 1969).

LE CONFLIT

Une guerre de libération

De l'intransigeance (1968-1973)…

De leur création à 1973 environ, les mouvements de résistance palestiniens adoptent des thèses maximalistes, affirmant l'indivisibilité de la Palestine, ce qui les conduit à réfléchir au statut des divers habitants de ce pays. Si, aux premiers temps de l'OLP, son leader,

Ahmed Choukeiri, parlait de jeter les Juifs à la mer, les positions de la centrale palestinienne évoluent ensuite vers plus de modération : au Vᵉ Conseil national palestinien, s'affirme l'objectif de l'établissement d'un « État démocratique en Palestine, au sein duquel musulmans, juifs et chrétiens jouiraient des mêmes droits ». Bien que les perspectives demeurent floues, l'expulsion des émigrés sionistes est abandonnée au profit de leur intégration dans un État palestinien multiconfessionnel ou laïc. Un seul point paraît acquis pour toutes les composantes de l'OLP : elles rejettent l'idée de la création d'un État palestinien sur une partie seulement de la Palestine.

Coupée des populations contrôlées par Israël, ayant l'essentiel de ses forces à l'extérieur, l'OLP est très soumise aux influences des pays qui l'accueillent, acceptées au nom du panarabisme. Pour l'OLP, dépendante des pays arabes à la fois sur le plan politique et financier, la libération nationale compte donc autant que l'unité arabe. Son action se situe dans la perspective d'une mission révolutionnaire et unitaire qui permettrait de réaliser, en même temps, l'intégration arabe et la libération totale de la patrie palestinienne. L'implantation de l'OLP dans les pays arabes du champ de bataille semble présenter plus d'inconvénients que d'avantages ; en épousant les querelles des pays d'accueil, l'OLP reflète leurs divisions et ne peut prendre de décisions unanimes. Ainsi, le *Front populaire de la Palestine* (1967), dirigé par Georges Habache, dépend étroitement du soutien que lui apportent l'Irak et la Libye ; la *Saïqa* (1968), organisation militaire entraînée et équipée par l'armée syrienne, ne peut agir sans son accord ; l'*Armée de libération de la Palestine* (ALP), branche militaire de l'OLP, est inféodée aux pays qui accueillent ses brigades. L'effort d'unification accompli par l'OLP n'a donc pas effacé les caractères spécifiques des mouvements qui la composent, en raison des influences étrangères qui ont fait proliférer les concurrents du Fath.

Mais, pour toutes les composantes de l'OLP, une seule voie existe pour libérer la patrie : la lutte armée, dont la nécessité est affirmée dans la nouvelle Charte de l'OLP (juillet 1968). Aussi le combat de la résistance commence-t-il par se fondre dans le conflit israélo-arabe. L'espoir des Palestiniens réside en effet tout entier dans la victoire militaire arabe. Au cours des quatre guerres de 1948, 1956, 1967 et 1973, les Palestiniens s'intè-grent à l'ensemble allié, sans s'affirmer comme entité spécifique. Mais, pour eux, le bilan de ces conflits est des plus négatifs : en 1948, alors que la guerre était menée pour empêcher le partage du territoire palestinien, la défaite arabe conduisit à sa domination totale par les Juifs ; en 1956 et 1973, l'allié principal de la résistance, l'Égypte, se trouva paralysé ; tandis qu'en 1967, la guerre des Six Jours permit aux Israéliens de mettre la main sur la terre palestinienne qu'ils ne contrôlaient pas encore. À plusieurs reprises, la cause palestinienne s'est donc effacée devant les intérêts des pays arabes du champ de bataille.

Fondue dans les armées alliées pendant les conflits israélo-arabes, n'y jouant qu'un rôle mineur, la résistance palestinienne prend, en revanche, toute son importance dans les périodes qui séparent les guerres : elle cherche alors à entretenir la lutte armée en menant de nombreuses opérations de commandos contre Israël, depuis l'Égypte et Gaza dans les années qui précèdent la guerre de Suez, depuis la Jordanie avant et après la guerre des Six Jours, ensuite à partir de la Syrie et surtout du Liban ; ce qui entraîne de vives représailles israéliennes (bataille de Karameh, en Jordanie, le 21 mars 1968). La lutte armée passe donc par la subversion palestinienne en Israël et dans les Territoires occupés, afin de créer un sentiment d'insécurité permanent chez l'adversaire hébreu. Il s'agit d'un harcèlement à long terme, particulièrement intensif en 1968 et 1969 ; la nette progression du nombre des attentats de 1968 par rapport à l'année précédente (789 opérations contre 145 ; 2 350 en 1969, 2 256 en 1970, 545 en 1971) s'expliquant à la fois par la présence sous occupation de la Cisjordanie et de Gaza, par le changement d'attitude – en faveur de l'OLP – des pays arabes après leur défaite de la guerre des Six Jours, par le développement de la résistance (la bataille de Karameh a contribué à forger la conscience nationale palestinienne et de nouvelles organisations se sont créées, par exemple le *Front démocratique de libération de la Palestine* de Nayef Hawatmeh ou le FPLP-CG, par scission du FPLP), enfin par l'utilisation de nouveaux types d'armes. Mais les difficultés avec le régime jordanien (septembre 1970) conduisent vite la résistance à réduire ses opérations, tout en recherchant leur caractère spectaculaire comme à l'aéroport de Lod les 8 et 30 mai 1972 (28 morts, 87 blessés). Dès 1968, la résistance choisit, pour frapper Israël, des lieux très divers, la

© ARMAND COLIN. La photocopie non autorisée est un délit

Cisjordanie et Gaza, mais aussi le Neguev, la Galilée, la Haute-Galilée, pratiquant plutôt les attentats à la bombe en ville, les tentatives de contrôle et les prises d'otages dans les villages et les kibboutzim. Les attaques, ponctuelles en raison de la vigilance israélienne et du manque de coordination de la résistance, sont rarement dirigées vers des objectifs économiques.

Rejeté par les populations arabes elles-mêmes du fait de son caractère aveugle, ce terrorisme sporadique ne paraît pas susceptible d'entraîner l'escalade de la lutte armée, ni la paralysie des forces israéliennes. Au milieu des années soixante-dix, Israël est plus sûr que dix ans auparavant.

... À la modération (1973-1993)

Au sein de la résistance, notamment dans les organes dirigeants de l'OLP, il existe des tendances qui ne pratiquent pas le terrorisme, qui souhaitent le voir condamné, car il empêche la reconnaissance par l'étranger du droit des Palestiniens à recouvrer leur terre. Or la direction de l'OLP veut établir des relations suivies, avec l'Occident en particulier, grâce aux bureaux permanents et aux délégués qu'elle entretient dans les grandes capitales et auprès des organisations internationales. À partir des années soixante-dix, le monde arabe disposant d'une nouvelle arme, le pétrole, la résistance palestinienne, qui se montrait jusque-là anti-impérialiste à l'extérieur et révolutionnaire à l'intérieur, a désormais des alliés fort éloignés de ses aspirations politiques. Elle peut donc s'engager dans la voie diplomatique et y obtenir des succès considérables : Yasser Arafat est reçu à l'ONU, où l'OLP obtient le statut d'observateur (novembre 1974).

Mais la reconnaissance quasi générale ne dépasse pas certaines limites et n'implique pas l'adhésion à la solution préconisée par l'OLP... Jamais aux yeux des Européens, l'intérêt palestinien ne doit léser celui d'Israël ; seuls, en fait, les États-Unis peuvent influer sur l'attitude de l'État hébreu. L'OLP bénéficie donc, hors du camp arabe, de l'unique soutien de l'URSS, qui ne va pas risquer un conflit avec les États-Unis pour la question palestinienne... L'OLP s'étant engagée dans la voie diplomatique, les plans de paix imaginés pour le Proche-Orient foisonnent (plan Carter, 1977 ; accords de Camp David, 1978 ; plan Fahd, 1981 ; plan Brejnev, 1981 ; plan Reagan, 1982 ; plan Shultz, 1988). La plupart cependant n'en-

traînent pas l'adhésion de l'OLP, qui rejette le principe de discussions auxquelles elle n'est pas associée ; entre 1977 et 1982, le rejet est d'autant plus fort que le plan proposé est précis, car les dissidences internes à l'organisation palestinienne empêchent des prises de position nettes. Seul le projet jordanien aboutit à un accord (11 février 1985) sur le droit à l'autodétermination du peuple palestinien « dans le cadre de la formation d'une confédération des États arabes de Jordanie et de Palestine ».

Les succès internationaux obtenus par l'OLP n'empêchent pas quelques-uns de ses groupes d'avoir encore recours au terrorisme, mais celui-ci a désormais des objectifs précis. À l'extérieur, il s'agit de multiplier les symboles, en fomentant des attentats lors de dates-anniversaires par exemple, ou en mettant sur pied des actions spectaculaires amplifiées par les médias. Le terrorisme est donc destiné à provoquer l'opinion internationale et israélienne tout en rappelant l'existence du problème palestinien : on privilégie les détournements d'avions (ce qui entraîne, à Entebbe en 1976, l'intervention des forces israéliennes), les assassinats (par exemple celui de Youssef Sebaï, proche collaborateur du président Sadate), les attentats contre les intérêts israéliens à l'étranger (attaques par Abou Nidal des comptoirs d'El Al à Rome et à Vienne en décembre 1985). Mais ce type d'activités ne saurait faire courir de risque à l'existence d'Israël, ni remettre en question sa mainmise sur les Territoires occupés.

La lutte armée se poursuit donc à la fois à l'intérieur, où le principal objectif de la résistance palestinienne concerne l'implantation juive en Territoires occupés et à l'extérieur, au Liban en particulier, après l'intervention israélienne dans le cadre de l'opération « Paix pour la Galilée » (juin 1982). Les influences arabes s'exercent dans la guerre libanaise, mais il ne s'agit plus vraiment d'une opposition israélo-arabe ; le conflit est devenu israélo-palestinien ; pour la défense de leur cause, les Palestiniens sont désormais seuls. Le Liban apporte à la résistance palestinienne bon nombre de « leçons »... L'intervention armée syrienne contre les Palestiniens dès 1976, l'évacuation des combattants palestiniens retranchés dans Beyrouth-Ouest (21 août-3 septembre 1982), les massacres de Sabra et Chatila (16-17 septembre 1982), l'abandon de l'OLP par la Syrie, les humiliations subies (Arafat chassé de Damas en juin 1983), ont les effets les plus divers, renforçant d'une part la conscience nationale palestinienne, accentuant d'autre part les divisions de l'OLP («révolte des colonels» dirigée par Abou Moussa contre Yasser Arafat, mai 1983). Le sort malheureux des Palestiniens au Liban oblige à abandonner l'action militaire d'envergure, mais l'OLP peut se prévaloir d'avoir fait la guerre et donc s'engager dans un processus de paix : c'est à Beyrouth même que Yasser Arafat accepte la résolution 242 – qui fait du droit à l'existence de l'État d'Israël, mais aussi du retrait des forces israéliennes des Territoires occupés, les conditions d'une paix durable. Peu de temps après l'évacuation de la capitale libanaise, l'OLP affirme une nouvelle revendication aux Nations unies, la création d'un « mini État » palestinien.

Cette stratégie coexiste avec une activité spontanée en Israël et dans les Territoires occupés, où la population palestinienne, consciente de l'impossibilité de mettre en péril l'État juif, formule des revendications de caractère politique et social. Il s'agit, pour les Arabes d'Israël et des Territoires occupés, de freiner leur exploitation économique et de retrouver leur dignité en luttant pour leurs droits et leurs libertés : ils exigent de meilleures conditions de travail, des salaires comparables à ceux des Juifs ; ils protestent contre les assignations à résidence, le dynamitage des maisons des suspects, les fermetures d'écoles et d'universités dans les Territoires occupés, la pénétration des soldats dans les campus, moyens employés fréquemment par les autorités israéliennes. Même si le statut des Arabes d'Israël et celui des habitants des Territoires occupés sont différents, les aspirations politiques se ressemblent ; tous veulent accéder aux responsabilités, acquérir les moyens de transformer la politique israélienne.

Malgré l'hostilité commune à l'État juif, les populations palestiniennes sous contrôle israélien agissent fort différemment des fedayin. Au refus silencieux des premières années du conflit israélo-arabe, succèdent en 1973 l'institution du Front national palestinien des Territoires occupés, puis, à la suite des expropriations répétées des terres, les manifestations de 1976 et l'instauration de la Journée de la Terre (30 mars). La référence à l'OLP devient alors commune aux Arabes d'Israël et à ceux des Territoires occupés (1977). Les troubles de décembre 1981 en Cisjordanie, les protestations de grande ampleur lors de l'invasion du Liban préfigurent déjà la « révolte des pierres » (décembre 1987). Pour la première fois, la population palestinienne se soulève avec une cohésion sans précédent, organisant grèves, manifestations, mouvements de désobéissance civile en réponse à la multiplication des implantations israéliennes dans les Territoires occupés. Face à la répression israélienne qui se fait de plus en plus dure (destruction de maisons, fermetures d'écoles, mesures vexatoires, mais aussi tortures répétées et assassinat, à Tunis, d'Abou Djihad, le numéro 2 de l'OLP), la résistance intérieure paraît déterminée à devenir partie intégrante du mouvement de libération nationale, en liaison avec l'OLP ou non…

En Israël, le malaise grandit dans les groupes extra-parlementaires comme « La Paix maintenant » mais aussi dans les rangs des partis d'opposition de gauche, le ministre de la Défense Itzhak Rabin, qui dirige la répression, étant travailliste. Ce n'est pas là une mince victoire pour les forces du soulèvement, dont le mouvement est par ailleurs à l'origine de la décision du roi Hussein de Jordanie de se désengager de Cisjordanie (juillet-août 1988). Cependant, si le retrait jordanien constitue un succès pour l'OLP, il contraint en même temps la centrale palestinienne à remplir le vide ainsi créé.

Dans de telles conditions, l'OLP ne peut suivre qu'une seule voie : poursuivre ses menées diplomatiques, à la fois vers le camp socialiste et vers le camp arabe (la Ligue arabe conforte l'OLP dans son rôle de « seul et légitime représentant palestinien pour conduire la lutte jusqu'à l'établissement d'un État palestinien indépendant », sommet d'Alger, juin 1988), vers l'Occident enfin (Y. Arafat à Strasbourg, septembre 1988). Par ailleurs, l'OLP multiplie les initiatives susceptibles d'isoler Israël : si Yasser Arafat proclame la création d'un État indépendant en Palestine, le CNP d'Alger – novembre 1988 – accepte la résolution 242 du Conseil de sécurité comme base d'une conférence internationale de paix, et reconnaît donc implicitement Israël…

Pendant la guerre du Golfe, les positions palestiniennes, en faveur de l'Irak – Arafat ne souhaitant pas se couper des populations des Territoires occupés – isolent l'OLP. Toutefois, dès le 30 octobre 1991 s'ouvre à Madrid une conférence de paix israélo-arabe : Palestiniens, Israéliens, Jordaniens et Syriens se rencontrent sous le co-parrainage des Américains et des Soviétiques.

© ARMAND COLIN. La photocopie non autorisée est un délit

Parallèlement, se déroulent en Norvège des discussions secrètes entre Israël et l'OLP : elles aboutissent à la signature des accords d'Oslo – amorce d'une autonomie à Gaza et à Jéricho – entérinés le 13 septembre 1993 à Washington. En outre, une déclaration de principes prévoit la reconnaissance mutuelle d'Israël et de l'OLP, ainsi que le règlement définitif du problème palestinien après une période intérimaire de cinq ans. En 1994, des accords sur les modalités d'application de l'autonomie, puis des accords économiques, sont conclus au Caire et à Paris. Enfin, le 28 septembre 1995, l'extension de l'autonomie palestinienne est confirmée par les accords de Taba (Égypte).

est relancée à Jérusalem-Est. D'où de nouveaux attentats et le bouclage des territoires de Cisjordanie et de Gaza par l'armée israélienne...

Soutenu par les États-Unis (qui s'efforcent de sauver le processus de paix) et par l'opinion internationale, Arafat souhaite l'application des accords d'Oslo et l'extension de son contrôle sur la Cisjordanie. Dans les territoires palestiniens, aucun des projets économiques prévus par les divers accords ne se concrétise (aéroport et port de Gaza) ; la misère ne cesse de grandir, faisant le lit des islamistes, que les autorités palestiniennes parviennent mal à contenir.

LES SUITES

La reprise de la violence de part et d'autre (massacre, le 25 février 1994, de Palestiniens par un colon juif au Caveau des Patriarches à Hébron, attentats contre des autobus dans les villes israéliennes, par les islamistes du Hamas), l'assassinat du Premier ministre israélien Yitzhak Rabin par un extrémiste juif à Tel-Aviv (5 novembre 1995), la victoire électorale du Likoud (29 mai 1996), modifient la donne. Bien que le Premier ministre B. Netanyahou accepte de signer avec Arafat des accords sur le retrait militaire israélien d'Hébron (15 janvier 1997), la colonisation

CORRÉLATS

LIBAN

BIBLIOGRAPHIE

Dieckhoff A., *Israéliens et Palestiniens, l'épreuve de la paix*, Aubier, 1997.

Porat B., Rubinstein D., *La Palestine en marche*, Flammarion, 1996.

Revue d'études palestiniennes, trimestriel (diffusion Éditions de Minuit).

PÉROU

DONNÉES STATISTIQUES

	1972	1995
Population (en millions)	13,5	24
Densité	10	18,2
Mortalité infantile ($^0/00$)		76
Analphabétisme ($^0/0$)		13,8
PIB	264 600[1]	21 272[2]

CHRONOLOGIE SOMMAIRE

XIIIe siècle	Apparition des Incas dans la confédération de Cuzco
1524	Premières incursions de Pizarro
1532	Début de la conquête par les Espagnols
1821	Proclamation de l'indépendance
1968-1978	Dictature militaire
1970-1992	« Sale guerre » **Lutte contre la guérilla**
Années 1980-1990	**Guerre à la drogue ?**

1. En millions de soles.
2. En millions de dollars.

LES ORIGINES

Situé sur la côte Pacifique, partagé entre les Andes et la forêt amazonienne, le Pérou fut l'un des États les plus brillants de l'Amérique précolombienne, aux mains des Incas, dont l'empire s'étendait, à la fin du XVe siècle, de la frontière actuelle entre l'Équateur et la Colombie jusqu'au Chili (fleuve Maule). Menée par Pizarro, la conquête espagnole fut facilitée par les guerres civiles incas.

Le système colonial fonctionna sur le double principe de l'*encomienda* (tutelle sur des terres et les communautés qui y vivent) et de la *mita* (corvées) ; mais le Pérou fonda sa richesse sur l'exploitation des mines d'argent de Potosi. À partir du début du XVIIIe siècle cependant, l'immense vice-royauté du Pérou se réduisit peu à peu au territoire actuel.

En 1821, l'indépendance politique amène au pouvoir les grands propriétaires et l'armée, qui se lancent dans des réformes libérales (au grand détriment des communautés indiennes). Le pays entre dans une ère de désordre politique interne et de rivalités avec ses voisins (en particulier l'Équateur). Toutefois, l'ouverture du canal de Panama, la Première Guerre mondiale dans un premier temps, puis la montée de l'influence des États-Unis dans un deuxième temps, entraînent un renouveau de l'exploitation minière et la poursuite de la modernisation, notamment sous la dictature de A. B. Leguia (1919-1930), avec d'importants problèmes sociaux.

Après la Seconde Guerre mondiale, deux problèmes dominent :
– la naissance de mouvements de guérilla fondés par le MIR (Movimiento de la Izquierda Revolucionaria, Mouvement de la Gauche Révolutionnaire) en 1965, qui sont très vite liquidés par l'armée ;
– l'impasse politique : l'oligarchie, alliée aux militaires, se heurte à l'APRA (Alliance Populaire Révolutionnaire Américaine), mouvement de tendance marxiste.

© ARMAND COLIN. La photocopie non autorisée est un délit

L'armée, qui joue un rôle de plus en plus important, prend le pouvoir en 1968 et constitue une junte militaire qui mène une politique nationaliste et réformiste (nationalisation des mines et des compagnies pétrolières, réforme agraire). Par ailleurs le Pérou établit des relations avec l'URSS et les autres pays socialistes. Toutes ces mesures mécontentèrent vivement les États-Unis. De plus, le coût financier des réformes entraîna une très forte agitation sociale (émeutes de février 1975 à Lima qui firent une centaine de morts).

La crise économique mondiale et les mesures d'austérité qu'elle imposa obligèrent les militaires à rendre le pouvoir aux civils (1978). Le retour à la démocratie s'accompagna d'une contre-réforme libérale difficile (nombreuses grèves en raison de l'inflation et de la baisse du pouvoir d'achat). Les élections générales de 1985 virent donc la victoire triomphale de l'APRA, dont le leader, Alan Garcia, engagea le pays dans une politique de défense de l'économie sociale – mesures de lutte contre l'inflation, remboursement limité de la dette extérieure, renégociation des contrats liant l'État aux compagnies pétrolières étrangères, étatisation du système financier.

LE CONFLIT

La lutte contre la guérilla

Des années soixante-dix au début de la décennie quatre-vingt-dix, se développa la « sale guerre » (*guerra sucia*), qui opposa les corps spéciaux de répression de l'État, les Sinchis, aux mouvements de guérilla, en particulier le Sentier lumineux.

Le Sentier lumineux est issu, au début des années soixante-dix, de scissions successives du Parti communiste et de l'action d'un groupe d'étudiants maoïstes. Son nom provient de l'expression « Par le sentier lumineux de José Carlos Mariategui », écrivain marxiste péruvien des années vingt.

Le mouvement se développe, dans la région très misérable d'Ayacucho, sur un double terreau :
– les frustrations d'étudiants qui ne peuvent valoriser leurs diplômes (chômage, ségrégation raciale) ;
– le mécontentement latent de populations amérindiennes oubliées par la réforme agraire de 1969.

Le but des guérilleros senderistes est d'encercler les villes par les campagnes – en évitant tout affrontement direct et en faisant preuve d'une grande mobilité – selon une stratégie en trois étapes (agitation par la propagande, offensive contre les militaires, guerre totale). Dans les campagnes, ils n'hésitent pas à utiliser des méthodes dignes des Khmers rouges : chantage, assassinats, pratique de la terre brûlée. À partir de 1984, ils se lancent dans le terrorisme urbain, essentiellement contre les organisations populaires (afin de prendre leur place).

En 1992, l'arrestation, puis le retournement du leader du Sentier, Abimael Guzman, porta un coup très dur au mouvement et entraîna des affrontements internes. En 1992, fut arrêté également le principal dirigeant du Mouvement révolutionnaire Tupac Amaru (MRTA), favorable à un socialisme autogestionnaire. On crut alors ce groupe définitivement supprimé. Or, le 17 décembre 1996, il fut à l'origine d'une prise d'otages à l'ambassade du Japon à Lima, qui se termina le 22 avril 1997 par l'assaut de l'armée : les guérilleros furent tués ; plusieurs d'entre eux furent même exécutés après s'être rendus.

La guerre à la drogue ?

Avec la Bolivie, le Pérou est l'un des principaux producteurs de la coca (que mâchent les paysans depuis le temps des Incas), dont on extrait la pâte (*pasta*) qui sert à fabriquer la cocaïne – après raffinage au Brésil, en Colombie, au Panama. Le pays serait ainsi à l'origine de 60 % de la production mondiale de cocaïne.

Il se crée des liens entre les trafiquants de coca (les *narcos*) et certains groupes de guérilla. Ainsi le Sentier lumineux en aurait, à certaines périodes, tiré jusqu'à 80 % de ses ressources : offrant sa protection aux paysans qui cultivent la coca, il imposait aux trafiquants de verser un prix juste aux producteurs et il prélevait des taxes, l'impôt révolutionnaire. Les diverses guérillas ont pu en ce domaine s'allier ou se combattre au gré des circonstances, ce que ne manquèrent pas de faire le Sentier lumineux et Tupac Amaru (MRTA).

Des relations existent également entre les *narcos* et l'armée, impliquée à des degrés divers dans le trafic, avec la complicité souvent active de l'appareil politique voire du gouvernement. Aussi, en janvier 1995, le conflit Pérou-Équateur (querelles frontalières à propos d'une zone de la cordillère du Condor, qui renfermerait or et pétrole) survint-il de manière opportune, pour détourner l'opinion de la bonne entente entre la hiérarchie militaire et le cartel des Nortenos, qui venait d'être abattu. En fait les divers gouvernements semblent avoir gagné la fidélité de l'armée en fermant les yeux sur les ressources que lui fournit le commerce de la *pasta*. Ce qui explique aussi que, alors que les États-Unis ont déclaré la guerre à la drogue en Amérique latine depuis 1982, leur aide financière puisse être rejetée comme ce fut le cas en 1990, car les Américains auraient alors pu intervenir plus directement.

LES SUITES

La seule politique répressive ne suffit ni à éliminer la guérilla ni à éradiquer le trafic de drogue. Chaque mesure de répression précipita les paysans vers le Sentier lumineux, car la production de la coca leur fournit des revenus qu'ils ne peuvent tirer d'aucune autre culture. Le commerce de la drogue permet donc de limiter la dégradation sociale.

Par ailleurs, les narcodollars viennent au secours d'une économie en déroute : en 1988, seul l'encouragement (par décret !) à déposer les profits de la drogue encore présents dans le pays permit d'éviter la banqueroute.

La politique menée par A. Garcia faillit donc mener le Pérou à la faillite. D'où, en 1990, l'élection à la présidence, face à l'écrivain Vargas Llosa, d'Alberto Fujimori. Imposant un programme de gestion très rigoureuse, il fut contesté par le Parlement et n'hésita pas, à la suite d'un coup d'État (5 avril 1992) à concentrer tous les pouvoirs entre ses mains.

Appuyé par l'armée, il put poursuivre la même politique économique, qui redressa le PIB, mais aggrava la pauvreté de certaines catégories de population. A. Fujimori fut pourtant réélu en 1995, loin devant l'ancien secrétaire général des Nations unies, Javier Pérez de Cuellar ; il sut tirer profit de l'arrestation des dirigeants du Sentier lumineux, de la guerre contre l'Équateur et de la victoire sur l'inflation (ramenée de 7000 % par an en 1990 à 10 %).

Alors que le trafic de drogue constitue la menace la plus grande qui pèse sur lui, le Pérou se trouve enfermé dans un cercle vicieux, puisque la production de coca fait vivre les paysans, tenir le gouvernement grâce à l'armée – qui contrôle totalement la société. Le Sentier lumineux lui-même serait toujours présent, continuant à se développer sur le terreau qui l'a fait naître.

CORRÉLATS

COLOMBIE

BIBLIOGRAPHIE

Degregori C. I., « Pérou, l'effondrement surprenant du Sentier lumineux », *Problèmes d'Amérique latine*, n° 13, avril-juin 1994.

Hertoghe A., Labrousse A., *Le Sentier lumineux du Pérou, un nouvel intégrisme dans le Tiers Monde*, La Découverte, 1989.

© Armand Colin. La photocopie non autorisée est un délit

PHILIPPINES

DONNÉES STATISTIQUES

	1971	1997
Population	37 960 000	73 400 000
Densité (hab./km²)	124	228

CHRONOLOGIE SOMMAIRE

1521	Découverte par Magellan
	Colonie espagnole
1898	L'Espagne cède les Philippines aux États-Unis
1941-1945	Occupation japonaise
1946	Indépendance
1948	République
1965	Marcos élu président
1972	**Rébellion musulmane à Mindanao**
1976	Cessez-le-feu dans le Sud
1983	Assassinat de Benigno Aquino
Février 1986	Marcos déposé
	Cory Aquino présidente
Mai 1992	Le général Fidel Ramos succède à Cory Aquino
Avril 1997	Échec des négociations avec le Front de Libération Islamique

LES ORIGINES

Dès les années soixante-dix, tous les éléments potentiels – d'ordre historique, économique et politique – d'une déstabilisation grave se trouvaient réunis aux Philippines.

1. Les méfaits d'une longue colonisation (espagnole jusqu'en 1898 ; américaine jusqu'en 1946) qui n'avait permis ni une bonne intégration des minorités ethniques et religieuses, ni l'instauration de pratiques démocratiques.

2. Un déséquilibre, de plus en plus marqué, entre la croissance de la population (31,8 millions et 106 hab./km² en 1965 ; 55,5 millions et 185 hab./km² en 1986) et le développement des ressources ; déséquilibre très accentué par la crise mondiale (second choc pétrolier de 1979). Au milieu des années quatre-vingt, l'inflation atteignait 50 %, la dette extérieure 30 milliards de dollars ; le chômage frappait 30 % de la population active, et la pauvreté (moins de 700 francs par mois pour une famille de six personnes) 70 % des familles.

3. Le maintien durant plus de vingt ans (1965-1986) d'un régime autoritaire – celui de Ferdinand Marcos – vicié par le favoritisme (notamment à l'égard du groupe ethnique des Llocanos), le népotisme (principales responsabilités réparties entre parents et amis du président), la fraude électorale, la corruption et la brutalité.

4. La situation géostratégique de l'archipel, d'un intérêt fondamental pour les grandes puissances du Pacifique, en particulier pour la Chine (influente d'ailleurs, dans les mouvements de subversion) et les États-Unis, « locataires » de la base aérienne de Clark Field et de la base navale de Subik Bay.

La combinaison de ces différents facteurs aboutit, en moins de quinze ans, à une triple explosion à l'intérieur de la « citadelle Marcos » : une insurrection, une subversion armée et une révolution[1].

---

1 Chapitre 4, p. 149.

LES CONFLITS

La revendication des musulmans moros

L'insurrection éclata en octobre 1972, lorsque les musulmans moros, peuplant les côtes des îles du Sud (Mindanao), refusèrent de livrer leurs armes, conformément à la loi martiale décrétée quelques semaines plus tôt. Depuis des siècles, ils s'estimaient lésés dans leurs intérêts par les autorités centrales de Manille. En 1968, le *Muslin Independant Movement* (MIM) avait réclamé l'indépendance des îles de Sulu, Plawan et Mindanao. Le *Moro National Liberation Front* (MNLF), soutenu en argent et en armes par la Libye, et, diplomatiquement, par la Conférence islamique, reprit en 1972 ces mêmes revendications radicales et les défendit avec acharnement.

Malgré son désir de ménager les pays musulmans (crainte d'un embargo sur le pétrole), Ferdinand Marcos, s'appuyant sur les populations chrétiennes de cette région, refusa toute idée de sécession, s'en tint à une autonomie partielle, et envoya pour pacifier la zone d'énormes contingents militaires (plus de 100 000 hommes en 1977). Dès 1986, ce conflit avait causé la mort de 50 000 personnes, fait 500 000 sans-abri, et provoqué l'exil en Malaysia de milliers de Moros.

La guérilla communiste

Parallèlement, ne cessait de se développer depuis 1969, une subversion armée communiste autour de la *New People's Army* (NPA) (10 000 à 15 000 combattants à la fin des années soixante-dix, 23 000 en 1986). Cette guérilla, d'inspiration maoïste, mais décentralisée et fortement nationaliste, pouvait compter sur le soutien de quelque 17 % de la population (pas seulement des paysans comme dans la rébellion des Huks des années 1948-1954, mais aussi des étudiants et de jeunes cadres urbains), agissait sur 45 fronts, contrôlant 20 % des villages de l'archipel. La NPA sut particulièrement profiter de la période finale de dégénérescence du régime Marcos, et ne renonça que momentanément à son action propre, au lendemain de la « Révolution de février ».

La chute du régime Marcos

En quelques jours (7-26 février 1986), le régime Marcos, dont l'assassinat du leader de l'opposition Benigno Aquino (1983) avait sonné le glas, se trouva balayé. L'occasion fut fournie par le trucage massif des élections présidentielles (7 février) dans le but de faire réélire Ferdinand Marcos, et d'écarter sa rivale Cory Aquino, veuve de Benigno Aquino. Celle-ci ayant protesté et appelé la population à la désobéissance civile (16 février), l'Église, (très influente dans l'archipel qui compte 85 % de catholiques) et quelques hauts responsables de l'armée lui apportèrent leur soutien actif. Abandonné alors par Ronald Reagan, Ferdinand Marcos fut forcé de se retirer (25 février).

Pour la nouvelle présidente, qui bénéficiait d'une extraordinaire popularité, la tâche se révéla d'emblée incroyablement difficile : comment mettre un terme à une guerre civile qui, depuis 1969, avait fait quelque 170 000 morts ? Comment redresser et réformer une économie au bord de l'abîme, restaurer la confiance, rétablir la démocratie… alors qu'une partie de l'armée et de la bourgeoisie manifestait une nostalgie évidente (tentatives de coups d'État en cascade depuis 1986) pour le régime précédent, et que les mouvements d'inspiration communiste – pacifiques comme le PCP ou le Front démocratique national, ou violents comme la NAP – refusaient tout vrai compromis, voulant mener à leur terme et pour leur seul profit les luttes révolutionnaires qu'ils avaient engagées de longue date ?

LES SUITES

Si, durant tout son mandat, Cory Aquino conserva sa popularité, elle ne parvint cependant pas à régler des problèmes essentiels. Chômage (10,8 % en 1991), inflation (13,1 %), problèmes d'approvisionnement perdurèrent, réformes agraire et fiscale restèrent lettre morte. De plus, les mouvements subversifs, un court moment déstabilisés par le renversement du régime Marcos, se réactivèrent. Outre à la guérilla communiste et au mouvement des Moros, Cory Aquino dut faire face au problème de la mise en place de milices privées (entraînées par l'armée) et aux très fortes tendances putschistes des officiers.

Le général Fidel Ramos – ministre de la Défense depuis janvier 1988 – qui s'était efforcé de reprendre l'armée en main, succéda à Cory Aquino en mai 1991. En dépit d'une majorité politique étroite et fragile, il s'engagea avec succès dans un double processus de

© ARMAND COLIN. La photocopie non autorisée est un délit

relance de l'économie et, surtout, de pacification politique. Avec les insurgés musulmans du Front moro de libération nationale, un cessez-le-feu fut d'abord conclu, accompagné de gestes de bonne volonté (retour d'exil du leader historique Nur Misuari) ; puis en 1996, un accord décida que les sept provinces du Sud autour de Mindanao seraient sous l'autorité d'un gouvernement provisoire du Front moro, avec création d'un *Conseil pour la paix et le développement des Philippines du Sud* (CPDS) – ayant pour président Nur Misuari – assisté d'une assemblée consultative de 81 membres, administrant les provinces jusqu'à un référendum prévu en 1998. Par contre, des dissidents du Front moro, rassemblés, depuis 1993, au sein du Groupe Abou Sayaf, autour d'Aburajak Abukabar Janjalani, ancien prédicateur musulman, optèrent pour la violence (plusieurs milliers d'enlèvements dont des missionnaires) et l'illégalité. Avec la rébellion communiste, travaillée, elle aussi, par d'intenses rivalités internes, mais encore forte de 8000 combattants, une entente fut activement recherchée par l'équipe du président Fidel Ramos.

CORRÉLATS

INDONÉSIE

BIBLIOGRAPHIE

BACANI T., *Église et politique aux Philippines*, Le Cerf, 1987.

BURG P., « Le défi communiste aux Philippines », *Études*, mai 1987.

MANGIN M., *Les Philippines*, Karthala, 1993.

RWANDA-BURUNDI

DONNÉES STATISTIQUES

	1975	1996-1997 (estim.)
Burundi		
	3 780 000 hab.	6 578 000 hab.
(Capitale : Bujumbura)	150 000 hab.	300 000 hab.
Rwanda		
	4 200 000 hab.	7 700 000 hab.
(Capitale : Kigali)	59 000	363 000 (1990)

CHRONOLOGIE SOMMAIRE

1890-1898	Débuts de la colonisation allemande
1923	Mandat belge
1959	« Toussaint rwandaise », révolte paysanne hutu
1961	Assassinat du Prince L. Rwagasore (Burundi)
1962	Proclamation de la République rwandaise
1963	Indépendance du Burundi et du Rwanda'
1963-1964	Massacres de Tutsi au Rwanda
1965	Massacres ethniques (Burundi)
1966	Proclamation de la république au Burundi
1972	Insurrection hutu dans le sud du Burundi
	Répression, génocide « sélectif» des élites hutu
1988	Massacres interethniques dans le nord du Burundi
1990	Début de la reconquête du Front Patriotique rwandais (FPR) (Tutsi)
1991	Charte de l'unité nationale, multipartisme au Burundi
1993 (juin)	Élection de Melchior Ndadaye, premier président hutu (Burundi)
1993 (octobre)	Assassinat du président burundais
Avril-juillet 1994	**Guerre civile, génocide des Tutsi au Rwanda**

LES ORIGINES

Petits États de l'Afrique orientale, le Rwanda (26 340 km²) et le Burundi (27 830 km²) se trouvèrent, d'abord, sous la domination de l'Allemagne, puis, à compter de 1923, de la Belgique, qui fit du « Rwanda-Urundi », la septième province du Congo. L'administration belge s'appuya sur les monarques locaux – les *mwami* – qui choisissaient les chefs et arbitraient un système de type clanique, avec liens de clientèle. Le pouvoir colonial contribua à accentuer la prééminence de la minorité des éleveurs tutsi (15 % environ de la population des deux pays) sur la majorité des agriculteurs Hutu (84 %), en assurant aux seuls Tutsi le monopole de l'administration indirecte, et en leur distribuant des privilèges et des richesses qui étaient associés à l'exercice du pouvoir. Avant l'ère coloniale, en effet, cette nette prédominance d'une ethnie sur l'autre n'était ni totale (en 1929, encore, 20 % des chefs choisis au Burundi par le souverain étaient hutu), ni nécessairement antagoniste (souvent les deux groupes cohabitaient et combinaient des activités économiques complémentaires).

Les effets négatifs de cette radicalisation des clivages ethniques sous l'administration belge se conjuguèrent, au moment de la

© ARMAND COLIN. La photocopie non autorisée est un délit

décolonisation[1], avec les problèmes économiques posés, à la fois, par les très fortes densités des deux pays, et leur enclavement, ainsi que par un développement paysan qui, dans les années cinquante, remit en cause les hiérarchies sociales. Dans un tel contexte, il fut facile à des minorités extrémistes d'attiser le contentieux inter-ethnique au point de faire des deux nouveaux États, des frères ennemis, et d'aiguiser chez leurs populations – fragiles et impressionnables – des peurs et des haines, débouchant sur des violences collectives d'une ampleur et d'une intensité terrifiantes.

LES CONFLITS

De la révolte des Hutu aux premiers génocides tutsi et hutu de la décolonisation

Simultanément au processus de décolonisation visant à libérer le pays de la tutelle belge, on observe au Rwanda un mouvement d'émancipation dirigée contre la tutelle des Tutsi. Dès novembre 1959, la « Toussaint rwandaise » se traduit par un massacre de Tutsi, qui commencent, alors, à quitter le pays (pour le Burundi, le Zaïre et surtout l'Ouganda). La proclamation des indépendances, au début des années soixante, enclenche un engrenage de violences. Ainsi, pour riposter aux raids de Tutsi venant du Burundi, et cherchant à revenir au pouvoir, des milliers de Tutsi – dont des ministres et des personnalités – sont tués en représailles (décembre 1963-janvier 1964).

Au Burundi, par contre, les clivages politiques ne se réalisent pas sur des bases ethniques, mais les assassinats politiques du Prince L. Ragwasore (dirigeant d'un parti nationaliste pluriethnique) puis de P. Ngendandumwe (Premier ministre hutu), l'instabilité régionale, et l'incurie de la monarchie font basculer le pays dans un scénario d'affrontements inter-ethniques sous couvert de coups d'État politico-militaires tant hutu que tutsi. La République (1966) ne transcende pas les clivages ethniques, bien au contraire l'État, le parti unique sont monopolisés par les Tutsi, et le groupe extrémiste dit de « Bururi », qui, après un soulèvement dans le sud du pays, déclenche une répression, un génocide « sélectif » qui aurait fait de

100 000 à 300 000 victimes, en particulier l'élite hutu. Ce scénario se répète durant l'été 1988. Du 15 au 25 août de cette année, se produit dans le nord du pays, une sorte de phénomène qui n'est pas sans rappeler la « Grande Peur » des campagnes françaises de 1789. Des villageois hutu, persuadés qu'ils sont menacés d'extermination, assassinent des Tutsi, ce qui suscite une terrible répression de l'armée (en majorité tutsi) – qui fait de 5 000 à 20 000 morts – et un exode massif (plus de 56 000 personnes) de la population hutu au Rwanda.

L'échec de la démocratisation (1989-1994)

Dès la décennie soixante-dix, l'arrivée au pouvoir (le plus souvent par des coups d'État militaires) de nouvelles équipes, comme celles du major-général Juvénal Habyarimana en 1973 au Rwanda, et du colonel Jean-Baptiste Bagaza, en 1976, au Burundi, est considérée comme l'amorce de changements politiques positifs par les observateurs internationaux, notamment par la France, qui amorce alors une coopération prometteuse avec les deux pays[2]. Il faut, en réalité, attendre l'extrême fin des années quatre-vingt, et le début des années quatre-vingt-dix, pour que se précise une politique de détente et de démocratisation. Arrivé au pouvoir en 1987 – encore à la suite d'un coup d'État – le major Pierre Buyoya procède à une libéralisation religieuse (son prédécesseur avait expulsé les missionnaires), nomme un Premier ministre hutu (octobre 1988), fait promulguer une charte de l'unité visant à une réconciliation nationale (janvier 1991), propose une constitution instaurant le multipartisme (mars 1992), et forme un gouvernement à 60 % hutu (avril 1992). Son successeur, Melchior Ndadaye, un Hutu, est le premier président démocratiquement élu par 64,79 % des voix en juin 1993.

Au Rwanda, aussi, un vent de libéralisation souffle à la même époque. Le président Habyarimana crée, en septembre 1990, une commission de synthèse sur les réformes politiques ; une nouvelle constitution est promulguée en juin 1991, les partis d'opposition autorisés en juillet et, en avril 1992, est constitué un gouvernement de transition avec la participation de l'opposition.

---

1   Chapitre 4 p. 117-118.

2   Chapitre 4 p. 140.

Ces nouvelles orientations, même si elles restent limitées, apparaissent intolérables aux extrémistes, tant politiques (partisans des équipes évincées du pouvoir) qu'ethniques ; ceux-ci les sabotent délibérément et aiguisent les vengeances. L'assassinat, au Burundi, en octobre 1993, du nouveau président, le Hutu Ndadayé, quatre mois après son élection, entraîne d'épouvantables massacres (50 000 à 80 000 morts) et la fuite de près de 700 000 personnes au Rwanda, en Tanzanie et au Zaïre. Au Rwanda, le processus de libéralisation est fortement contrarié, à la fois par la guérilla entreprise, à partir du 1er octobre 1990, par le Front patriotique rwandais (FPR) (formé de Tutsi réfugiés en Ouganda, devenus guerriers mercenaires du nouveau régime ougandais) ; ainsi que par les manœuvres de l'élite politique conservatrice rwandaise, composée de l'entourage du président Habyarimana (notamment le « réseau politico-commercial » autour de son épouse, et les milices – du type « escadrons de la mort » – que celle-ci met en place à la fin de 1991) ; des militants de l'ancien parti unique, de 1975 à 1991 (le Mouvement Révolutionnaire pour le Développement, MRD) ; et des fractions extrémistes hutu (comme celle animant la « Radio des 1000 collines » qui appelle au meurtre des Tutsi).

Du génocide tutsi rwandais (avril-juillet 1994) à la guerre civile burundaise

Cette nébuleuse rwandaise, très opposée, à la fois, à la démocratisation du pays et à l'ethnie tutsi, s'emploie, de 1990 à 1994, à empêcher toute solution négociée. Elle grossit démesurément les offensives et la progression du FPR, afin d'obtenir des renforts internationaux (en octobre 1990, aide militaire française, belge et zaïroise ; en juin 1992, aide exclusivement française), et de justifier des massacres de Tutsi et d'opposants hutu. Elle ne peut cependant empêcher la signature, avec le FPR, d'un accord de paix, à Arusha (Tanzanie), le 4 août 1993.

Deux événements tragiques vont permettre à la nébuleuse extrémiste rwandaise de reprendre l'offensive après les Accords d'Arusha : l'assassinat, le 21 octobre 1993, du président burundais Melchior Ndadaye par des militaires tutsi ; et la destruction criminelle (6 août 1994) de l'avion transportant les présidents rwandais et burundais. Dès la nouvelle de l'attentat, une vague de violence inouïe – orchestrée par la garde présidentielle et les milices du MRD – s'abat, au Rwanda, sur les opposants hutu et la population tutsi, accusés de complicité avec le FPR. Du 7 avril à la fin juin, près d'un demi million de personnes trouvent ainsi la mort, dont une grande majorité de Tutsi.

La France se borne, dans un premier temps, à évacuer ses ressortissants, puis, dans une seconde phase (23 juin), prend la tête d'une opération humanitaire multinationale (dite Turquoise). L'ONU, quant à elle, réduit à 270 hommes la Mission des Nations unies pour l'assistance au Rwanda[1], envoyée pour accompagner la mise en œuvre de l'Accord de paix d'Arusha, et vote, en novembre, une résolution créant un Tribunal pénal international destiné à juger le génocide commis au Rwanda.

Victorieuses, les troupes du FPR prennent, à la fin de juillet 1994, la direction d'un pays dévasté et vidé d'une partie de sa population (deux millions de réfugiés au Zaïre et en Tanzanie ; et trois millions de personnes déplacées à l'intérieur du pays). Les nouveaux dirigeants affirment vouloir une réconciliation nationale sur la base des Accords d'Arusha mais l'esprit de revanche reste très puissant chez les extrémistes tant hutu que tutsi, tandis que le Burundi s'enfonce dans une guerre civile, sur fond de négociations repoussées et d'embargo régional.

BIBLIOGRAPHIE

Brauman R., *Devant le mal Rwanda, un génocide en direct*, Arlea, 1994.

Chrétien J.-P., *Le défi de l'ethnisme, Rwanda-Burundi*, Karthala, 1994.

Chrétien J.-P., Guichaoua A., Le Jeune G., « La crise d'août 1988 au Burundi », *Cahiers du CRA*, n° 6.

Destexhe A., *Rwanda, essai sur le génocide*, Complexe, Bruxelles, 1994.

Guichaoua A., *Les crises politiques au Burundi et au Rwanda 1993-1994*, UST Lille/Karthala, 1994.

« Politique internationale dans la région des Grands Lacs », *Politique Africaine*, n° 68, décembre 1997.

---

1   Chapitre 6, p. 219.

© ARMAND COLIN. La photocopie non autorisée est un délit

REYNTJENS F., *L'Afrique des Grands Lacs en crise : Rwanda, Burundi, 1988-1994,* Karthala, 1994.

THIBON C., « La France dans la région des Grands Lacs. Les ressorts de sa politique africaine ; entre images a priori et discours a posteriori », *Cahiers d'Histoire immédiate,* n° 8, automne 1995.

VERSCHAVE F.-X., *Complicité de génocide ? La politique de la France au Rwanda,* La Découverte, 1994.

SAHARA OCCIDENTAL

DONNÉES STATISTIQUES

Superficie	286 000 km^2
Densité	0,4 hab./km^2
Population	200 000 hab.
Mortalité infantile	150 pour 1000
Espérance de vie	47 ans

CHRONOLOGIE SOMMAIRE

1967	Création de l'Organisation sahraouie de libération du Sahara
1973	Création du Polisario
1975	Retrait de l'Espagne
27 février 1976	Le Polisario proclame la République arabe sahraouie démocratique
1976-1988	**Guerre dite du « Sahara espagnol »**
1984	Admission de la République sahraouie au sein de l'OUA
1988-...	**Blocage du processus de paix**

LES ORIGINES

Bande désertique de 286 000 km^2, étirée le long de la façade atlantique, et peuplée à peine d'une centaine de milliers de grands nomades Reguibal et Maures regroupés en tribus, ce territoire, placé sous l'autorité (très formelle) de l'Espagne jusqu'en 1975, et travaillé par de petits groupes nationalistes (dont *l'Organisation sahraouie de Libération du Sahara*, créée en 1967, et le *Front populaire pour la Libération du Saguiet El Hamra et Rio de Oro* – Polisario – en 1973) fit très tôt l'objet de revendications de la part de ses trois voisins :

Le Maroc : son élite politique (notamment les membres de l'Istiqlal) et religieuse (marabouts) manifesta toujours un vif attachement à cette partie du Sahara, base de la richesse commerciale de la dynastie almoravide au Moyen Âge. Pour la monarchie marocaine, qui a mené dans ce but des démarches diplomatiques (auprès de l'ONU dès 1963) et des opérations militaires (1957-1958), l'intégration de ce territoire représentait tout à la fois une satisfaction partielle du rêve – jamais abandonné – de voir se reconstituer un « grand Maroc », une compensation à la double frustration subie au moment de la constitution des États mauritanien et algérien (seuls à se partager l'essentiel du Sahara), et une occasion, par la mobilisation populaire autour d'une grande cause, de faire taire au profit du pouvoir royal les divisions internes. Ces fortes motivations expliquent – beaucoup plus que les intérêts économiques (phosphates de Bou Craa) – l'extraordinaire acharnement du Maroc à faire triompher son point de vue.

La Mauritanie, devenue indépendante en 1960, émit à son tour des prétentions sur le

Sahara occidental. Le Maroc – qui n'avait reconnu ses frontières qu'en juin 1970, mais qui était soucieux de disposer d'alliés – convainquit, peu après, le gouvernement mauritanien d'exiger la partie sud (le Rio de Oro).

L'Algérie, à la même époque (1970-1973), parut disposée, en cas de partage du territoire saharien, à demander la cession d'un « couloir » lui donnant accès à l'Océan Atlantique.

Lorsque, à la fin de 1975, l'Espagne, impressionnée par la « marche verte » de 300 000 Marocains réclamant le retour du « Sahara spolié à la mère patrie », accepta de se retirer, le plan marocain sembla pouvoir se réaliser. Peu après, la Mauritanie prit possession de la partie méridionale et le Maroc, de la partie septentrionale. Mais, le 27 février 1976, véritable trouble-fête, le Polisario proclama à Bir Lahlou, la *République arabe sahraouie démocratique* (RASD) et fit part de sa volonté de bouter hors du pays les deux nouveaux occupants. La guerre dite du « Sahara espagnol » commençait.

LE CONFLIT

Une guerre d'indépendance

Fort du soutien de l'Algérie – mécontente d'avoir été finalement écartée du partage et inquiète des ambitions marocaines – le Polisario décida de se battre aussi bien sur le plan diplomatique que militaire. La Mauritanie constitua sa première cible. En trois ans (1976-1978), les 5 000 à 10 000 hommes du Polisario vinrent à bout de la résistance de l'armée mauritanienne, pourtant renforcée par 6 000 soldats marocains et appuyée par des unités aériennes françaises basées à Dakar. En avril 1979, un nouveau gouvernement mauritanien, mis en place à la suite d'un coup d'État, consentit, par l'entremise de la Libye, à « remettre au Polisario la partie du Sahara qu'elle a annexée ». Mais le Maroc demeura toujours aussi intransigeant, annexant même une partie du territoire précédemment attribué à la Mauritanie. Les forces armées royales marocaines, profon-

dément réorganisées grâce à la participation financière et technique de la France, des États-Unis et de l'Arabie saoudite, adoptèrent alors une nouvelle stratégie d'intervention et de protection contre les attaques du Polisario (construction coûteuse mais efficace d'une série de six « murs » d'une longueur d'environ 2 500 km, permettant de contrôler 80 % du territoire – dont la partie riche en gisements de phosphates). Économiquement et socialement, de nombreux investissements et équipements redonnèrent vie à une région jusque-là oubliée. Diplomatiquement, par contre, le Maroc se révéla impuissant à empêcher l'admission de la République sahraouie au sein de l'OUA en 1984, et sa reconnaissance par plus de soixante-dix États (notamment la Mauritanie).

Mais à la longue, malgré les succès diplomatiques et militaires du Polisario, les positions d'Hassan II – qui avait fait, non sans risques, des revendications sahariennes l'une des bases de son régime – ne cessèrent de se conforter. La réconciliation spectaculaire avec l'Algérie, en mai 1988, après douze ans de rupture, semble avoir scellé la victoire du Maroc, en privant le Polisario du soutien inconditionnel de son principal allié. Dès le 30 août, le Front Polisario acceptait – sous le contrôle de l'ONU – un cessez-le-feu et l'organisation d'un référendum permettant à la population sahraouie de choisir entre l'indépendance et l'intégration au Maroc.

Depuis lors, le processus peine à aboutir. Malgré la présence d'observateurs de l'ONU, les violations de cessez-le-feu se sont multipliées, le recensement électoral est effectué par à-coups. Les négociations entre le Front Polisario et le Maroc progressent de manière très irrégulière, faisant alterner dialogue et blocage. Si bien qu'en 1997, l'ONU intervint plus directement, en envoyant James Baker pour activer le processus de paix.

BIBLIOGRAPHIE

BERRAMDANE A., *Le Sahara occidental, enjeu maghrébin*, Karthala, 1992.

© ARMAND COLIN. La photocopie non autorisée est un délit

SALVADOR

Données statistiques

	1971	1995
Population (en millions)	3,5	5,8
Densité	167	268
Mortalité infantile (^{0}/00)		46
Analphabétisme		25,4
PIB par habitant	2500[1]	6976[2]

CHRONOLOGIE SOMMAIRE

1524	Conquête par Pedro de Alvarado
1529	Fondation de San Salvador
1821-22	Indépendance Invasion par les Mexicains et adhésion à la Fédération des Provinces-Unies d'Amérique centrale
1931-1944	Dictature du général Hernandez Martinez
1965	**Invasion du Honduras**
1972	Tentative de contre coup d'État de J. N. Duarte
Mars 1980	**Assassinat de monseigneur Romero**
1980-1992	**Guerre civile régionalisée**
16 janvier 1992	Accords de paix de Chapultepec
1997	Le FFMLN élu à la tête de la capitale San Salvador

1. Estimation, en millions de colones.
2. Estimation, en millions de dollars.

LES ORIGINES

Le plus petit mais aussi le plus densément peuplé des États d'Amérique centrale, le Salvador, pays volcanique, est le seul à n'être ouvert que sur le Pacifique. La zone vitale s'étage sur les « terres » chaudes supérieures (de 500 à 800 m), niveau des plantations caféières. Il fut soumis à l'autorité espagnole pendant plus de trois siècles.

Après deux échecs – 1811, 1814 – les créoles de Salvador, parmi les plus dynamiques de la région, parvinrent à faire proclamer l'indépendance de l'Amérique centrale par les dirigeants du Guatemala ; mais ils n'acceptèrent d'intégrer le Mexique que sous la pression des forces mexicaines (1822). Lorsque l'empire mexicain s'effrita, le Salvador devint l'une des Provinces-Unies (1823). N'acceptant

pas la disparition de cette fédération, il prit part, jusqu'au début du XXᵉ siècle, aux luttes contre les libéraux, favorables à l'union, et leurs adversaires conservateurs.

La crise de 1929, en freinant brutalement la vente du café, frappa le pays avec violence. En 1931-1932, éclata à l'ouest, une insurrection paysanne, les grands propriétaires ayant renvoyé leurs travailleurs. Durement réprimée par le général Hernandez Martinez, elle se solda par 30 000 victimes, dont le chef du Parti communiste salvadorien, A. Farabundo Marti (ancien compagnon d'armes de C. Sandino).

Ce soulèvement révéla les profondes fractures sociales existant entre une oligarchie, les « 14 familles », détentrice des terres (où elle se livre à la culture spéculative du café, du coton, de la canne à sucre) et des rêves du pouvoir, et une multitude de paysans petits propriétaires ou sans terre (qui pratiquent une agriculture de subsistance sur les sols les moins riches et dont le niveau de vie resta jusqu'à aujourd'hui le plus bas d'Amérique centrale). Il permit aussi à l'armée de prendre la direction du pays, au nom de l'oligarchie, et avec le soutien de groupes paramilitaires : elle se maintint à la tête des affaires de 1932 à 1982 directement, et contrôla ensuite indirectement l'État.

LES CONFLITS

La guerre du football (1969)

La pression démographique sur les terres fut à l'origine de graves incidents, en juin 1969, entre le Salvador et son voisin, le Honduras, à la suite des matches éliminatoires de la Coupe du monde de football. Ce sport, si prisé dans la région, permit l'explosion d'une crise larvée depuis plusieurs années (en 1962 déjà, le Honduras avait expulsé des Salvadoriens). En 1969, 300 000 Salvadoriens vivant et travaillant au Honduras, furent chassés. Le Salvador, ne pouvant, en raison de son surpeuplement, faire face à l'afflux de cette main-d'œuvre, envahit le Honduras en juillet et ne retira ses troupes le mois suivant que sous la pression de l'OEA. Les incidents de frontière, également à l'origine de ce conflit, se multiplièrent dans les années suivantes ; il fallut attendre 1992 pour que le Tribunal international de La Haye mît fin à une dispute de deux décennies pour 400 km² entre Honduras et Salvador.

Une guerre civile régionalisée (1980-1992)

Après la présidence du colonel Rivera (1962-1967) et celle du général Sanchez Hernandez (1967-1972), le pays sombre dans la violence. Les élections de 1972 constituèrent un premier tournant : l'armée n'hésita pas à déposer le candidat de l'opposition légitimement élu, le démocrate-chrétien José Napoléon Duarte. Attentats et prises d'otages se multiplièrent alors, du fait de l'armée et de la guérilla, menée notamment par le FFMLN – Front Farabundo Marti de Libération nationale, du nom du leader communiste assassiné en 1932 – créé au début des années soixante-dix.

1980 fut la deuxième étape. En octobre de l'année précédente, un coup d'État, fomenté par des officiers réformistes, renversa le général Romero Mena, au pouvoir depuis 1977. La junte tenta de mettre en place des réformes, mais elle se heurta aussi bien aux fractions conservatrices de l'armée qu'à la guérilla. En janvier 1980, elle fut déposée par une nouvelle junte, José Napoléon Duarte devenant chef d'État. Deux mois plus tard, l'archevêque de San Salvador, Mgr Romero, qui avait à plusieurs reprises critiqué vivement le pouvoir, fut assassiné.

Les deux principaux mouvements révolutionnaires armés, le FFMLN, d'obédience communiste, et le FDR – Front démocratique révolutionnaire, groupant les autres mouvements de gauche – lancèrent alors une grande offensive dans les campagnes, véritable début de la guerre civile ; en ce début des années quatre-vingt, le FFMLN compta jusqu'à 10 000 combattants et put contrôler près du quart du territoire national, avec le soutien clandestin des sandinistes du Nicaragua et de Cuba. L'armée et les groupes paramilitaires qui soutiennent l'oligarchie au pouvoir bénéficièrent, quant à eux, de la présence de civils et militaires argentins (jusqu'à la guerre des Malouines) et de l'intervention de l'armée hondurienne (un traité de paix fut signé entre le Honduras et le Salvador, le 30 octobre 1980). De plus, les États-Unis financèrent l'effort militaire salvadorien et la restructuration de l'armée ; ils firent du Honduras à la fois une base arrière et une zone d'entraînement pour les troupes salvadoriennes... en laissant planer la menace de leur intervention directe. En même temps, le groupe de CONTADORA (Mexique, Colombie, Panama et Venezuela) s'efforce de trouver une solution politique, purement latino-américaine, à ce conflit – ainsi d'ailleurs qu'à ceux qui affectent le Nicaragua et le Guatemala. La guerre civile fut donc régionalisée.

LES SUITES

Le processus de paix fut entamé par J.N. Duarte, réélu à la tête du Salvador en 1984, qui ouvrit des négociations avec les principaux chefs de la guérilla. Il s'accéléra à la fin des années quatre-vingt : l'effondrement du bloc soviétique, les difficultés de Cuba, la défaite des sandinistes au Nicaragua, le désir des États-Unis de mettre fin à une guerre « sale » que dénoncent les médias nord-américains, et aussi la lassitude des combattants des

© ARMAND COLIN. La photocopie non autorisée est un délit

deux camps, expliquent que l'on veuille en terminer.

Malgré la mort de J.N. Duarte (1990) et la venue au pouvoir de l'extrême droite en la personne d'A. Cristiani, le gouvernement et le FFMLN conclurent un accord de désarmement en décembre 1991 à New York, et la paix fut signée le 16 janvier 1992 à Chapultepec (Mexique) : au terme d'une guerre civile de douze ans qui fit 80 000 morts, le Salvador met fin à l'hégémonie militaire et refonde l'État par une série de réformes (constitutionnelle et judiciaire ; réduction des effectifs de l'armée et création d'une police civile ; respect du suffrage universel ; réforme agraire).

Si l'élection présidentielle de 1994 voit la victoire d'un candidat de droite – A. Calderon Sol – les anciens guérilleros du FFMLN s'affirment comme principale force d'opposition, emportant un beau succès aux élections législatives de mars 1997 et enlevant par les urnes la mairie de San Salvador.

CORRÉLATS

CHIAPAS • GUATEMALA • NICARAGUA

BIBLIOGRAPHIE

LEMOINE M., *Les cent portes de l'Amérique latine*, Éditions de l'Atelier, 1997 (article « Salvador »).

ROUQUIÉ A., *Guerres et paix de l'Amérique latine*, Seuil, 1992.

– *Les forces politiques en Amérique centrale*, Karthala, 1992.

SOMALIE

Données statistiques

	1971	1986-1987
Population totale	2 860 000	9 250 000
Mogadiscio	250 000	900 000 (1990)
Hargeisa	50 000	90 000 (1990)
Kisimayo	30 000	90 000 (1990)
Berbera	25 000	70 000 (1990)

CHRONOLOGIE SOMMAIRE

1887	Le nord de la Somalie sous protectorat britannique
1889	Le sud de la Somalie sous protectorat italien
1897	L'Éthiopie annexe l'Ogaden
1905	Le sud de la Somalie devient colonie italienne
1936	La Somalie italienne annexe l'Ogaden (traité avec la Grande-Bretagne et l'Italie)
1950	La Somalie du sud (administrée par la G.-B. de 1941 à 1949) est confiée sous mandat à l'Italie
1960	Indépendance de l'ex-Somalie britannique et de l'ex-Somalie italienne qui fusionnent en République de Somalie
1977-1978	**Conflit de l'Ogaden**
1991	**Sécession du Somaliland (ex-Somalie britannique)**
1989-1992	**Paroxysme de la guerre des clans contre le pouvoir**

LES ORIGINES

Si la communauté internationale se réjouit de l'union, prononcée le 1er juillet 1960, du Somaliland, ancien protectorat britannique et de la Somalia, ex-colonie italienne, elle minimisa, sur le moment, les difficultés qui attendaient la nouvelle République de Somalie. Non seulement, il lui fallait, en effet, fusionner des armées, des administrations, des codes judiciaires très différents, choisir une langue officielle (anglais, italien, arabe ?), mais aussi initier à la vie démocratique une population habituée à se mouvoir dans des structures essentiellement ethniques et claniques.

L'assassinat du président Abdirashid Shermarke en octobre 1969 – élu quatre mois auparavant – fut suivi d'un coup d'État militaire qui porta au pouvoir le major-général Syaad Barré. Celui-ci, ambitionnant de concilier les principes de l'islam et du marxisme, transforma l'État en « république démocratique de Somalie » (nationalisation des services médicaux et scolaires, des banques, des transports, des terres…). Il s'orienta de plus en plus nettement vers les pays communistes, l'URSS en particulier, à qui, moyennant une aide militaire de 130 millions de dollars par an, il accorda d'importantes facilités (construction d'une base aérienne à Wanle-Weyn, à 80 km de Mogadiscio ; utilisation des ports de Berbera et de Kisimayo…).

La stratégie du président Syaad Barré se trouva remise en cause, à partir de 1974, par les mutations politiques survenues dans l'Éthiopie voisine ; un Conseil national militaire (Derg), y adopta un programme socialiste, et le nouveau leader du pays, le colonel Mengistu, chercha très vite de l'aide dans le camp communiste. L'URSS répondit avec un

© ARMAND COLIN. La photocopie non autorisée est un délit

empressement qui déplut fortement au président somalien, et dut l'inciter à lancer une action offensive contre l'Éthiopie à propos de l'Ogaden[1].

LES CONFLITS

Une opération irrédentiste en Ogaden (1977-1978)

Parmi les revendications nourrissant le nationalisme somalien, la question de l'Ogaden était majeure. Sur 1 240 000 Somali vivant en dehors de la République, 40 000 dépendaient de Djibouti, 200 000 du Kenya, et 1 000 000 de l'Éthiopie. Ces derniers, situés dans l'Ogaden, étaient travaillés par un *Front de Libération de la Somalie Occidentale* (FLSO).

Lorsque, en avril 1977, le FLSO – soutenu par l'armée somalienne – attaqua les postes militaires éthiopiens, la question de l'Ogaden avait déjà été posée à plusieurs reprises par Mogadiscio, notamment à la tribune de l'OUA, en 1974, par Syaad Barré en personne. Les incidents frontaliers, dus souvent aux déplacements des troupeaux, étaient très fréquents.

Dans un premier temps, le nouveau pouvoir éthiopien – très préoccupé par le problème érythréen – ne put faire face à l'offensive des Somaliens, qui, dès septembre 1977, avaient « repris » la quasi totalité de l'Ogaden.

Syaad Barré, grisé par cette victoire rapide, et persuadé de pouvoir disposer du soutien promis par de nombreux pays occidentaux, l'Arabie Saoudite, l'Irak et l'Iran, expulsa les conseillers soviétiques en novembre 1977, et rompit sans ménagement avec le camp communiste. Mais, l'aide occidentale et arabe se révéla limitée, tandis que, à l'inverse, l'URSS et Cuba se mobilisaient en faveur de l'Éthiopie[2]. Cette dernière se montra capable, dès le début de 1978, de reconquérir l'Ogaden, en infligeant à l'armée somalienne une cuisante défaite.

La sécession de fait du Somaliland

L'échec de la campagne d'Ogaden ébranla fortement le pouvoir de Syaad Barré, et fit surgir les ambitions des factions et des clans. Parmi ces derniers, le clan Issaq, initiateur

du *Mouvement National Somalien* (MNS) entreprit – avec l'aide de l'Éthiopie – de s'emparer du pouvoir dans la partie nord du pays, le Somaliland, ancien protectorat britannique.

Dès 1982, des « troubles » étaient signalés à Hargeisa, mais ce fut surtout à compter de 1988 (en réaction à un accord entre la Somalie et l'Éthiopie) que les « rebelles » du MNS confortèrent leurs positions. En mai 1991, ayant pris Berbera et Hargeisa, ils proclamèrent unilatéralement l'indépendance de la République du Somaliland. À cette date, Syaad Barré, harcelé par des clans ennemis, et réfugié dans le sud du pays, était incapable de s'opposer à cette sécession de fait.

La guerre des clans

Simultanément à l'offensive du clan Issaq dans le nord, on observait, durant toute la décennie quatre-vingt, d'incessantes opérations de déstabilisation dans le centre-sud du pays, conduites par des factions avides de pouvoir et de richesses. Le *Front démocratique de Sauvegarde Somalien* (FDSS), aux mains du clan majertein, puis, surtout, à partir de 1989, le *Congrès de la Somalie Unifiée* (CSU), dominé par le clan sudiste hawiyé, et dirigé, à compter de juillet 1990, par le général Aïdid, animaient de multiples offensives contre les forces gouvernementales. Mais, loin d'être un bloc soudé, l'opposition à Syaad Barré (réélu président en décembre 1986 avec 99,93 % des voix…) se déchirait dans des affrontements sanglants entre clans, et, parfois, à l'intérieur des clans.

La confusion de la situation et la misère des populations atteignirent un maximum entre 1989 et 1992, avec de graves émeutes à Mogadiscio (aux mains des « rebelles »), des luttes intestines entre factions hawiyés, et une terrible famine. Les secours internationaux (en août 1992, pont aérien français et opération américaine *Provide Relief*) étant en grande partie détournés par les factions, l'ONU décida d'intervenir. Sa première action (ONUSOM I) ayant été très mal gérée, les États-Unis déclenchèrent avec fracas et maladresse, en décembre 1992, la gigantesque opération *Restore Hope* (Rendre l'espoir), qui se révéla également un humiliant échec. Une nouvelle action onusienne (ONUSOM II[3]), au printemps 1993, qui

---

1   Chapitre 4, p. 142.
2   Chapitre 2, p. 88.

3   Chapitre 6, p. 207 ; 218-219.

mobilisa 28 000 hommes, ne parvint pas davantage à une pacification durable.

Longtemps, toutes les tentatives de réconciliation entre factions rivales échouèrent ; le banditisme continua à régner en maître dans le pays, et les combats de faire des centaines et des centaines de morts, dont, en août 1996, le général Aïdid. Un espoir de retour à la paix devait naître, cependant, avec la signature au Caire, en décembre 1997, par les représentants des factions d'Ali Mahdi et de Hussein Aïdid, d'un accord de cessez-le-feu (sous l'égide de l'Égypte), prévoyant la mise en place d'un État fédéral et d'un gouvernement de transition

CORRÉLATS

ÉRYTHRÉE

BIBLIOGRAPHIE

COMPAGNON D., « Somaliland : un ordre politique en gestation ?» *Politique Africaine*, n° 50, 1993.

MARCHAL R., « Somalie : autopsie d'une intervention », *Politique internationale*, n° 61, 1993.

© ARMAND COLIN. La photocopie non autorisée est un délit

SOUDAN

Données statistiques

	1971	1996
Population totale	15 700 000	28 850 000 (estim.)
Khartoum (capitale) (chiffres de l'agglomération)	605 101	4 800 000

CHRONOLOGIE SOMMAIRE

1899	Condominium anglo-égyptien
1953	Autonomie interne
1956	Indépendance
1958	Refus du Parlement d'accorder l'autonomie au Sud
1963-1972	**Guerre du Sud-Soudan Rébellion des Anya-Nya**
1969 mai	Coup d'État du général Nemeyri
1974 octobre	Émeutes dans le Sud
1983	Colonel Garang prend le maquis Famine
1984	**Recrudescence de la guérilla dans le Sud**
1987	Guerre contre les Noirs du Sud
1988	Famine
1996	L'ONU accuse le Soudan de soutenir le terrorisme

LES ORIGINES

Plus vaste pays d'Afrique (2 500 000 km²), le Soudan est caractérisé par un clivage fondamental entre les régions du Nord, qui appartiennent par la langue et la religion au monde arabo-musulman, et le Sud, peuplé de populations noires animistes ou chrétiennes[1].

Un tel clivage, qui a eu pour conséquence la domination du Nord sur le Sud, a été accentué par la colonisation britannique, qui mit en place, dans le Nord, des structures administratives et économiques unificatrices, mais abandonna le Sud à de hauts fonctionnaires et à des missionnaires protestants. Lorsque les Britanniques, prenant conscience du retard et de la vulnérabilité du Sud, tentèrent de corriger ce déséquilibre, il était trop tard.

Dès leur départ, le pouvoir fut monopolisé par les grandes confréries du Nord, de sorte que le Sud, hostile à la politique d'islamisation et d'arabisation forcées des nouveaux dirigeants de Khartoum, entra en insurrection.

LES CONFLITS

La première guerre du Sud, de 1955 à 1972

La rébellion qui éclata dès l'été 1955, dans les provinces du Sud (Equatoria, Bahr-el-Ghzal, et Haut-Nil) fut très meurtrière, et provoqua la formation d'une guérilla séparatiste (groupes des Anya Nya). Le Parlement refusa alors d'accorder l'autonomie au Sud, et un coup d'État militaire instaura, en novembre 1958, la dictature du maréchal Ibrahim Abboud. Celui-ci entreprit de réduire la rébellion par la force, ce qui suscita la fuite de centaines de milliers de personnes, et l'exil d'intellectuels sudistes,

---

1   Chapitre 4, p. 141-142.

qui fondèrent, en 1962, à Brazzaville, la SCADNU (*Sudan African Closed Districts National Union*) devenue, l'année suivante, la SANU. L'éviction du pouvoir du maréchal Abboud, en octobre 1964, ne permit pas de trouver une solution pacifique et la guerre continua.

L'espoir de paix (1972-1982)

Il fallut attendre l'arrivée au pouvoir, en mai 1969, du colonel Gaafar Nemeyri – disciple de Nasser – pour que des négociations avec Joseph Lagu, leader de l'*Anya Nya Liberation Front*, aboutissent à des accords signés à Addis-Abeba en mars 1972. Une large autonomie était laissée aux trois provinces méridionales (dotées d'un Haut Conseil exécutif et d'une Assemblée régionale), les forces de la guérilla se voyaient intégrées dans l'armée nationale, et un plan de développement économique du Sud était lancé.

Malheureusement, cette paix du printemps 1972 (fondée sur l'accord d'une large autonomie aux trois provinces méridionales) se révéla de courte durée. Quatre facteurs contribuèrent à rallumer le conflit :

1. des problèmes économiques aigus, causés par la sécheresse, l'accueil des réfugiés éthiopiens, ougandais, tchadiens et l'incapacité du gouvernement ;

2. la découverte de gisements de pétrole dans les provinces du sud ;

3. l'intensification de la politique d'islamisation (sous l'influence des Frères musulmans) ;

4. les encouragements donnés à la rébellion par des puissances extérieures (Éthiopie, Libye…).

La seconde guerre du Sud, depuis 1983

L'application dans toute sa rigueur de la loi islamique (*chari'a*) à compter de septembre 1983 suscita une recrudescence de la guérilla de mieux en mieux organisée autour du *Mouvement de Libération des Peuples du Sud* (MPLS) et de l'*Armée de Libération du Peuple du Soudan* (ALPS), sous la direction du colonel John Garang, et soutenue par les pays africains voisins (Éthiopie, Kenya, Ouganda, Nigeria, Tchad). Le renversement de Nemeyri (avril 1985) et l'établissement d'un régime civil ne permirent ni le redressement de la situation économique (dette extérieure de 11 à 12 milliards de dollars en 1986 et 1987), ni l'apaisement du conflit du sud du pays. L'entrée, en avril 1988, au sein du gouvernement de Sadek-el Mahdi, d'extrémistes musulmans du *Front national islamique* (FNI) radicalisa, au contraire, la guérilla. La misère des populations de ces régions devait alors atteindre un paroxysme ; famine (centaines de milliers de victimes en 1988), fuite dans les États voisins (300 000 en Éthiopie), violences de toutes sortes exercées par les milices tribales et l'armée gouvernementale (certains observateurs n'hésitent pas, alors, à parler de génocide) ont véritablement ruiné et rendu exsangue le pays. Conscient de ce désastre national, et, peut-être, sous la pression des « Grands », le gouvernement de Sadek-el Mahdi amorça alors, à l'automne 1988, un changement politique hardi en négociant le 16 novembre, à Addis-Abeba, un accord de cessez-le-feu avec les « rebelles » sudistes de l'ALPS.

Le renversement en juillet 1989 de Sadek-el Mahdi, et son remplacement par le général Omar-el Bechir réactivèrent la guerre civile. Désormais, le pouvoir était totalement aux mains du *Front National Islamique*, dirigé par le cheikh Hassan El Tourabi, habile politicien, décidé à régler leurs comptes aux rebelles sudistes, à la fois par la force (aide de l'Iran) et par la subversion (en créant des dissensions au sein du *Mouvement de Libération des Peuples du Sud* – MPLS – de John Garang). Celui-ci, privé de l'aide éthiopienne depuis la chute de Mengistu (mai 1991) subit de sérieux revers.

Bien que, par ses dettes colossales (16 milliards de dollars en 1995), par son soutien au terrorisme (attentat contre le président égyptien Moubarak en mai 1995), par son incapacité à faire face aux problèmes matériels élémentaires de la population, et par son messianisme (diffusion du modèle islamique dans les pays africains : Éthiopie, Kenya, Tchad, Zaïre…), le régime dictatorial et sanguinaire de Khartoum, soutenu par le *Front National Islamique*, ait une très mauvaise image internationale, il se maintient néanmoins, et ambitionne même de devenir l'un des pôles du monde arabe. Son véritable chef (officiellement, il n'est que président du Parlement), Hassan El Tourabi, est l'un des penseurs les plus écoutés au monde par les populations musulmanes.

© ARMAND COLIN. La photocopie non autorisée est un délit

CORRÉLATS

ÉRYTHRÉE • SOUDAN • TCHAD

BIBLIOGRAPHIE

AMNESTY INTERNATIONAL, *Soudan : pas d'avenir sans droits de l'homme*, Londres-Paris, 1995.

EL TOURABI H., *Islam, avenir du monde. Entretiens avec Alain Chevalérias*, J.-C. Lattès, 1998.

MARCHAL R., «Éléments d'une sociologie du Front national islamique soudanais», *Maghreb-Machrek*, n° 149, 1995.

PRUNIER G., « Une nouvelle diplomatie révolutionnaire : les Frères musulmans au Soudan», *Islam et sociétés au sud du Sahara*, n° 6, 1992.

SRI LANKA

Données statistiques

	Milieu des années 1970	Années 1990
Population	13 990 000	18 580 000 (1997, estim.)
Colombo (capitale)	600 000	800 000 (1996)
Jaffna	107 663	129 000 (1990)

CHRONOLOGIE SOMMAIRE

1802	Ceylan, colonie britannique
Février 1948	Indépendance
1956	L'État est proclamé bouddhiste, et le cinghalais, langue officielle
1957	La langue tamoule est reconnue minoritaire au Nord et à l'Est
1971	**Très dure répression de l'insurrection du mouvement JVP (15 000 à 20 000 morts) dans le Sud**
1972	**Création – dans le Nord – des Nouveaux Tigres Tamouls qui deviendront, en 1976, les Tigres de Libération de l'Eelam tamoul (LTTE)**
1983	État d'urgence
1987	Accord Inde – Sri Lanka
Janvier 1995	Cessez-le-feu avec les Tamouls, rompu en avril
1997	Nouvelle offensive de l'armée contre les « rebelles » tamouls

LES ORIGINES

Avant son indépendance obtenue en 1948, le Sri Lanka (Ceylan jusqu'en 1972), île de 61 610 km², au sud-est des côtes indiennes, avait connu une civilisation ancienne et originale, fondée sur le bouddhisme. Les descendants de ces premières populations – les « Cinghalais » – représentent environ 73,9 % de l'ensemble humain actuel. Entre le VIIᵉ et le XVᵉ s., des Indiens du sud, les Tamouls, s'installèrent dans le nord et l'est de l'île, et conservèrent la religion hindouiste ; ils forment aujourd'hui environ 12,06 % de la population.

Quatre siècles de colonisation (portugaise, hollandaise et britannique) marquèrent le pays, notamment du point de vue économique, avec le développement de plantations de thé, de café et d'hévéa, pour lesquelles, au XIXᵉ s., leurs propriétaires firent venir de l'Inde, des travailleurs tamouls (5,5 % de la population actuelle, dénommés « Tamouls indiens »).

Bien que politiquement, le nouvel État se soit, d'emblée, orienté vers un régime démocratique de type parlementaire, il a traversé, au cours des dernières décennies, des tempêtes d'une rare violence, dont la plus forte s'est révélée l'insurrection séparatiste tamoul.

LES CONFLITS

Tensions inter-communautaires post-coloniales

Bien avant que ne se développe la guérilla tamoule, les deux principaux partis politiques du pays (l'UNP, conservateur, et le SLFP, progressiste), manifestent la même tendance à promouvoir un nationalisme cinghalo-bouddhiste. Ainsi, en 1948, les « Tamouls indiens » n'obtiennent pas la citoyenneté sri-lankaise, et, en 1956, le cinghalais devient la

© ARMAND COLIN. La photocopie non autorisée est un délit

langue officielle. Durant ces années, le nouvel État est soumis à des tensions inter-communautaires qui annoncent les terribles antagonismes des décennies 80 et 90. On observe alors, une sorte de « mouvement de décolonisation culturelle à retardement » (E. Meyer), dirigé par des Cinghalais extrémistes contre l'élite anglophone et les cadres tamouls, accusés d'occuper une place privilégiée dans la société. Des émeutes éclatent en 1956 et 1958, que le gouvernement parvient à juguler.

Mouvement révolutionnaire de la jeunesse cinghalaise

Simultanément à ces premières tensions identitaires, un mouvement politique révolutionnaire (JVP), d'idéologie marxiste, créé en 1964, trouve un assez large écho parmi la jeunesse et les élites cinghalaises frustrées de responsabilités, et, souvent, d'emplois.

En 1971, le JVP déclenche dans le sud une véritable insurrection que le gouvernement réprime avec violence et extrême dureté (des milliers de victimes, vingt mille sympathisants incarcérés dans des camps). Le JVP n'en continua pas moins jusqu'en 1990 – date de son élimination – à combattre le pouvoir, mais aussi la minorité tamoul.

Mouvement séparatiste tamoul

S'estimant placés en position discriminatoire par rapport aux Cinghalais – à la fois du point de vue linguistique, économique et politique – les Tamouls créent un mouvement autonomiste, le TULF, porte-parole légal de leurs revendications, et premier parti de l'opposition, à compter de 1977. Des groupes armés sont également constitués à l'initiative de jeunes Tamouls de Jaffna, dont les *Tigres de Libération de l'Eelam tamoul* (LTTE), scindés, par la suite, en trois organisations rivales.

À cette violence, les Cinghalais répliquent par une autre violence, et, selon l'engrenage habituel provocation-répression, les deux communautés ne cessent de se heurter à partir de 1974, avec, à certains moments (1977, été 1981, 1982, été 1983, 1984, 1985...) des affrontements frénétiques et terribles. Ainsi, le 14 mai 1985, pour venger la mort de 70 compagnons tués par la police, des Tamouls attaquent la ville

d'Anuradhapura, assassinant 148 personnes et en blessant une centaine ; en avril 1987, l'explosion d'une bombe ayant fait 106 morts à Colombo, l'armée de l'air bombarde les bases de la guérilla tamoule dans la péninsule de Jaffna (400 morts)...

En quatre ans, le conflit a alors fait plus de 6 000 victimes et semble insoluble tant les parties se sont radicalisées : les extrémistes du LTTE, fixés sur l'indépendance immédiate du nord-est de l'île, les politiciens modérés du TULF souhaitant la réunion des provinces du nord et de l'est dans le cadre d'une autonomie interne, et le gouvernement de Colombo, obsédé par l'insécurité et la violence croissante, trop longtemps persuadé que la solution réside dans l'affirmation de la force (appel à des troupes spéciales, formation de milices...). En juillet 1987, cependant, par l'intermédiaire de l'Inde, est signé un accord prévoyant l'octroi d'une large autonomie pour les provinces tamoules, au Nord et à l'Est, ainsi que l'envoi dans l'île d'une « force de paix » indienne, destinée à recevoir la reddition des « rebelles » ; mais ces derniers n'obtempèrent que contraints et forcés (combats très violents), et leur capitulation est partielle (repli momentané des séparatistes dans la jungle).

Au total, ces accords de 1987 ne règlent rien. Bien au contraire. L'Inde, impuissante (même avec plus de 50 000 hommes !) à contrôler les Tamouls, perd son crédit. Le parti au pouvoir à Colombo, déjà accusé d'affairisme, a achevé de se discréditer par son pacte avec l'Inde. Le JVP en profite pour intensifier ses attaques ; de ce fait, 1987 et 1988 sont des années aussi meurtrières dans le Sud que dans le pays Tamoul.

LES SUITES

Les espoirs de paix se sont, jusqu'à présent, tous écroulés les uns après les autres, les leaders des Tigres tamouls restant intransigeants et jusqu'au-boutistes. Depuis la jungle du nord-est de l'île, où ils se sont repliés, ils téléguident des actions terroristes en Inde (assassinat de Rajiv Gandhi en 1991), et, surtout, dans le sud du pays (destruction de la banque centrale de Colombo en janvier 1996) ; ils s'impliquent aussi dans des réseaux de drogue et de trafics d'armes. Subissant la pression des activistes cinghalais bouddhistes, qui s'opposent à toute solution fédérale, les gouvernements semblent condamnés à l'impuissance.

CORRÉLATS

INDE

BIBLIOGRAPHIE

AMNESTY INTERNATIONAL, *Sri Lanka, un pays déchiré*, EFAI, Paris, 1990.

MEYER E., *Ceylan-Sri Lanka*, Coll. Que-Sais-Je ?, PUF, 1994.

– «La crise sri-lankaise, enjeux territoriaux et enjeux symboliques», *Hérodote*, 2ᵉ trim. 1988.

© ARMAND COLIN. La photocopie non autorisée est un délit

TCHAD

DONNÉES STATISTIQUES

	1970	1995
Population (en millions)	3,8 (estimation)	6,2
Densité	3	4,8
Analphabétisme (%)		67,5
PIB	78 603[1]	1 261[2]

CHRONOLOGIE SOMMAIRE

1899	Fondation de Fort-Archambault
1910	Le Tchad est rattaché au gouvernement général de l'AEF
1940	Ralliement du gouverneur Félix Éboué au général de Gaulle
1958	La République du Tchad, membre de la Communauté
1960	Indépendance
1966	Fondation du FROLINAT
1965-1975	**Guerre civile**
1975-1988	**Guerre civile internationalisée**
1988-...	Guerre civile larvée

---

1. En millions de francs CFA.
2. En millions de dollars.

LES ORIGINES

La France ne domina la région qu'au début du XXᵉ siècle, tant la résistance à son installation fut vive. Elle adopta le découpage territorial actuel après bien des hésitations : en 1910, le Tchad est intégré à l'AEF ; en 1925, le sud du pays est annexé à l'Oubangui-Chari, puis récupéré en 1936 ; la région du BET (Borkou, Ennedi, Tibesti), faisant partie de l'AOF, est rattachée au Tchad en 1930. Le contentieux colonial franco-italien prit fin avec le traité de Rome (appelé « accords Laval – Mussolini », 7 janvier 1935), la France cédant à l'Italie, donc à sa colonie libyenne, de vastes territoires septentrionaux (traité juridiquement inexistant car non ratifié).

En s'installant au Tchad, la France donna un coup d'arrêt brutal à une progression arabe et islamique séculaire vers le Sud et elle fit vivre ensemble des populations hostiles :

– dans le BET, les Toubous, nomades islamisés ;
– au centre du pays, des groupes divers : Haoussa, Peuls et des populations arabophones (en majorité noires) ;
– au sud, des populations noires animistes, parmi lesquelles dominaient les groupes sara.

Durant l'entre-deux-guerres, la France renforça le réseau de communications, imposa la culture du coton, scolarisa les sédentaires, introduisant ainsi un dangereux déséquilibre social et politique au détriment du nord du pays.

Le *Parti progressiste tchadien* (affilié au Rassemblement démocratique africain), fondé en 1946 par Gabriel Lisette, un administrateur d'origine antillaise, recrutant ses cadres essentiellement parmi la petite bourgeoisie sara, apparut comme seul susceptible d'occuper une position hégémonique, malgré les efforts des Français pour l'enfermer dans son image de « parti sara ». Le PPT emporta la majorité de l'Assemblée territoriale (1957). Le territoire devint un État membre de la Communauté, la République du Tchad (28 novembre 1958), qui obtint son indépendance le 11 août 1960.

Après une période d'instabilité, Gabriel Lisette, pourtant seul capable, en raison de ses origines étrangères, de dépasser les luttes ethniques, céda le pouvoir, au sein du Parti et à la tête de l'État, à François Tombalbaye, d'abord Premier ministre (juin 1959), puis président de la République (avril 1962).

LE CONFLIT
Guerre civile internationalisée

De la guerre civile (1965-1975)*...

Devenu président de la République, François Tombalbaye confisque le pouvoir politique au profit du *Parti progressiste tchadien*: dès 1962, les autres formations sont interdites ; trois ans plus tard, le PPT devient parti unique. De nombreuses arrestations touchent les milieux musulmans ; chaque consultation électorale donne lieu à des manipulations – en 1968, réélection de François Tombalbaye avec environ 90 % des suffrages... Dans le BET (Borkou, Ennedi, Tibesti), jusqu'en 1974 sous contrôle de l'armée française, mais qui passe alors sous l'administration tchadienne, les fonctionnaires, en majorité originaires du sud du pays, multiplient les exactions. Faut-il voir là, de la part des représentants noirs du sud, autrefois méprisés par les nomades du désert, « une sorte de revanche historique sur des siècles de raids esclavagistes » (Imanuel Geiss) ?

Émeute fiscale des paysans de la zone sahélienne, la révolte contre le pouvoir éclate en novembre 1965, à Mangalmé, où des fonctionnaires sont massacrés. D'abord sporadique, elle prend vite de l'ampleur et devient véritable insurrection armée, formée de maquis qui bénéficient du soutien de la population et qui peuvent trouver aide et refuge dans les États voisins. Sur le plan politique, plusieurs partis d'opposition, dont les membres sont exilés au Soudan, forment le *Front de libération nationale du Tchad* (Frolinat) ; les révoltés disposent désormais d'une représentation extérieure susceptible de trouver des appuis à l'étranger.

Jusqu'en 1968, la rébellion s'étend dans l'est et le centre du territoire tchadien, mais ses moyens restent limités : elle ne compte pas plus de trois mille hommes dans le centre, environ sept cents dans le Tibesti. Pourtant, fin 1968, elle est parvenue à contrôler plus de la moitié du pays, tandis que le Frolinat s'est développé, sous l'action du docteur Abba, qui a su sensibiliser au problème tchadien l'opinion progressiste internationale et les gouvernements du Soudan, de l'Algérie, puis de la Libye, après l'arrivée au pouvoir du colonel Kadhafi (septembre 1969)... Mais, en s'affirmant, le Frolinat est devenu le théâtre de tensions exacerbées entre certains de ses leaders, par exemple les futurs dirigeants Hissène Habré et Goukouni Oueddeï, fils du *derde* (chef) des Toubous.

La rébellion s'étendant, le gouvernement tchadien fait appel à l'ancienne puissance coloniale. En 1968, puis en 1969-1972, la France fournit donc appui logistique, aide militaire et financière, en subordonnant son intervention à la réalisation de réformes libérales : aussi François Tombalbaye a-t-il l'habileté de faire relâcher des prisonniers politiques, puis de former un nouveau cabinet, où la moitié environ des ministres sont musulmans (1971).

Ces mesures, trop timides selon les Français, n'empêchent donc pas le retrait des troupes françaises. Le président Tombalbaye doit alors rechercher une nouvelle alliance ; en décembre 1972, il signe avec le colonel Kadhafi un traité de coopération et d'assistance mutuelle, attendant, semble-t-il, de ce rapprochement l'arrêt des soutiens libyens aux rebelles et la possibilité d'en bénéficier à son tour. En fait, Tombalbaye vient de traiter un marché de dupes : Kadhafi installe à Aouzou des unités militaires libyennes (mai – juin 1973), réaffirmant ainsi les revendications de son pays sur ce territoire – en droit international, ces revendications sont irrecevables, mais la Libye reprend ainsi à sa façon le principe colonial de l'hinterland (zone d'influence). Tombalbaye a-t-il consenti à cette cession ? A-t-il ou non « offert » la « bande » d'Aouzou à Kadhafi ? Il l'a nié... Dès l'été 1973, tous les acteurs du drame tchadien sont présents : les Tchadiens eux-mêmes et leurs rivalités internes, la Libye et ses fausses revendications sur Aouzou, la France, hésitant sur la politique à mener.

---

* Chapitre 4, p. 141.

© ARMAND COLIN. La photocopie non autorisée est un délit

Le 13 avril 1975, un coup d'État militaire renverse le président tchadien ; il porte au pouvoir le général Malloum, qui voit se rallier à lui quelques chefs des armées rebelles, par exemple Hissène Habré. Le nouveau chef d'État refuse d'accepter la présence libyenne à Aouzou, il saisit l'OUA de cette question (3 novembre 1976).

Quelles étaient les causes du coup d'État ? Sur le plan intérieur, la « tchaditude », politique autoritaire « d'authenticité », sorte de révolution culturelle exaltant les valeurs traditionnelles sur le modèle zaïrois, semble avoir été mal acceptée. Sur le plan extérieur, le colonel Kadhafi n'a tenu aucun de ses engagements financiers et politiques ; il a poursuivi son soutien aux rebelles. Le contexte international enfin est alors peu favorable au gouvernement tchadien : la guerre du Kippour, les problèmes pétroliers qu'elle entraîne font oublier le Tchad – jusqu'à l'enlèvement par les Toubous, dans le désert du Tibesti, en avril 1974, de trois Français, dont Françoise Claustre. La France, soucieuse d'entretenir de bonnes relations commerciales avec la Libye dans un contexte de ressources énergétiques difficile, est restée silencieuse...

... à l'internationalisation du conflit (1975-1982)

Tombalbaye renversé, le régime du général Malloum tente de régler à l'amiable le contentieux frontalier avec la Libye, en s'appuyant sur la résolution du Caire adoptée par l'OUA en juillet 1964 (principe de l'intangibilité des frontières coloniales)*. Excellente sur le plan juridique, la revendication tchadienne se heurte pourtant à l'indifférence de l'OUA à Libreville en 1977 ; de plus, une requête tchadienne déposée devant le Conseil de sécurité en 1978 doit être retirée à la suite de pressions françaises.

Exceptée la querelle des frontières, les méthodes du général Malloum ne diffèrent guère de celles de son prédécesseur, ce qui provoque grèves et complots. Le Frolinat, vu parfois comme « le fer de lance de l'impérialisme libyen », en profite pour agir, avec l'appui massif de la Libye et sous la conduite de Goukouni Oueddeï : il mène des opérations spectaculaires, entre juin 1977 et février 1978, qui font passer l'ensemble du BET sous son contrôle.

L'intervention française, demandée par Malloum, constitue un répit pour le gouvernement tchadien, mais l'aide française ne permet pas un renforcement véritable des moyens militaires des forces armées tchadiennes. Sous l'égide du Niger et du Soudan, Malloum se rapproche du colonel Kadhafi (février 1978), tente de s'entendre par l'intermédiaire de la Libye, avec Goukouni Oueddeï et, grâce à l'entremise du Soudan, avec Hissène Habré (brouillé entre-temps avec Oueddeï et Kadhafi !). Un gouvernement de circonstance, divisé et impuissant, se forme avec Hissène Habré comme Premier ministre (accords de Khartoum, le 4 août 1978).

En fait, en 1979, la guerre civile est à son paroxysme. Les armées rebelles s'installent à N'Djamena avec l'accord du Nigeria et la bienveillante neutralité de la France : Goukouni Oueddeï devient le président du *Gouvernement d'union nationale transitoire,* le GUNT (novembre 1979), formé après accords entre les diverses tendances (Kano I, mars 1979 ; Kano II, avril 1979 ; Lagos, 21 août 1979). En apparence, Goukouni Oueddeï concentre entre ses mains toutes les chances, puisque le GUNT paraît uni et qu'il bénéficie de soutiens extérieurs (Nigeria, Côte-d'Ivoire, Guinée).

Très vite, de graves dissensions apparaissent au sein du nouveau gouvernement, chacun s'efforçant de conquérir le pouvoir aux dépens de ses rivaux. La France qui ne veut ni prendre parti, ni s'enliser dans le désert tchadien, retire ses troupes en mai 1980. Le président Goukouni Oueddeï ne dispose alors plus que de forces insuffisantes pour s'opposer à la guerre civile généralisée. Devant la défection française, il demande l'intervention de la Libye (juin 1980).

Pour le colonel Kadhafi, le Tchad garde tout son intérêt. Le dirigeant libyen signe donc avec le gouvernement tchadien deux traités :

– Un traité d'alliance, le 15 juin 1980, qui sert de fondement juridique à l'intervention libyenne à N'Djamena en décembre suivant. Les forces d'Hissène Habré doivent alors évacuer le Tchad et gagner le Soudan. Le président Goukouni Oueddeï a perdu désormais toute liberté d'action vis-à-vis de son puissant allié.

– Un accord dit de « fusion », le 6 janvier 1981, qui sera bientôt récusé par le Conseil

---

* Chapitre 4, p. 126.

des ministres de N'Djamena mais qui manifeste les buts politiques, doctrinaux, voire religieux des Libyens, les ambitions territoriales n'ayant toutefois pas disparu.

Désormais, la présence libyenne en Afrique centrale, aux frontières du Nigeria et du Cameroun, modifie l'équilibre stratégique régional et suscite l'inquiétude des grandes puissances occidentales et des États voisins. Aussi l'Algérie, préoccupée par les visées libyennes sur le Sahara, a-t-elle l'initiative d'une conférence des ministres des Affaires étrangères des États sahariens, qui réunit sans résultat la Libye, le Mali, la Mauritanie, le Niger et le Tchad (février 1981).

La montée des périls a fait réagir l'OUA qui envisage, dès octobre 1981, de se substituer aux troupes libyennes. Cette solution aurait l'aval de la France et des États-Unis, qui se déclarent prêts à soutenir financièrement une force internationale africaine. Le président Goukouni Oueddeï demande donc à Kadhafi de retirer ses unités, tandis que la force africaine, formée de Nigérians, Sénégalais, Zaïrois, se déploie entre N'Djamena et la frontière soudanaise.

La force africaine ne s'oppose cependant pas à l'offensive d'Hissène Habré, dont les troupes, réarmées et réorganisées au Soudan avec l'accord et l'aide des Américains, reviennent à l'assaut à N'Djamena. Le gouvernement français ne peut – ou ne veut ? – venir en aide à Goukouni Oueddeï, qu'il considère pourtant comme le dirigeant légitime du Tchad ; le 4 juin 1982, le président doit se réfugier au Cameroun, tout le sud du pays étant désormais aux mains d'Hissène Habré.

Le Tchad aux Tchadiens ? (1983-1987)

L'objectif d'Hissène Habré, reconquérir le Tibesti et Aouzou, est intolérable pour le colonel Kadhafi. Dès octobre 1982, ce dernier entreprend donc des manœuvres diplomatiques, auprès de l'OUA d'abord, pour faire reconnaître comme seul représentant légal du Tchad, le gouvernement provisoire de salut national présidé par Goukouni Oueddeï, qui vient de se former à Bardaï (Tibesti) ; auprès de N'Djamena (février 1983) ensuite, pour entamer le dialogue avec Hissène Habré. Dans les deux cas, la tentative du colonel Kadhafi se solde par un échec.

La guerre devient inévitable entre les forces du gouvernement de Bardaï, appuyées par l'aide libyenne, qui reprennent l'offensive et progressent au printemps 1983 et les forces tchadiennes. Malgré l'arrivée d'un contingent

zaïrois à N'Djamena (30 juillet 1983), le gouvernement tchadien, très menacé, doit solliciter l'aide française et américaine. Contrairement à ce qui s'était passé en 1982, la France accorde un soutien matériel au régime de Hissène Habré attaqué par les anciens partisans du GUNT, puis elle invoque l'aide accrue que leur donne la Libye, considérée auparavant comme non prouvée, pour envoyer sur place un corps expéditionnaire. Elle répond ainsi, non seulement au souhait d'Hissène Habré, mais de la plupart des chefs d'État d'Afrique francophone et des États-Unis (dont l'intervention directe aurait provoqué trop de réactions). Du 9 août 1983 au 10 novembre 1984, trois mille soldats français prennent position dans le sud du Tchad, jusqu'au 15e parallèle : l'opération *Manta* est donc essentiellement terrestre, mais complétée par des moyens aériens. Le Tchad est alors partagé en deux zones d'influence, puisque les Libyens occupent le massif du Tibesti, le plateau de l'Ennedi, la palmeraie de Faya et projettent d'aménager un vaste terrain d'aviation à Ouaddi Doum.

L'opération *Manta* s'achève à la suite des négociations franco-libyennes de septembre 1984 et de la rencontre entre le président Mitterrand et le colonel Kadhafi en Crète (15 novembre 1984), qui aboutissent à un accord de retrait simultané des forces non tchadiennes de part et d'autre du 16e parallèle. La France accepte alors de croire au retrait libyen (qui ne se fait pas), pour échapper à la crise tchadienne ; Kadhafi n'ayant pas respecté les accords et ayant quelques mois plus tard repris l'offensive vers le sud avec les forces de « l'ex-GUNT », l'opération *Épervier*, mieux dotée que *Manta* en moyens aériens et antiaériens, est mise en place le 17 février 1986. Ayant sauvé (au moins momentanément) le régime de Hissène Habré, la France s'engage ainsi directement contre la Libye, comme le souhaitaient les États-Unis.

Le 24 octobre 1986, un coup de théâtre fait tout basculer dans le nord du Tchad : les FAP (*Forces armées populaires*), principale composante militaire de l'opposition menée par Goukouni Oueddeï, jusque-là alliées des Libyens, s'accordent avec les *Forces armées nationales tchadiennes* (FANT) du gouvernement de N'Djamena, pour lutter contre l'occupant étranger.

Depuis quelques mois déjà, les relations étaient devenues difficiles entre les soldats libyens et les forces du GUNT, d'autant plus

© ARMAND COLIN. La photocopie non autorisée est un délit

que bon nombre de rebelles tchadiens s'étaient ralliés, en 1985 et 1986, à Hissène Habré, sous la pression de la France et du Gabon. Par ailleurs, la Libye, affaiblie par la chute de ses revenus pétroliers, avait de plus en plus de mal à supporter le poids économique de l'aventure tchadienne ; sur le plan politique, elle se heurtait à l'opposition occidentale (bombardements américains sur Tripoli et Benghazi, avril 1986). À la suite du retournement de Goukouni, il ne reste plus à Kadhafi, pour justifier l'occupation libyenne, que les quelques centaines de partisans regroupés autour d'Acheikh ibn Omar dans le nord-est du Tchad.

À la fin de l'année 1986, Hissène Habré dispose de cartes maîtresses : les militaires libyens font preuve de moins en moins d'enthousiasme, car leurs unités sont déployées dans un environnement hostile, à des milliers de kilomètres de leurs bases, sans cette maîtrise parfaite du terrain qu'avait assurée jusque-là l'allié toubou. De plus, les Libyens saisissent mal la complexité de la situation politique tchadienne : l'armée libyenne contribue à affaiblir les opposants à N'Djamena en harcelant les troupes de Goukouni, qui a trahi puisqu'il se montre disposé à négocier avec Hissène Habré. La nouvelle attitude des FAP profite d'autant plus à ce dernier qu'elles vont jusqu'à affronter violemment, dès le mois d'août 1986, les forces du Conseil démocratique révolutionnaire d'Acheikh ibn Omar. Enfin, Hissène Habré est assuré de ne courir aucun risque au sud du 16ᵉ parallèle, puisqu'à défaut d'une intervention militaire offensive pour reconquérir le nord du pays, la France maintient le dispositif Épervier.

Fin décembre 1986, débute donc la contre-offensive des FANT vers le Tibesti ; elles reprennent Fada en janvier suivant, inaugurant ainsi une brillante et rapide reconquête du BET, à nouveau tchadien début avril 1987. L'armée tchadienne vise alors un objectif symbolique : elle s'empare d'Aouzou (8 août 1987) sans toutefois parvenir à conserver cette localité.

La France, favorable à un arbitrage international pour régler le conflit frontalier, se désolidarise de l'offensive tchadienne… et réaffirme en même temps la nécessité de l'intégrité territoriale du Tchad. Les forces tchadiennes ayant pénétré en Libye au début septembre 1987, l'OUA obtient que N'Djamena et Tripoli décident un cessez-le-feu (11 septembre 1987).

En une centaine de jours, les forces armées d'un des pays les plus pauvres d'Afrique ont réduit à néant le mythe de la puissance militaire libyenne, mais une paix durable n'est pas réellement établie.

LES SUITES

L'autorité d'Hissène Habré sort renforcée de sa victoire sur la Libye, mais la vie politique tchadienne n'en est pas stabilisée pour autant. Après de longues années où les luttes entre factions rivales ont menacé l'État, Hissène Habré a installé un régime fondé sur un parti unique, l'UNIR (*Union nationale pour l'indépendance et la révolution*), et le pouvoir est quasi monopolisé par les membres d'une seule ethnie, les Goranes. Hissène Habré semble peu disposé à remettre cette situation en cause, comme il paraît peu enclin à réviser l'Acte fondamental qui tient lieu de constitution. Il est donc de plus en plus contesté.

En décembre 1990, Idriss Déby, ancien chef d'état major de l'armée tchadienne, réfugié au Soudan depuis avril 1989 après l'échec d'une tentative de coup d'État, s'empare de N'Djamena et contraint Hissène Habré à l'exil. Déby a su tirer parti tout d'abord des erreurs de son adversaire, qui ruina son soutien populaire en durcissant sa politique, mais également du soutien de la Libye et du Soudan.

Le nouveau régime s'engage dans les voies de la démocratie : le multipartisme fut reconnu, une Charte nationale élaborée (1991), une Conférence nationale réunie (avril 1993). 1996, année électorale (référendum constitutionnel, élections législatives et présidentielles) conforta Idriss Déby. Mais en fait, se met en place un État-MPS (Mouvement Patriotique du Salut).

Dans un contexte économique déplorable, la violence reste endémique :
– dans l'est du pays, les Zagawas poursuivent leur traditionnelle rébellion contre toute forme de pouvoir ;
– dans le sud perdure une instabilité chronique qui n'a pas disparu depuis les années soixante-dix ;
– dans le nord, des partisans de Goukouni Oueddeï tentent de redonner vie à l'ancien Frolinat ;
– dans l'ouest enfin, des fidèles d'Habré s'agitent régulièrement dans la région du lac Tchad.

Si la France, pour qui le Tchad conserve une importance stratégique – pôle interarmées d'intervention en Afrique occidentale et centrale –, apporte son soutien au chef de l'État, des influences nigérianes et soudanaises se font aussi sentir, l'exploitation du pétrole au sud du pays renforçant quant à elle la présence américaine.

CORRÉLATS

SOUDAN

BIBLIOGRAPHIE

DADI A., Tchad, *l'État retrouvé*, L'Harmattan, 1990.

NGOTHE GATHA G., *Tchad, guerre civile et désagrégation de l'État*, Présence africaine, 1985.

VIETNAM

Données statistiques

	1970	1980	1994
Population	42 700 000	53 700 000	74 600 000
PIB (millions de dollars)	4590	4891	11 997 (1993)

CHRONOLOGIE SOMMAIRE

1858-1860	Campagne française de Cochinchine
1930	Fondation du PC indochinois
1941	Fondation du Viêt-minh (Front de l'Indépendance du Vietnam) par Hô Chi Minh
Août 1945	Capitulation japonaise. Fondation de la République démocratique du Vietnam
Novembre 1946	Début de la « guerre française d'Indochine »
Juillet 1954	Accords de Genève
Août 1964	**Début de la « guerre américaine du Vietnam »**
Janvier 1973	Accords de Paix, de Paris
Avril 1974	Capitulation de Saïgon
1977	Traité d'amitié avec le Laos
1979 Janvier	**Entrée de l'armée vietnamienne au Cambodge**
Février-mars	**Invasion du Vietnam par la Chine**
Décembre 1986	Début du *Doî moi* (renouveau économique)

LES ORIGINES

Forte de la remarquable homogénéité culturelle du pays (85 % de la population – située dans les plaines et les agglomérations urbaines – appartiennent à la même ethnie), ainsi que d'une longue histoire marquée par les luttes – souvent victorieuses – contre l'hégémonie chinoise, l'élite vietnamienne accepta mal la colonisation française, qui débuta en 1859. À l'opposition des mandarins succéda, après 1918, celle d'une bour-

geoisie entreprenante, et d'intellectuels formés dans les universités françaises. En mars 1930, Nguyên Ai Quoc (plus tard Hô Chi Minh) fonde le Parti communiste indochinois, qui déclenche plusieurs émeutes agraires. Une quinzaine d'années plus tard, le même homme, à la tête d'un *Front pour l'indépendance* (Viêt-minh) – créé en septembre 1941 – profite de l'élimination de l'autorité française par les Japonais pour proclamer une République démocratique indépendante (29 août 1945).

© ARMAND COLIN. La photocopie non autorisée est un délit

Bien qu'un accord – signé en mars 1946 – reconnaisse la nouvelle République comme un État libre, les relations entre Hanoï et Paris se détériorent rapidement. Dès la fin de l'année 1946, les hostilités s'engagent, marquées par le bombardement de Haïphong par les Français, et l'attaque des quartiers européens de Hanoï par des Vietnamiens.

La guerre de huit ans (1946-1954), qui oppose les soldats du Corps expéditionnaire français aux troupes du Viêt-minh, change très vite de nature, en raison de la nouvelle conjoncture internationale de « guerre froide ». De conflit colonial, la « guerre d'Indochine » devient – comme celle de Corée – un épisode de la lutte d'influences que se livrent désormais le « bloc communiste » et le « bloc occidental ». Dès 1948, les États-Unis, obsédés par l'« endiguement du communisme », consentent à aider les Français, de même que, après sa conquête de la Chine (octobre 1949), Mao Zedong apporte un concours très actif à la lutte des communistes vietnamiens, fournissant des denrées alimentaires, formant des combattants, livrant du matériel d'infanterie et d'artillerie, et assurant une aide logistique. Ayant pu ainsi constituer une puissante armée, très motivée, le général Giap surprend les Français à Cao Bang (1950) et, après une période incertaine (contre-offensive française dirigée par le général de Lattre de Tassigny) reprend l'initiative au printemps 1953. Après la prise de Dien Bien Phu (7 mai 1954), il accule la France à la négociation.

La Conférence internationale de Genève qui réunit, en juillet 1954, une vingtaine d'États, ne trouve pas d'autre solution, dans ce contexte de « guerre froide », que de couper le pays en deux (en attendant des élections prévues pour 1956) : au nord du 17° parallèle, les forces communistes, et, au sud, les forces anticommunistes, en particulier les catholiques du Tonkin. En fait, les élections n'ayant jamais eu lieu, se constituent, très vite, deux États : la République démocratique du Vietnam, au nord ; la République du Vietnam, au sud.

Hanoï s'emploie d'emblée à exploiter, au Vietnam-Sud, des troubles agraires, qui éclatent à partir de 1956, et à y étendre une puissante structure communiste clandestine, le *Front national de libération*, surnommé Viêt-cong (décembre 1960). Pour tenter de maîtriser l'agitation grandissante (état d'urgence en octobre 1961), le gouvernement de Saïgon fait appel aux États-Unis, qui envoient des conseillers militaires en nombre de plus en plus élevé. De 900, en 1960, les effectifs américains montent à 3 200 en 1961, 11 300 en 1962, 16 300 en 1963, 23 300 en 1964... Le pas décisif est franchi en août 1964, lorsque, à la suite d'une confrontation entre l'Armée populaire du Vietnam-Nord et deux destroyers américains, Washington décide d'intervenir massivement. Dès 1965, année durant laquelle débutent les bombardements quotidiens au Nord, et débarquent les premiers contingents de « marines », les effectifs américains atteignent 184 300 hommes ; ils s'élèveront jusqu'à un maximum de 536 100 en 1968.

LES CONFLITS

La « guerre du Vietnam » (août 1964-janvier 1973)

Croyant « mettre Hanoï à genoux en six semaines », les Américains minimisent longtemps les capacités de résistance et d'attaque de leurs adversaires. Ils ne cessent de renforcer leur puissance de feu dans des proportions gigantesques. 6 300 000 tonnes de bombes (soit quatre fois plus que sur l'Europe durant la Seconde Guerre mondiale) seront déversées, de 1965 à 1971, sur le Nord et le Sud du Vietnam, ainsi que sur la piste Hô Chi Minh (permettant le ravitaillement du Vietnam depuis le Laos et le Cambodge). Ces bombardements massifs, pas plus que la destruction des forêts par l'usage de défoliants, ne parviennent, néanmoins, à décourager leurs adversaires, tant au nord qu'au sud du pays.

L'offensive du Têt (31 janvier 1968) démontre à l'opinion américaine[1] l'échec de l'engagement de son armée et l'étendue du conflit. Désormais, pour limiter les pertes, Washington prône une « vietnamisation » de la guerre, et, Nixon ayant été élu sur ce thème, l'amorce de négociations en vue d'une paix rapide. Celle-ci est, enfin, signée à Paris, le 27 janvier 1973. Elle met fin à une confrontation qui a fait près de 1 400 000 victimes militaires (56 869 Américains, 254 257 Sud-Vietnamiens, 1 027 085 Nord-Vietnamiens et Vietcongs). Dès le 28 mars 1973, les Américains achèvent leur retrait, laissant face à face les populations des deux États.

---

1 Chapitre 1, p. 20-22.

La guerre de « réunification » (1974-1975)

D'emblée apparaît chimérique le souhait manifesté par les Accords de Paris que des élections « vraiment libres et démocratiques sous surveillance internationale » permettent à la population vietnamienne de se déterminer. Le gouvernement de Saïgon (général Thieu), pas plus que celui de Hanoï ne sont, en effet, décidés au moindre compromis, et tous deux revendiquent la souveraineté sur la totalité du pays.

La démission forcée du président Nixon[1], en août 1974, qui a pour conséquence une réduction drastique de l'aide américaine, contraint l'armée sud-vietnamienne à réduire sa puissance de frappe de 60 %. Aussi, le général Tra, chef des maquisards du Sud, décide, en accord avec le secrétaire général du PC Vietnamien (Lê Duan), de précipiter la reconquête du Sud. Dès janvier 1975, il occupe la province de Phuoc-Long. Moins de trois mois plus tard, l'armée sud-vietnamienne opère – en vain – un retrait tactique des hauts plateaux, destiné à susciter une intervention américaine. En fait, l'avancée soudaine des communistes entraîne la panique. Ils s'emparent de Hué (27 mars), et contrôlent, dès lors, plus de 50 % du territoire. Le nouveau président des États-Unis, Gerald Ford, refusant l'envoi de bombardiers, la progression communiste vers le Sud s'accélère ; Saïgon capitule le 30 avril 1975.

Si, redouté par beaucoup, le sanglant règlement de comptes n'a pas lieu – les nouveaux maîtres du Sud-Vietnam se bornant à tenter de « rééduquer » les deux millions de fonctionnaires et de militaires du régime Thieu – les vainqueurs se trouvent aux prises avec de formidables problèmes matériels, et, surtout, l'hostilité d'une majorité de la population qui, souvent, préfère fuir le pays. De 1977 à 1989, 1 100 000 Vietnamiens bravent tous les risques et, sur des radeaux de fortune (*boat people*), gagnent les pays voisins. Des dizaines de milliers se noient ou sont massacrés par des pirates.

L'invasion chinoise

La « réunification », officiellement proclamée en juillet 1976, qui, en fait, ressemble davantage à une « absorption » du Sud par le Nord, ne représente qu'une étape – fondamentale, certes – des visées expansionnistes des communistes vietnamiens. « L'objectif stratégique, avait, en effet, déclaré quelques décennies auparavant Hô Chi Minh, est de reprendre tout le Vietnam, le Laos, le Cambodge, de la porte de la Chine à la pointe de Camau, de la côte indochinoise à la rive du Mékong... »

La mainmise sur le Laos est quasi immédiate, grâce à la complicité du Pathet Lao, au pouvoir à compter de 1975. Hanoï envoie des troupes, et signe avec Vientiane un traité de coopération (juillet 1977)[2]. Au Cambodge, le cheval de Troie vietnamien est le *Front uni de salut national du Kampuchea* (FUNSK), avec lequel il lance le 25 décembre 1978 une attaque massive contre le régime des Khmers rouges.

Cette politique expansionniste est considérée d'un très mauvais œil par la Chine. Depuis 1974, les disputes entre Hanoï et Pékin sont incessantes (1100 incidents de frontière en 1978), soit à propos des archipels Paracel et Spratley (revendiqués par la Chine), soit en raison de la vague d'hostilité qui déferle alors sur les nombreux Chinois vivant depuis longtemps au Vietnam. L'attaque massive, en décembre 1978, du régime des Khmers rouges – soutenu par la Chine – est la goutte d'eau dans un vase déjà bien plein.

Décidée à « donner une leçon », l'armée chinoise pénètre au Vietnam le 17 février 1979, avec 170 000 hommes. Elle prend – non sans mal – Lao Cai et Cao Bang, fait subir de lourds dommages aux régions envahies, mais ne peut percer les défenses vietnamiennes. Dès le début mars, elle se retire, sans gloire, après avoir perdu 26 000 hommes dans les combats, soit presque autant que l'adversaire vietnamien (30 000).

Ces diverses menées expansionnistes, les guerres et les occupations qu'elles entraînent, aggravent considérablement les difficultés du pays, déjà exsangue après la terrible guerre américaine. Pour y faire face, le Parti communiste doit accepter une réorientation radicale de sa politique économique à compter de décembre 1986. Les premiers résultats du « Doi Moi » (renouveau) – dont les principes rejoignent ceux du « gaige » dengxiaopingien – se révèlent assez prometteurs

---

1   Chapitre 1, p. 23.

2   *Cf.* chapitre 4, p. 147-148.

© ARMAND COLIN. La photocopie non autorisée est un délit

pour que des observateurs parlent du Vietnam comme du futur « dragon » de la Méditerranée asiatique. Mais, en dépit de la pression d'une jeunesse nombreuse et impatiente, les résistances, au sein du PC, restent vives.

CORRÉLATS

CAMBODGE

BIBLIOGRAPHIE

Bao Ninh, *Le Chagrin de la guerre*, Picquier, Arles, 1994.

Brocheux P., « Le Vietnam, une sortie à petits pas », in Domenach J.-L., Godement F. (sous la dir. de), *Communismes d'Asie : mort ou résurrection ?*, Complexe, Bruxelles, 1994.

Pomonti C., Tertrais H., *Vietnam, communistes et dragons*, Le Monde Éditions, 1994.

YÉMEN

Données statistiques		
	1970	**1994**
Population (en millions)	6,3	13,4
Densité	11,9	25,4
Analphabétisme (%)	72,9	58,9
PIB par habitant (en $)	442 (1980)	520

CHRONOLOGIE SOMMAIRE	
XVIIIᵉ siècle av. J.-C.	Fondation légendaire du Yémen par Ismaël, fils d'Abraham
572 ap. J.-C.	Conquête du Yémen par les Perses sassanides
1529-1628	Présence des Ottomans
1918	Effondrement de l'Empire ottoman
1935	Aden enclave britannique
1972, 1979	Conflits entre les deux Yémen
22 mai 1990	**Unification**
4 mai 1994-7 juillet 1994	**Guerre inter-yéménite**

LES ORIGINES

À la fin des années soixante, apparaît le sentiment national yéménite, qui provoque la naissance de la République arabe du Yémen, au nord, et la République démocratique populaire du Yémen, au sud (cet État, allié à l'Union soviétique, est le seul pays arabe qui applique un régime marxiste, avec planification et nationalisation, réforme agraire).

Jusque-là, le Yémen n'a jamais été uni, mais plutôt déchiré entre tribus, unifiées de force au nord lorsque s'effondre l'Empire ottoman, regroupées en Fédération arabe au sud, où Aden forme une enclave britannique depuis 1939. Peu à peu toutefois, alors que progresse l'idée de l'unité arabe, les deux Yémen envisagent de s'unir, sans toutefois poursuivre le même but (la suprématie sur son voisin pour le nord, l'unité des Arabes pour le sud). Ces projets différents, la tension née des tribus – au nord, l'Arabie saoudite encourage leur agitation – la divergence des systèmes politiques – marxiste au sud, conservateur au nord – expliquent les conflits entre les deux États, en septembre 1972 et mars 1979.

L'unification est toutefois ratifiée par les deux Parlements le 22 mai 1990 : le pouvoir sera désormais partagé entre le CPG (Congrès populaire général) du président nordiste Ali Abdallah Saleh et le PSY (Parti socialiste yéménite) du vice-président sudiste al-Bayd. Aden, qui est dotée d'une zone franche, jouera un rôle économique important, tandis que Sanaa devient la capitale du nouveau Yémen. Si l'unification aboutit alors, c'est essentiellement pour des raisons économiques : les deux États veulent exploiter en commun leurs ressources pétrolières, et le Sud, depuis l'effondrement du bloc de l'Est, ne bénéficie plus de l'aide soviétique.

Très vite cependant, les tensions montent, le Sud s'estimant lésé par l'union : outre le fait que l'entourage du président Saleh accapare les postes-clefs des forces armées et de l'État, les Sudistes découvrent l'inflation, le chômage, la misère liés à l'introduction de l'économie libérale. De nouveaux gisements pétrolifères ont été découverts au sud, après l'unification : les quatre millions de méridionaux acceptent mal d'avoir à en partager les bénéfices avec les quatorze millions de nordistes... Peu à peu, la crise sociale s'accroît, de violentes manifestations embrasent les villes du nord.

Enfin le Yémen subit les retombées des crises internationales :
– la guerre du Golfe* tout d'abord : la position du Yémen en faveur de l'Irak le prive d'aide financière, par exemple celle des États-Unis, tandis que l'Arabie saoudite expulse de son territoire les ressortissants yéménites.
– la situation de la Corne de l'Afrique** ensuite : les problèmes de la Somalie, de l'Éthiopie entraînent un afflux de réfugiés – souvent d'origine yéménite – vers le Yémen, ce qui augmente les difficultés économiques et sociales.
– le rôle déstabilisateur de l'Arabie saoudite : souhaitant des débouchés vers l'océan Indien, elle n'a jamais été favorable à la création d'un Yémen uni ; elle encourage donc toujours l'agitation des tribus du nord et les visées sécessionnistes qui peuvent exister au sud. Par ailleurs, elle n'a pas accepté les positions pro-irakiennes du Yémen lors de la guerre du Golfe, elle multiplie les revendications sur les ressources pétrolières situées sur la zone frontalière.

LE CONFLIT
Une guerre civile

La crise s'ouvre en 1993 : le président Saleh et ses alliés de l'Islah, parti islamiste devenu la deuxième force politique du pays, sont rendus responsables des assassinats qui ont frappé les leaders du Parti socialiste yéménite. Le vice-président sudiste al-Bayd dénonce alors les conditions de l'unification ; il réclame la fin de la corruption qui gangrène le régime, la mise en place d'une décentralisation administrative et financière et des garanties de sécurité pour les cadres du PSY. En accordant satisfaction à certaines revendications sudistes, le pacte d'Amman signé sous contrôle de la Jordanie le 20 février 1994 par le CPG, le PSY et l'Islah, n'apporte aucune solution et met au contraire le feu aux poudres.

Le 4 mai 1994, les Nordistes mènent donc l'offensive ; le 21 mai un État indépendant est proclamé dans le sud du Yémen, avec Aden pour capitale, l'Arabie saoudite reconnaissant – pour des raisons déjà évoquées – ce nouvel État. Les Sudistes s'affirment comme rempart contre les islamistes, argument qui n'est pas sans effet sur l'Égypte. Le 7 juillet suivant cependant, Aden tombe après un siège d'un mois ; les dirigeants sudistes doivent fuir à l'étranger.

LES SUITES

Le conflit se solderait, en trois mois, par plus de trois mille victimes.

Ses grands vainqueurs sont les islamistes et les tribus. Les premiers, qui ont apporté au président Saleh des fonds pour la guerre et présenté comme idéologique la lutte contre le sud, pratiquent maintenant la surenchère : ils souhaitent augmenter la place de la religion dans l'enseignement et réformer la Constitution dans le sens de la *Charia'a*, ce qui dégrade leurs rapports avec le CPG. Les tribus quant à elles, ont obtenu des concessions de l'un et l'autre camp en échange de leur appui ; elles ont surtout profité du

---

*   Chapitre 6, p. 201-205.
** Chapitre 4, p. 142.

© ARMAND COLIN. La photocopie non autorisée est un délit

conflit pour accroître leur armement : elles défendent de plus en plus leurs intérêts en se livrant à des actes de brigandage, attaques des installations pétrolières ou prises d'otages (ainsi, en janvier 1996, dix-sept touristes français ont été enlevés par des membres de la tribu al-Aslam qui demandaient la libération d'un de leurs compagnons).

Alors que la situation économique a été aggravée par le coût de la guerre, alors que les conditions sociales sont rendues problématiques par une croissance démographique rapide, alors que les populations civiles sont armées – et même surarmées – le régime yéménite apparaît bien fragile, menacé à la fois par les tribus, de tous temps rebelles, et par les islamistes.

CORRÉLATS

ÉRYTHRÉE • SOMALIE

BIBLIOGRAPHIE

Da Lage O., « Le Yémen entre démocratie et guerre civile », *Défense nationale*, février 1993. « Les rêves brisés de l'unité yéménite », *Le Monde diplomatique*, juillet 1994.

« Yémen, passé et présent de l'unité », *Revue d'études du monde musulman et méditerranéen*, n° 67, Edisud, 1993.

ZIMBABWE

DONNÉES STATISTIQUES

	1972	1995
Population (en millions)	5,7	11,2
Densité	13	27
Analphabétisme (%)		31,4
PIB total	1369,9[1]	5317[2]

CHRONOLOGIE SOMMAIRE

V^e-XVe s.	Civilisation de Zimbabwe
XVIe s.	Empire du Monomotapa
1889	La British South Africa Chartered Company administre et exploite le Mashonaland
1895	Le Mashonaland et le Matabeleland deviennent la Rhodésie du Sud
1923	La Rhodésie du Sud, colonie de la Couronne
1930	« Land Apportionment Act » (loi sur le partage des terres)
1965	Proclamation par le Premier ministre Ian Smith de l'indépendance
1965-1980	**Lutte entre le pouvoir blanc et la guérilla**
1980	Naissance du Zimbabwe

1   En millions de dollars de Rhodésie.
2   En millions de dollars U.S.

LES ORIGINES

C'est dans ce pays que se trouve le plus important site archéologique en pierre de toute l'Afrique, construit par les Bantous, et qui porte le nom de Zimbabwe. Vers 1830, des Zoulous, arrivés du Sud, les Ndebélé, s'installèrent à l'ouest, dans le Matabeleland et réduisirent en esclavage les Shona qui occupaient l'est, le Mashonaland. Mais cette zone avait aussi attiré les Arabes, puis les Portugais, rêvant de découvrir de l'or. Le précieux métal fut également à l'origine de la colonisation britannique.

En effet les Britanniques souhaitaient réaliser l'axe Le Caire-Le Cap, en empruntant la route de l'or du Monomotapa. En 1889, Cecil Rhodes reçut donc l'autorisation de faire administrer et exploiter le Mashonaland par la British South Africa Chartered Company. Malgré les révoltes des Ndebélé et des Shona, le Mashonaland et le Matabeleland prirent en 1895 le nom de Rhodésie du Sud.

La question se posa alors d'une incorporation de la Rhodésie du Sud à l'Union sud-africaine, mais en 1922, les colons, installés depuis la fin du XIXe siècle, votèrent pour le statut d'autonomie interne. L'année suivante, la Rhodésie devint donc colonie de la Couronne.

LE CONFLIT

Guerre de libération

L'accession de la *Rhodésie du Sud* à l'indépendance le 18 avril 1980 – sous le nom de Zimbabwe – sanctionna l'échec de multiples manœuvres de la minorité blanche pour se maintenir au pouvoir, et affirma le succès des mouvements nationalistes africains soutenus par les États progressistes voisins*.

---

*   Chapitre 4, p. 142-143.

© Armand Colin. La photocopie non autorisée est un délit

Ne représentant qu'une infime minorité (4 % en 1969) de cette colonie de la Couronne britannique, les Européens avaient tenté par tous les moyens jusqu'en 1980 de garder le contrôle du pays : instauration, entre 1923 et 1953, d'un appareil législatif discriminatoire par rapport à la population noire sur le plan des salaires, de l'emploi, de l'instruction et de la propriété foncière ; rébellion, conduite par Ian Smith (leader du *Front républicain*, aux sympathies avouées pour l'Afrique du Sud) en 1965 contre le Royaume-Uni (proclamation unilatérale d'indépendance) ; tentatives de division de l'opposition nationaliste africaine… Cette dernière tactique ne manqua pas d'efficacité. Fractionnement et antagonismes caractérisèrent en effet, durant cette vingtaine d'années de luttes, les forces oppositionnelles. Aux deux mouvements pionniers et rivaux, la ZAPU (*Union populaire africaine du Zimbabwe*) ayant sa base opérationnelle en Zambie, et la ZANU (*Union nationale africaine du Zimbabwe*), d'inspiration marxiste, basée au Mozambique et influente au sein de l'ethnie shona, s'ajoute l'ANC (*Conseil national africain*), mouvement plus modéré, dirigé par l'évêque méthodiste Muzorewa. Si l'on excepte quelques rares tentatives de rapprochement (1970, 1971, 1974), chacun conduisit pour son compte les opérations de guérilla contre le pouvoir « pâle ». Celles-ci s'intensifièrent considérablement en 1978 (5 000 morts) et 1979 (7 300).

La médiation britannique – enfin acceptée par le gouvernement de Salisbury en 1979 – permit, grâce à une large concertation avec tous les mouvements politiques du pays, d'aboutir à trois résultats décisifs : la promulgation d'une constitution, jugée équitable ; des élections au suffrage universel (qui donnèrent la majorité absolue – 63 % des votes à l'Assemblée – à la ZANU de Robert Mugabe) ; et enfin, la proclamation de l'indépendance en avril 1980.

LES SUITES

Si la politique de coopération interraciale prônée par le nouveau chef du gouvernement, Robert Mugabe – marxiste pragmatique – tout comme la relance de la production économique, se révélèrent à la longue, et en dépit de certains avatars, un succès relatif, l'antagonisme politico-ethnique des partis demeura très vif, jusqu'en 1987, puis 1989, date où les deux anciens adversaires fusionnent.

Dans les années suivantes, ni le ralliement à l'économie de marché, ni la réforme agraire, effectuée en 1993, n'ont donné les résultats escomptés. Cela n'a pas empêché la réélection du président Mugabe, il est vrai seul candidat, en 1996 (92,7 % des voix… mais 68 % d'abstentions).

Depuis la fin de l'apartheid en Afrique du Sud, le Zimbabwe a perdu son rôle régional au profit de cette dernière.

CORRÉLATS

AFRIQUE DU SUD • MOZAMBIQUE

BIBLIOGRAPHIE

BAYNHAM S. (sous la direction de), *Zimbabwe in transition*, Almquist & Wiksell, Stockholm, 1991.

CLIFFE L., STONEMAN C., *Zimbabwe, Politics, Economy and Society*, Pinter, Londres, 1989.

Index des noms de lieux et de personnes*

* Les noms de personnes sont en italique.

© ARMAND COLIN. La photocopie non autorisée est un délit

© Armand Colin. La photocopie non autorisée est un délit

© ARMAND COLIN. La photocopie non autorisée est un délit

© Armand Colin. La photocopie non autorisée est un délit

© ARMAND COLIN. La photocopie non autorisée est un délit

Table des matières

Première partie
Le temps de la bi-polarisation
Des années soixante aux années quatre-vingt

© Armand Colin. La photocopie non autorisée est un délit

© ARMAND COLIN. La photocopie non autorisée est un délit